De la supervision à la gestion des

RESSOURCES HUMAINES

Contexte nouveau,
stratégies nouvelles
de GRH

Dominique Lamaute
Cégep de Saint-Hyacinthe

Bernard Turgeon
Collège Édouard-Montpetit

Consultant
Robert Rivière
Cégep régional de Lanaudière

**Chenelière
McGraw-Hill**

CHENELIÈRE ÉDUCATION

**De la supervision à la gestion des ressources humaines,
2ᵉ édition**

Contexte nouveau, stratégies nouvelles de GRH

Dominique Lamaute, Bernard Turgeon

© 2004, 1999 Les Éditions de la Chenelière inc.

Édition: Sylvain Ménard
Coordination: Samuel Rosa
Révision linguistique: Jean-Pierre Leroux
Correction d'épreuves: Louise Hurtubise
Couverture, maquette intérieure et infographie: Claude Bergeron

**Catalogage avant publication
de la Bibliothèque nationale du Canada**

Lamaute, Dominique

De la supervision à la gestion des ressources humaines

2ᵉ éd.

Comprend des réf. bibliogr. et un index.
Pour les étudiants du niveau collégial

ISBN 2-7651-0122-1

1. Personnel – Direction. 2. Personnel – Supervision. 3. Relations industrielles. 4. Main-d'œuvre – Planification. 5. Personnel – Direction – Problèmes et exercices. I. Turgeon, Bernard, 1944- . II. Titre

HF5549.L35 2004   658.3   C2003-941196-6

**Chenelière
McGraw-Hill**

CHENELIÈRE ÉDUCATION

7001, boul. Saint-Laurent
Montréal (Québec)
Canada H2S 3E3
Téléphone: (514) 273-1066
Télécopieur: (514) 276-0324
info@cheneliere-education.ca

ISBN 2-7651-0122-1

Dépôt légal: 1ᵉʳ trimestre 2004
Bibliothèque nationale du Québec
Bibliothèque nationale du Canada

1 2 3 4 5 ITIB 08 07 06 05 04

Nous reconnaissons l'aide financière du gouvernement du Canada par l'entremise du Programme d'aide au développement de l'industrie de l'édition (PADIÉ) pour nos activités d'édition.

Gouvernement du Québec – Programme de crédit d'impôt pour l'édition de livres – Gestion SODEC

DANGER
LE
PHOTOCOPILLAGE
TUE LE LIVRE

À Alexandre, Sébastien et Jean-Philippe
Dominique

À ma chère Lise
Bernard

Remerciements

Nous sommes heureux de vous présenter cette deuxième édition du manuel *De la supervision à la gestion des ressources humaines* et nous tenons à remercier les nombreuses personnes qui ont rendu possible sa réalisation.

Tout d'abord, nous voulons remercier M. Robert Rivière, consultant et ami. Nous remercions aussi M. Serge Cloutier, directeur général du Cégep de Saint-Hyacinthe, qui nous a permis de citer au chapitre 3 les grandes valeurs inscrites au projet éducatif du Cégep. Nos remerciements s'adressent également à Mme Marie-Josée Godin de la Commission des normes du travail, qui a consacré beaucoup de temps à nous indiquer les principales modifications apportées aux normes du travail.

Pour leur collaboration, nos remerciements vont aussi à M. Jean-Claude Renaud du Cégep de Sainte-Foy, à M. Claude Martel du Collège de Sherbrooke, à M. Toam My Phan du Cégep de Drummondville, à M. Jean-Luc Turcotte du Collège de Valleyfield, à Mme Jocelyne Trottier du Collège de l'Outaouais, à Mme Régine Mariani et à M. Jean Potvin du Collège François-Xavier-Garneau, à M. Raymond Lorange du Cégep Marie-Victorin et à M. Michel Paré du Cégep régional de Lanaudière.

La préparation de cet ouvrage a resserré nos liens d'amitié avec le personnel formidable de la maison d'édition Chenelière Éducation. Nous tenons à les remercier, car nous leur sommes reconnaissants d'avoir renouvelé leur confiance en ce projet. Il s'agit de M. Sylvain Ménard, éditeur, de M. Robert Paré, vice-président collégial, universitaire et ressources didactiques, de M. Jean Bouchard, directeur ventes et marketing, de M. Samuel Rosa, chargé de projets, de M. Jean-Pierre Leroux, réviseur linguistique et de Mme Louise Hurtubise, correctrice d'épreuves. Nous tenons aussi à remercier Mme Annie Leduc pour l'oreille attentive qu'elle prête à nos caprices d'auteurs. Enfin, nous remercions Mme Ève Bissonnette, Mme Marie-Andrée Gervais, M. Michel Martin et M. Jean Laberge dont les efforts conjugués permettront à plusieurs lecteurs de connaître cet ouvrage.

Dominique Lamaute
Bernard Turgeon

Avant-propos

L'étude de la supervision au sein de la gestion des ressources humaines : une approche logique

En elle-même, la gestion est considérée comme un processus qui intègre les fonctions de planification, d'organisation, de direction et de contrôle. Force est de constater que, lorsqu'il est appliqué aux ressources humaines, ce concept revêt une double dimension.

D'abord, les fonctions de planification et d'organisation comportent une dimension purement technique. On parlera, par exemple, d'objectifs à définir, de prévisions des besoins de main-d'œuvre ou d'analyse des postes.

Il existe une autre dimension, celle-là humaine, où les fonctions de direction et de contrôle sont orientées vers le maintien et l'évolution de la main-d'œuvre dans l'organisation. On parlera, par exemple, de formation, de motivation ou de supervision.

C'est parce que la supervision s'exerce sur les ressources humaines qu'elle s'intègre bien dans un ouvrage de gestion des ressources humaines et qu'elle constitue une approche logique.

Un contexte nouveau, des stratégies nouvelles de GRH

Les théories de gestion des ressources humaines ne peuvent pas demeurer qu'universelles. Les contextes changent et les stratégies de GRH doivent être adaptées. Devant la concurrence mondiale, le développement des technologies de l'information et des communications, la libre circulation des biens et services et le libre mouvement des capitaux à l'échelle mondiale, les entreprises qui veulent demeurer concurrentielles visent une plus grande flexibilité.

Certaines définissent de nouvelles stratégies concurrentielles axées sur la domination par les coûts, d'autres misent plutôt sur des stratégies de différenciation par la qualité ou l'innovation. Et quand la main-d'œuvre est touchée par un programme général de réduction des coûts, les stratégies de gestion des ressources humaines prennent différentes formes. On parle alors de stratégie de l'adaptation « par le haut », de stratégie de l'adaptation « par le bas » ou encore de stratégie d'« internalisation » et de stratégie d'« externalisation ». Dans les pages qui suivent, nous vous présentons certaines de ces théories et de ces stratégies de GRH.

La structure des chapitres

Chaque chapitre respecte les règles de présentation de la première édition et se compose des éléments suivants.

Les objectifs pédagogiques

Formulés de manière à orienter le lecteur vers les connaissances les plus importantes du chapitre, les objectifs lui assurent un apprentissage plus adéquat de la matière et une meilleure maîtrise du sujet.

La compétence visée

Il s'agit de la compétence à atteindre par les étudiants, telle qu'énoncée par le ministère de l'Éducation, ou d'une de ses variantes.

La rubrique « Point de mire »

Traitée avec originalité, cette rubrique relate des faits qui donnent un aperçu d'un ou de plusieurs sujets traités. Souvent fictives, ces situations visent à susciter chez le lecteur une réflexion critique sur les concepts présentés dans le chapitre.

Les figures, les tableaux et les documents

Les figures, les tableaux et les documents, dont le nombre a été dosé, présentent tantôt un résumé d'un contenu majeur du texte, tantôt des données corroborant certains énoncés, tantôt une synthèse d'une information jugée pertinente.

Les définitions

Certains mots, clairement définis dans le texte, sont reportés dans la marge, ce qui permet de les repérer aisément. Les mots définis sont indiqués en gras dans le texte. Ils sont aussi présentés dans l'index.

Le résumé

Le résumé fait ressortir les points importants du chapitre. Quand la structure l'exige, le résumé établit un lien entre le contenu du chapitre et le ou les chapitres qui le suivent immédiatement.

L'évaluation de la compétence

Afin de permettre au lecteur de vérifier s'il a atteint la ou les compétences visées de même que les objectifs pédagogiques énumérés au début de chaque chapitre, des questions de révision et d'application lui sont fournies. À la fin du chapitre, des études de cas, qui sont suivies de questions d'analyse, tendent à favoriser davantage, chez l'étudiant, la réflexion plutôt que la présentation mécanique d'une réponse.

Le contenu de l'ouvrage

L'ouvrage n'est pas conçu pour donner à l'enseignement de la gestion des ressources humaines un caractère technique où l'information n'est présentée que de façon descriptive. Il mise beaucoup sur des exemples d'actualité et fait ressortir des situations réelles issues du milieu de travail.

Ce livre s'adresse à une clientèle variée, c'est-à-dire à toute personne qui, au sein de son programme d'études, doit suivre un cours axé sur la gestion des ressources humaines.

L'ouvrage comprend 14 chapitres. Le premier chapitre est consacré à la supervision et aux rôles du superviseur. Les 13 autres chapitres présentent, de façon articulée et progressive, les éléments essentiels de la gestion des ressources humaines.

Chapitre 1 La supervision et les rôles du superviseur

Dans ce chapitre, nous définissons la supervision et précisons les nouveaux rôles du superviseur en tant que gestionnaire. Une nouvelle forme de compétence de gestion est alors proposée.

Chapitre 2 Les défis posés par la gestion de la décroissance des ressources humaines

Dans ce chapitre, nous situons la gestion des ressources humaines par rapport à la réalité que vivent plusieurs gestionnaires des ressources humaines depuis plus d'une décennie, soit la gestion de la décroissance des effectifs. Nous expliquons les défis auxquels ils ont à faire face et nous présentons les qualités qu'ils doivent posséder dans un contexte de changement.

Chapitre 3   La gestion des ressources humaines et la mobilisation du personnel

Face à la démotivation des travailleurs dits « survivants », c'est-à-dire ceux qui ont survécu aux vagues de licenciements, nous proposons, dans ce chapitre, différents modèles de mobilisation du personnel visant justement à assurer une certaine motivation. Nous présentons aussi une nouvelle tendance en gestion des ressources humaines, soit la gestion par les valeurs.

Chapitre 4   L'analyse des postes et la planification des ressources humaines

Comme les données de toute analyse des postes sont un des fondements de la planification de la main-d'œuvre, nous expliquons dans ce chapitre l'importance que revêt la planification stratégique dans l'entreprise. De plus, nous illustrons comment la planification des ressources humaines vient rétablir l'équilibre essentiel entre les besoins de main-d'œuvre et les postes disponibles.

Chapitre 5   L'aspect légal de l'acquisition des ressources humaines

Dans ce chapitre, nous présentons deux lois importantes : la Charte des droits et libertés de la personne du Québec et la Loi sur les normes du travail. D'une part, nous mettons l'accent sur les pratiques discriminatoires interdites et, d'autre part, nous précisons les normes minimales du travail qui protègent tout salarié dans son milieu de travail. Nous prenons soin d'indiquer quelles sont les nouveautés apportées par la Loi sur les normes du travail.

Chapitre 6   La dotation en ressources humaines

Comme l'aspect légal a été présenté au chapitre 5, nous étudions maintenant l'aspect opérationnel de l'acquisition des ressources humaines en explicitant le processus de sélection.

Chapitre 7   Le développement des compétences des ressources humaines dans l'entreprise

Les nouvelles règles du marché exercent une pression importante sur les entreprises qui doivent former leurs employés. Ces dernières peuvent utiliser différents programmes pour assurer le développement des compétences. Nous vous présentons quelques-uns de ces programmes en avançant l'idée que la formation représente un investissement qui augmentera les profits des entreprises et assurera la satisfaction des employés.

Chapitre 8   L'évaluation du rendement

Dans ce chapitre, nous abordons la gestion du rendement en indiquant quels sont les deux objectifs que vise cette activité. Nous définissons les méthodes d'évaluation du rendement les plus utilisées et nous situons cette activité dans sa perspective réelle, qui est de permettre à un individu de savoir ce que l'organisation pense de son rendement.

Chapitre 9   La gestion de la rémunération

Dans ce chapitre, nous abordons certains thèmes qui ont une relation directe avec la rémunération. Nous définissons ce qu'il faut entendre par équité interne, équité externe et équité individuelle. Nous présentons quel doit être l'objectif du programme de rémunération et nous précisons en quoi consiste une politique de rémunération dans l'entreprise.

Chapitre 10   La discipline

En expliquant comment l'application de la discipline est partie intégrante des fonctions du superviseur, nous démontrons que, lorsqu'elle est bien appliquée, la discipline constitue un outil favorisant la réalisation des objectifs stratégiques de l'entreprise. Accompagnant la théorie reliée à la gestion de la discipline, une section du chapitre porte sur la gestion des employés difficiles.

Chapitre 11   La santé et la sécurité du travail

Dans ce chapitre, nous nous penchons sur un sujet toujours d'actualité, soit l'importance que revêt la prévention dans le milieu de travail. Nous précisons les droits et les obligations des salariés et de l'employeur, et indiquons les démarches à entreprendre en cas d'un accident de travail. De plus, nous présentons les formes d'indemnités prévues par la loi et les programmes de réadaptation offerts aux personnes victimes de lésions professionnelles.

Chapitre 12   Le contrat individuel de travail

Les relations individuelles du travail constituent le premier volet des relations du travail. Nous nous attardons à l'encadrement légal du déroulement de ces relations en définissant, entre autres, ce qu'est le contrat individuel de travail, quelles sont les parties qui y sont liées et quelle en est la durée.

Chapitre 13   Les relations du travail : la formation du syndicat et son accréditation

Dans de chapitre, nous traitons de la formation du syndicat et des démarches qui conduisent à l'accréditation, selon les nouvelles règles imposées par le Code du travail.

Chapitre 14   Les relations du travail : la négociation collective

Ce chapitre est consacré à l'essence même des relations collectives du travail, soit la négociation collective. Nous présentons les parties à la négociation et les règles légales qui régissent les rapports entre les parties. Nous abordons ensuite les tactiques et les stratégies couramment utilisées, puis nous présentons les intervenants possibles en cours de négociations et les moyens de pression mis à la disposition des parties.

L'index et la bibliographie

Un index complet permet de repérer rapidement les mots et expressions et les noms d'auteurs. Le numéro de page en gras correspond à la page où se trouve la définition du mot ou du concept. Une bibliographie complète l'ouvrage.

Table des matières

La supervision et les rôles du superviseur

Sommaire

La lecture de ce chapitre devrait vous permettre :

1 de définir le concept de supervision et de le distinguer du concept de gestion.

2 d'expliquer les fonctions de la gestion (planification, organisation, direction et contrôle).

3 de préciser les compétences qui sont exigées des gestionnaires.

4 de décrire les rôles des gestionnaires dans l'organisation.

5 de décrire les étapes de la prise de décision.

6 de décrire les rôles du superviseur en tant que gestionnaire.

7 de différencier les formes de pouvoir.

8 de définir les styles de supervision.

9 de préciser les erreurs qu'un superviseur ne doit pas commettre en tant que gestionnaire.

Compétence visée

La compétence visée dans ce chapitre est d'acquérir les aptitudes requises afin de superviser le personnel de votre service.

Point de mire

L'ambition de Julie

Julie, qui est âgée de 35 ans, a été embauchée en avril 2000 au Centre Vision future inc. à titre de conseillère au développement de nouveaux projets. Comme il s'agissait d'un poste de cadre, elle relevait directement de Jean-Philippe, le directeur général du Centre.

Le Centre Vision future inc. est une entreprise de Saint-Hyacinthe dont la mission est de développer, à l'aide de subventions gouvernementales, différents projets destinés aux jeunes âgés de 18 à 25 ans. Parmi les projets qui ont déjà été mis sur pied on trouve le Club des jeunes branchés sur l'informatique, le Club des internautes maskoutains et le Club jeunesse sportive maskoutaine. De plus, quatre mois après l'arrivée de Julie, deux autres projets ont vu le jour, soit le Centre de placement jeunesse en mouvement et Dimension mentorat 2000.

Le directeur général du Centre Vision future était fier d'annoncer que, grâce au dynamisme de Julie, l'entreprise avait pu obtenir des subventions de l'ordre de 150 000 $ permettant la réalisation de ces deux derniers projets. Ainsi, il avait fait une recommandation au conseil d'administration de l'entreprise demandant que, dès janvier 2001, Julie soit nommée adjointe au directeur général, qu'elle ait du personnel sous sa supervision et qu'elle soit responsable du développement de projets plus prestigieux. Cette requête était justifiée par le fait qu'au cours de l'année 2001 Jean-Philippe devrait s'absenter souvent pour aller travailler avec des promoteurs de projets de la ville de Québec. Fascinés par les réalisations du Centre Vision future, ces promoteurs désiraient ouvrir un Centre à Québec dès l'été 2003. Comme Jean-Philippe éprouvait pour Julie une grande confiance, il voulait qu'à titre d'adjointe elle prenne en charge le Centre durant ses nombreuses absences.

En janvier 2001, Julie a effectivement été nommée adjointe au directeur général. Ses responsabilités se sont accrues et, qui plus est, comme le souhaitait son directeur, elle détenait désormais une autorité hiérarchique sur trois employés, à savoir deux commis et une secrétaire.

Au bout de quatre mois à son nouveau poste, tandis qu'elle était seule à diriger le Centre Vision future, Julie a réussi à obtenir des subventions gouvernementales s'élevant à 450 000 $ et à mettre en œuvre deux projets d'envergure : le Cercle des jeunes passionnés d'astronomie et d'informatique ainsi que le Club entrepreneurship en direct.

Cependant, même si ses employés admettaient que Julie était redoutable quand venait le temps de négocier avec des fonctionnaires provinciaux l'obtention de subventions, ils avouaient aussi que sur le plan des relations humaines, son mode de gestion présentait des lacunes. Parmi les critiques qui revenaient le plus souvent, on notait celle selon laquelle Julie était une femme sévère, trop exigeante, peu reconnaissante et extrêmement ambitieuse.

Après six mois comme adjointe au directeur général, Julie a vu ses relations avec ses employés se détériorer. Elle exigeait d'eux énormément de travail et ne paraissait jamais satisfaite de leurs efforts. Elle leur répétait sans cesse que le plus important était d'atteindre les objectifs de l'entreprise et, ainsi, de « gagner ses galons ». Les employés étaient si tendus dès qu'elle arrivait au bureau que deux d'entre eux songeaient à démissionner ensemble dès qu'ils auraient pris leurs vacances, à la fin du mois de juin. Effectivement, à leur retour de vacances, ils ont démissionné sans préavis, envoyant simplement une lettre recommandée à Julie.

De retour d'urgence au bureau après son long séjour à Québec, Jean-Philippe s'est montré inquiet face à la situation. Il a tout de suite téléphoné aux deux employés démissionnaires et a demandé à les rencontrer. Ces derniers ont affirmé qu'ils reviendraient travailler au Centre Vision future à la condition que Julie cesse d'être leur supérieure hiérarchique.

– Je vais régler la situation de façon qu'il n'y ait que des gagnants, leur a alors dit le directeur.

La journée même de son retour, dès neuf heures, il a convoqué Julie à son bureau. Elle s'y est précipitée avec une pile de dossiers de projets en main. Tout de suite en entrant, elle a lancé :

– Patron, d'autres subventions vont nous parvenir. J'ai tellement d'idées et je veux les partager avec vous !

Jean-Philippe l'a priée de s'asseoir. Le ton de sa voix était plutôt sec. Julie a alors vu, posées sur son bureau, les lettres de démission des deux employés. Elle croyait vivre ses dernières heures au Centre Vison future.

Levant lentement la tête, Jean-Philippe a pris la parole :

– Julie, de concert avec des promoteurs de la chambre de commerce de la région de Québec, je compte ouvrir dans cette ville un Centre Vision future. Le projet se déroule si bien que le Centre devrait être opérationnel dès le mois de mars 2003 et non pas à l'été 2003, comme il était d'abord prévu. Les promoteurs du projet cherchent un directeur général… ou une directrice générale, a-t-il ajouté en souriant. Si vous désirez ce poste, il est à vous. Vous auriez sous votre responsabilité un adjoint, mais vous ne superviseriez plus de personnel.

Julie a alors compris que son mode de gestion du personnel n'était pas apprécié.

– Est-ce une façon élégante de vous débarrasser de moi ? lui a-t-elle demandé d'une voix faible.

Le directeur s'est voulu rassurant.

– Non, je veux que vous alliez développer votre talent à Québec, là où d'autres défis vous attendent. J'aime votre façon de travailler, mais j'aime aussi mes employés. Et que deux d'entre eux partent en claquant la porte, cela me déplaît grandement. Julie, a-t-il dit en se levant, je ne vous abandonne pas. Pendant les deux premières années d'activités, le Centre Vision future de Québec sera supervisé par notre Centre. Et selon l'entente intervenue avec les promoteurs de Québec, après deux ans, le Centre de Québec deviendra autonome. Donc, nous travaillerons en étroite collaboration pendant les deux prochaines années. Et nous posséderons le même titre.

Les yeux de Julie se sont alors mis à briller. Le directeur venait de prononcer des mots stimulants : « nous posséderons le même titre ». Elle s'est levée d'un bond :

– Monsieur le directeur, j'accepte ce poste à Québec. Vous verrez, nous ferons des merveilles ensemble ! Nous développerons tous les projets que…

Jean-Philippe a souri face à l'enthousiasme de Julie. Il lui a fait signe de se taire et lui a montré les deux lettres de démission.

– Ne vous emballez pas trop vite, Julie. Nous avons encore un problème de gestion des ressources humaines à régler ici !

1.1 Définition de la supervision

Dans les organisations dont la taille nécessite une structure comprenant plus d'un niveau hiérarchique, c'est-à-dire les organisations où l'on trouve des individus qui, à différents paliers hiérarchiques, dirigent et d'autres qui, placés sous leur autorité, exécutent leurs ordres, il devient difficile de dissocier les termes « gestionnaire » et « superviseur ».

Peu importe la position de ces gestionnaires dans l'organisation (vice-président, directeur, adjoint administratif, superviseur), il existe une activité qui leur revient à tous dès qu'ils dirigent du personnel. Il s'agit de la supervision.

C'est pourquoi la supervision peut être définie comme une activité dans laquelle un gestionnaire, par la position hiérarchique qu'il occupe, distribue aux employés le travail à accomplir, coordonne les tâches, adopte les mesures nécessaires afin que le travail soit exécuté efficacement, guide les employés pour qu'ils atteignent les objectifs fixés et évalue périodiquement, de façon formelle ou informelle, le rendement des employés.

Ainsi, dans un sens large, tout gestionnaire qui exerce une telle activité peut être appelé superviseur. Dans un sens restreint, tout au long de ce chapitre, le mot « superviseur » sera réservé aux gestionnaires qui, dans l'organisation, se situent au niveau hiérarchique de commandement le moins élevé.

1.2 Les fonctions de la gestion et la supervision

Au sein d'une organisation, les quatre principales fonctions de la gestion relèvent des gestionnaires, car c'est avant tout à ces cadres qu'appartient la responsabilité de diriger l'entreprise de manière efficace et d'en assurer la rentabilité et la continuité.

La **gestion** en elle-même se définit comme un processus qui intègre la planification, l'organisation, la direction et le contrôle de différentes ressources tangibles et intangibles (humaines, financières et matérielles) nécessaires à la réalisation des objectifs fixés et au bon fonctionnement de l'entreprise. Mais sous ces quatre fonctions se regroupent plusieurs activités inhérentes aux tâches mêmes des gestionnaires, lesquelles, selon le niveau hiérarchique qu'ils occupent, varient en nombre, en intensité et en importance. Pour bien cerner comment les activités qu'elles renferment sont essentielles à l'exécution des tâches des gestionnaires, nous étudierons brièvement chacune de ces fonctions de la gestion.

Gestion : Processus qui intègre la planification, l'organisation, la direction et le contrôle de différentes ressources nécessaires au bon fonctionnement de l'entreprise.

1.2.1 La planification

La **planification** se doit d'être la première fonction de la gestion, car elle oriente toutes les activités comprises dans les trois autres fonctions qui la suivent. Faire de la planification, c'est prévoir l'avenir. C'est fixer des objectifs à atteindre et préparer des plans de travail permettant de les réaliser. C'est se poser des questions telles que celles-ci : « Vers quoi nous dirigeons-nous ? Comment allons-nous nous y rendre ? » C'est aussi, pour les cadres dirigeants de niveau supérieur (le président et les vice-présidents) de même que pour les cadres dirigeants de niveau fonctionnel (les directeurs des services), le fait de pouvoir élaborer une stratégie d'ensemble afin de mener l'entreprise à la réalisation de ses objectifs. C'est enfin, pour les cadres intermédiaires strictement de niveau fonctionnel (les différents adjoints aux directeurs des services), le fait d'établir, à partir de la stratégie d'ensemble, des stratégies assurant le fonctionnement et le développement de leur unité administrative respective.

Il serait erroné de penser que la planification est une fonction réservée aux cadres dirigeants et aux cadres intermédiaires strictement de niveau fonctionnel. En réalité, elle est une fonction globale, qui touche les cadres de tous les niveaux et qui permet de constater que même les cadres de terrain strictement de niveau exécutant[1] (les contremaîtres et les superviseurs) doivent fixer et mettre en œuvre des objectifs hebdomadaires, voire quotidiens. Par exemple, un superviseur du service de la production peut, selon les commandes reçues et les stocks disponibles, établir un calendrier de production pour les deux prochaines semaines tout en déterminant les quantités à produire quotidiennement.

1.2.2 L'organisation

L'**organisation**, qui constitue la deuxième fonction de la gestion, révèle par son appellation même la pertinence de sa position par rapport aux autres fonctions. C'est en effet dans le contexte de cette fonction qu'il faut se poser la question suivante : « Comment organiserons-nous nos différentes ressources afin de réaliser nos objectifs ? » Au cours de la phase de l'organisation, on doit comprendre le jeu des interactions qui s'établissent entre les individus, l'importance des tâches et des rôles à définir, de même que l'importance de la création d'une structure.

Enfin, c'est aussi pendant cette phase que chaque gestionnaire doit comprendre les limites de son autorité et l'étendue de ses responsabilités.

1.2.3 La direction

La **direction** est la troisième fonction de la gestion. Elle concerne la direction des employés, qui doivent, dans leurs tâches quotidiennes, exécuter le travail qui leur est donné.

Au cours de cette phase, il est important pour le gestionnaire de communiquer avec ses employés, non seulement pour bien leur expliquer les objectifs à atteindre, mais aussi pour comprendre ce qu'ils ressentent et ce qu'ils vivent dans leur milieu de travail, comme le stress, l'angoisse, la satisfaction ou le bien-être. Par exemple, un chef de rayon dans un magasin à grande surface constate que ses caissières sont débordées et que les clients commencent à s'impatienter. De façon ponctuelle, il demande d'ouvrir une autre caisse, dirige lui-même les clients vers cette nouvelle caisse et, en attendant qu'un employé s'y présente, il les sert lui-même.

---

1. Une description de chacun de ces niveaux de cadres est donnée à la figure 1.2.

Dans cette optique, le gestionnaire doit exercer son autorité avec discernement afin de mener tous ses employés à la réalisation d'objectifs communs. Il doit pouvoir les motiver, être à l'écoute de leurs besoins et posséder le leadership nécessaire afin d'orienter les besoins individuels et collectifs, de même que les besoins de l'organisation, vers ces objectifs à atteindre.

1.2.4 Le contrôle

Le **contrôle**, qui constitue aussi une fonction de la gestion, consiste en une évaluation des résultats atteints conformément aux objectifs fixés et en l'adoption éventuelle de mesures correctives. Il va de soi que la nature de l'évaluation varie en fonction de différents paramètres. Pour illustrer notre propos, nous analyserons trois de ces paramètres.

Le premier paramètre est la portée des objectifs dans le temps. Ainsi, des objectifs à atteindre quotidiennement nécessitent une évaluation plus constante et plus serrée que des objectifs à atteindre dans cinq ans. Le deuxième paramètre est la rigueur des normes établies. En ce qui a trait à la production, par exemple, un contrôle de la qualité exige plus de rigueur qu'un contrôle de la quantité, car si la quantité prévue est obtenue mais ne respecte pas la qualité exigée, le coût des rebuts peut devenir excessif. Quant au troisième paramètre, il s'agit de l'objet même de ce qui est évalué. Pour ce qui est de l'évaluation du rendement, le cadre n'est pas évalué comme le travailleur d'usine. Pour le cadre, on procède souvent à son évaluation selon les objectifs atteints (il est alors question de direction par objectifs), tandis que pour le travailleur d'usine, on se base sur des normes de rendement quantifiables et mesurables.

Peu importe le paramètre qui intervient et qui influe sur la nature du contrôle, dès qu'on évalue des ressources humaines, on peut affirmer que sous la fonction « contrôle » se trouve aussi l'activité « supervision ».

La figure 1.1 permet de visualiser comment les gestionnaires, dans le contexte des fonctions de la gestion, coordonnent et transforment les différentes ressources de l'entreprise afin d'atteindre leurs objectifs. De plus, elle fait ressortir la place qu'occupe la supervision en tant qu'activité au sein de certaines de ces fonctions.

Comme nous le constatons dans la figure 1.1, dans le contexte des fonctions « planification », « organisation » et « contrôle », les gestionnaires accordent une

Contrôle : Quatrième fonction de la gestion, elle consiste en une évaluation des résultats obtenus conformément aux objectifs fixés et en l'adoption éventuelle de mesures correctives.

La place de la supervision dans les fonctions de la gestion et la coordination des ressources par rapport aux objectifs à atteindre | **Figure 1.1**

Les gestionnaires par leurs fonctions de :

- **planification**   coordonnent   **les ressources :**
- **organisation**   et transforment   • **humaines**
- **contrôle**   • **financières**
   • **matérielles**   au sein du   **système de production**   afin d'atteindre les   **objectifs de l'organisation**

- **direction**   supervisent   **les ressources**
- **contrôle**   **humaines**

importance égale à toutes leurs ressources (humaines, financières et matérielles) car, dans la démarche entreprise afin d'atteindre les objectifs, chacun de ces types de ressources joue un rôle bien défini. Nous voyons de plus que seules les ressources humaines nécessitent une supervision directe de la part des gestionnaires. Ce fait est compréhensible étant donné que dans le milieu de travail les individus ont parfois des comportements imprévisibles, de sorte que c'est seulement par la fonction « direction » que les gestionnaires peuvent trouver des moyens de les motiver. De même, c'est seulement par la fonction « contrôle » qu'ils peuvent, consécutivement à leur évaluation, faire aux employés des recommandations et leur fournir les outils qui leur permettront de progresser en vue d'atteindre les objectifs fixés.

1.3　Les compétences exigées des gestionnaires

Dans les organisations de taille moyenne et dans les grandes organisations, il existe différents types de cadres. Ces cadres sont classés en trois catégories, soit les cadres supérieurs, les cadres intermédiaires et les cadres de terrain. Cette classification a l'avantage d'être simple à comprendre et à illustrer ; de plus, elle permet de situer rapidement les individus dans les différentes catégories en fonction des titres qu'ils portent au sein de l'organisation.

En revanche, cette classification ne permet aucune souplesse et se veut générale pour toutes les entreprises, peu importe leur taille. Il s'agit là d'un inconvénient majeur.

Une classification des cadres devrait tenir compte des nouvelles réalités qui touchent les organisations, comme la mondialisation, la concurrence internationale, la restructuration interne, la diminution des effectifs, l'aplanissement des structures[2], la nouvelle définition des tâches des cadres dont les rôles et les fonctions ne cessent de croître, et ainsi de suite. La figure 1.2 présente cette nouvelle classification.

Comme il est de la responsabilité de ces différents cadres d'atteindre les objectifs fixés, ils y parviendront efficacement selon les habiletés ou les compétences qu'ils possèdent. On distingue cinq types de compétences : les compétences conceptuelles, les compétences liées aux relations humaines, les compétences techniques, les compétences administratives et les compétences douces.

Bien qu'il soit souhaitable qu'un cadre possède toutes ces compétences, ce souhait est plutôt illusoire. La principale raison de cela tient au fait que certaines compétences sont rattachées directement à la personnalité de l'individu qui les possède (compétences liées aux relations humaines et compétences douces), qu'un autre type de compétences relève d'une aptitude particulière du cadre à être visionnaire (compétences conceptuelles), qu'un type est associé au dynamisme et au professionnalisme manifestés par le cadre (compétences administratives) et, enfin, qu'un type a trait à la formation, à la scolarité ou à l'expérience que possède l'individu (compétences techniques). La figure 1.3 résume cette information.

---

2. Notez que l'aplanissement des structures qui s'est opéré dans les organisations a surtout causé l'élimination de postes qui, jadis, étaient occupés par des cadres qualifiés d'intermédiaires. Voir sur ce sujet le convaincant article d'Alain Rondeau, « Transformer l'organisation. Comprendre les forces qui façonnent l'organisation et le travail », *Gestion, Revue internationale de gestion*, automne 1999, p. 12-19.

Cadres dirigeants

A **De niveau supérieur (président, vice-présidents)**
Ils définissent la vision de l'entreprise de même que ses orientations
futures et fixent les objectifs à atteindre à long terme.

B **De niveau fonctionnel (directeurs des différents services)**
Ils gèrent leur service comme une mini-entreprise. Ils lui donnent une vision et une orientation,
et déterminent des objectifs précis à atteindre conformément aux objectifs fixés par les cadres
dirigeants de niveau supérieur.

Cadres intermédiaires

Strictement de niveau fonctionnel
(adjoints aux directeurs des différents services)
Ils font office d'exécutants, car ils rendent tangibles et opérationnels les objectifs fixés pour leur service.

Cadres de terrain

Strictement de niveau exécutant (contremaîtres, superviseurs)
Ils distribuent directement les tâches aux employés de production, en supervisent l'exécution, exercent
un contrôle sur le niveau de production atteint et font rapport à leur supérieur immédiat.

Les compétences de gestion et les éléments auxquels ils sont associés **Figure 1.3**

Types de compétences	Éléments auxquels ils sont associés			
	Personnalité du détenteur	Formation, scolarité et expérience du détenteur	Aptitude du détenteur à être visionnaire	Dynamisme et professionnalisme du détenteur
Conceptuelles			●	
Reliées aux relations humaines	●			
Techniques		●		
Administratives				●
Douces	●			

Nous expliquerons brièvement ces différents types de compétences.

---

3. Bernard Turgeon et Dominique Lamaute, *Le management dans son nouveau contexte*,
Montréal, Chenelière/McGraw-Hill, 2002, p. 47.

1.3.1 Les compétences conceptuelles

Les compétences conceptuelles constituent les habiletés qui permettent à un gestionnaire de visualiser l'entreprise dans sa globalité, de présenter différents concepts et de les développer de manière purement abstraite. Ce type de compétences permet aussi au gestionnaire d'orienter l'entreprise en élaborant des stratégies, en énonçant des politiques et en examinant les conséquences possibles sur les plans financier et social d'une décision prise au nom de l'entreprise. Les compétences conceptuelles sont généralement manifestées par les cadres dirigeants tant de niveau supérieur que de niveau fonctionnel, car avant tout soit ils dirigent et orientent l'entreprise dans son ensemble (cadres dirigeants de niveau supérieur), soit ils dirigent et orientent un service de l'entreprise (cadres dirigeants de niveau fonctionnel).

1.3.2 Les compétences liées aux relations humaines

Ce type de compétences se traduit par l'habileté que possède un gestionnaire à pouvoir accepter une double réalité. Selon la première réalité, ses pairs de même que les travailleurs qu'il supervise ont une personnalité et des comportements au travail qui leur sont propres ; selon la seconde réalité, les cadres et les employés doivent travailler ensemble à la réalisation d'un objectif commun, qui consiste à assurer à l'entreprise une rentabilité à long terme.

Une fois qu'il a accepté ces deux réalités, le gestionnaire qui utilise ce type de compétences démontrera une ouverture dans l'établissement et le maintien d'une communication efficace avec ses pairs et avec ses employés. Il pourra alors témoigner d'une volonté de travailler de concert avec eux et d'entretenir des relations empreintes d'harmonie.

Les compétences liées aux relations humaines sont les compétences les plus importantes que puissent détenir les gestionnaires, car elles reflètent le type de relation qu'ils veulent avoir avec d'autres membres de l'organisation. On ne saurait nier la nécessité pour tous les cadres de posséder ces compétences étant donné qu'elles influent directement sur la qualité de la supervision qu'ils exercent.

1.3.3 Les compétences techniques

Les compétences techniques permettent aux gestionnaires de devenir un centre de référence pour leurs employés. Elles représentent les connaissances qu'ils possèdent au sujet du travail qu'ils ont à accomplir ainsi que du travail qu'ils ont à distribuer à leurs employés. Ces compétences peuvent aller de la connaissance du fonctionnement des machines de production ou de la compréhension d'un procédé spécifique de fabrication jusqu'à la faculté d'expliquer les aspects techniques d'une tâche ou d'appliquer les méthodes de travail dans le respect des différentes normes et politiques de l'entreprise.

Les compétences techniques sont nécessaires tant aux cadres dirigeants de niveau fonctionnel qu'aux cadres intermédiaires strictement de niveau fonctionnel et aux cadres de terrain strictement de niveau exécutant. En effet, les cadres dirigeants de niveau fonctionnel dirigent leur service selon leur spécialisation. On s'attend, par exemple, à ce qu'un directeur des ressources humaines connaisse les principales lois du travail et puisse les appliquer au besoin. Dans le même ordre d'idées, un directeur du service des finances devrait être en mesure d'établir un budget, d'interpréter des ratios et d'expliquer les états financiers aux futurs investisseurs ou aux créanciers de l'entreprise.

Quant aux cadres intermédiaires strictement de niveau fonctionnel, ils doivent, en fonction de leurs compétences techniques, pouvoir fournir une information pertinente à leur supérieur immédiat afin de lui permettre de prendre des décisions judicieuses.

En ce qui a trait aux cadres de terrain strictement de niveau exécutant, leurs compétences techniques se manifestent dans les nombreuses relations qu'ils entretiennent quotidiennement avec leurs employés. De même, ils appliquent ces compétences lorsqu'ils déterminent les procédés de fabrication qui seront utilisés ou lorsqu'ils expliquent des politiques ou des règles techniques. Voici deux exemples de ce fait.

1er exemple

Un contremaître d'usine qui reçoit un nouvel employé doit pouvoir le former directement sur les lieux de travail. Il doit aussi lui venir en aide quand il éprouve une difficulté d'ordre technique concernant une machine à faire fonctionner ou, de façon générale, le travail à effectuer.

2e exemple

Un superviseur des ressources humaines à qui un employé syndiqué demande des précisions sur l'interprétation d'une clause de la convention collective doit pouvoir lui fournir des explications claires et précises.

1.3.4 Les compétences administratives

Les compétences administratives permettent aux gestionnaires de tous les niveaux hiérarchiques de se servir de leurs compétences de façon générale afin de bien coordonner les fonctions « planification », « organisation », « direction » et « contrôle » en vue d'atteindre leurs objectifs.

Quand un gestionnaire possède des compétences administratives, il lui est possible d'organiser le travail de manière logique et structurée. Une fois ses objectifs fixés, il sait exactement comment les atteindre. En somme, il détient les compétences qu'il faut pour faire avancer les choses et pour prendre des décisions justes, au bon moment.

1.3.5 Les compétences douces

Les compétences douces sont directement liées à la personnalité des gestionnaires. Elles reflètent leurs habiletés interpersonnelles et sociales et se mesurent par différents critères, tels que le niveau de créativité, la capacité d'adaptation, le sens du leadership, le sens de l'initiative, la capacité à être autonome, l'esprit d'équipe manifesté, l'énergie déployée, le sens de l'engagement et la facilité à établir une communication efficace.

D'autres critères, plus observables dans des situations ponctuelles, permettent aussi de comprendre la portée de telles compétences. On trouve deux exemples de ces critères dans la capacité à composer avec l'ambiguïté et dans la flexibilité et la souplesse démontrées face à différentes situations.

En ce qui concerne la différence à établir entre les compétences liées aux relations humaines et les compétences douces, bien que ces deux types de compétences soient associés à la personnalité du cadre, les premières compétences témoignent de la capacité du cadre à communiquer, tandis que les secondes témoignent de sa capacité à être flexible, souple, autonome, créatif, énergique, et à être un bon communicateur.

1.4 Les rôles des gestionnaires

Il n'est pas aisé de parler de façon générale des rôles des gestionnaires dans l'organisation, car, selon la situation à laquelle ils font face, ils jouent souvent un rôle précis, et ce, de façon ponctuelle. Par exemple, dans un cas d'urgence où est observée une pénurie de matières premières en raison des retards répétés du fournisseur principal de l'usine, un contremaître peut, de manière ponctuelle, décider de faire appel à un autre fournisseur. Mais si une telle situation ne se produit qu'une fois en trois ans, peut-on affirmer que l'esprit d'initiative qu'a démontré ce contremaître fait partie des rôles qu'il exerce habituellement dans l'exécution de ses tâches ?

Le plus souvent, les rôles que les gestionnaires ont à jouer s'intègrent de façon plus courante et plus répétitive dans l'exécution de leurs tâches quotidiennes. Ainsi, dans une usine qui fabrique des explosifs, un directeur des ressources humaines qui transmet chaque semaine aux employés les nouvelles normes applicables en matière de santé et de sécurité joue un rôle de diffuseur de l'information. On comprend qu'il s'agit là d'un rôle normal qu'il remplit dans le cadre de ses fonctions quotidiennes.

La question que l'on se pose est la suivante : comment peut-on déterminer les différents rôles qui ne reviennent pas nécessairement à tous les gestionnaires d'une organisation, qui varient en importance selon leur position respective dans l'organisation et qui s'insèrent dans leurs fonctions ou encore répondent à une situation imprévue ?

Henry Mintzberg[4] propose une classification selon laquelle 10 rôles principaux reviennent aux gestionnaires. Il les regroupe sous trois titres : les rôles interpersonnels, les rôles informationnels et les rôles décisionnels. Le tableau 1.1 présente ces différents rôles.

Tableau 1.1 Les rôles des gestionnaires selon Mintzberg		
Rôles interpersonnels	**Rôles informationnels**	**Rôles décisionnels**
Symbole	Observateur actif	Entrepreneur
Leader	Diffuseur	Répartiteur de ressources
Agent de liaison	Porte-parole	Régulateur
		Négociateur

4. Henry Mintzberg, *Le manager au quotidien : les dix rôles du cadre*, Montréal, Éditions d'Organisation/Éditions Agence d'Arc, 1984.

1.4.1   Les rôles interpersonnels

Parmi les rôles interpersonnels, le gestionnaire peut être un symbole non seulement au sein de l'organisation, mais aussi en dehors de celle-ci. Il joue ce rôle au cours de différentes cérémonies officielles où il représente l'entreprise.

Le gestionnaire peut aussi être vu comme un leader, car, en plus de motiver ses employés, il doit coordonner leurs tâches. Grâce à une communication efficace, il doit leur permettre de comprendre les objectifs de l'organisation et les guider vers leur réalisation.

Le gestionnaire est enfin un agent de liaison. Il remplit en effet ce rôle dans les relations qu'il établit tant avec les membres de l'organisation qu'avec des personnes de l'extérieur.

1.4.2   Les rôles informationnels

Parmi les rôles informationnels, le gestionnaire peut être un observateur actif quand il cherche, examine et traite toutes sortes d'informations susceptibles d'être utiles aux membres de l'organisation.

Il joue le rôle de diffuseur lorsqu'il transmet l'information pertinente aux membres de l'entreprise ou à des personnes qui se trouvent à l'extérieur de celle-ci.

Finalement, il agit en tant que porte-parole quand il transmet à l'extérieur de l'entreprise des renseignements faisant appel à son expertise. Ce serait le cas d'un directeur des ressources humaines d'une usine qui s'adresse aux médias afin de leur expliquer les effets d'une grève illégale sur la survie à court terme de l'usine.

1.4.3   Les rôles décisionnels

Parmi les rôles décisionnels, le gestionnaire peut être un entrepreneur quand il lance de nouveaux projets, émet des idées, examine les occasions d'affaires, en somme voit à l'expansion et à la rentabilité de l'entreprise.

Ensuite, le gestionnaire joue le rôle de répartiteur de ressources quand il distribue adéquatement les ressources humaines, financières et matérielles dont il dispose afin d'assurer une bonne exécution du travail et la réalisation des objectifs fixés préalablement.

Vient ensuite le rôle de régulateur, c'est-à-dire le rôle tampon endossé par le gestionnaire quand il gère des conflits à l'intérieur ou à l'extérieur de l'organisation et propose des solutions aux problèmes.

Finalement, le gestionnaire joue un rôle de négociateur lorsqu'il traite et négocie avec des personnes qui se trouvent à l'extérieur de l'entreprise (fournisseurs, investisseurs potentiels, créanciers, etc.) ou avec des agents internes tels que les syndicats.

1.5   Les gestionnaires et la prise de décision : un aperçu de l'ampleur de cette tâche

Une des principales tâches des gestionnaires consiste à prendre des décisions. Que ce soit pour régler un problème ou pour juger de la pertinence d'une occasion d'affaires, les gestionnaires doivent prendre des décisions quotidiennement.

Peu importe la méthode que les gestionnaires utilisent afin de s'acquitter de cette tâche, la **prise de décision** consiste d'abord et avant tout à arrêter son choix sur une option précise, laquelle permet soit de régler un problème, soit d'apprécier une occasion d'affaires, le tout conformément aux objectifs et aux politiques de l'organisation.

Certaines décisions que prennent les gestionnaires sont dites non programmées, c'est-à-dire qu'elles ne sont pas routinières ou ne découlent d'aucune règle préalablement établie. Pour prendre de telles décisions, ils doivent faire preuve de jugement ou se baser sur leur intuition ou s'inspirer de leur propre expérience.

Par exemple, un superviseur du service des ressources humaines reçoit une note de son meilleur technicien en informatique. Ce dernier lui annonce qu'un concurrent lui offre un meilleur salaire et qu'il est prêt à l'embaucher immédiatement. Pourtant, ce superviseur avait déjà prévu donner une promotion à son technicien, mais dans quatre mois seulement, promotion évidemment assortie d'une augmentation de salaire. S'il ne veut pas perdre son technicien, il lui faut prendre une décision tout de suite, en se fondant sur son jugement. Il s'agira d'une décision non programmée.

Pour aider le gestionnaire à prendre des décisions dites non programmées, il existe une approche très utile que l'on qualifie de rationnelle. Celle-ci s'appuie sur un processus de prise de décision dont les étapes sont regroupées en cinq phases, soit la phase de perception, la phase de dépistage, la phase de définition, la phase d'offensive et la phase opérationnelle (*voir le tableau 1.2*).

Enfin, d'autres types de décisions, dites programmées, sont prises par les gestionnaires, de façon routinière (par exemple choisir l'heure à laquelle il faut stopper la production afin de permettre l'entretien quotidien des machines) ou à partir de règles définies (par exemple, selon la politique établie en matière de mesures disciplinaires, appliquer telle mesure si tel manquement est observé chez un travailleur).

Tableau 1.2 Les phases de la prise de décision selon l'approche rationnelle	
Phase	**Déroulement**
Phase de perception	**Perception d'une occasion d'affaires ou d'un problème**
Phase de dépistage	**Collecte et analyse des faits pertinents relatifs à la situation**
Phase de définition	**Reconnaissance de l'occasion d'affaires ou du problème** **Définition de l'objectif à atteindre** **Établissement de contraintes**
Phase d'offensive	**Énoncé des options possibles** **Évaluation des options** **Établissement du choix**
Phase opérationnelle	**Communication du choix** **Suivi**

1.6 Les rôles du superviseur en tant que gestionnaire

Même si tous les cadres d'une entreprise, peu importe leur niveau hiérarchique, exercent une supervision sur leurs subalternes, il faut admettre que l'activité de supervision est régulièrement exécutée par les cadres de terrain strictement de niveau exécutant, qui, rappelons-le, en vertu de leur position hiérarchique, établissent le lien entre la haute direction et les travailleurs.

Aux yeux des travailleurs, ces gestionnaires représentent souvent l'organisation elle-même, car ce sont eux qui planifient leur travail, le répartissent, le leur expliquent si cela s'avère nécessaire, en contrôlent le déroulement et l'évaluent. À ces gestionnaires la haute direction demande d'assurer la production, de maintenir la qualité exigée, d'atteindre les objectifs de production fixés, de maintenir les coûts de production les plus bas possible et d'entretenir de bonnes relations interpersonnelles avec les employés. À cause de cette position unique qu'ils occupent dans l'organisation, il faut reconnaître à ces gestionnaires des rôles spécifiques (*voir le tableau 1.3*).

Ainsi, un superviseur est appelé à jouer le rôle d'orienteur quand il doit guider et former les nouveaux employés dans l'exécution de leurs tâches. Il peut aussi jouer le rôle de modèle auprès des employés qui s'inspirent de sa façon de faire les choses pour accomplir eux-mêmes le travail demandé. En outre, il est un leader au sein d'une unité administrative, d'une usine ou d'un laboratoire lorsqu'il fait appel aux habiletés et aux compétences des travailleurs, et qu'il tient compte de leurs besoins afin de les diriger avec habileté et efficacité vers la réalisation des objectifs de l'organisation.

Par ailleurs, le superviseur joue le rôle d'évaluateur lorsqu'il évalue le rendement des travailleurs, détermine les écarts de rendement et prend les mesures correctives appropriées. Il est également un préfet de discipline qui doit appliquer des

Tableau 1.3	Les rôles du superviseur
Rôles	**Fonctions**
Orienteur	**Guide les travailleurs dans l'exécution de leurs tâches.**
Modèle	**Inspire les travailleurs par sa façon de faire.**
Leader	**Dirige les travailleurs selon les besoins, les habiletés et les compétences de chacun.**
Évaluateur	**Évalue le rendement des employés.**
Préfet de discipline	**Applique des mesures disciplinaires quand cela est nécessaire.**
Conseiller	**Fait des suggestions aux employés.**

mesures disciplinaires afin de sanctionner certains employés en raison de comportements jugés inadéquats par la direction. Enfin, le superviseur est un conseiller qui fait des suggestions aux employés et les aide à résoudre leurs problèmes tant personnels qu'organisationnels.

1.7 Les caractéristiques d'un bon superviseur

Les travailleurs voient souvent dans le comportement adopté par le superviseur le reflet de ce que représente à leurs yeux la haute direction de l'entreprise. Il est donc primordial pour ce gestionnaire de posséder certaines qualités ou caractéristiques qui lui permettront de bien remplir ses fonctions (*voir le tableau 1.4*).

Le superviseur doit faire preuve de leadership. Cela exige qu'il soit un meneur pour ses employés et non un dictateur. Il doit travailler en fonction des objectifs de l'entreprise, sans toutefois nier les besoins des travailleurs. De même, le superviseur doit manifester un esprit d'organisation, c'est-à-dire coordonner efficacement les ressources mises à sa disposition afin d'assurer le déroulement de la production sans perte de temps. Il doit aussi avoir un bon jugement. En effet, le superviseur attire le respect de ses employés lorsque les décisions qu'il prend sont justes. Il doit être en mesure d'analyser chaque situation avec objectivité, présenter des options réalistes et choisir celle qui constitue la solution la plus adéquate pour l'organisation et les employés.

Le superviseur doit démontrer de la compétence. Nous avons déjà mentionné qu'il doit posséder les compétences techniques nécessaires à l'exécution de ses tâches. Lorsqu'elles sont utilisées habilement, ces compétences lui valent le respect de ses employés. De plus, le superviseur doit se distinguer par son intégrité.

Tableau 1.4	**Les principales caractéristiques du superviseur**
Leadership	**Doit être un meneur et non un dictateur.**
Esprit d'organisation	**Doit coordonner efficacement les ressources mises à sa disposition.**
Jugement	**Doit faire preuve d'une bonne capacité d'analyse avant de prendre une décision.**
Compétence	**Doit posséder les compétences techniques requises par sa tâche.**
Intégrité	**Doit être juste et équitable dans les décisions qui concernent ses employés.**
Initiative	**Doit faire face à des situations où il lui faut apporter des changements, réorganiser le travail, proposer de nouvelles méthodes de travail et résoudre des problèmes.**
Intérêt pour les employés	**Doit s'intéresser véritablement à ses employés et toujours essayer d'améliorer leur bien-être.**

Il doit distribuer le travail entre ses employés de façon équitable. Il doit être honnête lorsqu'il prend des décisions qui concernent ceux-ci. Il ne saurait avoir deux poids, deux mesures. Par ailleurs, il va de soi que l'esprit d'initiative du superviseur est nécessaire dans des situations problématiques. Quand une machine cesse subitement de fonctionner et que les travailleurs se demandent quoi faire, le superviseur doit prendre des initiatives et proposer des solutions.

Enfin, l'intérêt pour les employés est une qualité très appréciée chez un superviseur. Celui-ci ne doit pas s'intéresser uniquement aux objectifs organisationnels à atteindre. Il doit toujours essayer d'améliorer le bien-être de ses employés. Leurs problèmes personnels de même que les difficultés qu'ils éprouvent dans leur milieu de travail doivent constituer une de ses préoccupations. Il doit savoir écouter ses employés.

1.8 Le superviseur et la notion de pouvoir

Même si le superviseur occupe une position hiérarchique qui le situe près des travailleurs, il demeure un cadre. Il n'est pas un cadre dirigeant ; il exerce plutôt des fonctions de cadre exécutant.

Du seul fait de sa position hiérarchique, il est investi de différents types de pouvoir. Certains d'entre eux lui sont attribués directement par l'organisation. D'autres proviennent de sources qui lui sont personnelles.

1.8.1 Les pouvoirs découlant de l'organisation

De l'organisation proviennent trois types de pouvoir : le pouvoir formel, le pouvoir de récompenser et le pouvoir de coercition ou de punition.

Le pouvoir formel

Issu de la structure de l'organisation, ce pouvoir augmente en intensité à mesure que la position du gestionnaire s'élève au sein de l'organisation. C'est le pouvoir du « chef ». Il confère à celui qui le détient l'autorité formelle, c'est-à-dire le droit de donner des directives et le pouvoir de les faire respecter.

Comme le pouvoir lui-même est une forme d'influence, le superviseur qui possède le pouvoir formel peut, de différentes façons, exercer une influence sur les travailleurs qui sont sous son autorité. Regardons ensemble trois de ces façons. Premièrement, il exerce une influence par sa présence sur les lieux de travail. Pensons à la situation où l'ardeur au travail diminue à la fin de la journée. Très souvent, la seule présence du superviseur sur les lieux de travail stimulera momentanément les travailleurs.

Deuxièmement, son influence se manifeste par les directives qu'il donne. En vérité, le superviseur est le patron, et les directives qu'il émet lui permettent de faire avancer le travail. Si les employés exécutent les directives reçues, c'est d'abord qu'ils subissent une forme d'influence.

Troisièmement, le superviseur a une influence du fait qu'il distribue des tâches, assigne des fonctions, apporte des changements aux façons de travailler. Le pouvoir formel qu'il détient lui permet d'organiser le travail, de mobiliser des équipes, de modifier ces équipes selon la quantité de travail à effectuer et d'imposer un rythme de travail favorisant la réalisation des objectifs.

Le pouvoir de récompenser

Le pouvoir de récompenser est difficile à cerner à cause du mot « récompenser » lui-même. Ce qui constitue une récompense aux yeux du superviseur peut ne pas être perçu ainsi par l'employé qui en bénéficie. Il revient donc à l'organisation de définir ce qui représente une récompense et de déterminer en vertu de quelle action elle doit être octroyée.

1er exemple

On peut établir clairement que si tel niveau de production est atteint, une prime sera distribuée aux employés.

2e exemple

Une politique peut stipuler que si le taux des rebuts est réduit de 4 % pendant trois semaines consécutives de travail, une journée de congé payé sera accordée à tous les travailleurs de l'usine.

Cette manière de procéder non seulement écarte tout favoritisme, mais elle évite aussi de placer le superviseur dans une position délicate quand vient le temps de récompenser les employés méritants. Cependant, une mise en garde s'impose. Dans les organisations, le superviseur n'est pas automatiquement investi du pouvoir de récompenser, et ce, pour deux raisons. D'abord, si le fait de récompenser les travailleurs de leur bon rendement ou de tout autre geste digne d'être souligné ne fait pas partie de la culture d'entreprise, le superviseur ne pourra pas, de sa propre initiative, accorder des récompenses.

Ensuite, il faut comprendre qu'aux yeux des employés la seule récompense valable semble toujours être l'argent. Même si le superviseur est témoin de « bons coups » réalisés par certains de ses employés, il ne peut pas nécessairement les récompenser par des primes ou des augmentations de salaire. Le plus souvent, il ne peut faire que des recommandations, car la décision finale de récompenser ou non appartient à la haute direction.

Le pouvoir de coercition

Dans l'organisation, le pouvoir de coercition est défini comme le pouvoir d'infliger des punitions au moyen de mesures disciplinaires. Ainsi, du seul fait qu'il possède l'autorité hiérarchique formelle, le superviseur possède un pouvoir de coercition qu'il peut exercer selon la latitude que lui donne la haute direction. Cependant, il ne doit jamais faire une utilisation abusive de ce type de pouvoir, car la coercition comporte une triple connotation. La première connotation, qui est péjorative, veut que ce type de pouvoir soit « l'arme du faible ». Ainsi, le superviseur dont l'autorité formelle serait mise en doute, peu respectée ou carrément ignorée par ses employés pourrait, pour tenter de rétablir la situation, utiliser la menace à l'endroit de ses employés ou prendre contre eux de sévères mesures disciplinaires.

La deuxième connotation est dite légitime. Vue sous cet angle, la coercition est acceptée par les employés comme une mesure visant à corriger chez eux un comportement déviant. Le recours au pouvoir de coercition par le superviseur devient donc circonstanciel. Aux yeux des employés, si leur superviseur applique une mesure disciplinaire, c'est l'organisation qui punit et non pas lui directement.

Ce serait le cas de l'employé qui, durant la même semaine de travail, aurait accumulé 4 retards consécutifs de plus de 10 minutes chacun. Si une politique de l'entreprise stipule que dans une telle situation l'employé se voit soustraire de son salaire l'équivalent d'une demi-journée de travail, le superviseur ne fera qu'appliquer la punition ; il ne sera pas vu comme celui qui a pris la décision.

La troisième connotation renvoie au caractère impopulaire de la coercition. Même si un employé fautif accepte la mesure disciplinaire qui lui est imposée, selon lui, toute forme de punition demeure et demeurera toujours injuste et trop sévère.

1.8.2 Les pouvoirs de sources personnelles

Il existe deux types de pouvoir provenant de sources personnelles ou intrinsèques : le pouvoir d'expertise et le pouvoir charismatique.

Le pouvoir d'expertise

Le pouvoir d'expertise du superviseur découle d'une source personnelle dans la mesure où les connaissances techniques qu'il possède sont reconnues par ses pairs, ses collègues ou ses employés.

Un superviseur se doit de posséder les connaissances techniques qui lui permettront de guider ses employés, de les rassurer et de les diriger efficacement. Soulignons toutefois que le fait de détenir ces connaissances ne garantit pas automatiquement le respect de la part des employés. Encore faut-il que le superviseur sache les utiliser et les transmettre.

Un superviseur efficace devrait utiliser son pouvoir d'expertise en appliquant trois grandes règles : la règle des 3 R (rassurer, renseigner, respecter), la règle des 3 E (encourager, endosser, écouter) et la règle des 3 D (diriger, dynamiser, défendre) (*voir le tableau 1.5*). Une explication de ces différentes règles permettra d'en saisir la portée.

La règle des 3 R

Rassurer. Le superviseur doit montrer à ses employés que lorsqu'un problème les concerne sur le plan du travail ou sur le plan personnel, on peut envisager plusieurs solutions avant de faire un choix final et que ce choix ne les désavantagera pas nécessairement.

Renseigner. Une partie du pouvoir d'expertise que possède le superviseur provient de l'information qu'il détient. Il doit utiliser cette information avec discernement, c'est-à-dire la transmettre aux employés au moment opportun.

Tableau 1.5	Les règles d'application du pouvoir d'expertise par le superviseur	
Règle des 3 R	**Règle des 3 E**	**Règle des 3 D**
Rassurer	Encourager	Diriger
Renseigner	Endosser	Dynamiser
Respecter	Écouter	Défendre

Respecter. Le superviseur doit comprendre que les employés ne possèdent pas nécessairement sa compétence ni son expérience. Certains d'entre eux peuvent éprouver de la difficulté à atteindre les niveaux de rendement demandés. C'est à ce moment que le superviseur doit faire preuve de jugement et de leadership, et respecter les différences entre les individus. Il doit les guider et les former pour leur permettre d'atteindre le rendement qu'on attend d'eux.

La règle des 3 E

Encourager. Le superviseur doit non seulement aider les employés moins performants à persévérer afin d'obtenir le rendement demandé, mais aussi encourager les employés performants à maintenir et à accroître si possible leur rendement. Il doit sans cesse essayer de garder élevé le moral de ses employés.

Endosser. Le superviseur dont l'unité administrative atteint les objectifs de production fixés est satisfait de diriger une bonne équipe de travail. Mais il doit aussi endosser, en certaines circonstances, le mauvais rendement qu'enregistrent ses employés. Ces derniers ne doivent pas sentir qu'ils sont les seuls à blâmer lorsque leur unité connaît des moments difficiles.

Le superviseur doit se poser les questions suivantes : « Est-ce que j'ai expliqué suffisamment mes directives ? » ; « Avais-je prévu la bonne séquence d'exécution du travail pour mes employés ? » ; « Est-ce que j'ai exigé trop d'efforts de mes employés pour qu'ils atteignent les objectifs ? » ; « Les objectifs fixés étaient-ils réalistes ? »

Écouter. S'il veut manifester du leadership dans son unité de travail, le superviseur doit écouter ses employés. Il ne s'agit pas d'écouter seulement leurs doléances, mais aussi leurs conseils et leurs suggestions. Savoir écouter ses employés, n'est-ce pas d'abord et avant tout les respecter ?

La règle des 3 D

Diriger. Comme il est avant tout un cadre, le superviseur a des objectifs à atteindre. Il est de son devoir de faire comprendre à ses employés l'importance de ces objectifs. Il doit leur fournir le travail à effectuer, les soutenir au cours de son accomplissement, les encourager lorsqu'ils éprouvent des difficultés, les motiver et évaluer leur rendement. En somme, il doit les diriger.

Dynamiser. Le superviseur doit insuffler l'énergie nécessaire à son équipe de travail. Il doit lui transmettre son enthousiasme, sa passion pour le travail. Avant tout, il doit être un modèle pour ses employés et non un personnage terrifiant ou encore un patron qui se contente d'assigner des tâches.

Défendre. Il peut arriver que dans un lieu de travail, malgré leurs efforts, les travailleurs ne parviennent pas à atteindre le rendement demandé. Étant donné que le superviseur est le représentant de la direction auprès des employés et le porte-parole de ces derniers auprès de la direction, c'est à lui que revient la tâche d'expliquer à ses supérieurs pourquoi un certain niveau de production n'a pas été atteint et quelles en sont les conséquences sur la production totale. Toutefois, le superviseur ne doit pas toujours mettre en cause les employés. La position hiérarchique qu'il occupe ne lui dicte pas d'avoir un parti pris pour la direction. Si ses employés sentent qu'il les appuie, son jugement et son intégrité ne seront pas contestés par eux et il pourra compter davantage sur leur collaboration.

Le pouvoir charismatique

Un individu qui a du charisme est un individu capable d'attirer les autres personnes à lui et de les fasciner au point qu'elles s'identifient à lui. Trois réalités caractérisent ce pouvoir:

1. On ne possède ce pouvoir que lorsqu'il nous est accordé par un individu ou un groupe d'individus.
2. Les individus qui reconnaissent ce pouvoir à quelqu'un se soumettent à l'influence de ce dernier de façon volontaire.
3. Du seul fait qu'ils se soumettent de façon volontaire à cette influence, ces individus démontrent une véritable confiance en la personne à laquelle ils accordent leur confiance. Ils sont donc prêts à accomplir pour elle les actions qu'elle leur demande.

Un superviseur qui détient le pouvoir d'expertise et à qui les employés reconnaissent en plus un pouvoir charismatique possède d'emblée le pouvoir généralement reconnu au leader.

1.9   Les styles de supervision

Sachant que l'une des responsabilités du superviseur consiste à assurer la production dans le respect de divers critères (quantité, qualité, délai, coût minimal) et de différentes normes (sociales, environnementales, légales), il ne saurait s'en acquitter sans manifester son autorité au travers d'un ou de plusieurs styles de supervision. Nous présenterons trois de ces styles: le style autocratique, le style démocratique et le style laisser-faire.

1.9.1   Le style autocratique

Le gestionnaire autocratique dirige ses employés avec une main de fer. Il commande, prend seul les décisions qui concernent son unité de travail, et ce, sans consulter ses employés. Il impose sa façon de faire et ne prend à cœur que la réalisation des objectifs de l'organisation. Généralement, il ne fait pas confiance à ses employés et il le démontre par une supervision basée sur un contrôle serré de leur travail.

Cependant, un gestionnaire dont le style dominant n'est pas le style autocratique peut, si la situation l'exige, être obligé d'adopter ce style.

Exemple

Un superviseur du service de la production constate que les objectifs fixés pour le mois ne seront pas atteints. Adoptant un style autocratique face à une telle situation, il décrète que, pour les deux prochaines semaines, tous les employés devront effectuer des heures supplémentaires et qu'un rapport quotidien devra lui être remis sur les niveaux de production obtenus.

1.9.2   Le style démocratique

Le gestionnaire qui fait preuve d'un style de gestion démocratique a tendance à faire confiance à ses employés. Il n'impose pas sa façon de voir ou de faire. Il discute avec les employés et les écoute. Même si la décision finale lui appartient, il démontre, avant de la prendre, assez de confiance et d'ouverture à l'endroit de ses employés pour les consulter, voire les faire participer à la prise de décision. Bien qu'il vise la réalisation des objectifs de l'entreprise, il sait tenir compte des besoins de ses employés et de leur bien-être.

Notez qu'un superviseur peut démontrer un style dominant qui est démocratique, adopter le style autocratique quand une situation spécifique l'exige, puis, une fois disparues les circonstances ayant donné naissance à cette situation, retourner à son style dominant.

1.9.3   Le style laisser-faire

Généralement indifférent à la qualité de la production et au bien-être des employés, le gestionnaire qui adopte le style laisser-faire renonce à assumer ses responsabilités. Il évite les situations où il devrait prendre des décisions. Il délègue ses tâches à ses employés et, par le fait même, fuit les conflits tant organisationnels qu'interpersonnels.

Cependant, un superviseur dont le style dominant n'est pas le style laisser-faire peut, selon la situation qui se présente, faire preuve d'un tel style.

Exemple

Un superviseur du service de la production relève une amélioration du rendement de son service et prévoit un dépassement des objectifs de l'ordre de 10 %. Il décide alors d'adopter le style laisser-faire en décrétant que, pour les deux prochains vendredis, les employés finiront de travailler à midi plutôt qu'à 17 heures.

Existe-t-il un style de supervision meilleur qu'un autre ? Pas vraiment. Le gestionnaire efficace est celui qui, malgré l'influence de son style dominant, sait varier les styles de supervision en fonction des situations auxquelles il fait face dans son milieu de travail.

1.10 La tâche du superviseur : les erreurs à éviter

Nous avons mentionné précédemment que le superviseur occupe une position hiérarchique qui lui permet d'établir le lien entre la direction et les travailleurs. Compte tenu de cette position spéciale, il doit éviter certains comportements qui pourraient le discréditer aux yeux de ses supérieurs ou aux yeux de ses employés. Voici quelques comportements qu'un superviseur ne devrait pas adopter.

1. Démontrer une mauvaise volonté quant à la distribution du travail. Un superviseur qui ne témoigne pas de la volonté de distribuer le travail à ses employés ou qui ne possède pas les aptitudes nécessaires pour s'acquitter d'une telle tâche ne saurait susciter la confiance chez ses employés. Ses compétences de dirigeant pourraient même être remises en question par ces derniers.
2. Utiliser abusivement l'autorité formelle. Comme le superviseur représente la direction, il possède une autorité hiérarchique qu'il exerce sur ses employés. Il doit comprendre que cette autorité ne sert pas à terroriser les employés ou à les forcer à accepter son pouvoir. Il se rendra compte assez vite que toute autorité excessive peut être amoindrie par une insubordination des employés.

3. Adopter une position hiérarchique ambiguë. Il peut arriver, par le jeu d'une promotion, qu'un employé accède à un poste de superviseur. Une erreur à ne pas commettre dans son cas, c'est d'essayer de gagner la sympathie de ses anciens collègues de travail en cherchant à être encore considéré comme un membre de leur groupe. Cette tentative serait inutile, voire impossible, puisque le superviseur sera amené à prendre certaines décisions qui ne seront pas très populaires auprès des travailleurs.

4. Faire preuve d'inaptitude à servir d'exemple au travail. Le superviseur constitue souvent un modèle à suivre pour ses employés. Ces derniers s'attendent à ce qu'il soit juste, qu'il évite toute forme de favoritisme et qu'il possède surtout les compétences techniques lui permettant de les superviser. Si le superviseur est inéquitable, s'il favorise certains employés au détriment d'autres employés ou s'il fait preuve d'incompétence, il risque non seulement de ternir sa réputation et celle de la direction entière, mais aussi de perdre le respect de ses employés.

5. Manquer d'intérêt pour ses tâches. Les tâches du superviseur comportent trois aspects. Il y a d'abord l'aspect administratif, lié à l'exécution des activités de planification, d'organisation, de direction et de contrôle. Il y a ensuite l'aspect technique, qui renvoie aux habiletés qu'il doit posséder afin d'exécuter l'ensemble de ses tâches correctement. Il y a finalement l'aspect humain, caractérisé par les relations qu'il doit établir et maintenir avec ses employés. Si un superviseur démontre un manque d'intérêt ne serait-ce que sous un seul de ces aspects, il ne pourra s'avérer efficace.

Résumé du chapitre

La supervision est une activité qu'accomplissent tous les gestionnaires dès qu'ils ont à diriger du personnel. Bien que les fonctions « planification », « organisation », « direction » et « contrôle » fassent partie intégrante de leurs tâches, seuls la planification, l'organisation et le contrôle leur permettent d'agencer, de coordonner et de transformer les ressources (humaines, financières et matérielles) mises à leur disposition afin d'atteindre les objectifs de l'organisation. En revanche, les fonctions « direction » et « contrôle » leur permettent d'effectuer une véritable supervision de leurs ressources humaines.

Afin d'atteindre les objectifs fixés par l'organisation, les gestionnaires de tous les niveaux hiérarchiques sont appelés à jouer différents rôles (interpersonnels, informationnels et décisionnels) et à prendre de multiples décisions, lesquelles sont parfois programmées, parfois non programmées. Il va de soi qu'ils doivent posséder certaines compétences ou habiletés s'ils veulent prendre des décisions judicieuses. Il existe cinq types de compétences : les compétences conceptuelles, les compétences liées aux relations humaines, les compétences techniques, les compétences administratives et les compétences douces.

Étant donné que le superviseur est le gestionnaire le plus proche des travailleurs dans la structure organisationnelle, il doit démontrer particulièrement des compétences liées aux relations humaines et des compétences techniques. La position hiérarchique qu'il occupe lui donne des rôles précis à jouer auprès de ses employés. En outre, il doit posséder certaines qualités pour bien les diriger. Enfin, il doit éviter de commettre certaines erreurs dans l'exécution de ses tâches afin de garantir l'efficacité de sa supervision.

Évaluation de la compétence

Questions de révision et application

1. Pourquoi la supervision est-elle une activité qui relève tant de la fonction « direction » que de la fonction « contrôle » ?
2. Pourquoi les compétences liées aux relations humaines influent-elles directement sur la qualité de la supervision exercée par les cadres ?
3. À l'aide de trois exemples, expliquez le rôle de porte-parole qu'un gestionnaire est appelé à jouer.
4. En vertu de quelle compétence un superviseur peut-il mieux jouer le rôle de modèle auprès de ses employés ? Justifiez votre réponse.
5. Pourquoi un superviseur ne possède-t-il pas automatiquement le pouvoir de récompenser ?
6. À la rubrique « Point de mire » présentée au début du chapitre, de quel style de supervision fait preuve Julie ? Relevez la phrase du texte qui témoigne de ce fait.
7. En vous reportant à la rubrique « Point de mire », spécifiez à quel niveau de cadres Julie a accédé à différents moments de sa carrière au Centre Vision future inc. :
   a) au moment de son embauche ;
   b) à la suite de sa promotion en janvier 2001 ;
   c) lors de son affectation au Centre Vision future de Québec.
   Expliquez vos réponses.

Cas 1.1
« Comme les autres vendeurs, appelez-moi Mimi ! »

En janvier 2000, Marie-Micheline a été embauchée au Magasin de sport RBK, de Saint-Sauveur, à titre d'ajointe au directeur. Passionnée par son travail de vendeuse, elle a fracassé tous les records de ventes. Les employés placés sous sa direction s'entendent pour dire qu'elle est dynamique et efficace et qu'ils aiment travailler sous ses ordres. Ils craignent cependant son côté autoritaire. D'ailleurs, ils se plaisent à évoquer la journée où Marie-Micheline a surpris deux de ses employés en train de blaguer avec Steven qui, tous les trois mois, quitte le siège social de Toronto des Magasins de sport RBK pour aller examiner le rendement de toutes les succursales du Québec. Or, Steven est un des vice-présidents de la société, ce que Marie-Micheline ignorait.

Comme elle ne l'avait jamais rencontré, elle croyait qu'il s'agissait du nouveau vendeur que le directeur voulait embaucher. En constatant que des clients circulaient à l'intérieur du magasin sans être assistés d'un vendeur, Marie-Micheline s'est approchée du vice-président et des deux autres vendeurs et leur a lancé sèchement :

– Cessez de bavarder !… Allez travailler et, surtout, soyez efficaces !

Le vice-président a sursauté. Avec son fort accent anglais, il a répliqué.

– Est-ce vous Marie-Micheline, l'adjointe au directeur ?

Marie-Micheline a répondu :

– Vous êtes un de mes employés. Alors, comme les autres vendeurs, appelez-moi Mimi !

Le vice-président a souri :

– C'est donc vous, Marie-Micheline ? Quand j'appelle de Toronto, tous vos vendeurs me parlent en bien de vous… En passant, je ne suis pas votre employé. Au contraire, vous êtes mon employée…

Le vice-président s'est alors présenté et il a vu Mimi fondre en face de lui.

– Je sais que, dans ce magasin, on vous appelle Mimi, a-t-il continué. Même votre directeur, qui me parle souvent de vous, vous appelle ainsi. Mais à Toronto, mes collègues et moi vous avons trouvé un autre surnom : Super Mimi !… Continuez votre bon travail.

Gardant le sourire, Steven a dit à Marie-Micheline qu'il venait lui remettre le manteau de l'entreprise parce qu'elle avait battu le record des ventes trimestrielles parmi tous les employés du Québec. Apparemment, les « grands boss de Toronto » trouvaient cette performance exceptionnelle pour une nouvelle employée.

Après une année passée à travailler pour cette entreprise, Mimi a étonné les dirigeants de la société, ceux que tous se plaisent, justement, à appeler les « grands boss de Toronto ». En décembre 2000, quand, au siège social de Toronto, les dirigeants de tous les magasins de sport RBK ont dévoilé les résultats des ventes annuelles, c'est le magasin de Saint-Sauveur qui est arrivé en première position. Mimi a reçu une prime en plus du manteau de l'entreprise et du trophée qui la consacrait meilleure vendeuse nationale. En vérité, il s'agissait du quatrième manteau qu'elle recevait en cadeau durant la même année, surpassant ainsi le record de trois manteaux établi par son directeur, qui avait réalisé cet exploit au bout de quatre années de service pour cette société.

En 2001, avec les projets d'agrandissement du Carrefour Laval, les dirigeants de Toronto ont décidé d'ouvrir un Magasin de sport RBK au Carrefour à Laval. Le nom de Mimi a commencé à circuler comme directrice éventuelle. Étant donné que l'ouverture du magasin était prévue pour le mois d'août 2002, les dirigeants ont proposé à Mimi le poste de directrice à la condition qu'elle obtienne encore pour l'année 2001 le titre de meilleure vendeuse.

Mimi ne les a pas déçus. Non seulement elle a décroché ce titre, mais elle a battu le record qu'elle avait établi l'année précédente. En août 2002, elle a effectivement obtenu le poste de directrice du Magasin de sport RBK de Laval. Elle a elle-même dû embaucher les vendeurs, préparer les horaires et fournir à ses employés la formation requise.

La semaine de l'ouverture, elle a tout juste atteint les objectifs de ventes. Elle était mécontente, car elle connaissait la cause de cette situation. En effet, elle avait dû aller passer deux jours à Toronto afin de recevoir elle-même une formation, et ces deux jours tombaient durant la semaine de l'ouverture du magasin. Son adjoint, Simon, qui a une approche de vendeur moins dynamique et dont la supervision est plutôt du style laisser-faire, n'a pas incité les vendeurs à dépasser les quotas fixés.

À la fin de la deuxième semaine, la situation s'est cependant rétablie. Même si les objectifs de ventes ont été dépassés de 3 000 $, Mimi a dressé un bilan pas très positif du rendement de ses employés. Un ordre émanant de Toronto allait même dans le sens du congédiement d'un des deux employés, dont la personnalité – selon les dirigeants –, semble incompatible avec l'esprit qu'ils veulent établir au sein de l'équipe de vente. Mimi s'est sentie déchirée et, pour la première fois, elle a compris qu'être directrice ne signifiait pas simplement motiver ses employés et atteindre des objectifs de ventes.

Questions

1. Quel est le style de supervision adopté par Mimi ?
2. Citez deux situations ou phrases du texte qui confirment ce style de supervision.

Travail

Mettez-vous à la place de Mimi en tant que directrice ou directeur du Magasin de sport RBK de Laval, et préparez et menez les entrevues de congédiement.

Renseignements sur les deux employés susceptibles d'être remerciés :

Annie est âgée de 21 ans. Elle est timide mais sympathique. Elle possède une expérience de trois ans en tant que vendeuse dans un magasin de vente au rabais. Elle a à trois reprises été nommée l'employée du mois alors qu'elle y travaillait. Toutefois, au Magasin de sport RBK, elle n'a encore effectué aucune vente après deux semaines de travail. Les clients trouvent cependant qu'elle a un merveilleux sourire. Elle se fait un devoir de les accueillir et de les diriger vers d'autres vendeurs. Certains clients pensent même qu'elle est l'hôtesse du magasin.

Joël, qui est âgé de 20 ans, est un bon travailleur. L'inventivité de ses étalages, tant dans la vitrine que dans le magasin, attire les clients, qui les commentent avec émerveillement. Mais face aux clients, il baisse la tête et s'éloigne, préférant aller faire du rangement dans l'arrière-boutique.

Votre tâche :

En tant que superviseur, préparez vos arguments afin d'annoncer à votre employé quelle décision vous devez prendre. Incitez cet employé à défendre sa position, mais n'oubliez pas que la décision vous appartient.

Cas 1.2
La corrida

Mylène, qui est âgée de 42 ans, a obtenu récemment le poste de directrice des ressources humaines chez Kirstch Transport inc. Dès sa première journée, le vice-président des ressources humaines, un homme corpulent à la moustache mi-sérieuse, mi-fantaisiste, l'a accueillie à la porte d'entrée en lui disant :

– Ah ! la nouvelle directrice des ressources humaines. Comme je suis heureux de vous rencontrer ! J'espère vous garder plus longtemps que les deux autres qui vous ont précédée.

Il lui a serré la main si fort qu'elle a eu l'impression qu'il lui écrasait les doigts.

– Je vous conduis à votre bureau, a-t-il ajouté, essoufflé.

Pourtant, il s'entêtait à marcher vite. Mylène courait presque pour le suivre.

– Ce matin, a-t-il dit, c'est la corrida.

– Quoi ?

– Oui, la corrida. C'est ainsi qu'on appelle la rencontre des membres de la direction des ressources humaines avec les délégués du syndicat. Le président de ce syndicat est un vrai taureau : il vous fonce dessus avec ses arguments massue, et sa voix de ténor intimide tout le monde !

Mylène s'est dit que cela ne l'impressionnait pas, car c'était sûrement le vice-président des ressources humaines qui présiderait la rencontre. Mais une surprise l'attendait.

– Ce matin, a dit le vice-président, c'est vous qui allez présider ce comité des relations de travail. On tient cette réunion une fois par mois.

Mylène s'est mise à bégayer :

– Mais… mais je… je ne connais pas les dossiers que vous devez traiter… Laissez-moi au moins le temps de…

Ils sont alors arrivés au bureau de la directrice des ressources humaines. Une femme élancée était debout près de la pièce. Le vice-président des ressources humaines a fait les présentations :

– Voici Alice, votre secrétaire. Elle vous tiendra au courant des dossiers…

Alice a grimacé un sourire.

– Bonjour, madame la directrice…

– Bonjour, Alice… Et… (voulant s'adresser au vice-président) comment… ?

Trop tard, il avait disparu.

– Mais où court-il donc ainsi ? a demandé la directrice des ressources humaines.

– Ce matin, il doit jouer une partie de golf avec le président ! a répondu Alice.

– La journée de la réunion du comité de relations de travail ?

– Ce n'est rien. Chaque mois, le jour de cette réunion, il trouve une activité à faire avec notre président. Il a peur d'Hervé, le président du syndicat. D'ailleurs, Hervé a envoyé au repos forcé les deux directeurs qui vous ont précédée.

– Hervé, dites-vous ? Parlez-moi un peu de lui.

– C'est un homme fier de sa personne : toujours propre, bien coiffé, bien rasé. Il n'aime pas perdre la face devant ses collègues et, si vous voulez le désamorcer, vous devez l'attaquer avant même qu'il ne commence à contrôler la conversation.

– Merci de ce conseil… À présent, allons rencontrer ces délégués syndicaux.

Les deux femmes se sont dirigées vers la salle de conférences. Rapidement, Alice donnait des points de repère à sa directrice pour qu'elle comprenne les enjeux de la réunion. Quand elles ont pénétré à l'intérieur de la salle, elles ont fait face à cinq hommes portant tous une chemise bleue et un pantalon blanc. Mylène s'est penchée vers Alice :

– Pourquoi sont-ils tous habillés de la même façon ? lui a-t-elle chuchoté à l'oreille.

– C'est l'entreprise qui défraie le coût des uniformes de tous les employés de la production, a répondu Alice sur le même ton.

Avant même que la directrice ait eu la chance de se présenter, Hervé s'est levé en criant :

– Ce n'est pas parce que vous êtes la nouvelle directrice que je vais vous épargner ! Nous avons deux griefs en suspens et il nous faut les régler au plus vite. D'autres points sont en litige et nous ne sortirons pas de la salle avant que nous ayons obtenu satisfaction. Et en ce qui concerne l'ajout de machinerie, nous nous opposons à la dé…

Tandis qu'il criait ainsi, la directrice des ressources humaines le fixait et étudiait chacun de ses mouvements. Elle a soudain remarqué une tâche rougeâtre sur sa chemise. Elle s'est de nouveau penchée vers sa secrétaire :

– Est-ce que les employés prennent le petit-déjeuner à l'usine ? lui a-t-elle demandé.

– Oui… Et c'est l'entreprise qui paye.

– Allez donc chercher une autre chemise pour le président du syndicat, il a une tache sur la sienne, lui a-t-elle dit.

– Bien, madame…

– J'aurais aimé être écouté ! a explosé le président du syndicat, tandis qu'Alice quittait la salle.

La directrice des ressources humaines a répliqué calmement :

– J'envoie ma secrétaire vous chercher une autre chemise… Vous avez sali la vôtre, sans doute avec de la confiture…

Le président du syndicat a baissé les yeux sur sa chemise et vu la tâche. Il a rougi. La directrice a remarqué son malaise. Il était temps pour elle de le déstabiliser. Elle a renchéri :

– Je sais que vous êtes un homme orgueilleux et qu'à cause de cet incident vous voudrez remettre la réunion à plus tard. Ou vous pouvez passer par-dessus votre orgueil et attendre que ma secrétaire vous apporte une autre chemise.

– Je préfère remettre la réunion à cet après-midi ! a décidé le président du syndicat.

La directrice des ressources humaines ne voulait pas qu'il s'en sorte aussi facilement.

– Aïe ! a-t-elle lancé d'une voix pleine d'émotion. Ne faites pas cet affront à Alice. Elle court vous chercher une autre chemise. Ayez au moins la gentillesse de l'attendre.

Pris de court, le président du syndicat ne savait plus comment agir. Il a haussé les épaules et s'est rassis. Mylène s'est assise en face de lui et, d'une voix naturelle, a commencé à parler aux quatre autres employés. D'abord, ils lui répondaient par de courtes phrases prudentes. Mais elle a persisté et continué à leur parler de tout, même de leur famille.

Quand Mylène a évoqué la garderie que fréquentait sa fille de trois ans, elle a appris que la fille du président du syndicat fréquentait la même garderie ; plus encore, les deux petites filles étaient amies. En outre, l'entraîneur de l'équipe de football de son fils était le beau-frère d'un des employés assis en face d'elle. Alors leur discussion s'est émaillée d'anecdotes et ils en sont même venus à parler de la ligue de balle molle de l'usine. Et à travers ces paroles lancées pêle-mêle, subtilement, la directrice des ressources humaines a abordé les différents sujets de la rencontre.

Quand, au bout de 20 minutes, Alice est revenue dans la salle de conférences pour annoncer qu'il n'y avait pas de chemise de la taille d'Hervé, la directrice des ressources humaines s'est d'abord montrée surprise. D'un geste maternel, elle a ensuite fouillé dans son sac et en a extirpé un billet de 50 dollars.

– Tenez, Alice. Allez acheter une chemise au magasin. Je ne veux pas qu'un de mes employés se promène avec une tache sur sa chemise.

– Très bien, madame la directrice.

Alice a pris l'argent et quitté la salle. Hervé est intervenu :

– Madame la directrice, vous n'avez pas à acheter mes vête…

– Hervé, l'a-t-elle interrompu, je suis certaine que vous en auriez fait tout autant pour moi.

– Ce n'est pas si sûr… Il est plutôt radin, a plaisanté un des délégués du syndicat.

Tout le monde a ri, même Hervé, qui n'avait pas l'habitude de plaisanter. Et dans cette atmosphère détendue, la conversation a repris.

Après 70 minutes, Alice était de retour à l'usine. Elle avait, bien entendu, fait un accroc à la procédure d'achat des uniformes, mais elle s'en moquait, car elle aimait le style direct de sa directrice. Avant d'entrer dans la salle de conférences, elle a hésité à pousser la porte, car elle entendait des rires et des voix qui marquaient de la bonne humeur. Puis elle est entrée.

– Alice ! a lancé la directrice des ressources humaines. Nous vous attendions. La réunion est terminée.

– Et tous les dossiers que nous devions…

– Tout est réglé !

Hervé s'est levé, a changé de chemise, devant la directrice et sa secrétaire.

– Merci, Alice, a-t-il dit. Et merci à vous, madame la directrice.

Avant de quitter la salle avec ses collègues, il a ajouté :

– Je téléphone à Caroline et je lui demande d'emmener Geneviève à la maison. Cathy en parle tellement que cela lui fera plaisir.

– Merci beaucoup, Hervé. D'autant plus que je ne sais pas vers quelle heure nous sortirons d'ici ce soir…

Hervé et les autres salariés ont quitté la salle. Alice a froncé les sourcils :

– Qui est Caroline ? a-t-elle demandé à la directrice des ressources humaines.

– C'est l'épouse d'Hervé, a-t-elle répondu en se levant. Ma fille Geneviève et sa fille Cathy sont de bonnes amies, et nous venons tout juste de nous en rendre compte. Geneviève me parlait souvent de Cathy… Même si le monde est petit, je compte réaliser de grandes choses dans cette entreprise.

Alice a souri. Elle était fière de constater que la société Kirstch s'était enfin dotée d'une véritable directrice des ressources humaines.

Questions

1. Parmi les types de compétences que doivent détenir les gestionnaires, lequel est manifesté par Mylène dans sa manière d'entrer en relation avec le président du syndicat ?
2. Comment décririez-vous ce type de compétences ?
3. Quelle phrase tirée du texte permet de déterminer qu'il s'agit bien du type de compétences que vous avez relevé ?

Les défis posés par la gestion de la décroissance des ressources humaines

Chapitre

2

Sommaire

La lecture de ce chapitre devrait vous permettre :

1 de décrire les deux principales stratégies concurrentielles de gestion des ressources humaines utilisées par les entreprises dans le contexte de la mondialisation.

2 d'énumérer les principaux enjeux qui ont exercé au cours des 10 dernières années un effet sur la gestion des ressources humaines.

3 d'expliquer de quelle façon ces enjeux ont exercé un effet sur la gestion des ressources humaines.

4 de décrire les cinq grands défis qui se présentent au gestionnaire des ressources humaines dans le contexte de la rationalisation de la main-d'œuvre.

5 de décrire les qualités exigées du gestionnaire des ressources humaines au moment de la négociation avec les employés ou le syndicat à propos des changements qui se produisent dans les postes.

Compétence visée

La compétence visée dans ce chapitre est de se donner une vision générale de certaines stratégies de gestion des ressources humaines dans le contexte de la mondialisation.

Point de mire

« C'est la catastrophe, monsieur le président ! »

Paris, 24 août 2002, 14 heures

Didier W. Perrin, un jeune cadre nouvellement promu au titre de directeur du marketing au sein d'une grande société française œuvrant dans l'industrie automobile, entre en trombe dans le bureau du président-directeur général. Des lunettes aux grosses loupes lui glissent continuellement sur le nez. Le président bondit et, le visage défait, il lâche entre ses dents :

– Ah, celui-là !… S'il n'était pas le fils de ma future épouse, je le flanquerais à la porte, vite fait, bien fait !

Le président-directeur général se lève brusquement.

– Président Matissier !…
Président Matissier ! crie Perrin.

– Monsieur Perrin, vous tombez mal… Comme vous le constatez, je suis en pleine réunion.

Le président lui indique deux de ses vice-présidents, assis autour de son bureau. Perrin ne semble pas intimidé.

– Président Matissier, reprend-il, je naviguais dans Internet pendant que je prenais un goûter, et voyez ce que j'ai appris… (Il tend une feuille imprimée au président.) La nouvelle est tombée, vlan ! telle un couperet.

Le président Matissier fait signe aux deux vice-présidents de quitter son bureau. Une fois qu'ils sont sortis, il fixe sévèrement Perrin.

– Et qu'avez-vous encore déniché dans Internet ? Je vous paie une fortune et tout ce que vous faites, c'est de me rapporter toutes les demi-heures des nouvelles tantôt sérieuses, tantôt loufoques !

– Cette fois, monsieur le président, c'est du sérieux. C'est la General Motors de Boisbriand, dans la province de Québec... (Il fronce les sourcils.) Québec, cela vous dit quelque chose ?

Le président s'impatiente.

– Mon petit Perrin, évitez de faire de l'esprit... Cela vous sied très mal !

– Président Matissier, reprend Perrin, l'usine GM de Boisbriand va bientôt fermer ses portes. Et je lisais dans Internet que certains employés font un appel au boycottage de la General Motors[1].

En entendant cette nouvelle, le président, feignant d'être atterré, laisse tomber lourdement ses bras.

– Qu'est-ce qu'il est casse-pieds, ce Perrin ! marmonne-t-il.

Mais Perrin, qui n'entend rien, continue à parler.

– Selon moi, monsieur le président, c'est la faute du syndicat. Il était trop exigeant et...

– Ne dites pas de sottises, Perrin ! Le syndicat n'a rien à se reprocher, corrige le président. D'ailleurs, j'admire ce syndicat. Saviez-vous qu'en plein milieu de la décennie 1980-1990, ce syndicat a accepté que sa convention collective soit rouverte avant même qu'elle ne soit expirée ? Avez-vous la moindre idée de l'étendue des concessions que ce syndicat a dû faire pour sauver l'usine de Boisbriand ?... Non, non, moi, j'admire ce syndicat.

Perrin hausse les épaules.

– Alors, qu'est-ce qui a cloché dans leurs rapports de travail ?

– Là, vous posez une question intelligente, mon petit Perrin. Ce qui a cloché, c'est le système... Oui, oui, le système. Les dirigeants de l'usine ont voulu faire flèche de tout bois. Ils ont cru que le modèle japonais qu'on appelle la *lean production* (la production au plus juste) pouvait être transplanté à Boisbriand sans pépins. D'ailleurs, les dirigeants de la GM ont un peu forcé la note en

instituant une forme de micro-corporatisme dans l'usine, c'est-à-dire que les travailleurs devaient désormais travailler de concert avec la direction afin de faciliter la mise en œuvre de toute restructuration, d'intégrer toute nouvelle méthode de travail et, surtout, de tenter de sauver l'usine d'une fermeture imminente.

Perrin semble inquiet.

– Si GM, ce monstre sacré de l'automobile, s'est ainsi écroulée, sommes-nous à l'abri, nous autres, en France ?

Perrin se laisse choir sur un des deux fauteuils placés en face du bureau du président.

– Debout, Perrin ! lance le président. Qui s'assied s'installe !

Perrin se relève ; le président essaie de le rassurer.

– Notre société, pour l'instant, est à l'abri de toute menace concurrentielle. Mais nous demeurons vigilants. N'oubliez pas que nous sommes dans le contexte de la mondialisation. Et si une société telle que la nôtre veut survivre dans ce contexte, elle doit se battre, mon petit Perrin, elle doit se battre !

– Mais la mondialisation, monsieur le président, est un phénomène inoffensif...

– Si vous parlez ainsi, c'est que vous n'avez absolument rien compris à ce phénomène. C'est un phénomène complexe... très complexe. Et pour saisir son niveau de complexité tant dans ce qu'il implique que dans les éléments qui l'ont fait naître, je vous invite à lire l'essai de Chenais, sur « la mondialisation du capital[2] ».

Le président fait quelques pas vers sa bibliothèque, en extirpe un ouvrage.

– Ah, je tombe sur la bonne page, dit-il.

Il parcourt le texte rapidement des yeux.

– J'y suis ! Écoutez bien, mon petit Perrin ! Chenais nous dit que la mondialisation n'est rien d'autre que le résultat conjoint de deux mouvements...Je vous fais grâce du premier mouvement, mais écoutez bien en quoi consiste le second mouvement... (Il lit.) « Le second [mouvement] concerne les politiques de libéralisation, de privatisation, de déréglementation et de démantèlement des conquêtes sociales et démocratiques, qui ont été appliquées depuis le début des années 1980

---

1. Voir aussi cette information dans Denis Arcand, « Appel au boycottage de General Motors », *La Presse*, 24 août 2002, p. A 3.

2. Voir François Chenais, « Déchiffrer des mots chargés d'idéologie », dans *La mondialisation du capital,* Paris, Syros, 1994, p. 14-31.

sous l'impulsion des gouvernements Thatcher et Reagan[3].» Voilà, Perrin. Qui dit mondialisation dit ouverture des marchés, circulation accrue du capital, déréglementation et concurrence mondiale plutôt féroce. C'est de là que ce phénomène tient sa complexité. Il vous frappe sans merci de tous les côtés!

Perrin, bouche bée, fixe le président Matissier. Il semble atterré.

– C'est la cata…, monsieur le président, c'est la cata…, lâche-t-il, le visage défait. Oui, pour notre société, c'est la catastrophe!

Le président réplique d'une voix découragée:

– Perrin, je vous en prie, prenez sur vous-même. Vous êtes alarmiste, mon vieux…

– C'est que, monsieur le président, si je ne m'abuse, je crois que Perchaut, le vice-président ingénierie, est en train d'implanter le système japonais, la production au plus juste, dans nos usines…

Le président sursaute:

– Mais c'est vrai ce que vous me dites, Perrin, c'est bien vrai.

Promptement, le président saisit son téléphone, compose un numéro.

– Perchaut!…

Une voix répond à l'autre bout:

– Monsieur le président?

– Où en êtes-vous avec votre programme de restructuration?

_____
3. *Ibid.*, p. 23.

– Le syndicat accepte très mal l'implantation de la production au plus juste, et des bruits d'arrêt de travail, de sabotage et de boycottage circulent…

Le président ouvre de grands yeux pleins de colère.

– Qu'on cesse tout, Perchaut! Mettez en veilleuse ce projet de production au plus juste!

– Mais, monsieur le président, vous aviez donné votre accord et…

– Vous me mettez tout cela en suspens!

– Très bien, monsieur le président…

Le président raccroche. Il soupire longuement.

– Perrin, dit-il, vous avez fait du bon travail. Retournez à votre bureau et notez que ce soir nous dînons ensemble…

– C'est trop d'honneur, monsieur le président… Mais, dois-je vous rappeler, monsieur le président, que chaque soir nous dînons ensemble?… Vous fréquentez ma mère.

– Ah, oui!… Sortez, Perrin!

Perrin quitte le bureau. Soudain, la secrétaire du président entre.

– Monsieur le président, vous avez reçu un courriel du président de la GM de Boisbriand.

Le président Matissier semble étonné.

– Que me veut-il?

– Il vous demande conseil.. Il veut savoir comment notre société réussit à survivre…

Le président hausse les épaules.

– Je vais lui répondre que dans chaque bonne société, il faut un Perrin, un bon petit Perrin. C'est tout!

2.1 Contexte nouveau, stratégies nouvelles de gestion des ressources humaines

Depuis un peu plus d'une décennie, les dirigeants d'entreprise sont placés devant un nouveau contexte dans lequel ils doivent faire des affaires : c'est le contexte de la mondialisation des marchés.

Il s'agit d'un vaste mouvement mondial de libéralisation des échanges et d'intégration économique qui s'est opéré, laissant peu de choix aux entreprises : ou elles s'adaptent au courant mondial ou elles disparaîtront sous l'offensive de la concurrence.

Anthony Giles et Dalil Maschino brossent un portrait de la mondialisation, non seulement en situant l'époque où elle a connu son véritable essor, mais aussi en déterminant les phénomènes qui la caractérisent. Ils constatent que «au cours des années 1980 et 1990, se sont produits un puissant mouvement au sein du commerce international, une explosion des investissements étrangers, un accroissement de l'importance des sociétés transnationales et une unification des marchés financiers menant à une intégration accélérée de l'économie mondiale[4] ».

Ces auteurs reconnaissent de plus que, parmi les facteurs qui ont contribué à l'essor de la mondialisation, il faut retenir les progrès technologiques. Dans les domaines des communications, du transport et de l'information, notent-ils, ces progrès technologiques « ont facilité l'échange de l'information, des biens, des services, des capitaux et ont fait chuter leurs coûts[5] ».

C'est dans ce nouveau contexte que la gestion des ressources humaines doit être repensée à travers de nouvelles stratégies.

2.1.1 Mondialisation et réaction des entreprises

Nous empruntons à Alain Lapointe deux phrases dont le mérite est, premièrement, d'expliquer ce qui a favorisé l'émergence de ce climat de complexité et d'incertitude dans lequel la mondialisation a plongé les entreprises et, deuxièmement, d'illustrer comment ces entreprises doivent réagir afin de survivre dans un tel contexte.

« Depuis quelques années, écrit-il, l'ouverture des marchés, l'allégement du contexte réglementaire et la rapidité des changements technologiques ont soumis les entreprises à un niveau de concurrence, de complexité et d'incertitude beaucoup plus élevé qu'auparavant. Si elles veulent survivre, les entreprises doivent repenser en profondeur leur organisation afin de la rendre plus flexible et plus compétitive[6]. »

Il va de soi que, pour certaines entreprises, la mondialisation a créé des occasions d'affaires intéressantes. Que l'on pense à la possibilité qu'elles ont de délocaliser leurs usines de production aux prises avec des coûts de main-d'œuvre trop élevés et de les établir dans des pays où ces coûts sont bas. Ces entreprises réussissent ainsi à réduire leurs coûts d'exploitation et à rester compétitives sur le marché.

Licenciement: Interruption définitive du lien d'emploi entre un salarié et son employeur en raison d'un changement dans les besoins en main-d'œuvre de l'entreprise.

Cependant, chez les entreprises dont la structure financière ne permet pas d'opérer de telles délocalisations, l'envahissement de leur marché par des entreprises concurrentes mondiales suscite une réaction qui étonne, car elle semble constituer le seul remède accessible : elles procèdent à une restructuration complète de l'organisation en introduisant de nouveaux procédés de production, en éliminant certains postes hiérarchiques dans le but de ne conserver que ceux qui créent une valeur ajoutée et en réduisant leurs coûts de main-d'œuvre au moyen de **licenciements** massifs de travailleurs.

2.1.2 Effets de la concurrence et nouvelles stratégies de gestion des ressources humaines

Pour les entreprises évoluant dans le contexte de la mondialisation, les effets de la concurrence sont beaucoup plus réels qu'hypothétiques. Ainsi, on observe les effets suivants :

---

4. Anthony Giles et Dalil Maschino, « L'intégration économique en Amérique du Nord et les relations industrielles », dans R. Blouin et Anthony Giles, *L'intégration économique en Amérique du Nord et les relations industrielles*, Sainte-Foy, Les Presses de l'Université Laval, 1998, p. 6.
5. *Ibid.*, p. 6.
6. Alain Lapointe, « Nouvelle économie et gestion », dans Marcel Côté et Taïeb Hafsi, *Le management aujourd'hui: Une perspective nord-américaine*, Sainte-Foy, Les Presses de l'Université Laval, 2000, p. 63.

- le fractionnement de leur marché ;
- la baisse de popularité de leur produit ;
- la perte de revenus ;
- l'escalade de leurs coûts (dont les coûts de main-d'œuvre).

Les entreprises doivent contre-attaquer en mettant au point différentes stratégies concurrentielles. Celles qui nous intéressent particulièrement consistent dans les stratégies de gestion des ressources humaines. Ces stratégies prennent une grande importance du fait que les entreprises doivent les ajuster continuellement « à un environnement qui les expose à des changements technologiques rapides et à des conditions du marché qui peuvent varier en peu de temps[7] ».

Les entreprises peuvent utiliser deux stratégies concurrentielles majeures, soit la stratégie de l'adaptation « par le haut » et la stratégie de l'adaptation « par le bas[8] ».

La stratégie de l'adaptation par le haut paraît être la stratégie qui offre les perspectives les plus intéressantes aux travailleurs, car elle ne vise pas leur éviction de l'entreprise, mais elle cherche plutôt à revaloriser leur travail, à leur donner de nouvelles responsabilités et à rehausser l'importance de chaque fonction qui intervient dans le processus de travail.

Cette stratégie « met l'accent sur l'amélioration régulière de l'efficacité du processus de production, de la qualité et de l'aspect novateur des produits ainsi que sur le développement des services à la clientèle, de la rapidité du délai de livraison[9] ». La figure 2.1 expose les avantages que présente pour les travailleurs l'adoption d'une telle stratégie par la direction des ressources humaines d'une entreprise.

Dans le cas de la stratégie de l'adaptation par le bas, « l'amélioration des capacités concurrentielles repose sur des mesures telles que le gel ou la réduction des salaires et des avantages sociaux, l'allongement des heures de travail, des licenciements, le recours accru à des employés temporaires[10] ».

Cette stratégie plutôt frustrante pour les travailleurs touchés par les licenciements suscite chez eux deux réactions possibles, diamétralement opposées, soit de l'agressivité envers l'entreprise, agressivité qui se manifeste sous différentes formes (marches de mécontentement, boycottage des produits de l'entreprise, injures, méfaits, etc.), ou encore une certaine forme d'indifférence selon laquelle une fois le licenciement effectué, la page est tournée et l'entreprise est reléguée aux oubliettes.

Ainsi, la direction des ressources humaines de l'entreprise qui adopte une telle stratégie doit relever un défi sérieux, celui de procéder à la gestion de la décroissance dans un contexte où les travailleurs épargnés par les licenciements doivent accepter une forme de **micro-corporatisme** par lequel ils doivent partager la vision de l'entreprise, travailler de concert avec la direction afin de l'aider à intégrer les diverses méthodes de production pouvant garantir la survie de l'entreprise.

Micro-corporatisme : Procédé de gestion adopté par la direction d'une entreprise menacée ou susceptible d'être menacée par la concurrence, lequel procédé accompagne une restructuration et implique une participation des travailleurs à l'implantation d'une nouvelle organisation du travail.

---

7. Anthony Giles et Dalil Maschino, *op. cit.*, p. 25.
8. *Ibid.*, p. 25.
9. *Ibid.*, p. 26.
10. *Ibid.*, p. 25.

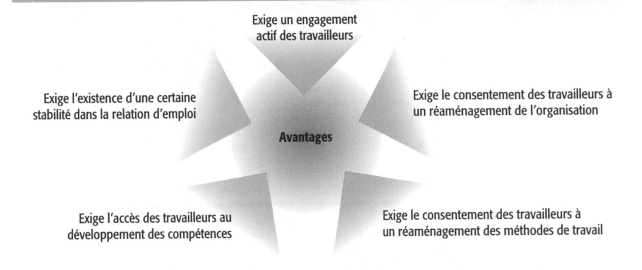

Exige un engagement
actif des travailleurs

Exige l'existence d'une certaine
stabilité dans la relation d'emploi

Exige le consentement des travailleurs à
un réaménagement de l'organisation

Avantages

Exige l'accès des travailleurs au
développement des compétences

Exige le consentement des travailleurs à
un réaménagement des méthodes de travail

2.2 La gestion des ressources humaines face à différents enjeux

La gestion des ressources humaines subit l'influence de différents enjeux. Nous nous arrêtons à présent à l'étude des enjeux qui la forcent à s'adapter continuellement, et souvent de manière rapide, à son environnement. Il s'agit des enjeux politiques, économiques et technologiques. Depuis près d'une décennie, ces enjeux ont eu pour effet de modifier chacune des fonctions de la gestion des ressources humaines, tant par les occasions d'affaires qu'ils ont générées que par les menaces auxquelles ils ont exposé différentes entreprises. Nous analysons maintenant ces différents enjeux.

2.2.1 Les enjeux politiques

Dans la société, les enjeux politiques ressortent à travers les différents rôles qu'assument les gouvernements. Parmi ces rôles, nous avons retenu le rôle de législateur, le rôle d'employeur, le rôle de leader et de représentant économique de même que le rôle de négociateur international (*voir la figure 2.2*).

Peu importe les rôles que jouent les gouvernements, il peut y avoir pour les entreprises des retombées positives ou des retombées négatives. Si, pour une entreprise, les retombées positives s'évaluent selon les occasions d'affaires menant à la création d'emplois ou tout simplement au maintien des emplois, la gestion des ressources humaines de cette entreprise s'inscrira dans un contexte de croissance qui favorisera soit l'embauche, soit l'élaboration d'un programme visant la motivation et la satisfaction des travailleurs.

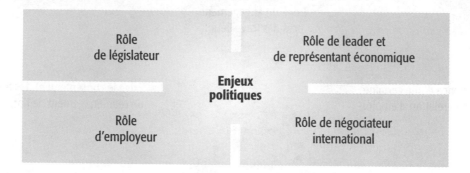

En revanche, si, pour une entreprise, les retombées négatives se mesurent en fonction des menaces générant l'abolition de postes et des licenciements, la gestion des ressources humaines de cette entreprise se déroulera dans un contexte de décroissance. On observera alors un climat de démotivation des travailleurs causée par l'incertitude quant à l'avenir de leur emploi.

Voyons à présent comment, par le biais des quatre rôles susmentionnés, les actions des gouvernements sont susceptibles d'engendrer des occasions d'affaires ou des menaces pour les entreprises.

Le rôle de législateur est exercé toutes les fois que les paliers de gouvernement (fédéral ou provincial) adoptent des lois ou des règlements. Il va sans dire que certaines lois peuvent avoir un effet direct sur la gestion des ressources humaines[11].

Quant au rôle d'employeur, dans les secteurs public et parapublic, l'employeur est l'État. D'ailleurs, le seul fait qu'il peut se coiffer du double chapeau de législateur et d'employeur rend exceptionnelle toute la gestion qui s'effectue dans les relations du travail. Par exemple, si le gouvernement veut réduire ses dépenses en vue d'atteindre le « déficit zéro », il peut, en tant qu'État-employeur, licencier un certain pourcentage de ses travailleurs. Si, toutefois, les négociations avec ses employés ou leurs représentants syndicaux ne lui permettent pas de réaliser les objectifs qu'il s'est fixés, il peut, en tant qu'État-législateur, faire voter une loi spéciale et trancher en sa faveur.

En ce qui concerne le rôle de leader et de représentant économique, les gouvernements l'exercent pour les entreprises canadiennes et québécoises à l'échelle internationale. L'objectif poursuivi est de générer des occasions d'affaires pour ces entreprises tant sur le plan national que sur le plan international[12].

---

11. Que l'on songe, par exemple, à la législation provinciale sur le taux de 1% de la masse salariale à attribuer à la formation de la main-d'œuvre (loi 90) ou encore à la réglementation provinciale sur le salaire minimum.
12. Pensons à Mission Québec en Chine en novembre 1997. Le ministre du Québec était à la tête d'une délégation de 200 entrepreneurs provenant de plus de 100 entreprises. Sa mission consistait à entrer en contact avec plus de 1 500 entreprises dans quatre villes. Son objectif était la signature de contrats ayant des retombées pour les entreprises du Québec. Rappelons aussi la délégation d'entreprises canadiennes dirigée par le premier ministre du Canada (Équipe Canada), qui a effectué, en janvier 1998, un voyage de grande envergure en Amérique latine. Ell avait aussi pour objectif de décrocher des contrats.

Enfin, le rôle de négociateur international peut être illustré par l'action qu'a accomplie le gouvernement canadien dans la négociation qui a mené à la signature de l'accord de libre-échange entre le Canada, les États-Unis et le Mexique.

2.2.2 Les enjeux économiques

Selon la phase du cycle où se situe l'économie, la gestion que préconisent les dirigeants d'entreprise doit être adaptée aux éléments positifs ou négatifs que comporte chacune de ces phases[13].

Ainsi, une phase caractérisée par une baisse des taux d'intérêt peut inciter certains dirigeants d'entreprise à emprunter davantage et à investir dans les immobilisations. Pendant cette phase, il n'est pas rare de voir s'accroître les investissements de même que les achats de biens de consommation durables. La production augmente et un effet positif peut se faire sentir sur la gestion des ressources humaines si cette augmentation se traduit par une croissance des effectifs.

En revanche, une phase caractérisée par une augmentation des taux d'intérêt amène «les ménages et les entreprises à réviser à la baisse leurs intentions d'achat[14]». Cette situation peut inciter certains dirigeants à baisser considérablement leur volume de production et à procéder à des **mises à pied**. On perçoit donc un effet négatif sur la gestion des ressources humaines.

Dans le système économique dit capitaliste, deux réalités méritent d'être soulignées à cause de l'incidence qu'elles ont sur la gestion des ressources humaines. La première réalité concerne la rentabilité des entreprises. Être rentable, voilà le premier objectif visé par les entreprises dans une société capitaliste. La seconde réalité a trait au principe même de la libre concurrence. Pour garantir leur rentabilité dans une société de libre concurrence, les organisations doivent être compétitives et le demeurer. Les mesures visant à assurer cette rentabilité sont multiples. Parmi les mesures positives, notons le développement et la conquête de nouveaux marchés, le développement de produits ou la fusion avec une entreprise concurrente afin d'avoir une plus grande compétitivité sur le plan international.

Pour ce qui est des mesures négatives, mentionnons la fermeture de certaines divisions, l'abandon d'une ou de plusieurs lignes de produits et le licenciement massif d'employés.

Depuis plus d'une dizaine d'années, en raison de phénomènes économiques tels que la mondialisation des marchés, le libre-échange, le coût élevé de la main-d'œuvre et la vigueur de la concurrence, il y a même certaines grandes entreprises qui se rendent compte que leur rentabilité devient de plus en plus fragile. Elles doivent, pour préserver leur part du marché, se battre contre des concurrents nationaux ou internationaux et, dans certaines situations, contre ces deux types de concurrents. Et souvent ce combat se solde par le licenciement de nombreux travailleurs.

Voici deux exemples qui montrent comment les enjeux économiques ont forcé des entreprises à licencier du personnel.

Mise à pied : Interruption temporaire du lien d'emploi entre un salarié et son employeur en raison d'un changement dans les besoins en main-d'œuvre de l'entreprise.

---

13. Les phases du cycle économique sont la contraction, l'expansion, le creux et le sommet. Voir M. Parkin, R. Bade et L. Phaneuf, *Introduction à la macroéconomie moderne*, Montréal, Éditions du Renouveau Pédagogique, 1992, 586 p.
14. *Ibid.*, p. 157

1er exemple

Mindready, une entreprise montréalaise, décide de supprimer 64 postes. Le président et chef de la direction admet que le changement d'attitude de certains clients face à la demande de ses produits a forcé l'entreprise à revoir à la baisse ses prévisions de ventes. De ce fait, une restructuration devenait nécessaire[15].

2e exemple

Ayant subi une perte nette au quatrième trimestre, et ce, pour la première fois en près de huit ans, les dirigeants de la société Alcoa, le premier producteur mondial d'aluminium, ont considéré le ralentissement économique comme le facteur responsable de cette situation. Ils comptent donc procéder à une coûteuse restructuration[16].

Il faut donc admettre que les enjeux économiques peuvent créer de sérieuses menaces pour la rentabilité des entreprises. Si ces dernières contrent de telles menaces en licenciant massivement des travailleurs, la gestion des ressources humaines, une fois de plus, en subira l'influence.

2.2.3   Les enjeux technologiques

À un rythme accéléré, les entreprises vivent des changements technologiques qui révolutionnent plusieurs aspects de leurs opérations et des relations qu'elles entretiennent tant sur le plan interne (entre les services) que sur le plan externe (avec leurs fournisseurs ou leurs clients). Qu'elle concerne la prise de commandes, la prise d'inventaire, le contrôle de la facturation, les communications, l'établissement d'un système de paie ou des dossiers des employés, l'informatique joue un rôle dont l'importance ne saurait être niée par les gestionnaires. Les concepts de robotique, de réseautique, de courrier électronique et de réseau Internet font désormais partie du langage et du quotidien du monde des affaires.

Cependant, les technologies de l'information et de la communication (TIC) ont la faculté de créer certains types d'emplois et d'en éliminer d'autres. La gestion des ressources humaines n'échappe pas à l'effet négatif que peuvent exercer sur elle ces nouvelles technologies.

Un exemple frappant est donné par le secteur des services financiers. Depuis un peu plus d'une décennie, les institutions financières québécoises se sont engagées dans un processus de réingénierie caractérisé par une optimisation du service à la clientèle, la mise au point d'une multitude de services informatisés et l'élimination de nombreux postes.

D'ailleurs, le 27 janvier 1996, le journal *Les Affaires* titrait en page d'actualité : « Les grandes banques auront éliminé au moins 27 000 postes de 1990 à 2000[17] ». Même si au sein de quelques-unes de ces institutions financières, la suppression de certains postes s'est faite par **attrition** ou par l'incitation à une retraite anticipée, il n'en demeure pas moins que, pour des employés, l'élimination de postes a donné lieu à des licenciements.

Attrition : Nombre de départs annuels volontaires (retraites, démissions, déplacements, etc.) par rapport à l'effectif moyen annuel.

---

15. Michèle Boivert, « Nouvelle restructuration chez Mindready », *La Presse*, 23 avril 2002, p. D-5.
16. Nichola Groom, « Première perte en huit ans pour Alcoa », *La Presse*, 9 janvier 2002, p. D-3.
17. François Bardès, « Les grandes banques auront éliminé au moins 27 000 postes de 1990 à 2000 », *Les Affaires*, semaine du 27 janvier au 2 février 1996, p. 7.

En ce qui concerne l'incidence d'une telle décision sur la gestion des ressources humaines, elle se reflète dans la réflexion que doit faire le gestionnaire des ressources humaines ainsi que dans les démarches qu'il doit entreprendre à la suite de cette réflexion. Il devra entre autres déterminer:

- les périodes auxquelles il procédera aux licenciements;
- la manière dont il effectuera les licenciements (selon l'ancienneté, selon les compétences recherchées par l'organisation, selon les critères établis dans la convention collective lorsque cela s'applique, etc.);
- les postes à éliminer et les postes à réorganiser;
- le temps qui sera consacré à l'analyse des nouveaux postes;
- l'effet possible de la réorganisation des postes sur les salaires;
- la formation qui devra être offerte aux employés qui conservent leur emploi dans l'entreprise;
- les besoins réels en formation;
- la façon d'amener les employés à accepter les nouveaux objectifs de rendement, c'est-à-dire la façon de les motiver.

Non seulement les enjeux présentés dans cette section ont provoqué des changements dans la gestion des ressources humaines depuis une dizaine d'années, mais, de plus, ils ont favorisé l'émergence de nouveaux contextes de gestion avec lesquels doivent composer les gestionnaires des ressources humaines. Il s'agit, premièrement, de la gestion dans le contexte de la rationalisation de la main-d'œuvre (contexte étudié dans ce chapitre), deuxièmement, de la gestion dans le contexte de la démotivation des travailleurs et, finalement, de la gestion dans le contexte de la stabilisation de l'emploi (ces deux derniers contextes sont analysés au chapitre 3).

2.3 La gestion des ressources humaines dans le contexte de la rationalisation de la main-d'œuvre

2.3.1 La problématique actuelle

Depuis le début des années 1990, les gestionnaires des ressources humaines qui œuvrent au sein d'entreprises dont les dirigeants ont adopté un plan de rationalisation de la main-d'œuvre doivent assumer une responsabilité majeure qui est loin d'être appréciée de tous: procéder à des licenciements. Le caractère peu motivant de cette responsabilité provient surtout de la double dimension que revêtent ces licenciements: ils sont massifs et successifs.

Depuis plus d'une décennie, les gestionnaires des ressources humaines doivent donc pratiquer une autre forme de gestion, soit la gestion de la décroissance, car, une fois qu'a été prise la décision de licencier du personnel, ils doivent la rendre effective.

Par **gestion de la décroissance**, nous entendons la gestion caractérisée par l'ensemble des mesures prises soit par le gestionnaire des ressources humaines, soit par tout autre cadre qui supervise des employés, non seulement afin de procéder à des licenciements commandés par la décroissance, mais aussi afin de réduire les répercussions de la baisse des effectifs sur le moral des travailleurs, sur le rendement individuel exigé et sur la réalisation des objectifs généraux liés à la mise en œuvre de la vision de l'avenir de l'entreprise.

Parmi les mesures qui peuvent être adoptées, citons les suivantes :

- l'annonce de l'abolition de postes aux travailleurs ;
- le *counseling* auprès des travailleurs devant être licenciés ;
- le *counseling* auprès des travailleurs demeurant au service de l'entreprise ;
- l'application des licenciements correspondant à l'abolition de postes ;
- la négociation avec les travailleurs ou le syndicat au sujet de la mise en pratique des changements touchant les postes ;
- le réaménagement des postes et la présentation de nouvelles analyses concernant ces postes ;
- l'élaboration de programmes de formation pour les travailleurs qui ne sont pas visés par l'abolition de postes.

Certes, il n'existe pas de formule magique à réciter aux employés au moment de l'annonce de l'abolition de leur poste. Mais cette tâche sera moins ardue pour le gestionnaire s'il peut expliquer aux employés touchés les raisons qui motivent la direction à procéder à l'abolition de ces postes. La responsabilité de la direction consiste à faire participer pleinement le gestionnaire des ressources humaines à l'élaboration du plan de rationalisation. Ce gestionnaire devra alors relever cinq grands défis. Premièrement, il devra comprendre l'objectif global du plan de rationalisation et son effet réel à court, à moyen et à long terme sur la main-d'œuvre. Deuxièmement, il devra analyser soigneusement l'ampleur des « dégâts » en ce qui concerne la suppression de postes et la perte d'effectifs. Troisièmement, il devra transmettre l'information la plus juste possible, et pour cela éviter de créer des attentes injustifiées visant à minimiser l'effet véritable de la rationalisation ou de faire souffler sur l'organisation un vent de panique en exagérant les conséquences de l'abolition des postes. Quatrièmement, il devra adopter une certaine approche afin d'annoncer la suppression de postes prévue et les licenciements qui en découlent. Finalement, il devra rassurer les travailleurs qui demeurent au service de l'organisation, soit les « survivants ». Il est effectivement de son devoir de les mobiliser[18] et de leur inculquer le désir de continuer dans un contexte où le personnel diminue mais pas l'ensemble des tâches à accomplir. La figure 2.3 présente ces différents défis.

Gestion de la décroissance : Processus par lequel le gestionnaire planifie les différentes mesures (retraites anticipées, mutations, licenciements, etc.) visant à réduire le personnel d'une unité administrative ou de l'entreprise entière, organise la mise en œuvre de ces mesures, dirige cette mise en œuvre et évalue de façon constante l'impact de ces mesures sur la motivation des travailleurs afin d'assurer la réalisation des objectifs organisationnels.

Counseling : Appui offert à un employé qui manifeste un problème personnel ou professionnel ayant des conséquences sur son travail.

---

18. Le concept de mobilisation est expliqué au chapitre 3.

Établissement de la problématique : gestion de la décroissance → **Défis** →

- Défi relié à la compréhension de l'objectif global
- Défi relié à l'analyse de la situation
- Défi relié à la transmission de l'information
- Défi relié à l'approche utilisée
- Défi relié à la motivation des travailleurs demeurant au service de l'entreprise

2.3.2 Le défi relatif à la compréhension de l'objectif global

Le gestionnaire des ressources humaines doit comprendre l'objectif premier qui force la haute direction à adopter son plan de rationalisation de façon à pouvoir le communiquer aux employés. S'agit-il d'une question de survie pour l'entreprise ou, plutôt, de la volonté d'augmenter sa rentabilité ? Une fois cet objectif clarifié, le gestionnaire doit obtenir un engagement formel de la haute direction : celui de garantir aux employés que la suppression de postes qui s'avère nécessaire dans un contexte précis constitue une mesure temporaire. Et lorsque les nouveaux objectifs de l'entreprise seront atteints, il n'y aura plus de suppression de postes et le travail s'effectuera dans un climat dénué d'incertitude et de crainte.

2.3.3 Le défi relatif à l'analyse de la situation

Le gestionnaire des ressources humaines doit analyser l'effet de l'abolition de postes prévue et aller au-delà de la simple soustraction d'un nombre donné de postes et d'un nombre équivalent d'individus. Cette opération s'avère complexe. Dans son analyse, ce gestionnaire doit tenir compte de trois paramètres. Le premier paramètre est la blessure psychologique causée aux employés qui perdent leur emploi. Ces derniers partent souvent avec le sentiment que l'entreprise les laisse tomber. Et plus ils ont accumulé d'années de service, plus ce sentiment est fort.

Le deuxième paramètre est la présence d'un syndicat dans l'entreprise. Au cours de son analyse, le gestionnaire des ressources humaines doit prendre en considération le fait que les employés éprouvent de la réticence à renoncer à certains avantages qu'ils ont acquis. Et quand un syndicat est présent dans l'entreprise, les négociations engagées afin de préserver ces « acquis » sont souvent difficiles. Avant d'entamer toute négociation avec le syndicat sur la mise en œuvre des compressions, le gestionnaire des ressources humaines doit répondre à plusieurs questions, dont celles-ci :

- « Dois-je rechercher l'affrontement avec le syndicat s'il n'accepte pas le plan de rationalisation de l'entreprise ? »
- « Faut-il nécessairement essayer d'atteindre une situation de gagnant-perdant ? »
- « Dans quelle mesure le syndicat a-t-il confiance en la direction ? »

- « Cela favorise-t-il l'échange ou cela cause-t-il plutôt des frictions ? »
- « Suis-je la personne indiquée pour négocier avec le syndicat ou me faut-il une aide extérieure ? »
- « Le syndicat acceptera-t-il de négocier la manière d'effectuer les compressions ou voudra-t-il plutôt discuter de la nécessité même de faire de telles compressions ? »
- « Quelle stratégie dois-je adopter si cette dernière possibilité se présente ? »

Enfin, le troisième paramètre que le gestionnaire des ressources humaines doit considérer est la résistance au changement. Le gestionnaire doit faire face à l'amertume des « survivants ». Ces employés, qui ont vu partir certains collègues de travail, savent que ces derniers ne reviendront sûrement plus dans l'organisation. En outre, ces employés devront dans bien des cas subir une surcharge de travail requérant un nouvel apprentissage des méthodes de travail sur le tas ou une formation plus élaborée.

2.3.4 Le défi relatif à la transmission de l'information

Un autre défi qui se présente au gestionnaire des ressources humaines est la détermination du moment où il doit avertir les travailleurs de la décision de la direction d'abolir certains postes. Il ne doit absolument pas retarder trop cette annonce, car si les rumeurs s'installent avant que l'annonce ne soit faite, elles risqueront d'engendrer un climat de tension, de méfiance et de conflit.

Dans le choix du moment de l'annonce, le gestionnaire doit éviter de faire deux erreurs en particulier, soit laisser s'écouler le temps jusqu'au jour prévu de la mise en œuvre des compressions et omettre de faire une telle annonce avant de procéder aux compressions.

Le seul critère à considérer dans la détermination de ce moment est l'urgence du redressement financier de l'entreprise qui garantira sa survie ou l'obtention du niveau de rentabilité souhaité.

Une fois ce moment déterminé, il existe un principe que le gestionnaire des ressources humaines doit respecter tout au long de la communication qu'il établit avec les travailleurs : la **transparence**. Dans le contexte de l'organisation, il est question du **principe de transparence**, en vertu duquel un individu, par la communication qu'il établit avec ses supérieurs, ses pairs ou ses employés, transmet une information pertinente, juste et vérifiable. L'information est pertinente en ce sens qu'elle arrive au moment utile. Elle est juste, c'est-à-dire qu'elle ne présente aucune équivoque. De même, elle est vérifiable si elle s'appuie sur des données qui peuvent être contrôlées.

L'employé qui sera licencié désire connaître sa situation réelle et savoir pourquoi c'est lui qui est touché par une telle décision administrative. Il demande qu'on lui fournisse des faits, il tient à s'assurer que toutes les autres avenues ont été examinées et il ne veut surtout pas qu'on lui fasse de fausses promesses. Dans ce contexte, le gestionnaire des ressources humaines se doit, en tant que porteparole de la direction, d'être franc et honnête, et d'agir avec transparence.

2.3.5 Le défi relatif à l'approche utilisée

Afin d'annoncer aux employés que leur poste est aboli, le gestionnaire des ressources humaines peut utiliser trois approches différentes. Il doit cependant bien analyser le climat qui règne dans l'organisation avant de faire son choix. Les

Transparence : Attitude selon laquelle une personne agit envers d'autres personnes avec franchise, sincérité et authenticité afin que la communication établie et les gestes accomplis soient sans équivoque.

Principe de transparence : Principe en vertu duquel un individu, par la communication qu'il établit avec ses supérieurs, ses pairs ou ses employés, transmet une information pertinente, juste et vérifiable.

approches qui s'offrent à lui sont les suivantes : l'approche individuelle, l'approche collective et l'approche mixte.

Selon l'approche individuelle, le gestionnaire des ressources humaines convoque par écrit les employés touchés par la suppression de postes et les rencontre individuellement. C'est au cours de cette rencontre qu'il leur annonce la décision de la direction d'abolir leur poste ; pas avant. Il doit s'attendre de la part des employés à des réactions diverses, allant de l'agressivité à la tristesse. Il doit être compréhensif mais ferme ; écouter mais ne rien promettre. Le gestionnaire doit proposer des mesures d'aide seulement si un mandat en ce sens lui a été confié par la direction. Enfin, il doit éviter de porter sur ses épaules le poids d'une telle décision. Son rôle est de transmettre celle-ci.

Pour ce qui est de l'approche collective, le gestionnaire des ressources humaines, accompagné des membres de la direction, rencontre tous les employés de l'entreprise en même temps. Il laisse au président le soin d'exposer la situation que vit l'entreprise, sa vision de l'avenir et la décision qui a été prise concernant les emplois. Ensuite, le gestionnaire des ressources humaines indique avec précision le nombre de postes abolis, dans quel service, quelle catégorie de travailleurs est touchée et dans quelle proportion. Suivant cette approche, tous les membres de la direction, de même que les cadres intermédiaires en cause, peuvent observer la réaction immédiate des employés, entendre les motifs de leur inquiétude et envisager le climat de travail qui risque de s'installer dans les jours qui vont suivre.

L'approche mixte est de loin la meilleure, car elle combine les éléments des deux approches précédentes. Elle débute par une rencontre de groupe, au cours de laquelle tous les cadres de l'entreprise font face aux réactions des employés. À la suite de cette démarche, le gestionnaire des ressources humaines envoie les convocations et fixe les rendez-vous pour les rencontres individuelles. Il va de soi qu'à leur arrivée au rendez-vous les travailleurs touchés risquent d'éprouver du mécontentement, des craintes, de l'agressivité et de l'amertume, et de vouloir poser des questions. C'est pourquoi le gestionnaire doit être prêt pour la rencontre.

Pour utiliser l'approche mixte, le gestionnaire doit démontrer certaines qualités. Il doit être crédible, c'est-à-dire agir avec droiture. Il doit être intègre, car avant tout il est un porte-parole de la direction. Il doit faire preuve de patience et ne pas se laisser entraîner dans l'agressivité de certains individus. Il doit être humain mais non pas naïf ; autrement dit, il faut qu'il dédramatise les licenciements, qu'il déculpabilise les employés qui se disent victimes du système et qu'il évite de se sentir lui-même coupable d'annoncer une décision prise par la direction.

2.3.6 Le défi relatif à la motivation des travailleurs demeurant au service de l'entreprise

Un plan de restructuration qui prévoit l'abolition de certains postes et des licenciements ne saurait être acceptable aux yeux des employés qui restent au service de l'entreprise s'il ne prévoit pas de solutions visant à stabiliser l'emploi et à instaurer de nouveau dans le milieu de travail une qualité de vie adéquate. À la suite de l'annonce des licenciements, le gestionnaire doit énoncer clairement les mesures qu'il compte prendre afin de gérer les ressources humaines dans ce nouveau contexte de travail. Ce plan d'action devrait comporter les étapes suivantes :

- Première étape : l'établissement, de concert avec les dirigeants en cause, des changements qui s'effectueront dans les postes en ce qui concerne la nature de ces derniers de même que l'exécution des tâches.

- Deuxième étape : la négociation des changements avec les employés qui ne sont pas touchés par les licenciements ou avec le syndicat en place.
- Troisième étape : la communication à la direction des résultats des négociations.
- Quatrième étape : avec l'accord de la direction et en collaboration avec les superviseurs en cause, la mise en place des nouvelles structures et des nouveaux procédés et méthodes de travail.
- Cinquième étape : la mise en œuvre des programmes de formation permettant d'assurer la flexibilité et la polyvalence des travailleurs.
- Sixième étape : le suivi ainsi que les mécanismes de correction, si cela s'avère nécessaire.

Il va de soi que les négociations entreprises par le gestionnaire des ressources humaines doivent amener les employés et le syndicat à accepter la vision à long terme de l'entreprise. Les employés devront par la suite reconnaître certaines réalités. Ainsi, leurs tâches subiront des modifications ; leur qualité de vie au travail sera réduite parce que l'organisation leur demandera de faire davantage avec moins de ressources ; certains travailleurs devront suivre une formation ; d'autres travailleurs auront à assumer des responsabilités allant au-delà de l'exécution mécanique de leurs tâches.

Pour garantir le succès de ces négociations, le gestionnaire des ressources humaines doit posséder des qualités exceptionnelles. Bien que certaines d'entre elles aient déjà été présentées, nous les énumérerons tout en fournissant pour chacune d'elles une explication. Le gestionnaire doit donc avoir les qualités suivantes :

- Une grande ouverture au changement. Le gestionnaire des ressources humaines qui endosse le plan de rationalisation de la direction de l'entreprise s'engage à vivre les changements prévus et à les faire accepter par les travailleurs. Pour ce faire, il doit croire à ce plan et partager la nouvelle vision de l'entreprise. Il doit de plus s'attendre à adapter sa gestion aux situations nouvelles auxquelles l'entreprise fera face.
- Un esprit visionnaire. Le gestionnaire doit posséder une vision claire à long terme de l'objectif que vise l'entreprise. Voilà pourquoi il doit, de concert avec la direction, participer à l'élaboration du plan d'action pour l'avenir.
- Un leadership efficace. Ce gestionnaire doit accepter deux réalités, à savoir, d'une part, que certains employés ont perdu leur emploi et qu'il ne peut plus compter sur eux afin d'atteindre les objectifs de l'entreprise, et, d'autre part, que des employés conservent leur emploi et qu'il doit composer avec eux pour réaliser les objectifs de l'entreprise. Son rôle est donc d'établir avec ces derniers une communication franche, de les motiver et de les aider à accepter la nouvelle vision de l'entreprise.
- Une crédibilité au-dessus de tout soupçon. Ce gestionnaire ne doit pas voiler la réalité, mais dire les choses telles qu'elles sont. Un licenciement doit être présenté comme il est, c'est-à-dire définitif, et non comme une mise à pied.
- Une intégrité totale. Le gestionnaire des ressources humaines devient un agent de changement. La direction lui accordera sa confiance et les employés feront de même s'il adopte des comportements honnêtes, s'il ne manifeste aucun parti pris, s'il est déterminé et le démontre dans sa planification et dans l'ensemble des décisions qu'il prend.
- Une flexibilité dans sa gestion. Ce gestionnaire doit adapter sa gestion au nouveau contexte de travail créé par la restructuration. Il doit également apprendre aux cadres de terrain à changer d'attitude envers leurs employés

et à leur laisser prendre plus d'initiative dans l'exécution de leurs tâches. Il doit briser les liens hiérarchiques quand cela s'avère nécessaire et raccourcir la distance qui sépare la direction des employés.

– Une fermeté réelle. Quand vient le temps de mettre en œuvre un plan d'action, le gestionnaire doit être ferme dans les décisions qu'il prend. Il ne doit pas oublier que sa gestion s'effectue dans un climat d'incertitude et de crainte pour les travailleurs, et que tout recul ou toute hésitation de la direction dans l'exécution d'une décision peuvent être perçus par les travailleurs comme une machination visant à supprimer d'autres postes.

– Une habileté à communiquer. Le gestionnaire des ressources humaines doit être un communicateur habile car, rappelons-le, il doit non seulement être sensible à l'insécurité des employés, mais aussi apaiser leurs craintes. Il doit de plus démontrer aux travailleurs que les efforts qui leur sont demandés vont effectivement mener à des résultats concrets.

Le tableau 2.1 résume ces principales qualités.

Tableau 2.1	Les qualités exigées du gestionnaire des ressources humaines dans le contexte de la rationalisation de la main-d'œuvre
Ouverture au changement	Doit accepter les changements et orienter sa gestion en fonction de ceux-ci.
Esprit visionnaire	Doit posséder une vision à long terme des objectifs de l'organisation et de leur effet possible sur les ressources humaines.
Leadership	Doit faire accepter aux travailleurs la nouvelle vision de l'entreprise et les mener vers la réalisation des nouveaux objectifs fixés.
Crédibilité	Doit transmettre l'information sans laisser planer de sous-entendus.
Intégrité	Doit inspirer confiance tant à la direction qu'aux employés en ce qui a trait à sa façon de communiquer et d'agir.
Flexibilité	Doit adapter sa gestion au nouveau contexte de travail.
Fermeté	Doit s'en tenir aux décisions prises même si elles soulèvent le mécontentement chez les travailleurs, pourvu que ces décisions s'orientent vers la nouvelle vision de l'entreprise.
Habileté dans la communication	Doit être sensible à l'insécurité des travailleurs et changer leurs craintes en un espoir dans la stabilisation et l'amélioration de la situation de leur emploi.

Résumé du chapitre

Depuis plus d'une décennie, les organisations font face au phénomène de la mondialisation. Certaines ont pu en tirer profit ; d'autres ont subi les effets négatifs de la concurrence mondiale. Dans ce dernier cas, nombre d'organisations ont eu recours à des politiques de restructuration, qui se sont souvent traduites, entres autres, par des licenciements massifs de travailleurs.

Les gestionnaires des ressources humaines, selon la philosophie de gestion des entreprises, pouvaient alors opter pour deux types de stratégies concurrentielles : la stratégie de l'adaptation par le haut ou la stratégie de l'adaptation par le bas. Ceux qui ont choisi cette dernière stratégie se sont alors retrouvés devant une forme de gestion à laquelle ils n'étaient pas habitués : la gestion de la décroissance des effectifs.

Nous avons présenté sous forme d'enjeux les phénomènes qui contribuent à ces licenciements. Il s'agit des enjeux politiques, économiques et technologiques. Ces enjeux ont suscité l'émergence de nouveaux contextes dans lesquels s'effectue dorénavant la gestion des ressources humaines. Ces contextes sont la rationalisation de la main-d'œuvre, la démotivation de la main-d'œuvre et la stabilisation de l'emploi.

Il va de soi que, dans ces différents contextes, le rôle du gestionnaire des ressources humaines est d'une importance capitale, car celui-ci doit non seulement comprendre l'objectif global du plan de rationalisation de la main-d'œuvre présenté par la direction, mais aussi l'expliquer aux travailleurs. Il doit de plus leur démontrer que la survie de l'entreprise ou sa rentabilité accrue, voire les deux, ne peuvent pas être assurées si la vision de l'avenir de l'entreprise est acceptée uniquement par les cadres. Le gestionnaire doit amener les travailleurs à comprendre la nécessité de partager cette vision. Il lui faudra créer un climat propice à la négociation afin de négocier soit avec les travailleurs, soit avec le syndicat en place, les changements qui devront être apportés et qui les toucheront directement.

Pour garantir le succès de ces négociations, le gestionnaire des ressources humaines doit posséder des qualités exceptionnelles, dont une grande ouverture au changement, car, sans nul doute, il devra adapter sa gestion aux situations nouvelles auxquelles fera face l'organisation au sein de laquelle il œuvre.

Évaluation de la compétence

Questions de révision et application

1. Quels sont les phénomènes devant lesquels sont placées les entreprises dans le contexte de la mondialisation ?
2. Quelles sont les principales stratégies concurrentielles de gestion des ressources humaines que peuvent adopter les entreprises dans le contexte de la mondialisation ?
3. Pourquoi chez les gestionnaires des ressources humaines le fait de procéder à des licenciements massifs et successifs constitue-t-il une tâche déplaisante ?
4. Pourquoi l'approche que doit utiliser le gestionnaire des ressources humaines afin d'annoncer aux employés (ou au syndicat) l'abolition de postes et les licenciements qui en découlent représente-t-elle un défi pour lui ?

5. Dans le défi posé par l'analyse de la situation, le gestionnaire des ressources humaines doit tenir compte de trois paramètres. Décrivez brièvement ces paramètres.

6. À propos du défi que constitue la transmission de l'information, quelles sont les deux erreurs que ne doit pas commettre un gestionnaire des ressources humaines dans le choix du moment de cette transmission? Expliquez-les.

7. En ce qui concerne les changements relatifs aux postes, quelles réalités devront accepter les employés dans la situation de travail à la suite des négociations entreprises par le gestionnaire des ressources humaines avec eux ou avec le syndicat?

8. Parmi les qualités que doit posséder un gestionnaire des ressources humaines qui entreprend des négociations sur les changements concernant les postes des travailleurs, en quoi consiste le fait d'avoir un esprit visionnaire?

9. Selon le président Matissier (reportez-vous à la rubrique «Point de mire» du début du chapitre), pourquoi la mondialisation constitue-t-elle un phénomène complexe qui frappe de tous les côtés?

10. Le président Matissier aborde le concept de micro-corporatisme. Parmi les stratégies concurrentielles de gestion des ressources humaines présentées dans ce chapitre, laquelle fait ressortir le micro-corporatisme?

Analyse de cas

Cas 2.1
« Le Porc-Celais : la qualité dans votre assiette! »

La famille Celais a quitté la France en 1952 pour venir s'établir au Québec, et plus particulièrement dans la région du Témiscouata. Xavier Celais, père de neuf enfants, a alors accepté de travailler en tant qu'éleveur de porcs à la ferme des Biron.

Il travaillait depuis deux ans dans cette ferme quand il a appris que les Biron avaient l'intention de la vendre. Comme ces derniers logeaient la famille Celais, Catherine Celais, l'épouse de Xavier, a exercé une pression sur son époux pour qu'il achète la ferme. Les économies de la famille étant plutôt modestes, Xavier a obtenu un prêt auprès d'une institution financière qui lui a permis d'acquérir la ferme des Biron.

Trois ans après cette acquisition, comme les affaires étaient plus florissantes qu'il ne l'avait espéré, Xavier a fait construire un abattoir. Aidé de Catherine et de ses enfants les plus âgés, il a mis sur pied la plus grande ferme d'élevage, d'engraissement et d'abattage de porcs de la région du Témiscouata. Il a baptisé son entreprise «Le Porc-Celais, ferme familiale». Le jeu de mots était amusant, car la ferme s'approvisionnait en porcelets provenant du Nouveau-Brunswick. Ces porcelets étaient élevés, engraissés et envoyés à l'abattoir, toutes ces opérations se déroulant dans la même entreprise.

Au fil des ans, l'entreprise des Celais s'est taillé une réputation remarquable. Déjà, en 1980, l'usine d'abattage a été agrandie pour la première fois. En 1995, classée ISO 9002, l'usine était une fois de plus agrandie. Les 470 employés qui y travaillaient clamaient que, dans la ferme des Celais, il faisait bon vivre. D'ailleurs, la publicité télévisée et imprimée annonçait les produits de l'entreprise au moyen de la formule suivante: «Le Porc-Celais: la qualité dans votre assiette!»

En 1995, Xavier a passé les rênes de l'entreprise à ses trois plus jeunes enfants, les enfants plus âgés ayant quitté la ferme depuis quelques années. Xavier désirait retourner vivre en France avec son épouse. Il laissait à ses enfants une entreprise en bonne santé, enregistrant un chiffre d'affaires annuel de l'ordre de 55 millions de dollars. La seule difficulté qu'éprouvait l'entreprise concernait son approvisionnement en eau. Pendant plusieurs années, Xavier avait tenté de faire régler ce problème par la municipalité de

Notre-Dame-du-Lac, mais en vain. Les nouveaux propriétaires de l'entreprise ont aussi multiplié les démarches auprès de la municipalité, sans jamais obtenir satisfaction. Au bout de sept ans de démarches infructueuses, les Celais ont pris la décision de déménager leur entreprise.

En mai 2002, dès que la nouvelle a paru dans le journal local et dans certains journaux régionaux, les habitants de la région ont d'abord cru qu'il s'agissait d'un canular. Le gouvernement du Nouveau-Brunswick, quant à lui, a pris la nouvelle au sérieux. Il a aussitôt offert aux Celais de venir installer leur usine dans sa province, en échange de subventions de 20 millions de dollars en exemptions de taxes, en plus des commodités dont ils bénéficieraient pour leur installation (choix du terrain, localisation près d'un cours d'eau, etc.).

L'offre était alléchante. Cependant, si les Celais l'acceptaient, ils étaient conscients qu'il leur faudrait licencier leurs 470 employés, dont certains avaient donné une grande partie de leur vie à l'entreprise. Qui plus est, l'entreprise Le Porc-Celais, ferme familiale, était devenue le principal employeur du Témiscouata. Les Celais se sont donné jusqu'à la fin du mois d'août avant de prendre une décision.

Mais les employés commençaient à ne plus croire en l'avenir de l'entreprise, car depuis le début du mois de juin, chaque semaine, ils voyaient les propriétaires de l'entreprise s'enfermer dans leurs bureaux avec des membres du gouvernement du Nouveau-Brunswick. De plus, le carnet de commandes se réduisait graduellement et une partie de la production avait été transférée dans cette province.

En août 2002, la municipalité de Notre-Dame-du-Lac a compris que le déménagement de l'entreprise des Celais était fort probable quand les propriétaires de l'entreprise ont amorcé le licenciement de certains employés.

La réaction des travailleurs n'a pas tardé. Dès la deuxième semaine du mois, ils ont commencé à se mobiliser et à manifester contre leur employeur. Ils ont bloqué des routes, ont lancé des appels au boycottage des produits de l'entreprise et ont organisé tous les soirs de la semaine de bruyantes manifestations.

Questions

1. Dans l'éventualité où les propriétaires de l'entreprise décident de déménager au Nouveau-Brunswick et licencient tous leurs employés, quelles sont les deux réactions que ces licenciements peuvent susciter chez les employés?
2. Selon vous, laquelle de ces réactions les employés de l'entreprise Le Porc-Celais, ferme familiale, ont-ils manifestée? Expliquez votre réponse en faisant appel à une situation tirée du texte.

Cas 2.2
« L'usine brûle-t-elle ? »

– L'usine brûle-t-elle ?

C'est en ces termes que le président de la société Hepple Spas et Piscines inc. a demandé à son directeur des ressources humaines comment se déroulaient les négociations avec le syndicat. Enfoncé dans un fauteuil de son bureau, il était impatient d'obtenir des nouvelles de son directeur.

– L'usine ne brûle pas encore, monsieur Hepple, mais elle chauffe drôlement. Le syndicat ne veut rien entendre et les travailleurs sont très mécontents.

Le président a baissé la tête.

– Quelle heure est-il, monsieur Devault ? lui a-t-il demandé.

– Bientôt 22 heures, monsieur Hepple.

– S'il le faut, négociez toute la nuit, tant que le syndicat n'aura pas entendu raison. Moi, je demeure à mon bureau jusqu'à ce que vous m'apportiez de bonnes nouvelles.

– Très bien, monsieur Hepple.

Le directeur des ressources humaines est sorti du bureau. Depuis 14 heures, il négociait avec le syndicat, sans succès. Il secoua la tête, plutôt découragé. « Le syndicat n'acceptera jamais de rouvrir la convention collective et de négocier à la baisse les salaires et certains avantages sociaux », songeait-il.

Et il se rappelait les débuts de l'entreprise. Hepple Spas et Piscines est une P.M.E. québécoise qui dominait le marché des spas et des piscines au Québec et dans plusieurs provinces du Canada. La société enregistrait régulièrement des bénéfices nets annuels s'élevant à 25 millions de dollars. Toutefois, comme elle n'avait pas fait preuve de vigilance, elle a vu entrer dans son marché, en mars 1999, un concurrent américain qui, jusqu'alors, ne l'inquiétait pas. L'entreprise américaine vendait un nouveau produit, plus résistant, moins cher, assorti d'une garantie nettement supérieure à celle qu'offrait la P.M.E. québécoise. En huit mois, l'entreprise américaine a fait des ravages en lui grignotant 30 % de son marché. Et trois ans après, la société Hepple Spas et Piscines devait lutter pour demeurer sur le marché.

Mise au pied du mur, la direction de l'entreprise québécoise a décidé d'appliquer un plan de restructuration reposant sur une nouvelle conception de l'approvisionnement, sur la redéfinition de certains postes de cadres et, surtout, sur le licenciement de travailleurs. En outre, elle voulait rouvrir la convention collective des travailleurs d'usine afin de renégocier les salaires à la baisse et d'éliminer certains avantages sociaux.

Le président Hepple et son équipe de direction souhaitaient vivement faire participer le syndicat au projet de restructuration et favoriser une forme de partenariat, afin que tous travaillent à redresser la situation financière de l'entreprise. Pourtant, les négociations avec le syndicat s'avéraient difficiles.

Questions

1. Quelle stratégie concurrentielle la société Hepple Spas et Piscines a-t-elle privilégiée pour tenter de conserver sa place sur le marché ?

2. Comment pouvez-vous démontrer que la stratégie énoncée à la question précédente est réellement celle que l'entreprise québécoise a choisie ?

3. Si vous étiez membre de la direction des ressources humaines de cette entreprise, auriez-vous endossé le choix de cette stratégie ? Dans l'affirmative, expliquez pourquoi. Dans la négative, quelle autre stratégie auriez-vous suggérée ? Pourquoi ?

La gestion des ressources humaines et la mobilisation du personnel

Sommaire

La lecture de ce chapitre devrait vous permettre :

1 d'indiquer pourquoi les théories sur la motivation et la satisfaction au travail n'apportent pas de réponses aux gestionnaires dans le contexte de la démotivation de la main-d'œuvre.

2 d'expliquer quelle est la responsabilité de l'organisation face à la motivation des travailleurs dans le contexte de l'incertitude quant à l'emploi, de la suppression de postes et de licenciements.

3 de définir les principes que doit respecter l'organisation afin d'assumer cette responsabilité dans le contexte de l'incertitude quant à l'emploi.

4 d'expliquer quelle est la responsabilité du gestionnaire des ressources humaines face à la motivation des travailleurs.

5 d'expliquer quelle est la responsabilité des travailleurs face à leur propre motivation au travail.

6 d'expliquer ce qu'est la mobilisation des travailleurs.

7 de démontrer pourquoi, dans le contexte de la stabilisation de l'emploi, le gestionnaire des ressources humaines doit changer l'ancienne mentalité des travailleurs face au travail et à l'organisation.

8 d'expliquer pourquoi, dans la mise en œuvre d'un plan de restructuration et de rationalisation de la main-d'œuvre, il faut reconnaître le service des ressources humaines comme un service majeur dans l'organisation.

9 d'expliquer ce qu'est la gestion par valeurs.

Compétence visée

La compétence visée dans ce chapitre est de pouvoir appliquer des stratégies visant à motiver le personnel de votre service.

Point de mire

Une nouvelle approche face à la motivation au travail

Le visage de la gestion des ressources humaines a beaucoup changé au cours des 20 dernières années. Ce phénomène est compréhensible car les contextes économique et social eux-mêmes ont changé. La mondialisation des marchés a grandement contribué à cette nouvelle situation. On observe que la concurrence est devenue mondiale. Les technologies de la communication ont évolué rapidement et les entreprises ont vivement ressenti le besoin de faire preuve d'une flexibilité qui leur assurerait d'affronter cette concurrence tout en demeurant rentables.

Les dirigeants d'entreprise ont alors élaboré et mis sur pied des programmes de restructuration dont les deux résultats les plus frappants ont été l'aplanissement des structures organisationnelles ainsi que des licenciements massifs et successifs.

Un contexte d'incertitude venait de naître pour plusieurs travailleurs, qui se demandaient si, même à court terme, leur emploi serait maintenu. Les milieux de travail touchés par ces licenciements se caractérisaient par un climat de démotivation. Un des grands défis auxquels faisaient face les directeurs des ressources humaines consistait à motiver les travailleurs qui, n'ayant pas perdu leur emploi, voyaient leurs tâches augmenter et les ressources pour les effectuer diminuer constamment.

L'application des théories sur la motivation, lesquelles étaient jadis influentes, ne répondait plus à cette lourde commande. La raison en est fort simple : ces théories s'inscrivaient autrefois dans un contexte où la sécurité d'emploi était acquise pour les travailleurs, et l'incertitude liée à l'emploi était faible, voire inexistante.

De nos jours, quand vient le temps de parler de motivation en milieu de travail, il faut se tourner vers un concept nouveau, soit la mobilisation. Ce concept, qui est mieux adapté au contexte d'incertitude auquel sont soumis les travailleurs, présente un avantage majeur pour les gestionnaires : il revêt pour le travailleur une dimension affective. En effet, le travailleur mobilisé établit un lien affectif avec l'organisation. Et, en vertu de ce lien, il est disposé à déployer pour celle-ci des efforts considérables.

De son côté, l'organisation ne doit pas demeurer insensible. Face à la mobilisation, elle doit, tout au moins, endosser une double responsabilité : offrir aux travailleurs des possibilités de se mobiliser et leur donner des raisons de vouloir se mobiliser.

3.1 Le contexte de démotivation en milieu de travail

L'annonce de l'abolition prochaine de postes et de licenciements crée chez les travailleurs, à n'en pas douter, un climat d'inquiétude. Pour les travailleurs touchés, qui acceptent difficilement le sort que leur impose l'organisation, cette inquiétude se manifeste par un questionnement sur l'avenir qui les attend. Mais pour les travailleurs dont les postes ne sont pas abolis et qui demeurent au service de l'entreprise, l'inquiétude se présente sous trois formes. Il y a l'inquiétude concernant la détérioration de la qualité de vie au travail (la perte de collègues de travail, la tension et la nervosité qu'entraîne la nouvelle situation, etc.). Il y a aussi l'inquiétude entourant l'augmentation des tâches et des exigences requises (l'augmentation des heures de travail, la modification du contenu des tâches, la formation imposée, etc.). Il y a enfin l'inquiétude générée par toute forme d'insécurité (l'emploi non garanti, la baisse de salaire, la suppression de certains avantages sociaux, etc.). Que les gestionnaires en soient conscients ou non, pour les travailleurs, ces inquiétudes sont des sources de démotivation au travail.

Il s'agit à présent de déterminer comment ces gestionnaires doivent « gérer » la démotivation des travailleurs.

3.2 L'apport des théories sur la motivation et la satisfaction au travail

Le gestionnaire des ressources humaines peut-il trouver dans les théories sur la motivation et la satisfaction au travail les éléments de réponse pouvant l'aider à redonner aux travailleurs la motivation qui permet d'orienter tous les efforts dans le même sens ?

Bien que les théories sur la motivation et la satisfaction au travail constituent un apport précieux en matière de direction du personnel, force est de constater qu'elles remettent souvent entre les mains des dirigeants, des gestionnaires des ressources humaines ou des superviseurs la lourde responsabilité consistant à motiver les travailleurs.

Toutefois, il est plus facile d'apprécier l'apport de ces théories dans un contexte de croissance ou de stabilité de l'emploi, contexte qui permet à la gestion des ressources humaines de favoriser le développement de programmes de motivation ou de satisfaction au travail visant le maintien de la main-d'œuvre.

Mais qu'en est-il depuis plus d'une dizaine d'années, alors que le discours de plusieurs dirigeants est centré sur la survie incertaine de leur entreprise, sur sa rentabilité qui n'est pas assurée, sur les compressions devenues de plus en plus nécessaires, sur l'abolition inévitable de postes et sur les licenciements massifs ?

Les principales théories sur la motivation et la satisfaction au travail fournissent-elles des pistes de solution à apporter dans un tel contexte ? Pour répondre à cette question, nous examinerons trois de ces théories, soit la théorie de la hiérarchie des besoins de Maslow, la théorie des deux facteurs de Herzberg et la théorie du résultat escompté de Vroom.

3.2.1 La théorie de la hiérarchie des besoins de Maslow

Maslow[1] présente les besoins humains selon une hiérarchie dans laquelle les besoins fondamentaux sont à la base et les besoins secondaires, au sommet. Ces besoins étant énoncés par ordre d'importance, un des principes de la théorie de Maslow veut que les individus s'intéressent à un niveau supérieur de besoins seulement lorsque les besoins à un niveau inférieur sont comblés.

Exemple

Un travailleur cherchera à satisfaire ses besoins d'estime seulement s'il entretient de bonnes relations avec ses collègues de travail et avec son supérieur immédiat, et comblera ainsi ses besoins d'appartenance. Ces derniers besoins, quant à eux, ne pourront être comblés que si le travailleur bénéficie d'une sécurité salariale, d'une sécurité d'emploi et d'autres formes de sécurité venant combler ses besoins de sécurité.

Cependant, dans un contexte où les dirigeants et les travailleurs vivent une certaine tension, les uns luttant pour la survie de l'entreprise et les autres, pour le maintien de leur emploi, dans un contexte où la sécurité d'emploi des travailleurs n'est pas garantie malgré les efforts intenses et soutenus que leur demande l'organisation, la théorie de la hiérarchie des besoins de Maslow ne pourrait s'appliquer. Ce qui importe pour les travailleurs dans un tel contexte, c'est d'avoir un emploi et de pouvoir le conserver. Si les besoins de sécurité assurés

---

1. Abraham H. Maslow, « A theory of human motivation », *Psychological Review*, vol. 50, juillet 1943, p. 370-396.

entre autres par la sécurité d'emploi ne peuvent être comblés, les efforts de l'organisation pour combler les besoins situés à un niveau supérieur de la hiérarchie seront vains[2].

3.2.2 La théorie des deux facteurs de Herzberg

Si une application stricte de la théorie de la hiérarchie des besoins de Maslow ne donne pas aux cadres de l'entreprise des indications sur les mesures à prendre afin de motiver les travailleurs autrement qu'en leur garantissant la sécurité d'emploi, dans un contexte où l'entreprise génère elle-même un climat d'incertitude chez ces derniers, qu'en est-il de la théorie des deux facteurs de Herzberg[3] ?

Selon ce théoricien, il existe des facteurs de motivation qui, dans le milieu de travail, exercent un effet positif sur le rendement des individus et représentent pour eux une source de satisfaction. En revanche, d'autres facteurs, appelés « facteurs d'hygiène » ou « facteurs d'insatisfaction », influencent le rendement de façon négative et sont donc une source d'insatisfaction au travail. Le tableau 3.1 contient quelques exemples de facteurs de motivation et de facteurs d'hygiène.

Selon Herzberg, les gestionnaires doivent adopter des mesures visant à réduire le plus possible les éléments négatifs qui font des facteurs d'hygiène une source d'insatisfaction au travail. Cet objectif atteint, ils peuvent ensuite se concentrer sur l'instauration dans le milieu de travail des facteurs de motivation afin d'assurer aux employés la satisfaction au travail.

Cette dernière démarche peut-elle connaître du succès dans un contexte caractérisé par l'incertitude quant à l'emploi, par l'abolition répétée, voire

Tableau 3.1 Les facteurs de motivation et les facteurs d'hygiène selon Herzberg	
Facteurs de motivation	**Facteurs d'hygiène ou d'insatisfaction**
Chances d'avancement	Supervision reçue
Reconnaissance	Conditions physiques de travail
Estime	Relations interpersonnelles
Réalisation personnelle	Salaire et avantages sociaux
Autonomie	Sécurité d'emploi
Respect au travail	Politiques de l'entreprise
Responsabilité accordée	Climat général de travail

2. Selon Maslow, l'ordre d'apparition des différents types de besoins est le suivant : à la base de la hiérarchie, il y a les besoins physiologiques, puis viennent les besoins de sécurité, les besoins d'appartenance, les besoins d'estime de soi et, au sommet de la hiérarchie, les besoins d'actualisation.
3. F. Herzberg, B. Mausner et B. B. Snyderman, *The Motivation to Work*, New York, John Wiley and Sons, 1959.

massive, de postes? Il s'agit sans doute d'une démarche vaine pour toute entreprise qui, d'un côté, tente de favoriser la présence de facteurs de motivation dans le milieu de travail et, d'un autre côté, maintient ou intensifie la présence des facteurs d'hygiène tels qu'un climat de travail tendu, des baisses de salaire et l'absence de sécurité d'emploi.

3.2.3 La théorie du résultat escompté de Vroom

Selon Vroom[4], l'effort que fournit un individu au travail est directement proportionnel à la récompense qu'il en retire. Ainsi, si l'employé désire obtenir une promotion et que cet objectif nécessite qu'il augmente de 20 % son rendement, il sera prêt à adopter le comportement souhaité et à fournir l'effort exigé afin d'atteindre le rendement demandé.

L'employé effectue alors un certain calcul. Selon les bénéfices escomptés, il fait l'effort requis. Comme il s'agit pour lui d'une évaluation purement subjective de ce que devrait être l'effort supplémentaire à fournir pour augmenter son rendement, ce comportement illustré par Vroom est-il encore valable dans le contexte que nous avons décrit?

On ne saurait répondre à cette question par l'affirmative, car les entreprises qui luttent pour leur survie ou qui veulent augmenter leur rentabilité ne laissent pas le choix à leurs employés de faire des efforts en vue d'accroître leur rendement.

Dans un tel contexte, ce sont les dirigeants qui déterminent les efforts que les employés devront fournir et, en définitive, la récompense qu'ils recevront. Et cette « récompense », qui n'est pas automatique, réside soit dans la sauvegarde de l'entreprise, soit dans le maintien des emplois et un arrêt des licenciements, ou dans ces deux situations combinées.

Si l'apport des théories qui faisaient de la motivation des travailleurs une responsabilité des gestionnaires n'est plus aussi évident dans le contexte que vivent actuellement nombre d'organisations, il faut désormais se poser la question suivante: à qui revient la responsabilité de motiver les travailleurs?

Cette responsabilité devrait être partagée par l'organisation, par le gestionnaire des ressources humaines et par les travailleurs eux-mêmes.

3.3 La responsabilité de l'organisation face à la motivation des travailleurs

Une fois les postes abolis et les licenciements effectués, les organisations qui vivent cette situation n'ont plus le choix: elles doivent continuer à fonctionner avec une main-d'œuvre qui s'interroge et qui demeure craintive.

Parmi les questions qui suscitent le plus d'inquiétude, il y a celles qui concernent les tâches, la nature même de celles-ci et la durée de la crise que traverse l'organisation.

En ce qui concerne les tâches, les employés se demandent si elles augmenteront, dans quelle mesure elles augmenteront et où ils trouveront le temps pour effectuer le travail exigé d'eux. Pour ce qui est de la nature même des tâches, ils se demandent si elles intégreront d'autres fonctions, si ces fonctions seront très différentes de celles qu'ils exercent déjà et s'ils posséderont les compétences pour effectuer les tâches requises. Enfin, en ce qui a trait à la durée de la crise que vit

---

4. V. H. Vroom, *Work and Motivation*, New York, John Wiley and Sons, 1964.

l'organisation, les employés se demandent pendant combien de temps on exigera d'eux des efforts disproportionnés, s'ils subiront d'autres mises à pied dans le cas où les objectifs de rendement ne seraient pas atteints, s'ils connaîtront d'autres baisses de salaire, etc.

Dans ce contexte, deux responsabilités majeures reviennent à l'organisation, soit celle d'apporter des réponses justes aux différentes questions que se posent les employés et celle d'adopter avec eux une attitude de *fair-play*.

Afin de s'acquitter de sa première responsabilité, l'organisation doit respecter deux principes : le principe de transparence et le principe de définition. De même, en vue de s'acquitter de sa seconde responsabilité, elle doit respecter deux autres principes : le principe du dégraissage proportionnel des postes hiérarchiques et le principe de l'assouplissement de l'autorité hiérarchique.

3.3.1   Le principe de transparence

Comme nous l'avons souligné au chapitre 2, en vertu du principe de transparence, un individu, au cours de la communication qu'il établit avec ses supérieurs, ses pairs ou ses employés, transmet une information pertinente, juste et vérifiable.

Lorsqu'on applique ce principe à l'organisation, cette dernière doit fournir aux travailleurs, sous forme de communiqués ou de bulletins d'entreprise, toute information concernant ses activités si celles-ci ont une incidence sur leur emploi ou sur celui de leurs collègues, sur leurs tâches, sur leur salaire ou sur leurs avantages sociaux. En somme, il est de la responsabilité de l'organisation de mettre les travailleurs au courant de tous les projets qui les touchent à court, à moyen ou à long terme.

3.3.2   Le principe de définition

Principe de définition : Principe en vertu duquel l'entreprise définit de façon précise sa vision de l'avenir et la participation de chacune des ressources à la mise en œuvre de cette vision.

Une fois les objectifs clairement établis pour ce qui est de l'abolition de postes et des licenciements, l'organisation doit définir avec précision sa vision à court, à moyen et à long terme. C'est le **principe de définition**. Elle doit de plus indiquer les étapes qu'il faudra franchir afin de concrétiser cette vision.

3.3.3   Le principe du dégraissage proportionnel des postes hiérarchiques

Principe du dégraissage proportionnel des postes hiérarchiques : Principe selon lequel les organisations qui procèdent à la suppression de postes et à des licenciements doivent respecter la proportion du nombre de postes de cadres et du nombre de postes d'employés existants.

En vertu du **principe du dégraissage proportionnel des postes hiérarchiques**, une entreprise de 100 travailleurs qui compte un superviseur pour 20 travailleurs devra licencier 2 superviseurs si elle réduit de 40 % le nombre de ses travailleurs.

Les organisations doivent éviter que les travailleurs n'aient l'impression qu'ils sont les seuls à payer la note de la rationalisation de la main-d'œuvre ou à encaisser les coups pour assurer la survie ou la rentabilité de l'entreprise, sinon leur niveau de satisfaction et de motivation au travail sera très faible. L'organisation doit donc faire supporter le plus équitablement possible, tant par les cadres que par les employés, le poids d'une restructuration axée sur l'abolition de postes et sur des licenciements.

3.3.4 Le principe de l'assouplissement de l'autorité hiérarchique

Dans un contexte où les dirigeants demandent aux employés de produire davantage avec moins de ressources, où ceux-ci fournissent des efforts soutenus, où règne un climat d'incertitude quant à l'emploi, il ne saurait être indiqué pour ces dirigeants, en vertu du **principe de l'assouplissement de l'autorité hiérarchique**, d'utiliser à outrance le pouvoir que leur confère la structure hiérarchique afin de pousser les travailleurs à atteindre les objectifs fixés. En effet, les efforts considérables demandés aux travailleurs – efforts parfois disproportionnés – suffisent. Le fait de les pousser davantage dans le but d'atteindre les objectifs organisationnels représenterait un excès.

La seule situation qui nécessite l'utilisation d'une telle autorité est d'ordre disciplinaire. Autrement, les dirigeants doivent être patients advenant un relâchement de la production attribuable à l'essoufflement des travailleurs; ils doivent amener ces derniers à poursuivre leurs efforts, ils doivent les motiver, les encourager et leur expliquer les raisons de leurs différentes exigences.

Dans cette conjoncture, l'organisation doit se doter non plus seulement de gestionnaires capables de diriger à cause de leur position hiérarchique, mais également de leaders qui sauront orienter les travailleurs, les mobiliser et les comprendre.

Principe de l'assouplissement de l'autorité hiérarchique : Principe en vertu duquel les cadres qui supervisent des employés durant une période de réorganisation de postes doivent éviter d'utiliser de façon stricte et formelle l'autorité que leur confère la structure hiérarchique.

3.4 La responsabilité du gestionnaire des ressources humaines face à la motivation des travailleurs

Le gestionnaire des ressources humaines a aussi la responsabilité de motiver les travailleurs. Étant donné que ces derniers sont directement touchés par les changements issus de la restructuration, qu'on leur demande de partager la vision de l'entreprise et qu'ils doivent penser en fonction non plus de leurs objectifs personnels mais des objectifs de l'organisation, le gestionnaire des ressources humaines se doit de prendre des mesures visant à les motiver. Parmi ces mesures, mentionnons les suivantes :

1. Il doit instaurer une forme de gestion participative, c'est-à-dire une gestion selon laquelle la direction permet aux employés de prendre part au processus décisionnel lorsque cela concerne leur travail et les modifications apportées aux tâches à accomplir.
2. Il doit communiquer périodiquement aux travailleurs les résultats atteints tout en leur permettant d'observer ceux-ci. Cette mesure est importante, car elle permet au gestionnaire d'éliminer graduellement l'effet démotivant ressenti par les travailleurs qui vivent non seulement une période d'incertitude quant à l'avenir de leur emploi, mais aussi une période d'essoufflement après avoir fourni des efforts accrus de façon soutenue et continue.
3. Il doit permettre aux travailleurs de faire des choix et d'en être responsables. Cette mesure consiste à faire confiance aux travailleurs dans le choix des méthodes de travail ou des outils qui rendraient leur action plus efficace.
4. Il doit permettre aux travailleurs de relever des défis, entre autres en les responsabilisant face à leur travail. Ainsi, le gestionnaire des ressources humaines, de même que les cadres de terrain strictement de niveau exécutant en cause,

doivent découvrir les compétences particulières des travailleurs afin de miser sur leurs forces et de valoriser le travail qu'ils accomplissent.

3.5 La responsabilité des travailleurs face à leur motivation au travail

Les travailleurs ont également leur part de responsabilité face à leur motivation au travail. Cette responsabilité touche trois domaines : les nouveaux défis que présente leur travail, la formation que leur propose la direction et l'acceptation de la vision de l'entreprise.

En ce qui concerne les nouveaux défis que présente leur travail, les employés doivent démontrer une volonté réelle de les relever et ne pas les regarder simplement comme des tâches supplémentaires à accomplir. Quant à la formation que leur propose la direction, ils doivent y voir un moyen d'augmenter leur flexibilité, leur polyvalence et leur potentiel, et non une charge nouvelle qui ne bénéficiera qu'à l'entreprise. Finalement, pour ce qui est de leur acceptation de la vision de l'entreprise, les travailleurs doivent épouser l'ensemble des idées concernant la vision de l'entreprise, s'en imprégner pour bien la comprendre et la mettre en application. Ils doivent participer à la prise de décision concernant leur emploi et les autres emplois en jeu quand ils sont sollicités par la direction. De même, ils doivent accepter de participer aux différents comités formés par la direction et s'engager dans la recherche des méthodes de travail qui permettront de mieux faire le travail, de le faire plus rapidement, et ce, malgré le fait qu'il y a moins de ressources disponibles.

3.6 La mobilisation des travailleurs

Si, de prime abord, le mot « mobilisation » évoque une opération militaire qui consiste à « mobiliser les troupes », c'est-à-dire à les mettre sur le pied de guerre, force est de constater que, pour la gestion des ressources humaines, ce concept revêt aussi une dimension collective : on veut mobiliser les travailleurs. Mais si, dans l'armée, un simple ordre du général suffit à mobiliser les troupes quand l'ennemi est aux portes, on se rend compte que dans l'organisation ce résultat n'est pas aussi automatique.

Il faut retenir que le besoin de mobiliser les travailleurs se fait sentir dans un contexte économique particulier, caractérisé par des phénomènes tels que l'ouverture des marchés, la déréglementation, l'extrême rapidité du développement des technologies de l'information et de la communication ainsi que la présence d'une concurrence mondiale. Qui plus est, ce contexte plonge les organisations dans un niveau de complexité et d'incertitude tel que les dirigeants doivent admettre que la survie de leur entreprise dépend de la rapidité de leurs réactions. De là vient un besoin marqué de flexibilité. Et seuls des travailleurs mobilisés peuvent aider l'entreprise à survivre et à demeurer compétitive.

Mobilisation : Processus organisationnel qui est mis en place pour motiver les employés.

Toutefois, en quoi consiste la **mobilisation** pour une organisation ? Prise dans le sens d'une « gestion mobilisatrice », la mobilisation est d'abord et avant tout « un processus organisationnel qui est mis en place pour motiver les employés[5] ».

---

5. Thierry Wils, Christianne Labelle, Gilles Guérin et Michel Tremblay, *Qu'est-ce que la « mobilisation » des employés ? Le point de vue des professionnels en ressources humaines*, dossier spécial présenté chez Samson Bélair/Deloitte & Touche, été 1998, p.1.

Le défi qui revient aux gestionnaires consiste à créer chez les travailleurs un état de mobilisation qui fera en sorte que ces derniers soient disposés à fournir des efforts considérables pour l'organisation. Ces efforts seront orientés vers l'augmentation de la qualité de leur travail de façon continue, vers l'alignement de leur travail sur les priorités de l'organisation et vers la coordination spontanée de leur travail avec celui de leur équipe de travail[6]. Pour parvenir à ces résultats, les gestionnaires doivent adopter un ou plusieurs modèles de mobilisation. Nous vous présentons deux de ces modèles.

3.6.1 Le modèle de Lawler ou la théorie des quatre partages

Pour certains auteurs[7], la mobilisation des travailleurs sera garantie si, dans ses pratiques de gestion des ressources humaines, l'organisation vise quatre séries de partages avec ses travailleurs : le partage de l'information, le partage du savoir, le partage du pouvoir et le partage des récompenses (*voir la figure 3.1*).

Explication du modèle

Le partage de l'information. L'organisation doit partager avec ses employés toute information concernant, entre autres, les nouvelles technologies, les nouveaux équipements, les nouveaux procédés de travail et les nouveaux horaires de travail. Cette idée s'appuie sur le fait que, lorsque les employés reçoivent les informations adéquates, ils comprennent ce que l'organisation attend réellement d'eux.

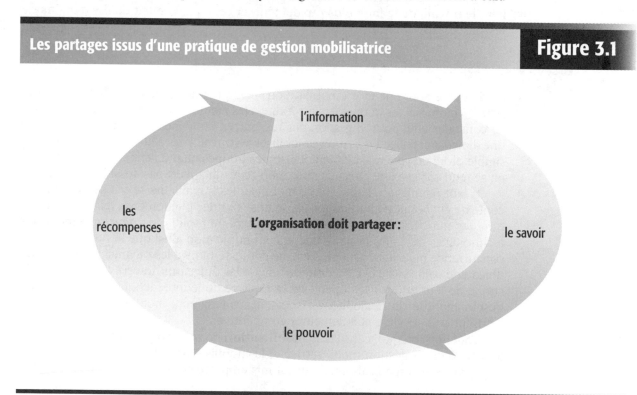

Les partages issus d'une pratique de gestion mobilisatrice — **Figure 3.1**

---

6. *Ibid.*, p. 2.
7. Edward Lawler et Susan A. Mohrman, « High-involvement management », *Personnel*, avril 1989, p. 26-31.

Le partage du savoir. L'organisation qui accepte de partager le savoir avec ses employés favorise leur développement personnel et met à leur disposition la formation leur permettant non seulement de se familiariser avec les nouvelles facettes de leur travail, mais aussi d'acquérir de nouvelles compétences.

Le partage du pouvoir. L'organisation qui consent à partager le pouvoir avec ses employés doit leur permettre d'influencer un certain nombre de décisions qui, à la fois, les touchent dans leur quotidien et concernent la gestion de l'organisation. Il est dans l'intérêt des dirigeants de déléguer une partie de leur pouvoir au moyen de pratiques de participation à la prise de décision et de pratiques de responsabilisation.

Le partage des récompenses. L'organisation qui responsabilise ses employés suscitera à coup sûr leur mobilisation pourvu que cette mobilisation soit alimentée par un système de reconnaissance basé sur des récompenses. Généralement, ces récompenses sont d'ordre financier.

Une organisation qui adopte ces pratiques de mobilisation (les quatre partages) ne peut que récolter des résultats positifs quant au rendement de ses employés. Il faut cependant qu'elle soit consciente que ces pratiques doivent être employées à long terme. Illustrons la façon dont l'organisation peut mettre en pratique la théorie des quatre partages.

Exemple

Le magasin à grande surface que nous appellerons Walworth vend tout un éventail de produits : des vêtements pour la famille, des meubles, des disques, des fournitures de bureau, des articles ménagers, des jouets pour enfants, des articles de sport, etc.

Tous les lundis matin, le directeur rassemble tous les employés dans la cafétéria afin de leur transmettre le bilan des ventes de la semaine précédente et le rapport de satisfaction du service à la clientèle.

Les employés commencent par répondre en chœur à l'appel du directeur qui crie : « Donnez-moi un W ! » Et les employés répondent : W ! » Ensuite, le directeur crie : « Donnez-moi un A ! » Et les employés répondent : « A ! » Et ainsi de suite jusqu'à ce que cela forme le nom du magasin. Après ce rituel, le directeur fournit aux employés les informations pertinentes. Ici est appliqué le partage de l'information.

Par ailleurs, dans ce magasin à grande surface, chaque employé est responsable d'une section du magasin. Par exemple, le responsable des jouets pour enfants doit connaître toutes les caractéristiques des jouets, leur emplacement dans le magasin, les périodes d'approvisionnement des différents jouets. Qui plus est, il doit pouvoir fournir aux clients toute l'information nécessaire en ce qui concerne ces jouets. Cette responsabilisation témoigne du partage du pouvoir.

Pour s'assurer que chaque employé responsable d'une section demeure compétent dans son domaine, la direction de Walworth prévoit chaque mois des séances de formation obligatoires pour tous les employés. Les sujets de formation, qui sont variés, concernent, par exemple, les caractéristiques des produits, le service à la clientèle, la comptabilité de base, de même que la gestion d'un présentoir et d'un étalage. Cette formation correspond au partage du savoir.

Finalement, tous les mois de décembre, deux semaines avant Noël, la direction donne une prime aux employés, selon la performance financière de tous les magasins Walworth du Canada. Cette pratique respecte le partage des récompenses.

3.6.2 Un autre modèle explicatif de la mobilisation

Le modèle de la mobilisation que nous proposons tente de montrer comment un climat propice à la motivation peut être créé et maintenu dans le milieu de travail si la mobilisation des travailleurs est bien orchestrée (*voir la figure 3.2*).

Comme nous le constatons, ce modèle présente trois éléments majeurs placés dans une relation réciproque les uns avec les autres. Et chacun d'eux relève de la responsabilité soit de la direction et du gestionnaire des ressources humaines, soit de la direction, du gestionnaire des ressources humaines et des employés ou encore des employés seulement.

Explication du modèle

La volonté de favoriser la circulation d'une information juste et franche. La direction et le gestionnaire des ressources humaines doivent assumer cette responsabilité s'ils veulent créer et maintenir la mobilisation des travailleurs. En ce qui a trait à cette information, ils doivent, par exemple, expliquer aux travailleurs ce que l'organisation attend d'eux et pourquoi, préciser les modifications de leurs tâches et les raisons de ces modifications, mentionner les projets qui concernent directement ou indirectement les travailleurs et de quelle manière ils seront touchés. Ils doivent aussi préciser l'objectif que l'entreprise poursuit et les mesures qui seront prises afin d'y arriver, présenter périodiquement les résultats obtenus et la signification qu'il faut leur donner et, finalement, déterminer à quel moment il sera possible de ne plus exiger des travailleurs des efforts soutenus et continus.

L'établissement et le maintien d'une relation de confiance. Non seulement il faut qu'une information juste et franche circule, mais encore faut-il que les travailleurs qui la reçoivent se sentent écoutés et respectés quant aux choix qu'ils font et aux craintes qu'ils manifestent. Ils se sentiront compris et appuyés pendant les périodes d'essoufflement s'ils voient que la direction et le gestionnaire des ressources humaines leur font confiance, acceptent qu'ils fassent des erreurs, leur

Un modèle de mobilisation (assurant le maintien de la motivation dans un contexte de restructuration) | **Figure 3.2**

Acceptation de la nature et de l'étendue des tâches (employés)

Établissement et maintien d'une relation de confiance (direction, gestionnaire et employés)

Volonté de favoriser la circulation d'une information juste et franche (direction et gestionnaire)

expliquent comment corriger celles-ci et leur permettent effectivement de les corriger. De cette façon, une relation de confiance s'établira entre la direction et les travailleurs et entre le gestionnaire des ressources humaines et les travailleurs.

L'acceptation de la nature et de l'étendue des tâches. Si l'information transmise aux travailleurs s'avère juste et franche, s'il s'établit une véritable relation de confiance entre la direction et les travailleurs et entre le gestionnaire des ressources humaines et les travailleurs, si ces derniers constatent qu'ils ne sont pas les seuls à subir les effets de la restructuration et que tous les membres de l'organisation font des efforts importants en vue d'atteindre des objectifs communs, ils accepteront beaucoup plus facilement les changements qui seront apportés à leurs tâches, car ils auront l'impression de faire leur part, de contribuer à la réalisation des objectifs de l'organisation.

Si la direction et le gestionnaire des ressources humaines constatent que les employés acceptent les changements dans leurs tâches et endossent réellement la vision de l'entreprise, ils seront davantage incités à faire circuler l'information, la confiance s'intensifiera alors, et ainsi de suite. Plus la relation entre les trois éléments du modèle sera étroite, plus grande sera la mobilisation au sein de l'organisation et plus grande sera la motivation des travailleurs.

3.7 La gestion des ressources humaines dans le contexte de la stabilisation de l'emploi

Si le gestionnaire des ressources humaines a réussi à faire comprendre aux travailleurs que l'objectif d'un plan de restructuration s'évalue en fonction non pas des emplois perdus mais des emplois sauvegardés, il devra aussi leur faire comprendre que les efforts supplémentaires demandés mèneront éventuellement à des résultats concrets, mesurables et vérifiables, et que ces efforts connaîtront un jour une fin.

Et cette fin se manifeste justement quand la direction informe les travailleurs que la survie de l'entreprise est assurée ou que le seuil de rentabilité souhaité est atteint, et qu'à présent la qualité de la vie au travail sera plus acceptable. Les employés apprécieront cette période de stabilité dans l'emploi, où la menace de l'abolition de postes et de licenciements ne devrait plus planer sur eux.

Mais cette période d'accalmie signifie-t-elle que la direction et le gestionnaire des ressources humaines doivent accepter un certain relâchement des efforts de la part des travailleurs ? Sûrement pas !

C'est plutôt à ce moment que se posent des défis nouveaux pour le gestionnaire des ressources humaines. Il s'agit pour lui de briser la mentalité selon laquelle les employés ont tendance à laisser venir une situation de crise avant de réagir et n'ont pas le réflexe permettant de prévenir les coups durs, d'adopter les mesures adéquates visant à les éviter ou à les combattre. Toujours en vertu de cette mentalité, certains employés ont le sentiment d'avoir tout donné à l'organisation ; ils pensent qu'ils ne lui doivent plus rien et que c'est à elle, à présent, de les récompenser pour les efforts fournis. Un autre défi que doit relever le gestionnaire consiste à montrer aux travailleurs à être proactifs.

Le gestionnaire des ressources humaines a le devoir de convoquer à des réunions périodiques (toutes les semaines ou toutes les deux semaines, selon la fréquence désirée) les travailleurs de même que les cadres de terrain strictement de niveau exécutant, afin de leur rappeler qu'une entreprise qui échappe à une fermeture n'est pas pour autant à l'abri de problèmes futurs. Il doit de plus les sensibiliser à cette nouvelle approche qui consiste à penser en fonction de l'avenir de l'organisation et non plus seulement en fonction du présent. Enfin, il doit leur inculquer cette nouvelle mentalité selon laquelle il faut utiliser de manière optimale les ressources de l'entreprise et mettre un terme au gaspillage de ces ressources.

3.8 Le nouveau rôle du service des ressources humaines dans l'organisation

On a longtemps reconnu au service des ressources humaines un rôle de soutien technique, suivant lequel ce service apportait aux autres services de l'organisation un soutien en matière de planification des ressources humaines, de recrutement, de sélection, d'embauche, de formation, de direction et d'évaluation.

Dans le contexte de la rationalisation des ressources, le gestionnaire des ressources humaines doit préciser, conjointement avec les cadres dirigeants, l'orientation qu'adopte l'organisation en ce qui concerne :

- les changements majeurs qui se produiront au sein de l'organisation, plus particulièrement ceux qui touchent aux postes et aux individus ;
- les effets prévus sur les ressources humaines avant, pendant et après les changements ;
- les étapes à franchir afin de rendre ces changements opérationnels.

En tant que participant à la définition de la vision de l'avenir de l'entreprise, ce gestionnaire devient non seulement un concepteur de l'avenir, mais aussi un artisan du changement. Il doit savoir comment créer et maintenir, aussi bien pour les cadres de terrain strictement de niveau exécutant que pour les travailleurs, un climat de travail propice à l'acceptation des changements qui seront mis en œuvre.

Ainsi, le service des ressources humaines devient un service crucial de l'entreprise car, dans un contexte de changement consécutif à une restructuration basée sur la suppression de postes et des licenciements massifs, voire répétés, la nouvelle gestion des ressources humaines se doit avant tout de modifier une double mentalité encore véhiculée dans certains milieux de travail.

Selon la première mentalité, certains cadres nient le potentiel et le talent réels que possèdent les travailleurs, du fait que ces derniers sont des exécutants et non des dirigeants. La démarche entreprise par le gestionnaire des ressources humaines devrait permettre à ces différents cadres de ne plus craindre de responsabiliser les travailleurs face à leur travail.

Selon la seconde mentalité, certains travailleurs nourrissent des préjugés à l'endroit des membres de la direction ou de ses représentants, qu'ils voient comme des ennemis à combattre dans le milieu de travail.

La nouvelle gestion des ressources humaines doit orienter la culture d'entreprise vers une véritable mobilisation, laquelle est essentielle à l'acceptation de la vision de l'avenir de l'entreprise dans une période de restructuration.

3.9 Une nouvelle tendance en gestion des ressources humaines : la gestion par les valeurs

Nous avons vu dans ce chapitre que certaines théories de la motivation au travail trouvent difficilement une application dans une ambiance où la sécurité d'emploi n'est pas garantie pour les travailleurs. Dans ce contexte d'incertitude qui persiste[8], les gestionnaires doivent adopter des pratiques de gestion mobilisatrices afin de motiver les employés « survivants », ceux qui doivent fournir des efforts considérables afin de réaliser les objectifs organisationnels et, ainsi, de maintenir leur emploi.

Une nouvelle tendance en gestion des ressources humaines afin de mobiliser les travailleurs consiste dans la gestion par les valeurs. Pour bien comprendre les implications de cette approche, nous définirons d'abord ce qu'est une valeur, ensuite ce qu'est la gestion par les valeurs.

Une **valeur** « représente une conviction fondamentale qui revêt une importance marquée et une grande signification pour les individus et demeure relativement inchangée au fil du temps[9] ».

Par exemple, une organisation peut déterminer que les valeurs fondamentales sur lesquelles s'établit sa culture organisationnelle consistent dans la confiance envers les pairs, l'équilibre travail-famille, la fidélité à la clientèle, l'honnêteté, l'intégrité, le travail d'équipe, l'esprit d'innovation, un leadership efficace et des employés responsables.

Quant à la **gestion par les valeurs**, elle constitue un nouveau mode de gestion qui « vise essentiellement à intégrer la dimension humaine à la pensée managériale, non seulement à un niveau théorique, mais au niveau des activités quotidiennes de l'entreprise ». De plus, elle « est basée sur les valeurs[10] ».

Le devoir des organisations ne se réduit pas à énumérer et à décrire les principales valeurs qu'elles veulent promouvoir. Elles doivent en outre respecter ces valeurs. Qui plus est, les principales valeurs de ces organisations doivent être comprises, acceptées et, dans la mesure du possible, partagées par les employés. Comme le soulignent Dolan et Garcia, le « partage des principales valeurs devient [...] l'élément essentiel de succès autour duquel se greffe la définition des objectifs[11] » organisationnels.

Un autre devoir qui revient aux organisations consiste à être à l'écoute des valeurs de leurs employés. Elles doivent tenter d'intégrer ces valeurs aux leurs. Dans la mesure où ces valeurs seront communes, les organisations seront capables d'orienter les efforts vers la réalisation des objectifs. Elles doivent cependant être conscientes que, pour les employés, tout effort fourni doit être récompensé.

Valeur : Conviction fondamentale qui revêt une importance marquée et une grande signification pour les individus et demeure relativement inchangée au fil du temps.

Gestion par les valeurs : Mode de gestion qui vise essentiellement à intégrer la dimension humaine à la pensée en matière de gestion, non seulement sur le plan théorique, mais aussi sur le plan des activités quotidiennes de l'entreprise. Cette gestion s'appuie sur les valeurs.

---

8. En janvier 2003 paraissait dans *La Presse* un article qui présentait une situation alarmante : « LE GROUPE ADF avait de mauvaises nouvelles à communiquer à ses employés, hier matin. Le ralentissement persistant de l'économie américaine oblige l'entreprise à mettre à pied 122 employés dans ses trois installations du Québec et des États-Unis. » Voir Francis Vailles, « Groupe ADF a sabré le quart de ses effectifs depuis l'automne », *La Presse*, 18 janvier 2003, p. E-1. Quelques jours plus tard, on pouvait lire cette autre nouvelle tout aussi peu reluisante : « ABB, dont l'objectif était la suppression de 10 000 emplois dans le monde, a demandé à ABB Canada de réduire ses dépenses de 4 %. Respectant la volonté de la société mère, ABB Canada a décidé de supprimer 110 emplois, dont une trentaine dès la fin de l'année 2002, une cinquantaine à la mi-janvier 2003 et les 30 autres, au cours des prochains mois. » Voir Annie Morin, « 110 emplois dans la mire d'ABB Canada », *La Presse*, 22 janvier 2003, p. D-10. Finalement, citons le P.D.G. de Ford Motor, qui annonçait son objectif d'épargner 9 milliards de dollars américains, objectif qu'il compte atteindre en fermant 5 usines et en éliminant 35 000 emplois. Voir *La Presse*, « Devant des investisseurs sceptiques, Bill Ford promet de sabrer les coûts », *La Presse*, 22 janvier 2003, p. D 18.

9. Pierre G. Bergeron, *La gestion moderne : une vision globale et intégrée*, 3e éd., Boucherville, Gaëtan Morin Éditeur, 1997, p. 94.

10. Shimon L. Dolan et Salvador Garcia, *La gestion par les valeurs : une nouvelle culture pour les organisations*, Montréal, Éditions Nouvelles, 1999, p. 4.

11. *Ibid.*, p. 34.

Selon les auteurs qui préconisent un tel mode de gestion, les « valeurs et les croyances communes sont, sans aucun doute, la clé la plus importante pour comprendre et pour faciliter la conduite des êtres humains au travail et justifier la perception que le travail a du sens et qu'il mérite qu'on lui consacre les efforts nécessaires à son accomplissement de manière professionnelle, sans se contenter, toutefois, d'un niveau minimum acceptable[12]. »

Le tableau 3.2 illustre comment les valeurs s'intègrent dans le vécu d'une organisation.

Tableau 3.2 **Les valeurs énoncées par la direction du Cégep de Saint-Hyacinthe**

Déclaration de sa mission

Institué en 1968 par le gouvernement du Québec, le Cégep de Saint-Hyacinthe remplit la mission d'enseignement que lui assigne la loi. Il s'acquitte de cette mission avec un constant souci de qualité.

Le Cégep, en tant qu'institution publique de région et en région, rend accessibles les études collégiales en offrant une gamme diversifiée de programmes d'études préuniversitaires et techniques. Il prépare ainsi les étudiantes et les étudiants à poursuivre des études à l'université ou à entrer sur le marché du travail.

Au fil des ans, le Cégep a développé, selon des particularités qui lui sont propres, les volets complémentaires de sa mission. Il est engagé dans des activités de formation s'inscrivant dans des programmes d'échange et de coopération internationale. Il met enfin à la disposition de la collectivité régionale et nationale services, installations et équipements à des fins culturelles, sportives, artistiques et scientifiques.

Le Cégep fait aujourd'hui le choix d'identifier et d'expliciter l'orientation majeure qu'il veut donner à la mise en œuvre de sa mission, à savoir son visage humaniste. La nouvelle version de son *Projet éducatif* précise et renforce cette orientation humaniste. La relation éducative qu'entretiennent tous les groupes et toutes les personnes du Cégep et, plus particulièrement, la relation pédagogique entre l'étudiant et le professeur sont au cœur de notre démarche.

Énoncé du projet

Nous avons comme projet de promouvoir et de favoriser la poursuite d'un nombre restreint de valeurs personnelles, intellectuelles, culturelles et sociales. Nous considérons ces valeurs comme indispensables à une formation réussie.

Énoncé des principales valeurs

Les principales valeurs que le Cégep considère comme indispensables à une formation réussie sont :

- **le sens des responsabilités**
- **la ténacité**
- **le goût d'apprendre**
- **la créativité**
- **le sens de la culture**
- **la maîtrise de la langue française parlée et écrite**
- **le sens de l'autre**
- **le sens de l'histoire**
- **l'ouverture à notre milieu et sur le monde**

---

12. *Ibid.*, p. 57.

Résumé du chapitre

Au chapitre 2, nous avons vu que, dans le contexte de la rationalisation des ressources – dont les ressources humaines – caractérisé par des licenciements massifs et parfois successifs, le gestionnaire des ressources humaines doit faire face à un nouveau type de gestion : la gestion de la décroissance. Dans ce chapitre-ci, nous avons souligné que la complexité de la pratique de cette forme de gestion s'accentue quand la démotivation s'installe parmi les travailleurs et perturbe le climat de travail dans l'organisation entière.

Un défi de taille se présente donc pour l'organisation et pour le gestionnaire des ressources humaines : celui de motiver les travailleurs qui « survivent » à ces vagues de licenciements afin de les faire participer à la vision de l'avenir de l'entreprise.

L'apport des théories sur la motivation et la satisfaction au travail, si utiles dans un contexte de croissance et de sécurité d'emploi, est difficile à apprécier dans un contexte de décroissance, car le facteur de motivation le plus recherché par les travailleurs est la sécurité d'emploi, ce que les organisations touchées par les licenciements ne semblent pas pouvoir garantir.

Cependant, dans le contexte de la stabilisation de l'emploi, même si le climat d'incertitude n'est pas complètement dissipé dans l'esprit des travailleurs, les gestionnaires peuvent, au moyen de pratiques de gestion mobilisatrices, orienter les efforts des travailleurs vers la réalisation des objectifs organisationnels. Une de ces pratiques réside dans la théorie des quatre partages, soit le partage de l'information, le partage du savoir, le partage du pouvoir et le partage des récompenses. Dans la mesure où l'organisation applique sérieusement ces partages, elle progressera vers la mobilisation de ses travailleurs.

Par ailleurs, la mobilisation peut être maintenue par toute organisation soucieuse de favoriser la circulation d'une information juste et franche, et désireuse d'établir et de maintenir avec ses employés une relation de confiance.

Dans ce nouveau courant de mobilisation des travailleurs s'est développée une nouvelle tendance en gestion des ressources humaines : la gestion par les valeurs. Dans la mesure où l'organisation a des valeurs communes avec ses employés, elle connaît du succès dans la réalisation de ses objectifs.

Évaluation de la compétence

Questions de révision et application

1. Quels types d'inquiétude vivent les travailleurs qui demeurent au service d'une entreprise à la suite d'une série de licenciements ?
2. Face aux craintes et aux questions des travailleurs concernant leurs tâches, la nature de celles-ci et la durée de la crise que vit l'organisation, quelles sont les deux responsabilités majeures de l'organisation ?
3. Par l'application de quel principe une organisation peut-elle assurer ses employés qu'ils ne sont pas les seuls à faire les frais d'un plan de rationalisation de la main-d'œuvre ?
4. Pourquoi, dans un contexte où les dirigeants d'entreprise demandent aux travailleurs de produire davantage avec moins de ressources, le principe de l'assouplissement de l'autorité hiérarchique est-il approprié ?
5. De quels partages est-il question dans la théorie des quatre partages ?

6. Dans le contexte de la stabilisation de l'emploi, le gestionnaire des ressources humaines doit relever, entre autres défis, celui de briser une vieille mentalité. En quoi consiste celle-ci ?

7. Pourquoi le service des ressources humaines devrait-il être perçu comme un service crucial dans une période de restructuration de l'organisation ?

8. Qu'est-ce que la gestion par les valeurs ?

9. Quand peut-on affirmer que la gestion par les valeurs est garante du succès pour une organisation ?

10. En vous reportant à la rubrique « Point de mire » présentée au début du chapitre, expliquez pourquoi les théories de la motivation au travail, jadis influentes dans un contexte donné, s'appliquent difficilement au contexte économique actuel.

11. Toujours selon le texte à la rubrique « Point de mire », pourquoi la « mobilisation » présente-t-elle un avantage majeur pour les gestionnaires ?

Analyse de cas

Cas 3.1
Des résultats qui laissent le président perplexe

Deux ans après avoir procédé à une restructuration majeure, le président Barillot, de la société Barillot Transport inc., a voulu connaître le niveau de satisfaction au travail de ses employés. Il va sans dire que les résultats de la restructuration avaient laissé aux employés un goût amer. Parmi les effets néfastes, notons les suivants :

Parmi les employés de bureau affectés aux tâches de secrétariat, cinq employés sur huit ont été licenciés.

Parmi les employés responsables de l'entretien, 7 sur 16 ont été remerciés.

Parmi les 20 employés camionneurs, seulement 12 ont pu conserver leur emploi.

Parmi les techniciens en comptabilité, deux employés sur cinq ont perdu leur emploi.

Au cours de cette restructuration s'étendant sur deux années, le président Barillot a obligé tous les employés à effectuer en moyenne 12 heures supplémentaires par semaine.

« Il faut répondre aux attentes les plus déraisonnables de nos clients, même si cela exige que nous travaillions 24 heures sur 24 ! Travaillez dur et je vous promets que vos efforts seront temporaires ! » répétait-il sans relâche à ses employés.

Selon le président, comme c'est le client qui apporte du « beurre sur le pain », il faut répondre à toutes ses exigences de façon à lui donner entièrement satisfaction.

Les employés ont déployé les efforts que le président a requis d'eux. Mais ce qui devait constituer une situation temporaire semblait devenir la norme de travail. Les exigences des clients étaient de plus en plus élevées et les heures supplémentaires se multipliaient.

L'atmosphère de travail dans l'entreprise est vite devenue insupportable tant pour les cadres que pour l'ensemble des employés. La situation était encore plus alarmante entre les camionneurs et leurs contremaîtres. Leurs relations de travail s'étaient grandement détériorées, les uns et les autres échangeant continuellement des mots grossiers. De plus, phénomène qui n'avait jamais été observé, les camionneurs ont tous utilisé pendant les deux dernières années les huit jours de congé de maladie annuels qui étaient prévus.

Quant aux mécaniciens affectés à l'entretien des camions, selon une rotation bien orchestrée, ils ont tous souffert d'épuisement professionnel et ont dû quitter leur travail pendant des périodes de 8 à

10 semaines. La direction pensait qu'il s'agissait de maladies simulées, mais elle a de la difficulté à démontrer ce fait.

Devant une réalité aussi catastrophique, le président Barillot a demandé à la firme de psychologues industriels Legendre et Gauthier de mener une enquête sur le niveau de satisfaction de ses employés.

Ces psychologues ont rencontré les employés et leur ont soumis un test en apparence simple, mais dont les résultats – selon eux – seraient très révélateurs. Sur une échelle graduée de 1 à 10, les employés devaient déterminer leur niveau de satisfaction face à certains facteurs inhérents à leur milieu de travail.

Les 10 facteurs de mesure de la satisfaction étaient :
– la relation avec la direction de l'entreprise ;
– l'intérêt pour la tâche ;
– l'intérêt pour les collègues ;
– le sentiment d'appartenance à l'organisation ;
– les heures de travail demandées ;
– la sécurité d'emploi ;
– les relations avec le supérieur immédiat ;
– les perspectives de carrière à long terme ;
– la confiance envers les membres de la direction ;
– la rémunération.

Après avoir analysé les réponses des employés, les psychologues ont soumis les résultats au président Barillot. Sauf pour le facteur « l'intérêt pour les collègues » qui a obtenu un score de 9/10, la moyenne des réponses pour chacun des autres facteurs se situait à 3/10. Les employés se disaient essoufflés et ils avaient le sentiment qu'on leur demanderait toujours plus d'efforts et qu'en fin de compte ils n'en retireraient aucun bénéfice.

Devant de tels résultats, le président Barillot demeurait perplexe.

Questions

1. Quelle erreur le président Barillot a-t-il commise pour que l'ensemble des employés en arrivent à éprouver un tel sentiment ?
2. Selon vous, quelles recommandations devraient faire les psychologues Legendre et Gauthier au président Barillot pour que le sentiment des travailleurs change ? Faites deux recommandations.

Cas 3.2
« Ici, on ne clone pas les humains ! »

GénomeTech inc. est un laboratoire de renom qui embauche 27 chercheurs scientifiques spécialisés dans la modification génétique des êtres vivants et de différents végétaux.

En 1988, déjà, certains chercheurs de cette société montréalaise dévoilaient les résultats de leurs expériences sur l'agriculture transgénique. À cette époque, chez les différents chercheurs concurrents, la course à la production des OGM (organismes génétiquement modifiés) était engagée.

En février 1997, les docteurs Lalande et Welby de GénomeTech se trouvaient aux côtés du chercheur écossais qui annonçait en grande première la naissance du premier mammifère adulte cloné ; il s'agissait de la fameuse brebis Dolly.

En 1998, à la suite de l'annonce faite par un physicien américain au sujet du clonage d'un être humain, un vent de panique a soufflé sur la Maison-Blanche, aux États-Unis, et sur les membres du gouvernement fédéral du Canada. Les fonctionnaires fédéraux qui accordaient les subventions à la firme

GénomeTech ont exercé des pressions sur son président-directeur général, le docteur Tiétard, pour que toute recherche ayant pour objectif le clonage d'un être humain soit interdite.

Mais à l'époque, M. Tiétard n'était pas inquiet, car la mission et les valeurs de son entreprise étaient claires. Dans une lettre adressée aux fonctionnaires fédéraux avec qui il correspondait en vue d'obtenir des subventions de recherche, il leur a rappelé les valeurs de l'entreprise. Elles s'énoncent ainsi :

La mission de la GénomeTech

La vision de la GénomeTech inc. consiste à faire progresser la science et la recherche dans le respect et la dignité de l'être humain. L'entreprise désire accroître la qualité de la vie à travers le monde et son souci est de toujours offrir des produits de qualité supérieure à ses différents clients.

Les valeurs de la GénomeTech

Les 10 principales valeurs de la GénomeTech s'énoncent ainsi :

l'intégrité (de nos chercheurs et de tous nos employés) ;

la promotion du travail d'équipe (chez nos chercheurs) ;

l'excellence (dans notre travail) ;

l'esprit d'innovation (pour demeurer parmi les chefs de file dans notre secteur d'activité) ;

la loyauté (de tous nos employés) ;

le respect (de l'être humain) ;

la confiance (entre collègues dans notre milieu de travail) ;

la compétence (principalement de nos chercheurs et de tous nos employés) ;

l'accomplissement personnel (de notre personnel, manifesté par son épanouissement au travail) ;

la créativité (à travers les résultats de nos recherches et des méthodes utilisées).

Or, cinq ans après, en janvier 2003, un froid s'est installé dans l'entreprise. Le président Tiétard a congédié sans ménagement, le 7, trois des principaux chercheurs, les docteurs Lalande, Welby et di Piétri. C'est surtout contre la méthode utilisée pour les évincer de l'entreprise que les autres chercheurs s'insurgeaient. Il semble qu'à l'arrivée des chercheurs à leur bureau, sans qu'ils aient eu le loisir d'y pénétrer, deux agents de sécurité leur ont remis une lettre de congédiement signée de la main du président Tiétard et les ont escortés jusqu'au stationnement de la société où, auprès de leur voiture respective, les attendaient des boîtes remplies de leurs effets personnels.

Le 8 janvier 2003, le président Tiétard a envoyé une lettre à tous les autres chercheurs, les convoquant à une rencontre urgente le lundi 13 janvier à 8 h 30.

Et justement à cette date, dans la salle du conseil, à 8 h 30, le président Tiétard s'est présenté devant ses chercheurs, visiblement en colère. Les 24 chercheurs étaient assis et le fixaient, silencieux.

« Bonjour à vous tous, a lancé le président. Je tiens à faire la lumière sur le congédiement de vos trois collègues. Vous vous demandez pourquoi j'ai agi ainsi. La réponse ne tardera pas à venir. Les docteurs Lalande, Welby et di Piétri ont transgressé trois de nos valeurs les plus importantes en participant à des expériences visant à cloner un être humain. Ils m'ont avoué leur méfait ; il me fallait sévir. Vous êtes au courant de notre méthode de gestion. C'est parce que nous partageons des valeurs communes que nous nous respectons les uns les autres, que la direction est fière de ses employés et que vous êtes fiers de proclamer que vous travaillez pour la firme GénomeTech inc.

« Ici, on ne clone pas les humains ! Je vous envoie le message afin qu'il soit clair dans votre esprit ! »

Sans rien ajouter, le président Tiétard a alors quitté la salle.

Questions

1. Quel style de gestion des ressources humaines la société GénomeTech inc. préconise-t-elle ?
2. Quelles sont les trois valeurs qui, selon le président Tiétard, ont été transgressées par les trois chercheurs congédiés ?
3. Si vous deviez intégrer le marché du travail dans les trois prochaines semaines, quelles sont les cinq principales valeurs que vous aimeriez partager avec votre employeur ?

L'analyse des postes et la planification des ressources humaines

Sommaire

La lecture de ce chapitre devrait vous permettre :

1 d'utiliser la terminologie de l'analyse des postes.

2 d'expliquer les buts de l'analyse des postes.

3 de décrire l'information découlant de l'analyse des postes.

4 d'utiliser les principales méthodes permettant de recueillir l'information sur les postes.

5 de rédiger le contenu d'une description d'emploi.

6 de préciser le contenu du profil d'exigences du poste.

7 de décrire diverses méthodes permettant de définir les normes de rendement.

8 de discuter de la relation entre la planification des ressources humaines et la planification stratégique.

9 d'expliquer les étapes du processus de planification des ressources humaines.

10 de déterminer les facteurs qui influent sur la demande de main-d'œuvre de l'organisation.

11 de décrire les mouvements de main-d'œuvre dans les organisations.

12 de recommander des solutions aux problèmes de déséquilibre entre la demande et l'offre de ressources humaines.

Compétences visées

Les compétences visées dans ce chapitre sont de pouvoir :
déterminer les tâches du poste à combler ;
rédiger une description de tâches ;
participer à une démarche systémique dans le cadre
de la planification des ressources humaines.

Point de mire

La préparation de l'avenir chez OptiCom inc.

Alexandre D. détient le poste d'adjoint au directeur de la planification stratégique. L'entreprise est en pleine expansion en Amérique du Nord depuis trois ans. Auparavant, elle fabriquait de l'équipement de réseaux électriques.

Cependant, ce secteur du marché a atteint un niveau de saturation qui a obligé l'entreprise à licencier plusieurs employés au cours des deux dernières années. Afin de répondre à ses besoins en ressources humaines dans le domaine de la fibre optique, elle embauche régulièrement de nouveaux gestionnaires et du personnel technique depuis deux ans. Les besoins de l'entreprise pour les prochaines années ne feront que s'amplifier. Ainsi, des besoins pressants se feront sentir dans certains domaines, le surplus de personnel dans les anciennes divisions s'accentuera et une fois qu'un certain marché sera conquis, l'entreprise pourra fonctionner avec moins de personnel, même en connaissant une augmentation de ses ventes.

Afin de stimuler la motivation de son personnel, le président de l'entreprise désire favoriser le développement interne ainsi que les promotions, et orienter en grande partie le recrutement vers le niveau inférieur de l'organisation de manière à combler les postes qui se libéreront. Malheureusement, l'entreprise devra se départir de ses employés les plus anciens qui peuvent difficilement se recycler. Il s'agit d'une vingtaine d'employés ayant plus de 25 années d'ancienneté et dont l'âge se situe entre 45 et 53 ans. Cinq d'entre eux sont au service de l'entreprise depuis le jour de son ouverture il y a 31 ans.

Le mandat de préparer un système de planification des ressources humaines a été confié à Alexandre D.

OptiCom pénètre actuellement des marchés très variés autant sur le plan technique que sur le plan géographique. Certaines divisions œuvrent dans une même région sans qu'il y ait coordination entre elles. D'ailleurs, il s'agit là d'un des problèmes sérieux auxquels l'entreprise fait face. En effet, même si les activités se déroulent très bien, il est extrêmement difficile de planifier l'ensemble de celles-ci et de les coordonner. Certains employés sont sous-utilisés dans certaines divisions, et l'on pense même leur offrir une préretraite, alors que la division voisine embauche du personnel.

Par conséquent, le mandat d'Alexandre D. concerne essentiellement la préparation d'un plan de succession et d'un programme de formation. Il doit tenir compte de l'ensemble de l'organisation. Ce mandat est très important et surtout très exigeant. Ses ramifications dans toutes les activités de l'entreprise sont multiples, et l'établissement d'un programme très précis s'avère primordial.

4.1   L'analyse des postes

Dans le contexte actuel de la concurrence internationale, les entreprises se doivent de repenser la structure organisationnelle ainsi que les principes fondamentaux sous-jacents à la conception des postes de travail. L'ensemble des programmes de gestion des ressources humaines doit donc être revu. L'analyse des postes est l'outil idéal pour répondre à ces préoccupations et à d'autres préoccupations plus quotidiennes.

Le but de l'analyse des postes consiste à rédiger une description de poste et un profil d'exigences du poste qui seront le fondement des autres activités de la gestion des ressources humaines, comme l'illustre la figure 4.1.

L'orientation de l'ensemble des programmes de gestion des ressources humaines (la dotation, la formation, l'évaluation du rendement, la discipline, etc.) dépend de l'analyse des postes. L'information qui y est recueillie guide les autres activités de gestion des ressources humaines.

La mondialisation, la déréglementation du marché, les nouvelles contraintes juridiques provenant des gouvernements fédéral et provincial et la concurrence vive qui en découle exigent une gestion des ressources humaines plus efficace. Pour le Québec, la croissance économique et le vieillissement de la population ajouteront un facteur supplémentaire dans les prochaines années, soit une pénurie de main-d'œuvre. Selon l'ex-ministre déléguée à l'Emploi, « il y aura 592 000 emplois à combler au Québec d'ici 2005[1] », ce qui obligera les employeurs à définir très précisément leurs exigences.

---

1. Marie Tison, « 592 000 emplois à combler d'ici 2005 au Québec », Montréal, Presse Canadienne, 4 juillet 2002 (www.cyberpresse.ca/reseau/politique/0207/pol_102070115182.html).

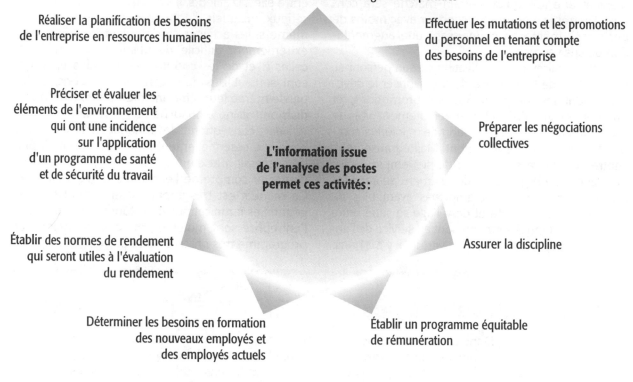

Améliorer le recrutement et la sélection des candidats en favorisant une évaluation pertinente des candidatures et en éliminant les exigences superflues

Réaliser la planification des besoins de l'entreprise en ressources humaines

Effectuer les mutations et les promotions du personnel en tenant compte des besoins de l'entreprise

Préciser et évaluer les éléments de l'environnement qui ont une incidence sur l'application d'un programme de santé et de sécurité du travail

L'information issue de l'analyse des postes permet ces activités :

Préparer les négociations collectives

Établir des normes de rendement qui seront utiles à l'évaluation du rendement

Assurer la discipline

Déterminer les besoins en formation des nouveaux employés et des employés actuels

Établir un programme équitable de rémunération

Pour ce faire, le superviseur doit répondre aux questions suivantes concernant ses besoins en main-d'œuvre[2] :

- Qui détermine le contenu des emplois ?
- Qui décide du nombre de postes nécessaires ?
- Quels sont les liens entre les différents postes ?
- Qui détermine la nature de ces liens ?
- A-t-on évalué le nombre, la conception et le contenu des postes de travail en fonction de l'ensemble de l'entreprise ?
- Quelles sont les exigences minimales pour chacun des postes ?
- Quels sont les critères à utiliser pour la sélection des candidats à chacun des postes ?
- Sur quels éléments du poste la formation devrait-elle mettre l'accent ?
- Comment doit-on mesurer le rendement du titulaire de chaque poste ?

---

2. Inspiré de Wayne F. Cascio, *Managing Human Resources : Productivity, Quality of Work Life, Profits*, 5e éd., Boston, McGraw-Hill, 1998, p. 133.

- Quel salaire doit-on accorder à chacun des postes ?
- En fonction d'un plan de carrière, quels sont les postes qui permettront à un employé d'évoluer dans l'entreprise ?

L'analyse des postes fournit la plupart des éléments de réponse à ces questions. La réussite de l'entreprise exige donc l'entière maîtrise de la connaissance de ses besoins en main-d'œuvre et la définition claire de ses orientations futures. Dans ce contexte, nous aborderons l'analyse des postes. Par la suite, nous examinerons la planification des ressources humaines qui découle des orientations futures de l'entreprise.

4.2   Le vocabulaire de l'analyse des postes

Afin d'éviter toute confusion dans l'utilisation de termes qui nous semblent familiers, nous préciserons le vocabulaire employé. Voici quelques définitions importantes tirées pour l'essentiel d'un document de l'Organisation européenne de coopération économique (OECE)[3].

Analyse des postes :
Processus qui consiste à recueillir, à évaluer et à organiser les données concernant le contenu et le contexte d'un poste de travail afin d'en déterminer la finalité ainsi que les responsabilités et les exigences incombant au détenteur du poste.

L'**analyse des postes** est un processus qui consiste à recueillir, à évaluer et à organiser les données concernant le contenu et le contexte d'un poste de travail afin d'en déterminer la finalité ainsi que les responsabilités et les exigences incombant au détenteur du poste. Le poste comprend des tâches, des activités, des responsabilités et des devoirs. L'objectif du processus d'analyse consiste à définir les exigences requises pour occuper le poste, soit les habiletés, les compétences et les comportements permettant de satisfaire les besoins de l'organisation.

La tendance de l'heure consiste pour plusieurs entreprises à repenser l'organisation[4]. Puisque l'accent doit maintenant être mis sur la flexibilité et la responsabilisation des employés, l'essentiel des descriptions de postes portera de plus en plus sur les compétences plutôt que sur les tâches.

Étude des temps et mouvements : Analyse de poste dont le but est d'éliminer le gaspillage d'énergie, de diminuer le contenu de travail d'un produit ou d'établir et de maintenir des standards de production.

L'**étude des temps et mouvements** est une analyse de poste dont le but est d'éliminer le gaspillage d'énergie, de diminuer le contenu de travail d'un produit ou d'établir et de maintenir des standards de production[5]. Cette étude, qui est réalisée par un ingénieur industriel, sert aussi à définir des normes de productivité et de sécurité. Bref, il s'agit d'analyser les opérations d'une tâche et de les réorganiser de façon à atteindre une plus grande efficacité.

Activité ou opération : Composante d'une tâche qui peut être observée et mesurée.

Une **activité** ou une **opération** est une composante d'une tâche qui peut être observée et mesurée. C'est en fait la plus petite unité de travail représentant un effort physique ou mental sans qu'il soit nécessaire de recourir à l'étude des temps et des mouvements. Ouvrir une boîte, couper une pièce, évaluer un résultat, prendre une décision sont des activités. Ainsi, la téléphoniste, lorsqu'elle répond à un appel (tâche), doit effectuer les activités ou opérations suivantes : appuyer sur un bouton du standard, saluer l'interlocuteur, nommer son service, écouter la demande, indiquer à l'interlocuteur qu'elle le met en contact avec la personne demandée, acheminer l'appel et mettre fin à la communication.

---

3. Agence européenne de productivité, *L'analyse des tâches : instrument de productivité*, Paris, Organisation européenne de coopération économique, 1956. Ce document est un classique de l'analyse des postes.
4. Voir Bernard Turgeon et Dominique Lamaute, *Le management*, Montréal, Chenelière/McGraw-Hill, 2002, chap. 3.
5. Claudio Benedetti, *Introduction à la gestion des opérations*, 3e éd., Montréal, Éditions Études Vivantes, 1991, p. 354.

Une **tâche** consiste en un regroupement d'activités ou d'opérations demandant un effort physique ou mental et nécessaires pour atteindre un objectif. Répondre à un appel, comme nous l'avons vu, comprend plusieurs activités. Dans le cas d'un poste de cadre (et de plus en plus dans le cas des postes des employés), les tâches sont souvent remplacées par des responsabilités et des devoirs. Dans le cas d'un poste de gestionnaire, il s'agit de déterminer la responsabilité ou la raison d'être du poste plutôt que des tâches qu'il doit accomplir. En fait, compte tenu du degré d'autonomie accordé à cette fonction, il est plus pertinent d'indiquer le résultat attendu que la manière de l'atteindre[6]. Ainsi, les tâches et les activités révèlent le contenu de l'emploi, alors que les responsabilités et les devoirs concernent la finalité de l'emploi.

Le **poste** consiste en un regroupement de tâches ou de responsabilités qui requièrent les services d'une même personne. Lorsqu'il y a dans un poste assez de tâches ou de responsabilités pour faire appel à une autre personne à temps plein, il y a création d'un second poste, qui regroupe les autres tâches et responsabilités.

L'**emploi** représente un groupe de postes dont les tâches et les responsabilités se ressemblent au point qu'une seule analyse de poste suffit.

La **profession** représente un groupe d'emplois comportant des tâches semblables ou apparentées qui exigent une qualification, des connaissances et des capacités semblables. La profession de comptable constitue un bon exemple. Le diplômé du cégep en finance peut devenir comptable dans une entreprise ; l'individu qui prépare les états financiers de ses clients est un comptable ; le CMA (comptable en management accrédité) est aussi un comptable et l'associé dans une société de comptabilité œuvre également dans la profession de comptable. Or, ces différents emplois nécessitent des connaissances et des capacités semblables, mais à divers degrés.

Tâche : Regroupement d'activités ou d'opérations demandant un effort physique ou mental et nécessaires pour atteindre un objectif.

Poste : Regroupement de tâches ou de responsabilités qui requièrent les services d'une même personne.

Emploi : Groupe de postes dont les tâches et les responsabilités se ressemblent au point qu'une seule analyse de poste suffit.

Profession : Groupe d'emplois comportant des tâches semblables ou apparentées qui exigent une qualification, des connaissances et des capacités semblables.

Exemple

Dans une entreprise, il y a deux commis. Le premier travaille au service de la comptabilité et l'autre travaille au service des ressources humaines. Il y a évidemment deux postes, puisque les tâches sont en nombre suffisant dans chaque cas pour occuper une personne. Il s'agit de deux postes, mais aussi de deux emplois. En effet, les exigences du poste, les tâches et les responsabilités sont en tous points différentes, de sorte qu'il faut analyser les deux postes pour définir le contenu et le contexte de chacun. Dans les mêmes services, on trouve une secrétaire de direction attachée au directeur de la comptabilité et une secrétaire de direction attachée au directeur des ressources humaines. Il s'agit toujours de deux postes, puisqu'il y a assez de travail pour occuper deux personnes. Mais les deux postes sont à ce point semblables quant à leur contenu et à leurs exigences qu'il s'agit d'un seul et même emploi, soit celui de secrétaire de direction.

---

6. Voir Roland Thériault, *Guide Mercer sur la gestion de la rémunération : théorie et pratique*, Boucherville, Gaëtan Morin Éditeur, 1991, p. 91.

Ainsi, les représentants de quatre régions occupent tous l'emploi de représentant commercial ; il y a quatre postes et un seul emploi. Par contre, un poste de représentant des ventes au détail et un poste de représentant des ventes aux institutions gouvernementales désignent deux emplois différents[7].

4.3 Les méthodes d'analyse des postes et la collecte des données

4.3.1 Commentaires concernant la collecte de l'information

L'analyse des postes est un processus de collecte et de traitement de l'information relative au poste. Dans le but de respecter cet objectif, deux règles s'appliquent. Tout d'abord, l'analyse concerne le poste, et non le détenteur du poste. Puis, l'analyse a comme sujet le poste tel qu'il existe. Si l'on veut modifier le poste avant de le combler, ou encore si l'on crée un nouveau poste, il faut redéfinir clairement les tâches et les responsabilités avant de procéder à une analyse. On désire alors connaître les exigences essentielles et minimales qui permettront d'atteindre les objectifs liés au poste.

Sachant que l'analyse des postes consiste à recueillir des données concernant le contenu et le contexte d'un poste de travail, les questions « quoi ? » et « comment ? » trouveront des réponses dans l'énumération des tâches que les employés accomplissent. Un professeur prépare ses cours, enseigne la matière, corrige les travaux des étudiants ; un représentant commercial planifie ses déplacements, prend des rendez-vous, donne des présentations ; voilà des exemples de tâches. Quelles sont les tâches principales ? Quel pourcentage de son temps le titulaire consacre-t-il à chacune de ces tâches ? Les mêmes questions se posent dans le cas des tâches secondaires. Il faut aussi connaître le mode d'exécution de ces tâches. Les méthodes prescrites pour accomplir les tâches sont-elles déjà définies, ce qui limite la responsabilité dévolue à l'employé ? Un employé peut transporter du matériel à l'aide d'un transpalette manuel, d'un gerbeur ou d'un chariot élévateur. Cela aura des répercussions sur la qualification requise, les exigences physiques, l'expérience, etc.

Il faut, par contre, éviter de confondre une tâche avec ce qui en découle. Ainsi, un pilote d'avion de ligne prépare son plan de vol et pilote son avion ; il n'a pas pour tâche de transporter des passagers. Ce dernier élément est le résultat des tâches qu'il accomplit. Bien entendu, le fait que le pilote ait la responsabilité de la sécurité des passagers ajoutera aux exigences de son poste et sera pris en considération lors de l'établissement des exigences professionnelles.

Pourquoi ce poste existe-t-il ? Quels sont les objectifs à atteindre ? Un employé d'entretien ménager peut laver le plancher d'un bureau ou d'une classe, il peut aussi laver le plancher d'une salle d'opération dans un hôpital où une procédure stricte et l'usage de produits spécifiques homologués sont en vigueur. Ainsi, il est

---

7. Mentionnons que les termes « tâche », « poste » et « emploi » ne sont pas des synonymes, et les auteurs ont établi un consensus sur l'usage de ces termes. Par contre, les expressions « analyse des tâches », « analyse des postes » et « analyse des emplois » sont souvent utilisées indifféremment. Il en est de même pour les expressions « description de tâches », « description de postes » et « description d'emplois », qui correspondent à une même réalité. Dans ce chapitre, nous utiliserons les expressions « analyse des postes », « description de poste » et « description d'emploi ».

facile de conclure que l'objectif même de la tâche aura des conséquences sur la formation de l'employé concernant les méthodes ou les produits utilisés. Dans les deux cas, la tâche est sensiblement la même, mais l'objectif visé ajoute dans le dernier cas des responsabilités qui modifient le poste dans son essence même.

Les implications du poste aident à définir les connaissances, les habiletés et les qualités personnelles requises, compte tenu des outils utilisés, de l'autonomie octroyée, du type de contrôle auquel le titulaire du poste est soumis et des personnes avec lesquelles il sera en relation. Il faudra par la suite traduire ces implications en exigences spécifiques de l'emploi quant à la scolarité, à la formation, à l'expérience, à la capacité d'utiliser certains outils, etc. (*voir la figure 4.2*).

Le document 4.1 constitue une grille d'analyse d'un poste qui permet de recueillir l'information concernant le « quoi », le « comment », le « pourquoi » et les implications du poste. Ce questionnaire pourra être utilisé dans l'une ou l'autre des méthodes d'analyse des postes.

4.3.2 Les méthodes d'analyse des postes

Plusieurs méthodes permettent d'analyser les postes dans une organisation. La meilleure méthode représente probablement une combinaison d'un certain nombre d'entre elles. En fait, le choix final consistera en un compromis entre le degré de **fidélité** et de **validité** associé aux différentes méthodes et le coût inhérent à chacune d'elles. Les principales méthodes sont l'observation directe et l'observation participante, l'entrevue, le relevé des activités, les incidents critiques, le questionnaire ouvert et le questionnaire structuré.

Fidélité : Un instrument de mesure est considéré comme fidèle lorsqu'il est sans défaut ou qu'il est constant malgré des conditions pouvant donner lieu à des variations dans la performance.

Validité : Un instrument de mesure est considéré comme valide lorsqu'il mesure bien ce qu'il est censé mesurer.

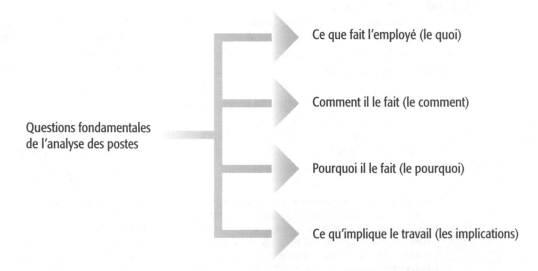

L'information issue de l'analyse des postes — **Figure 4.2**

Questions fondamentales de l'analyse des postes

- Ce que fait l'employé (le quoi)
- Comment il le fait (le comment)
- Pourquoi il le fait (le pourquoi)
- Ce qu'implique le travail (les implications)

Observation : Méthode par laquelle l'analyste observe directement l'employé pendant l'exécution de son travail et note chacune des tâches accomplies.

L'**observation** est la méthode utilisée pour l'analyse d'un poste où le travail est plutôt routinier, comme c'est le cas pour les postes de production. Le travailleur accomplit un certain nombre de tâches, qu'il répète périodiquement selon un cycle facilement observable. Il s'agit pour l'analyste d'observer le travailleur pendant l'exécution de son travail et de noter chacune des tâches et des activités qu'il accomplit. Pour chacune de ces tâches, l'analyste indiquera aussi le temps requis pour l'effectuer et les conditions de travail dans lesquelles le travailleur l'accomplit, comme le rythme du travail, la température de la pièce, le poids des matériaux, les risques inhérents à chaque tâche et les positions que doit adopter le travailleur.

L'analyste peut opter pour deux méthodes d'observation : l'observation participante et l'observation directe. Lors de l'observation participante, l'analyste occupe lui-même le poste analysé afin de faire l'expérience des exigences requises. Alors que l'observation directe amène l'analyste à observer, sans intervenir, un travailleur qui exécute les tâches du poste.

Cette méthode permet de recueillir l'information concernant le « quoi » et parfois le « comment ». Mais il est impossible pour l'analyste de comprendre le « pourquoi ». Par définition, l'observation limite l'information à ce qui est observable. Les activités intellectuelles ou mentales telles que l'évaluation, le jugement ou l'analyse passent alors inaperçues.

Entrevue : Rencontre par l'analyste d'un groupe de titulaires d'un même emploi en vue d'établir les renseignements pertinents et les caractéristiques du poste.

L'**entrevue** est un des outils les plus utilisés par les analystes pour recueillir auprès des employés et du supérieur immédiat les renseignements pertinents quant à l'analyse d'un poste. Une fois l'entrevue terminée, l'analyste rédige une première version de son rapport, qu'il pourra soumettre au titulaire du poste pour une vérification finale. Afin d'éviter les difficultés découlant de l'aspect informel que peut prendre l'entrevue, il est préférable d'utiliser un formulaire standard pour recueillir l'information.

Relevé des activités : Inscription par l'employé dans un journal de bord, à une fréquence fixe, des tâches qu'il accomplit, et ce, sur une période de quelques semaines.

Le **relevé des activités** consiste, pour l'employé, à noter dans un journal de bord à une fréquence fixe, toutes les 15 minutes par exemple, les tâches qu'il accomplit, et ce, sur une période de quelques semaines. Cette méthode convient particulièrement aux postes routiniers, où les tâches sont courtes et répétitives. Par exemple, une caissière dans une banque indique dans son journal, toutes les 15 minutes, la tâche qu'elle vient d'accomplir.

Incidents critiques : Comptes rendus de situations qui illustrent les comportements particuliers d'un employé.

Les **incidents critiques** consistent en des comptes rendus de situations qui illustrent les comportements particuliers d'un employé.

Questionnaire ouvert : Questionnaire comportant uniquement des questions ouvertes qui permettent à l'employé de s'exprimer avec une certaine liberté.

Le **questionnaire ouvert** présente un ensemble de questions ouvertes qui permet au titulaire de s'exprimer avec une certaine liberté. La grille d'analyse d'un poste (*voir le document 4.1*) en est un exemple. La méthode du questionnaire ouvert peut être accompagnée d'un outil de référence mis au point par le ministère de l'Emploi et de l'Immigration du Canada, soit la *Classification nationale des professions* (CNP)[8].

Questionnaire structuré : Questionnaire qui présente une liste des tâches ou des comportements liés aux différents aspects du travail.

Le **questionnaire structuré** consiste en une liste de tâches ou de comportements portant sur les divers aspects du travail. La personne qui remplit ce questionnaire n'a qu'à pointer les tâches ou les comportements qui correspondent à son emploi.

---

8. Ce document de référence est destiné surtout aux conseillers en carrière, aux utilisateurs de l'information sur le marché du travail, aux agents de planification des ressources humaines, aux responsables de recherches et d'analyses sur le marché du travail et aux conseillers en réadaptation professionnelle. Il décrit la structure de classification et la description des 522 groupes professionnels de base qui constituent le marché du travail canadien. Il existe aussi deux autres systèmes généraux de classification : le *Dictionary of Occupational Titles* (DOT) aux États-Unis et la *Classification internationale type des professions* (CITP) du Bureau international du travail.

Nom de l'entreprise : _____

Questionnaire d'analyse des postes

Identification du poste

Titre du poste :	Titre du superviseur :	
Service :		
Code du poste :		

Analyse

Nom de l'analyste :	Date de l'analyse :
Vérification par :	Date de la vérification :
Révision antérieure :	

Sommaire du poste

Brève description du poste :
Objectif lié au poste :

Catégorie d'emploi

❑ Gestionnaire ❑ Professionnel ❑ Technicien
❑ Employé de bureau ❑ Opérateur ❑ Autre

Tâches

Tâches principales	Pourcentages du temps consacré à cette tâche
1	%
2	%
3	%
4	%
5	%

Relations avec d'autres personnes

Autres tâches	Pourcentages du temps consacré à cette tâche
1	%
2	%
3	%
4	%
5	%

Types de personnes (collègues, employés des autres services, supérieurs, clients, fournisseurs, etc.)	Buts	Pourcentages du temps consacré à ces contacts	Types de contacts (de vive voix, par écrit, par téléphone, présentation, etc.)

Normes de rendement

Brève description d'un bon rendement dans l'exécution de ces tâches :
Description des facteurs contribuant au bon rendement dans l'exécution de ces tâches :

Formation

Description de la formation requise pour atteindre un bon rendement dans l'exécution de ces tâches :
Formation scolaire :
Formation technique ou professionnelle :
Formation particulière :

Responsabilités

Degré de responsabilité découlant de ce poste concernant les éléments suivants :	Degré de responsabilité		
	Faible	Moyen	Élevé
Fonctionnement de l'équipement	❑	❑	❑
Protection de l'équipement	❑	❑	❑
Utilisation d'outils	❑	❑	❑
Protection des outils	❑	❑	❑
Utilisation de matériaux	❑	❑	❑
Protection des matériaux	❑	❑	❑
Sécurité personnelle	❑	❑	❑
Sécurité des autres	❑	❑	❑
Rendement au travail des autres	❑	❑	❑

Caractéristiques physiques

Caractéristiques physiques nécessaires pour occuper ce poste :

Autres caractéristiques

Importance des caractéristiques suivantes pour occuper ce poste :	Degré d'importance		
	Faible	Moyen	Élevé
Vue	❑	❑	❑
Ouïe	❑	❑	❑
Parole	❑	❑	❑
Odorat	❑	❑	❑
Toucher	❑	❑	❑
Goût	❑	❑	❑
Coordination yeux-mains	❑	❑	❑
Coordination des mains	❑	❑	❑
Coordination générale	❑	❑	❑
Force physique	❑	❑	❑
Santé	❑	❑	❑
Initiative	❑	❑	❑
Ingéniosité	❑	❑	❑
Jugement	❑	❑	❑
Autre	❑	❑	❑
Autre	❑	❑	❑

Autres caractéristiques (*suite*)

Importance des caractéristiques suivantes pour occuper ce poste :	Degré d'importance		
	Faible	Moyen	Élevé
Attention	❑	❑	❑
Lecture	❑	❑	❑
Mathématiques	❑	❑	❑
Écriture	❑	❑	❑
Formation scolaire	❑	❑	❑
Autre	❑	❑	❑
Autre	❑	❑	❑

Expérience requise pour occuper ce poste

❑ Aucune expérience requise
Expérience requise dans le poste de :

❑	1 mois	❑	2 ans
❑	3 mois	❑	3 ans
❑	6 mois	❑	5 ans
❑	1 an		

Conditions de travail

Description des conditions dans lesquelles le travail est effectué :			
	Pourcentage du temps où le titulaire du poste est soumis à ces conditions		Pourcentage du temps où le titulaire du poste est soumis à ces conditions
Travail à l'intérieur	%	Monotonie	%
Travail à l'extérieur	%	Bruit	%
Risques d'accident	%	Tension nerveuse	%
Chaleur	%	Froid	%
Exigences psychologiques inhabituelles liées à l'exécution du travail :			
Autres conditions inhabituelles liées à l'exécution du travail :			

Santé et sécurité

Description détaillée de tout risque pour la santé ou la sécurité lié à l'exécution du travail :

Formation nécessaire sur la sécurité :

Équipement de sécurité nécessaire lié à l'exécution du travail :

Commentaires

Autres éléments méritant d'être notés :

Commentaires du superviseur immédiat

Autres éléments méritant d'être notés :

_____   _____
Signature de l'analyste   Date

_____   _____
Vérifié par   Date

Elle indique aussi la fréquence ou l'importance de ceux-ci dans son travail. Le questionnaire structuré le plus couramment utilisé est le *Position Analysis Questionnaire* (PAQ)[9].

Ce dernier questionnaire permet de recueillir de l'information sur six catégories de comportements servant à décrire et à évaluer un poste. Ces catégories sont les suivantes :

- l'information reçue : la provenance des renseignements nécessaires au titulaire pour accomplir son travail et la manière dont il utilise ces renseignements;
- le processus mental utilisé : le raisonnement, la planification et le processus de décision intervenant dans le travail du travailleur ;
- le résultat du travail : les activités physiques et les outils utilisés ;
- les relations avec les autres : le lien qu'entretient le titulaire du poste avec les autres employés ou avec le public, les clients ou les fournisseurs ;
- le contexte du travail : le contexte physique et social du travail ;
- les autres aspects du poste : les autres caractéristiques, conditions ou activités reliées au poste.

Le tableau 4.1 résume les avantages et les inconvénients que comportent les différentes méthodes d'analyse des postes et précise les domaines dans lesquels ces méthodes s'avèrent utiles.

---

9. Voir E. J. McCormick, P. R. Jeanneret et R. C. Mecham, « A study of job characteristics and job dimensions as based on the Position Analysis Questionnaire (PAQ) », *Journal of Applied Psychology*, vol. 56, p. 347-368.

Méthodes	Avantages	Inconvénients	Utilités
Observation directe	• Permet d'acquérir une meilleure compréhension des exigences du poste • Offre une information plus crédible et plus objective lorsque celle-ci vient d'un observateur neutre que lorsqu'elle vient du titulaire du poste	• Est inutile dans le cas du travail intellectuel (par exemple, celui du pharmacien) • Ne permet pas l'observation d'activités importantes et rares (par exemple, un policier qui procède à un accouchement) • Est inefficace dans le cas des longs cycles de travail • Nécessite l'observation de plusieurs travailleurs pour l'obtention de données signifiantes	• Description de poste • Conception de tests • Élaboration d'entrevues • Définition des critères d'embauche • Modification de l'aménagement ergonomique des postes de travail
Observation participante	• Permet d'observer l'exécution des tâches et des exigences du poste	• Est difficile à utiliser si le poste exige une longue formation (par exemple, grutier) • Est difficile à utiliser si le poste comporte des risques (par exemple, opérateur de bélier mécanique)	• Conception de tests • Élaboration d'entrevues • Définition des critères d'embauche • Élaboration de programmes de formation • Élaboration de programmes d'évaluation du rendement • Modification de l'aménagement ergonomique des postes de travail
Entrevue	• Permet d'obtenir du travailleur des renseignements sur des aspects difficilement observables dans le poste • Favorise les échanges entre le titulaire du poste et l'analyste	• Exige beaucoup de temps • Présente un risque de distorsion de l'information en raison de questions ambiguës de l'intervieweur ou de réponses calculées du travailleur • Offre une information de qualité seulement s'il existe un lien de confiance entre le titulaire du poste et l'analyste	• Description de postes • Conception de tests • Élaboration d'entrevues • Définition des critères d'embauche • Élaboration de programmes de formation • Élaboration de programmes d'évaluation du rendement • Évaluation des tâches
Relevé des activités	• Permet de repérer avec précision les tâches courtes et répétitives	• Nécessite beaucoup de temps pour la compilation des tâches	• Description des postes, surtout lorsque le cycle de travail est long

Méthodes	Avantages	Inconvénients	Utilités
Incidents critiques	• Porte uniquement sur des éléments importants du poste • Convient aux comportements observables et mesurables	• Exige beaucoup de temps • Ne révèle que les comportements extrêmes (très efficaces ou inefficaces)	• Description de postes • Conception de tests • Élaboration d'entrevues • Définition des critères d'embauche • Élaboration de programmes de formation • Élaboration de programmes d'évaluation du rendement
Questionnaire ouvert	• Est généralement très économique et très rapide à faire passer • Permet d'analyser plusieurs postes	• Offre des réponses très subjectives	• Description de postes • Conception de tests • Élaboration d'entrevues • Définition des critères d'embauche • Élaboration de programmes de formation • Élaboration de programmes d'évaluation du rendement • Évaluation des tâches • Planification de carrière • Plan de développement des ressources humaines

Il existe plusieurs autres méthodes d'analyse des postes[10], l'inventaire des éléments de travail (*Job Element Inventory*)[11], l'inventaire de l'analyse de travail (*Occupational Analysis Inventory*), l'analyse des postes fondée sur les lignes directrices (*Guidelines-Oriented Job Analysis*), la méthode Hay ou l'analyse des capacités physiques (ACP)[12]. Plus spécifiquement pour l'analyse des postes de cadres, les deux méthodes d'analyse[13] les plus courantes sont le *Management Position Description Questionnaire* (MPDQ) et le *Supervisor Task Description Questionnaire* (STDQ).

---

10. Lire à ce sujet «Classification systems used as basis for or resulting from job analyses» (www.hr-guide.com/data/G012.htm) et «Current occupational analysis systems» (www.nap.edu/html/occup_analysis/app_B.html).
11. R. J. Harvey et *al.*, «Dimensionality of the Job Element Inventory: A simplified worker-oriented job analysis questionnaire», *Journal of Applied Psychology*, 1988, vol. 73, p. 639-646.
12. Lire à ce sujet Shimon L. Dolan et *al.*, *La gestion des ressources humaines*, 3ᵉ éd., Montréal, Éditions du Renouveau Pédagogique, 2002, p. 140-147.
13. Lire à ce sujet B. E. Dowell et K. N. Wexley, «Development of a work behaviour taxonomy for first-line supervisors», *Journal of Applied Psychology*, 1978, nº 63, p. 563-572; et W. W. Tornow et P. R. Pinto, «The development of a managerial taxonomy: A system for describing, classifying, and evaluation executive positions», *Journal of Applied Psychology*, 1976, nº 61, p. 410-418.

4.4   La description et le profil d'exigences du poste

L'analyse du poste fournit les données nécessaires pour rédiger une description de poste et le profil des exigences. La **description de poste** est un document dans lequel sont consignées les données recueillies par l'analyse des postes. Ces données concernent particulièrement les tâches ou les responsabilités, les méthodes utilisées et les conditions de travail.

Les besoins propres à chaque entreprise influent sur le style de la description, mais, dans chaque cas, les quatre éléments suivants seront inclus dans la description : l'identification du poste, la description résumée du poste qui en indique les objectifs, la description des tâches ou des responsabilités et les conditions de travail. Le cinquième élément, soit le profil d'exigences du poste, constitue généralement un document à part. Ces catégories de renseignements correspondent à la grille d'analyse du poste (*voir le document 4.1*), et les liens existant entre ces divers éléments sont présentés à la figure 4.3. Par ailleurs, le document 4.2 donne un exemple simplifié d'une description de poste.

4.4.1   L'identification du poste

L'identification du poste comprend le titre du poste, le nom du service, le titre du poste du supérieur immédiat, la date de la rédaction du document, le numéro de code de l'emploi et le niveau hiérarchique de l'emploi.

Les liens entre l'analyse du poste et la description de poste　　　**Figure 4.3**

Processus d'analyse des postes :
- Observation
- Entrevue
- Relevé des activités
- Incidents critiques
- Questionnaire ouvert
- Questionnaire structuré

Relevé des tâches

Quoi?
Comment?
Pourquoi?

Implications

Description de poste

Identification
Résumé du poste et liaison fonctionnelle

Liste des tâches ou des responsabilités
Autorité et pouvoir

Conditions de travail

Profil d'exigences

Normes de rendement

Emploi :	Commis à l'expédition	Code du poste :	COM 001
Service :	Expédition	Date de rédaction :	5 mai 2004
Localisation :	Entrepôt A	Titre du superviseur :	Directeur de l'entrepôt

Résumé du poste

Sous la supervision générale du directeur de l'entrepôt, il procède à l'envoi du matériel aux clients selon les directives fournies par le service des ventes. Avec l'aide des autres commis, il ramasse sur les tablettes, à la main ou à l'aide d'un équipement mécanique, le matériel à expédier. Il emballe la commande dans les contenants prévus selon le mode d'expédition. Il prépare les documents pertinents et en conserve des copies dans des dossiers.

Résumé des tâches

		Pourcentage du temps consacré à cette tâche
1	Retire la marchandise des tablettes et l'emballe dans des contenants pour l'expédition	40 %
2	Pèse et étiquette les contenants selon le transporteur indiqué sur la feuille de réquisition	10 %
3	Contrôle le chargement des marchandises dans les camions	10 %
4	Prépare et remplit les documents de livraison	5 %
5	Remplit les dossiers des expéditions et les classe	5 %
6	Met à jour les dossiers d'expédition et retire les dossiers des commandes expédiées et reçues	10 %
7	Conduit le camion de la compagnie pour transporter au bureau de poste les colis expédiés	5 %
8	Participe à la prise d'inventaire mensuelle	5 %
9	Agit à titre de vérificateur pour les autres commis à l'expédition	5 %
10	Garde son lieu de travail et les aires d'expédition propres et ordonnés	5 %

Supervision reçue

Sauf en cas de problèmes majeurs, le commis organise son travail à sa convenance en respectant les directives du service des ventes.

Contacts

Travaille en liaison constante avec les emballeurs, les chauffeurs de camion et les autres commis de son service. Est en liaison occasionnelle avec les commis du service des ventes.

Équipement et outils

Utilise un chariot élévateur et conduit un camion. Utilise un ordinateur pour vérifier les directives du service des ventes.

Conditions environnementales

Local propre et chauffé. Doit marcher, grimper et soulever des poids de moins de 15 kilos. Peut être exposé au froid lorsque les portes s'ouvrent pour accueillir les camions. Le titulaire du poste doit travailler un samedi par mois.

Le titre du poste. C'est l'appellation précise utilisée pour désigner l'emploi dans l'entreprise ; par exemple « analyste de postes ». Il faut accorder beaucoup d'importance à l'attribution d'un titre pour un emploi spécifique. De même, il faut assurer une certaine uniformisation pour éviter la confusion. Le titre doit être significatif et illustrer le rôle du titulaire du poste et les tâches qu'il accomplit, tout en étant le plus bref possible. Ainsi, une infirmière hygiéniste n'est pas une hygiéniste infirmière. Afin de faciliter les comparaisons existant entre les entreprises, il est intéressant de s'inspirer, lorsque cela s'y prête, de la *Classification nationale des professions* (*voir le document 4.3*).

Le nom du service. Le nom du service où se trouve le poste aide à repérer le poste dans l'organigramme ; il sera utile au moment de la planification des ressources humaines.

Le titre du poste du supérieur immédiat. Cette information permet de situer dans la hiérarchie le poste décrit et de souligner son importance relative dans l'organigramme, lorsque le poste décrit est un poste de gestionnaire.

La date de la rédaction du document. À l'instar de presque tous les documents administratifs, une date doit indiquer le degré d'actualité de la description du poste.

Le numéro de code de l'emploi. Ce code facilite la classification des emplois dans l'entreprise. Certaines entreprises y ajoutent le code de la *Classification nationale des professions*.

Le niveau hiérarchique de l'emploi. Le code du niveau hiérarchique de l'emploi, par exemple « commis II », est indiqué dans certains cas afin de situer de façon encore plus précise le poste et même sa position sur l'échelle salariale.

4.4.2 La description résumée du poste

La description résumée du poste, ou la définition sommaire, est une définition très brève du contenu de l'emploi. Cela permet au lecteur d'avoir en quelques phrases un aperçu de l'ensemble des tâches principales qui caractérisent cet emploi. On y trouve l'objectif du poste. Ce résumé précise aussi le lien hiérarchique qui existe entre ce poste et le supérieur immédiat.

En outre, ce résumé indique souvent le degré d'autonomie du titulaire du poste, ce qui permet d'établir la nécessité pour le titulaire du poste d'être supervisé. Voici quelques exemples indiquant différents degrés allant d'une grande autonomie à une autonomie plus restreinte.

Exemples

– Sous la direction générale du conseil d'administration…
– Sous la direction du vice-président des ressources humaines…
– Sous la surveillance générale du directeur de l'usine…
– Sous la surveillance du contremaître…

4.4.3 La description des tâches

La description des tâches consiste à énumérer les tâches principales, secondaires et occasionnelles qui caractérisent l'emploi. L'énoncé de chaque tâche, qui est exprimé dans un paragraphe distinct, indique clairement ce que fait l'employé,

Document 4.3 — Un exemple de description d'emploi de la *Classification nationale des professions*

Profession :	1113
Titre :	Agents/agentes en valeurs, agents/agentes en placements et courtiers/courtières

Nature du travail

Les agents en valeurs et les agents en placements achètent et vendent des actions, des obligations, des bons du Trésor, des fonds mutuels et autres valeurs pour des investisseurs, des gestionnaires de régimes de retraite, des banques, des sociétés de fiducie, des compagnies d'assurances et autres établissements. Les courtiers achètent et vendent des actions, des obligations, des biens, des devises étrangères et autres valeurs à la Bourse au nom des agents en placements. Ils travaillent dans des compagnies de placements, des firmes de courtage, à la Bourse et dans d'autres établissements qui traitent des valeurs.

Conditions d'accès à l'emploi

Un diplôme d'études universitaires ou collégiales en économie, en affaires ou autre discipline est habituellement exigé.
L'expérience en placements, en ventes ou autre industrie connexe peut remplacer la formation postsecondaire.
La réalisation d'un programme de formation en placements et en ventes dans l'industrie, la réussite du cours en valeurs mobilières canadiennes et la réussite du *Registered Representative Manual Exam* offert par l'Institut canadien des valeurs mobilières sont exigées des représentants en valeurs et des courtiers.
Des cours spécialisés sont également offerts aux représentants en valeurs et aux courtiers qui veulent négocier des produits de placement spécifiques tels que les options en valeurs mobilières et les contacts.
Un permis d'exercer émis par la commission provinciale des valeurs mobilières de la province d'emploi est exigé des agents en valeurs, des agents en placements et des courtiers.

Information additionnelle

L'expérience permet d'accéder à des postes de direction connexes.

Professions à ne pas confondre

Analystes financiers/analystes financières et analystes en placements (1112)
Autres agents financiers/agentes financières (1114)
Directeur/directrice du courtage financier (voir 0121 Directeurs/directrices des assurances, de l'immobilier et du courtage financier)

Fonctions principales

1	Acheter et vendre des actions, des obligations, des bons du Trésor, des fonds mutuels et autres valeurs pour des investisseurs, des gestionnaires de régimes de retraite ou des compagnies telles que des banques, des sociétés de fiducie et des compagnies d'assurances.
2	Renseigner et conseiller les clients au sujet des placements.
3	Étudier les périodiques financiers, les rapports sur les actions et les obligations, les publications commerciales et autres documents afin de déterminer les placements intéressants pour les clients.
4	Vérifier les portefeuilles de placements des clients et s'assurer que les transactions en placements sont effectuées conformément aux règlements de l'industrie.
5	Acheter et vendre des actions, des obligations, des biens, des devises étrangères et autres valeurs, à la Bourse, au nom des agents en placements.
6	Élaborer des stratégies commerciales en étudiant les informations sur les placements, en surveillant les conditions du marché du parquet de la Bourse et en communiquant avec les services commerciaux des autres entreprises en placements, les gestionnaires de régimes de retraite et les analystes financiers des firmes de placements.
7	Faire des enchères et des offres d'achat ou de vente des valeurs et finaliser les détails des ventes des billets de change commerciaux.

Exemples d'appellations d'emplois

Négociateur/négociatrice à la Bourse, obligations
Courtier/courtière en marchandises
Représentant/représentante à la Bourse
Négociateur/négociatrice en obligations
Courtier/courtière en valeurs mobilières

Agent/agente en valeurs
Représentant accrédité/représentante accréditée, placements
Représentant/représentante en fonds communs de placement
Superviseur/superviseure de vendeurs autorisés de valeurs

Source : Site Internet : http://www.gvsd.mb.ca/cec/NOCFRE/1113fre.htm

comment il le fait et pourquoi il le fait. Les tâches sont hiérarchisées en fonction du temps qui leur est consacré ou de leur importance dans le poste. Par exemple, un chauffeur de camion consacre beaucoup de temps à la conduite du camion et quelques heures à la vérification de son véhicule et à des tâches administratives. Par contre, pour un enseignant du collégial, même si l'enseignement en classe ne représente que 40 % de sa tâche, il s'agit de son activité prioritaire. Voici à ce sujet quelques règles de rédaction d'une description des tâches :

- Chaque phrase doit être concise et commencer par un verbe d'action à la troisième personne du singulier de l'indicatif présent, car on sous-entend le titre du titulaire du poste.
- Les différentes tâches (ou les différents objectifs) doivent être décrites de façon à démontrer le lien qui les unit les unes aux autres.
- Le style doit être clair et précis, de manière à permettre à tous les lecteurs de comprendre ce que fait l'employé, comment il le fait et pourquoi il le fait. Les expressions telles que « faire », « exécuter » ou « effectuer » manquent de précision.
- Généralement, on adopte l'ordre chronologique des tâches, mais on peut également décrire celles-ci en commençant par les plus importantes.
- Le verbe « peut » au début de la description d'une tâche signifie que la tâche fait partie intégrante de l'emploi, mais que seulement les titulaires de certains postes les effectueront.
- L'expression « occasionnellement », par contre, signifie que tous les titulaires de postes pour cet emploi accompliront cette tâche, mais uniquement de temps à autre.
- Les outils et l'équipement utilisés doivent être mentionnés avec précision. Si une secrétaire doit recourir à un ordinateur pour rédiger des rapports, il est important d'indiquer le logiciel qui sera employé.

Dans le cas de la description d'un poste de gestionnaire, l'accent sera mis sur les résultats, c'est-à-dire sur l'objectif plutôt que sur l'activité. Cette tendance qui reflète la description de poste par compétences s'étend de plus en plus à tous les niveaux de postes dans l'entreprise.

4.4.4 Les conditions de travail

Dans une description de poste, les conditions de travail décrites concernent l'environnement physique ; cependant, les horaires de travail, les risques concernant la santé et la sécurité du travailleur ou l'obligation de voyager sont d'autres facettes de l'emploi qu'il est important de mentionner.

4.4.5 Le profil d'exigences du poste

Profil d'exigences du poste : Document qui présente la qualification professionnelle minimale requise pour occuper un poste.

Le **profil d'exigences du poste**, appelé aussi « spécifications d'emploi », est un document qui complète la description du poste au point que ces deux documents sont indissociables. Ce document présente la qualification professionnelle minimale requise pour occuper le poste, ces renseignements ayant été obtenus au moment de l'analyse du poste. La description de poste définit le contenu de l'emploi ou le profil de l'emploi, alors que le profil d'exigences correspond aux caractéristiques que doit posséder le détenteur du poste (*voir la figure 4.4*).

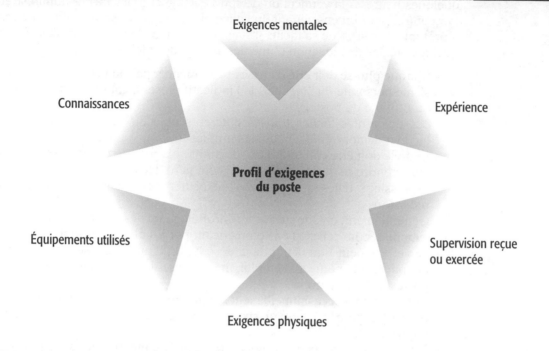

Les exigences qu'on trouve le plus couramment dans un profil d'exigences du poste sont les exigences mentales ou intellectuelles, la supervision reçue ou exercée, les connaissances, l'expérience, les équipements utilisés et les exigences physiques (*voir le document 4.4*).

Les exigences mentales ou intellectuelles découlent des responsabilités confiées au détenteur du poste. Les responsabilités à l'égard de la sécurité de ses collègues, du matériel, des outils et les risques financiers rattachés aux décisions sont considérés. Le degré d'autonomie dans la prise de décision a un effet direct sur les qualités exigées, soit le jugement, l'initiative, la résistance au stress et la capacité de synthèse.

La supervision reçue ou exercée détermine les caractéristiques du titulaire d'un poste. Lorsqu'il s'agit d'un poste de gestionnaire qui exerce son autorité sur ses subordonnés, il est nécessaire d'indiquer le nombre de personnes supervisées ainsi que la relation d'autorité qui existe entre le gestionnaire et ses employés. Dans la description de poste d'un employé, il est aussi important de mentionner le type de supervision reçue, car cela détermine son degré d'autonomie et d'initiative dans son travail.

Les connaissances indiquent les acquis de la formation générale ou professionnelle qui sont utilisés dans l'exécution des tâches relatives au poste. La mesure des connaissances requises est fonction de la scolarité, laquelle est exprimée soit en années, soit par un diplôme.

Emploi : Commis à l'expédition	Service : Expédition
Localisation : Entrepôt A	Code du poste : COM 001
Date de rédaction : 5 mai 2004	Titre du superviseur : Directeur de l'entrepôt

Description résumée du poste

Sous la supervision générale du directeur de l'entrepôt, il procède à l'envoi du matériel aux clients selon les directives fournies par le service des ventes. Avec l'aide des autres commis, il ramasse sur les tablettes, à la main ou à l'aide d'un équipement mécanique, le matériel à expédier. Il emballe la commande dans les contenants prévus selon le mode d'expédition. Il prépare les documents pertinents et en conserve des copies dans des dossiers.

Profil d'exigences du poste

	Exigences essentielles	Exigences souhaitées
Connaissances	Secondaire V Connaissance fonctionnelle du français et de l'anglais	Cours en gestion des stocks
Expérience	6 mois dans un poste similaire	
Exigences mentales ou intellectuelles	Capacité d'organisation du travail Attention soutenue	
Équipement utilisé	Chariot élévateur Camionnette	
Exigences physiques	Travaille surtout debout Grimpe Soulève des poids de moins de 20 kilos Est occasionnellement exposé au froid	

L'expérience fait référence au nombre d'années de travail dans un domaine spécifique nécessaire pour obtenir les connaissances que ne peut transmettre le réseau officiel de formation. Elle s'exprime en mois ou en années.

L'équipement utilisé correspond aux outils de travail, aux machines ou encore à tout instrument de travail que doit connaître le travailleur pour être efficace dans l'exercice de ses fonctions. Par exemple, le technicien en mélange d'encres doit maîtriser les techniques de préparation des mélanges d'encres, connaître les encres U.V. et les encres traditionnelles. Il doit aussi connaître les différents additifs.

Les exigences physiques renvoient aux capacités de manipulation de produits, d'équipements ou d'outils nécessaires à l'exécution des tâches relatives au poste. Ces capacités se mesurent selon la précision, la rapidité et l'exactitude ; l'indication de la fréquence et de l'intensité est l'expression de cette mesure. Par exemple, le préposé à l'entrepôt doit empiler sur une palette pendant deux heures des caisses d'un poids de 15 kilos au rythme de 7 caisses à la minute.

4.4.6 Les normes de rendement

L'analyse des postes permet aussi d'établir les **normes de rendement**, c'est-à-dire la quantité et la qualité du travail que le titulaire du poste doit atteindre. Les normes permettront d'évaluer le rendement de l'employé. Le processus de contrôle comporte quatre éléments : des critères et des normes, des mesures du rendement, des mesures correctives et une rétroaction, c'est-à-dire l'établissement de nouvelles normes[14]. Les normes sont donc la pièce maîtresse du processus de contrôle.

En plus de l'analyse des postes, on peut utiliser d'autres moyens pour établir les normes de rendement. Les principaux moyens sont la mesure du travail et l'établissement participatif des normes de rendement[15].

La **mesure du travail** est un ensemble de techniques qui permet d'établir le rendement « normal » d'un travailleur « moyen ». L'étude des temps et mouvements, soit la mesure du temps nécessaire à l'accomplissement d'une tâche, permet aussi de déterminer le temps standard pour effectuer une tâche. Enfin, l'échantillonnage du travail aide, à partir d'un grand nombre d'observations, à préciser un temps normalisé pour l'exécution de la tâche.

Normes de rendement : Critères de performance qui permettront d'évaluer le rendement du titulaire d'un poste, soit la quantité et la qualité du travail que le titulaire du poste doit atteindre.

Mesure du travail : Ensemble de techniques qui permet d'établir le rendement normal d'un travailleur moyen.

Exemple

1. Un employé empile des caisses sur une palette à un rythme de 10 caisses à la minute.
2. L'évaluateur juge que l'employé effectue son travail à un rythme plus élevé que la normale, soit 10 % de plus. Il corrigera donc ce rythme pour obtenir la cadence normalisée. Ainsi, la cadence d'une caisse par 6,0 secondes sera remplacée par une cadence d'une caisse par 6,6 secondes, soit le nouveau temps normalisé.
3. À la suite de plusieurs observations, l'analyste constate que 25 % du temps est improductif. L'employé utilise ce temps pour récupérer, satisfaire ses besoins personnels, ajuster les palettes ou encore débloquer la machine qui colle le dessus des caisses. La cadence ajustée deviendra : 6,6 secondes × 1,25 %, pour un total d'une caisse par 8,25 secondes.
4. La norme de rendement sera donc de 875 caisses par période de deux heures, et non de 1 200 caisses comme le laissaient entrevoir les premières observations.

4.4.7 Les nouvelles orientations dans l'analyse des postes

Dans la nouvelle économie basée sur l'information et le savoir, la gestion ne peut plus demeurer statique. L'environnement impose des contraintes découlant de l'incertitude de la demande, des bouleversements technologiques et d'une nette amélioration de la qualité de la main-d'œuvre. Dans un tel contexte, les entreprises n'ont pu maintenir une structure d'autorité rigide, ni une définition de postes contraignante[16].

---

14. Bernard Turgeon, *La pratique du management*, 3e éd., Montréal, Chenelière/McGraw-Hill, 1997, p. 445.
15. William B. Werther, Keith Davis et Hélène Lee-Gosselin, *La gestion des ressources humaines*, 2e éd., Montréal, Chenelière/McGraw-Hill, 1990, p. 165-167.
16. Voir à ce sujet Bernard Turgeon et Dominique Lamaute, *op. cit.*, chap. 3.

Par conséquent, la description de poste devra être plus flexible et mettre l'accent sur les compétences du travailleur plutôt que sur les tâches qu'il doit accomplir. Par exemple, il faudra indiquer dans la description de poste que l'enseignant doit connaître les nouvelles tendances dans son domaine d'enseignement, au lieu d'écrire qu'il doit suivre des cours de perfectionnement. Une telle démarche confirme l'utilité d'une approche par compétences dans la formation des futurs employés.

L'utilisation du concept de valeur ajoutée doit permettre la restructuration des postes en fonction de leur utilité et de celle de chacune de leurs tâches, quitte à éliminer les tâches, voire les postes, qui ne représentent pas un apport aux objectifs de l'entreprise.

Une fois qu'ils ont déterminé les exigences de chacun des postes de l'entreprise, les gestionnaires détiennent l'information nécessaire pour établir le nombre de postes et les exigences requises pour chacun d'eux afin que l'entreprise atteigne le niveau d'efficacité nécessaire à la réalisation de ses objectifs. En fait, la planification des ressources humaines est une partie intégrante des objectifs stratégiques et opérationnels de l'entreprise. Elle peut porter sur l'ensemble de l'organisation ou sur certains services seulement. Il peut s'agir d'un exercice périodique (annuel) ou ponctuel, mais la planification des ressources humaines doit toujours constituer un outil visant à aider l'entreprise à faire face à la concurrence ; elle n'est jamais une fin en soi.

4.5 La planification des ressources humaines

Planification des ressources humaines :
Activité importante de la gestion des ressources humaines qui permet de prévoir les besoins en main-d'œuvre de l'entreprise et l'offre interne des ressources humaines de manière que chaque unité administrative dispose des ressources humaines nécessaires à la réalisation de ses objectifs, et ce, au moment où elle a besoin de celles-ci.

La **planification des ressources humaines** est une activité importante de la gestion des ressources humaines qui permet de prévoir les besoins en main-d'œuvre de l'entreprise et l'offre interne de ressources humaines de manière que chaque unité administrative dispose des ressources humaines nécessaires à la réalisation de ses objectifs, et ce, au moment où elle a besoin de celles-ci.

Les efforts consacrés à la planification des ressources humaines visent d'abord la réalisation de certains objectifs tels que réduire les coûts de la main-d'œuvre en maintenant un équilibre entre les besoins de l'entreprise et le niveau d'emploi, utiliser efficacement les ressources humaines de l'organisation, offrir des renseignements pertinents pour la planification des programmes de gestion des ressources humaines, proposer un outil de mesure des implications et des résultats des programmes et des politiques de gestion des ressources humaines, participer à la définition de la planification stratégique globale, promouvoir le rôle de la gestion des ressources humaines dans l'entreprise, présenter les informations nécessaires à l'établissement des plans de carrière, participer à la définition de la planification stratégique de l'entreprise et réaliser la planification des besoins de l'entreprise en ressources humaines (*voir la figure 4.5*).

La définition de la mission de l'organisation et de ses objectifs de développement est la base de la planification des ressources humaines. La définition des besoins en main-d'œuvre découle des orientations de l'entreprise. « Le personnel d'une organisation constitue la ressource qui valorise toutes les autres. C'est sur elle que repose en grande partie le succès d'une organisation, car c'est elle qui réalise ses objectifs[17]. » Notons toutefois que même si la gestion des ressources humaines participe à la définition de la stratégie globale de l'entreprise, il semble

---

17. Marie-Thérèse Miller et Bernard Turgeon, *Supervision et gestion des ressources humaines*, Montréal, McGraw-Hill, Éditeurs, 1992, p. 119.

de plus en plus difficile de parler de stratégie à long terme de la main-d'œuvre au sein des entreprises, alors que celles-ci, tout en poursuivant des objectifs stratégiques (à long terme), considèrent parfois la main-d'œuvre comme une ressource consommable.

Malgré ce contexte, il faut entreprendre un processus de planification des ressources humaines, lequel se situe au niveau supérieur de l'entreprise. Les prévisions des ventes influent sur les prévisions des besoins en main-d'œuvre, mais les prévisions du coût de la main-d'œuvre ont aussi une incidence sur la planification des profits. De même, le développement d'un nouveau produit ou la pénétration d'un nouveau marché exigeront l'embauche d'un personnel qualifié pouvant mener ces activités à terme. Bref, la stratégie de l'entreprise est un élément majeur de la planification des ressources humaines, mais la réciproque n'est pas nécessairement vraie.

4.5.1 Les étapes du processus de planification

La planification des ressources humaines peut être menée pour une seule unité administrative ou pour l'organisation tout entière. Dans ces diverses circonstances,

Les objectifs de la planification des ressources humaines

Figure 4.5

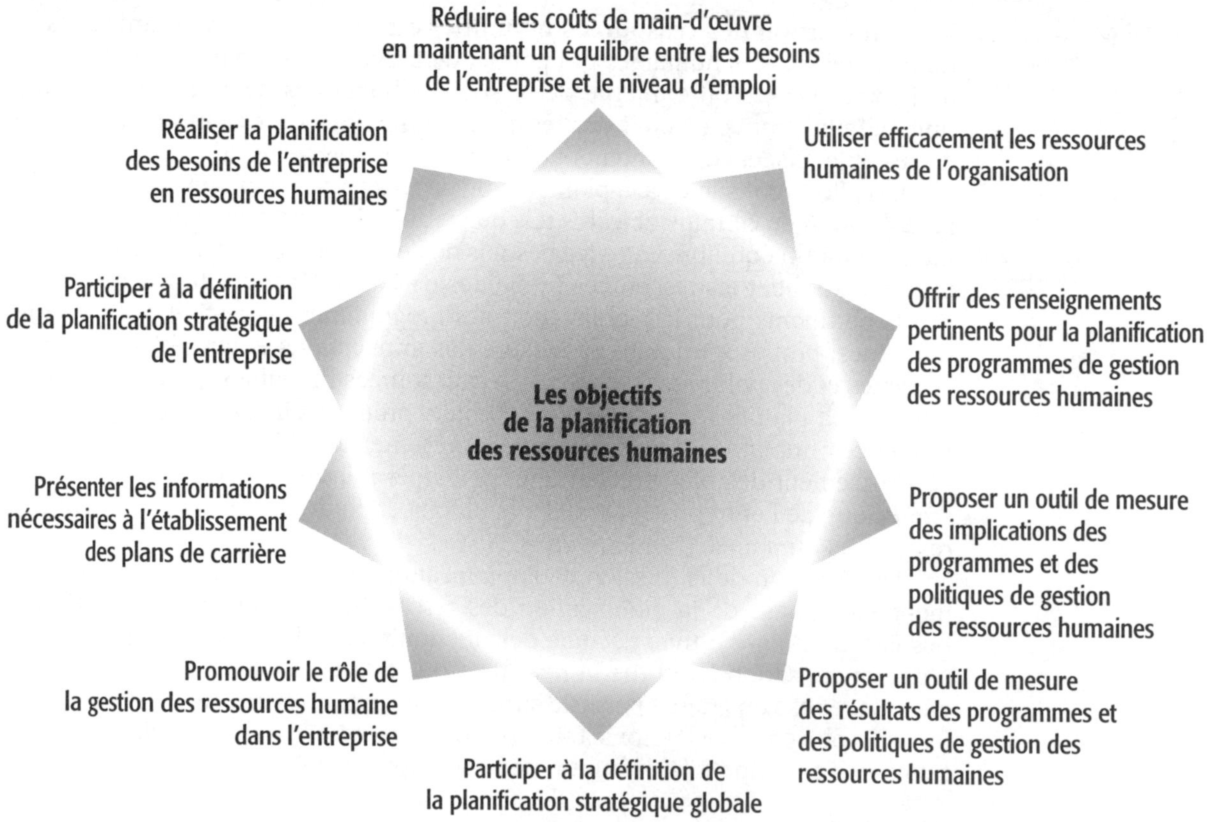

Réduire les coûts de main-d'œuvre en maintenant un équilibre entre les besoins de l'entreprise et le niveau d'emploi

Réaliser la planification des besoins de l'entreprise en ressources humaines

Participer à la définition de la planification stratégique de l'entreprise

Présenter les informations nécessaires à l'établissement des plans de carrière

Promouvoir le rôle de la gestion des ressources humaine dans l'entreprise

Participer à la définition de la planification stratégique globale

Les objectifs de la planification des ressources humaines

Utiliser efficacement les ressources humaines de l'organisation

Offrir des renseignements pertinents pour la planification des programmes de gestion des ressources humaines

Proposer un outil de mesure des implications des programmes et des politiques de gestion des ressources humaines

Proposer un outil de mesure des résultats des programmes et des politiques de gestion des ressources humaines

les étapes de la planification sont sensiblement les mêmes. Il s'agit de la prise de connaissance de la mission et des objectifs de développement, de la détermination des prévisions de la demande interne de ressources humaines, de la détermination des prévisions de l'offre interne de ressources humaines, de l'évaluation de l'offre externe de ressources humaines, de l'évaluation et de la conciliation de l'offre et de la demande de ressources humaines, de l'élaboration de programmes de gestion des ressources humaines qui permettront de corriger les écarts et, enfin, de l'évaluation des programmes de gestion des ressources humaines mis en place (*voir la figure 4.6*).

La prise de connaissance de la mission et des objectifs de développement

La planification des ressources humaines n'est pas un objectif en soi ; elle est plutôt un outil, un moyen d'atteindre les objectifs de l'organisation et de lui assurer une plus grande compétitivité dans l'industrie[18]. L'ensemble des étapes de ce processus et les activités qu'elles comportent sont du ressort des gestionnaires à tous les niveaux de l'entreprise.

À partir des tendances de l'environnement politique, économique, social, technologique et écologique – la « PESTE[19] », dont les aspects « Politique », « Économique » et « Technologique » ont été abordés dans les chapitres précédents –, à partir de ses atouts et de ses faiblesses ainsi que de la philosophie et des objectifs de ses dirigeants, l'entreprise définit sa mission et ses objectifs de développement selon sa perception des menaces ou des occasions d'affaires du marché[20]. C'est la première étape de la planification. Les prévisions des ventes, ou du niveau d'activité dans les organisations comme les cégeps et les hôpitaux, qui tiennent compte des programmes d'expansion de l'entreprise, d'extension des marchés ou de diversification et parfois de rationalisation des activités, sont la base du processus de planification de l'entreprise. Cet objectif déterminera à son tour le niveau de production ou d'activité de l'organisation. Ces plans, sur lesquels s'appuie la planification des ressources humaines, permettent d'établir la prévision de la demande interne de travail dans les conditions actuelles de fonctionnement.

La détermination des prévisions de la demande interne de ressources humaines

Il est déjà établi que la planification des ressources humaines serait sans valeur si elle ne reposait pas sur les objectifs de ventes et de production de l'entreprise. En général, le niveau d'activité est un indice des besoins en main-d'œuvre.

La demande interne de ressources humaines déterminée par le niveau d'activité doit être corrigée pour tenir compte de décisions de gestion au sein de l'entreprise. Ainsi, les objectifs de ventes peuvent être à la hausse sans entraîner un accroissement de la demande interne de ressources humaines à cause d'une restructuration du travail, d'une modification du comportement de la main-d'œuvre, d'un réaménagement des horaires de travail, de changements technologiques ou de l'automatisation de certaines activités.

---

18. David Ulrich, « Human resource planning as a competitive edge », *Human Resource Planning*, vol. 9, n° 2, 1986, p. 41-50.
19. Bernard Turgeon, *op. cit.*, p. 19 ; Jacques Guillaume, Bernard Turgeon et Claudio Benedetti, *La dynamique de l'entreprise*, 3ᵉ éd., Laval, Éditions Études Vivantes, 1993, p. 5.
20. Bernard Turgeon et Dominique Lamaute, *op. cit.*, chap. 4, p. 118.

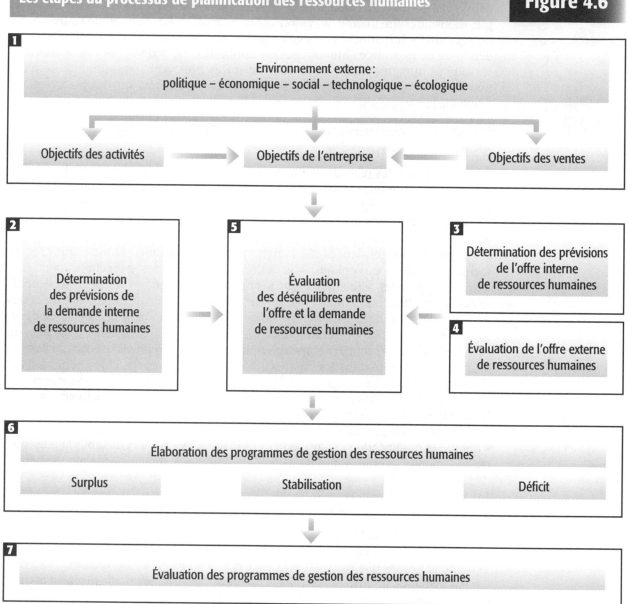

La progression fulgurante des activités des banques canadiennes devrait s'accompagner d'une campagne de recrutement de main-d'œuvre sans pareille. Pourtant, le milieu bancaire poursuit actuellement un programme de rationalisation de ses ressources humaines en ce qui a trait aux services bancaires classiques. Par contre, les nouveaux services offerts, particulièrement la gestion du patrimoine, inciteront ces institutions à entreprendre d'importantes campagnes de recrutement pendant quelques années encore.

La **restructuration du travail,** qui consiste dans la réorganisation des tâches et de la structure de fonctionnement d'une entreprise, se produit dans un très grand nombre d'entreprises qui ont, entre autres, procédé à l'aplanissement de leur structure pyramidale en éliminant des catégories de cadres intermédiaires.

La **modification du comportement de la main-d'œuvre,** soit le changement de la façon habituelle d'agir dans une situation liée au travail, peut fausser sensiblement les prévisions de la demande interne. Par exemple, au cours des dernières années, le taux de roulement des infirmières dans les hôpitaux s'était stabilisé. Les gestionnaires pouvaient donc prévoir la demande interne pour les postes d'infirmières en utilisant la technique de la projection des tendances et en faisant appel à des données historiques. Il aura suffi d'une amélioration des conditions d'accès à la retraite suivie d'une détérioration des conditions de travail pour bouleverser toutes les prévisions et placer les gestionnaires devant une situation de pénurie grave d'infirmières expérimentées.

La pyramide des âges des employés influe fortement sur le taux de roulement et le niveau d'absentéisme. Ainsi, en général, les employés ayant atteint une certaine ancienneté ont moins tendance à quitter l'entreprise pour une autre. Par contre, le vieillissement d'un groupe d'employés entraîne un plus grand nombre de préretraites, de congés de maladie prolongés et de congés sabbatiques.

Le taux de roulement des effectifs est le ratio entre le nombre d'employés qui quittent définitivement l'entreprise pendant une période donnée et le nombre moyen d'employés pendant cette période. On le calcule ainsi :

$$\text{Taux de roulement (\%)} = \frac{D}{\text{Nombre d'employés en fin de période}} \times 100$$

où :
D = nombre de départs pendant la période (par exemple, 1 an)

De même, les prévisions de l'offre interne de travail peuvent être modifiées lorsqu'une large proportion des employés atteignent un âge où les congés de maladie sont moins fréquents mais plus longs à cause, habituellement, d'affections plus sérieuses qui frappent les personnes plus âgées.

À l'aide d'un ratio semblable au taux de roulement, on peut aussi calculer le taux d'absentéisme en fonction de la fréquence ou de la durée. Ainsi :

$$\text{Taux de fréquence (\%)} = \frac{\text{Nombre d'employés absents pendant la période}}{\text{Nombre moyen d'employés}} \times 100$$

$$\text{Taux de gravité (\%)} = \frac{\text{Nombre de jours d'absence pendant la période}}{\text{Nombre moyen d'employés} \times \text{Nombre de jours ouvrables pendant la période}} \times 100$$

Le réaménagement des horaires de travail et les techniques de conception des emplois[21] sont un autre moyen de rendre l'entreprise plus efficace tout en permettant aux employés d'y trouver une source de motivation.

---

21. Bernard Turgeon, *op. cit.*, p. 127.

Le **réaménagement des horaires de travail** est une technique de réorganisation du travail qui permet aux employés de travailler selon un horaire autre que l'horaire traditionnel. Les différentes formes de réaménagement sont le régime de partage du travail, l'horaire variable ou flexible et la semaine de travail compressée. Quant aux techniques de conception des emplois (ou de restructuration des tâches), elles renvoient au regroupement logique des activités de manière à atteindre une plus grande efficacité.

Les **changements technologiques**, qui correspondent à la modification des outils utilisés pour effectuer un travail, ne font que s'accélérer depuis le début de la production de masse avec l'introduction des ordinateurs dans toutes les sphères du travail. Du fait que les succursales bancaires, les librairies, les magasins d'équipement électronique, les salles de cours, et ainsi de suite, font un très grand usage des ordinateurs, cela a des répercussions sur la demande de ressources humaines.

1er exemple

Un préposé à la clientèle dans une succursale bancaire fera face à des temps morts et à des périodes de pointe dans une journée de travail. Si cet employé effectue son travail à l'aide du téléphone, il lui sera plus facile d'étaler la demande au cours de la journée de travail, car la clientèle couvrira une étendue aussi vaste que le pays entier et six fuseaux horaires.

2e exemple

Un enseignant de psychologie du niveau collégial donne des cours à 4 groupes de 40 élèves. Lorsque le cours est offert dans Internet, cette limite de 160 élèves peut facilement être dépassée, car la durée du contact avec l'élève est extrêmement réduite.

L'**automatisation de certaines activités**, soit le remplacement par une machine d'activités auparavant effectuées par un employé, a une influence majeure sur la demande de ressources humaines, surtout en ce qui concerne la production. La planification des ressources humaines joue un rôle primordial dans la réduction des effets négatifs de l'automatisation en permettant à l'entreprise de mettre en branle des programmes de recyclage de la main-d'œuvre.

Les méthodes de prévision

Bien que l'offre et la demande de travail dans l'organisation s'expriment généralement en nombre, il ne faut pas négliger l'aspect qualitatif de la démarche, soit le profil de chaque emploi qui a été déterminé au moment de l'analyse du poste et qui se traduit dans la description de poste. Il existe plusieurs méthodes de prévision de la demande de ressources humaines, certaines très simples, d'autres très sophistiquées qui s'appliquent dans les grandes entreprises. Parmi les méthodes les plus simples, on trouve les prévisions directes par le jugement et l'extrapolation de séries chronologiques.

Lorsque l'entreprise connaît une évolution continue dans un environnement stable, la **méthode de prévision par jugement**, qui consiste pour le gestionnaire à évaluer les besoins futurs en main-d'œuvre, s'avère intéressante dans le cas des prévisions à court terme. L'organigramme prévisionnel ou le plan de succession est

Méthode de projection des tendances par extrapolation : Évaluation des besoins futurs en main-d'œuvre basée sur les besoins antérieurs et actuels.

Plan de succession : Outil de prévision de la demande interne de ressources humaines qui fournit aussi des indications quant à l'offre interne.

un bon exemple de cette méthode. La **méthode de projection des tendances** de la demande future de ressources humaines **par extrapolation** à partir du passé donne une projection de l'évolution historique de la demande.

Le **plan de succession** est un outil de prévision de la demande interne de ressources humaines, mais il fournit aussi des indications quant à l'offre interne. En effet, le plan de succession présente un organigramme des postes au sein d'une unité administrative. Pour chacun des postes, on mentionne la personne qui le détient actuellement, l'âge de cette personne, son ancienneté, son potentiel et son rendement. Le potentiel représente la capacité d'un employé à évoluer dans un poste différent ou d'un niveau supérieur, alors que le rendement mesure le succès de l'employé dans son poste actuel.

Ainsi, dans le plan de succession de la figure 4.7, il semble qu'advenant le départ du président de l'entreprise, Charles Brault pourrait le remplacer. Cette promotion serait facilitée par la présence d'une relève au poste de vice-président production en la personne de Yannick Laurin, de l'usine B. En effet, le plan de succession laisse entrevoir que Sandra Martin est fin prête pour une promotion. Par conséquent, le départ du président impliquerait l'embauche d'un directeur de la production à l'usine B.

La détermination des prévisions de l'offre interne de ressources humaines

Maintenant que l'entreprise a établi ses besoins en main-d'œuvre, c'est-à-dire la demande interne de ressources humaines, il faut, au cours de la troisième étape de la planification des ressources humaines, faire appel à deux sources, l'une interne et l'autre externe, pour connaître l'offre de ressources humaines qui permettra à l'entreprise de combler ses besoins. La détermination des prévisions de l'offre interne de ressources humaines consiste à analyser l'ensemble des personnes actuellement au service de l'entreprise et à évaluer les différents mouvements qui peuvent les toucher, comme les promotions ou les mutations.

Les mouvements du personnel dans l'organisation peuvent être classés en quatre catégories. La première catégorie concerne les mouvements verticaux, soit la promotion et la rétrogradation ; la deuxième catégorie comprend les mouvements horizontaux, soit la mutation et le transfert ; la troisième catégorie touche aux retraits temporaires, soit la mise à pied, l'absence en raison d'une formation, d'un congé sabbatique ou d'un recyclage ; enfin, la quatrième catégorie inclut les retraits définitifs des employés à cause du licenciement, du congédiement, de la démission, du départ involontaire ou de la retraite (*voir la figure 4.8*).

Les mouvements verticaux comprennent la promotion et la rétrogradation. La **promotion** est l'affectation d'un employé à un poste de niveau hiérarchique supérieur, où il assumera plus de responsabilités ou d'autorité et aura des conditions de travail plus intéressantes, dont généralement un salaire plus élevé et un plus grand prestige. Par ailleurs, la **rétrogradation** est le déplacement d'un employé vers un poste de niveau inférieur de la structure hiérarchique, soit parce qu'il n'a plus les compétences pour exercer les fonctions actuelles de son poste ou parce que son poste a été aboli.

Promotion : Affectation d'un employé à un poste de niveau hiérarchique supérieur.

Rétrogradation : Déplacement d'un employé vers un poste de niveau inférieur de la structure hiérarchique.

Président
Luc Saint-Laurent

55-7

Vice-présidente
finances
Camilia Thiffault
S 59-3 ↙

Vice-président
production
Charles Brault
E 48-6 ↗

Vice-président
ressources humaines
Olivier Tardif
E 43-4 —

Vice-président
marketing
Samuel Ross
S 51-5 —

Directeur usine A
Yves Doyon
S 41-4 —

Directeur usine B
Yannick Laurin
E 45-5 ↗

Directrice usine C
Julie Châtelain
S 43-7 —

Directrice ressources
humaines
Justine Larivière
S 37-2 —

Directrice
production
Vickie Lanctôt
E 36-5 ↗

Directeur ressources
humaines
Cédric Laurin
S 29-3 —

Directrice
production
Sandra Martin
E 27-1 ↗

Directeur
comptabilité
Maxime Calixte
S 38-4 —

Directrice ventes
Johanne Drouin
S 32-3 —

Directeur
comptabilité
Yves Doyon
E 31-3 ↗

Directrice ventes
Jeanne Brossard
S 33-2 ↙

Âge et ancienneté dans le poste 44-4

Rendement

E Excellent

S Satisfaisant

F Faible

Potentiel

↗ Peut être promu

— A besoin d'expérience

↙ Ne convient pas à ce poste

ENTREPRISE

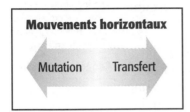

Mouvements horizontaux

Mutation   Transfert

Mouvements verticaux

Promotion

Rétrogradation

Retraits temporaires

- Mise à pied
- Absence en raison d'une formation
- Congé sabbatique
- Congé pour recyclage
- Congé parental
- Congé de maladie

Retraits définitifs

- Licenciement
- Congédiement
- Démission
- Licenciement
- Départ involontaire
- Retraite

Mutation : Déplacement d'un employé vers un poste équivalent, où le salaire est identique et où les responsabilités sont similaires.

Transfert : Déplacement d'un employé, parfois contre son gré, vers un autre service de l'entreprise pour qu'il exerce un poste de nature identique ou d'un niveau hiérarchique supérieur.

Mise à pied : Perte temporaire d'un poste à cause d'une réduction des activités au sein de l'organisation.

Absence en raison d'une formation : Absence temporaire de l'employé en raison de sa participation à un programme de formation.

Congé sabbatique : Absence temporaire, avec ou sans solde, de l'employé pour des raisons personnelles.

Les mouvements horizontaux consistent dans la mutation et le transfert. La **mutation** est le déplacement d'un employé vers un poste équivalent, où le salaire est identique et où les responsabilités sont similaires. Le **transfert** est le déplacement d'un employé, parfois contre son gré, vers un autre service de l'entreprise pour qu'il exerce un poste de nature identique ou d'un niveau hiérarchique supérieur.

En ce qui concerne les retraits temporaires, la **mise à pied** est la perte temporaire d'un poste à cause d'une réduction des activités au sein de l'organisation. Le processus de supplantation dans certaines entreprises permet à un employé touché par une diminution du volume de travail dans son unité de prendre le poste d'un employé d'une autre unité si cet employé a moins d'ancienneté que lui. L'employé n'est pas rémunéré pendant la période où il est mis à pied et il perd en général tous les avantages liés à l'emploi. Il est habituellement rappelé, dès la reprise des activités, selon une liste basée sur l'ancienneté des employés.

Par ailleurs, l'**absence en raison d'une formation** est une absence temporaire de l'employé en raison de sa participation à un programme de formation en dehors de son lieu de travail habituel. Le **congé sabbatique** est une absence temporaire, avec ou sans solde, de l'employé pour des raisons personnelles. Certaines entreprises offrent à leurs employés la possibilité de répartir leur salaire de quatre années sur une période de cinq ans, la dernière année étant le congé sabbatique.

Le **congé pour recyclage** est une absence temporaire de l'employé en raison de sa participation à un programme de recyclage. Ce congé est ordinairement plus long qu'un congé de formation compte tenu de l'ampleur des objectifs de recyclage. Certaines entreprises accordent même à l'employé un congé d'un an ou plus pour lui permettre de terminer des études universitaires.

Le **congé parental** consiste en une absence temporaire de l'employé en raison de la naissance ou de l'adoption d'un enfant. Le **congé de maladie** est une absence temporaire de l'employé en raison d'une incapacité d'assumer ses fonctions à la suite d'un accident ou d'une maladie.

Pour ce qui est des retraits définitifs, le **licenciement** est une rupture définitive du lien de travail entre l'employeur et l'employé à la suite d'une décision de l'employeur. Les causes du licenciement sont ordinairement la fermeture d'une usine ou la fusion avec une autre entreprise entraînant l'élimination de certains postes.

Le **congédiement** est le renvoi d'un employé qui constitue une rupture unilatérale du lien d'emploi pour des motifs disciplinaires. La **démission** est le départ de l'employé en raison d'une insatisfaction liée au contenu ou au contexte du travail, lequel ne correspond plus à ses aspirations. Le départ peut aussi être consécutif à l'offre, de la part d'une autre organisation, d'un poste de travail mieux adapté aux besoins de l'employé.

Le **départ involontaire** est l'abandon par l'employé de son poste pour des motifs personnels qui ne sont pas liés à l'emploi, tels que la maladie, un accident, le déménagement, la retraite ou le décès d'un conjoint. Finalement, la **retraite** est l'abandon par l'employé de son poste au terme de plusieurs années de service.

La connaissance de ces mouvements permet d'établir l'offre interne de ressources humaines, d'autant plus que les canaux qu'ils empruntent sont souvent régis par des conventions formelles ou informelles. Lorsqu'une convention collective s'applique, la progression est plus rigide ; il faut avoir été apprenti pour pouvoir accéder à d'autres fonctions. Par conséquent, dans ces conditions, il est plus facile d'établir des prévisions de l'offre interne de ressources humaines.

L'évaluation de l'offre externe de ressources humaines

L'offre externe est composée des personnes qui sont sur le marché du travail et qui ne sont pas au service de l'entreprise, auxquelles il faut ajouter les diplômés de l'année. Il s'agit des employés des autres entreprises, des chômeurs et des diplômés des diverses institutions de formation. Afin de combler ses besoins en ressources humaines découlant de l'expansion de ses activités ou du départ de certains de ses employés, l'entreprise devra se tourner vers le réservoir externe de main-d'œuvre. La population active doit présenter une structure permettant d'envisager de mettre sur pied des programmes de recrutement qui seront une réussite.

Conséquemment, l'évaluation de l'offre externe s'appuie sur des études qui dépassent souvent les capacités de l'entreprise. Les études fournies par les différents organismes gouvernementaux et par des organismes économiques régionaux viennent alors à la rescousse de l'employeur. Emploi et Immigration Canada et Statistique Canada publient différentes prévisions de l'offre et de la demande de main-d'œuvre. Cette évaluation de l'offre externe est fondamentale dans le cas de l'implantation de nouvelles usines dans une région, car la main-d'œuvre doit être disponible en quantité et en qualité.

Ainsi, lorsque Bio-Méga, CTBR (ClinTrials BioResearch ltée), Merck Frosst ou AstraZeneca songent à embaucher 300 chercheurs dans le domaine biomédical dans la région de Montréal, elles doivent s'assurer que les universités sont aptes à

Congé pour recyclage : Absence temporaire de l'employé en raison de sa participation à un programme de recyclage.

Congé parental : Absence temporaire de l'employé en raison de la naissance ou de l'adoption d'un enfant.

Congé de maladie : Absence temporaire de l'employé en raison d'une incapacité d'assumer ses fonctions à la suite d'un accident ou d'une maladie.

Licenciement : Rupture définitive du lien de travail entre l'employeur et l'employé à la suite d'une décision de l'employeur.

Congédiement : Renvoi d'un employé qui constitue une rupture unilatérale du lien d'emploi pour des motifs disciplinaires.

Démission : Départ de l'employé en raison d'une insatisfaction liée au contenu ou au contexte du travail, lequel ne correspond plus à ses aspirations.

Départ involontaire : Abandon par l'employé de son poste pour des motifs personnels qui ne sont pas liés à l'emploi.

Retraite : Abandon par l'employé de son poste au terme de plusieurs années de service.

fournir cette catégorie d'étudiants détenteurs d'une maîtrise ou d'un doctorat[22]. Il en est de même pour Bombardier, qui a l'intention de créer 1 700 emplois à Mirabel en 2003[23].

De plus, l'entreprise doit suivre les études fournies par certaines institutions, telles que l'Université Laval, qui publient régulièrement des statistiques sur le marché du travail. Plusieurs indicateurs tirés des enquêtes *Relance* font partie de l'ouvrage ministériel *Indicateurs de l'éducation*. Le volet « Marché du travail » du répertoire informatisé *Repères* est constitué largement de traitements spéciaux des données extraites des enquêtes *Relance*. Des résultats sont intégrés dans des ouvrages produits par des éditeurs externes, comme les éditions Septembre et les éditions Jobboom et vendus au grand public. Ils sont aussi repris dans les médias.

Par exemple, un extrait d'*Au fil des événements* indique les secteurs où les entreprises doivent entrevoir des difficultés de recrutement dans les prochaines années :

« Les tendances actuelles nous apprennent ainsi qu'une pénurie de candidatures se fait sentir dans plusieurs domaines, notamment en sciences de la santé (ergothérapie, médecine, pharmacie, physiothérapie, sciences infirmières, etc.), sciences comptables, actuariat, géodésie et informatique. Les diplômés de chimie, traduction, foresterie, enseignement, adaptation scolaire, géologie de même qu'agriculture et alimentation sont aussi très en demande, semble-t-il[24]. »

L'évaluation et la conciliation de l'offre et de la demande de ressources humaines

La cinquième étape du processus de planification des ressources humaines consiste à évaluer les écarts entre la demande et l'offre de main-d'œuvre. Pour chaque période visée par l'étude, il faut alors soustraire l'offre prévue de la demande projetée pour chacune des catégories d'emplois. Les écarts constatés formeront la base des programmes de gestion des ressources humaines de l'organisation.

Trois situations sont susceptibles de se présenter. Tout d'abord, l'offre interne de ressources humaines dépasse la demande de travail pour les différentes périodes étudiées. Généralement, cette situation entraîne le gel des mouvements internes de main-d'œuvre verticaux et horizontaux.

La deuxième situation découle d'une pénurie de l'offre interne de main-d'œuvre. Un certain nombre de postes ne trouvent pas de candidats compétents et qualifiés. L'entreprise est alors dans une situation où elle ne pourra atteindre ses objectifs de ventes et de production.

L'équilibre entre l'offre et la demande de main-d'œuvre est une situation extrêmement rare. Dans ce cas, il s'agit probablement d'un équilibre quantitatif, qui pourrait cacher un déséquilibre qualitatif.

---

22. « De 150 à 300 emplois en recherche biomédicale dans la région de Montréal d'ici 2006 », @*Forum*, Université de Montréal, vol. 34, n° 19, 31 janvier 2000 (www.forum.umontreal.ca/numeros/1999-2000/Forum00-01-31/article04.html).

23. « Création de 1 700 emplois d'ici 2003 – Le premier ministre Bernard Landry inaugure la nouvelle usine de Bombardier à Mirabel », *Communiqués*, 22 octobre 2001 (www.communiques.gouv.qc.ca/gouvqc/communiques/GPQF/Octobre2001/22/c9084.html).

24. Gabriel Coté, « Le marché du travail est favorable – Certaines disciplines ne fournissent pas assez de diplômés pour suffire à la demande », *Au fil des événements*, Université Laval, 28 septembre 2000 (www.ulaval.ca/scom/Au.fil.des.evenements/2000/09.28/marche.html).

Cela nous amène à analyser les catégories de déséquilibre entre l'offre et la demande de main-d'œuvre. Les écarts peuvent être de quatre ordres[25] (*voir la figure 4.9*). Premièrement, les déséquilibres quantitatifs découlent d'une situation où le nombre de personnes requises pour l'ensemble des emplois est différent du nombre de personnes disponibles dans l'organisation. Deuxièmement, les déséquilibres qualitatifs se manifestent quand la qualification de la main-d'œuvre disponible est supérieure ou inférieure aux besoins de l'entreprise. Habituellement, ce déséquilibre est accompagné d'un déséquilibre quantitatif. Troisièmement, les déséquilibres structurels surviennent lorsque la structure des ressources humaines de l'organisation n'est pas conforme à ses besoins. Il faut alors procéder à une réorganisation du travail.

Enfin, les déséquilibres environnementaux apparaissent lorsque les caractéristiques de l'organisation ne concordent pas avec les exigences des environnements politique, économique, social, technologique ou écologique. La récente campagne de recrutement de diplômés de l'université par la Sûreté du Québec témoigne d'un déséquilibre entre ce corps policier et les nouvelles exigences de la population.

L'élaboration de programmes de gestion des ressources humaines[26]

À partir des constats d'un surplus ou d'une pénurie de main-d'œuvre, l'entreprise doit mettre sur pied divers programmes de gestion des ressources humaines qui

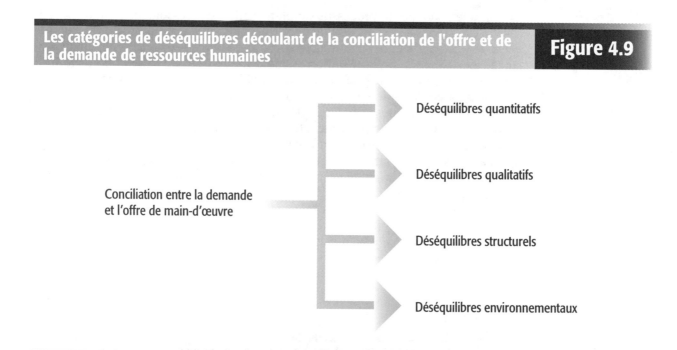

Les catégories de déséquilibres découlant de la conciliation de l'offre et de la demande de ressources humaines

Figure 4.9

Conciliation entre la demande et l'offre de main-d'œuvre

- Déséquilibres quantitatifs
- Déséquilibres qualitatifs
- Déséquilibres structurels
- Déséquilibres environnementaux

25. William B. Werther, Keith Davis et Hélène Lee-Gosselin, *op. cit.*, p. 192-194.
26. Ce sujet a déjà été abordé dans Bernard Turgeon, *La pratique du management*, 1re éd., Montréal, McGraw-Hill, Éditeurs, 1985, p. 244, et repris dans Marie-Thérèse Miller et Bernard Turgeon, *op. cit.*, p. 119. Voir aussi William B. Werther, Keith Davis et Hélène Lee-Gosselin, *op. cit.*, p. 192-194.

permettront de combler ses besoins. Le choix des programmes dépend de plusieurs facteurs, dont les principaux sont la taille de l'entreprise, l'importance du surplus ou du déficit de main-d'œuvre, la durée de cet écart et le délai avant l'apparition de cet écart.

Un surplus ou une pénurie de trois ou quatre personnes pourront se corriger en quelques semaines tout au plus. Le recrutement de quatre ou cinq comptables spécialisés en comptabilité de fonds constitue un défi sérieux, mais qui peut être relevé dans des délais raisonnables.

Au moment de l'évaluation de l'offre et de la demande de ressources humaines, les écarts sont mesurés pour différentes périodes. Aussi un surplus ou une pénurie de quelques personnes pour une période relativement courte peuvent être compensés par des mesures simples et très acceptables pourvu qu'elles soient temporaires. Un manque de personnel pendant une ou deux semaines n'entraînera probablement pas l'embauche d'une main-d'œuvre supplémentaire. De même, un surplus temporaire pourra être annulé par l'affectation de la main-d'œuvre surnuméraire à des projets qui sont en attente.

Enfin, lorsque la situation laisse présager qu'un surplus ou qu'un déficit de main-d'œuvre seront importants et qu'ils se maintiendront longtemps si aucune initiative n'est prise pour corriger la situation, il faut réagir énergiquement. Mais si l'entreprise estime que cette situation apparaîtra dans six mois, ce délai lui permettra d'envisager plusieurs solutions qui lui éviteront de se retrouver face à ce surplus ou à ce déficit.

La pénurie de ressources humaines

Le service des ressources humaines et les superviseurs disposent de plusieurs outils pour affronter diverses situations. Ainsi, dans le cas d'une pénurie de main-d'œuvre, ils peuvent adopter différentes mesures. Ils peuvent demander aux employés de faire des heures supplémentaires pour atteindre leurs objectifs de ventes ou de production. Ce recours à la main-d'œuvre déjà au service de l'entreprise est une solution très avantageuse pour l'employeur et les employés. Dans les situations d'urgence et pour des périodes relativement courtes, l'employeur a intérêt à utiliser ce moyen, car il bénéficie immédiatement des compétences d'employés déjà formés, expérimentés et qui ne nécessitent pas un encadrement supplémentaire. De plus, il n'engage aucuns frais pour le recrutement et la formation. Enfin, l'employeur économise aussi sur le paiement de primes pour les avantages sociaux légaux tels que l'assurance-emploi et le régime de rentes du Québec, car il y a généralement une limite à la cotisation de l'employeur pour chaque employé.

L'entreprise peut aussi, en cas de pénurie, effectuer des mouvements de personnel d'une unité administrative à une autre afin de répondre aux besoins pressants de cette dernière. Les mutations, les promotions, les transferts et même les rétrogradations peuvent être mis à contribution pour assurer la poursuite des objectifs de l'organisation.

L'entreprise peut améliorer le rendement de l'équipement ou le remplacer par un équipement utilisant de nouvelles technologies qui rendra l'employé plus productif. Dans les situations où la pénurie de main-d'œuvre constatée risque de durer longtemps, il peut être intéressant pour l'entreprise d'investir dans un équipement qui, avec le même nombre d'employés, assurera une plus grande productivité. Par exemple, la Société de transport de la Rive-Sud de Montréal (STRSM) a acheté des autobus articulés, pouvant transporter plus de passagers que des autobus ordinaires, pour répondre aux besoins de certains circuits. Avec cet équipement, une hausse de la fréquentation sur ces circuits n'a pas nécessité l'embauche de nouveaux chauffeurs.

De même, l'entreprise peut restructurer le travail par le biais du réaménagement des horaires de travail ou des techniques de conception des emplois[27]. La simplification du travail ou l'enrichissement des tâches ont, par une approche opposée, le même effet positif sur la productivité des employés.

L'entreprise peut aussi appliquer des programmes de rémunération au rendement, ce qui stimulera la productivité des employés.

Par ailleurs, la mise sur pied de programmes de formation ou de recyclage des employés est susceptible d'améliorer leur rendement. Ces programmes vont de pair avec l'implantation de nouveaux équipements ou l'introduction de nouvelles technologies.

L'entreprise peut faire appel au marché du travail, particulièrement lorsque la pénurie paraît permanente. La décision d'embaucher un employé, comme nous le verrons plus loin, représente une dépense énorme de ressources. Il faut donc s'assurer que le besoin en main-d'œuvre touche une longue période et qu'aucune personne à l'intérieur de l'organisation ne peut combler ce poste.

L'octroi du travail à la sous-traitance peut assurer la stabilité de l'emploi dans l'organisation et répondre aux besoins immédiats de celle-ci. Par exemple, un cégep peut évaluer ses besoins en agents de sécurité à 22 agents pendant les sessions et à 10 pendant les congés annuels. Le recours à la sous-traitance lui permet de combler ses besoins sans avoir à faire du recrutement ou encore des mises à pied.

Le surplus de ressources humaines

Dans les cas de surplus de ressources humaines, l'entreprise dispose également de différents moyens de contrer ces situations. Elle peut ainsi procéder au gel de l'embauche de façon générale et laisser les départs naturels diminuer l'offre interne de ressources humaines. La mesure des départs naturels se fait à l'aide du taux de roulement. Ainsi, un surplus de main-d'œuvre prévu pour le trimestre suivant pourra être éliminé sans heurt si l'entreprise ne remplace pas les employés qui la quitteront d'ici ce temps-là.

L'entreprise peut aussi procéder à la réduction des heures supplémentaires afin d'assurer le travail de tous les employés. Cette mesure a été préconisée depuis un certain temps, particulièrement par les centrales syndicales, pour combattre le chômage. Bien qu'elle favorise la stabilisation de l'emploi dans une entreprise, elle ne peut corriger toutes les situations. Les employés auxquels on demande d'effectuer des heures supplémentaires peuvent posséder une qualification que n'ont pas ceux qui composent le surplus de main-d'œuvre. De plus, les heures supplémentaires peuvent être intensives mais ponctuelles. L'entreprise ne pourrait embaucher la main-d'œuvre nécessaire pour une courte période et être dans l'obligation de mettre à pied les travailleurs après quelques semaines.

Par ailleurs, l'entreprise peut effectuer des mouvements internes de personnel qui auront pour effet de réduire le surplus de l'offre de ressources humaines si celui-ci ne concerne que certaines entités de l'entreprise. Les promotions, les rétrogradations, les transferts et les mutations permettent d'équilibrer l'offre et la demande globales de main-d'œuvre à l'intérieur de l'entreprise. Lorsqu'un service fait face à un surplus de main-d'œuvre alors qu'un autre est à la recherche d'effectifs supplémentaires, il est préférable de muter un employé d'un service à l'autre

---

27. Voir à ce sujet Richard W. Woodward et John J. Sherwood, « A comprehensive look at job design », *Personnel Journal*, août 1977, p. 386 et suivantes.

plutôt que de procéder à la mise à pied d'un employé et à l'embauche d'un nouvel employé. Cela est possible, bien sûr, dans la mesure où la qualification de la personne peut assurer une mutation à l'avantage de tous, quitte à ce que l'entreprise instaure un programme de recyclage de la main-d'œuvre.

La formule du travail à temps partagé diminuera immédiatement l'offre interne de main-d'œuvre et permettra d'équilibrer le marché de l'emploi au sein de l'entreprise. Mais le fait de réduire les heures travaillées par les employés pour les partager avec leurs collègues demeure aussi une solution temporaire. Sur une longue période, cette démarche représente surtout le « partage du chômage », car elle se traduit évidemment par une baisse proportionnelle du salaire. Les entreprises québécoises qui ont tenté des expériences dans ce sens ont connu un certain succès lorsque deux éléments avaient été intégrés dans ce programme, éléments qui ne peuvent s'appliquer à toutes les autres situations. D'abord, le partage du travail s'est fait sur une base volontaire. Ensuite, certains programmes d'aide des gouvernements ont permis d'atténuer la diminution du salaire. Ainsi, la baisse de la rémunération était moindre que la baisse du nombre d'heures travaillées. Les cas des entreprises Bell Canada et Cascades sont très révélateurs à ce sujet.

La retraite anticipée demeure une mesure intéressante, si des conditions favorables sont offertes aux personnes qui abandonnent leur emploi et si ce programme se réalise sur une base volontaire. Le programme qui a été appliqué il y a quelques années dans la fonction publique est un exemple de démarche de réduction des effectifs dont le but était d'éviter des licenciements massifs. Étant donné que, au moment de licenciements, ce sont les employés ayant le moins d'ancienneté qui doivent partir, la fonction publique aurait été privée de son sang neuf. Par contre, le départ des effectifs ayant le plus d'ancienneté réduit grandement la masse salariale, car ceux qui quittent l'entreprise se trouvent au sommet de l'échelle salariale. Le programme de départs de 1997 a connu quelques ratés et certaines conséquences négatives, mais dans l'ensemble cela correspondait à une démarche normale de réduction des effectifs selon les normes d'une saine planification des ressources humaines.

Le licenciement d'employés représente l'outil le plus efficace et le plus rapide de réduction de l'offre interne de main-d'œuvre. Mais cela doit demeurer une arme de dernier recours, qu'on utilise parce que la planification des ressources humaines n'a pas été adéquate ou que les conditions environnementales de l'entreprise ne permettent pas la mise en place d'autres programmes. Les coûts sociaux et humains qu'entraîne la perte soudaine d'un emploi exigent qu'on recoure à tous les autres programmes avant de faire appel à celui-ci.

La figure 4.10 résume les différents programmes dont dispose l'entreprise dans les cas de surplus et de pénurie de main-d'œuvre.

L'évaluation des programmes de gestion des ressources humaines

La dernière étape de la planification des ressources humaines consiste à contrôler et à évaluer le niveau de réalisation des objectifs de la gestion des ressources humaines. Cela permet de mesurer l'efficacité du processus de planification des ressources humaines.

4.5.2 La situation actuelle

La situation économique québécoise, à l'instar de celle des grandes puissances économiques dans le monde, vit depuis un certain nombre d'années des

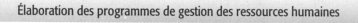

Élaboration des programmes de gestion des ressources humaines

| Surplus | Stabilisation | Pénurie |

• Gel de l'embauche
• Attrition naturelle
• Promotions, mutations et transferts
• Réduction des heures de travail
• Partage du temps de travail
• Mises à la retraite
• Mises à pied
• Licenciements

• Promotions, mutations et transferts
• Heures supplémentaires
• Rappel des employés mis à pied
• Restructuration de la main-d'œuvre
• Amélioration des salaires et des avantages sociaux
• Acquisition de technologies de pointe
• Recrutement sur le marché du travail
• Sous-traitance

phénomènes dont les répercussions sur la main-d'œuvre nécessitent l'adoption d'une gestion imaginative de la planification des ressources humaines. Plusieurs entreprises, comme Steinberg, les magasins Eaton, les magasins Simpson, GM et les quincailleries Pascal, dont la place dans le paysage québécois semblait assurée pour plusieurs décennies encore, sont disparues du jour au lendemain. Le nombre de succursales de la bijouterie Birks a chuté dramatiquement. D'autres entreprises, telles que Mercedes et Chrysler, ont fusionné leurs activités. Dans tous ces cas, des emplois ont été éliminés.

Les points de repère permettant d'évaluer les activités de planification sont essentiellement la mesure de l'efficacité avec laquelle l'entreprise recrute et conserve les ressources humaines dont elle a besoin, gère les réductions d'effectifs en minimisant les conséquences négatives pour les employés touchés et pour elle-même, et s'adapte aux changements qui se produisent continuellement dans l'environnement.

Un **système d'information sur les ressources humaines** représente l'outil idéal pour contrôler et évaluer les programmes de gestion de ressources humaines. Il s'agit alors de procéder sur une base périodique à la collecte de données concernant les ressources humaines, telles que le nombre de postes comblés (ratio de remplacement), le niveau de productivité, le taux de roulement, le taux d'absentéisme, le coût de la main-d'œuvre, le nombre d'employés ayant réussi les programmes de formation ou encore le taux de griefs.

L'évaluation des programmes de gestion des ressources humaines et la mise en place de nouveaux programmes ou l'ajustement des programmes actuels permettront d'améliorer l'apport de chaque employé à la réalisation des objectifs de l'entreprise.

Système d'information sur les ressources humaines : Processus de collecte de données concernant les ressources humaines.

Résumé du chapitre

La planification des ressources humaines est un processus dont la nécessité est accentuée par les modifications qualitatives et quantitatives constantes de la nature même du travail. Pour faire face aux nouvelles contraintes des marchés, l'entreprise doit apporter un soin particulier aux nouvelles exigences des emplois et à la détermination de ses besoins en main-d'œuvre. Afin d'éviter toute confusion dans l'utilisation des termes touchant l'analyse des postes, les expressions « opération », « tâche », « poste », « emploi », « protection », etc., ont été définies.

L'analyse des postes est un processus de collecte et de traitement de l'information relative au poste. L'information recueillie au moment de l'analyse des tâches concerne les tâches accomplies, les méthodes employées et les objectifs visés ; elle est résumée dans la description de poste. Les implications de ces tâches se traduisent par un résumé des exigences pour le titulaire du poste et sont présentées dans le profil d'exigences du poste.

Plusieurs méthodes permettent de recueillir l'information de l'analyse des postes, dont l'observation, l'entrevue, le relevé des activités, les incidents critiques, le questionnaire ouvert et le questionnaire structuré.

La description de poste et les profils d'exigences sont les données de base utilisées par tous les programmes de gestion des ressources humaines, de la planification de la main-d'œuvre jusqu'aux négociations collectives en passant par la formation.

Les données de l'analyse des postes sont un des fondements de la planification de la main-d'œuvre ; la planification stratégique de l'entreprise fournit les autres données nécessaires pour compléter cet exercice.

La planification des ressources humaines est une activité importante de la gestion des ressources humaines, car elle permet de prévoir les besoins en main-d'œuvre de l'entreprise ainsi que l'offre interne de ressources humaines, de manière que chaque unité administrative dispose des ressources humaines nécessaires à la réalisation de ses objectifs.

Ce processus implique la prise de connaissance de la mission et des objectifs de développement de l'entreprise. De là, on peut établir les prévisions de la demande interne de ressources humaines. Puis, les gestionnaires doivent successivement analyser l'offre interne de ressources humaines, évaluer l'offre externe de ressources humaines, évaluer et concilier l'offre et la demande de ressources humaines et, enfin, évaluer les programmes de gestion des ressources humaines.

La mise en œuvre de la plupart des programmes de gestion des ressources humaines est une réponse aux constatations issues de la planification de la main-d'œuvre. Les activités de restructuration des emplois et de mutations internes, les campagnes de recrutement, les programmes de formation de la main-d'œuvre, l'évaluation du rendement, la politique de rémunération et même les négociations collectives reposent sur les conclusions résultant de la planification de la main-d'œuvre.

Questions de révision et application

1. Quelles sont les deux règles fondamentales de l'analyse des postes ?
2. Quelles sont les méthodes de collecte de données pour l'analyse des postes et quels sont les avantages et les inconvénients de chacune d'elles ?
3. Décrivez les éléments essentiels que l'on trouve dans la grille d'analyse d'un poste.
4. Décrivez chacune des parties de la description d'emploi et donnez un exemple.
5. Quels sont les objectifs de la description d'emploi, du profil d'exigences du poste et des normes de rendement ?
6. Décrivez les étapes du processus de planification des ressources humaines.
7. Décrivez les principaux facteurs qui influent sur la demande interne de travail.
8. Comment calcule-t-on l'absentéisme au travail ?
9. Décrivez les différents mouvements de main-d'œuvre à l'intérieur de l'entreprise.
10. Exposez cinq façons de régler le problème du surplus de main-d'œuvre.
11. En vous reportant à la rubrique « Point de mire » présentée au début du chapitre, établissez un projet de programme de planification de la main-d'œuvre, soit :
    a) Décrivez les objectifs du programme de planification de la main-d'œuvre que vous désirez implanter chez OptiCom.
    b) Décrivez les avantages que l'entreprise retirera d'un programme de planification de la main-d'œuvre.
    c) Décrivez explicitement les étapes de la mise en œuvre d'un tel programme.

Analyse de cas

Cas 4.1
La rédaction d'une description d'emploi

Nous avons décrit dans ce chapitre plusieurs méthodes permettant de recueillir l'information sur les postes. En utilisant la grille d'analyse d'un poste (*document 4.1*) et en adoptant la méthode de l'entrevue, complétez l'analyse du poste d'un enseignant de cégep. Vérifiez vos données auprès de deux enseignants au moins. Une fois la grille d'analyse du poste remplie, utilisez les exemples des documents 4.2 et 4.3 pour rédiger la description d'emploi d'un enseignant, que vous compléterez en ajoutant la grille du profil d'exigences du poste présentée au document 4.4.

Cas 4.2
La description de tâches d'un employé de métier

En utilisant les mêmes documents que pour le cas 4.1, refaites une analyse de poste, une description de poste et un profil d'exigences du poste pour un emploi de métier (électricien, plombier, soudeur, menuisier, chauffeur de camion, etc.).

Questions

Une fois l'analyse terminée, faites un parallèle entre le cas 4.1 et le cas 4.2.
1. Avez-vous utilisé les mêmes méthodes pour recueillir l'information dans les deux cas?
2. Quelles difficultés avez-vous éprouvées dans chacun des cas?
3. Faites un parallèle entre la liste des tâches et des responsabilités de la description du poste d'enseignant et la liste relative à la description du poste du second exercice.
4. Comment se présente le profil d'exigences dans chacun des cas? Quelles sont les différences entre les éléments du profil retenus dans chacun des cas?

L'aspect légal de l'acquisition des ressources humaines

Sommaire

Objectifs pédagogiques

La lecture de ce chapitre devrait vous permettre :

1 de comprendre la portée de la Charte des droits et libertés de la personne.

2 de déterminer les principaux motifs de discrimination interdite par la Charte.

3 de préciser quels articles de la Charte interdisent toute forme de discrimination au cours du déroulement de certaines activités de gestion des ressources humaines.

4 de distinguer les trois principales formes de discrimination.

5 de définir le harcèlement.

6 d'expliquer comment se manifeste le harcèlement dans le milieu de travail.

7 de préciser la nuance qu'apporte l'article 20 de la Charte à la notion de discrimination.

8 de préciser l'objet de la Loi sur les normes du travail.

9 de préciser qui est assujetti à cette loi et qui ne l'est pas.

10 d'expliquer les principales modifications qui ont été apportées par la loi et qui sont entrées en vigueur le 1er mai 2003.

11 de nommer les trois types de recours que prévoit la loi pour un salarié qui est lésé dans un droit reconnu par la loi.

Compétences visées

La compétence visée dans ce chapitre est de pouvoir appliquer de façon équitable les règles énoncées dans la Charte des droits et libertés de la personne et d'utiliser de façon juste les normes prévues dans la Loi sur les normes du travail.

Point de mire

Le plafond de verre

Dès 8 h 30, la salle du conseil d'administration de la société Les Tracteurs et Camions Peewick inc., située à Saint-Laurent, est pleine. Tous les membres de la haute direction sont présents. L'occasion est spéciale car, pour une rare fois, le président-directeur général, Edward Peewick, offre le petit-déjeuner.

À 8 h 40, le président Peewick se lève. À sa droite, un jeune homme est assis. Ses longs cheveux,

soigneusement coiffés, tranchent sur toutes ces têtes grisonnantes à l'air sérieux.

– Messieurs, commence le président en tournant la tête vers le jeune homme, je vous présente Serge, mon neveu. Je veux qu'il soit chaleureusement accueilli, car il devient aujourd'hui le plus jeune cadre dirigeant à être admis dans la salle au plafond de verre.

Le jeune homme se lève sous les applaudissements des autres membres de la haute direction. D'un signe de tête, il salue chacun des 14 hommes assis autour de la grande table ovale. Il se rassoit lentement tandis que le président Peewick reprend la parole :

– Je dois cependant vous annoncer une bien fâcheuse nouvelle. M. Carltridge, notre fidèle vice-président finances, nous quitte au début du mois prochain, pour cause de maladie.

Des murmures s'élèvent dans la salle :

– Mais il était destiné à devenir le prochain président…

– Nous ne savions pas qu'il était malade…

L'étonnement se lit sur tous les visages. M. Carltridge garde la tête basse.

– Pour le remplacer, le conseil d'administration a endossé mon choix, reprend le président. C'est mon neveu Steve qui devient le nouveau vice-président finances.

D'autres murmures se font entendre. Le président continue à parler.

– Je sais, vous vous dites que Serge est bien jeune. Effectivement, il n'a que 24 ans, mais il a terminé premier de sa promotion de MBA dans une prestigieuse université des États-Unis. Il a décroché une bourse de 50 000 $ au concours « Jeune entrepreneur américain ». Son père, qui a été président de notre entreprise et qui est actuellement président de notre conseil d'administration, est d'avis que vous accepterez cette nomination.

La salle vibre alors sous les applaudissements des autres membres de la haute direction. Soudain, le vice-président opérations, un septuagénaire portant de petites lunettes rondes, demande la parole.

– Mais est-ce que votre jeune protégé est au courant que seuls les vice-présidents finances ont une chance d'accéder au poste de président-directeur général et que ce poste est réservé aux hommes ?

– Je n'ai pas eu le temps de lui en parler, dit le président. Mais ne vous inquiétez pas, il connaîtra assez vite les politiques et les pratiques de notre entreprise.

Le vice-président ventes nationales désire à son tour s'adresser à l'assemblée.

– Est-ce que ce jeune homme a bien étudié les organigrammes de l'entreprise, ces organigrammes qui font notre fierté et qui tapissent les murs de la salle au plafond de verre ? Comme il sera un jour président, il doit connaître nos traditions.

– Je vais tout lui expliquer, promet Edward Peewick.

Serge jette un coup d'œil sur les murs de la salle. Effectivement, de grands tableaux accrochés aux murs présentent les différents organigrammes de l'entreprise, de ses débuts jusqu'à aujourd'hui. Il constate toutefois qu'aucune femme n'y paraît. De plus, il n'y a vu aucun individu de race noire, aucun Asiatique, bref, aucun représentant d'une minorité visible. Le jeune homme lève la tête et constate que le plafond de la salle est bien en verre. Au même moment, le premier vice-président lui pose une question :

– Jeune homme, savez-vous pourquoi cette salle est appelée la salle au plafond de verre ?

– Je ne sais pas, mais je sens que notre président va se faire un devoir de me l'expliquer, maintenant que je fais partie de votre club sélect !

Un rire plus flatteur que sincère se fait entendre dans la salle. Mais Serge ne rit pas. Il sait ce que signifie le plafond de verre. Déçu, il a compris que les membres de la haute direction de la société Les Tracteurs et Camions Peewick inc. font comme certaines entreprises qui, à travers leurs politiques, recourent à une pratique subtile consistant à refuser aux femmes et aux minorités visibles l'accès aux postes de cadres supérieurs.

Le vice-président ventes à l'étranger intervient :

– Alors, si je peux me permettre de poser une question à notre nouveau vice-président finances, quelle sera votre plus grande réalisation en tant que président-directeur général ? Car, comme vous le savez, votre père avait un grand rêve : s'attaquer au marché américain. Il a réalisé son rêve et a donné à notre entreprise une place de choix chez les Américains. Et votre oncle, notre président actuel, nourrissait le rêve d'étendre le marché de l'entreprise en séduisant, avec nos nouveaux produits, la Russie et la Chine, deux marchés qui jusqu'alors nous étaient fermés. Il y a cinq ans déjà que nous faisons des affaires en or dans ces deux pays.

Les autres vice-présidents manifestent leur fierté en entendant évoquer les succès de leur actuel président. Le jeune homme lève les yeux, regarde le plafond et répond tranquillement :

– Ma plus grande décision sera sûrement de briser le plafond de verre !

Un lourd silence envahit la salle. Serge essaie alors de se tirer d'embarras :

– Ainsi, par le trou créé, nous pourrons propulser nos produits vers des sommets inégalés.

La réponse semble plaire, comme le confirment les applaudissements qui éclatent.

5.1 La pertinence du sujet

Avant de s'engager dans le processus d'acquisition des ressources humaines – soit le recrutement, la sélection et l'embauche –, le gestionnaire des ressources humaines doit tenir compte de deux lois qui encadrent non seulement ce cycle d'acquisition, mais aussi certaines activités de la phase du maintien de la main-d'œuvre (formation, évaluation, discipline, rémunération). Parmi ces lois, l'une détermine quelles sont les pratiques discriminatoires interdites au moment de l'embauche et en cours d'exécution du travail, et l'autre précise quelles sont les normes minimales du travail qu'un employeur doit respecter et en deçà desquelles il ne peut contraindre les salariés à travailler.

Dans ce chapitre, nous étudierons ces deux lois ainsi que leur apport à la gestion des ressources humaines.

5.2 Les pratiques discriminatoires interdites par la Charte[1]

Au Québec, dans le milieu de travail, certaines pratiques de l'employeur qui s'avèrent discriminatoires sont interdites par la loi. C'est d'ailleurs la Charte des droits et libertés de la personne du Québec qui énonce les motifs de discrimination prohibée.

Cette partie portera sur l'étude des articles de la Charte qui encadrent certains aspects de la gestion des ressources humaines (recrutement, sélection, embauche, apprentissage, formation, promotion, mutation, mise à pied, rémunération, conditions de travail) et qui précisent pour l'employeur les interdictions formelles en matière de discrimination ou de harcèlement au travail (*voir la figure 5.1*).

5.2.1 Quelques définitions

Afin de faciliter la lecture de cette partie, voici quelques définitions de concepts que nous utiliserons à quelques reprises.

La Charte des droits et libertés de la personne est une loi qui a été votée à l'Assemblée nationale du Québec[2] et qui « a comme objectif majeur d'harmoniser les rapports des citoyens entre eux et avec leurs institutions, dans le respect de la dignité humaine[3] ». Il s'agit aussi d'une loi fondamentale, « car aucune disposition

---

1. Dans ce texte, le terme « Charte » renvoie à la Charte des droits et libertés de la personne du Québec.
2. La Charte a été adoptée le 27 juin 1975 et est entrée en vigueur le 28 juin 1976. Voir la Charte des droits et libertés de la personne du Québec, L.Q. 1975, c.6 ; L.R.Q., c. C-12.
3. *La Charte des droits et libertés de la personne du Québec... en résumé*, Québec, Commission des droits de la personne et des droits de la jeunesse, 1997, p. 5.

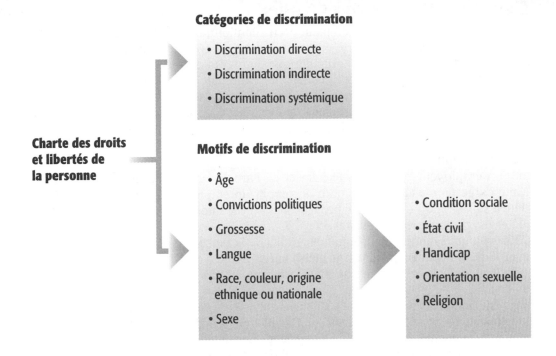

d'une autre loi ne peut être contraire à certains droits qui y sont énoncés, soit les droits fondamentaux, les droits politiques, les droits judiciaires et le droit à l'égalité[4] ».

Les motifs de discrimination constituent des caractéristiques personnelles d'un individu telles que définies à l'article 10 de la Charte. Partant du principe énoncé dans cet article, selon lequel toute personne a droit à la reconnaissance et à l'exercice, en pleine égalité, des droits et libertés de la personne, et ce, sans distinction basée sur une de ses caractéristiques personnelles, il y a lieu de définir quand il y a discrimination.

Il y a discrimination lorsqu'une distinction, exclusion ou préférence a pour effet de détruire ou de compromettre le droit d'une personne à la reconnaissance et à l'exercice, en pleine égalité, des droits et libertés de la personne. Ainsi, il y a discrimination lorsqu'un employeur se base sur une caractéristique personnelle d'un individu (comme son âge) pour lui refuser un emploi ou pour le muter, le licencier ou encore le congédier. Notons que la discrimination peut être :

- directe (par exemple une personne subit un congédiement parce qu'elle est une femme ou parce qu'elle a un handicap) ;
- indirecte (les normes d'embauche d'une entreprise ont pour effet d'exclure une personne à cause, par exemple, de son origine ethnique) ;

---

4. *Ibid.*, p. 6.

– systémique (l'ensemble des politiques et des pratiques d'une entreprise ont pour effet, par exemple, d'exclure de façon disproportionnée les femmes ou encore de les empêcher de progresser au sein de l'entreprise)[5].

5.2.2 La notion d'exigence essentielle

Une précision s'impose : le fait de porter plainte en mentionnant qu'il y a eu atteinte à un droit reconnu dans la Charte en vertu de l'article 10 n'entraîne pas pour la victime prétendue une réparation automatique du préjudice allégué.

Ainsi, un employeur qui refuse d'embaucher une candidate à un poste de réceptionniste parce que cette dernière maîtrise très mal le français ne saurait faire de la discrimination quant à la langue au sens de l'article 10 de la Charte, car, comme le souligne le Tribunal des droits de la personne, « la maîtrise de la langue utilisée par 95 % de la clientèle d'un employeur est une aptitude ou qualité requise par l'emploi de réceptionniste[6] ».

De même, un employeur peut, dans le respect de l'article 20 de la Charte[7], imposer comme **exigences essentielles** pour accomplir un emploi un âge minimal de manière à s'assurer qu'un individu possède la maturité intellectuelle, affective, physique et psychologique nécessaires.

C'est la décision qu'a rendue le Tribunal des droits de la personne en rejetant la plainte d'un individu qui, bien qu'ayant menti sur son âge à son employeur, prétendait, à la suite de son congédiement, avoir subi une discrimination quant à son âge[8].

Un autre exemple concerne l'état civil d'une personne. Après avoir embauché une femme à un poste de secrétaire de direction, l'employeur a appris que le mari de celle-ci occupait un poste syndiqué à titre d'opérateur de monte-charge dans un des entrepôts de l'entreprise. L'employeur a donc affecté cette femme à un autre poste, alléguant que le lien de confiance essentiel entre sa secrétaire de direction et lui ne pourrait jamais s'établir. La secrétaire de direction a alors déposé une plainte pour discrimination basée sur l'état civil. Le Tribunal des droits de la personne a rejeté sa demande, concluant que, conformément à l'esprit de l'article 20 de la Charte, l'absence de lien matrimonial avec un employé syndiqué de l'entreprise était une exigence essentielle de l'emploi de secrétaire de direction postulé par la plaignante[9].

Exigences essentielles : Ensemble des connaissances, des habiletés et des attitudes qui se traduisent dans des comportements observables jugés essentiels à l'exécution des tâches liées à un poste.

5. *Que se passe-t-il quand vous déposez une plainte en vertu de la Charte des droits et libertés de la personne ?*, Québec, Commission des droits de la personne et des droits de la jeunesse, février 1991, p. 5.

6. Commission des droits de la personne du Québec c. Dupont, Desmeules et associés inc., T.D.P., 500-53-000001-949, j. Brossard, 1994-06-17.

7. En vertu de l'article 20, « une distinction, exclusion ou préférence fondée sur les aptitudes ou qualités requises pour un emploi [...] est réputée non discriminatoire ».

8. Commission des droits de la personne du Québec c. Ville d'Aylmer, T.D.P., 550-53-000001-936, j. Sheenan, 1994-03-21.

9. Commission des droits de la personne c. Hudon & Daudelin ltée, T.P.D., 550-53-000011-930, j. Sheenan, 1993-11-15.

5.2.3 La gestion des ressources humaines et les motifs de discrimination interdite par la loi

Dans l'exercice d'une ou de plusieurs activités de gestion des ressources humaines, il peut arriver qu'un gestionnaire, de façon volontaire ou de façon involontaire, pratique une discrimination envers un individu et, de ce fait, restreigne, brime ou nie un droit ou une liberté reconnus à cet individu.

Nous verrons donc les motifs de discrimination interdite et préciserons les activités de gestion des ressources humaines dans lesquelles la discrimination est interdite.

Les différents motifs de discrimination interdite par la loi

Rappelons que c'est à l'article 10 de la Charte que sont énoncés les principaux motifs de discrimination interdite (*voir le tableau 5.1*) par la loi.

Il faut recourir aux articles 11, 16, 17, 18.1 et 19 pour comprendre comment l'interdiction de discrimination est étendue à certaines activités de gestion des ressources humaines. Le tableau 5.2 montre la relation à faire entre ces articles et les activités en cause.

5.2.4 Quelques nuances apportées par la Charte des droits et libertés de la personne

La nuance suivante est apportée à l'application de l'article 18.1 : il n'y a pas discrimination en matière de recrutement dans les renseignements demandés dans un formulaire de demande d'emploi ou en matière de sélection dans les renseignements recherchés au cours de l'entrevue si ces renseignements sont utiles à l'application de l'article 20 de la Charte. Voici l'énoncé de l'article 20 : « Une distinction, exclusion ou préférence fondée sur les aptitudes ou qualités requises par un emploi [...] est réputée non discriminatoire. »

Ainsi, dans le respect de cet article, un employeur ne fera pas preuve de discrimination si, par exemple, il refuse un emploi à un individu ayant un handicap physique et que ce handicap contrevienne à une exigence professionnelle justifiée. C'est la décision qui est ressortie dans l'affaire Gaudreau contre la Ville de Montréal[10]. Le plaignant, victime d'arthrose dégénératrice précoce au genou, s'est vu refuser un poste de sapeur-pompier à la Ville de Montréal. Il a interprété le refus de cette dernière de lui accorder ce poste comme une discrimination fondée sur son handicap physique.

Évaluant les risques de chute, le Tribunal des droits de la personne a statué qu'un pompier qui peut tomber à tout moment en raison de sa condition physique problématique représente un danger grave pour lui-même, pour ses compagnons et pour le public. Le tribunal a donc conclu que le refus de la Ville d'embaucher M. Gaudreau était basé sur une exigence professionnelle justifiée conformément à l'article 20 de la Charte.

D'ailleurs, afin d'éviter toute confusion au sujet de la détermination de ce qui doit constituer une exigence professionnelle justifiée, la Cour suprême du Canada propose que l'on adopte un test en trois étapes permettant de vérifier si une norme qui semble discriminatoire est une exigence professionnelle justifiée. Ainsi, « l'employeur

---

10. Gaudreau c. Ville de Montréal, T.D.P., 500-53-000003-911, j. Rouleau, 1992-06-25.

Tableau 5.1 — Les motifs de discrimination interdite selon la Charte

Motifs	Explications
Âge	Quel que soit l'âge ou le groupe d'âge auquel un individu appartient, des exceptions prévues dans certaines lois peuvent ne pas être discriminatoires (par exemple l'âge légal de voter fixé à 18 ans)
Condition sociale	Place ou position particulière occupée dans la société en raison de certains faits ou circonstances (revenu, occupation, scolarité)
Convictions politiques	Convictions fermes exprimées par l'adhésion manifeste à une idéologie politique, [...] participation à des actions d'un syndicat comme groupe de pression sociale
État civil	Célibat, mariage, divorce, adoption, appartenance à une famille monoparentale, lien quelconque de parenté ou d'alliance
Grossesse	État de grossesse, congé de maternité
Handicap	Désavantage, réel ou présumé, lié à une déficience, soit une perte, une malformation ou une anomalie d'un organe, d'une structure ou d'une fonction mentale, psychologique, physiologique ou anatomique [...] ou moyen de pallier un handicap : fauteuil roulant, chien-guide, prothèse, etc.
Langue	Toute langue parlée, incluant les accents
Orientation sexuelle	Hétérosexualité, homosexualité, transsexualité
Race, couleur, origine ethnique ou nationale	Quel que soit le pays d'origine ou la couleur de la peau
Religion	Appartenance ou non à une religion, pratique d'une religion quelconque ou pratique d'aucune religion
Sexe	Féminin ou masculin

Source : *La Charte des droits et libertés de la personne du Québec... en résumé*, Québec, Commission des droits de la personne et des droits de la jeunesse, 1997, p. 14-15.

Tableau 5.2 Les activités de la gestion des ressources humaines encadrées par la Charte

Activités	Articles de la Charte	Explications
Recrutement	11	« Nul ne peut diffuser, publier ou exposer en public un avis, un symbole ou un signe comportant discrimination ni donner une autorisation à cet effet. »
	18.1	« Nul ne peut, dans un formulaire de demande d'emploi [...] requérir d'une personne des renseignements sur les motifs visés dans l'article 10. »
Sélection	18.1	« Nul ne peut, [...] lors d'une entrevue relative à un emploi, requérir d'une personne des renseignements sur les motifs visés dans l'article 10. »
Embauche Période d'essai Apprentissage Formation Promotion Mutation (et autres déplacements) Imposition de mesures (administratives ou disciplinaires) Établissement de conditions de travail	16	« Nul ne peut exercer de discrimination dans l'embauche, l'apprentissage, la durée de la période de probation, la formation professionnelle, la promotion, la mutation, le déplacement, la mise à pied, la suspension, le renvoi ou les conditions de travail d'une personne ainsi que dans l'établissement de catégories ou de classifications d'emplois. »
Rémunération (directe)	19	« Tout employeur doit, sans discrimination, accorder un traitement ou un salaire égal aux membres de son personnel qui accomplissent un travail équivalent au même endroit. » Enfin, en ce qui concerne les activités relatives à la formation d'un syndicat, l'énoncé de l'article 17 est clair : « Nul ne peut exercer de discrimination dans l'admission, la jouissance d'avantages, la suspension ou l'expulsion d'une personne d'une association de salariés. »

peut justifier la norme contestée en établissant selon la prépondérance des probabilités :

- qu'il a adopté la norme dans un but rationnellement lié à l'exécution du travail en cause ;
- qu'il a adopté la norme particulière en croyant sincèrement qu'elle était nécessaire pour réaliser ce but légitime lié au travail ;
- que la norme est raisonnablement nécessaire pour réaliser ce but légitime lié au travail[11]. »

Finalement, il est loisible de vérifier quelle est la nuance apportée au principe de l'article 19. Rappelons d'abord que l'alinéa 1 de cet article oblige l'employeur à accorder sans discrimination un traitement ou un salaire égal aux membres de son personnel qui accomplissent un travail équivalent au même endroit. L'alinéa 2 précise qu'il y a absence de discrimination si une différence de traitement ou de salaire est fondée sur l'expérience, sur l'ancienneté, sur la durée du service, sur l'évaluation au mérite ou encore sur la quantité de la production ou des heures supplémentaires. Notons que l'absence de discrimination ne vaut que si l'application des critères qui viennent d'être mentionnés est commune à tous les membres du personnel qui accomplissent un travail équivalent au même endroit.

5.2.5 La protection contre le harcèlement

La Charte accorde à toute personne une protection contre le harcèlement basé sur les caractéristiques personnelles ou sur les motifs de discrimination interdite par la loi énumérés à l'article 10 (*voir le tableau 5.1*). C'est l'article 10.1 de la Charte qui sert d'appui à cette affirmation : « Nul ne doit harceler une personne en raison de l'un des motifs visés dans l'article 10. »

Comment se manifeste le harcèlement ? Au sens de la Charte, il peut se manifester, à l'endroit d'une personne ou d'un groupe de personnes, par des paroles, des actes ou des gestes à caractère vexatoire ou méprisant.

Il convient de préciser que, dans un milieu de travail, les agissements à caractère vexatoire ou méprisant qui sont à la base du harcèlement sont généralement de nature à porter atteinte à la dignité ou à l'intégrité physique ou psychologique d'une personne. C'est pourquoi, lorsque le harcèlement survient dans le cadre d'un emploi, « l'employeur peut être tenu responsable des actes commis sur les lieux de travail par son personnel ou par des tiers (clients, fournisseurs ou autres)[12] ».

En matière de gestion des ressources humaines, il est de ce fait parfaitement indiqué pour les entreprises de se doter d'une politique de prévention contre le harcèlement afin de protéger la dignité de même que l'intégrité physique et psychologique des personnes qui travaillent pour elles.

5.2.6 Les plaintes et le traitement des plaintes

Si une personne a des raisons de croire qu'elle est victime de discrimination ou de harcèlement au travail, elle peut tenter elle-même de résoudre ce problème en faisant valoir ses droits reconnus dans la Charte, en se joignant à d'autres personnes

---

11. L. Clément-Major, « La discrimination à l'embauche : développements récents au Québec », dans *Développements récents en droit du travail*, Barreau du Québec, Service de la formation permanente, Cowansville, Les Éditions Yvon Blais, 2003, p. 42.
12. *La Charte des droits et libertés de la personne... en résumé*, Québec, Commission des droits de la personne et des droits de la jeunesse, 1997, p. 13.

qui, de source sûre, se trouvent dans la même situation qu'elle ou alors en demandant l'aide de son syndicat (si l'entreprise est syndiquée).

Toutefois, pour que cesse toute forme de harcèlement ou de discrimination ou pour obtenir la réparation du préjudice causé, la victime peut soit déposer par écrit, en vertu de l'article 74 de la Charte, une plainte auprès de la Commission des droits de la personne et des droits de la jeunesse[13], soit s'adresser directement aux tribunaux[14].

Afin de remplir son mandat consistant à assurer par toutes les mesures appropriées la promotion et le respect des principes contenus dans la Charte, la Commission doit, entre autres, recevoir les plaintes et faire enquête. Le but de l'enquête est de vérifier les allégations contenues dans la plainte et de rechercher tout fait qui soit de nature à démontrer qu'un droit reconnu par la Charte a été brimé, que ce droit brimé relève bien d'un des motifs de discrimination énumérés à l'article 10 de la Charte et que la victime présumée a subi un préjudice matériel, moral ou les deux.

En somme, pour qu'une victime présumée ait gain de cause, elle doit passer avec succès le test des trois questions présentées au tableau 5.3 en répondant de façon positive à chacune d'elles.

Notons que la Commission n'entend pas automatiquement toute cause qui lui est présentée. Elle peut, par exemple, refuser de faire enquête, dans le cas où une plainte est frivole, vexatoire ou faite de mauvaise foi[15].

Tableau 5.3 Le test des trois questions soumises lors de l'enquête

Questions	Réponses possibles
Un droit reconnu par la Charte a-t-il été brimé ?	Oui : → on passe à la deuxième question. Non : → l'enquête prend fin ici.
Ce droit brimé relève-t-il bien d'un des motifs de discrimination énumérés à l'article 10 de la Charte ?	Oui : → on passe à la troisième question. Non : → l'enquête prend fin ici.
La victime présumée a-t-elle subi un préjudice matériel, moral ou les deux ?	Oui : → la cause sera entendue. Non : → l'enquête prend fin ici.

13. Cette commission est un organisme constitué en vertu de l'article 57 de la Charte. Son mandat est d'assurer, par toutes les mesures appropriées, la promotion et le respect des principes contenus dans la Charte (art. 71).
14. Il existe tout de même une exception : une personne ne peut pas directement s'adresser au Tribunal des droits de la personne. Elle ne peut présenter une requête que si une enquête a été menée par la Commission et si celle-ci a exercé son pouvoir discrétionnaire de ne pas saisir le tribunal du litige. Voir *La Charte des droits et libertés de la personne... en résumé*, Québec, Commission des droits de la personne et des droits de la jeunesse, 1997, p. 17.
15. Charte des droits et libertés de la personne du Québec, art. 77, al. 2, paragr. 3.

5.2.7 Les démarches à faire auprès de la Commission des droits de la personne et des droits de la jeunesse

Un salarié qui se croit victime d'une violation des droits qui relèvent de la compétence de la Commission en matière de discrimination ou de harcèlement peut faire par écrit une demande d'enquête.

L'enquêteur qui reçoit la plainte l'examine et s'assure que la Commission a la compétence pour faire enquête et que toute la documentation requise se trouve dans le dossier.

Par la suite, la partie mise en cause est informée du dépôt de la plainte et est invitée à présenter sa version des faits.

L'enquêteur doit, en cours d'enquête, rechercher des éléments de preuve qui lui permettront de déterminer l'option qu'il considère comme la plus indiquée, soit favoriser la négociation d'un règlement entre les parties, proposer l'arbitrage du différend ou bien soumettre à un tribunal le litige qui subsiste[16].

5.2.8 Le déroulement de l'enquête et les mesures de redressement

L'enquête menée par la Commission se déroule sur un mode non contradictoire, ce qui signifie qu'il n'y a ni audition formelle, ni contre-interrogatoire, ni confrontation des témoins.

Bien que cette enquête ne soit pas un procès, les parties ont l'occasion de faire connaître leur point de vue et, bien entendu, leur version des faits relatifs à la plainte.

C'est à la suite de l'examen du rapport de l'enquêteur et de démarches préalables que la Commission peut proposer ce qu'il convient d'appeler des mesures de redressement. Ces mesures peuvent être l'admission de la violation d'un droit, la cessation de l'acte reproché, l'accomplissement d'un acte compensatoire ou le paiement d'une indemnité ou de dommages exemplaires[17].

En vertu des pouvoirs qui lui sont conférés, la Commission fixe le délai pour la mise en œuvre des mesures de redressement suggérées. Si toutefois la négociation d'un règlement se révèle impossible entre les parties, la Commission leur proposera l'arbitrage.

5.2.9 Le recours à un tribunal

Pour que la Commission des droits de la personne et des droits de la jeunesse s'adresse à un tribunal, dont le Tribunal des droits de la personne, l'une ou l'autre des situations suivantes doit se produire :

- Les parties refusent la négociation d'un règlement.
- Les parties refusent l'arbitrage du différend.
- La proposition de la Commission n'a pas été mise en œuvre à sa satisfaction dans le délai imparti.

---

16. *Ibid.*, art. 78, al. 1. Il est à noter que si l'enquêteur est d'avis que le litige ne relève pas de la compétence de la Commission ou que cette dernière ne devrait pas faire enquête, il transmettra le dossier à l'assemblée des commissaires, qui aura à prendre une décision.
17. *Ibid.*, art. 79, al. 2.

Auprès du tribunal, c'est la Commission qui agit alors au nom de la victime. Et dans l'éventualité où la Commission déciderait de ne pas s'adresser au Tribunal des droits de la personne, elle doit en aviser la victime. Cette dernière peut, dans les 90 jours suivant la réception de cet avis, exercer à ses frais son propre recours devant ce tribunal.

5.3 La Loi sur les normes du travail

Dans cette partie, nous étudierons les normes du travail de même que la loi qui les détermine[18] parce qu'elles constituent un ensemble de conditions de travail minimales qui touche tous les travailleurs (syndiqués et non syndiqués).

Comme les travailleurs syndiqués sont protégés par la **convention collective** en vigueur dans leur milieu de travail, le rattachement aux rapports individuels de travail de l'étude de la Loi sur les normes du travail « peut se justifier du fait que ce sont les salariés dont les conditions de travail sont déterminées sur une base individuelle qui en sont les principaux bénéficiaires et que les droits conférés par cette loi s'adressent à chaque salarié, directement et individuellement[19] ».

Convention collective: Entente écrite relative aux conditions de travail conclue entre une ou plusieurs associations accréditées et un ou plusieurs employeurs ou associations d'employeurs (Code du travail, L.R.Q., c. C-27).

Déplacement: Affectation d'un employé à un autre poste ou à un autre lieu de travail.

5.3.1 Quelques définitions

Dans la Loi sur les normes du travail, certains termes ont un sens précis qu'il est utile de définir[20].

Le **déplacement** d'un salarié correspond à la modification de ses conditions de travail. Il peut s'agir, par exemple, de l'affectation à un autre poste ou à un autre lieu de travail, d'une réduction du nombre d'heures de travail, etc.

L'employeur est quiconque fait effectuer un travail par un salarié[21].

Le salarié est une personne qui travaille pour un employeur et qui a droit à un salaire[22].

Le salarié dit « entrepreneur dépendant » est un travailleur qui, tout en bénéficiant d'une situation juridique moins étroite face à son employeur, demeure intimement lié à ce dernier en ce qu'il en est directement dépendant économiquement[23]. Cette notion comprend en outre la situation où le travailleur est partie à un contrat en vertu duquel:

- il s'oblige envers une personne à exécuter un travail déterminé dans le cadre et selon les méthodes et les moyens que cette personne détermine;
- il s'oblige à fournir, pour l'exécution du contrat, le matériel, l'équipement, les matières premières ou la marchandise choisis par cette personne, et à les utiliser de la façon qu'elle indique;
- il conserve, à titre de rémunération, le montant qui lui reste de la somme reçue, conformément au contrat après déduction des frais d'exécution de ce contrat.

---

18. Il s'agit de la Loi sur les normes du travail, L.R.Q., c. N.-1.1.
19. R.-P. Gagnon, *Le droit du travail du Québec: pratiques et théories*, 3ᵉ éd., Cowansville, Les Éditions Yvon Blais, 1996, 682 p.
20. À moins d'indications contraires, les définitions présentées dans cette section proviennent du tabloïd présenté par le Gouvernement du Québec intitulé *Les normes du travail au Québec*, Commission des normes du travail, Québec, Gouvernement du Québec, 1998, 12 p.
21. Loi sur les normes du travail, art. 1, paragr. 7.
22. *Ibid.*, art. 1, paragr. 10.
23. Cette définition provient d'une décision arbitrale prononcée dans Pierre Lajoie et Multi-Marques inc., Tribunal d'arbitrage, C-124-86-219, 28 novembre 1986, D.T.E. 87T-160.

La semaine représente une période de sept jours consécutifs s'étendant de minuit au début d'un jour donné à minuit à la fin du septième jour[24].

La suspension consiste généralement à interrompre l'emploi d'un salarié pour une période déterminée. Il s'agit d'une sanction disciplinaire. La suspension est toujours temporaire et ne rompt pas le contrat de travail.

5.3.2 Le champ d'application de la loi et les exclusions

La Loi sur les normes du travail s'applique au salarié quel que soit l'endroit où il exécute son travail. S'il travaille à la fois au Québec et en dehors du Québec, la loi s'applique à lui à la seule condition qu'il travaille pour un employeur dont la résidence, le domicile, l'entreprise, le siège social ou le bureau se trouve au Québec. S'il est domicilié au Québec ou s'il y réside et qu'il exécute un travail hors du Québec, la loi s'applique à lui s'il travaille pour un employeur dont la résidence, le domicile, l'entreprise, le siège social ou le bureau se trouve au Québec.

Par ailleurs, les étudiants qui occupent un emploi durant l'été et qui se demandent s'ils doivent être payés au taux du salaire minimum, s'ils ont droit aux congés fériés prévus dans la loi, ou qui se posent toute autre question pertinente concernant l'application de cette loi par leur employeur, doivent connaître les exclusions prévues par la Loi sur les normes du travail. Cette loi ne s'applique pas aux cas suivants :

- aux gardiens « qui travaillent dans le cadre d'une relation d'entraide familiale ou communautaire ou pour un employeur qui embauche ce type de salariés à des fins lucratives. À titre d'exemple, une personne qui vient en aide à un proche parent tel que son père ou sa mère, afin de lui préparer ses repas ou de lui prodiguer les soins quotidiens [...], ne sera pas assujettie à la loi[25] » ;
- au salarié régi par la Loi sur les relations du travail, la formation professionnelle et la gestion de la main-d'œuvre dans l'industrie de la construction, sauf en ce qui a trait aux normes concernant les congés pour événements familiaux[26] ;
- à l'entrepreneur dépendant en vertu de l'article 1, paragraphe 10, si le gouvernement détermine par règlement en vertu d'une autre loi sa rémunération ou le tarif qui lui est applicable[27] ;
- à un étudiant qui travaille au cours de l'année scolaire dans un établissement choisi par une institution d'enseignement et en vertu d'un programme d'initiation au travail approuvé par le ministère de l'Éducation[28] ;
- à un cadre supérieur, sauf en ce qui concerne les congés pour événements familiaux et aux dispositions qui ont trait à leur application[29].

---

24. Loi sur les normes du travail, art. 1, paragr. 11.
25. R. M. Goyette, « La réforme de la Loi sur les normes du travail : les points saillants », dans *Développements récents en droit du travail*, Barreau du Québec, Service de la formation permanente, Cowansville, Les Éditions Yvon Blais, 2003, p. 76.
26. Loi sur les normes du travail, art. 3, paragr. 3.
27. *Ibid.*, art. 3, paragr. 4.
28. *Ibid.*, art. 3, paragr. 5.
29. *Ibid.*, art. 3, paragr. 6.

Cependant, certaines dispositions nouvelles méritent d'être soulignées. Sont maintenant assujettis à la loi :

- les travailleurs agricoles employés dans les petites fermes, y compris les salariés affectés à la récolte ;
- le travailleur agricole surnuméraire pendant la période des récoltes, qui a maintenant droit aux vacances payées ; l'indemnité de vacances peut être ajoutée au salaire du travailleur agricole sur une base journalière et lui être versée quotidiennement ;
- les gardiens dont « la fonction exclusive est d'assumer la garde ou de prendre soin d'un enfant, d'un malade, d'une personne handicapée ou d'une personne âgée dans le logement de cette personne, y compris, le cas échéant, d'effectuer des travaux ménagers qui sont directement reliés aux besoins immédiats de cette personne[30] ».

5.3.3 Un souffle nouveau sur les normes du travail

Le législateur a voulu faire souffler un vent de réforme sur les normes du travail. Regardons à présent les principales modifications qui y ont été apportées.

Le salaire

Comme la Loi sur le salaire minimum[31] a été remplacée par la Loi sur les normes du travail, il est normal qu'au sein de cette dernière une section soit réservée au salaire minimum.

Avec les modifications apportées à la loi, le législateur « confirme le droit fondamental au salaire minimum nonobstant le mode de rémunération et empêche que certains modes de rémunération, notamment à la commission ou au rendement, fassent en sorte qu'un salarié puisse toucher une rémunération inférieure au salaire minimum[32] ».

La volonté du législateur de préserver pour le salarié son droit fondamental au salaire minimum se manifeste par l'adoption de mesures formelles telles que les suivantes :

1. En ce qui concerne le port d'un vêtement particulier : « Lorsque l'employeur rend obligatoire le port d'un vêtement particulier, il doit le fournir gratuitement au salarié payé au salaire minimum. Dans le cas où des frais peuvent être exigés du salarié, ils ne peuvent avoir pour effet que celui-ci reçoive moins que le salaire minimum. Dans tous les cas, si ce vêtement particulier identifie le salarié comme étant un salarié de son établissement (exemple : vêtement avec logo), l'employeur doit alors fournir gratuitement ce vêtement au salarié. De plus, l'employeur ne peut exiger d'un salarié l'achat de vêtements ou d'accessoires dont il fait le commerce[33]. »

---

30. R. M. Goyette, *loc. cit.*, p. 76.
31. Loi sur le salaire minimum, L.R.Q., c. S-1.
32. R. M. Goyette, *loc. cit.*, p. 79.
33. Voir Commission des normes du travail, *Les normes c'est bon... pour tout le monde !*, section « De nouvelles mesures relatives au salaire », Québec, Gouvernement du Québec, 2003, non paginé.

2. En ce qui concerne le pourboire[34] : l'employeur a l'obligation de verser le salaire minimum au salarié à pourboire. Ainsi, la règle est claire : le pourboire versé directement ou indirectement par un client appartient en propre au salarié qui a rendu le service. De plus, si l'employeur perçoit le pourboire, il doit le remettre au salarié qui a rendu le service.

3. En ce qui concerne l'utilisation de matériel, d'équipement, etc. : si l'employeur rend obligatoire l'utilisation de matériel, d'équipement, de matières premières ou de marchandises pour l'exécution d'un contrat, il doit les fournir gratuitement au salarié payé au salaire minimum. De plus, l'employeur ne peut exiger du salarié une somme d'argent pour l'achat, l'usage ou l'entretien de ces articles si cette somme d'argent a pour effet que ce salarié reçoive moins que le salaire minimum[35].

En ce qui a trait à la protection du salaire, le législateur crée pour le salarié une présomption de présence au travail. Ainsi, un salarié est réputé au travail dans les cas suivants :

- lorsqu'il est à la disposition de son employeur sur les lieux du travail et qu'il est obligé d'attendre qu'on lui donne du travail ;
- durant le temps consacré aux pauses accordées par l'employeur ;
- durant le temps d'un déplacement exigé par l'employeur ;
- lors d'une période d'essai ou de formation.

« Cette présomption oblige donc un employeur à rémunérer ces périodes de temps nécessaires qu'il estime être du temps mort, c'est-à-dire non productif par opposition à du temps productif[36]. »

Le congé hebdomadaire et le droit de refus de travailler

En ce qui concerne le congé hebdomadaire, le législateur statue que la période minimale de repos est augmentée de 24 à 32 heures consécutives.

Empruntant le concept de « droit de refus » à la Loi sur la santé et la sécurité du travail, la Loi sur les normes du travail introduit une nouvelle disposition qui permet à un salarié de refuser de faire des heures supplémentaires. En effet, il est permis à ce salarié d'exercer son droit de refus de travailler quotidiennement après :

- plus de 4 heures au-delà de ses heures habituelles ou plus de 14 heures par période de 24 heures, selon la période la plus courte ;
- plus de 12 heures par période de 24 heures pour le salarié dont les heures quotidiennes de travail sont variables ou effectuées de manière non continue.

---

34. Le mot « pourboire » comprend « les frais de service ajoutés à la note du client, mais ne comprend pas les frais d'administration ajoutés à cette note. » Voir Commission des normes du travail, *Les normes c'est bon... pour tout le monde !*, section « Des précisions sur le pourboire », Québec, Gouvernement du Québec, 2003, non paginé.

35. Voir Commission des normes du travail, *Les normes c'est bon... pour tout le monde !*, section « De nouvelles mesures relatives au salaire », Québec, Gouvernement du Québec, 2003, non paginé.

36. R. M. Goyette, *loc. cit.*, p. 82.

De plus, il est permis à un salarié d'exercer son droit de refus de travailler hebdomadairement après :

– plus de 50 heures, sauf s'il y a étalement des heures de travail ;
– plus de 60 heures pour un salarié qui travaille dans un endroit isolé ou qui effectue des travaux sur le territoire de la baie James[37].

Toutefois, en conformité avec la philosophie de la Loi sur la santé et la sécurité du travail (*voir le chapitre 11*), le droit de refus de travailler ne peut être exercé :

– lorsqu'il y a un danger pour la vie, la santé ou la sécurité des travailleurs ou de la population ;
– en cas de risque de destruction ou de détérioration grave de biens meubles ou immeubles ou dans un autre cas de force majeure ;
– si ce refus va à l'encontre du code de déontologie du salarié.

La conciliation travail-famille

À travers quelques normes à caractère social ressort la volonté du législateur de favoriser la conciliation travail-famille. Cette volonté se concrétise par des actions formelles telles que celles-ci :

– Un salarié peut s'absenter du travail, sans salaire, pendant 10 journées par année au lieu de 5, pour remplir des obligations liées :
  • à la garde, à la santé ou à l'éducation de son enfant ou de l'enfant de son conjoint ;
  • à l'état de santé de son conjoint, de son père, de sa mère, d'un frère, d'une sœur ou de l'un de ses grands-parents[38].
– Un salarié peut s'absenter de son travail pendant une journée avec salaire et quatre journées sans salaire à l'occasion du décès ou des funérailles de son conjoint, de son enfant, de l'enfant de son conjoint, de son père, de sa mère, d'un frère ou d'une sœur.
– Un salarié peut s'absenter du travail pendant cinq journées à l'occasion de la naissance de son enfant, de l'adoption d'un enfant ou lorsque survient une interruption de grossesse à compter de la 20e semaine de grossesse[39].
– « […] un salarié qui compte 3 mois de **service continu** peut s'absenter du travail sans salaire pendant une période d'au plus 12 semaines sur une période de 12 mois lorsque sa présence est requise auprès de son enfant, de son conjoint, de l'enfant de son conjoint, de son père, de sa mère, d'un frère, d'une sœur ou de l'un de ses grands-parents en raison d'une grave maladie ou d'un grave accident[40]. »

Service continu : Durée ininterrompue pendant laquelle le salarié est lié à l'employeur par un contrat de travail, même si l'exécution du travail a été interrompue sans qu'il y ait résiliation du contrat, et période pendant laquelle se succèdent des contrats à durée déterminée sans une interruption qui, dans les circonstances, permette de conclure à un non-renouvellement de contrat.

---

37. Voir Commission des normes du travail, *Les normes c'est bon... pour tout le monde !*, section « Le congé hebdomadaire et le droit de refus de travailler », Québec, Gouvernement du Québec, 2003, non paginé.
38. Chose intéressante, ce congé peut être fractionné en journées et, avec le consentement de l'employeur, une journée peut aussi être fractionnée.
39. Les deux premières journées sont rémunérées si le salarié est au service de son employeur depuis plus de 60 jours. Voir Commission des normes du travail, *Les normes c'est bon... pour tout le monde !*, section « Des avantages pour faciliter la conciliation travail-famille », Québec, Gouvernement du Québec, 2003, non paginé.
40. *Ibid.* Il est à noter que cette absence peut se terminer au plus tard 104 semaines après le début de celle-ci lorsque l'enfant mineur du salarié est atteint d'une maladie grave, potentiellement mortelle, attestée par un certificat médical.

Les jours fériés, chômés et payés

Selon la loi, les jours suivants constituent des jours fériés et chômés :

- le 1er janvier ;
- le Vendredi saint ou le lundi de Pâques, au choix de l'employeur ;
- le lundi qui précède le 25 mai ;
- le 1er juillet ou, si cette date tombe un dimanche, le 2 juillet ;
- le premier lundi de septembre ;
- le deuxième lundi d'octobre ;
- le 25 décembre.

Parmi les innovations les plus importantes qui ont été apportées par le législateur, citons les suivantes :

- Tous les salariés assujettis à la loi deviennent admissibles à une indemnité pour chaque jour férié[41].
- Pour bénéficier d'un jour férié, chômé et payé, une condition s'impose tout de même : un salarié ne doit pas s'être absenté du travail, sans l'autorisation de l'employeur ou sans une raison valable, le jour ouvrable qui précède ou qui suit ce jour[42].
- L'indemnité que l'employeur doit verser pour un jour férié et chômé est calculée de la façon suivante : elle est égale à 1/20 du salaire gagné au cours des 4 semaines complètes de paye précédant la semaine du congé, sans tenir compte des heures supplémentaires. Quant au salarié rémunéré en tout ou en partie à commission, son indemnité est égale à 1/60 du salaire gagné au cours des 12 semaines complètes de paye précédant la semaine du congé.

Enfin, soulignons que la Loi sur la fête nationale ajoute un huitième jour de congé férié, chômé et payé. Il s'agit du 24 juin, fête de la Saint-Jean-Baptiste. Lorsque cette date tombe un dimanche, c'est le 25 juin qui devient un jour férié et chômé[43].

Les vacances

Un salarié peut dorénavant demander à son employeur de lui permettre de prendre des vacances, en tout ou en partie, pendant l'année de référence[44].

---

41. Mentionnons que les exigences combinées – soit les 60 jours de service continu et l'interdiction de s'absenter du travail sans autorisation de l'employeur ou sans raison valable, le jour ouvrable qui précède ou qui suit ce jour – ne sont plus retenues par le législateur.
42. Ce jour ouvrable précédant ou suivant le jour férié est le jour ouvrable du salarié.
43. Pour bénéficier de l'indemnité ou du congé compensatoire relatif à la fête nationale, il n'est plus requis que le salarié ait eu droit à un salaire ou à une indemnité en tenant lieu pendant au moins 10 jours au cours de la période du 1er au 23 juin. L'indemnité du congé de la fête nationale se calcule de la même façon que celle des autres jours fériés. Cette information de même que les autres informations contenues dans cette section proviennent de la Commission des normes du travail, *Les normes c'est bon… pour tout le monde !*, section « Une plus grande accessibilité aux jours fériés, chômés et payés », Québec, Gouvernement du Québec, 2003, non paginé.
44. Cette période s'étend du 1er mai de l'année précédente au 30 avril de l'année en cours, sauf si une convention collective ou un décret fixent une autre date pour marquer le point de départ de cette période.

La loi prévoit des circonstances où le congé non utilisé au cours de l'année de référence peut être reporté à l'année suivante. Effectivement, « si, à la fin des 12 mois qui suivent la fin d'une année de référence, le salarié est absent pour cause de maladie ou d'accident ou est absent ou en congé pour raisons familiales ou parentales, l'employeur peut, à la demande du salarié, reporter à l'année suivante le congé annuel[45] ».

L'avis de cessation d'emploi ou de mise à pied et le licenciement collectif

Un employeur qui désire mettre fin au contrat d'un salarié ou encore le mettre à pied pour une période de six mois ou plus doit lui donner un avis écrit. Cet avis diffère en fonction du nombre d'années de service continu que le salarié a à son actif. Le tableau 5.4 fournit des précisions à ce sujet.

Les catégories de salariés suivantes n'ont pas droit à l'obtention de l'avis écrit :

- le salarié qui n'a pas effectué trois mois de service continu ;
- le salarié dont le contrat pour une durée déterminée ou pour une entreprise déterminée expire ;
- le salarié qui a commis une faute grave ;
- le salarié dont la fin du contrat de travail ou la mise à pied résulte d'un cas fortuit.

Cependant, selon la loi, s'il s'agit d'un cas de licenciement collectif, les salariés qui tombent sous une des trois premières catégories ci-haut mentionnées ne peuvent pas faire l'objet des mesures visant un tel licenciement.

La loi oblige tout employeur à donner un avis au ministre de l'Emploi et de la Solidarité sociale avant de procéder à un **licenciement collectif**. Le délai de cet avis varie selon le nombre de salariés visés par le licenciement[46] (*voir le tableau 5.5*).

Licenciement collectif : Cessation d'emploi du fait de l'employeur, y compris une mise à pied pour une durée de 6 mois ou plus, qui touche au moins 10 salariés d'un même établissement au cours d'une période de 2 mois consécutifs.

Tableau 5.4 — Les préavis de cessation d'emploi ou de mise à pied

Années de service continu attesté	Délai de l'avis selon la loi
De 3 mois à 1 an	1 semaine
De 1 an à 5 ans	2 semaines
De 5 ans à 10 ans	4 semaines
10 ans ou plus	8 semaines

---

45. Commission des normes du travail, *Les normes c'est bon... pour tout le monde !*, section « Les vacances », Québec, Gouvernement du Québec, 2003, non paginé. En ce qui a trait au congé annuel, à défaut de le reporter, l'employeur doit verser au salarié l'indemnité afférente au congé annuel à laquelle il a droit.
46. Voir R. M. Goyette, *loc. cit.*, p. 92.

Tableau 5.5 Le préavis de licenciement

Nombre de salariés visés	Délai de l'avis
De 10 à 99 salariés	8 semaines
De 100 à 299 salariés	12 semaines
300 salariés ou plus	16 semaines

5.3.4 Les recours

La Loi sur les normes du travail prévoit trois types de recours : les recours pécuniaires, les recours reliés à des pratiques interdites par la loi et les recours pour congédiement sans cause juste et suffisante.

Les recours pécuniaires

Lorsqu'un employeur fait défaut de payer à un salarié le salaire qui lui est dû, la Commission des normes du travail peut, pour le compte de ce salarié, réclamer à cet employeur le salaire impayé.

La Commission peut aussi agir ainsi dans le cas où un employeur fait défaut de payer d'autres avantages pécuniaires auxquels un salarié aurait droit.

Un salarié qui croit avoir été victime d'une atteinte à un droit conféré par la Loi sur les normes du travail ou un règlement peut adresser, par écrit, une plainte à la Commission des normes du travail.

Les recours liés à des pratiques interdites par la loi

La loi prévoit des mesures de protection du salarié contre ce que l'on peut qualifier de « sanction interdite énumérée ». En vertu de la loi, il est formellement interdit à un employeur de même qu'à son agent de congédier, de suspendre ou de déplacer un salarié, d'exercer à son endroit des mesures discriminatoires ou des représailles ou de lui imposer toute autre sanction :

– à cause de l'exercice par ce salarié d'un droit résultant de la Loi sur les normes du travail ou de ses règlements ;
– pour le motif que ce salarié a fourni des renseignements à la Commission des normes du travail ou à l'un de ses représentants sur l'application des normes du travail ;
– pour la raison qu'une saisie-arrêt a été pratiquée à l'égard du salarié ou peut l'être ;
– pour le motif que le salarié est assujetti à la loi facilitant le paiement des pensions alimentaires (1995, chapitre 18) ;
– pour la raison qu'une salariée est enceinte ;
– dans le but d'éluder l'application de la présente loi ou d'un règlement ;

– pour le motif que le salarié a refusé de travailler au-delà de ses heures habituelles de travail afin de remplir des obligations rattachées à la garde, à la santé ou à l'éducation de son enfant ou de l'enfant de son conjoint, ou en raison de l'état de santé de son conjoint, de son père, de sa mère, d'un frère, d'une sœur ou de l'un de ses grands-parents.

Le délai pour soumettre la plainte à la Commission des normes du travail est de 45 jours à partir de la date de la sanction interdite énumérée prise contre le salarié.

Plus encore, est illégale l'imposition d'une des sanctions interdites énumérées (congédiement, suspension, déplacement, exercice de mesures discriminatoires ou de représailles, mise à la retraite ou toute autre sanction) à un salarié pour le motif qu'il a atteint l'âge ou le nombre d'années de service à compter duquel il serait mis à la retraite. Dans ce cas, le délai dont dispose le salarié pour déposer sa plainte est de 90 jours à partir de la date du congédiement, de la suspension ou de la mise à la retraite forcée.

Les recours pour congédiement sans cause juste et suffisante

Le salarié qui croit avoir été congédié sans cause juste et suffisante peut soumettre sa plainte par écrit à la Commission des normes du travail. Le délai dont il dispose pour déposer sa plainte est de 45 jours après son congédiement. Soulignons que la loi n'oblige plus le salarié à compter trois ans de service continu dans la même entreprise pour qu'il puisse déposer une plainte. Le législateur a effectivement modifié la norme, la période de service continu étant réduite à deux ans.

Résumé du chapitre

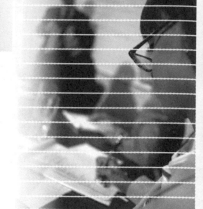

Ce chapitre nous a permis de mettre en évidence l'aspect légal du processus d'acquisition des ressources humaines. Tout en gardant en tête que l'acquisition des ressources humaines de même que les relations qu'entretient un employeur avec ces ressources ne doivent pas être ternies par des actes discriminatoires ou par le harcèlement, nous avons abordé l'étude des articles de la Charte des droits et libertés de la personne qui, non seulement précisent les caractéristiques personnelles d'un individu qui constituent des motifs de discrimination interdite, mais spécifient aussi les activités de gestion des ressources humaines dans lesquelles toute forme de discrimination est interdite par la loi. Étant soucieuse de protéger la dignité et l'intégrité physique et psychologique d'une personne, la Charte émet une interdiction formelle quant à la pratique de toute forme de harcèlement contre cette personne.

Et pour terminer l'étude de l'aspect légal de l'acquisition des ressources humaines, nous avons présenté les normes du travail, qui constituent l'ensemble des conditions de travail minimales auxquelles tous les salariés doivent habituellement être soumis. Parmi les nouvelles dispositions de la Loi sur les normes du travail, notons que le législateur a augmenté le nombre de catégories de travailleurs pouvant être assujetties à la loi. Il a aussi pris des mesures formelles visant à préserver pour le salarié son droit fondamental au salaire minimum. Il a introduit une nouvelle disposition qui permet à un salarié de refuser de faire des heures supplémentaires. Grâce à certaines mesures, il démontre un intérêt pour la conciliation travail-famille et, de plus, témoigne de souplesse dans l'application de la norme en vertu de laquelle le salarié peut prendre des vacances. Il tient également compte d'une réalité propre à notre société depuis qu'elle évolue dans le contexte de la mondialisation : le licenciement collectif. Il statue d'ailleurs à ce sujet.

Enfin, lorsqu'un salarié se sent lésé dans un des droits que lui reconnaît la Charte ou la Loi sur les normes du travail, des mécanismes de recours sont prévus dans ces deux lois afin de l'aider à faire valoir ses droits.

Évaluation des compétences

Questions de révision et application

1. Définissez la Charte des droits et libertés de la personne du Québec.
2. Qu'est-ce que la discrimination selon la Charte ?
3. Quelles sont les trois formes que peut revêtir la discrimination ?
4. *a)* Quel article de la Charte stipule qu'il est interdit de faire preuve de discrimination au moment de la sélection du personnel ?
   b) Comment s'énonce cet article ?
5. Comment peut se manifester le harcèlement dans le milieu de travail ?
6. En quels termes la Charte interdit-elle le harcèlement ?
7. À la suite de la réception d'une plainte, quel test faut-il entreprendre pour déterminer si une cause peut être entendue par la Commission des droits de la personne et des droits de la jeunesse ?

8. Pourquoi dit-on que l'enquête menée par la Commission se déroule sur un mode non contradictoire ?

9. Expliquez en des termes simples la notion de service continu qu'on trouve dans la Loi sur les normes du travail.

10. Cet énoncé est-il exact : « Un employeur peut verser à un salarié moins que le salaire minimum si ce salarié reçoit généralement des pourboires au travail » ? Justifiez votre réponse.

11. Quels cas prévus par la Loi sur les normes du travail permettent de dire quand un salarié est réputé être au travail ?

12. En énonçant une règle concernant le droit de refus de travailler, quel droit le législateur accorde-t-il aux salariés ?

13. La Loi sur les normes du travail prévoit trois types de recours dont peut se prévaloir un salarié qui se sent lésé dans un de ses droits reconnus par cette loi. Quels sont ces recours ?

14. Quels sont les délais à respecter par le salarié qui dépose :
    a) une plainte liée à des pratiques de l'employeur interdites selon la loi ?
    b) une plainte pour congédiement sans cause juste et suffisante ?

15. À la rubrique « Point de mire » présentée au début du chapitre, on dit que le « plafond de verre » est une pratique subtile car elle camoufle une forme de discrimination.
    a) Quelle est cette forme de discrimination ?
    b) Comment se définit cette forme de discrimination ?

16. Toujours dans « Point de mire », que veut dire Serge quand il mentionne que sa première réalisation en tant que président-directeur général sera de briser le plafond de verre ?

Analyse de cas

Cas 5.1
Le suppléant

Jules est un enseignant âgé de 23 ans. Comme son statut d'enseignant est précaire, c'est-à-dire qu'il n'a pas d'emploi permanent, il doit enseigner dans trois cégeps et effectuer près de 35 heures d'enseignement par semaine pour obtenir un salaire lui permettant de joindre les deux bouts. D'ailleurs, la règle de toute personne ayant un statut précaire est de ne jamais dire non !

Ce mardi matin, à 7 h 38, le téléphone sonne. Encore endormi, Jules répond. Il reconnaît la voix de Didier, le coordonnateur du Département de techniques administratives où il obtient généralement le plus de charges d'enseignement. Didier lui demande de remplacer pour huit heures ce matin même l'enseignant en gestion du personnel qui ne peut donner son cours en raison d'un empêchement sérieux. Didier prend soin de lui dire que ce cours concerne les normes du travail.

– Pas de problème ! l'assure Jules.

En un temps record, il prend une douche, s'habille et extrait de sa bibliothèque une version antérieure de la Loi sur les normes du travail.

Comme le cégep se trouve à cinq minutes de marche de chez lui, il arrive sans peine dans sa classe pour huit heures.

– C'est moi le suppléant, annonce-t-il à une classe muette, surprise sans doute de sa jeunesse.

Il leur montre son texte de loi.

– Comme nous allons parler de la Loi sur les normes du travail, je vous ai apporté le texte de cette loi.

Une étudiante prend la parole :

– Monsieur, notre enseignant nous a déjà donné l'ancien texte de la Loi sur les normes du travail et le cours d'aujourd'hui doit porter sur les modifications apportées à cette loi en vigueur depuis le 1er mai 2003.

Jules ouvre de grands yeux. Il doit retourner rapidement la situation en sa faveur.

– Avez-vous fait l'exercice qui consiste à repérer les principaux changements apportés à la loi ? demande-t-il aux étudiants.

Il obtient une réponse positive de la plupart des étudiants.

– Bien, aujourd'hui, trois étudiants de la classe viendront parler chacun de trois changements qu'on trouve dans la Loi.

Question

Comme vous êtes l'un des trois étudiants que Jules a choisis pour venir présenter trois changements principaux opérés dans la loi, quels sont les trois changements que vous choisirez et comment les expliquerez-vous ? Notez que, pour répondre à cette question, il est essentiel de se procurer le texte de la loi avant les modifications qui sont entrées en vigueur le 1er mai 2003.

Cas 5.2
Les trois personnes aux mains moites

Au sein de trois entreprises différentes, et au même moment, s'est produit un phénomène inusité : trois personnes se voyaient refuser un poste pour la même raison, celle d'avoir les mains moites !

Il y eut d'abord Viviane, conseillère principale en marketing. Lors de l'entrevue qu'elle passait en vue d'être promue au titre de directrice du marketing dans la société où elle travaille, le président de la société lui a avoué sans ambages :

« Je ne veux pas travailler avec une directrice qui a les mains moites. Elle ne serait pas crédible auprès des clients. Je suis navré, Viviane, mais vous ne faites pas l'affaire ! »

Pourtant, Viviane lui avait dit qu'il s'agissait d'une maladie chez elle. Elle lui avait montré son ordonnance en précisant qu'elle avait oublié de prendre son médicament avant l'entrevue.

Ensuite, Léopold passa une entrevue en vue de devenir directeur du financement aux entreprises. Son patron ayant démissionné subitement, Léopold avait posé sa candidature. Il avait déjà exercé cette fonction par intérim à deux reprises quand son patron avait dû se rendre travailler dans la filiale européenne de la firme pour des périodes de 8 et 10 mois. Mais au cours de l'entrevue décisive, le président de la firme lui a lancé :

« Léopold, vous avez les mains moites. C'est déplaisant. Comment ferez-vous pour bluffer devant de jeunes requins de la finance quand viendra le temps de négocier des contrats de plus de 10 millions de dollars ? »

Et c'en était fait de ses chances de promotion.

Finalement, Caroline, qui est âgée de 22 ans, passa une entrevue dans l'espoir de devenir hôtesse de l'air pour une importante compagnie aérienne. Cette jeune fille était admirée de ses amies et collègues de travail. Elle travaillait comme hôtesse de l'air pour une compagnie aérienne concurrente, mais sur appel.

Dans la salle où se déroulait l'entrevue, il faisait si chaud qu'elle transpirait abondamment. D'ailleurs, deux des trois interviewers avaient souligné qu'il faisait chaud et ils avaient enlevé leur veston. Cependant, le troisième interviewer, qui avait un air coriace, avait serré la main de Caroline en fin d'entrevue et lui avait avoué sèchement : « Vous devriez retourner chez vous faire de la popote et oublier vos chances d'être hôtesse de l'air. Vous avez les mains moites et cela m'agace particulièrement ! »

Questions

1. Si les trois cas étaient présentés à la Commission des droits de la personne et des droits de la jeunesse pour cause de discrimination, quels sont les trois points que la Commission devrait vérifier et comment se feraient ces vérifications ? Pour répondre à cette question, faites comme si vous entrepreniez l'enquête et appliquez le test présenté au tableau 5.3.
2. Quelles sont les chances des individus de gagner leur cause ? Expliquez votre réponse.

La dotation en ressources humaines

Sommaire

Objectifs pédagogiques

La lecture de ce chapitre devrait vous permettre :

1 **de définir les concepts de recrutement et de sélection.**

2 **de décrire les étapes du processus de recrutement.**

3 **de préciser les exigences fondamentales liées à un poste.**

4 **d'énumérer et de décrire les sources de recrutement internes et externes.**

5 **de décrire le processus de sélection d'un candidat qualifié et compétent.**

6 **d'expliquer les étapes de l'entrevue de sélection.**

7 **de mesurer l'efficacité du processus de sélection.**

Compétence visée

La compétence visée dans ce chapitre est de pouvoir utiliser les règles de l'embauche pour effectuer le recrutement et la sélection des ressources humaines

Point de mire

Le choix d'un employé

Aéro Québec est une entreprise de taille moyenne dans le domaine des vols nolisés. Elle possède 10 avions, dont 3 gros-porteurs. Son siège social est à Montréal et tous ses départs sont effectués à partir de Mirabel. Au cours des 15 dernières années, le Québec a vu la création de plusieurs entreprises dans ce domaine. Malheureusement, un très grand nombre d'entre elles, après avoir connu une courte période de succès, ont éprouvé d'énormes difficultés, qui en ont mené plus d'une à la faillite.

Le domaine de l'aviation a longtemps mystifié beaucoup de gens. Le désir de parcourir le monde, de côtoyer des gens de cultures différentes, de vivre des aventures qui ne sont pas accessibles au commun des mortels et surtout l'envie d'avoir une vie excitante ont suscité de nombreuses «vocations». Les salaires, en général peu alléchants, ne nuisent pas au recrutement. Par contre, le taux de roulement est très élevé dans certains postes, et les entreprises de ce domaine, et particulièrement Aéro Québec, doivent combler les nombreux postes en raison de fréquentes démissions du personnel nouvellement embauché.

Aussi, au cours des deux dernières années, Aéro Québec a eu du mal à combler des postes d'agents de bord, de bagagistes, de mécaniciens et même des postes administratifs. Ces postes étaient auparavant comblés presque uniquement au moyen des candidatures non sollicitées, c'est-à-dire des personnes qui se présentaient spontanément aux bureaux d'Aéro Québec pour demander un emploi.

La compagnie est actuellement à la recherche de 30 agents de bord, de 6 techniciens en comptabilité, de 2 secrétaires, de 7 bagagistes et d'une douzaine d'aérotechniciens pour assurer sa croissance au cours des six prochains mois. Mais voilà, cette fois l'entreprise voudrait embaucher les «bons» candidats, soit ceux qui pourront satisfaire aux exigences d'Aéro Québec et qui resteront au service de l'entreprise parce qu'ils auront trouvé un emploi et une entreprise qui répondent à leurs besoins.

6.1 Les défis[1] de la dotation en ressources humaines dans le nouveau contexte de travail

L'évolution sans précédent du contexte de travail[2] oblige les gestionnaires des ressources humaines à modifier leurs pratiques habituelles et à innover afin de continuer à remplir leur rôle dans les nouvelles organisations. Quatre défis se présentent au gestionnaire des ressources humaines en ce qui concerne la dotation : la présence de deux catégories de main-d'œuvre dans l'entreprise, la participation directe du service des ressources humaines au succès de l'organisation, le haut niveau de compétence exigé de la main-d'œuvre afin d'atteindre l'efficacité souhaitée et la pénurie éventuelle de travailleurs.

6.1.1 Deux catégories de main-d'œuvre

La main-d'œuvre au sein des organisations se doit maintenant d'être à l'image des entreprises. L'obligation de ces dernières d'être flexibles, afin de faire face aux occasions du marché et aux menaces que comporte celui-ci, les amène à faire appel à deux catégories de main-d'œuvre. La première catégorie, flexible et talentueuse, est composée d'un petit noyau d'employés permanents dont les compétences cadrent avec les besoins de l'organisation. La seconde catégorie doit combler les emplois atypiques[3]. Ce sont des employés qui ont à accomplir des tâches précises. Ils doivent être performants et disponibles, mais ils sont soumis aux besoins sporadiques des organisations. Il s'agit des employés contractuels, sur appel, précaires ou temporaires.

---

1. Lire à ce sujet Hannah R. Rothstein, «Recruitment and selection benchmarking at the millennium», dans Kraut et Korman, *Evolving Practices in Human Resource Management : Responses to a Changing World of Work*, San Francisco, Jossey-Bass, 1999. Pour une approche complémentaire à cette analyse, le lecteur est invité à consulter Sylvie St-Onge *et al.*, *Relever les défis de la gestion des ressources humaines*, Montréal, Gaëtan Morin Éditeur, 1998.
2. Une description du nouveau contexte de travail a été présentée dans les premiers chapitres de ce manuel et dans les trois premiers chapitres de Bernard Turgeon et Dominique Lamaute, *Le management*, Montréal, Chenelière/McGraw-Hill, 2002.
3. Les emplois atypiques sont les emplois autres que les emplois salariés permanents et à temps plein. Nous reviendrons sur cette notion dans le chapitre 9 portant sur la rémunération.

Les méthodes classiques de recrutement qui garantiront la stabilité, la longévité et la viabilité de l'organisation s'appliquent toujours dans le cas de la première catégorie et elles doivent être appuyées par des programmes de plan de carrière et de rémunération qui favorisent la loyauté et l'**engagement organisationnel** des employés du noyau permanent.

Afin de combler les emplois de la seconde catégorie, le service des ressources humaines doit raffiner ses techniques de sélection. Il est essentiel de recruter une main-d'œuvre immédiatement opérationnelle, pour laquelle il n'y aura ni période d'essai ni période de formation et pour laquelle l'encadrement sera simplifié au maximum. Par conséquent, la marge d'erreur dans le choix des recrues est quasi nulle. Notons que certaines organisations qui sont placées devant une pénurie de cette catégorie de personnel n'hésitent pas à mettre ces ressources en réseau[4].

6.1.2 La participation directe du service des ressources humaines au succès de l'organisation

Le service des ressources humaines n'est plus un service de soutien (autorité-conseil de soutien). L'acquisition d'une main-d'œuvre compétente et efficace représente pour ce service une participation directe à la stratégie de l'organisation et à son succès. Ce constat confère au service des ressources humaines un rôle central dans la stratégie de l'organisation, un rôle de gestionnaire des talents et un rôle d'agent de changement.

6.1.3 Le haut niveau de compétence exigé de la main-d'œuvre

Les compétences exigées des travailleurs par l'organisation qui doit être de plus en plus performante s'avèrent toujours plus élevées. En plus de posséder les talents, les aptitudes et les connaissances convenant à l'emploi, le nouvel employé doit accepter de se soumettre à une formation continue, de s'adapter continuellement à de nouvelles tâches, de s'engager envers l'organisation, de travailler efficacement au sein d'une équipe et de collaborer avec des intervenants et des clients internes ou externes.

Les spécialistes des ressources humaines font alors face au défi consistant à évaluer chez les candidats ces nouvelles compétences. Ils doivent aussi résoudre le problème de l'appariement entre les compétences des postulants et les exigences des postes.

6.1.4 La pénurie de travailleurs

Le nombre accru de diplômés de l'université et les taux de chômage élevés laissent croire que l'entreprise pourra compter sur un immense réservoir de candidats. Cependant, la croissance du niveau d'exigences des entreprises et le grand nombre de candidatures intéressantes rendent le recrutement encore plus difficile. Certaines spécialisations connaissent une pénurie très sérieuse de main-d'œuvre. Le départ à la retraite des baby-boomers et les besoins des entreprises québécoises laissent

---

4. Lire à ce sujet Michel de Smet, « L'imagination est de rigueur pour retenir et recruter de la main-d'œuvre performante », *Les Affaires*, 19 décembre 1998, p. 21.

entrevoir un écart immense entre les besoins et l'offre de main-d'œuvre dans les prochaines années[5].

Au Québec[6], entre 2002 et 2012[7], 42 % des effectifs de la fonction publique québécoise devront être remplacés. Près du quart des employés du secteur privé partiront à la retraite, et jusqu'à 50 % de la main-d'œuvre dans certains secteurs ou régions. La majorité des pays industrialisés font face au vieillissement de la main-d'œuvre et ne parviennent pas à assurer la relève[8].

6.2 L'importance du processus de dotation en ressources humaines

Le processus de dotation en ressources humaines comprend les activités d'analyse des postes, de planification de la main-d'œuvre, de recrutement, de sélection, d'accueil et d'évaluation du processus de dotation (*voir la figure 6.1*). Il vise principalement à faciliter la réalisation des objectifs de l'organisation. Les ressources humaines demeurent la clé de la réussite d'une organisation qui doit affronter une concurrence de plus en plus vive[9].

Les étapes du processus de dotation en ressources humaines **Figure 6.1**

Planification des besoins
de main-d'œuvre

• Analyse des postes
• Planification de
  la main-d'œuvre

Recrutement

Sélection

Évaluation du processus
de dotation

---

5. Partout dans le monde industriel, la recherche d'une main-d'œuvre qualifiée constitue le problème de l'heure. Lire à ce sujet Kayte Vanscoy, « The hiring crisis », *Smart* Business, juillet 2000, p. 84 ; « Pénurie de main-d'œuvre sur les quais de la Manche : des matelots polonais sur les bateaux dieppois et tréportais », *Les info, Groupe multimédia de la région dieppoise*, 8 février 2002 (www.infos-dieppoises.fr/Archives2002/PenurieMatelots.htm) ; « Royaume-Uni : pénurie de compétences, inadéquation des compétences. La réalité au-delà des mots », *CDInfoPop*, n° 1, 1999 (www2.trainingvillage.gr/download/Cinfo/Cinfo199/C19M5FR.html).

6. Une solution potentielle repose sur la retraite progressive. Lire à ce sujet Dominique Froment, « De la retraite anticipée à la retraite progressive », *Les Affaires*, 8 février 2003, p. 29.

7. *Le rajeunissement de la fonction publique québécoise : orientation et plan d'action*, Gouvernement du Québec, Secrétariat du Conseil du Trésor, Sous-secrétariat au personnel de la fonction publique.

8. En Angleterre, une enquête sur le marché du travail effectuée par le Conseil de formation de l'industrie mécanique et de la marine a révélé que la moitié des employeurs interrogés dans 4 200 ateliers de construction mécanique étaient dans l'impossibilité de recruter les travailleurs dont ils ont besoin. Plus de la moitié des employeurs en proie à des difficultés de recrutement ont cité comme principale raison de cette situation le manque de postulants possédant la qualification et les compétences exigées. Un tiers de l'ensemble des employeurs interrogés ont déclaré qu'ils étaient placés devant une inadéquation entre les compétences de leurs employés et celles qui sont nécessaires pour réaliser les objectifs de leur entreprise. Voir le site www.construction.detr.gov.uk/cis/rethink/.

9. Un des manuels des plus complets sur la dotation est celui de H. G. Heneman III et T. A. Judge, *Staffing Organizations*, Boston, McGraw-Hill, 2003.

Le processus de dotation garantit le rendement des ressources et des énergies investies dans le domaine des ressources humaines. Ce processus doit satisfaire aux exigences de la Charte canadienne des droits et libertés, de la Loi sur l'équité en matière d'emploi, de la Charte des droits et libertés de la personne du Québec, de la Loi sur la protection des renseignements personnels dans le secteur privé et d'autres lois. La rigueur du processus minimisera la possibilité de contestation de la part des candidats qui pourraient invoquer la discrimination sous une forme ou une autre comme raison du rejet de leur candidature.

La structure organisationnelle et décisionnelle décentralisée, le coût de la main-d'œuvre, les contraintes syndicales, la mondialisation des marchés, la tertiarisation de l'économie, l'évolution stupéfiante des outils informatiques et de la technologie, la rationalisation de la main-d'œuvre, les normes environnementales et d'assurance qualité (ISO), entre autres facteurs, ne font qu'amplifier les difficultés de recrutement et de sélection des ressources humaines aptes à occuper les postes offerts.

Le superviseur étant la personne qui organise le travail et en permet la réalisation par l'intermédiaire de ses subordonnés, il est particulièrement intéressé à obtenir des employés qualifiés et motivés à fournir le meilleur rendement. Dans les plus grandes entreprises, les responsabilités du recrutement sont partagées entre le service des ressources humaines et le superviseur. Il arrive même, dans les très grandes entreprises, que le superviseur ne rencontre le nouvel employé qu'au moment où celui-ci se présente pour sa première journée de travail. Dans les plus petites entreprises, la responsabilité de l'acquisition des ressources humaines est souvent une facette importante du rôle du superviseur, ce dernier pouvant même assumer la responsabilité concernant ce processus.

Dans ce chapitre, nous analyserons les différentes étapes du processus de dotation en ressources humaines en insistant sur le rôle du superviseur à partir du moment où la planification a été complétée.

6.3 Le recrutement des candidats

Le **recrutement** est l'ensemble des activités de recherche de main-d'œuvre qui consiste à informer les candidats potentiels, à l'interne ou à l'externe, qu'un poste est vacant en vue de les inciter à offrir leurs services en posant leur candidature. Parallèlement, ce processus vise à dissuader les personnes qui ne répondent pas aux exigences du poste de présenter leur candidature.

Le recrutement est à la base du succès du processus de sélection. En effet, il paraît évident que plus le réservoir de candidatures potentiellement qualifiées est grand, plus la sélection du candidat correspondant aux exigences de l'emploi sera un succès, sans être facile pour autant. Le recrutement doit aussi offrir une réponse aux besoins individuels et professionnels des candidats, car non seulement l'entreprise désire attirer les meilleurs candidats, mais elle souhaite les maintenir en son sein le plus longtemps possible. Cela correspond à la **conservation**, une pratique visant à retenir les employés et à développer leur sentiment d'appartenance à l'organisation.

Lorsque le superviseur constate qu'un poste doit être comblé dans son service à la suite d'une réorganisation, d'une démission, d'une promotion ou encore de la

Recrutement :
Ensemble des activités de recherche de main-d'œuvre qui consiste à informer les candidats potentiels, à l'interne ou à l'externe, qu'un poste est vacant en vue de les inciter à offrir leurs services en posant leur candidature.

Conservation :
Pratique visant à retenir les employés et à développer leur sentiment d'appartenance à l'organisation.

Détermination des besoins
en main-d'œuvre

- Exigences liées au poste
- Exigences liées à l'organisation
- Exigences liées à l'individu

Choix des sources
de recrutement

Choix des techniques
de recrutement

Évaluation de
l'efficacité de
la source
de recrutement

Réquisition de personnel : Demande de main-d'œuvre émanant du directeur de l'unité administrative et adressée au service du recrutement de l'entreprise. Le document précise généralement les exigences liées au poste et la qualification requise de la part du candidat.

création d'un nouveau poste, il remplit une **réquisition de personnel** qu'il fait parvenir au service des ressources humaines afin d'obtenir de son supérieur immédiat l'autorisation d'entreprendre les démarches visant à trouver un candidat qualifié et compétent.

Ainsi, le service des ressources humaines ou le superviseur vise à combler les postes définis par le programme de planification des ressources humaines élaboré par la haute direction, programme auquel le superviseur apporte souvent sa collaboration. Il met sur pied des activités propres à attirer les candidats détenant les compétences et les aptitudes déterminées par l'analyse des postes. La recherche de candidats possédant un profil précis a pour effet de réduire le nombre de candidatures sous-qualifiées ou surqualifiées, ainsi que d'abaisser les coûts de formation, ce qui assure une stabilité de la main-d'œuvre à l'intérieur de l'organisation.

Bien entendu, les activités de recrutement de l'entreprise visent aussi à respecter à la fois les normes de l'organisation en ce qui concerne les programmes d'équité, les objectifs de la gestion des ressources humaines, de même que les lois, plus précisément la Charte des droits et libertés de la personne (du Québec) et la Loi sur l'équité en matière d'emploi.

6.4 Les étapes du processus de recrutement

Exigences liées au poste : Inventaire des habiletés indispensables ou souhaitables de l'employé pour l'exécution de ses tâches.

Exigences liées à l'organisation : Inventaire des conditions particulières rattachées au poste de travail dont il faut tenir compte pour que l'employé évolue normalement dans son milieu de travail.

Exigences liées à l'individu : Inventaire des traits de personnalité nécessaires ou souhaités de l'employé pour l'exécution de ses tâches.

Le processus de recrutement comprend quatre étapes (*voir la figure 6.2*). La première étape est la détermination des besoins en main-d'œuvre précisés par l'analyse des exigences fondamentales liées au poste et du délai accordé pour combler ce poste. Les exigences fondamentales sont de trois ordres, soit les **exigences liées au poste**, qui ont été définies au moment de l'analyse du poste, et qui correspondent aux connaissances et aux habiletés nécessaires à l'exécution adéquate des tâches déterminées dans la description du poste, les **exigences liées à l'organisation** et enfin les **exigences liées à l'individu**[10].

La deuxième étape du recrutement consiste à choisir les sources de recrutement en fonction de la catégorie de main-d'œuvre recherchée, des délais impartis et du budget alloué. Le choix des sources de recrutement influera directement sur le choix des techniques permettant d'évaluer les candidatures et, par conséquent, les étapes de la sélection.

La troisième étape consiste à choisir les techniques qui permettront d'atteindre efficacement les sources ciblées, comme faire du recrutement parmi les employés

10. Shimon L. Dolan et Randall S. Schuler, *La gestion des ressources humaines au seuil de l'an 2000*, Montréal, Éditions du Renouveau Pédagogique, 1995.

actuels, par voie d'annonces dans les journaux ou par le recours à une agence. Selon les techniques retenues, certaines étapes s'avéreront superflues et d'autres, pertinentes. Par exemple, la vérification des références d'un candidat déjà employé par l'entreprise est inutile compte tenu de l'existence d'un dossier de l'employé.

Enfin, la quatrième étape consiste à évaluer l'efficacité de la source de recrutement à l'aide de certains critères tels que le coût du recrutement pour combler un poste, le taux de roulement des employés embauchés à partir de cette source (le nombre de personnes embauchées qui démissionnent durant l'année par rapport au nombre de personnes embauchées) et le nombre de candidatures obtenues par cette source.

6.4.1 La détermination des besoins en main-d'œuvre

Les employés constituent l'âme de l'entreprise. Les futurs employés aussi, ceux qui aspirent à devenir chauffeurs de camion, concierges, vendeurs, analystes, chimistes, etc. Imaginons une organisation où tous les postes seraient occupés par des personnes parfaitement heureuses de combler chacun des postes en question... Imaginons le contraire maintenant, soit une organisation où tous les postes seraient comblés au hasard ou par favoritisme. Mais entre ces deux situations, songeons à une organisation où 10 % des employés n'occuperaient pas un poste correspondant à leurs compétences et à leurs intérêts.

Les exigences liées au poste

Comme nous l'avons vu au chapitre 4, la planification des ressources humaines nécessite la connaissance des exigences liées aux postes. Si l'entreprise n'a aucun profil d'exigences concernant les différents postes de sa structure, elle doit, à tout le moins, procéder à l'établissement du profil d'exigences liées au poste à combler. Il ne suffit pas pour l'entreprise de préciser qu'elle est à la recherche d'un candidat travaillant, expérimenté, stable, responsable, brillant, dévoué et ayant une attitude positive.

Il y a lieu, pour le superviseur, de rédiger ou de mettre à jour une description de poste qui illustre les tâches, les responsabilités et les conditions de travail rattachées au poste. Puis il procédera à la description des exigences liées au poste afin d'établir les connaissances, les habiletés et les attitudes requises, voire souhaitées, pour combler ce poste. Même si le poste existe déjà, il est avantageux de vérifier la conformité de la description de poste avec la réalité présente.

Les exigences liées à l'organisation

Au moment de la détermination des besoins en main-d'œuvre, il faut aussi tenir compte des contraintes imposées par le contexte même de l'organisation, comme la pression exercée par les collègues de travail ou le style d'autorité du superviseur immédiat, et par le contexte spécifique du poste à combler, comme l'horaire de travail, les déplacements, le rythme de travail ou la réalisation de quotas.

Les exigences liées à l'individu

Les exigences liées à l'individu sont constituées des traits de personnalité ou des qualités nécessaires pour que l'individu s'intègre dans son nouveau milieu de travail. Il peut s'agir des qualités concernant l'établissement de relations interpersonnelles, de la capacité de travailler en équipe, de l'esprit d'initiative, du leadership et même de l'entrepreneurship.

Le superviseur joue un rôle important en ce qui a trait à la définition des exigences fondamentales du poste, car c'est lui qui révise la description de poste. Étant responsable des résultats de son service, il participe activement à la définition des exigences du poste et des critères de sélection.

6.4.2 Le choix des sources de recrutement

Les sources de recrutement sont multiples (*voir la figure 6.3*) et comportent chacune des avantages et des inconvénients. La catégorie d'employés recherchés, l'urgence de la situation, la réputation de l'entreprise ou du service, la vigueur de la compétition face au recrutement des ressources humaines sont quelques-uns des facteurs qui influent sur le choix des sources de recrutement.

Le recrutement interne

Les mutations, les promotions, la rotation des postes et le rappel d'employés mis à pied sont les principales sources de recrutement interne. Lorsque le recrutement se fait à partir du réservoir organisationnel interne, le superviseur joue un rôle important, car il participe directement aux mouvements du personnel, tels que les mutations et les promotions, par le biais de l'évaluation de ses employés et des relations qu'il entretient avec les autres superviseurs.

Les sources de recrutement   **Figure 6.3**

Sources de recrutement

Internes

Externes

- Mutations
- Promotions
- Rotation des postes
- Rappel d'employés mis à pied

- Journées portes ouvertes
- Salons
- Associations professionnelles
- Établissements d'enseignement
- Stages
- Syndicats
- Candidatures non sollicitées
- Réseau de relations
- Bureaux de placement publics
- Bureaux de placement privés
- Agences de placement temporaire

Les avantages et les inconvénients du recrutement interne

Les employés actuels de l'entreprise et ceux qui sont mis à pied temporairement représentent des candidats potentiels pouvant s'intégrer dans l'équipe de travail qui est à la recherche d'un nouveau membre. Parmi eux, certains n'utilisent pas pleinement leurs capacités et d'autres souhaitent relever de nouveaux défis. Une mutation ou une promotion au sein d'une équipe peut signifier pour eux un avancement dans leur carrière. Il s'agit, pour un employé, d'une occasion d'apprendre de nouvelles tâches et d'acquérir de l'expérience ; en outre, cela constitue un atout supplémentaire dans son plan de carrière. Le superviseur peut aussi jouer un rôle dans le recrutement en recommandant aux autres chefs de service des candidats prometteurs venant de son groupe d'employés.

Le recrutement interne est avantageux, car il fournit des candidats qui sont généralement familiarisés avec la philosophie, les objectifs et les politiques de l'organisation. Le coût du recrutement est réduit au minimum, car l'entreprise possède déjà de nombreux renseignements très fiables au sujet de ces personnes. La possibilité d'accéder à d'autres postes au sein de l'entreprise par voie de mutation ou de promotion représente une source de motivation pour les employés. Enfin, le recrutement interne donne une occasion unique de récompenser un employé dont le rendement est exceptionnel et qui se sent peut-être limité dans son poste actuel.

Notons qu'en plus du rendement beaucoup d'entreprises retiennent le critère de l'ancienneté pour accorder une mutation ou une promotion, surtout en raison des contraintes d'une convention collective.

Par contre, il ne faut pas négliger les inconvénients que comporte le recours au recrutement interne. Ainsi, il se peut que le candidat idéal ne se trouve pas dans l'organisation. Devant le rejet de sa candidature, un employé actuel peut éprouver de la frustration et réagir négativement, au point de démissionner. Les conflits internes, les jeux d'influences et les pressions sont susceptibles d'orienter le choix du candidat. En accordant un nouveau poste à un employé, l'entreprise déplace le problème de recrutement, car le superviseur qui voit un de ses employés partir pour occuper de nouvelles fonctions est à son tour dans l'obligation de combler le poste vacant. Il peut arriver que la mutation ou la promotion d'un seul employé entraîne le déplacement de plusieurs autres personnes. Dans ce cas, les coûts d'adaptation et de formation peuvent s'avérer très élevés.

Les sources de recrutement interne

Si son programme de formation fonctionne correctement, l'entreprise doit pouvoir compter un certain nombre de candidats aptes à remplir les postes disponibles. Une première source de recrutement interne consiste donc à déplacer un employé vers un autre poste semblable, à un niveau équivalent, autrement dit dans la mobilité latérale, ce qui correspond à la mutation. Bien que le salaire et le niveau de responsabilités restent les mêmes, la mutation permet à l'employé d'élargir sa connaissance de l'organisation et d'accroître son champ d'expérience. Tout comme pour la promotion, le rendement de l'employé et son ancienneté sont les critères généralement utilisés pour justifier une mutation.

La promotion d'un employé représente une autre source de recrutement interne. En plus de confirmer à l'employé l'importance de son apport, elle donne à l'entreprise la possibilité d'obtenir, sans investir trop d'énergie ou de ressources, un candidat bien préparé, connu et au fait de ses exigences.

La **rotation des postes** offre à l'organisation un outil de formation très intéressant. Elle lui permet, du moins sur une base temporaire, de combler un poste vacant en faisant appel à un candidat ayant beaucoup de potentiel.

Rotation des postes : Processus de déplacement de la main-d'œuvre d'un poste à l'autre de façon à accroître la variété du travail et à permettre la formation d'un employé.

Le **rappel d'un employé** mis à pied, licencié ou même à la retraite[11] représente une source de recrutement à la frontière des sources internes et des sources externes. La personne rappelée pour combler un poste n'appartient plus à l'organisation, mais elle possède toutes les caractéristiques des candidatures internes. En effet, elle connaît très bien l'organisation et cette dernière sait quel rendement le candidat peut fournir et le coût du recrutement est minime en comparaison de celui qu'occasionne un candidat n'ayant jamais été au service de l'entreprise.

Le recrutement externe

Lorsque le poste à combler est inclus dans une unité syndicale, c'est-à-dire que le détenteur du poste sera syndiqué, le recours au recrutement externe risque d'être soumis à des clauses de la convention collective. Le gestionnaire des ressources humaines doit donc s'assurer du respect de ces clauses avant de faire appel à des ressources extérieures.

Les principales sources de recrutement externe sont les candidatures non sollicitées, le réseau de relations, les bureaux de placement publics, les bureaux de placement privés, les agences de placement temporaire, les journées portes ouvertes, les salons, les associations professionnelles, les établissements d'enseignement, les stages et les syndicats.

Les avantages et les inconvénients du recrutement externe

Généralement, les entreprises font du recrutement à partir de sources externes lorsqu'elles ne trouvent pas parmi leurs employés le candidat désiré pour combler un poste. Le recrutement externe consiste à rechercher des candidats à l'extérieur de l'organisation, à les encourager à poser leur candidature et à accepter les emplois offerts. Il existe une grande variété de sources externes.

Les principaux avantages du recrutement externe découlent de la formation et de l'expérience différentes des candidats, qui peuvent ainsi permettre à l'entreprise de se renouveler. Ces candidats ne connaissent peut-être pas l'entreprise qui veut les recruter, mais ils connaissent parfois ses concurrents et leur philosophie. Enfin, les candidats de l'extérieur peuvent maîtriser des technologies nouvelles que l'entreprise n'a pas encore incorporées dans son mode de gestion ou d'exploitation.

Par contre, étant donné qu'il est plus difficile de colliger des renseignements précis et fiables sur les candidatures issues de l'extérieur, la marge d'erreur dans la sélection est plus grande. Il ne faut pas négliger non plus la frustration que peuvent ressentir les employés lorsqu'ils voient une personne de l'extérieur de l'entreprise obtenir un poste convoité. En outre, la période d'intégration d'un candidat de l'extérieur dans un poste donné est plus longue que celle d'un candidat de l'intérieur. Enfin, le coût du recrutement est évidemment plus élevé lorsque l'entreprise recherche des candidats sur le marché du travail plutôt que dans ses rangs.

Les sources de recrutement externe

Les personnes qui font parvenir leur curriculum vitæ par la poste ou qui se présentent aux bureaux de l'organisation pour remettre leur curriculum vitæ ou pour remplir un formulaire de demande d'emploi entrent dans la catégorie des **candidatures non sollicitées**. Cette source de recrutement, qui exige de l'entreprise un effort d'analyse, représente un excellent moyen de se constituer une banque de

---

11. Voir E. Miller, « Capitalizing on older workers », *Canadian HR Reporter*, vol. 10, n° 2, 16 juin 1997, p. 14 ; T. Saba, G. Guérin et T. Wils, « Gérer l'étape de fin de carrière », *Gestion 2000*, février 1997, p. 165-181.

candidats à un coût minime. Afin de réduire les ressources consacrées à l'analyse des curriculum vitæ, nombreuses sont les entreprises qui invitent les candidats à remplir un formulaire que l'on trouve sur leur site Internet[12]. Nous aborderons plus loin cette technique de recrutement externe.

Le **réseau de relations** personnelles et professionnelles des superviseurs est une source de recrutement très économique. Il suffit au superviseur de mentionner, au moment de rencontres avec les fournisseurs, les clients ou toute autre relation d'affaires, qu'il est à la recherche de candidats correspondant à un profil précis. Lorsqu'on procède de cette manière, il arrive souvent qu'une de ces personnes ait un candidat à recommander. Cette source informelle peut s'avérer efficace, car la personne qui recommande un candidat connaît déjà l'entreprise et fort probablement le candidat en question.

Les **bureaux de placement publics**, aussi connus sous les noms de Service national de placement du ministère du Développement des ressources humaines Canada (DRHC)[13] et de Centres locaux d'emploi (CLE)[14] du ministère de l'Emploi et de la Solidarité sociale du Québec, qui assument depuis le 1er avril 1998 la responsabilité des mesures actives, sont des services gouvernementaux mis à la disposition des demandeurs d'emploi et des entreprises. Le centre agit comme un courtier en réalisant l'appariement entre les besoins des employeurs et les demandeurs d'emploi. Ce service est gratuit.

Les **bureaux de placement privés** sont des agences qui effectuent le travail de recrutement de candidats pour un poste donné, généralement un poste de cadre, de professionnel ou de technicien. Parfois, ces agences effectuent une présélection et ne présentent à l'entreprise cliente qu'un ou deux candidats. Les services de ces bureaux de placement sont payés par l'entreprise ; les honoraires exigés sont de l'ordre de 15 % à 30 % du salaire annuel total du candidat retenu, pour la première année.

Les **agences de placement temporaire** offrent aux entreprises ayant des besoins à court terme des candidats compétents et intéressés à occuper un emploi temporaire ou à temps partiel. Pendant une surcharge de travail, la période de vacances, les congés de maladie ou la mise sur pied d'un projet spécial, l'entreprise peut combler rapidement ses besoins sans s'engager à long terme avec un employé dont elle ne requiert les services que de façon temporaire. Ainsi, pour combler temporairement les postes de gardiens, de préposés à l'entretien, d'employés de bureau, d'infirmières ou de caissières dans une caisse populaire, les entreprises peuvent faire appel à ces agences. Le contrat lie l'entreprise à l'agence, alors que l'employé est toujours lié à l'agence, qui lui verse sa rémunération. Il reste que si l'employé temporaire répond aux exigences de l'entreprise, celle-ci peut toujours lui offrir un poste permanent. Dans ce cas, certaines règles s'appliquent afin de dédommager l'agence qui a recruté le candidat.

Les journées portes ouvertes et les visites d'entreprises sont consacrées à des rencontres avec le public en général ; elles permettent surtout à des groupes cibles, comme les futurs diplômés, de discuter avec les membres de l'entreprise de possibilités de carrière. Certaines entreprises organisent périodiquement ces visites, tandis que d'autres le font lorsqu'elles entrevoient la signature d'un contrat important qui

Réseau de relations : Ensemble des relations d'affaires, des connaissances et des amis qui peuvent fournir de l'information ou mettre en contact des candidats intéressants avec des employeurs potentiels.

Bureau de placement public : Réseau de centres gouvernementaux de placement et de services pour les chercheurs d'emploi et les employeurs.

Bureau de placement privé : Bureau privé et à but lucratif s'occupant de recruter et de sélectionner des candidats pour un employeur, moyennant rémunération.

Agence de placement temporaire : Bureau de placement privé qui « loue » des employés supplémentaires aux entreprises qui en font la demande, ce qui évite à ces dernières de recruter du personnel qu'elles devront mettre à pied à court terme.

---

12. Voici quelques sites à visiter : www.bell.workpolis.com/fr ;
    www.hydroquebec.xca/emploi/index/shtml ; www.bombardier.com.
13. Voir le site du gouvernement fédéral pour les offres d'emplois publics et privés :
    www.jobs.gc.ca/menu/home_f.htm.
14. Voir le site www.mess.gouv.qc.ca/francais/spligne/cle/emploi.htm.

nécessitera l'embauche de plusieurs employés. Le superviseur doit se préparer soigneusement pour ces rencontres, car il sera l'ambassadeur de l'entreprise.

Les salons, les expositions, les séminaires et les congrès sont des occasions de rencontre avec des candidats potentiels, car ces événements réunissent des gens appartenant à un domaine ou à une industrie en particulier. Chacun des participants ou des visiteurs constitue un candidat potentiel. Les personnes déléguées par l'entreprise pour assister à ces rencontres doivent aussi assumer un rôle de recruteur.

Les associations professionnelles, les établissements d'enseignement et les organismes de développement économique, tels que l'Ordre des comptables, les collèges ou les chambres de commerce, sont autant de sources fiables et très économiques pour recruter des candidats.

En plus d'entretenir des relations avec les enseignants de certains établissements d'enseignement, le superviseur peut recourir à des stages d'un mois ou d'une session, ou encore adhérer à un programme de coopération avec des universités. Cette source de recrutement s'avère peu coûteuse. En outre, le superviseur pourra évaluer le stagiaire pendant une longue période et, surtout, dans un contexte réel de travail. Aucune technique d'entrevue ni aucun test ne peut rivaliser avec une évaluation de cette qualité.

Les syndicats sont une source de recrutement très efficace et très économique, surtout lorsque l'entreprise est à la recherche d'un employé devant posséder une carte de compétence. Dans certains milieux, il y a obligation pour l'employeur de recourir au syndicat pour recruter des employés.

6.4.3   Le choix des techniques de recrutement

Les diverses techniques de recrutement sont présentées dans la figure 6.4.

Les techniques de recrutement — **Figure 6.4**

Techniques de recrutement

Interne

- Organigramme prévisionnel
- Affichage de postes
- Recommandations des employés

Externe

- Radio
- Télévision
- Panneaux-réclames
- Autres formes d'affichage
- Magazines spécialisés
- Banques informatisées de candidats de firmes de recrutement
- Internet

Les techniques de recrutement interne

Les techniques de recrutement interne les plus couramment utilisées sont l'organigramme prévisionnel, l'affichage de postes et les recommandations des employés.

L'organigramme prévisionnel et les dossiers des employés sont des sources de recrutement auxquelles l'entreprise peut faire appel si elle désire entrer en contact elle-même avec un candidat intéressant. Par contre, lorsqu'elle souhaite que l'employé fasse les premiers pas, l'affichage de postes et les recommandations de candidats par les employés représentent des techniques employées fréquemment.

L'**affichage de postes** consiste à afficher sur un babillard de l'entreprise les offres d'emplois, lesquelles comportent une description complète des emplois en question et de leurs exigences. Cette technique de recrutement crée un climat de franchise au sein de l'organisation, car elle témoigne de la transparence de la part de la direction et fournit aux employés intéressés l'occasion de développer leurs compétences dans d'autres fonctions.

Les recommandations de candidats par les employés en place peuvent reposer sur le bouche à oreille, mais dans certains cas elles peuvent s'inscrire dans un programme formel où les employés qui proposent des candidats reçoivent une récompense pécuniaire pour tout candidat embauché. Ainsi, même si les candidats proviennent de l'extérieur, la source de cette technique se trouve à l'intérieur de l'entreprise. Celle-ci évite alors de dépenser de l'énergie et des ressources en vue de dénicher et d'attirer des candidats. L'employé effectue lui-même la démarche de prospection ; il sélectionne parmi ses connaissances un candidat qui présente un profil correspondant à celui du poste offert et, surtout, il se charge de convaincre ce candidat des avantages que comporte le fait de se joindre à l'organisation[15]. De cette manière, un travail d'appariement est déjà accompli en partie. Par contre, cette technique favorise le **népotisme** et peut représenter un risque de pratique discriminatoire interdite par la Charte des droits et libertés de la personne (du Québec).

Affichage de postes : Procédure qui consiste à afficher sur un babillard de l'entreprise les offres d'emplois.

Népotisme : Forme de corruption où des personnes profitent de leur situation pour accorder des faveurs ou des places privilégiées à leurs parents et amis, souvent sans tenir compte des capacités et de la valeur personnelle de ces derniers.

Les techniques de recrutement externe

Les médias, comme les journaux (*La Presse, Les Affaires, Le Journal de Montréal*, etc.), la radio et la télévision, les panneaux-réclame et toute autre forme d'affichage, sont des techniques de recrutement externe souvent utilisées pour combler des besoins urgents de l'entreprise ; toutefois, ces techniques s'avèrent coûteuses en général. Les autres médias, tels les mensuels et les magazines spécialisés, ont l'avantage d'attirer l'attention de nombreux candidats à un coût raisonnable pour l'entreprise. Ils constituent d'ailleurs une technique traditionnelle de recrutement externe. Les magazines spécialisés s'adressent à un groupe plus restreint de candidats potentiels, mais les lecteurs correspondent mieux à la cible visée si le choix du magazine est pertinent. D'ailleurs, on constate de nos jours que certaines entreprises ont tendance à transformer leurs offres d'emplois en une véritable campagne de charme...

Les banques informatisées de candidats sont produites par des entreprises spécialisées qui rendent leurs données accessibles à leurs clients, leur permettant de sélectionner une liste de candidats répondant à leurs besoins.

---

15. Lire à ce sujet A. Halcrow, « Employees are your best recruiters », *Personnel Journal*, novembre 1988, p. 42-49 ; R. P. Vecchio, « The impact of referral sources on employee attitudes : Evidence from a national sample », *Journal of Management*, vol. 21, nᵒ 5, 1995, p. 953-965.

Chaque jour, les entreprises découvrent les avantages d'utiliser le réseau Internet[16] pour se faire connaître ou pour vendre leurs produits et leurs services. Plusieurs ont compris qu'elles peuvent aussi afficher 24 heures par jour, sans limites géographiques[17], les emplois qu'elles désirent combler. Là-dessus, plusieurs professionnels, scientifiques et travailleurs spécialisés diffusent depuis longtemps leur curriculum vitæ[18] sur leur propre site Web.

6.4.4 L'évaluation de l'efficacité d'une source de recrutement[19]

Afin de mesurer l'efficacité du recrutement, on peut utiliser différents critères. Ces critères servent aussi à évaluer l'efficacité d'une source de recrutement ou d'une technique de recrutement en fonction de la catégorie d'emplois offerts.

Les principaux critères sont le nombre de candidatures pour une campagne de recrutement, le nombre de candidatures selon la source, le nombre de candidatures retenues selon la source, le délai entre le début de la recherche de candidats et la présentation des candidatures, le coût du recrutement pour chaque candidature, le coût du recrutement pour chaque poste à combler et le nombre de candidatures retenues par rapport au total des candidatures.

Le service des ressources humaines – et cela est valable pour chacune de ses activités – n'a de raison d'exister dans une organisation que s'il offre à celle-ci une valeur ajoutée, c'est-à-dire un service indispensable à un coût concurrentiel.

6.5 La sélection des candidats

La sélection consiste à évaluer et à choisir parmi les candidats celui que l'on considère comme qualifié et compétent, capable de fournir un rendement satisfaisant dans un poste donné. Il ne s'agit nullement de rechercher le candidat exceptionnel, mais plutôt de trouver le candidat qui convient à l'emploi offert. Par conséquent, il faut absolument que les critères de sélection utilisés soient liés directement au profil des exigences du poste qui a été établi au moment de l'analyse des tâches.

Prédicteur : Élément d'information permettant de prédire le succès d'un candidat dans un emploi donné, s'il est embauché.

Ces critères de sélection, qui sont des **prédicteurs**, décrivent des comportements observables et mesurables, qui permettent de prévoir le rendement futur du candidat. Le nombre de prédicteurs retenus par l'entreprise pour sélectionner un candidat varie selon le poste, le délai pour combler ce poste, la qualité des descriptions de postes, etc. Qu'exige-t-on d'un enseignant de chimie ? Qu'il connaisse la matière enseignée. Voilà un processus de sélection comptant un seul prédicteur. Dans ce cas-ci, un individu détenant un doctorat en chimie constituerait un candidat valable.

Par contre, peu d'emplois peuvent se contenter d'un seul prédicteur car presque tous comprennent plusieurs dimensions. Ainsi, l'enseignant de chimie, en plus de connaître sa matière, doit être capable de la communiquer ; il doit pouvoir écrire et parler la langue d'usage avec une grande précision ; il doit posséder l'esprit de collaboration nécessaire à la vie dans le département, et plus encore. L'ensemble

---

16. Voir B. P. Sunoo, « Thumbs up for staffing Web sites », *Workforce*, octobre 1997, p. 67-72.
17. Voir les sites suivants : www.bell.workpolis.com/fr ; www.jobboom.com ; et surtout le site www.WorkTree.com, où des millions d'emplois sont affichés.
18. Voir « Votre CV sur Internet », www.lerucher.com/dossiers/1200/info1.asp?from=internet_utile.
19. Lire à ce sujet Jac Fitz-enz et Barbara Davison, *How to Measure Human Resources Management*, 3e éd., New York, McGraw-Hill, 2001, chap. 6.

de ces prédicteurs permet de porter un jugement sur la qualité du candidat ; il faut donc les mesurer tous avant de prendre une décision finale. Cependant, certains prédicteurs sont déterminants ; on doit alors les mesurer dès le début du processus de sélection afin d'éviter une dépense inutile d'énergie.

Par exemple, si la capacité de parler au moins trois langues est requise, il est inutile de vérifier les références du candidat, de le convoquer à une entrevue ou de lui faire passer des tests si, au préalable, personne n'a vérifié s'il était trilingue.

L'ordre des étapes de la sélection varie selon les postes à combler[20] et, souvent, selon des critères pratiques. Les tests psychométriques entraînant un coût élevé, ils seront présentés seulement aux candidats qui ont franchi l'étape de l'entrevue. Toutefois, il aurait été fort utile à l'intervieweur d'avoir en sa possession les résultats des tests pour préparer son entrevue.

Nous verrons maintenant une suite d'étapes, dont l'ordre peut cependant être modifié. En outre, selon les critères retenus, il faut insister davantage sur certaines étapes du processus de sélection, alors que d'autres étapes pourraient être sautées.

6.6   Les étapes du processus de sélection

La première étape du processus de sélection est la présélection, qui consiste à analyser les formulaires de demande d'emploi et les curriculum vitæ. Cette étape est suivie de la vérification des références fournies par les candidats ou jointes aux formulaires. Ensuite, il y a l'entrevue de sélection, qui est réalisée par les responsables du service des ressources humaines et les superviseurs. Suit la passation de tests psychométriques, qui visent à évaluer certaines caractéristiques des candidats. Puis, on offre l'emploi au candidat choisi. L'étape finale consiste à faire passer à ce dernier des tests médicaux et d'aptitudes physiques (*voir la figure 6.5*).

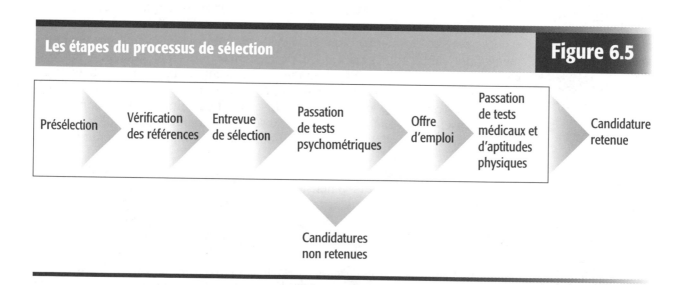

Les étapes du processus de sélection   **Figure 6.5**

Présélection ▸ Vérification des références ▸ Entrevue de sélection ▸ Passation de tests psychométriques ▸ Offre d'emploi ▸ Passation de tests médicaux et d'aptitudes physiques ▸ Candidature retenue

Candidatures non retenues

---

20. Les sites suivants fournissent des exemples d'étapes de sélection respectivement à la Sûreté du Québec et à la Police provinciale de l'Ontario :
   www.surete.qc.ca/accueil/recrutement/recrutement4.html et
   www.gov.on.ca/opp/recruit/french/hiring.htm.

6.6.1 La présélection

Les renseignements recherchés

Le formulaire de demande d'emploi et le curriculum vitæ représentent la source première de collecte de renseignements sur le candidat. Ces renseignements concernent la situation actuelle du candidat de même que les principaux événements qui témoignent de son évolution. Dans ces documents, on trouve la formation du candidat et ses expériences qui font la preuve de sa compétence à remplir le poste. Notons que le curriculum vitæ permet au candidat de se mettre en valeur ; il contient ce qu'il veut que l'entreprise sache. Quant au formulaire de demande d'emploi, il contient ce que l'entreprise veut savoir. Il n'y a pas lieu de remplacer un document par l'autre, puisque chacun a son utilité propre.

Les renseignements ayant trait au passé constituent en fait des prédicteurs. Ce sont des comportements, observables et mesurables, qui permettent de prévoir le rendement futur du candidat. La somme des renseignements obtenus à l'aide de ces deux documents exige – une fois, bien entendu, leur fiabilité validée – un traitement prudent afin d'éviter la surévaluation ou la sous-évaluation du candidat. Lorsque le gestionnaire utilise ces renseignements comme prédicteurs, il doit accorder à chacun d'eux un poids selon sa pertinence en tant que valeur prédictive. Ainsi, la feuille d'analyse des demandes d'emploi et des curriculum vitæ comprend une liste de critères, comme la scolarité, l'expérience ou l'évolution des responsabilités dans les emplois passés, qui reçoivent chacun une pondération spécifique (*voir le document 6.1*). À partir de ces résultats, on peut déterminer si le candidat répond aux exigences du poste et procéder à une première sélection des candidatures.

Il est préférable, désormais, de rédiger le curriculum vitæ par compétences, c'est-à-dire de mettre en valeur l'expérience professionnelle et les résultats obtenus,

---

Document 6.1 | **Feuille d'analyse des demandes d'emploi et des curriculum vitæ**

En fonction de l'emploi offert

	Faible	Acceptable	Moyen	Bon	Intéressant		
Compétences	1	2	3	4	5	s/o	n/a
Objectifs personnels	1	2	3	4	5	s/o	n/a
Formation générale	1	2	3	4	5	s/o	n/a
Formation spécifique	1	2	3	4	5	s/o	n/a
Pertinence de l'expérience	1	2	3	4	5	s/o	n/a
Nombre d'années d'expérience	1	2	3	4	5	s/o	n/a
Responsabilités	1	2	3	4	5	s/o	n/a
Liberté d'action	1	2	3	4	5	s/o	n/a
Supervision reçue	1	2	3	4	5	s/o	n/a
Supervision exercée	1	2	3	4	5	s/o	n/a
Disponibilité	1	2	3	4	5	s/o	n/a
Évaluation globale	1	2	3	4	5	s/o	n/a
Candidature	Rejetée		Incertaine		Intéressante	Autre emploi	

s/o : sans objet
n/a : renseignement non accessible dans le curriculum vitæ

plutôt que de procéder par ordre chronologique des activités professionnelles[21]. À la différence du curriculum vitæ traditionnel, qui liste les emplois par ordre chronologique et qui reflète le passé, le curriculum vitæ par compétences est tourné vers l'avenir. Il sert d'argumentaire sur ce que le candidat sait faire. Cette formule[22] repose sur le « contenant » (des noms représentant des actions), le « contenu » (appliqué à un objet), et le « contexte » (le lieu). Par exemple, nous écrirons « Organisation (contenant) des activités de production (contenu) dans un contexte de juste-à-temps (contexte). Une compétence ou une habileté acquise dans un contexte pourra ainsi être utilisée dans un autre type de travail : il s'agit de faire ressortir la compétence sous la description des tâches (*voir le document 6.2*). Le curriculum vitæ par compétences place à l'avant-scène les réalisations professionnelles du candidat. Il permet d'orienter l'entrevue de sélection en fonction de ses compétences et non du poste occupé et de ses employeurs précédents, de prendre conscience de ses forces, de relever ce qu'il souhaite faire et ce qu'il ne veut plus faire, et de susciter l'intérêt de l'employeur, qui dispose de peu de temps, en lui présentant un « portrait-robot » de ses compétences.

Les renseignements à ne pas demander

Les critères utilisés pour sélectionner un candidat doivent reposer sur les exigences de l'emploi. Dans ces conditions, de nombreux renseignements qui étaient autrefois demandés, parce qu'ils fournissaient à l'entreprise des informations intéressantes sur les candidats, sont maintenant à bannir.

Document 6.2 | **La rédaction d'un curriculum vitæ par compétences**

1. Faites l'inventaire des connaissances et des savoir-faire acquis, à travers les emplois occupés.

2. Établissez entre eux des points communs, qui serviront à brosser le portrait de vos compétences. Il s'agit ensuite de « reprojeter ces compétences dans ce que vous voulez faire ».

3. Classez les parcours professionnels par domaine d'expérience ou par secteur d'activité : « Représentation et communication », « Rédaction », « Administration », « Organisation de projets », etc.

4. Énoncez vos compétences par un nom d'action : « Rédaction », « Mise en place et coordination de différents comités », « Conception et fabrication assistées par ordinateur », « Évaluation des procédés administratifs et recommandations », « Calcul des prix de revient et préparation des états financiers », etc.

5. Inscrivez ensuite vos principales réalisations.

6. Complétez par votre cheminement professionnel et les emplois occupés, votre formation, votre engagement social, vos loisirs et intérêts, etc.

7. Rédigez le tout de manière à ce qu'il tienne sur un maximum de deux pages et demie. Il peut débuter par un sommaire, qui permet de saisir votre portrait professionnel en moins de quatre lignes.

Extrait de Stéphane Boudriau, *Le CV par compétences : Votre portefeuille pour l'emploi*, 2e édition, Montréal, Éditions Transcontinental, Collection Affaires Plus, 2002 ; http://www.formesure.com/cvparcompetences/ ; http://mokasofa.com/CARRIERE/THEME/expert/02130108.asp.

---

21. Voir à ce sujet le site du Service de développement d'employabilité de la Montérégie, www.sdem-semo.org/05_modele.asp#haut.
22. Stéphane Boudriau, *Le CV par compétences : votre portefeuille pour l'emploi*, 2e éd., Montréal, Éditions Transcontinental, coll. « Affaires Plus », 2002.

Les conséquences légales découlant de la Charte des droits et libertés de la personne[23] amènent à éviter de poser certaines questions au candidat ou à exiger de lui certaines démarches, par exemple lui demander une photo, parce qu'elles pourraient révéler des renseignements sur sa race, son origine nationale ou ethnique, la couleur de la peau, son sexe, sa religion, son âge, son orientation sexuelle, son état civil, ses convictions politiques, sa langue maternelle, sa condition sociale, un handicap physique ou intellectuel ou l'existence d'un casier judiciaire.

Bien entendu, le superviseur ou l'intervieweur du service des ressources humaines peut demander ces renseignements au candidat après son embauche pour répondre à des besoins administratifs associés notamment aux assurances ou au permis de travail. Par ailleurs, les exigences de l'emploi peuvent obliger le candidat retenu à subir un examen médical afin que soit vérifiée sa capacité d'occuper le poste offert.

Les règles d'utilisation des formulaires

La validité de cette méthode de présélection est reconnue depuis longtemps. Il s'agit, par exemple, de concevoir méthodiquement des formulaires de demande d'emploi en analysant les renseignements qui peuvent en découler et en vérifiant si tous les renseignements nécessaires ont été demandés.

L'analyse des demandes d'emploi et des curriculum vitæ permet, dans un premier temps, de vérifier la présentation de ces documents, en l'occurrence leur présentation matérielle, quoique dans de nombreux cas le candidat puisse faire réaliser la mise en pages de son curriculum vitæ par un graphiste professionnel. Il faut surtout considérer la présentation des éléments importants, leur mise en évidence et l'absence de renseignements inutiles. Le style employé dans la présentation du curriculum vitæ et la lettre d'introduction pourront fournir à l'entreprise des indices sur l'originalité ou le conformisme du candidat ainsi que sur sa capacité d'attirer l'attention. Cependant, les compétences et la qualification du candidat sont les éléments les plus importants qu'il faut analyser dans ces documents. D'ailleurs, ce sont ces seuls points qui sont analysés lorsque le candidat expédie son curriculum vitæ par courrier électronique.

6.6.2 La vérification des références

Aucun gestionnaire n'aimerait découvrir que la dénomination « assistant-gérant » dans le curriculum vitæ d'un candidat signifiait en fait qu'il était commis-livreur et employé unique du propriétaire d'un petit magasin d'alimentation qui, lui, était le gérant, ou que le responsable de la paye dans une petite entreprise était en fait le commis qui calculait les heures travaillées et établissait le montant dû à chaque employé. Bien que le contenu des curriculum vitæ soit généralement conforme à la vérité, il ne faut pas oublier que certains candidats donnent une orientation favorable à leurs expériences passées en exagérant, par exemple, les responsabilités qu'ils détenaient dans les postes occupés. D'autres éludent une période de leur vie professionnelle comportant trop d'éléments négatifs. Enfin, certains falsifient carrément leur curriculum vitæ[24].

---

23. *Questions permises et défendues lors de l'entrevue de sélection*, Commission des droits de la personne du Québec. Lire à ce sujet *Les guides*:
www.cdpdj.qc.ca/fr.guides/indexéasp?noeud1=2&noeud2=7cle-0
24. Michel Lizotte, « Bien vérifier les références n'est pas un luxe » dans *Les Affaires*, 73, n° 9, 3 mars 2001, p. 33 ; Bernard Gauthier, « Les demi-vérités dans les cv » dans *Les Affaires*, 72, n° 13, 25 mars 2000, p. 25.

La vérification des références et des lettres de recommandation peut se faire avant ou après l'entrevue. Les renseignements à vérifier en priorité sont les données objectives telles que les dates, les diplômes ou les responsabilités décrites dans le formulaire. Mais il est aussi intéressant d'obtenir des commentaires relativement aux attitudes et aux comportements manifestés dans les emplois précédents. L'étendue des vérifications est fonction du poste offert et de son niveau hiérarchique[25].

Il est important, également, de vérifier la scolarité des candidats. Le fait d'avoir réussi un ou deux cours dans un programme de baccalauréat ne justifie pas la mention « Études de baccalauréat en administration ». Quant aux lettres de recommandation, elles sont toujours positives ; s'il y avait des lettres négatives, elles ne seraient évidemment pas jointes au curriculum vitæ. Par contre, les ex-employeurs sont une source de premier ordre pour l'obtention de données significatives.

Les règles de la Charte des droits et libertés de la personne (du Québec) s'appliquent aussi à cette étape. Compte tenu des répercussions légales et du risque de poursuite, plusieurs employeurs choisissent de ne transmettre que des renseignements factuels et professionnels, sans émettre d'opinion sur leur ex-employé[26]. Certaines firmes, telle InfoCheck[27], se spécialisent dans la vérification des données concernant les candidats d'une entreprise.

6.6.3   L'entrevue de sélection

L'entrevue de sélection est une rencontre structurée entre un candidat et un intervieweur dans le but d'échanger de l'information, d'établir si les caractéristiques et les compétences du candidat sont conformes aux exigences du poste offert et de vérifier si ce poste convient aux aspirations du candidat. Aucune méthode ne peut se substituer à l'entrevue du candidat par le superviseur. Celle-ci fournit en effet l'occasion de compiler de nombreux renseignements concernant les expériences du candidat, son attitude et ses aspirations. Même s'il s'agit surtout d'une recherche mutuelle d'informations, l'entrevue constitue aussi une étape de l'évaluation.

Les qualités interpersonnelles, d'analyse et d'observation de l'intervieweur, et surtout sa capacité de prédire le rendement et le comportement futurs du candidat sont la base du succès de l'entrevue de sélection. En effet, au cours de l'entrevue de sélection[28], le superviseur cherche à évaluer le candidat et à prédire son rendement et son comportement dans le poste offert. Il profite de celle-ci pour se faire une impression générale du candidat. Il doit également décrire le poste, ses exigences et les différents objectifs de l'organisation le plus objectivement possible afin de permettre au candidat de se faire une idée juste de l'emploi offert.

De son côté, le candidat doit essayer d'obtenir les renseignements dont il a besoin sur le poste offert et sur l'entreprise. Plus encore, il doit veiller à présenter une image qui fera ressortir ses caractéristiques et ses qualités pertinentes par rapport au poste à combler.

---

25. E. C. Andler et Herb Dara, *The Complete Reference Checking Hand Book*, New York, Amacom, 2003.

26. « Reliable references are getting difficult to find », *The Wall Street Journal*, 23 février 1993, p. A1.

27. Voir à ce sujet www.infocheck.com/framesaboutus.html.

28. On peut trouver des guides d'entrevues de sélection à la Commission canadienne des droits de la personne, Bureau régional du Québec, 1253, avenue McGill College, bureau 470, Montréal (Québec) H3B 2Y5. Téléphone : (514) 283-5218, ATS : 1 888 643-3304, télécopieur : (514) 283-5084.

Les types d'entrevues

Les entrevues peuvent être classées selon différents critères, soit le nombre d'intervieweurs, le nombre d'entrevues et les types d'entrevues. L'intervieweur, en l'occurrence le superviseur, est seul avec le candidat dans certains cas, alors que dans d'autres cas les entrevues sont menées par deux personnes ou même un comité. Quant au nombre d'entrevues, il est très souvent limité à une seule. Certaines entreprises effectuent une entrevue de présélection, une entrevue avec le superviseur éventuel, une ou plusieurs entrevues avec d'autres cadres de l'entreprise et une entrevue avec un représentant du service des ressources humaines ; ces différentes entrevues ne se déroulent pas nécessairement dans cet ordre.

Lorsque le poste à combler implique un travail en équipe, il est important que plusieurs membres de l'équipe rencontrent le candidat, d'où l'intérêt pour les entrevues menées par un comité. Les membres du groupe peuvent aussi rencontrer individuellement le candidat et limiter leur intervention au domaine de leur expertise. La possibilité de comparer les fiches d'évaluation des entrevues à la fin de l'exercice représente une technique d'évaluation très pertinente, car elle permet d'éviter les biais personnels et les préjugés.

Les entrevues sont surtout classées selon les techniques utilisées. Ainsi, il existe deux types d'entrevues, soit l'entrevue structurée et l'entrevue non structurée. **L'entrevue structurée** consiste à préparer une liste de questions précises qui seront posées à tous les candidats. Les gestionnaires auront ainsi l'assurance que tous les aspects importants qu'ils désirent aborder dans l'entrevue seront évoqués. Cette technique facilite grandement les comparaisons entre les résultats des différents candidats.

L'entrevue non structurée consiste, pour l'intervieweur, à lancer l'entrevue à l'aide de quelques questions préparées et à laisser les réponses et les commentaires du candidat orienter ses autres questions. Ce type d'entrevue, qui est plus informel, exige une certaine expérience de la part de l'intervieweur afin d'atteindre les objectifs recherchés. Il s'appuie donc sur la compétence de l'intervieweur.

Le déroulement de l'entrevue de sélection

L'entrevue de sélection vise principalement quatre objectifs, qui ne seront pas nécessairement atteints dans une même séance. D'abord, au cours de l'entrevue, l'employeur cherche à obtenir des renseignements relatifs au candidat. Ensuite, l'entrevue offre l'occasion de répondre à toutes les interrogations du candidat. Puis, le superviseur tente d'évaluer le candidat en fonction du poste offert. Enfin, le superviseur essaie de convaincre le candidat d'accepter le poste, si sa candidature est retenue. La réalisation de ces objectifs obéit à un processus comprenant huit étapes, lesquelles sont illustrées à la figure 6.6.

La première étape consiste pour le superviseur à préparer l'entrevue en prenant connaissance de la description du poste et de ses exigences. Il doit aussi prendre connaissance du curriculum vitæ du candidat et noter les points sur lesquels il désire obtenir des éclaircissements. Il ne faut pas oublier que le candidat a fort probablement passé plusieurs heures à se renseigner sur l'entreprise, ses produits, son marché et ses états financiers. Peut-être s'est-il même préparé au rôle d'interviewé. L'intervieweur doit également aménager la salle de rencontre. Il ne doit y avoir aucun document non pertinent sur le bureau, l'éclairage doit être normal, les fauteuils doivent être confortables et, surtout, l'intimité doit être garantie.

Entrevue structurée : Entretien pendant lequel l'intervieweur utilise une série de questions précises préparées à l'avance et qui seront posées à tous les candidats.

Entrevue non structurée : Entretien pendant lequel l'intervieweur lance l'entrevue à l'aide de quelques questions préparées et laisse les réponses et les commentaires du candidat orienter les autres questions.

Figure 6.6

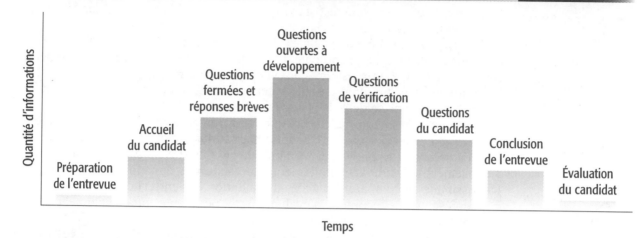

Au moment de la deuxième étape, le superviseur accueille le candidat et crée un climat de confiance. Les premières questions sont neutres et il est facile d'y répondre. Il s'agit avant tout d'établir une communication avec le candidat en cherchant à susciter une atmosphère de relaxation. Il y a lieu, à cette étape, d'expliquer au candidat le déroulement de l'entrevue, les buts recherchés et la place qu'occupe cette entrevue dans le processus d'embauche.

Au cours de la troisième étape, l'intervieweur utilise des **questions fermées** de manière à rassurer le candidat et à lui permettre de répondre brièvement. Il doit maîtriser pleinement l'entrevue du début à la fin. À partir de cet instant, les questions sont des moyens d'inciter le candidat à communiquer les renseignements que l'intervieweur veut connaître.

À la quatrième étape, l'intervieweur pose des **questions ouvertes** qui appellent des réponses plus détaillées. Des questions ouvertes telles que « Décrivez-moi… », « Pourquoi avez-vous… », « Expliquez-moi… » ou « Parlez-moi de… » donnent la chance au candidat d'expliquer son point de vue, d'apporter des précisions sur sa formation, ses expériences, ses réalisations et ses objectifs. Il importe de découvrir non seulement ce que le candidat a réalisé, mais aussi pourquoi il a entrepris telles études, pourquoi il a accepté tel emploi, pourquoi il a aimé les responsabilités qui ont été les siennes et pourquoi il veut quitter son emploi pour un poste dans l'entreprise. L'intervieweur doit alors se renseigner auprès du candidat sur les aspects suivants : « Que recherchez-vous dans notre entreprise ? », « Que pouvez-vous apporter à notre entreprise ? », « Comment vous définissez-vous ? », « Qu'exigez-vous pour vous joindre à notre entreprise ? » (*voir le tableau 6.1*)[29]. Bien entendu, l'intervieweur doit écouter attentivement le candidat et l'évaluer.

Question fermée : Question qui exige une réponse brève telle que « oui », « non », « beaucoup » ou « jamais ».

Question ouverte : Question qui exige une certaine élaboration de la réponse. Les questions ouvertes commencent généralement par « Expliquez-moi… », « Décrivez-moi… », « Pourquoi… », « Comment… », etc.

---

29. Si vous cherchez, à titre de candidat, des réponses aux 200 questions d'entrevue les plus difficiles, vous devez lire Martin Yate, *Knock'em Dead 2003*, 14e éd., Holbrook (Mass.), Adams Media Corporation, 2002.

Tableau 6.1 Suggestions de questions ouvertes pour l'entrevue

- « Décrivez une journée de travail typique dans vos fonctions actuelles. »
- « Dans votre emploi actuel, quelles sont les responsabilités que vous assumez avec le plus de facilité ? »
- « Dans votre emploi actuel, pour l'exercice de quelles responsabilités avez-vous besoin d'aide ou d'appui ? »
- « Quel est le problème majeur que vous avez éprouvé dans votre travail ? Comment l'avez-vous réglé ? »
- « Décrivez vos responsabilités et vos tâches dans votre poste actuel. »
- « Lorsqu'un problème vous dépasse, qui consultez-vous ? »
- « Qu'aimez-vous le plus dans votre poste actuel ? Qu'aimez-vous le moins ? »
- « Qu'avez-vous apporté de nouveau dans votre poste depuis que vous avez été embauché ? »
- « Vous a-t-on félicité pour une réalisation précise ? Si oui, laquelle ? »
- « Comment entrevoyez-vous l'emploi que nous offrons ? »
- « Si vous deviez être embauché, à quoi vous attaqueriez-vous immédiatement ? »
- « Quelle fonction aimeriez-vous occuper dans cinq ans ? »
- « Qu'appréciez-vous le plus dans le travail d'équipe ? Qu'appréciez-vous le moins ? »
- « Décrivez les comités auxquels vous avez participé. »
- « Quelle a été votre contribution dans ces comités ? »
- « Que croyez-vous trouver dans le poste offert que vous ne trouvez pas dans votre poste actuel ? »
- « Pourquoi avez-vous quitté chacun de vos emplois précédents ? »
- « Que recherchez-vous dans un emploi ? »
- « En quoi vos objectifs de carrière sont-ils différents de ceux que vous aviez au début de votre vie professionnelle ? »
- « Quelle a été votre plus grande déception sur le plan professionnel ? Comment cela a-t-il changé votre vie ? »
- « Si nous vous offrions l'occasion de vous inscrire à un cours avant d'accepter ce poste, lequel choisiriez-vous ? »
- « Quelle part de votre formation et de vos expériences vous a préparé à occuper le poste offert ? »
- « Quels étaient vos objectifs de carrière à la fin de votre formation ? »
- « Quels sont vos objectifs de carrière à long terme ? »

À la cinquième étape, l'intervieweur pose des **questions de vérification**, soit des questions courtes et directes dont le but est de vérifier les renseignements contenus dans le formulaire de demande d'emploi et ceux qui sont obtenus au moment de la vérification des références et de l'entrevue même.

La sixième étape permet au candidat de poser diverses questions et de demander des renseignements sur l'organisation et le milieu de travail où il sera appelé à évoluer.

La septième étape consiste, pour l'intervieweur, à clore l'entrevue en expliquant au candidat les étapes subséquentes. Il doit alors préciser, dans la mesure du possible, la date à laquelle le candidat recevra une réponse.

L'étape finale est très exigeante, car elle nécessite de la part de l'intervieweur une bonne dose d'objectivité. Il doit en effet compiler les fiches d'évaluation des entrevues (*voir le document 6.3*), formulaires qui s'apparentent aux feuilles d'analyse des demandes d'emploi et des curriculum vitæ. Après avoir analysé les résultats et les notes prises pendant l'entrevue, le superviseur déterminera si le candidat est apte à occuper le poste.

L'intervieweur doit noter les réponses du candidat, de même que les impressions que ces réponses suscitent chez lui. Il pourra constater que les dessins griffonnés pendant l'entrevue ne sont pas très utiles ; il saura alors s'abstenir d'en faire... Si l'entrevue se situe à la fin du processus de sélection, elle débouchera sur une décision d'embauche. Mais la décision finale peut être réservée si l'entreprise souhaite faire passer des tests psychométriques au candidat sélectionné, voire aux deux ou trois candidats les plus intéressants. Des notes détaillées de l'entrevue pourront éviter à l'intervieweur de faire une offre au téléphone à un candidat qui n'a pas été retenu. Imaginons la tête d'un superviseur qui voit arriver un lundi matin un autre candidat que celui qu'il a choisi !

Les fiches d'évaluation doivent être conservées dans le dossier des candidatures qui n'ont pas été retenues. Si jamais un candidat déçu décidait de poursuivre l'entreprise parce qu'il n'a pas été retenu, ce document acquerrait une utilité indéniable.

Les erreurs à éviter au moment de l'entrevue de sélection

Voici quelques erreurs à éviter au moment de l'entrevue de sélection d'un candidat. D'abord, il ne faut pas choisir un candidat surqualifié pour un poste qui ne comporte pas de possibilités de promotion à court terme, sinon cet employé sera malheureux et il se sentira sous-utilisé. D'ailleurs, ce candidat ne restera pas longtemps au service de l'entreprise ; il profitera en effet de la première offre intéressante d'une autre entreprise pour quitter son emploi.

Par ailleurs, l'apparence d'une personne est un atout dans plusieurs emplois. Mais il ne faut pas s'appuyer sur ce facteur pour prédire le rendement d'un candidat. Comment réagiriez-vous si vos enseignants vous évaluaient selon votre apparence ? Les meilleurs vendeurs sont-ils les plus beaux hommes et les plus belles femmes ?

Il se produit un effet de halo lorsqu'un intervieweur se laisse subjuguer par une qualité remarquable d'un candidat. Cette erreur de sélection l'amène à accorder beaucoup d'importance à ce facteur et à négliger des défauts pourtant tout aussi présents. Les connaissances approfondies d'un candidat dans le domaine de l'informatique ne doivent pas faire oublier le fait qu'il n'est pas bilingue, qu'il est très timide, qu'il a de la difficulté à s'exprimer clairement, alors que l'entreprise recherche un représentant en informatique.

Le syndrome de l'*alma mater*[30] amène l'intervieweur à valoriser les personnes qui possèdent le même bagage universitaire que lui ou qui sont issues du même collège ou de la même université. Il est évident que cette situation rassure l'intervieweur, car il peut évaluer exactement la formation du candidat. Ce phénomène s'applique aussi lorsque l'intervieweur privilégie des candidats qui ont la même origine ethnique que lui, qui viennent du même village, etc.

Au moment de l'entrevue, une sympathie peut se développer entre l'intervieweur et le candidat. Généralement fondée sur des intérêts communs, cette sympathie ne doit pas influer sur l'évaluation de la qualification du candidat en fonction du poste offert. Bien sûr, il est agréable de rencontrer une personne avec qui l'on peut discuter de sujets qui nous tiennent à cœur, mais ce n'est pas une raison suffisante pour l'embaucher.

Enfin, il ne faut pas non plus tomber dans le piège selon lequel le candidat qui possède la qualification pour remplir le poste, soit la scolarité, l'expérience, les habiletés physiques, etc., possède également les compétences. Un employé qualifié est capable de faire tout le travail relatif à un poste. Or, il faut aussi vérifier les compétences. Être compétent signifie être en mesure d'utiliser efficacement ses connaissances et ses habiletés pour réussir dans le poste. Il y a donc deux appariements à réaliser (*voir la figure 6.7*).

6.6.4 Les tests psychométriques

Tests psychométriques : Épreuves qui portent sur les connaissances, les aptitudes, les compétences, les habiletés, la personnalité, les centres d'intérêt et les performances d'un candidat ou d'un employé, et qui permettent d'évaluer son potentiel.

Pour combler un poste stratégique, certaines entreprises utilisent des **tests psychométriques** visant à mesurer des aspects du candidat comme ses intérêts, ses aspirations, ses habiletés ou ses connaissances[31]. Certains postes amèneront l'entreprise à mesurer directement le rendement du candidat dans des tâches liées au poste ; il s'agit des centres d'évaluation.

Les centres d'évaluation, appelés aussi « simulations de situations de travail », consistent à réunir les candidats pour un poste donné et à les soumettre à des tests d'exécution, à des exercices de courrier, à des discussions de groupe, à des simulations de gestion et à des jeux d'entreprise. Le tout se fait sous observation, et l'exercice s'étend souvent sur trois jours consécutifs. Les centres d'évaluation, qui sont souvent utilisés par les grandes entreprises, servent surtout à sélectionner des candidats pour des promotions.

Les tests psychométriques auxquels on recourt le plus fréquemment sont les tests d'aptitudes, les tests psychomoteurs, les tests de compétence personnelle, les tests de compétence interpersonnelle, les tests de performance, les tests de reconnaissance et les tests de personnalité (*voir la figure 6.8*).

Test d'aptitudes : Test qui mesure le rendement potentiel du candidat dans un domaine précis.

Les **tests d'aptitudes**, ou tests d'intelligence, mesurent le rendement potentiel du candidat dans un domaine précis. Il s'agit de déterminer si le candidat possède les éléments de base qui lui permettront d'apprendre et d'acquérir des compétences. Les tests d'aptitudes les plus connus sont le *General Aptitude Test Battery* et l'*Employee Aptitude Survey*. Ces tests sont généralement faciles à faire passer et à interpréter.

Test psychomoteur : Test qui mesure la dextérité ou les habiletés de manipulation d'un candidat.

Les **tests psychomoteurs**, comme les *O'Connor Finger and Tweezer Dexterity Tests*, mesurent la dextérité ou les habiletés de manipulation des candidats.

---

30. Expression latine par laquelle on désigne le collège ou l'université où l'on a étudié.
31. Lire à ce sujet E. Hoffman, *Psychological Testing at Work*, New York, McGraw-Hill, 2002.

Les **tests de compétence personnelle**, comme le *Career Maturity Inventory*, qui est le plus utilisé, mesurent la capacité d'un candidat de prendre les bonnes décisions au bon moment.

Les **tests de compétence interpersonnelle** mesurent la capacité d'un candidat de capter dans un groupe les perceptions, les pensées, les désirs et les humeurs des autres personnes, et ainsi de mieux s'adapter aux exigences d'une situation où interviennent des relations interpersonnelles.

Les **tests de performance** mesurent les connaissances ou la qualification d'un individu. Lorsqu'il est difficile de mesurer directement la mise en application des connaissances, un test portant sur les connaissances requises dans l'emploi peut s'avérer utile. Les résultats de ces tests permettent de prévoir le rendement futur du candidat. Les examens de fin de session sont un bon exemple de tests de performance, car ils mesurent les connaissances d'un élève, et non sa capacité d'apprendre.

Test de compétence personnelle : Test qui mesure la capacité d'un candidat de prendre les bonnes décisions au bon moment.

Test de compétence interpersonnelle : Test qui mesure la capacité d'un candidat de capter dans un groupe les perceptions, les pensées, les désirs et les humeurs des autres personnes.

Test de performance : Test qui mesure les connaissances ou la qualification d'un individu.

Les appariements à réaliser

Figure 6.7

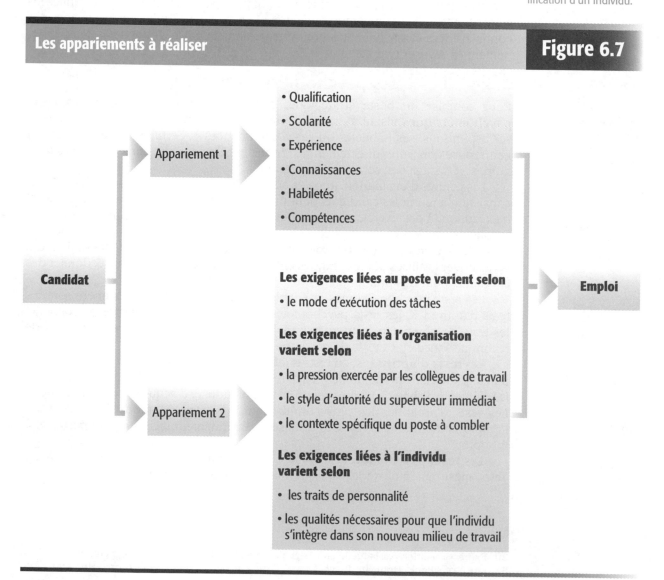

Candidat

Appariement 1
- Qualification
- Scolarité
- Expérience
- Connaissances
- Habiletés
- Compétences

Appariement 2

Les exigences liées au poste varient selon
- le mode d'exécution des tâches

Les exigences liées à l'organisation varient selon
- la pression exercée par les collègues de travail
- le style d'autorité du superviseur immédiat
- le contexte spécifique du poste à combler

Les exigences liées à l'individu varient selon
- les traits de personnalité
- les qualités nécessaires pour que l'individu s'intègre dans son nouveau milieu de travail

Emploi

Nom du candidat : _____

Date : _____

Emploi : _____

Intervieweur : _____

Commentaires : _____

Évaluation :

Apparence	1	2	3	4	5	6	7	8	9	10
Intérêt pour l'emploi	1	2	3	4	5	6	7	8	9	10
Expérience de travail	1	2	3	4	5	6	7	8	9	10
Formation	1	2	3	4	5	6	7	8	9	10
Capacité	1	2	3	4	5	6	7	8	9	10
Disponibilité	1	2	3	4	5	6	7	8	9	10
Stabilité dans les emplois antérieurs	1	2	3	4	5	6	7	8	9	10

Commentaires concernant l'emploi antérieur :

_____
_____
_____
_____

Le supérieur immédiat dans l'emploi antérieur :

_____
_____
_____
_____

Le poste offert :

_____
_____
_____
_____

Commentaire général :

_____
_____
_____
_____

Suivi :
❏ Tests psychométriques
❏ Entrevue avec le supérieur immédiat
❏ Entrevue avec le service des ressources humaines
❏ Candidature inacceptable
❏ Candidature à retenir pour un autre poste
❏ Candidature à conserver pour un poste éventuel
❏ Offre d'emploi

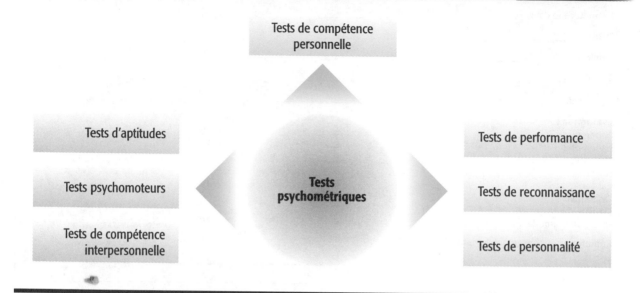

Les **tests de reconnaissance** consistent généralement à exiger la présentation d'un portfolio comprenant les réalisations du candidat. Par exemple, un graphiste pourra soumettre ses réalisations des dernières années. L'évaluateur appréciera alors ses capacités en se fondant sur ces réalisations passées.

Les **tests de personnalité** mesurent les caractéristiques d'un candidat. Par exemple, le *Minnesota Multiphasic Personality Inventory* évalue les préférences et la personnalité d'un individu. Ces tests ne permettent pas de distinguer les meilleurs candidats. Grâce à eux, on peut plutôt tracer le portrait d'un individu, ce qui aide à vérifier sa concordance avec les traits de personnalité recherchés chez le candidat. Plusieurs d'entre vous ont sans doute passé le *Kuder Preference Records* pendant le cours secondaire, test qui permet de mesurer le degré d'intérêt pour diverses professions.

Il importe qu'un test réponde à des critères de validité et de fidélité. On parle de la **validité d'un test**, ou d'un test ayant un degré de validité élevé, lorsque ce test mesure exactement ce qu'il doit mesurer. Par contre, un test d'intelligence qui fait appel aux connaissances d'un candidat ne mesure pas son intelligence, mais sa culture générale ou ses connaissances techniques. Quant à la **fidélité d'un test,** elle concerne les résultats obtenus. Ainsi, un même test qu'on fait passer à des groupes similaires – même moyenne d'âge, même formation, etc. – doit entraîner des résultats équivalents dans les deux groupes, et ce, de façon constante.

Il n'appartient pas au superviseur de faire passer les tests psychométriques ni d'interpréter leurs résultats. Certains cabinets de psychologues et d'autres spécialistes peuvent assumer cette responsabilité.

Test de reconnaissance : Test qui consiste à exiger la présentation d'un portfolio comprenant les réalisations du candidat.

Test de personnalité : Test qui mesure les caractéristiques d'un candidat.

Validité d'un test : Caractéristique d'un test qui mesure exactement ce qu'il doit mesurer.

Fidélité d'un test : Caractéristique d'un test qui concerne les résultats obtenus. Un même test qu'on fait passer à des groupes similaires doit entraîner des résultats équivalents dans tous les groupes, et ce, de façon constante.

6.6.5 L'offre d'emploi

Le candidat est choisi[32]. Il s'agit maintenant de lui présenter l'offre d'emploi de façon formelle, par écrit si la situation n'est pas urgente. L'offre doit comprendre le titre de l'emploi, les responsabilités, la date du début de l'emploi, le salaire et les autres formes de rémunération, les conditions de travail et le délai accordé pour la réponse. Il faut s'assurer que le candidat comprend exactement la proposition afin d'éviter toute ambiguïté à l'avenir.

Il se peut que le superviseur puisse négocier le salaire et la date du début de l'emploi; peut-être devra-t-il aussi faire un travail de persuasion pour obtenir l'acceptation de l'offre par le candidat. Il ne faut surtout pas que le superviseur outrepasse son autorité en faisant au candidat choisi des promesses qu'il ne pourra tenir.

Le candidat choisi sera invité à passer des tests médicaux. Le superviseur doit maintenant communiquer sa décision aux autres candidats en les remerciant de l'intérêt qu'ils ont manifesté pour l'entreprise et en ajoutant que leur curriculum vitæ sera conservé dans une banque de candidatures pour une période donnée. Il est préférable d'attendre que le candidat choisi se présente à son poste avant de communiquer aux autres candidats la décision. Car il existe une possibilité que le candidat choisi accepte l'augmentation de salaire que son employeur actuel peut lui offrir pour le retenir.

6.6.6 Les tests médicaux et d'aptitudes physiques

Le candidat ne peut être invité à subir des tests médicaux qu'après avoir reçu une offre d'emploi formelle.

Les tests médicaux constituent la dernière étape du processus de sélection. Ces tests doivent servir à écarter les candidats dont la condition physique les empêcherait d'assumer adéquatement leurs fonctions. Afin de respecter l'esprit de la Charte des droits et libertés de la personne (du Québec), il faut que l'évaluation de l'état de santé général et des capacités physiques soit effectuée selon les exigences directes du poste. Ainsi, les renseignements fournis par les médecins chargés de faire passer les tests au candidat doivent être liés à l'exercice du travail offert.

Toutefois, une incapacité physique du candidat ne le disqualifie pas nécessairement si des modifications peuvent être effectuées dans le poste sans en changer la nature.

6.7 L'accueil du nouvel employé

Accueil : Programme qui consiste à familiariser le nouvel employé avec l'organisation, sa mission, ses objectifs, ses produits, sa structure organisationnelle, les personnes-ressources, les avantages sociaux, et ainsi de suite.

Chevauchant le processus d'embauche et le processus de formation, l'**accueil** du nouvel employé représente le moment où le candidat devient un membre de l'organisation. Le candidat connaît déjà les différentes exigences de son emploi, ses conditions de travail et sa rémunération. Au cours des premières journées de travail, le nouvel employé sera soumis à un programme d'accueil. Sous la responsabilité du service des ressources humaines, ce programme exige la participation du superviseur. Dans certaines entreprises, la totalité du programme repose entre les mains du superviseur.

Le programme d'accueil vise à informer l'employé sur diverses facettes de l'organisation et de son emploi, soit la mission de l'organisation, ses objectifs, ses produits, sa structure organisationnelle, les personnes-ressources, les avantages

---

32. Voir S. Kuczynski, « You've got job offers », *HR Magazine*, mars 1999, p. 50-58.

sociaux, et ainsi de suite. Si les ressources manquent, une feuille de contrôle énumérant les points à aborder pourra suffire. Dans bien des cas, le superviseur n'accorde pas assez d'importance à l'accueil. Les conséquences de cette négligence se traduisent de façon négative dans l'attitude du nouvel employé envers l'emploi et l'entreprise globalement. En général, les nouveaux employés abordent très positivement leur nouvel emploi ; mais si on les laisse de côté, si on oublie de les intégrer, leur attitude changera. De toute façon, les collègues de travail se chargeront d'initier le nouveau venu aux règles de l'entreprise ; ils lui décriront chacun des superviseurs et lui communiqueront leur manière de voir le travail. Alors, aussi bien le faire selon les règles en conservant un contrôle sur les notions transmises.

Le tableau 6.2 comprend des éléments que l'on trouve dans un programme d'accueil.

Tableau 6.2 — **Exemple de contenu d'un programme d'accueil**

Initiation	Entreprise
Aménagement des lieux	Historique
Liste des supérieurs immédiats	Produits et services
Collègues de travail	Mission
Conseiller des employés	Objectifs
	Structure de l'organisation
	Politiques
	Mesures disciplinaires

Informations concernant l'emploi	Avantages sociaux
Localisation	Échelle salariale
Description	Période de paye
Tâches importantes	Vacances et congés
Procédure de sécurité	Absences
Lien avec les autres emplois	Protection médicale
Critères d'évaluation du rendement	Assurances
Normes de production	Plan de retraite
Horaire	Avantages concernant la formation
Pauses-café	Plan de carrière
Outils et équipement utilisés	
Personnes-ressources	

6.8 La conservation

La conservation est un ensemble de pratiques et d'activités visant à récompenser les employés les plus performants, et à créer un niveau de qualité de vie au travail. Cela favorisera un climat harmonieux entre la direction et les employés et suscitera une plus grande loyauté des employés envers leur organisation[33].

Plusieurs organisations[34] offrent des avantages quant à la qualité de vie, à la formation et à la rémunération qui ont un impact marqué sur la rétention. Mais la nouvelle génération[35] – l'« écho du boom » ou les « enfants d'Internet », soit les enfants des baby-boomers – paraît peu sensible à la sécurité d'emploi et à la loyauté. Ces jeunes vivent en quelque sorte dans un « village global » puisqu'ils sont depuis plusieurs années des adeptes du **clavardage** (*chat*), une activité permettant à un internaute d'avoir une conversation écrite, interactive et en temps réel avec d'autres internautes, par clavier interposé.. Ils ont vu leurs parents expulsés de leur emploi à la suite des rationalisations, des fusions et des acquisitions. Ils sont conscients que leurs actifs les plus précieux sont leur formation, leurs habiletés et leurs compétences.

Clavardage : Activité permettant à un internaute d'avoir une conversation écrite, interactive et en temps réel avec d'autres internautes, par clavier interposé.

6.9 L'évaluation du processus de sélection

Afin de vérifier l'efficacité du processus de sélection, l'entreprise doit évaluer le rendement du nouvel employé, sur les plans quantitatif et qualitatif, et déterminer le taux de roulement de l'ensemble des nouvelles recrues. Le taux de roulement, tel que défini au chapitre 5, s'avère très utile dans cet exercice. Il peut s'agir aussi de mesurer l'efficacité et le coût des différents instruments employés.

Pour mesurer la qualité du processus de sélection, il existe une autre technique consistant à réaliser des entrevues avec les personnes qui quittent l'entreprise, et ce, afin de connaître les motifs réels de leur départ. Le superviseur ne peut évidemment intervenir à ce stade-ci. Afin d'obtenir l'information la plus complète et la plus objective possible, il est préférable que cette entrevue soit conduite par une personne n'ayant eu aucun lien direct avec l'employé démissionnaire. Un représentant du service des ressources humaines semble la personne la plus appropriée pour remplir ce rôle.

---

33. Voir Arane Krol, « Cinq entreprises québécoises parmi les 50 meilleurs employeurs au pays », *La Presse*, 28 décembre 2002, p. E 1 ; le sondage effectué par The Workplace Column Gallup's Discoveries intitulé « Great managers and great workplaces » précise les caractéristiques des meilleurs milieux de travail, lesquelles sont résumées dans Shimon L. Dolan *et al.*, *La gestion des ressources humaines*, 3e éd., Montréal, Éditions du Renouveau Pédagogique, 2002, p. 201-202.
34. Voir Danielle Bonneau, « De nombreux avantages à faire rêver », Montréal, *La Presse*, 7 octobre 2000, p. 6, 10.
35. Lire à ce sujet Mark L. Alch, « Get ready for the Net generation », *Training and Development*, février 2000, p. 32-34.

Résumé du chapitre

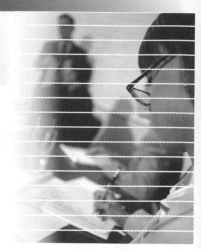

L'acquisition des ressources humaines comprend les activités de planification, d'analyse des postes, de recrutement des candidats, de sélection et d'embauche. Elle vise principalement à faciliter la réalisation des objectifs de l'organisation.

Le recrutement consiste à informer les candidats potentiels du fait qu'un poste est vacant en vue de les inciter à offrir leurs services en posant leur candidature. Le processus de recrutement comprend trois étapes : la première étape est la détermination des besoins en main-d'œuvre ; la deuxième étape consiste à choisir les sources et les techniques de recrutement ; enfin, à la troisième étape, on évalue l'efficacité de la source de recrutement.

Les mutations, les promotions, la rotation des postes et le rappel d'employés mis à pied sont les principales sources de recrutement interne. Les techniques de recrutement interne sont l'organigramme prévisionnel, l'affichage de postes et les recommandations de candidats par les employés en place.

Les principales sources de recrutement externe sont les candidatures non sollicitées, le réseau de relations, les bureaux de placement publics et privés, les agences de placement temporaire, les journées portes ouvertes, les salons, les associations professionnelles, les établissements d'enseignement, les stages et les syndicats. Les techniques les plus couramment utilisées sont les médias, les banques informatisées de candidats et le réseau Internet.

Le nombre de candidatures, le délai entre le début de la recherche de candidats et la présentation des candidatures, le coût du recrutement pour chaque candidature et pour chaque poste à combler ainsi que le ratio des candidatures retenues sur le total des candidatures sont des critères utilisés pour mesurer l'efficacité du recrutement.

La sélection consiste à évaluer et à choisir parmi les candidats ceux qui sont jugés qualifiés et compétents, capables de fournir un rendement satisfaisant dans un poste donné. Les principales étapes de ce processus sont la présélection, la vérification des références, l'entrevue de sélection, la passation de tests psychométriques de même que la passation de tests médicaux et d'aptitudes physiques.

Pendant l'entrevue de sélection, on cherche à évaluer le candidat et à prédire son rendement et son comportement dans le milieu de travail. Les entrevues sont classées selon la technique utilisée. L'entrevue structurée consiste, pour l'intervieweur, à préparer une liste de questions précises qui seront posées à tous les candidats. L'entrevue non structurée consiste à lancer l'entrevue à l'aide de quelques questions préparées et à laisser les réponses et les commentaires du candidat orienter les autres questions de l'intervieweur.

L'entrevue de sélection vise principalement quatre objectifs : obtenir des renseignements à propos du candidat, répondre à toutes les interrogations du candidat, tenter d'évaluer celui-ci en fonction du poste offert et permettre au superviseur de convaincre le candidat d'accepter le poste, si sa candidature est retenue. Pour atteindre ces objectifs, il faut suivre les huit étapes suivantes : préparer l'entrevue en prenant connaissance de la description du poste et de ses exigences ; accueillir le candidat et créer un climat de confiance et de détente ; rassurer le candidat en lui permettant de répondre brièvement aux questions ; poser des questions ouvertes qui appellent des réponses plus détaillées ; vérifier les renseignements obtenus dans le formulaire de demande d'emploi ; fournir au candidat l'occasion de demander tous les renseignements qu'il désire sur l'organisation et le milieu de travail où il sera appelé à évoluer ; clore l'entrevue et expliquer au candidat les étapes et les délais subséquents, en lui précisant, dans la mesure du possible, la date où il recevra une réponse ; enfin, évaluer le candidat.

Chevauchant le processus d'embauche et le processus de formation, l'accueil du nouvel employé représente la phase finale où le candidat devient un membre de l'organisation.

Afin de vérifier si l'objectif du recrutement et de la sélection est atteint, l'entreprise doit évaluer le rendement du nouvel employé du point de vue de la quantité et de la qualité, et déterminer le taux de roulement de l'ensemble des nouvelles recrues.

Évaluation de la compétence

Questions de révision et application

1. Quels facteurs rendent le processus d'acquisition des ressources humaines si important ?
2. Décrivez les trois principales catégories d'exigences d'un poste de travail.
3. Qu'est-ce que le recrutement ? Quels sont les objectifs du processus de recrutement ?
4. Décrivez les principales sources de recrutement externe.
5. Quels sont les principaux critères d'évaluation de l'efficacité du recrutement ?
6. Qu'est-ce que la sélection ? Quels sont les objectifs du processus de sélection ?
7. Décrivez brièvement deux types d'entrevues de sélection.
8. Quelles sont les principales étapes de l'entrevue de sélection ?
9. Quelles sont les qualités fondamentales des tests psychométriques ?
10. Décrivez brièvement cinq catégories de tests psychométriques.
11. En vous reportant à la rubrique « Point de mire » présentée au début du chapitre, répondez aux questions suivantes :
    a) Quelles sont les étapes de l'établissement d'un programme de recrutement pour combler les postes vacants ?
    b) À quelles sources de recrutement doit-on faire appel pour combler les postes vacants ?
    c) Quels seront les canevas d'entrevue en fonction des emplois offerts ?
    d) Quel serait le formulaire adéquat de demande d'emploi ?
    e) Que serait pour vous un schéma de programme d'accueil ?
    f) En équipe, procédez à l'analyse des offres d'emploi dans un journal. Faites l'inventaire de celles qui, en plus de proposer un emploi, tentent de séduire les candidats en vantant les caractéristiques de l'entreprise, ses avantages sociaux, le cadre du travail et les perspectives d'avenir. Quels sont les objectifs visés par ces entreprises ?

Cas 6.1
La nouvelle procédure

Jean-Nicolas D. vient d'assister à une réunion au siège social de l'entreprise pour laquelle il travaille à Dorval. Le vice-président ressources humaines y a exposé la nouvelle approche de l'entreprise concernant le processus d'embauche des nouveaux employés. Jusque-là, le service des ressources humaines avait toujours été responsable de la totalité du processus d'embauche et les directeurs de service ne voyaient les nouveaux employés qu'au moment de leur première journée de travail.

Dans ce contexte, Jean-Nicolas n'a pas été des plus attentifs aux propos du vice-président. À la pause-café, Annick F., une consœur, lui a demandé ce qu'il pensait de la nouvelle philosophie de la direction au sujet de l'embauche. Jean-Nicolas a été très surpris d'apprendre de sa collègue qu'il devrait dorénavant réaliser lui-même les entrevues de sélection. Le service des ressources humaines effectuerait un premier tri et cinq candidats seraient adressés au superviseur en cause.

Celui-ci devrait rencontrer les candidats et les évaluer. Ses choix, de 1 à 5, seraient envoyés au siège social, qui procéderait au choix final. Le classement des superviseurs serait généralement respecté, sauf dans des situations particulières. Jean-Nicolas regrettait de n'avoir pas été plus attentif au cours de la réunion, d'autant qu'il avait besoin à très court terme de deux nouveaux employés.

Questions

1. Comment Jean-Nicolas D. peut-il se préparer à ses nouvelles responsabilités?
2. Que pensez-vous de la nouvelle politique de l'entreprise concernant la sélection?
3. Quels sont les inconvénients de cette nouvelle politique?

Cas 6.2
La compagnie Transnord

Transnord est une compagnie de transport régionale dont le siège social est situé à Rimouski. Le rôle principal de l'entreprise consiste à acheminer des marchandises par mer et par air vers les régions de la côte du Labrador (baie de Hamilton), de la terre de Baffin et de la baie d'Hudson. L'entreprise connaît une croissance rapide depuis de nombreuses années, mais elle est incapable d'attirer un nombre suffisant de diplômés du cégep en administration pour établir des programmes de formation continue.

Comme c'est la règle dans ce secteur d'activité, Transnord verse des salaires inférieurs à ceux d'autres industries, se basant sur l'attrait de l'aventure pour s'assurer un recrutement suffisant. Cependant, avec les récentes fermetures de villes, les problèmes écologiques du Grand Nord et la rentabilité à la baisse dans le secteur du transport, Transnord n'a pas atteint ses objectifs de recrutement.

Vous êtes diplômé en techniques administratives, option gestion des ressources humaines, directeur des ressources humaines de Transnord depuis deux ans. On vous confie la responsabilité d'améliorer le recrutement dans les collèges. Plus précisément, on vous demande de préparer la liste des collèges et l'horaire des visites, de rédiger une brochure de recrutement qui mettra en évidence les points forts de la compagnie et qui pourra être utile aussi bien aux candidats qu'aux employés actuels, de bâtir un cours qui aidera les administrateurs à qui la mission de recrutement a été confiée.

La haute direction vous demande de tenir compte des contraintes suivantes : 25 recrues du collégial pour cette année, concentration administration, transport ou sciences humaines, préférablement dans la tranche des 20 % des finissants ayant le meilleur dossier. Leur salaire sera de 7 % inférieur à celui du marché. La durée du recrutement ne doit pas excéder trois semaines, et huit administrateurs ne prendront pas plus de deux jours chacun pour effectuer les visites. La brochure de recrutement ne doit pas exiger un investissement trop important.

Question

Quelle stratégie utiliseriez-vous pour préparer une campagne de recrutement efficace pour le compte de Transnord ?

Cas 6.3
Les critères de sélection

Jean D. travaille au service des commandes de la compagnie Électromatique depuis quatre ans à titre de conseiller à la clientèle, poste s'apparentant à celui de vendeur. Il a terminé sa 5e secondaire et une année de cégep en technologie du génie électrique. Marié depuis six mois, son épouse lui a annoncé récemment qu'elle était enceinte. Il y a deux mois, le couple s'est acheté une jolie maison. Face à ses nouvelles responsabilités, Jean, qui veut améliorer son sort, vient de trouver un nouvel emploi comportant un salaire un peu plus élevé que celui qu'il reçoit chez Électromatique.

Malheureusement, des modifications de structure chez le nouvel employeur rendent son poste précaire, l'entreprise ne pouvant lui garantir que d'autres modifications n'entraîneront pas l'abolition du poste que l'on vient de lui offrir. Jean rencontre alors André R., le directeur des ressources humaines d'Électromatique. Il lui explique qu'il désire retirer sa démission et récupérer ses fonctions. André lui répond qu'il a déjà rencontré des candidats pour combler son poste, mais qu'il réfléchira à la situation pendant quelques jours.

André considère que les employés du service des commandes accomplissent un travail stressant qui demande beaucoup de discipline de leur part. Ils exécutent souvent des tâches routinières comprenant la prise de commandes par téléphone et leur transmission au service de la production. Ils y ajoutent quelques notes concernant les exigences du client qui, bien qu'elles ne soient généralement pas mentionnées au cours de l'appel, sont déjà compilées dans le dossier du client. C'est aussi le conseiller à la clientèle qui fait le nécessaire pour assurer la livraison de la marchandise au client une fois la commande complétée.

Le travail comportant une large part de routine, André considère que le niveau de 5e secondaire convient. De plus, il lui semble que les femmes n'aiment pas ce genre de travail à cause du climat stressant qui prévaut et des heures supplémentaires qui sont monnaie courante. Six personnes ont été embauchées depuis quatre ans, mais une seule est demeurée en fonction. André est convaincu que le poste de conseiller à la clientèle ne présente pas de grands défis et que les possibilités de promotion sont fort limitées.

Par contre, afin de se préparer pour les entrevues avec les candidats ayant sollicité le poste de conseiller à la clientèle libéré par le départ présumé de Jean, André a effectué une analyse informelle de ce poste.

Il a alors constaté que Jean avait ses clients. En effet, lorsqu'ils téléphonaient pour placer une commande, plusieurs d'entre eux ne demandaient pas le service des commandes, mais Jean. Ils s'assuraient ainsi de recevoir exactement ce qu'ils commandaient, en plus d'un service irréprochable.

Jacques L., le directeur du service des commandes, confirme même qu'en l'absence de Jean les responsables de l'expédition communiquent directement avec lui pour vérifier les particularités de la livraison des commandes. Toujours selon lui, Jean est le meilleur employé de son service, qui comprend neuf personnes. Il tient absolument à le garder et ne voit aucun inconvénient à ce qu'il retire sa démission.

Tout semblait rentrer dans l'ordre lorsque Myriam F. a téléphoné à André pour lui faire part de son désir d'accueillir Jean dans son service. Myriam, qui est directrice des ventes, dirige une équipe de 10 vendeurs chevronnés, tous diplômés du cégep en technologie du génie électrique. Deux vendeurs sont même des bacheliers en génie électrique de l'École de technologie supérieure. Bien que Jean n'ait pas obtenu son diplôme d'études collégiales, son rendement démontre son potentiel, et Myriam est convaincue qu'elle pourra en faire un excellent représentant.

La réaction de Jean est très enthousiaste lorsque André l'informe que non seulement il peut demeurer au sein de l'entreprise, mais qu'une promotion peut lui être offerte.

Questions

1. La compagnie Électromatique doit-elle permettre à Jean D. de retirer sa démission ? Justifiez votre réponse.
2. Est-ce que le poste de représentant doit être offert formellement à Jean D. ?
3. Si Jean obtient du succès dans le poste de représentant, devra-t-on, dans ces conditions, redéfinir les exigences du poste ? Pourquoi ?
4. L'expérience représente-t-elle un substitut valable des exigences de formation ?
5. Commentez la démarche adoptée par Électromatique en ce qui a trait à l'ouverture des postes, à l'établissement des exigences des emplois et au processus de sélection.
6. Quelles suggestions feriez-vous en vue d'améliorer le processus d'analyse des postes, le processus d'établissement des exigences de l'emploi et le processus de sélection ?
7. Quels commentaires feriez-vous en ce qui a trait à l'évaluation du rendement pratiquée chez Électromatique ? Commentez spontanément le processus d'évaluation, sans vous référer au chapitre portant sur l'évaluation du rendement.

Chapitre

7

Le développement des compétences des ressources humaines dans l'entreprise

Sommaire

La lecture de ce chapitre devrait vous permettre :

1 **de définir le développement des compétences.**

2 **de préciser les éléments de l'environnement qui ont une incidence sur les programmes de développement des compétences.**

3 **de décrire les avantages du développement des compétences pour l'entreprise et les employés.**

4 **de distinguer les principales étapes du processus de développement des compétences.**

5 **de décrire les analyses nécessaires à la détermination des besoins des programmes de développement des compétences.**

6 **de définir les caractéristiques de l'employé de l'entreprise.**

7 **de décrire le processus d'apprentissage.**

8 **d'appliquer les principes du processus d'apprentissage.**

9 **d'analyser les facteurs qui influent sur le choix des méthodes de développement des compétences.**

10 **de décrire les différentes méthodes de développement des compétences ainsi que leurs avantages et leurs inconvénients.**

11 **de comparer les différentes catégories d'évaluation d'un programme de développement des compétences.**

Compétence visée

**La compétence visée dans ce chapitre est de pouvoir appliquer
le processus de gestion du programme de développement
des compétences des ressources humaines.**

Point de mire

La gestion d'un programme de développement des compétences

Le service de l'emballage de l'entreprise Outil-pro inc., spécialisée dans la distribution d'outils de bricolage, éprouve de très graves pro- blèmes. Cinq des onze employés du service de l'emballage doivent faire fonctionner des machines à emballer ultrarapides et faire sporadiquement des ajustements en fonction des dérèglements des machines. Le travail est simple et facile, mais la productivité est faible et les machines fonctionnent à peine à 50% de leur capacité. Souvent, les employés ne réagissent pas aux signaux avertisseurs des machines et négligent d'effectuer les ajustements nécessaires.

Dans certains cas, après l'avertissement sonore, de 10 à 15 boîtes peuvent être collées incorrectement avant que l'employé n'intervienne. Qui plus est, les ajustements ne correspondent pas toujours aux normes prescrites, et une dizaine de boîtes supplémentaires subissent le même sort. Ces boîtes doivent être retirées de la chaîne de fabrication, décollées et réinsérées dans la machine à emballer.

La direction a presque tout essayé pour résoudre le problème : elle a appliqué des mesures disciplinaires aux employés, qui, comme de raison, s'y sont opposés férocement ; elle a offert une formation supplémentaire aux surveillants ; un système de primes a aussi été instauré. Après tous ces efforts infructueux, la direction a décidé d'expérimenter un nouveau programme de développement des compétences, car il est possible que certains employés aient oublié leur formation initiale ou que cette formation ait été incomplète. De toute façon, certains employés accomplissent des gestes inutiles et fatigants, ce qui diminue leur

efficacité : le nouveau programme leur permettra sûrement d'améliorer leur rendement.

La direction souhaite par la même occasion se débarrasser des employés qui ne pourront réussir la formation ; elle estime qu'il faut donner à ces derniers toutes les chances de se remettre dans le droit chemin avant de passer à des gestes radicaux. La nouvelle formation systématique répondra aussi aux objections du syndicat quant à la négligence de l'entreprise à l'égard du développement des compétences de ses employés.

Le superviseur du service de l'emballage et les techniciens d'Outilpro préparent donc un manuel de formation qui décrit, étape par étape, tous les gestes à faire quant à ce travail spécifique. Un superviseur a été délégué à titre de formateur pour enseigner en cours d'emploi le nouveau programme sur une base individuelle, et ce, étape par étape, comme le décrit le manuel de formation.

Quelques mois plus tard, les résultats sont catastrophiques ! Aucune augmentation de la productivité ne pointe à l'horizon. Les opérateurs de machines à emballer voient dans leur formateur un intrus qui est venu les surveiller, qui cherche des preuves de mauvaise volonté de leur part au lieu de les former adéquatement. Ils sont convaincus que ce formateur possède moins d'expérience qu'eux et que c'est lui qui devrait recevoir la formation.

7.1 Les tendances du développement des compétences des ressources humaines

7.1.1 Les tendances

Les nouvelles règles du marché dont nous avons souvent fait mention dans les premiers chapitres obligent les entreprises à ne conserver que des ressources humaines extrêmement performantes[1]. La croissance de la compétition à l'échelle nationale et internationale, la rapidité des changements technologiques, l'informatisation des entreprises, la vague phénoménale de fusions et d'acquisitions ainsi que la disparition de certains emplois et l'émergence de nouveaux incitent au plus haut point les entreprises à consacrer au développement des compétences plus de ressources que jamais[2].

---

1. Voir à ce sujet Edward J. Cripe et Richard S. Mansfield, *The Value-Added Employee*, Houston, Gulf Publishing Company, 1999.
2. Voir L. Uchitelle et N. R. Klendfield, « On the battlefields of business, millions of casualties », *The New York Times*, 3 mars 1996, p. 1, 14-17.

Ainsi, il faut embaucher uniquement les candidats les plus prometteurs[3]. Quant aux ressources qui se trouvent déjà au sein de l'organisation, il est indispensable d'investir dans leur perfectionnement[4]. Les employés ayant un grand potentiel et offrant un excellent rendement doivent être gardés au service de l'entreprise. Le développement des compétences représente sans aucun doute la meilleure approche pour garantir la fidélité des employés.

Le gouvernement, par l'intermédiaire des écoles, des cégeps et des universités, remplit une partie de la mission de formation. Les travailleurs, individuellement, prennent en main leur avenir et consacrent beaucoup d'énergie à leur perfectionnement. Mais cela ne suffit pas : les entreprises doivent implanter sur une grande échelle des programmes de développement des compétences pour tous leurs employés sous peine de ne pouvoir se conformer aux standards de qualité et d'excellence nécessaires.

Dans un monde idéal, le processus d'embauche devrait permettre à l'entreprise de recruter des candidats répondant exactement à ses attentes et pouvant combler les postes libres avec **compétence** et efficacité dès les premières journées de travail. Ce but est réaliste dans plusieurs cas, mais les meilleurs employés sont probablement déjà au service d'autres entreprises ou disponibles moyennant des offres salariales qui dépassent les échelles de rémunération établies par l'entreprise[5].

Ces facteurs inciteront les organisations à consacrer plus de ressources au développement des compétences et à faire face aux nouveaux défis qui se présentent sur le plan social, sur celui de la performance des entreprises, sur celui de la qualité, sur celui des relations interpersonnelles et sur le plan mondial[6]. Voici une brève description de ces défis[7] :

– Le défi social consiste à réinsérer sur le marché du travail les jeunes peu scolarisés ainsi que certains groupes d'immigrants nouvellement arrivés au pays et sans formation.
– Le défi de la performance concerne les organisations qui doivent constamment mettre à jour les compétences de leurs employés pour affronter la

Compétence :
Connaissance approfondie, reconnue, qui confère le droit de juger ou de décider en certaines matières.
(*Le Petit Robert*)

---

3. Sur ce point, voir Gillian Flynn, « New skills equal new opportunities », *Personnel Journal*, juin 1996, publié dans *Annual Edition, Human Resources 98/99*, 8e éd., New York, McGraw-Hill, 1998. L'auteur présente une réflexion sur les méthodes permettant de développer des emplois dans les entreprises touchées par une restructuration et par la rationalisation des ressources humaines en prenant pour exemple la firme Chevron.

4. La formation est un enjeu selon l'Association canadienne-française pour l'avancement des sciences (ACFAS). Voir Pierre Théroux, « Recherche employés désespérément : des firmes comme CAE doivent recruter à l'étranger », *Les Affaires – Hors série – Les 500*, 1998, p. 9 ; Sophie Cousineau, « Meubles québécois : techniciens demandés », *Les Affaires – Hors série – Les 500*, 1998, p. 39.

5. Dominique Froment, « Les Américains ne badinent pas avec le bonheur des employés », *Les Affaires*, vol. LXX, n° 26, 27 juin – 3 juillet 1998, p. 17.

6. Voir à ce sujet Statistique Canada, « Enquête auprès des jeunes en transition, 2000 », *Le Quotidien*, 23 janvier 2002 (www.statcan.ca/Daily/Francais/020123/tq020123.htm) ; Simon Langlois, *La société québécoise en tendances : 1960-2000*, Sainte-Foy, Université Laval, Département de sociologie (www.soc.ulaval.ca/tendances/tendances2001.PDF) ; R. A. Noe, *Employee Training and Development*, Burr Ridge, Illinois, McGraw-Hill, 1999 ; P. W. Thayer, « A rapidly changing world : Some implications for training systems in the year 2001 and beyond », dans M. A. Quinones et A. Ehrenstein (dir.), *Training for a Rapidly Changing Workplace*, Washington, American Psychological Association, p. 15-30.

7. Wayne F. Cascio, *Managing Human Resources*, 6e éd., Toronto, McGraw-Hill Ryerson, 2003, p. 291.

pression exercée par l'évolution rapide de systèmes technologiques de pointe.

- Le défi de la qualité découle des exigences sans cesse croissantes des consommateurs et des clients institutionnels des organisations.
- Le défi des relations interpersonnelles émane des nouvelles tendances observées dans la philosophie de gestion des organisations qui laissent de la place à la participation des employés et au travail en équipe.
- Le défi mondial résulte de la mondialisation des marchés qui force les organisations à développer les compétences des employés à l'étranger en tenant compte de leurs caractéristiques propres et à préparer les employés du pays d'origine à travailler dans d'autres contextes culturels et sociaux.

Une des raisons maintes fois invoquées pour justifier l'absence de programme de formation[8] dans une entreprise repose sur le risque de perdre aux mains des concurrents les employés nouvellement formés à l'interne. Cependant, l'accroissement de l'employabilité d'un employé augmente aussi sa valeur dans l'organisation même, si l'employeur valorise la compétence et la motivation de ses travailleurs. Un environnement intéressant et enrichissant permettant de satisfaire les besoins de croissance et de réalisation de soi demeure le principal outil de conservation des employés les plus performants.

Bref, plus un employé améliore son niveau d'employabilité, plus il rehaussera sa sécurité d'emploi et son désir de poursuivre sa carrière au sein de l'organisation.

7.1.2 L'appariement entre les objectifs du développement des compétences des ressources humaines et les objectifs de l'organisation

Les organisations se définissent une mission, des objectifs et des stratégies. Cela leur permet de se situer sur le marché, de préciser les buts et les objectifs qui deviennent leur cible, d'établir les stratégies qu'elles utiliseront pour remplir leur mission et d'élaborer des tactiques pour atteindre leurs objectifs. Il est donc question de plans stratégiques et de plans opérationnels. Les objectifs de chacun des programmes de gestion des ressources humaines consistent à appuyer les objectifs de l'organisation.

Afin d'améliorer la performance de l'organisation, les cadres définiront des objectifs tels que l'accroissement de la productivité, l'amélioration de la qualité du service à la clientèle, la réduction des coûts, la réduction des délais de mise sur le marché de nouveaux produits ou l'accroissement des ventes. Le rôle du service des ressources humaines consiste à bien comprendre ces objectifs et à élaborer une stratégie de développement des compétences qui représentera une valeur ajoutée pour le service ou les employés qui en bénéficieront.

Par exemple, si le service des ventes a défini comme objectif d'accroître les ventes en s'attaquant à de nouveaux marchés, le rôle du service des ressources

---

8. Voici une légère contradiction : dans la majorité des entreprises, « la formation est une grande priorité ». Pourtant, lorsque le budget de l'entreprise est réduit, il est « probable que le budget de formation disparaisse plus rapidement que les petits fours lors du vernissage d'une exposition d'art contemporain » (Scott Adams, *Le principe de Dilbert*, Paris, First Editions, 1997, p. 55).

humaines consistera à mettre sur pied des programmes de formation[9] concernant les marchés verticaux, les modèles de prise de décision sur ces marchés, les concurrents opérant sur ces marchés ainsi que leur stratégie de marketing. Si, d'autre part, l'organisation s'est fixé comme objectif d'augmenter sa rentabilité, et donc d'augmenter les revenus et de réduire les coûts, le service des ressources humaines doit proposer des programmes de formation qui amélioreront l'efficacité des représentants, ainsi que des programmes pour les employés de l'usine, afin de réduire notamment les heures supplémentaires, les coûts d'inventaire et les rejets.

Bref, tous les programmes de développement des compétences doivent permettre à l'organisation d'atteindre ses objectifs en offrant des solutions qui répondent aux besoins de chaque unité. Il faut aussi appliquer ces programmes selon des méthodes qui conviennent aux employés et qui tiennent compte de leur disponibilité, puisqu'ils sont en fait des clients à l'interne. Enfin, il est important de comprendre que le développement des compétences est une partie de la solution à un problème, mais que très rarement la formation seule suffira. Un programme visant à améliorer le travail en équipe aura peu de succès si le problème constaté découle de l'incompétence et du style de gestion du superviseur.

Voici un test auquel devrait être soumis tout programme de développement des compétences avant d'être proposé :

- Existe-t-il un lien direct entre le programme de développement des compétences et les objectifs stratégiques de l'organisation ?
- Est-ce que la direction de l'organisation ou du service endosse le programme ?
- Est-ce que le programme de développement des compétences est conforme aux valeurs de l'organisation ?
- Ce programme permet-il d'atteindre les objectifs opérationnels de l'organisation (conservation des clients, baisse des coûts, diminution des rejets, etc.) ?
- Peut-il s'appliquer immédiatement dans le contexte de l'organisation ?
- Permettra-t-il aux employés de maîtriser la compétence visée ?
- L'environnement interne et l'environnement externe de l'organisation permettront-ils aux employés de mettre en application ce qu'ils auront appris ?
- Sera-t-il possible de mesurer l'efficacité du programme de développement des compétences ?

Seules des réponses positives à ces interrogations devraient légitimer la poursuite de la démarche d'implantation d'un programme de développement des compétences. Sinon, même un programme d'une grande valeur intrinsèque n'a aucun intérêt pour l'organisation puisqu'il ne représente pas pour elle une valeur ajoutée.

---

9. La formation consiste en des programmes conçus pour améliorer le rendement des employés et de l'organisation. Nous utilisons donc indifféremment les termes « développement des compétences » et « formation », bien que le premier terme nous paraisse mieux représenter l'ampleur de l'activité.

7.2 Définition du développement des compétences

Le **développement des compétences** est un ensemble de programmes comprenant diverses activités d'apprentissage visant l'acquisition des connaissances, des habiletés et des comportements qui permettront à un employé de s'adapter à son environnement de travail et de contribuer à la réalisation des objectifs de l'entreprise. Afin d'être efficace, il doit être planifié et permettre à l'entreprise et à l'employé de combler leurs besoins.

Quant aux **connaissances**, elles consistent en un savoir acquis par le développement des compétences, lequel est jugé nécessaire pour obtenir un rendement satisfaisant au travail. Par ailleurs, elles font référence à la maîtrise du contenu (par exemple la connaissance des normes ISO 9000), alors que les compétences relèvent du savoir-faire (par exemple l'élaboration de stratégies de communication en période de crise). Il est maintenant admis que les acquis scolaires permettent de développer une compétence sans qu'il y ait nécessairement une expérience de travail. Ainsi, selon la Société québécoise de développement de la main-d'œuvre, « les compétences sont définies comme un savoir et un savoir-faire opérationnels liés à l'exercice d'une tâche ou d'un ensemble de tâches d'une profession ou d'un métier[10] ». La compétence renvoie donc à la fois aux connaissances, à la capacité d'appliquer celles-ci à des techniques et à la capacité d'adopter des comportements permettant d'atteindre des objectifs précis liés à un poste (*voir la figure 7.1*).

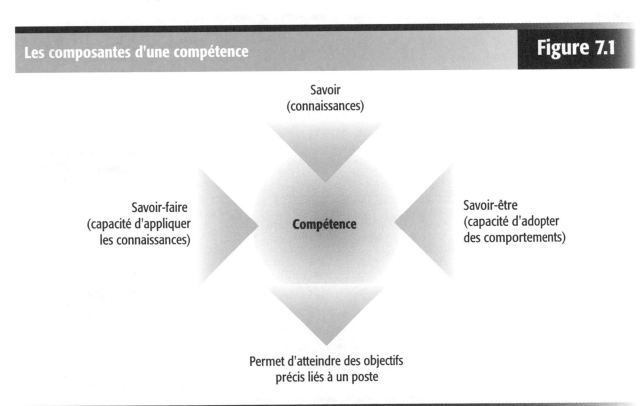

Les composantes d'une compétence

Figure 7.1

Savoir
(connaissances)

Savoir-faire
(capacité d'appliquer
les connaissances)

Compétence

Savoir-être
(capacité d'adopter
des comportements)

Permet d'atteindre des objectifs
précis liés à un poste

---

10. Lorraine Lafleur, *Guide de recherche d'emploi*, Longueuil, Collège Édouard-Montpetit, p. 60.

Le développement des compétences comprend plusieurs activités, qu'on peut regrouper en cinq programmes[11] : l'accueil, l'intégration de l'employé, le perfectionnement, le développement individuel et le développement organisationnel (*voir la figure 7.2*).

L'accueil est un programme qui consiste à familiariser le nouvel employé avec l'organisation, sa mission, ses objectifs, ses produits, sa structure, les personnes-ressources, les avantages sociaux, etc. Il constitue la dernière étape du processus de sélection et la première étape du processus de formation.

L'**intégration de l'employé** correspond à la période où le nouvel employé s'initie aux exigences et aux pratiques de son nouvel emploi. Ce programme le familiarise avec les procédés en vigueur et les comportements attendus dans son nouveau poste. Dans les entreprises où ce programme est inexistant, l'intégration se réalise d'une façon informelle, mais cela prend beaucoup plus de temps et engendre très souvent des malentendus et des erreurs dont les coûts dépassent nettement celui de la mise sur pied d'un programme formel.

Le **perfectionnement** de l'employé est un ensemble d'activités qui ont pour but la transmission ou l'actualisation des connaissances, des habiletés et des attitudes professionnelles liées directement au travail. Les activités de perfectionnement préparent les employés aux changements technologiques, telle l'apparition de machines-outils numériques, et aux modifications des structures de travail,

Intégration de l'employé : Période durant laquelle le nouvel l'employé s'initie aux exigences et aux pratiques de son nouvel emploi.

Perfectionnement : Ensemble d'activités qui ont pour but la transmission ou l'actualisation des connaissances, des habiletés et des attitudes professionnelles liées directement au travail.

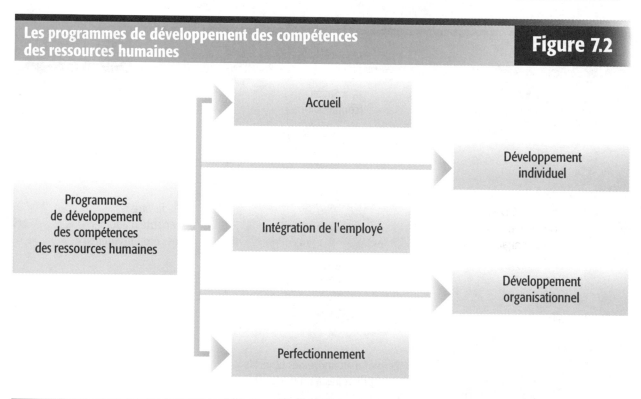

Les programmes de développement des compétences des ressources humaines

Figure 7.2

---

11. Une première catégorisation a été présentée dans Marie-Thérèse Miller et Bernard Turgeon, *Supervision et gestion des ressources humaines*, Montréal, McGraw-Hill, Éditeurs, 1992, p. 366-367.

comme la mise sur pied de **groupes semi-autonomes de travail**. L'amélioration du rendement de l'employé représente un autre but du perfectionnement. Il s'agit de rendre l'employé plus efficace dans son poste de travail grâce à l'amélioration de ses techniques. Les cours de traitement de texte pour les employés de bureau leur permettent, par exemple, de tirer un plus grand profit de l'outil informatique qu'ils utilisent tous les jours. La formation doit être planifiée par l'entreprise, elle doit répondre à des besoins clairement déterminés et viser les objectifs organisationnels autant que les objectifs personnels de l'employé.

Le **développement individuel** d'un employé vise l'amélioration des compétences de ce dernier dans une démarche orientée vers l'avenir. Certaines activités de formation que nous présenterons plus loin ont pour seul objectif de doter l'employé des compétences nécessaires pour combler un emploi qui lui sera offert au moment d'une éventuelle promotion. Un des objectifs de la rotation des postes, par exemple, consiste à élargir l'expérience de l'employé sur le plan de la gestion et, ainsi, à accélérer l'ascension des individus les plus compétents dans la hiérarchie de l'entreprise.

Le **développement organisationnel** représente l'outil par excellence permettant à l'entreprise d'atteindre ses objectifs à long terme. Le développement organisationnel est un effort planifié, touchant généralement l'ensemble de l'organisation et géré par les cadres supérieurs, dont l'objectif est d'améliorer l'efficacité et la santé de l'organisation au moyen d'interventions planifiées dans les processus administratifs, lesquelles s'appuient sur les connaissances des sciences du comportement[12]. Il s'agit habituellement d'une approche proactive permettant d'effectuer des changements majeurs. Des entreprises telles que General Motors, Polaroid, Navistar International (auparavant International Harvester) ou Chrysler ont pu traverser des périodes de crise impliquant des changements majeurs de leur environnement et modifier complètement leur culture d'entreprise en appliquant des programmes de développement organisationnel.

7.3 Le processus du développement des compétences

Si, comme nous l'avons vu, le développement des compétences est constitué d'activités facilitant l'acquisition des connaissances, des habiletés et des comportements permettant à un employé de s'adapter à son environnement de travail et de contribuer à la réalisation des objectifs de l'entreprise, cela implique que le gestionnaire a établi clairement quels étaient les connaissances, les habiletés, les comportements ainsi que le niveau de rendement nécessaires à la réalisation des objectifs de l'entreprise.

Il est donc primordial de respecter certaines étapes dans l'établissement d'un programme de développement des compétences. Il importe tout d'abord que

---

12. Bernard Turgeon, *La pratique du management*, 3e éd., Montréal, Chenelière/McGraw-Hill, 1997, p. 417.

l'analyse des besoins, qui est la base du programme, ait été exécutée avec soin et que les objectifs du développement des compétences soient définis avec précision. Ensuite, conformément à ces objectifs et aux principes élémentaires de l'apprentissage, les méthodes, les formateurs et les employés sont sélectionnés. Le programme de développement des compétences peut alors être offert. Enfin, l'étape de l'évaluation des résultats permet de mesurer le succès de la formation à l'aide de critères pertinents. Au préalable, il faudra établir spécifiquement les moyens de mesurer les résultats qui découleront de ce programme (*voir la figure 7.3*).

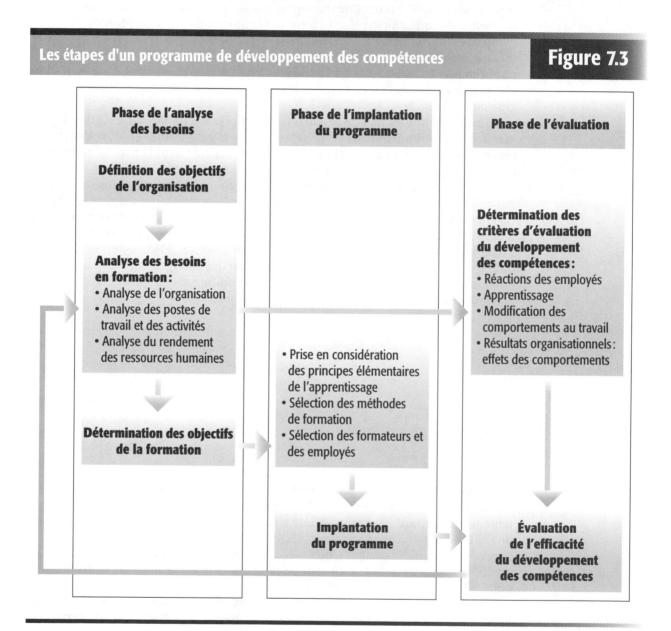

Les étapes d'un programme de développement des compétences — **Figure 7.3**

Phase de l'analyse des besoins

Définition des objectifs de l'organisation

Analyse des besoins en formation :
• Analyse de l'organisation
• Analyse des postes de travail et des activités
• Analyse du rendement des ressources humaines

Détermination des objectifs de la formation

Phase de l'implantation du programme

• Prise en considération des principes élémentaires de l'apprentissage
• Sélection des méthodes de formation
• Sélection des formateurs et des employés

Implantation du programme

Phase de l'évaluation

Détermination des critères d'évaluation du développement des compétences :
• Réactions des employés
• Apprentissage
• Modification des comportements au travail
• Résultats organisationnels : effets des comportements

Évaluation de l'efficacité du développement des compétences

Source : Adaptée de H. John Bernardin et Joyce E. A. Russell, *Human Resource Management : An Experiential Approach*, New York, McGraw-Hill, 1992, p. 299.

7.3.1 La détermination des besoins

L'établissement des besoins en formation exige une analyse à trois niveaux : l'analyse de l'organisation, l'analyse des postes de travail et des activités de même que l'analyse du rendement des ressources humaines.

Les besoins en formation peuvent se manifester à l'un de ces trois niveaux. Mais de façon plus générale, les besoins en formation doivent être analysés en fonction des objectifs stratégiques et opérationnels de l'entreprise préalablement définis, sans négliger leur impact sur les profits.

L'analyse de l'organisation

Au cours de l'analyse de l'organisation, on cherche surtout à déterminer précisément les unités administratives qui ont des besoins en formation. L'analyse de l'environnement externe et celle du climat interne sont également essentielles. Les tendances de l'industrie, les nouvelles obligations légales, le développement des droits de la personne, les activités syndicales, la productivité, le taux d'accidents, le taux de roulement, le taux d'absentéisme et le comportement général des employés, les entrevues de départ (lors de la démission d'un employé ou de sa mise à la retraite) et les commentaires de la clientèle sont autant d'éléments d'information dont il faut tenir compte.

Il s'agit de savoir si le développement des compétences produira des changements dans le comportement des employés qui permettront d'atteindre les objectifs de l'entreprise. Y a-t-il un lien entre les besoins en formation et la réalisation des objectifs stratégiques ? La présence de ce lien donne au développement des compétences des ressources humaines sa raison d'être.

L'analyse des postes et des activités

L'analyse des postes, les profils d'exigences des postes, l'évaluation du rendement, les rencontres et les discussions avec les employés en cause et l'analyse des activités à l'aide d'outils tels que le contrôle de la qualité et les budgets sont autant de sources de renseignements concernant les besoins en formation.

Au moment de l'analyse des activités, on tente d'établir le contenu de la formation, c'est-à-dire les connaissances, les habiletés et les comportements qui amèneront l'employé à accomplir adéquatement les tâches liées à son emploi.

L'analyse des activités requiert un examen minutieux des tâches qui devront être accomplies lorsque la formation sera achevée. Cette analyse implique la collecte systématique des renseignements quant à la manière d'exécuter les tâches liées à l'emploi. Il faut aussi faire une analyse complète des standards correspondant à un rendement adéquat. Ensuite, il faut établir comment l'employé doit accomplir les tâches de façon à se conformer aux standards. Enfin, il faut déterminer les connaissances, les habiletés, les compétences et les autres caractéristiques nécessaires pour atteindre ce niveau de rendement.

L'analyse du rendement des ressources humaines

L'analyse du rendement des ressources humaines détermine le niveau de rendement d'un individu dans son emploi. Cette analyse permet d'établir les besoins en formation propres à un employé. La formation nécessaire correspond à l'écart observé entre le rendement attendu selon la description de poste et le rendement de l'employé mesuré à l'aide d'observations, d'une évaluation du rendement, du journal de bord de l'employé et des enquêtes sur le niveau de satisfaction des employés.

La détermination des besoins en formation exige aussi que chaque membre de l'entreprise participe à cette analyse. Les cadres supérieurs doivent, au moment de l'établissement des objectifs stratégiques de l'entreprise, définir les besoins en formation qui en découlent. De leur côté, les cadres intermédiaires doivent, au moment de la détermination des méthodes qui permettront d'atteindre ces objectifs, analyser les besoins en formation rattachés à ces méthodes. Enfin, chacun des employés, au moment de l'exécution de ses tâches, doit préciser les besoins en formation nécessaires pour atteindre un niveau de rendement adéquat.

La détermination des objectifs de la formation

Lorsque les besoins de formation sont établis, il faut définir des objectifs qui permettront de satisfaire ces besoins. « L'art pour l'art », ou la formation dans le but d'offrir une formation, ne permettra jamais d'évaluer l'efficacité d'un programme de formation. Les analyses qui viennent d'être décrites doivent servir de fondement à la fixation des résultats qu'on attend de l'organisation, du service et de l'employé, une fois la formation complétée. Les principaux objectifs de la formation sont les suivants[13] :

– Les objectifs du programme de formation, soit les principes, les connaissances et les concepts à transmettre. Il s'agit du contenu des programmes de développement des compétences, de la sélection des employés et de l'établissement du calendrier du programme.
– Les objectifs du service et de l'organisation. Cela consiste dans les extrants attendus du programme dans l'organisation et le service. Il peut s'agir de la réduction du taux de roulement, de la réduction du taux d'absentéisme, de la réduction des coûts, de l'amélioration de la productivité ou de la réduction du taux d'accidents.
– Les objectifs des employés, c'est-à-dire les modifications des connaissances, des comportements et des attidudes de l'employé.

La définition explicite des objectifs du programme de formation permettra d'élaborer avec plus de justesse les critères et les normes d'évaluation du programme, et de choisir les méthodes de formation, le contenu du cours ainsi que le matériel utilisé.

7.3.2   L'implantation du programme

Lorsque les besoins ont été clairement définis, on peut passer à l'étape suivante, qui consiste dans la mise en application du programme de développement des compétences des ressources humaines. Au cours de l'implantation du programme, il faut tenir compte des principes de l'apprentissage, respecter les étapes du processus d'apprentissage, analyser et choisir les méthodes de formation les plus pertinentes au vu des objectifs établis, de même que sélectionner les formateurs et les employés qui participeront au programme.

---

13. Inspiré de Lloyd L. Byears et Leslie W. Rue, *Human Resource Management*, 6ᵉ éd., Boston, Irwin et McGraw-Hill, p. 212.

La prise en considération des principes de l'apprentissage

Les principes de base de l'apprentissage[14] ont été définis il y a près d'un siècle. S'ils sont appliqués correctement, ils faciliteront la mémorisation et favoriseront la mise en pratique des habiletés et des acquis lors de la formation. Pendant l'élaboration du programme de formation, il faut intégrer ses principes afin de maximiser les retombées de l'exercice. Le tableau 7.1 présente les principaux principes de l'apprentissage.

Tableau 7.1	Les principaux principes de l'apprentissage

Principes	Explications	Exemples
Motivation des employés en formation par l'établissement d'objectifs	La motivation de l'employé en formation est le fondement même de l'apprentissage. N'apprend que celui qui veut apprendre, et pour apprendre il faut se fixer des objectifs. Le fait d'adopter des objectifs difficiles mais réalisables influe positivement sur le comportement[a], d'où l'importance de définir très précisément les objectifs du développement des compétences. Chaque objectif doit décrire le comportement attendu, les conditions de l'environnement dans lesquelles il doit être adopté et les critères de succès qui permettront de l'évaluer. De plus, chaque objectif doit être un défi atteignable, afin de stimuler l'employé et de soulever son enthousiasme. L'objectif ultime du programme de formation doit être subdivisé en sous-objectifs et en étapes.	Dans les programmes de formation de l'armée canadienne, les objectifs de formation sont définis selon des « O.R. », c'est-à-dire des objectifs de rendement. Par exemple, un objectif du développement des compétences d'un technicien en communication spécifie dans quelles conditions, en combien de temps et avec quels outils il doit installer une tour de communication[b].

a Tiré d'Edwin A. Locke, Gary P. Latham et Miriam Erez, « The determinants of goal commitment », *Academy of Management Review*, vol. 13, 1988, p. 23-39. Voir aussi Bernard Turgeon, *op. cit.*, p. 261.
b Exemple tiré d'un programme de reconnaissance des acquis pour les officiers et les sous-officiers de l'armée canadienne à la base de Kingston en 1989 auquel un des auteurs de ce livre a participé.

---

14. Ces principes ont été présentés dans Jacques Guillaume, Bernard Turgeon et Claudio Benedetti, *La dynamique de l'entreprise*, 1re éd., Laval, Éditions Études Vivantes, 1981, p. 346.

Tableau 7.1 — Les principaux principes de l'apprentissage (*suite*)

Principes	Explications	Exemples
Présentation de modèles de comportements[c]	L'apprentissage se fait en grande partie par l'observation des autres. Nous serons tentés d'imiter les comportements des autres s'ils leur apportent les résultats désirés. Un modèle est un individu compétent, amical et jouissant d'une position enviable dans une entreprise. Cette tendance sera d'autant plus forte que les comportements du modèle lui procureront des récompenses (salaire, promotion, reconnaissance, etc.) attirantes pour l'employé. Pour s'assurer que les comportements sont perçus clairement, il est préférable de présenter plusieurs modèles ayant des comportements semblables.	Un jeune qui désire apprendre à jouer au soccer tentera d'imiter une de ses idoles, les Ronaldo, Barthez, Beckham ou Zidane. Un cours de vente sera efficace si le professeur démontre aux employés ce qu'il faut faire, plutôt que de leur dire quoi faire. La vente s'apprend par mimétisme.
Utilisation d'un contenu familier	Le contenu du développement des compétences facilitera l'apprentissage s'il permet à l'employé en formation de se retrouver dans un contexte familier. À cet effet, la dynamique de la première rencontre avec un groupe d'employés revêt une importance particulière. Au moment de cette rencontre, il faut présenter les objectifs généraux du cours et l'ensemble de la matière et des sujets qui seront abordés dans l'activité de formation. Il faut démontrer comment chacune des parties du cours constitue un ensemble et comment cet ensemble s'intègre dans le projet global de formation.	Pendant le développement des compétences d'un planificateur financier, la première rencontre du cours de droit doit permettre de présenter chacun des éléments du cours : du droit de la famille à l'établissement des contrats en passant par le droit des assurances et celui des

c Voir « La théorie de la socialisation : le processus d'apprentissage par observation », dans Bernard Turgeon, *op. cit.*, p. 264 ; Albert Bandura, *Social Foundations of Thought and Action : A Social Cognitive Theory*, Englewood Cliffs (New Jersey), Prentice-Hall, 1986.

Tableau 7.1 Les principaux principes de l'apprentissage (*suite*)

Principes	Explications	Exemples
	Le cours doit également comporter des exemples, des situations et des concepts avec lesquels l'employé est familier. Enfin, le programme de formation doit présenter la matière en commençant par les concepts les plus simples pour aboutir aux plus complexes.	propriétés et des hypothèques. Il est aussi important de situer l'apprentissage des compétences juridiques dans l'ensemble du développement des compétences du planificateur financier et d'illustrer les liens existant avec les autres cours.
Mise en pratique des apprentissages	Afin d'obtenir une efficacité et un rendement élevés de la part des employés, il est important de vérifier le plus tôt possible leur capacité de mettre en pratique leur apprentissage. La correction des comportements déviants doit se faire dès qu'ils apparaissent afin d'éviter l'acquisition de mauvaises habitudes de travail. L'intervention efficace du formateur dans de telles situations exige que le nombre d'employés en formation soit restreint. Les réflexes d'un joueur de soccer, la dextérité d'un soudeur, la précision d'un chauffeur de camion ou le savoir-faire d'un neurochirurgien ne s'apprennent que par l'entraînement. L'intensité de l'entraînement dépend de la tâche à laquelle l'employé appliquera les connaissances et les comportements appris. Le répartiteur de voitures de taxi doit pouvoir répondre rapidement aux questions d'un chauffeur. Aussi doit-il	Les manuels d'autodéfense ne permettent pas de développer de bons réflexes en cas d'attaque ; il faut plutôt s'exercer aux tactiques de défense. Le joueur de hockey répétera de nombreuses fois le même mouvement afin qu'il devienne un réflexe ; cet automatisme lui permettra de réagir en une fraction de seconde.

Tableau 7.1 Les principaux principes de l'apprentissage (*suite*)

Principes	Explications	Exemples
	s'exercer au repérage des rues et des immeubles publics afin de les situer géographiquement en quelques secondes.	Les équipes d'urgence sont régulièrement placées dans des mises en situation afin de développer les comportements nécessaires dans des contextes de stress.
	Il ne s'agit pas seulement de consacrer un nombre d'heures donné à la pratique, il faut aussi répartir adéquatement ces heures. Ainsi, mieux vaut étudier une matière 3 heures par semaine que de consacrer 15 heures à cette matière 2 jours avant l'examen. Par contre, l'apprentissage d'un travail astreignant et complexe exige généralement qu'on y accorde une période d'exercice plus intensive afin d'atteindre un niveau de concentration nécessaire à l'exécution de la tâche.	
Rétroaction	La rétroaction est essentielle à l'apprentissage et au maintien de la motivation de l'employé en formation[d]. Elle transmet à celui-ci un message d'approbation concernant son comportement, ce qui l'incitera à intégrer ce comportement pour le répéter dans des situations similaires à l'avenir. L'accent mis sur les conséquences de ses actes s'appuie sur la théorie du renforcement positif[e]. Celle-ci est aussi valable pour un groupe que pour un individu[f].	
	Le formateur joue un rôle capital en ce qui a trait au renforcement. Toutefois, la rétroaction fournie par le superviseur demeure prépondérante. L'approbation du superviseur face au nouveau comportement de l'employé conduira ce dernier à	

d Gary P. Latham, « Behavioral approaches to the training and learning process », dans Irwin L. Goldstein (dir.), *Training and Development in Organizations,* San Francisco, Jossey-Bass, 1989, p. 256-295.
e Bernard Turgeon, *op. cit.,* p. 262.
f R. D. Pritchard *et al.,* « Effect of group feedback, goal setting, and incentives on organizational productivity », *Journal of Applied Psychology,* vol. 73, 1988, p. 721-726.

Tableau 7.1 Les principaux principes de l'apprentissage (*suite*)

Principes	Explications	Exemples
	intégrer définitivement ce comportement ; par contre, sa désapprobation amènera l'employé à rejeter tout acquis découlant du programme de formation.	
Prise en considération des différences individuelles	Les employés ne sont pas tous égaux les uns par rapport aux autres. Certains ont déjà un bon bagage de connaissances avant le début du programme de formation, alors que d'autres ne possèdent que des notions rudimentaires. Certains apprennent rapidement, tandis que d'autres ont une compréhension plus lente. Enfin, certains employés fourniront à la fin du programme un niveau de rendement impressionnant, alors que d'autres n'enregistreront qu'une faible amélioration, leur compréhension atteignant rapidement un plateau qu'ils ne pourront dépasser. Le formateur doit reconnaître ces situations et ajuster ses méthodes de formation en conséquence. La formation suit pour l'ensemble des participants un modèle relativement constant. En effet, le rythme d'apprentissage est généralement rapide au début du programme de formation, puis les employés atteignent un plateau. Ce plateau peut correspondre à une diminution de la motivation ou à une période d'intégration des apprentissages de la première phase ; il peut aussi signifier que le formateur doit modifier ses méthodes de formation pour stimuler les employés.	

Le respect du processus d'apprentissage

L'objectif fondamental d'un programme de formation est le transfert des connaissances, des habiletés et des comportements acquis dans l'exécution de la tâche. Il y a donc une hiérarchisation des phases dans le processus d'apprentissage (*voir la figure 7.4*), qui repose sur les postulats suivants[15] :

- L'employé doit être disposé à apprendre.
- Il doit apprendre pour pouvoir retenir.
- Il doit retenir pour transférer les acquis dans sa tâche.
- Il doit transférer les apprentissages dans sa tâche pour que le développement des compétences soit effectif.

L'ouverture consiste en un état de réceptivité de l'employé à l'égard du programme de formation. Cette réceptivité découle de la motivation de l'employé, issue de son désir de combler certains besoins. Le maintien de cette motivation repose sur la pertinence du programme et sur la capacité du formateur d'adapter son enseignement aux besoins et aux désirs de l'employé. Cette phase, qui est critique,

Les phases du processus d'apprentissage

Figure 7.4

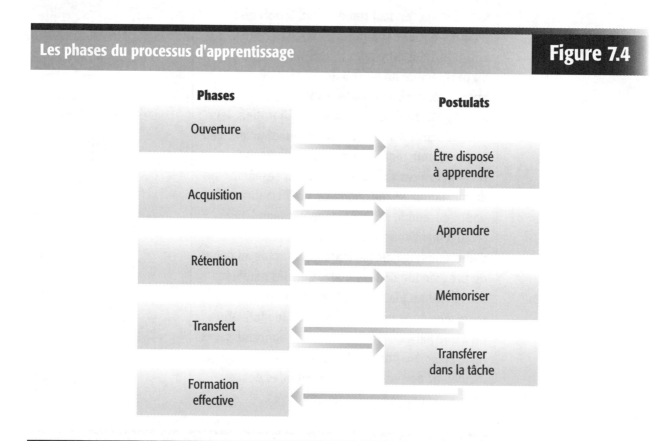

15. Ces postulats ont été mis au point par J. Landry, *Modèle opérationnel de formation individuelle à des tâches techniques en milieu industriel*, mémoire de maîtrise inédit, Université de Montréal, Département de psychologie industrielle et organisationnelle, 1979. La présentation des phases du processus de formation a été proposée par André Savoie, *Le perfectionnement des ressources humaines en organisation*, Montréal, Agence d'Arc, 1984, p. 65-76.

correspond au respect du principe, mentionné précédemment, de l'élaboration des objectifs, qui établit que la motivation est le fondement même de l'apprentissage.

L'*acquisition* est la phase où l'employé acquiert de nouvelles connaissances et de nouveaux comportements. Le formateur fera la démonstration du rendement attendu et, par la suite, l'employé appliquera les connaissances et les capacités qu'il a acquises. Les principes du modelage des comportements, de la mise en pratique et de la rétroaction s'appliquent au cours de cette phase où l'employé recherche un renforcement et mesure les résultats de son apprentissage, alors que le formateur utilise la rétroaction pour informer l'employé sur ses acquis.

La *rétention* s'effectue lorsqu'il y a une application efficace des connaissances et des habiletés dans les exercices de mise en pratique des acquis. Cette phase cruciale se situe entre l'acquisition et le transfert. En effet, nul ne peut transmettre ce qu'il n'a pas retenu. La rétention est supérieure lorsque les apprentissages sont distribués dans le temps et entrecoupés de périodes de repos, comme nous l'avons mentionné au sujet des principes de l'apprentissage et de la mise en pratique. En fait, plus les connaissances et les habiletés seront acquises et maîtrisées, plus le transfert sera efficace.

Le *transfert* représente la raison d'être du développement des compétences. Plus l'employé pourra transférer dans sa tâche les connaissances et les habiletés acquises, plus le programme de formation sera efficace. Ce transfert sera facilité si le superviseur immédiat encourage l'employé à utiliser dans sa tâche les acquis du développement des compétences, si l'employé a atteint un degré d'efficacité acceptable dans l'utilisation de ses connaissances et de ses habiletés, et, enfin, si l'utilisation de ces connaissances et de ces habiletés constitue une solution acceptable aux problèmes éprouvés dans la tâche.

Le choix des méthodes de formation

Les méthodes de formation sont fort nombreuses et, en raison de l'évolution de la technologie, de nouvelles méthodes apparaissent régulièrement. Afin de faire un tour d'horizon, il nous paraît plus pratique de regrouper ces méthodes en catégories. Il y a plusieurs modes de catégorisation des méthodes de formation ; nous avons retenu la catégorisation de Wayne F. Cascio. Cet auteur propose trois catégories de méthodes : les méthodes axées sur la fonction cognitive, les méthodes de simulation et les méthodes en cours d'emploi (*voir la figure 7.5*).

Les méthodes de formation axées sur la fonction cognitive

Lorsque l'employé doit acquérir de nouvelles connaissances, de nouvelles habiletés intellectuelles ou de nouvelles attitudes, les méthodes axées sur la fonction cognitive sont les méthodes les plus efficaces. Cette catégorie comprend des méthodes telles que la présentation à l'aide d'un exposé ou d'une conférence, le laboratoire de sensibilisation aux phénomènes de groupe, le cours programmé et d'autres méthodes que nous n'aborderons pas ici, comme les cours par correspondance, les cours dans Internet (*e-Learning*) les films et les vidéos, les groupes de lecture, l'observation ou l'utilisation des disques compacts interactifs sur ordinateur.

Présentation :
Processus de communication à sens unique où le formateur s'adresse à des employés au cours d'un exposé ou d'une conférence.

La **présentation** est un processus de communication à sens unique où le formateur s'adresse à des employés au moyen d'un exposé ou d'une conférence.

Certaines techniques audiovisuelles, les recherches personnelles et les cours programmés sont assimilables à des présentations « sans formateur ». Ces méthodes permettent de contourner certains inconvénients des présentations en permettant particulièrement aux employés d'établir leur propre rythme d'apprentissage.

Méthodes de formation

Méthodes axées sur la fonction cognitive	Méthodes utilisant la simulation	Méthodes en cours d'emploi
• Présentation	• Étude de cas	• Période d'intégration de l'employé
• Laboratoire de sensibilisation aux phénomènes de groupe	• Jeu de rôle et simulation	• Formation en atelier-école
• Cours programmé	• Corbeille du gestionnaire	• Système de l'apprenti
	• Discussion en groupe	• Rotation des postes
	• Simulation et jeu informatisés	

Source : Wayne F. Cascio, *Managing Human Resources,* 6e éd., Toronto, McGraw-Hill Ryerson, 2003, p. 306.

Les présentations sont très efficaces lorsqu'il s'agit de transmettre des connaissances ou d'initier les employés à un nouveau sujet. Cette méthode est sans doute la plus efficace, car elle permet de s'adresser à un groupe important et de communiquer un contenu dans une période relativement courte. Elle est d'ailleurs utilisée dans la majorité des programmes de formation.

Cependant, la passivité des employés et l'absence de rétroaction constituent un inconvénient majeur de cette méthode. En outre, l'employé ne peut vérifier sa compréhension de l'exposé du formateur de sorte qu'il risque de mal interpréter certains éléments de la présentation. De plus, lorsque la présentation n'est pas accompagnée d'un matériel de référence, certains employés pourraient avoir de la difficulté à prendre des notes efficacement. Enfin, l'exposé exige généralement de la part des employés une grande concentration, que plusieurs ne peuvent maintenir pendant une période prolongée. Notons que les méthodes de présentation sont difficilement utilisables dans le développement des compétences individuelles.

Le **laboratoire de sensibilisation aux phénomènes de groupe** est souvent appelé « groupe de formation » ou *T-group,* T signifiant *training.* Cette méthode vise à modifier les comportements et les attitudes des employés dans l'exercice de leurs fonctions. Il peut s'agir de petits groupes de discussion libre, où il n'y a ni déroulement précis ni règles préétablies. L'apprentissage s'effectue par le biais de l'analyse des émotions ressenties. En fait, il s'agit d'une autoformation. Le formateur, qui a un rôle de facilitateur, n'intervient que lorsque le groupe s'éloigne de son objectif.

Les exercices utilisés dans ce laboratoire tendent à une plus grande conscience de soi, à l'amélioration du comportement de l'employé dans un groupe de travail, à la recherche d'une plus grande sensibilité face aux autres, à l'enrichissement de ses techniques de communication et à l'établissement d'un climat de confiance. Bref, l'amélioration des comportements interpersonnels des employés augmentera l'efficacité des équipes de travail.

Laboratoire de sensibilisation aux phénomènes de groupe : Méthode qui vise à modifier les comportements et les attitudes des employés dans l'exercice de leurs fonctions.

Par contre, de nombreux exercices requièrent l'engagement total de l'employé, une bonne dose de naïveté et une grande franchise, ce que plusieurs participants ne sont pas prêts à offrir. D'autre part, il est parfois très difficile de transférer les apprentissages dans le contexte du travail. Les exigences quotidiennes, la compétition et les rôles imposés par le milieu du travail ne permettent pas d'agir toujours de la façon apprise dans les exercices.

Dans le **cours programmé**, le contenu est découpé en segments ou modules selon une séquence logique. L'employé doit, à la fin de chaque module, vérifier son niveau d'apprentissage en effectuant des exercices ou des tests d'autoévaluation. Les résultats lui indiqueront ses points faibles et les éléments qu'il doit réviser. Si, par contre, les résultats témoignent de sa maîtrise de la matière, il sera invité à poursuivre son apprentissage dans le module suivant. L'ordinateur s'avère un outil merveilleux pour l'apprentissage programmé, mais il existe aussi de nombreux manuels qui utilisent cette méthode.

Cours programmé : Découpage du contenu d'un cours en segments ou modules selon une séquence logique.

Cette méthode présente plusieurs avantages, dont celui de faire participer l'employé, de capter et de maintenir son attention. De plus, elle permet à l'employé d'étudier à son rythme, car elle offre une forme de rétroaction sur l'évolution de son apprentissage qui respecte en tous points les principes d'apprentissage évoqués précédemment. En outre, avec cet outil, le développement des compétences, même individuel, est standardisé pour l'ensemble des employés dans un programme. Enfin, les exercices et les tests d'autoévaluation qu'on trouve à la fin de chaque module améliorent la mémorisation de la matière étudiée.

Cette méthode comporte cependant des inconvénients. La préparation du matériel sous forme de modules comprenant des exercices d'autoévaluation et des renvois aux différents éléments du cours représente un investissement énorme de ressources humaines et financières. Cette méthode est utile à l'apprentissage d'habiletés techniques et de connaissances, mais elle ne permet pas de développer les compétences interpersonnelles de l'employé.

Les méthodes de formation avec simulation

Lorsque l'employé doit acquérir de nouvelles habiletés techniques et que l'exécution des tâches comporte des risques quant à sa sécurité ou à celle de ses collègues, quant à la machinerie et aux outils utilisés ou quant aux relations avec la clientèle, il est préférable de recourir à des méthodes de formation exigeant les mêmes habiletés que celles qui sont requises par la tâche tout en situant cet apprentissage dans un milieu contrôlé. Cette catégorie de méthodes de formation comprend des méthodes telles que l'étude de cas, le jeu de rôle et la simulation, la corbeille du gestionnaire, la discussion en groupe de même que la simulation et le jeu informatisés.

L'**étude de cas** consiste à présenter une situation problématique et à inviter les employés à analyser les différents éléments de celle-ci en tenant compte de l'environnement et des contraintes de l'entreprise. Chaque groupe qui prend part à l'analyse du cas élabore une solution et justifie le choix de celle-ci ; il se prépare à confronter son point de vue avec ceux des autres équipes.

Étude de cas : Méthode qui consiste à présenter une situation problématique et à inviter les employés à analyser ses différents éléments en tenant compte de l'environnement et des contraintes de l'entreprise.

Cette méthode permet de développer la capacité d'analyse des employés, leurs habiletés à prendre des décisions, à présenter et à défendre leur point de vue, et à s'ouvrir aux perceptions des autres. Elle permet surtout à l'employé de prendre conscience qu'une décision repose sur la perception de l'environnement et les caractéristiques personnelles de la personne qui prend les décisions.

Le principal inconvénient de cette méthode est que le formateur peut facilement orienter ou dominer la discussion, ce qui est à l'opposé du but recherché. La rédaction de cas comportant ne serait-ce que le matériel minimal nécessaire pour susciter une discussion fructueuse exige beaucoup de temps et demande la participation des gestionnaires de l'entreprise lorsqu'il s'agit d'un cas réel. Une partie importante des décisions dans l'entreprise s'appuie sur des hypothèses. Cela implique une évaluation subjective de la réalité, l'acceptation du risque et un certain stress. Face à un problème présenté dans un cas, il est très difficile de susciter une décharge d'adrénaline, car les risques que peut prendre l'employé sont sans conséquence.

Le **jeu de rôle** et la **simulation** constituent une méthode en tous points semblable à l'étude de cas, où l'on donne à l'employé la description d'une situation, mais cette fois on lui demande de jouer le rôle d'un des personnages. Comme on le voit, l'employé n'est plus détaché du problème ; il est mis en cause directement et doit réagir selon sa personnalité.

De toutes les méthodes de formation, cette méthode est celle qui permet le plus de se rapprocher des situations vécues dans les différentes fonctions au sein de l'organisation. Elle encourage les membres à une participation plus complète et donne l'occasion de mieux comprendre l'importance de l'opinion dans la prise de décision.

Certains sentiments, ou tensions, contenus dans les situations réelles ne peuvent être éprouvés dans un jeu de rôle, ce qui le rend peu vraisemblable. Enfin, les personnes timides ont énormément de difficulté à jouer adéquatement un rôle devant un public.

La **corbeille du gestionnaire** est constituée d'un ensemble de documents semblables à ceux que l'employé trouve dans son poste de travail (lettres, notes de service, etc.). L'employé doit fixer des priorités et résoudre les problèmes rattachés à ce poste. Il sera évalué par des formateurs selon le choix des priorités, les liens établis entre les divers problèmes, la qualité de ses décisions et le temps pris pour prendre celles-ci.

Cette méthode a l'avantage de plonger l'employé dans une situation réelle de travail.

Par contre, cette méthode ne peut être efficace que si l'employé reçoit une rétroaction à la suite de l'exercice et si le formateur propose une séance de discussion et de comparaison des décisions de chacun des employés. Ainsi, l'employé sera en mesure d'évaluer ses apprentissages et ses erreurs.

La discussion en groupe s'avère utile lorsque l'information à acquérir et à maîtriser est complexe et contient des aspects positifs et négatifs. Les principaux avantages de cette méthode sont la participation directe des employés au processus de discussion et la stimulation qui en résulte. Chaque membre a aussi la possibilité d'émettre ses idées, ce qui lui permet de mesurer ses valeurs par rapport aux diverses opinions émises. L'assimilation des idées exprimées sera plus grande que dans la présentation et variera selon la participation de chacun.

Le principal inconvénient de cette méthode est le temps nécessaire à la discussion. En outre, il est possible que celle-ci déborde du sujet, ce qui rendra l'exercice peu productif.

Jeu de rôle et simulation : Méthode de formation en tous points semblable à l'étude de cas, où l'on donne à l'employé la description d'une situation, mais cette fois on lui demande de jouer le rôle d'un des personnages.

Corbeille du gestionnaire : Méthode de formation constituée d'un ensemble de documents semblables à ceux que l'employé trouve dans son poste de travail.

Simulation et jeu informatisés : Mise en situation interactive présentant des situations virtuelles où deux groupes d'employés prennent des décisions en fonction d'éléments connus et d'autres pour lesquels ils doivent poser des hypothèses.

Particulièrement utilisée pour le développement des compétences des gestionnaires, la méthode de la **simulation** et du **jeu informatisés** consiste à diviser un groupe d'employés en équipes, lesquelles seront appelées, dans un contexte de compétition, à prendre des décisions en fonction de certains éléments connus et d'autres au sujet desquels elles devront élaborer des hypothèses. En général, chaque équipe représente une société sur un marché où elle est en concurrence avec les autres équipes ou sociétés. Les décisions et les résultats d'une équipe influent sur les résultats des autres équipes. Certaines simulations placent le concurrent en compétition avec l'ordinateur.

Cette méthode est très efficace pour le développement des compétences des gestionnaires, car elle permet de développer les habiletés de travail en équipe et de prise de décision. De plus, les situations présentées sont ordinairement semblables aux situations de travail de l'employé ; les exercices sont donc très réalistes. Le didacticiel *Vendeur*[16] utilisé dans le cours de représentation commerciale constitue un excellent exemple de simulation informatisée.

Les simulations et les jeux informatisés exigent toutefois beaucoup de temps et limitent parfois la créativité en restreignant les choix offerts aux employés.

Les méthodes de formation en cours d'emploi

Lorsque l'employé doit développer ses habiletés à résoudre des problèmes et à prendre des décisions, à travailler en équipe et à analyser l'environnement, il est préférable de procéder au développement des compétences en plaçant l'employé devant la réalité et ses contraintes. Cette catégorie de méthodes comprend des méthodes telles que la période d'intégration de l'employé, la formation en atelier-école, le système de l'apprenti (le *coaching*) et la rotation des postes.

Période d'intégration de l'employé : Méthode comprenant les cinq étapes suivantes : la préparation des objectifs de la formation, la préparation de l'employé, les explications de la tâche par le formateur, l'expérimentation par l'employé des étapes du travail et le suivi du développement des compétences.

La **période d'intégration de l'employé**[17] est une méthode de formation qui s'effectue en cinq étapes, soit la préparation des objectifs de la formation, la préparation de l'employé, les explications de la tâche par le formateur, l'expérimentation par l'employé des étapes du travail et le suivi du développement des compétences (*voir la figure 7.6*).

Cette méthode de formation, dont le superviseur est le principal responsable, a pour but de faire connaître à l'employé le rendement et le comportement qu'on attend de lui dans l'exécution de sa tâche. Elle a l'avantage de rendre l'employé productif, du moins partiellement, dès son entrée au service de l'entreprise. On utilise cette méthode surtout pour enseigner les habiletés liées à la tâche. On y recourt aussi dans les programmes de rotation des postes, dans le système de l'apprenti et dans le bureau côte à côte.

Les principales restrictions à l'égard de cette approche ont trait au formateur. Celui-ci peut être le supérieur immédiat ou un collègue de travail[18] ; or, ce dernier n'a peut-être pas la qualification pédagogique nécessaire pour transmettre adéquatement l'essentiel du contenu de la tâche. Même si un employé remplit correctement sa fonction, il n'est pas assuré qu'il sera apte à expliquer à un employé tous

---

16. Gilbert Rock, *Vendeur*, 3e version, Montréal, Centre collégial de développement de matériel didactique, 2003.

17. Inspiré de Leslie W. Rue et Lloyd L. Byars, *Supervision*, 5e éd., Chicago, Irwin, 1996, p. 196. Les étapes suggérées par Rue et Byars sont elles-mêmes une adaptation de War Manpower Commission, *The Training within Industry Report*, Washington, Bureau of Training, 1945, p. 195.

18. Lire à ce sujet Daniel Rickett, « Peer training : Not just a low-budget answer », *HR Focus*, juillet 1994, p. 70 et suivantes.

Préparation des objectifs de la formation et du site de la formation
- Définition du contenu du développement des compétences
- Installation des équipements et des outils

Préparation de l'employé
- Éveil de la confiance de l'employé
- Définition des connaissances et des habiletés déjà acquises
- Éveil de l'intérêt de l'employé

Explications et présentation des opérations de la tâche par le formateur
- Explication des opérations
- Démonstration des opérations par le formateur
- Vérification de la compréhension de l'employé

Expérimentation par l'employé des étapes de l'exécution du travail
- Démonstration des opérations par l'employé
- Observation par le formateur
- Répétition des opérations

Suivi du développement des compétences
- Exécution des opérations de façon autonome par l'employé
- Vérification périodique par le formateur
- Reconnaissance de la compétence de l'employé
- Promotion de l'employé

---

les éléments importants que comporte celle-ci. De plus, les erreurs de l'employé peuvent avoir une incidence directe sur les opérations et s'avérer coûteuses. Il peut y avoir des bris d'équipement, du gaspillage de produits, des retards dans les commandes et surtout du mécontentement de la part des clients qui ont à subir les conséquences des erreurs de l'employé en formation. Enfin, si le contenu du programme n'est pas bien préparé, des éléments essentiels risquent d'être escamotés et, dans certains cas, l'employé peut apprendre de mauvaises techniques de travail.

Avec la **formation en atelier-école**, il s'agit d'offrir une formation réaliste et concrète, mais loin de la pression exercée par les activités quotidiennes. Les ateliers de vente auxquels participent les nouveaux représentants en sont un exemple. Dans ces classes, on peut même recréer des situations faisant intervenir toutes les catégories de clients. Les ateliers-écoles ouverts au public sont très répandus. Que ce soit l'école de dentisterie de l'Université de Montréal, les cliniques de prothèses dentaires, d'hygiène dentaire ou d'orthèses visuelles du Cégep Édouard-Montpetit ou encore la salle à manger de l'Institut de tourisme et d'hôtellerie du

Formation en atelier-école : Méthode permettant d'offrir une formation réaliste et concrète, mais loin de la pression exercée par les activités quotidiennes.

Québec, le public connaît ces centres où la qualité des services est assurée, mais où le « client » doit être patient, car il est plongé au cœur d'un atelier de formation. Plusieurs entreprises, des supermarchés aux chaînes de restaurants, utilisent cette méthode pour le développement des compétences des caissiers ou des serveurs. Le client étant conscient du contexte de la formation, la lenteur du service ou une erreur de parcours n'auront pas de conséquences sur le lien entre le client et l'entreprise.

Par contre, les pilotes de ligne, les pilotes d'hélicoptères[19], les conducteurs de chars d'assaut[20] de l'armée américaine, les opérateurs de métro[21] de la Société de transport de Montréal, les opérateurs de machines forestières[22], etc., utilisent des simulateurs, un matériel qui reproduit toutes les conditions que les employés auront à affronter dans leur travail.

La formation en atelier-école évite tous les inconvénients que comporte la période d'intégration de l'employé. L'employé travaillant hors du circuit des opérations réelles peut se permettre de faire des erreurs sans qu'il y ait de conséquences fâcheuses. De plus, il est possible de créer des situations de travail très rares ou extrêmes, ce qui permet à un employé d'acquérir une expérience qui lui sera fort utile dans une situation réelle. Les simulateurs représentent à cet effet un outil indispensable. Ainsi, il est possible de faire vivre à un pilote un atterrissage dans des conditions climatiques exigeantes dans un aéroport qui présente une configuration faisant appel à tous les talents du pilote. Quant à l'opérateur de rames de métro, il peut expérimenter des situations de crevaison, d'incendie ou encore de tentative de suicide.

Cependant, l'installation et l'équipement d'un atelier-école ne sont pas rentables. Il s'agit d'un investissement qui, dans le cas des simulateurs par exemple, représente des coûts énormes en ce qui concerne l'équipement et surtout le développement du matériel de formation. Les simulations doivent être très près de la réalité si l'on veut obtenir la participation entière des employés.

Le **système de l'apprenti** (*coaching*) constitue une situation où l'employé apprend son travail avec un employé expérimenté affecté à cette tâche par le superviseur ou par le syndicat. Cette méthode s'inspire des pratiques de compagnonnage adoptées pour le développement des compétences des maîtres dans certains métiers au Moyen Âge. Encore utilisée dans certains métiers (électricien,

Système de l'apprenti : Méthode selon laquelle l'employé apprend son travail avec un employé expérimenté.

---

19. Triton Aviation inc., d'Abbotsford, près de Vancouver, offre des cours à l'aide d'un simulateur appelé Helicopter Flight Procedures Simulator pour les appareils IFR Bell 206 ; Emulation Systems Flight Simulators, de Santa Maria, en Californie, offre des cours sur un simulateur de vol pour les avions et les hélicoptères.

20. American Apex Corporation, de Columbus, en Ohio, offre des cours aux armées de divers pays sur des simulateurs de chars d'assaut (Advanced Inbore Markmanship Training Enhancement Systems for Tanks – AIMTEST), ce qui réduit les coûts d'exploitation, d'entretien ainsi que les coûts des munitions utilisées.

21. À Londres, les opérateurs du métro sont maintenant formés au Neasden Control Centre, où un simulateur permet de créer presque toutes les situations auxquelles aura à faire face un opérateur dans un environnement sans risque où les opérations se déroulent à la vitesse normale du métro. À Paris, on utilise maintenant l'ancien terminus Station Gare du Nord pour la formation des futurs conducteurs du métro.

22. Le Centre de recherche informatique de Montréal (CRIM) a conçu une simulation graphique appelée Application des technologies robotiques aux équipements forestiers (ATREF) permettant aux opérateurs de machines forestières d'approfondir leurs connaissances et leurs techniques avant d'utiliser réellement une machine, ce qui diminue le nombre de bris mécaniques. Grâce au projet ATREF, la formation assistée par ordinateur sous forme commerciale pourrait bientôt voir le jour pour les opérateurs de machines forestières.

plombier, menuisier, soudeur, tuyauteur, ferblantier, machiniste, etc.) et dans certaines professions (avocat, notaire, médecin, comptable, etc.), cette méthode consiste à faire travailler un employé ou un apprenti pendant une période préétablie avec un maître, qui sera le formateur.

Cette approche permet à l'apprenti de mettre en pratique les notions théoriques qu'il a apprises avant de pouvoir effectuer de façon autonome les principales tâches contenues dans son emploi.

Cette méthode comporte les inconvénients suivants. Le nombre d'apprentis pouvant être formés est limité par le nombre de centres de stages et le nombre de personnes ayant atteint la qualité de maître. Par exemple, l'apprenti électricien doit travailler avec un électricien. Par conséquent, surtout dans une période de pénurie, il est difficile de former beaucoup d'apprentis, car le nombre d'électriciens pouvant remplir le rôle de maître est limité. En fait, le système de l'apprenti pourrait être apparenté à la création d'une classe d'employés sous-payés qui n'ont d'autre choix que d'achever leur période d'essai, qui peut s'étendre sur 10 ans dans certains cas, comme dans celui des graveurs sur acier aux États-Unis.

La méthode de la rotation des postes est surtout utilisée pour les gestionnaires qui présentent un certain potentiel. Elle permet aux employés touchés d'assumer des fonctions dans différents secteurs de l'entreprise et d'avoir ainsi une meilleure vue d'ensemble des exigences et des responsabilités liées à ces secteurs. La rotation peut aussi s'effectuer entre les différents postes d'un même service dans l'entreprise.

La rotation des postes offre une plus grande variété de tâches aux employés. De plus, au moment de la promotion d'un membre du service détenant un poste stratégique, il est plus facile de le remplacer par un de ses collègues et d'embaucher un nouvel employé pour combler un poste moins exigeant.

Pour ce qui est des inconvénients, la rotation des postes s'effectue à l'échelle de l'entreprise tout entière. Cela signifie qu'un employé peut être appelé à occuper un nouveau poste dans une autre ville ou dans un autre pays. Cette situation implique des frais très élevés pour l'entreprise, et pour l'employé et sa famille des sacrifices et un effort d'adaptation énormes.

Les facteurs influant sur le choix des méthodes de formation

Le choix d'une méthode de formation ou d'un ensemble de méthodes de formation est une étape extrêmement importante dans le processus de formation. Ce choix est sous-jacent aux objectifs du développement des compétences[23].

Ainsi, si l'on veut améliorer les habiletés de prise de décision des employés, on aura surtout recours à l'étude de cas, aux simulations, à la corbeille du gestionnaire de même qu'à la simulation et au jeu informatisés. Pour développer les habiletés en relations interpersonnelles, les méthodes les plus utilisées sont le jeu de rôle et le laboratoire de sensibilisation aux phénomènes de groupe. L'apprentissage pour un emploi précis se fait surtout à l'aide de méthodes telles que l'intégration de l'employé, le système de l'apprenti ainsi que la rotation des postes. Lorsqu'il s'agit d'élargir les connaissances de l'employé au sujet de l'entreprise en général, la rotation des postes s'avère très efficace. Enfin, s'il faut répondre à des besoins particuliers de l'employé, certains cours donnés par des organismes externes

23. Ce regroupement a été proposé par Edwin B. Flippo, *Personnel Management*, 5e éd., New York, McGraw-Hill, p. 185-196.

ou des établissements d'enseignement constituent une solution ; les colloques et les congrès présentent aussi un certain intérêt ; enfin, il y a les lectures, les projets spéciaux et la participation à des comités.

Il n'existe pas un choix idéal[24] ; il s'agit de faire un compromis entre les objectifs du développement des compétences, les coûts des méthodes de formation et du matériel, les coûts des ressources humaines et financières disponibles, et d'abord des formateurs, le temps qui peut être alloué pour le développement des compétences, de même que les préférences et les habiletés des formateurs. En outre, il faut maintenir le respect des principes d'apprentissage mentionnés précédemment.

Retenons toutefois que, pour être efficace, une méthode de formation doit susciter la motivation de l'employé et développer les habiletés recherchées. De plus, selon les principes d'apprentissage qui ont été énoncés, les méthodes retenues doivent donner l'occasion de mettre en pratique, pendant le développement des compétences, les notions apprises ; elles doivent proposer régulièrement à l'employé une rétroaction accompagnée d'un renforcement positif. Enfin, les méthodes de formation doivent permettre une présentation des notions allant du simple au complexe et surtout offrir toutes les garanties de transfert dans la réalité du poste de l'employé[25].

Le développement organisationnel

Le développement organisationnel[26] consiste en un effort concerté de changement, qui utilise les connaissances des sciences du comportement, qui fait appel à la totalité ou à une partie importante de l'organisation, sous l'impulsion et la supervision de la haute direction. Il a pour objectif l'amélioration de l'efficacité de l'organisation et se fonde sur des interventions planifiées dans les divers processus de celle-ci[27].

Le processus du développement organisationnel commence généralement par un diagnostic de la situation présente. Il s'agit d'analyser les croyances, les valeurs et les normes des membres de l'organisation qui pourraient jouer un rôle négatif dans la recherche de l'efficacité maximale. À la suite d'une première analyse, les renseignements sont communiqués aux personnes qui participent au changement. Un plan d'action est élaboré en collaboration avec tous les membres, puis il est mis en œuvre et évalué. L'exercice est répété jusqu'à la satisfaction complète des membres et de la haute direction.

Ce processus est un programme de formation, mais il dépasse les limites du développement des compétences tel que défini dans ce chapitre. Le rôle du formateur consiste à intervenir pour accroître la réceptivité à l'apprentissage, pour aider à l'acquisition des comportements et pour faciliter leur maintien par le choix des méthodes d'apprentissage. Mais au cours de la phase primordiale du développement des compétences, c'est-à-dire le transfert des nouveaux comportements dans la tâche, le formateur est généralement absent. Dans le développement

---

24. Wayne F. Cascio et James W. Thacker, *Managing Human Resources*, Toronto, McGraw-Hill Ryerson, 1994, p. 305.
25. *Ibid.*, p. 291.
26. Bernard Turgeon, *op. cit.*, p. 417.
27. Cette définition s'inspire d'un classique : Richard Beckhard, *Organization Development : Strategies and Models*, Reading, Massachusetts, Addison-Wesley, 1968, p. 9 ; et Michael Beer, *Organization Change and Development : A Systems View*, Santa Monica (Cal.), Goodyear, 1980.

organisationnel, l'agent de changement[28], le formateur, est partie intégrante de l'équipe de travail.

Lorsque le diagnostic est clairement posé, les interventions quant au développement organisationnel sont définies et mises en application. Ces stratégies de changement sont élaborées par les membres de l'organisation et l'agent de changement. Les principales stratégies utilisées sont la promotion du travail en équipe, l'analyse des relations interpersonnelles, l'intervention d'un tiers, l'approche sociotechnique, le changement de la culture d'entreprise et les activités de formation.

La promotion du travail en équipe[29] implique l'utilisation de techniques visant à améliorer la cohésion au sein d'un groupe et à accroître l'efficacité de ce dernier. L'analyse des relations interpersonnelles est une stratégie axée sur le processus utilisé dans les groupes pour communiquer, gérer les conflits et prendre des décisions. L'objectif de cette analyse consiste à rendre le groupe apte à gérer sa propre dynamique. L'intervention d'un tiers a pour but d'aider les individus et les groupes à résoudre leurs conflits majeurs sur le plan de la tâche ou sur celui des relations interpersonnelles. L'approche sociotechnique[30] tente de concilier les contraintes organisationnelles et les exigences des employés. Il s'agit en fait d'améliorer parallèlement la productivité et la qualité de vie au travail. Le changement de la culture d'entreprise implique le développement d'une culture de l'organisation qui sera conforme à ses stratégies et à sa structure. Enfin, les activités de formation ont pour objectif de fournir à chaque individu les compétences et les connaissances requises pour apporter sa contribution à l'organisation.

Les stratégies de développement organisationnel tentent de résoudre les problèmes immédiats, mais elles visent surtout à offrir aux membres de l'organisation la possibilité d'acquérir les habiletés, les compétences et les attitudes nécessaires pour faire face aux futurs problèmes. Les employés pourront de cette manière s'adapter aux nouvelles situations de l'organisation.

La formation en ligne

La formation en ligne[31] (*e-learning*) est une méthode de développement des compétences qui s'appuie sur des contenus pédagogiques présentés sur un support électronique, comme un cédérom, le réseau Internet, un intranet, un extranet ou la télévision interactive. La formation en ligne comprend aussi bien des outils et des applications pédagogiques que des contenus pédagogiques. L'apprentissage en ligne, qui constitue une des facettes de la formation en ligne, se différencie par l'utilisation de la technologie du Web. Ces applications et ces contenus sont transmis à travers un ordinateur relié à un intranet, à un extranet ou encore à Internet et représentent une étape plus avancée que l'utilisation du cédérom. L'apprentissage en ligne offre des possibilités de collaboration et d'interactivité (forum ou clavardage). Ce mode d'apprentissage émergent tente de s'imposer dans les entreprises face aux modes de formation traditionnels (en salle de classe).

---

28. Il s'agit de la personne responsable de la mise en œuvre du changement, habituellement un gestionnaire de l'entreprise.
29. William G. Dyer, *Team Building : Issues and Alternatives*, 2e éd., Reading (Mass.), Addison-Wesley, 1987.
30. Maurice Boisvert, *L'approche sociotechnique*, Montréal, Agence d'Arc, 1990.
31. Cette définition s'inspire de De Marque inc., société québécoise spécialisée dans l'éducation interactive en réseau (www.demarque.com/demarque/francais/accueil/).

Depuis l'automne 2002, le Massachusetts Institute of Technology (MIT)[32] propose dans le Web l'ensemble du matériel des cours offerts par l'institution. Il ne s'agit pas à proprement parler de formation en ligne, car il n'y a pas d'interactivité, mais qu'une institution ayant un prestige mondial tel le MIT ait décidé de rendre disponible gratuitement l'ensemble de ses cours, cela représente une révolution en ce qui a trait à la philosophie de l'éducation. Seule l'expansion d'Internet pouvait rendre ce projet réalisable.

La formation en ligne est en train de bouleverser l'accessibilité à la formation de même que les principes fondamentaux de celle-ci, à tel point qu'on passe maintenant de la « formation » à l'« apprentissage ». Ainsi, ce qui est intégré s'avère plus important que ce qui est transmis, d'où l'utilisation de l'expression « développement des compétences ».

L'approche classique de la formation peut de moins en moins répondre aux besoins actuels. Le temps requis pour développer le « maître » (celui qui a acquis l'expertise nécessaire), pour « cloner » celui-ci, pour communiquer le contenu et pour rédiger les manuels et les guides de formation, tout cela rendra caduque la formation selon l'approche classique. En effet, il est fort probable que les problèmes qui se présenteront dans l'organisation et les possibilités et les menaces du marché seront remplacés par d'autres avant même la fin de la formation.

L'utilisation de l'approche de la formation en ligne place le formateur dans un rôle de redistributeur de connaissances plutôt que dans un rôle de fournisseur de connaissances. Face à un problème, le formateur doit susciter une solution en utilisant les ressources disponibles, soit les participants à la formation qui très souvent s'avéreront les experts du contenu.

La sélection des formateurs et des employés

Les participants à un programme de formation, soit les employés, sont le cœur même du programme. Afin d'assurer l'efficacité d'une activité de formation, il est essentiel de comprendre le fonctionnement d'un adulte dans une situation d'apprentissage. Ensuite, il faut sélectionner les personnes qui répondront le mieux aux attentes de l'entreprise consécutivement à l'activité de formation.

Les caractéristiques des employés de l'entreprise

Des études ont démontré que le mode d'apprentissage est différent selon que l'employé est un étudiant ordinaire ou un étudiant adulte. Les différences de comportement entre ces deux catégories de participants ont une incidence sur la conception d'un programme de formation. Knowles[33] suggère de tenir compte de quatre caractéristiques pour distinguer l'étudiant adulte d'un étudiant de l'enseignement ordinaire.

Tout d'abord, l'adulte se voit comme une personne autonome capable de prendre en main sa formation. Il désire être considéré ainsi dans un programme de formation. L'adulte ne se sent pas dépendant du formateur, il n'aime pas être traité comme un enfant. Dans ce contexte, le formateur devient un facilitateur qui permet à l'adulte de participer à sa formation.

De plus, l'employé possède de l'expérience. Pour lui, l'expérience ne se réduit pas à l'ensemble des événements qui lui sont arrivés ; elle définit ce qu'il est. Cette

---

32. Pour plus de renseignements concernant le MIT OPENCOURSEWARE, voir
    http://web.mit.edu/ocw/.
33. M. S. Knowles, *The Modern Practice of Adult Education*, New York, Associated Press, 1978.

expérience lui permet de faire des choix quant au contenu et aux méthodes de formation. La formation des adultes exige une communication bidirectionnelle, des discussions en groupe et la mise en application des apprentissages. Pour cette raison, le formateur devra préparer beaucoup de matière afin de permettre à l'employé de choisir dans celle-ci en fonction de ses besoins. Il en est de même pour les outils ou les médias de formation utilisés.

Ensuite, l'adulte désire apprendre. Il voit dans le formateur une personne-ressource qui l'aidera à établir ses besoins et à découvrir les moyens de les combler. Il faut donc amener l'employé à prendre la responsabilité de sa formation. Cela implique que les présentations du formateur doivent aller à l'essentiel. Le formateur n'est pas l'individu qui indique ce qu'il faut faire et comment il faut le faire. Il est celui qui offre son aide. Plus spécifiquement, le formateur doit éviter de préciser ses attentes à l'égard de l'employé. C'est ce dernier qui déterminera lui-même ses attentes.

Enfin, l'employé ne désire pas emmagasiner des connaissances qu'il utilisera plus tard seulement. Il cherche avant tout des solutions qu'il pourra appliquer rapidement et qui l'aideront à résoudre les problèmes auxquels il fait face.

Bref, lorsqu'on s'adresse à des adultes qui reçoivent une formation, il faut leur laisser choisir le rythme du développement des compétences, la séquence de l'apprentissage, le matériel du cours, les objectifs du développement des compétences et le mode d'évaluation. Il s'agit d'une formation contrôlée par l'employé.

Le choix des employés à former

Les coûts du développement des compétences exigent que l'entreprise destine ses programmes aux employés qui peuvent en profiter le plus. Un employé recherche une formation qui puisse correspondre à ses intérêts et qui puisse améliorer son rendement. Il faut donc offrir une formation aux employés intéressés qui pourront rentabiliser les ressources financières qui y seront consacrées[34]. Pour sélectionner ces employés, on recourra à des critères déjà utilisés en matière de sélection : les critères de compétences (*will do factors*) et les critères de qualification (*can do factors*).

Au sein de l'entreprise, on trouve simultanément trois approches[35] pour sélectionner les employés habilités à participer à un programme de formation. D'abord, il y a les employés qui, à la suite d'une démarche personnelle[36], font eux-mêmes une demande de formation, laquelle est généralement offerte à l'extérieur de l'entreprise. Selon la deuxième approche, le superviseur propose lui-même à l'employé un programme de formation qui répond surtout aux besoins du plan de carrière de l'employé. La dernière approche est plutôt institutionnelle et vise en particulier à suggérer une solution à une situation spécifique comme l'arrivée de nouveaux employés, les changements dans les méthodes de travail, les mutations, le faible rendement de certains employés, les problèmes de qualité du travail, l'intégration d'employés spéciaux (les immigrants, les ruraux, les chômeurs chroniques, etc.)

---

34. Lire à ce sujet Shari Caudron, « Can generation Xers be trained ? », *Training and Development*, mars 1997, publié dans *Annual Edition, Human Resources 98/99*, 8ᵉ éd., New York, McGraw-Hill, 1998. L'auteur présente quelques stratégies qu'on peut utiliser pour former ce segment très important de la main-d'œuvre qu'on a nommé la « génération X ».

35. Inspiré de Kalburgi M. Srinivas, *Human Resource Management : Contemporary Perspectives in Canada*, Toronto, McGraw-Hill, 1984, p. 204-205.

36. À l'université Saturn, une filiale de General Motors, ce sont les employés qui ont la responsabilité de créer eux-mêmes leur programme de formation.

n'ayant aucune expérience du milieu de travail et ayant des problèmes d'adaptation sociale.

Étant donné que les coûts d'un programme de formation comprennent pour une large part les salaires des employés qui ne sont pas productifs pendant le développement des compétences, la durée de ce programme doit être réduite au minimum. Afin de respecter cet objectif, de transmettre tout le contenu et de maintenir un rythme soutenu durant le développement des compétences, il importe de sélectionner les employés en fonction de leur capacité de réussir le programme.

Ainsi, l'employé idéal est très engagé dans son travail, il a déjà établi son plan de carrière et il a lui-même choisi de participer à la séance de formation[37]. Il est convaincu qu'il peut, mieux que tout autre, réussir cette formation, que celle-ci l'aidera dans sa carrière, qu'en cas d'échec le développement des compétences lui sera quand même utile et qu'en cas de difficulté il devra fournir un effort supplémentaire (*voir la figure 7.7*)[38].

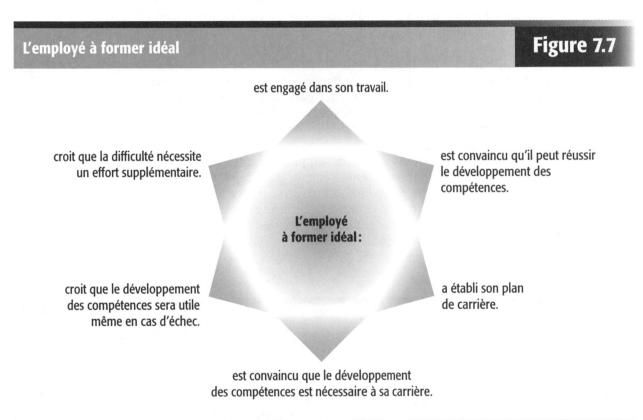

L'employé à former idéal

Figure 7.7

est engagé dans son travail.

croit que la difficulté nécessite un effort supplémentaire.

est convaincu qu'il peut réussir le développement des compétences.

L'employé à former idéal :

croit que le développement des compétences sera utile même en cas d'échec.

a établi son plan de carrière.

est convaincu que le développement des compétences est nécessaire à sa carrière.

37. Lire à ce sujet Raymond A. Noe, « Trainees' attributes and attitudes : Neglected influences on training effectiveness », *Academy of Management Review*, vol. 11, 1986, p. 736-749 ; Raymond A. Noe et Neal Schmitt, « The influence of trainee attitudes on training effectiveness : Test of a model », *Personnel Psychology*, vol. 39, 1986, p. 497-523 ; Thimothy T. Baldwin *et al.*, « The perils of participation : Effects of choice of training on trainee motivation and learning », *Personnel Psychology*, vol. 44, n° 1, 1991, p. 51-66.

38. Inspiré de Wayne F. Cascio et James W. Thacker, *op. cit.*, p. 280.

7.3.3 L'évaluation des programmes de formation

L'efficacité des programmes de formation ne peut vraiment être mesurée qu'à travers l'effet du comportement des employés, une fois de retour dans leur emploi, sur les résultats de l'entreprise. En fait, il faut poser les quatre questions suivantes au moment de l'évaluation d'un programme de formation[39] : Y a-t-il eu des changements dans les comportements des employés ? Ces changements sont-ils causés par le développement des compétences ? Ces changements influent-ils positivement sur la réalisation des objectifs de l'entreprise ? Les changements de comportements seront-ils les mêmes avec un nouveau groupe d'employés ?

L'évaluation d'un programme de formation mesure les changements, mais il faut être conscient du type des changements mesurés. Par exemple, si une personne va au restaurant et qu'une fois le repas terminé on lui demande si elle est satisfaite, une réponse positive ne sera pas suffisante. Elle pourrait être satisfaite parce qu'elle n'a plus faim. Elle pourrait aussi l'être parce que l'ambiance et le service sont excellents. Sa satisfaction pourrait aussi provenir du plaisir ressenti d'avoir passé des moments agréables avec une personne charmante. Peut-être est-ce la qualité des mets qui est la source de sa satisfaction ? Ainsi, la satisfaction d'une personne peut être attribuable à différents éléments.

Il en est de même pour un programme de formation[40]. On peut utiliser des critères d'évaluation intrinsèques, telles la réaction des participants et la valeur des apprentissages. On peut aussi utiliser des critères d'évaluation extrinsèques, tels les changements de comportements et les effets de la formation sur certains éléments de l'emploi (*voir la figure 7.8*).

Afin de connaître la satisfaction des employés, on peut mesurer leur réaction ou leurs sentiments à la fin du programme. Généralement, la perception du formateur joue un rôle important dans cette perception. Ainsi, on se trouve à mesurer les sentiments des employés face au formateur et face à la forme et au contenu du programme. Les résultats de cette évaluation peuvent être utilisés pour sélectionner les formateurs, modifier la présentation de la formation, son rythme ou sa durée, et certains éléments du contenu.

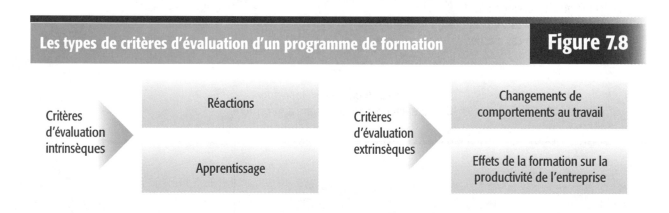

Les types de critères d'évaluation d'un programme de formation — **Figure 7.8**

Critères d'évaluation intrinsèques → Réactions / Apprentissage

Critères d'évaluation extrinsèques → Changements de comportements au travail / Effets de la formation sur la productivité de l'entreprise

---

39. Questions suggérées par I. L. Goldstein, *Training in Organizations : Needs Assessment, Development, and Evaluations*, 2ᵉ éd., Monterey (Cal.), Brooks et Cole, 1986.
40. Ces critères sont suggérées par D. L. Kirkpatrick, « Four steps to measuring training effectiveness », *Personnel Administrator*, vol. 28, nº 11, 1983, p. 19-25.

On peut aussi évaluer l'apprentissage, grâce aux examens à la fin d'un cours, aux travaux pratiques ou aux projets que doivent réaliser les employés.

Les changements de comportements des employés dans leur travail peuvent aussi être mesurés. Compte tenu de la difficulté d'isoler l'incidence de la formation sur les changements de comportements, il est nécessaire de mesurer les comportements du groupe avant et après la formation ou encore de mesurer le comportement de deux groupes, soit un groupe ayant reçu une formation et un groupe contrôle n'ayant pas reçu de formation[41].

Enfin, on peut évaluer un programme de formation en mesurant les effets de celle-ci sur le rendement, la productivité, l'amélioration de la qualité, la baisse du taux de roulement, la baisse du taux d'accidents, et ainsi de suite. Les bénéfices économiques d'un programme de formation peuvent être mesurés à l'aide de l'indice économique des valeurs attendues (*economics of expected utility*)[42].

7.4 Les avantages du développement des compétences

L'investissement dans les programmes de formation procure aux entreprises et aux employés de nombreux avantages. Cet investissement a un effet positif sur les profits de l'entreprise : il augmente les compétences et les connaissances des employés ; il favorise la création d'un bon climat organisationnel ; il améliore les relations du travail ; il accroît l'efficacité de la prise de décision et la gestion des changements ; il accroît la qualité du travail et la productivité ; il facilite l'implantation d'un réseau de communication efficace et permet une meilleure gestion des conflits.

Quant à l'employé, il développe sa confiance en soi et voit ses frustrations diminuer. La formation améliore sa capacité de prendre des décisions et de communiquer. Elle l'aide à atteindre ses buts personnels en lui permettant de mieux orienter sa vie professionnelle. La division du travail fondée sur la hiérarchie dans l'entreprise sera remplacée dans un avenir rapproché par une division basée sur les compétences des individus.

---

41. Pour obtenir plus de détails sur l'évaluation de la formation, voir M. E. Gist, C. K. Stevens et A. G. Bavetta, « Effects of self-efficacy and post-training intervention on the acquisition and maintenance of complex interpersonal skills », *Personnel Psychology*, vol. 44, n° 4, 1990, p. 837-862.

42. La mesure des effets de la formation est un exercice fort complexe qui dépasse le cadre de cet ouvrage. Pour les lecteurs que ce sujet intéresse, il existe une formule utilisée depuis fort longtemps en psychologie, soit l'indice économique des valeurs attendues, proposée par W. Edwards et appliquée à la gestion des ressources humaines par Wayne F. Cascio et D. L. Kirkpatrick. Voir D. L. Kirkpatrick, « Evaluating training programs : Evidence vs proof », *Training and Development Journal*, vol. 31, 1977, p. 9-12. ; Wayne F. Cascio, *Costing Human Resources : The Financial Impact of Behavior in Organizations*, 3e éd., Boston, PWS-Kent, 1991.

Résumé du chapitre

Les nouvelles règles du marché exercent une pression importante sur les entreprises qui doivent former leurs employés. Ces dernières peuvent utiliser différents programmes pour assurer le développement des compétences, soit l'accueil, la période d'intégration dans le poste, le perfectionnement, le développement individuel et le développement organisationnel. La formation représente un investissement qui augmentera les profits des entreprises et assurera la satisfaction des employés. Le processus de développement des compétences comprend trois phases : l'analyse des besoins, l'implantation du programme et la mise en place d'un système d'évaluation du processus.

Au moment de l'analyse des programmes, un grand nombre de facteurs doivent être pris en considération, à commencer par l'analyse de l'organisation, l'analyse des postes de travail et des activités et l'analyse du rendement des ressources humaines. Diverses méthodes de formation sont à la disposition des superviseurs, comme les méthodes axées sur la fonction cognitive, les méthodes utilisant la simulation et les méthodes de formation en cours d'emploi. Le choix d'une méthode devrait se fonder sur les objectifs du programme de formation et sur ses coûts relatifs.

Indépendamment des méthodes choisies, le contenu du développement des compétences devrait être élaboré de manière à optimiser l'apprentissage. La sélection des employés à former doit donc tenir compte de leurs caractéristiques. Pour être efficace, le programme de formation doit aussi respecter les principes de l'apprentissage, lesquels exigent que des objectifs précis de formation soient établis au départ, que le développement des compétences permette aux employés d'observer les comportements d'un modèle, que le matériel soit familier pour l'employé, qu'une place importante soit accordée à la pratique, que la rétroaction concernant l'évolution de l'employé soit fréquente et que soient considérées les différences individuelles des employés.

Une méthode de développement des compétences utilisée correctement doit aussi suivre les différentes phases du processus d'apprentissage de l'employé. En effet, celui-ci doit être bien disposé face au développement des compétences, apprendre un contenu, le retenir et le transférer dans son milieu de travail afin d'atteindre les objectifs de l'entreprise. Par contre, la venue de la formation en ligne est susceptible de révolutionner les pratiques actuelles et de rendre la formation plus accessible dans le temps et dans l'espace.

Enfin, on peut vérifier l'efficacité des programmes de formation en mesurant différents éléments, comme les réactions des employés au programme et au formateur, l'apprentissage réalisé, les changements de comportement des employés dans leur travail et les effets de leurs comportements sur la productivité de l'entreprise.

Questions de révision et application

1. Définissez le développement des compétences ainsi que les différents programmes qu'il regroupe.
2. Décrivez les avantages du développement des compétences pour une entreprise.
3. Élaborez un schéma représentant les trois phases du développement des compétences et les éléments qui les composent.
4. Expliquez comment l'entreprise peut déterminer ses besoins en formation.
5. Tracez le profil d'un adulte qui reçoit une formation et décrivez ses principales caractéristiques. Quels liens pouvez-vous établir avec un étudiant de l'enseignement régulier?
6. Tracez le profil idéal de l'employé devant être intégré dans un programme de formation.
7. Quels sont les principaux principes de l'apprentissage? Décrivez brièvement chacun d'eux.
8. Expliquez ce que signifie le rythme d'apprentissage et ce qu'est un plateau.
9. De quels facteurs l'entreprise doit-elle tenir compte dans le choix d'une méthode de formation?
10. Pour chacune des situations suivantes, choisissez une méthode de formation pertinente et décrivez-en les avantages et les inconvénients:
    a) Vous avez l'intention d'exporter vos produits vers le Japon et, de ce fait, il faut que vos représentants soient familiarisés avec la culture japonaise.
    b) Vous désirez augmenter l'habileté de vos employés à prendre des décisions et à défendre leur point de vue.
    c) Le directeur d'un supermarché devra former prochainement cinq nouvelles caissières.
11. Définissez le développement organisationnel.
12. Quels sont les différents types de mesure d'un programme de formation? Expliquez brièvement chacun d'eux.
13. En vous reportant à la rubrique «Point de mire» présentée au début du chapitre, répondez aux quatre premières questions ci-dessous. Puis, en groupe, discutez des questions suivantes.
    a) A-t-on commis des erreurs dans la préparation de ce programme de formation?
    b) Comment aurait-on pu définir les besoins en formation de ces employés?
    c) La réaction des employés est-elle normale?
    d) Expliquez comment vous traiteriez ces problèmes.
    e) En vous remémorant votre première journée de travail dans votre emploi actuel ou votre première journée au collège, décrivez ce qu'on aurait dû faire pour faciliter votre intégration.
    f) Établissez une méthode d'évaluation d'un programme de formation de représentants.
    g) Afin d'être vraiment efficace, comment un programme de formation utilisant une méthode en cours d'emploi devrait-il être conduit?
    h) Qui devrait être responsable du développement des compétences dans l'entreprise?
    i) Quels devraient être les éléments d'un programme de sensibilisation au harcèlement sexuel dans l'entreprise? Quels employés choisiriez-vous pour suivre ce cours? Comment évalueriez-vous les résultats d'un tel programme?
    j) Donnez une liste d'arguments que vous utiliseriez pour convaincre les dirigeants d'évaluer les programmes de formation de leur entreprise. Explicitez les critères qui peuvent être utilisés et justifiez vos choix.

Cas 7.1
Rien de plus facile !

Simon D. travaille pour la compagnie Cubex depuis plus de huit ans. Cette entreprise fabrique des bennes de camion. À la suite d'une réorganisation de l'usine et de l'installation d'un nouvel équipement, les bennes sont peintes en série sur une chaîne de fabrication, alors qu'auparavant il fallait effectuer le travail à l'unité dans un atelier de peinture. Ainsi, le nombre d'employés requis à l'atelier de peinture a sensiblement diminué. Le nouvel équipement fonctionne avec seulement deux employés, et sept des neuf postes de peintres ont été éliminés.

Heureusement, l'entreprise avait prévu cette situation au moment de l'achat de l'équipement, et le recrutement avait été ralenti au cours des derniers mois afin de permettre de muter des personnes dans d'autres services ayant besoin de main-d'œuvre. Simon est l'une des victimes de la modernisation du service de la peinture. Il a été muté au service de la soudure.

Le lundi matin, Christian G. accueille Simon dans son bureau :

– Simon, on m'a dit que tu te rapporterais ici ce matin, mais je ne sais trop ce que je vais te faire faire. J'ai à peine du travail pour mes employés… Je vais t'indiquer ton casier et tu pourras t'asseoir près d'un soudeur afin d'apprendre comment il fait son travail.

Durant la première semaine d'intégration, tout ce que Simon fait, c'est d'observer un employé qui soude des plaques. Il reçoit bien quelques explications, mais le travailleur qu'il observe n'est pas très bavard.

Puis, le vendredi, juste avant le départ, Christian s'approche de Simon.

– J'ai de bonnes nouvelles pour toi : nous avons reçu deux grosses commandes cette semaine. J'aurai donc besoin de toi à temps plein. Lundi matin, je vais t'installer devant une machine et te donner toute la formation nécessaire. Tu vas devenir soudeur.

– Super ! À lundi, alors !

Le lundi suivant, Christian accompagne Simon, et tous deux s'installent devant une machine qui semble fort simple à opérer.

– Voici le travail, Simon. Tu prends les plaques dans la boîte, tu en mets deux dans le gabarit en les superposant, tu appuies sur le bouton vert et la machine fait le reste, c'est-à-dire une soudure parfaite chaque fois. Lorsque tu soulèves le levier à gauche, les plaques sont poussées sur le convoyeur devant et tu n'as qu'à remettre deux autres plaques dans le gabarit.

– Cela paraît simple, commente Simon.

– Regarde-moi faire. En fait, le travail est si simple que je pourrais entraîner des singes pour le faire, et tout le service fonctionnerait comme par enchantement. Puis, il n'y aurait jamais de plaintes, jamais d'absents, jamais de vacances. Bon, c'est interdit par la loi, je crois… Maintenant, prends les plaques et répète l'opération en m'expliquant ce que tu fais.

Simon s'exécute une cinquantaine de fois, sans faire une seule erreur.

– Bon, réagit Christian, je te l'avais dit, même un singe… Enfin, te voilà expert en soudure. Je te laisse. Si tu as des questions, ne te gêne pas, appelle-moi.

En fait, Christian est tellement occupé durant la semaine que Simon ne peut le rencontrer avant le vendredi après-midi.

Voici comment s'est déroulé la semaine de Simon.

Lundi après-midi, le mécanisme d'éjection des plaques s'est coincé à deux reprises. En désespoir de cause, Simon a fait appel à un collègue pour l'aider à libérer les plaques. Mardi matin, le gabarit s'est déplacé et Simon a dû le réajuster avec la collaboration d'un autre collègue. Mercredi matin, les plaques qu'on avait apportées à Simon n'étaient pas de la même couleur. Il a perdu une heure avant de trouver la personne responsable et pour faire changer les lots placés près de sa machine. Jeudi après-midi, les plaques qu'on lui a apportées étaient plus épaisses que les plaques habituelles. C'était une commande spéciale, mais il fallait ajuster la machine à souder et Simon ne savait comment le faire. Encore une fois, un collègue est venu le dépanner, mais il était de mauvaise humeur. Comble de malheur, vendredi après-midi, une des plaques a glissé sur le convoyeur et est revenue frapper la machine de Simon, lui écrasant le bout du doigt. Cet accident sans gravité l'a quand même obligé à se rendre à l'infirmerie, où Christian l'a rejoint.

– Bon, c'est le métier qui rentre, dit Christian.

– La tâche n'est pas aussi simple qu'elle le paraît, réplique Simon.

– Il te manque quelques trucs, mais je ne pouvais pas tout t'enseigner la même journée.

Questions

1. Quelle est, selon vous, l'opinion de Simon D. concernant son travail et son superviseur?
2. Que pensez-vous de la formation qu'il a reçue?
3. Croyez-vous qu'il y ait un lien entre les incidents de la semaine et la formation?
4. Si vous aviez été à la place de Christian G., qu'auriez-vous fait de différent pour former Simon D.?

Cas 7.2
La formation, c'est prioritaire!

Je m'appelle Jade-Ève et j'ai terminé mon cours en techniques informatiques au Cégep régional de Lanaudière en mai dernier. Je travaille actuellement pour la compagnie Ordinabec inc. à titre de conseillère à la clientèle. Le travail est très intéressant, mais les premiers mois ont été assez difficiles.

L'entreprise est très dynamique et j'ai l'intention, à moyen terme, de gravir quelques échelons avant de m'orienter vers une multinationale. Un poste de directeur de succursale ou de directeur des comptes spéciaux m'intéresse beaucoup; c'est pourquoi je me suis inscrite à des cours d'administration le soir. En ce moment, je suis un cours de gestion des ressources humaines et nous venons de terminer la section concernant le développement des compétences. Cela a été pour moi un véritable choc. Selon l'enseignant, les grandes entreprises valorisent leurs employés et elles consacrent énormément de ressources au développement des compétences de leur personnel. Pourtant, mon expérience chez Ordinabec ne correspond pas à cette description. Tout d'abord, je dois payer moi-même les cours que je prends le soir et, surtout, je ne peux prendre de cours le jeudi soir, car c'est une soirée très occupée au magasin. Ensuite... Laissez-moi plutôt vous raconter mes débuts chez Ordinabec.

Ordinabec inc. est une chaîne canadienne de magasins d'équipement électronique, spécialisée dans la vente de micro-ordinateurs. L'entreprise emploie plus de 400 personnes au Canada, dont le quart au Québec. Le personnel de vente représente environ 30 % de la main-d'œuvre.

Le siège social de l'entreprise est situé à Anjou, où travaillent une quarantaine de personnes. Je connais l'entreprise depuis plusieurs années et mon opinion était très favorable compte tenu de mes expériences à titre de cliente et des commentaires de quelques camarades de classe qui travaillaient déjà les fins de semaine pour cette entreprise.

Pendant mes années au cégep, j'ai travaillé les fins de semaine et l'été pour deux autres boutiques d'ordinateurs. J'avais donc l'expérience de la vente-conseil et des ordinateurs. J'ai déjà vendu et supervisé l'installation d'une douzaine de réseaux de plus de cinq ordinateurs et j'avais adoré l'expérience de conseillère auprès de la clientèle.

Débordante de confiance, en mars dernier, je me suis présentée au siège social d'Ordinabec, espérant obtenir un accueil enthousiaste. Tout d'abord, une secrétaire m'a reçue, très chaleureusement je dois dire. Elle m'a indiqué que l'entreprise ne prenait pas les curriculum vitæ, mais que je devais remplir un formulaire qu'elle m'a remis. Ensuite, j'ai attendu une dizaine de minutes, et M. Loucas C. m'a invitée à passer à son bureau. Il avait l'air très préoccupé. Pendant qu'il lisait mon curriculum vitæ, il s'est assis en continuant de marmonner. J'ai pris l'initiative de m'asseoir.

Après quelques minutes de silence, il m'a posé des questions sur mon expérience dans les autres boutiques, puis il a dit : « Bon ! Pour le moment, nous n'avons besoin de personne, mais d'ici quelques semaines nous pourrions vous rappeler. Il faudrait juste que vous portiez une robe plus sobre pour venir travailler chez nous. »

Trois semaines plus tard, j'ai reçu un appel de Mme Flavie G., l'assistante de Loucas. Il y avait des ouvertures de postes et je devais me présenter à son bureau l'après-midi même. L'accueil a été charmant, Flavie était très chaleureuse et souriante. L'entrevue a duré près de 45 minutes, et nous avons discuté de mes projets de carrière, de mes objectifs professionnels et des possibilités qu'offrait l'entreprise. À la suite de la mauvaise impression que Loucas m'avait laissée, mon opinion sur Ordinabec avait changé un peu.

Le lendemain, je me suis présentée au siège social, où Flavie nous a accueillies, moi et quatre autres personnes. Elle était aussi responsable de la formation. Elle nous a invitées dans la salle de conférences, et la formation a commencé aussitôt. Tout l'avant-midi a été consacré à l'historique de l'entreprise, à ses politiques et à ses projets. L'ambiance était superbe, les fauteuils étaient confortables et il y avait du café, des jus, des croissants et des brioches à volonté. Toute la documentation nécessaire nous a été remise et Flavie nous a expliqué clairement le tout, y compris la politique salariale et les avantages sociaux.

L'après-midi a été consacré aux règlements internes et aux techniques de vente. En fait, il s'agissait surtout des méthodes de prise de commandes, de vérification du crédit et de facturation. Durant la dernière heure, il y a eu une révision complète de la matière et une vérification de notre compréhension de l'ensemble des éléments abordés durant la journée. Avant de nous quitter, Flavie nous a indiqué qu'elle serait toujours disponible pour répondre à nos questions. Le lendemain, chacun de nous devait se présenter dans un magasin différent, où le superviseur nous fournirait toute l'information concernant le poste qui nous avait été assigné.

Je me suis donc présentée au magasin de Laval pour rencontrer Michelle P., la directrice de la succursale. Elle était très occupée, et c'est plutôt Jérémy G., le responsable de la vente de micro-ordinateurs, qui m'a accueillie. Il m'a présentée à Félix M., un vendeur de son service. Je ne savais pas qui était mon supérieur immédiat : Michelle, Jérémy ou une autre personne ?

Le contact avec mes premiers clients a été assez sympathique et mes conseils ont semblé combler leurs attentes. Malheureusement, j'ai eu beaucoup de mal à utiliser l'ordinateur du service, nécessaire pour préparer les factures, ainsi que le lecteur de cartes de crédit.

La recherche de certains produits dans l'entrepôt du magasin a aussi représenté un défi de taille. Toujours est-il que l'avant-midi a été plutôt agité. Vers 11 heures, Félix m'a dit d'aller dîner, car il prenait son dîner à midi et il fallait un vendeur disponible dans le service.

À mon retour, Jérémy m'a apostrophée, me demandant comment j'avais pu quitter mon poste pour aller dîner sans autorisation. De plus, il m'a fait remarquer que ma façon de présenter les produits n'était pas conforme aux politiques de l'entreprise et il m'a indiqué ce que je devais dire. Pourtant, les autres vendeurs que j'avais observés utilisaient une tout autre approche. En conclusion, mes relations avec mon superviseur ont été gâchées dès le début.

Un mois plus tard, je ne savais toujours pas exactement ce qu'on attendait de moi, mais j'avais l'impression de m'en tirer tout de même assez bien. Mes ventes représentaient 75 % des ventes du meilleur vendeur du service et la satisfaction des clients semblait assez élevée. Un seul client a voulu retourner son matériel en invoquant le fait que je ne lui avais pas vendu l'ordinateur qui lui convenait. Cette transaction avait été conclue un samedi après-midi ; il y avait foule au magasin et le client avait été nébuleux quant à l'utilisation qu'il comptait faire de l'appareil.

Cinq semaines après mes débuts chez Ordinabec, j'ai rencontré Michelle à son bureau. La rencontre n'a duré que 10 minutes. Elle m'a alors dit que mon rendement était moyen, qu'elle attendait davantage de moi, que je ne connaissais pas les méthodes de l'entreprise et qu'elle me reverrait dans quatre semaines pour réévaluer mon rendement.

Questions

1. Que pensez-vous du programme de développement des compétences d'Ordinabec inc. ?
2. Comment pourrait-on améliorer celui-ci ?

L'évaluation du rendement

Chapitre
8

Sommaire

Objectifs pédagogiques

La lecture de ce chapitre devrait vous permettre :

1 d'expliquer l'importance de l'évaluation du rendement pour l'employé et pour l'entreprise.

2 d'expliquer les objectifs de l'évaluation du rendement.

3 de préciser les préalables d'un système d'évaluation du rendement.

4 de décrire les étapes du processus d'évaluation du rendement.

5 de détecter les principales erreurs commises dans un processus d'évaluation du rendement.

6 de décrire les principales méthodes d'évaluation du rendement des employés.

7 de décrire les avantages et les inconvénients des méthodes d'évaluation du rendement.

8 d'effectuer le choix d'un évaluateur.

9 de réaliser une entrevue d'évaluation du rendement.

10 d'expliquer comment les résultats de l'évaluation du rendement influent sur la gestion des ressources humaines.

Compétence visée

La compétence visée dans ce chapitre est de pouvoir appliquer les techniques d'évaluation d'un employé et d'utiliser les outils appropriés.

La nécessité d'évaluer le rendement

Jean K. est directeur dans une agence de recrutement de personnel temporaire. Son service comprend trois superviseurs ayant trois ou quatre employés sous leur responsabilité, et leur mandat consiste à recruter du personnel de bureautique et du personnel technique pouvant offrir un soutien aux usagers. Près de 300 clients font affaire avec son service sur une base régulière et une trentaine d'autres font affaire avec lui sporadiquement.

Il y a deux semaines, les trois plus importants clients de son service ont décidé d'avoir recours à une autre entreprise sous prétexte qu'ils n'obtenaient pas dans les délais requis le personnel demandé ou que, dans le cas où les délais étaient respectés, les compétences des candidats qui se présentaient ne correspondaient pas à leurs critères.

Au cours d'une réunion tenue avec les superviseurs vendredi dernier, Jean leur a fait part de sa déception ; il est même allé jusqu'à leur reprocher leur incompétence et celle de leurs employés. Marthe B., la plus jeune de ses superviseurs, a proposé que tous les membres du service de Jean, y compris les superviseurs, soient soumis à une évaluation du rendement.

Myriam C. a mentionné qu'elle avait déjà travaillé dans une entreprise où il y avait un système d'évaluation du rendement et que l'exercice n'était pas sérieux. Robert M. a suggéré que les employés évaluent les superviseurs et que ces derniers fassent de même avec le directeur. Il avait participé au collège à un exercice où les élèves évaluaient leurs professeurs et avait trouvé cela intéressant. Myriam a ajouté que les clients pourraient participer à l'évaluation du rendement, comme cela se fait dans les restaurants et les hôtels. Béatrice L., l'autre superviseure, a souligné que ses employés faisaient du bon travail et qu'elle ne voyait pas le besoin de les évaluer. «De toute façon, a-t-elle dit, je n'aurais pas le temps, car je suis déjà débordée.»

Ce matin, Jean se pose de nombreuses questions. Il a bien l'intention d'implanter un système d'évaluation du rendement, mais il cherche des réponses à de nombreuses interrogations : Quel usage peut-il faire des résultats de l'évaluation du rendement ? Comment peut-il préparer l'implantation d'un tel système ? Pourquoi ses employés ont-ils un rendement faible ? À quelles techniques d'évaluation peut-il faire appel ? Qui doit faire l'évaluation ? Comment se déroule une entrevue d'évaluation ?

8.1 L'évaluation du rendement

8.1.1 La nature de l'évaluation du rendement

Évaluation du rendement : Processus qui consiste à définir pour chaque employé le rendement attendu, à le soutenir dans l'amélioration de sa contribution aux objectifs de l'organisation et à le récompenser lorsqu'il a atteint les objectifs établis.

En matière d'**évaluation du rendement**, le rôle du gestionnaire consiste à définir pour chacun de ses employés le rendement attendu, à les soutenir dans l'amélioration de leur contribution aux objectifs de l'organisation et à les récompenser lorsqu'ils ont atteint les objectifs établis. Le **rendement** renvoie à la contribution de l'employé aux objectifs de l'entreprise au cours de l'accomplissement de ses tâches. Il ne s'agit pas de mesurer uniquement l'effort de l'employé, mais la pertinence de cet effort au regard de la réalisation des objectifs de l'organisation. L'évaluation du rendement permet d'indiquer clairement à un employé où il se situe quant à sa contribution aux objectifs de l'organisation et à le soutenir dans ses efforts pour atteindre de nouveaux objectifs.

L'évaluation du rendement constitue une activité fort simple en principe, mais son application s'avère complexe, car elle contient beaucoup d'éléments émotionnels ; en outre, malgré tous les efforts qui sont faits, elle demeure imprécise et elle comporte une part de subjectivité comme toutes les activités humaines. C'est un processus continu d'amélioration qui demande une participation quotidienne du superviseur et de l'employé.

L'évaluation du rendement consiste donc à définir les attentes de l'entreprise face à un employé pour une période déterminée, à traduire ces attentes en objectifs précis, à offrir la supervision et le soutien à l'employé dans l'accomplissement de ses tâches, à décrire systématiquement les forces et les faiblesses observées chez lui au cours de l'accomplissement de ses tâches, à lui communiquer les résultats de ces observations et à l'accompagner dans l'amélioration de sa contribution. Le but ultime est le changement[1], soit l'amélioration de l'efficacité de l'unité administrative et du rendement de l'employé ; en même temps, on encourage ce dernier à évoluer dans la hiérarchie de l'entreprise. La détermination des objectifs oriente les efforts et suscite la persistance quant au rendement de l'employé[2].

Rendement : Contribution de l'employé aux objectifs de l'entreprise au cours de l'accomplissement de ses tâches.

8.1.2 Le processus d'évaluation du rendement

À l'instar de la quasi-totalité des programmes de la gestion des ressources humaines, l'évaluation du rendement est liée à plusieurs autres programmes. Ainsi, la définition des normes de rendement et des objectifs repose sur les résultats de l'analyse de tâches tels que présentés dans la description du poste. Nous aborderons ce lien lors de la définition des préalables de l'évaluation du rendement, soit plus spécifiquement la validité. Aussi les résultats de l'évaluation du rendement concourront à la gestion efficace du développement des compétences des ressources humaines, à la gestion équitable du programme de rémunération et à la **gestion des carrières** des employés (*voir la figure 8.1*).

Gestion de carrière : Processus qui concilie les besoins des individus et ceux de l'organisation[3].

8.2 Les objectifs de l'évaluation du rendement

En dernière analyse, l'évaluation du rendement vise deux objectifs majeurs, soit l'amélioration du rendement de l'employé, que l'on aidera à réaliser son plein potentiel, et la collecte de renseignements, qui faciliteront la prise de certaines décisions administratives relativement à la gestion des ressources humaines.

Plus précisément, l'évaluation du rendement permet aussi d'élaborer des programmes de formation en fonction des besoins des employés. Elle facilite les décisions concernant les mouvements de personnel selon les besoins des individus et de

---

1. Mary Mavis, « Painless performance evaluations », *Training & Development*, octobre 1994, p. 40-44.
2. Voir à ce sujet D. Knight, C. C. Durham et E. A. Locke, « The relationship of team goals, incentives, and efficacy to strategic risk, tactical implementation, and performance », *Academy of Management Journal*, n° 44, 2001, p. 326-338.
3. G. Guérin et T. Wils, « La carrière, point de rencontre des besoins individuels et organisationnels », *Revue de gestion des ressources humaines*, numéro 5/6, 1993, p. 13-30, cité dans Shimon L. Dolan, *La gestion des ressources humaines, Tendances, enjeux et pratiques actuelles*, 3e éd., Montréal, ERPI, 2002, p. 351.

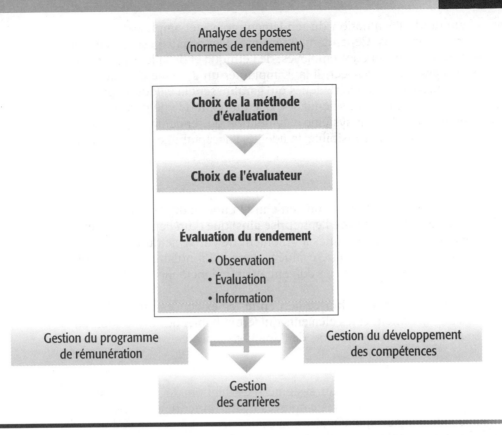

l'entreprise[4], et l'adoption de mesures administratives[5] s'appliquant à certains individus. L'évaluation du rendement permet l'application du système de récompenses et de punitions de l'entreprise en fournissant les éléments nécessaires en vue d'offrir une promotion aux employés les plus performants et des augmentations de salaire au mérite. Elle permet la vérification de la qualité de la planification de la main-d'œuvre de l'entreprise. Elle aide également à mesurer la qualité du processus de sélection des candidats. L'évaluation assure la validité des décisions administratives en fournissant les arguments qui permettront de fonder ces décisions et de démontrer le respect de la législation. Enfin, elle oblige le superviseur à suivre l'évolution du contenu de l'emploi de ses employés.

En somme, l'évaluation du rendement permet d'exercer un contrôle sur plusieurs activités ou programmes de la gestion des ressources humaines et de diagnostiquer les problèmes et l'organisation. Pour cette raison, elle constitue le début d'un processus et non sa conclusion[6], un moyen et non une fin.

4. Par exemple, les plans de succession présentés au chapitre 4 sont fondés en partie sur les résultats de l'évaluation du rendement.
5. Nous faisons référence aux mesures non disciplinaires qui sont appliquées dans les situations où un employé ne peut satisfaire aux exigences de sa tâche. Ce sujet sera étudié lorsque nous aborderons la discipline au chapitre 10.
6. R. Jacobs, D. Dafry et S. Zedeck, « Expectations of behaviorally anchored rating scales », *Personnel Psychology*, vol. 33, 1980, p. 595-640.

8.3 Les préalables d'un système d'évaluation du rendement efficace

L'utilisation adéquate de l'évaluation du rendement consiste simplement à bien gérer les ressources humaines. Cependant, il faut procéder à cette gestion dans le respect des droits fondamentaux des employés, de l'éthique et de la législation qui s'y rattache. Afin d'assurer ce respect, il faut implanter un système d'évaluation dont les outils présentent des caractéristiques qui garantissent la valeur du processus autant du point de vue légal et scientifique que du point de vue pratique. Les exigences fondamentales[7] de tout système d'évaluation du rendement qui offrent ces garanties sont la validité, la sensibilité, la fidélité, l'acceptabilité et l'applicabilité de ce système.

8.3.1 La validité

La validité fait référence à l'existence d'un lien entre la norme de rendement pour une tâche spécifique et les objectifs de l'entreprise ainsi que d'un lien entre les éléments importants de la tâche déterminés au moment de l'analyse du poste et les dimensions de l'emploi qui doivent être évaluées dans le formulaire d'évaluation du rendement. Bref, les éléments évalués doivent avoir une incidence sur le succès dans l'emploi.

Il est donc très important d'établir ce lien entre les exigences rattachées au poste, les normes de rendement et les éléments qui feront l'objet de l'évaluation du rendement. Ces éléments sont révélés lors de l'analyse de postes.

8.3.2 La sensibilité

La sensibilité renvoie aux résultats du système d'évaluation du rendement de l'entreprise qui permet de distinguer les employés ayant un rendement élevé des autres. L'utilisation du programme d'évaluation du rendement à des fins administratives doit permettre de repérer, d'une part, les employés ayant un bon rendement en vue de leur accorder les promotions, les augmentations de salaire et le mérite qui leur reviennent, et, d'autre part, ceux qui ont besoin de soutien et de formation pour atteindre le rendement désiré.

8.3.3 La fidélité

La fidélité du système d'évaluation du rendement traduit la capacité de ce système de fournir des résultats équivalents quels que soient l'évaluateur et le moment de l'évaluation. Ce préalable exige que les évaluateurs aient la même possibilité d'observer adéquatement l'employé à son poste de travail et dans les conditions normales dans lesquelles il évolue.

8.3.4 L'acceptabilité

Dans les faits, l'acceptabilité du système d'évaluation du rendement représente le préalable le plus important. Même si tous les autres préalables sont présents, les acteurs, soit les employés évalués et les évaluateurs, doivent participer réellement à cet exercice. Si l'un des deux groupes ou les deux ne croient ni à l'utilité ni à la

---

7. Ces préalables sont suggérés par Wayne F. Cascio, *Managing Human Resources*, Toronto, McGraw-Hill Ryerson, 2003, p. 336-338.

pertinence du système, ils en viendront à imaginer différents moyens de contourner le processus, ce qui faussera les résultats.

Il faut donc que les exigences des superviseurs soient clairement connues des employés ; de même, les normes d'évaluation doivent être établies avant l'évaluation et définies préférablement par les deux parties.

8.3.5 L'applicabilité

L'applicabilité consiste dans la facilité de compréhension et d'utilisation du système. Les difficultés d'interprétation des critères, les réticences des employés face à l'ambiguïté de certaines normes de rendement et la lourdeur du système amèneront inévitablement les employés et les superviseurs à escamoter les étapes prescrites et à réduire les efforts nécessaires à la réussite du système d'évaluation du rendement. Dans un cours collégial, il serait souhaitable, pour évaluer précisément le rendement d'un élève, de proposer quatre examens comprenant des questions ouvertes, trois tests objectifs, une présentation en classe et deux travaux de session de 100 pages. La qualité de l'évaluation y gagnerait, mais, du point de vue pratique, il faudrait consacrer les deux tiers des heures de cours à l'évaluation, et la charge de travail d'un enseignant qui donnerait des cours à quatre groupes serait astronomique. Il faut donc se limiter à un mode d'évaluation qui respecte les contraintes de l'environnement du cours.

8.4 Les causes du faible rendement d'un employé

Le piètre rendement d'un employé peut provenir de trois sources, soit l'employé lui-même, le processus d'évaluation du rendement et l'environnement externe de l'entreprise.

L'employé peut avoir été affecté à des fonctions pour lesquelles il n'a pas la qualification requise. Le superviseur se retrouvera alors devant un problème de formation et il devra utiliser les approches mentionnées au chapitre 7. Le problème de l'employé peut aussi être lié à la motivation. Il faudra alors analyser les besoins de l'employé et adopter l'approche appropriée[8]. L'employé peut également faire face à des problèmes personnels qui nuisent à son travail, qu'il s'agisse de problèmes familiaux, de problèmes de comportement, d'alcoolisme, de toxicomanie, etc. Nous aborderons ce sujet au moment de l'étude de la discipline au chapitre 10.

Le processus d'évaluation du rendement de l'entreprise peut aussi être la cause d'un rendement faible de la part de l'employé. Les politiques et les procédures de l'entreprise peuvent annihiler les efforts de l'employé, ou il est possible que le système de récompenses ne corresponde pas aux objectifs du poste. Ce serait le cas d'un système de rémunération qui récompense les efforts individuels d'employés auxquels on demande par ailleurs de travailler dans un esprit de collaboration.

Enfin, un faible rendement, tout comme un rendement remarquable, peut être le résultat de circonstances échappant à la maîtrise de l'employé, telles que la faiblesse de l'économie, le taux de chômage, une grève chez les principaux clients de l'entreprise ou les conditions climatiques. Il faut alors ajuster l'évaluation en fonction de ces facteurs.

---

8. Bernard Turgeon et Dominique Lamaute, *Le management dans son nouveau contexte*, Montréal, Chenelière/McGraw-Hill, 2002, chap. 8.

8.5 Les normes de rendement

Les **normes de rendement** sont des mesures qui permettent de comparer le rendement du titulaire d'un poste avec les attentes à l'endroit de ce titulaire. Une définition précise des normes de rendement se traduit par une évaluation du rendement plus pertinente. Ainsi, le fondement du processus d'évaluation se situe dans la définition de normes de rendement qui sont constamment mises à jour afin de refléter la réalité et qui portent sur des critères pertinents. Ainsi, le taux de roulement est un critère pertinent pour mesurer l'efficacité du processus d'embauche de l'organisation. La norme sera alors établie en fonction du secteur d'activité et de la catégorie d'emploi. Dans la restauration rapide, un taux de roulement de 35 % pourrait être une norme acceptable.

Normes de rendement : Mesures qui permettent de comparer le rendement du titulaire d'un poste avec les attentes à l'endroit de ce titulaire.

Exemple

Un représentant de commerce doit vendre (les ventes sont le critère) pour un montant (le montant des ventes est la norme) de 150 000 $ par mois pour obtenir une cote excellente de rendement et au moins pour un montant de 120 000 $ pour obtenir la cote moyenne. De plus, toutes les ventes mensuelles inférieures à 100 000 $ sont associées à un rendement faible.

Il n'appartient pas aux employés d'interpréter ou même de découvrir les exigences de la direction quant à ce qui doit être fait et à la manière dont cela doit être fait. L'employé peut avoir ses propres normes de rendement, et celles-ci risquent de ne pas être conformes aux objectifs de l'entreprise.

1er exemple

Le commis d'un supermarché peut se dévouer corps et âme pour répondre aux questions des clients et leur indiquer les endroits où se trouvent les produits. Mais cela sera peine perdue si le superviseur considère que sa tâche la plus importante consiste à remplir les tablettes afin d'inciter les consommateurs à acheter.

2e exemple

Le développement de la créativité chez un enfant pourrait être pour l'enseignant l'aspect le plus important de sa profession, alors que cela l'amènerait à négliger le programme du ministère de l'Éducation. Les résultats de ses élèves aux examens de fin d'année témoigneraient de son incompétence lorsqu'il s'agit d'enseigner le contenu des cours élaboré par le ministère, bien que l'enseignant ait consciencieusement accompli sa tâche toute l'année selon ses propres objectifs.

L'analyse des postes permet de décrire clairement ce que doit accomplir le titulaire du poste ainsi que le rendement attendu de lui sur les plans quantitatif et qualitatif. Plus encore, une norme de rendement doit être établie pour chacune des tâches ou des responsabilités liées au poste. À titre d'exemple, il faut indiquer le nombre de pages qu'un commis doit taper à l'ordinateur et le nombre maximal d'erreurs acceptable pour 100 pages produites.

En ce qui a trait aux postes de supervision, le titulaire d'un poste peut très souvent ajouter aux normes établies au moment de l'analyse du poste ses propres objectifs de rendement avec l'accord de son supérieur immédiat. L'employé s'attardera aux comportements rentables ; tout comportement menant à une récompense sera favorisé par celui-ci. C'est le fondement de la théorie du renforcement en psychologie[9]. Il faut donc s'assurer de récompenser les comportements désirés.

8.6 Le choix de l'évaluateur

Le choix d'une méthode d'évaluation du rendement n'a qu'une importance relative, car d'autres facteurs peuvent avoir une incidence sur les résultats de la gestion, dont le choix de l'évaluateur. De façon à bien remplir son rôle, l'évaluateur doit pouvoir, pendant une période relativement longue, observer l'employé dans l'exécution de son travail. Conséquemment, l'évaluateur doit être un superviseur, un collègue de travail, un subordonné, un client ou, évidemment, l'employé évalué lui-même.

8.6.1 Le superviseur

Le superviseur est sans aucun doute la personne la mieux placée pour évaluer le rendement d'un employé. Il connaît très bien les attentes de l'entreprise à l'égard du titulaire du poste et bénéficie généralement d'un point d'observation stratégique. Il est aussi apte à mesurer le rendement de l'employé et à apprécier son apport aux objectifs de l'unité administrative. En outre, le superviseur est habituellement responsable de la gestion du système de récompenses (augmentations de salaire, mutations, louanges, promotions, etc.), ce qui l'incite, de toute manière, à effectuer une évaluation du rendement de l'employé. De toute évidence, un certain nombre de superviseurs n'ont pas l'aptitude nécessaire pour évaluer correctement leurs employés et surtout pour leur communiquer la rétroaction essentielle dans le processus d'évaluation du rendement. D'autres, par contre, sont très réticents à l'idée d'endosser la fonction de juge et acceptent difficilement le rôle que les conduisent à jouer certaines méthodes d'évaluation.

Les nouvelles tendances de gestion dans lesquelles les postes seront organisés selon des équipes de travail et non selon la hiérarchie[10] ainsi que l'implantation de projets d'équipe et les affectations spéciales ont pour effet de compliquer l'intervention du superviseur dans l'évaluation de l'employé.

8.6.2 Les collègues de travail

Certains emplois amènent leur titulaire à exercer leurs fonctions dans un contexte qui ne se prête pas à l'observation de la part du superviseur. Dans ces situations,

---

9. Selon l'adage anglais, « *The thing that gets rewarded get done* », ce que l'on pourrait traduire ainsi : « Mieux vaut se consacrer à ce qui rapporte ».

10. Lire à ce sujet Floyd Kemske, « HR's role will change, the question is how : HR 2008 », *Workforce*, janvier 1998, p. 46-60 ; *Performance Management Survey*, Alexandria (Virg.), Society for Human Resource Management, 2000.

les collègues de travail, ou pairs[11], peuvent mieux que quiconque offrir un éclairage sur le rendement d'un employé.

Cependant, afin d'éliminer les biais d'évaluation issus des relations amicales ou, au contraire, conflictuelles entre les pairs, il est extrêmement important de décrire les éléments qui devront être évalués. En outre, il ne faut pas que le système de rémunération et de plan de carrière entre en conflit avec le processus d'évaluation du rendement. L'utilisation de méthodes d'évaluation relatives, telles que l'évaluation par rangement, l'évaluation par paires et l'évaluation par distribution imposée, est incompatible avec la participation des pairs à l'évaluation. L'existence d'un climat de concurrence entre les employés réduit l'objectivité nécessaire à l'évaluation. Généralement, l'évaluation du rendement par les pairs constitue une évaluation parmi plusieurs que l'on compilera pour obtenir une opinion globale sur le rendement d'un employé.

8.6.3 Les subordonnés

Les subordonnés sont les personnes les mieux placées pour évaluer les compétences et le comportement du gestionnaire. La capacité de déléguer de ce dernier, son leadership, son habileté de communicateur ainsi que ses compétences de planificateur et d'organisateur sont évalués constamment par ses subordonnés, du moins sur une base informelle. Cette forme d'évaluation exige toutefois la présence d'un climat d'ouverture et de confiance au sein du groupe de travail. À l'instar de l'évaluation par les pairs, l'évaluation par les subordonnés ne représente d'ordinaire qu'un des éléments de la gestion globale d'un cadre.

Au regard de l'évaluation, il faut cependant préciser les critères afin d'éviter que les subordonnés ne fondent leur évaluation que sur leurs besoins personnels et sur la relation qu'ils entretiennent avec leur supérieur[12]. L'évaluation doit absolument mesurer la contribution de l'employé aux objectifs de l'entreprise dans l'accomplissement de ses tâches.

Une autre restriction concernant l'évaluation par les subordonnés provient du lien d'autorité existant entre l'évaluateur et l'évalué. Le superviseur étant le détenteur des pouvoirs de récompense et de punition, les subordonnés se retrouvent dans une situation inconfortable, à moins que l'évaluation ne soit anonyme. Dans ce dernier cas, un autre problème se présente, soit la crédibilité de l'évaluation.

Cependant, l'existence d'un climat de confiance dans l'entreprise pourra favoriser l'évaluation du supérieur hiérarchique par le subordonné. La réciprocité de l'évaluation contribuera grandement à faire de l'exercice d'évaluation non pas un exercice de jugement, mais un exercice de résolution de problèmes.

8.6.4 Les clients

Dans certaines entreprises, les clients sont appelés à participer à l'évaluation d'un employé, comme un représentant, un caissier ou une téléphoniste. Certaines entreprises du secteur de l'automobile utilisent cette méthode pour évaluer les conseillers à la clientèle (les vendeurs).

---

11. Voir G. M. McEvoy et P. F. Buller, « User acceptance of peer appraisals in an industrial setting », *Personnel Psychology*, vol. 40, 1987, p. 785-787 ; T. E. Becker et R. J. Klimoski, « A field study of the relationship between the organizational feedback environment and performance », *Personnel Psychology*, nº 42, 1989, p. 353-358 ; V. U. Druskat et S. B. Wolff, « Effects and timing of developmental peer appraisals in self-managing work groups », *Journal of Applied Psychology*, nº 84, 1999, p. 58-74.

12. Voir à ce sujet L. E. Atwater *et al.*, « An upward feedback field experiment : Supervisors' cynicism, reactions, and commitment to subordinates », *Personnel Psychology*, nº 53, 2000, p. 297.

La fonction d'enseignant est un exemple facile à trouver... À titre de
« client[13] », l'étudiant évalue toujours, du moins de manière informelle, ses enseignants. Par contre, aucune circonstance ne permet au directeur de secteur ou au
directeur des études d'observer un enseignant lorsque celui-ci est en contact avec
ses élèves soit en classe ou dans des ateliers, et encore moins dans un stage. L'étudiant est donc dans une excellente position d'observation pour participer à l'évaluation de ses enseignants.

Le représentant de commerce travaille aussi dans des conditions qui ne permettent pas à son supérieur immédiat de l'observer dans le feu de l'action, à moins
que ce dernier ne l'accompagne dans ses rencontres avec les clients.

Ainsi, Chrysler Canada fait parvenir à chacun de ses nouveaux clients un
questionnaire très détaillé comprenant des questions sur le comportement du vendeur, son approche, les explications qu'il leur a fournies à propos du produit ou du
service. On leur demande même si le vendeur leur a bien expliqué les modes de
financement, s'il leur a présenté les principaux membres de l'équipe du concces-
sionnaire, s'il leur a fourni toutes les explications concernant le fonctionnement de
la voiture au moment de la livraison et même s'il a communiqué avec eux une
semaine après la livraison du véhicule. Ces évaluations sont compilées et les résultats
sont remis à chacun des vendeurs. Il existe aussi des rencontres annuelles au cours
desquelles le travail des vendeurs les mieux cotés est souligné publiquement.

Les hôtels distribuent dans les chambres des formulaires d'évaluation des
services. En remplissant ces formulaires, les clients participent à l'évaluation du
personnel, du moins par unité de service, sinon individuellement.

8.6.5 L'autoévaluation

L'autoévaluation[14] est partie intégrante de l'évaluation du rendement ; dans le cas
de la méthode de gestion par objectifs, elle représente même l'élément essentiel de
l'évaluation. Il est évident que l'employé aura tendance à présenter son rendement
sous un jour favorable, mais son engagement dans sa propre évaluation aura un
effet bénéfique sur sa motivation et réduira ses réticences face au processus
d'évaluation.

Compte tenu du fait que le résultat de l'autoévaluation sera plus favorable[15]
que celui d'une évaluation faite par le supérieur immédiat, il est préférable d'utiliser
cette méthode pour conseiller l'employé ou préparer à son intention un programme de formation plutôt que de l'utiliser pour prendre des décisions administratives telles que des promotions ou des augmentations de salaire.

Retenons que l'autoévaluation concrétise la politique d'ouverture de la direction et surtout rééquilibre le pouvoir à l'intérieur de l'entreprise. La responsabilisation[16] (*empowerment*) des employés, qui consiste à leur accorder plus de pouvoir,
d'autonomie et de responsabilités, favorise d'ailleurs l'autoévaluation. Dans ce
contexte, l'autoévaluation apparaît comme la seule formule qui s'intègre dans ce
nouveau phénomène.

---

13. L'étudiant peut être considéré comme un client, mais, selon le point de vue, il peut aussi revêtir
un rôle semblable à celui du subordonné.
14. Un conseil de Dilbert : « Pour l'évaluation de cette année, mentionnez tout ce que vous avez
fait l'an dernier et tout ce que vous comptez faire l'an prochain », extrait de Scott Adams,
Le principe de Dilbert, Paris, First Editions, 1997, p. 97.
15. J. Yu et K. R. Murphy, « Modesty bias in self-rating of performance : A test of cultural relativity
hypothesis », *Personnel Psychology*, vol. 46, p. 357-363.
16. Lire à ce sujet Joseph F. Coates, Jennifer Jarratt et John B. Mahaffie, *Future Work*, San Francisco,
Jossey-Bass, 1990.

8.6.6 Le contrôle informatisé

Les ordinateurs ont envahi toutes les sphères de la gestion des entreprises. Plusieurs employés travaillent continuellement avec un ordinateur, tels les comptables, les stagiaires dans les bureaux d'avocats, les conseillers au service à la clientèle des institutions financières, les agents du service à la clientèle des agences de location d'autos et presque tous les services de soutien à la clientèle et de dépannage, particulièrement dans le domaine de l'informatique. Il est donc relativement facile de contrôler le travail accompli par ces employés, le temps consacré à chaque activité ou à chaque dossier.

L'ordinateur devient donc une autre source d'information[17] qui permet d'obtenir un tableau complet du rendement d'un employé. Les défenseurs de cette approche considèrent cette application de l'ordinateur comme une nouvelle utilisation de la technologie qui a pour effet d'améliorer la productivité. Par contre, les opposants y voient une autre intrusion dans la vie privée des employés[18].

8.6.7 Le contrôle à 360 degrés

La combinaison des évaluations émanant de plusieurs sources, qui vise à pallier l'absence de contact continu entre l'employé et le superviseur, se nomme la rétroaction à 360 degrés[19]. Selon les dernières données disponibles, cette approche gagne énormément en popularité[20]. Chacun des évaluateurs insistera sur un aspect différent du rendement de l'évalué, soulignant ainsi la complexité des rôles qu'un employé ou un gestionnaire doit remplir.

Dans tous les cas, quelle que soit l'approche retenue, il ne faut jamais perdre du vue le fait que l'évaluation n'a qu'un objectif, soit l'amélioration du rendement et de la contribution de l'employé. Lorsque le but de l'évaluation consiste à fournir des éléments pour justifier une décision administrative (promotion, augmentation de salaire, etc.), l'évalué et l'évaluateur doivent en être préalablement informés.

8.7 Les méthodes d'évaluation du rendement

Les résultats obtenus par les employés ne se traduisent pas toujours dans les conclusions de l'évaluation du rendement[21]. En réalité, l'évaluation des employés traduit la perception de l'évaluateur, et nombreuses sont les erreurs qui peuvent s'y glisser. Par ailleurs, de nombreux facteurs influent sur les résultats de l'évaluation du rendement, tels les facteurs environnementaux du travail, l'acceptabilité du système et le degré de confiance des évaluateurs et des employés évalués dans le processus, les buts poursuivis par l'évaluation, la fréquence des évaluations ou les sources de données utilisées pour l'évaluation et la formation.

Aussi, selon la catégorie d'employés, le genre d'emploi et les objectifs visés, il est préférable de choisir certaines méthodes d'évaluation plutôt que d'autres.

---

17. Voir L. Papp, « Working under the electronic eye », *Toronto Star*, juillet 1991, p. D 1 et D 5.
18. C. Piller, « Privacy in peril », *Macworld*, juillet 1993, p. 124-130.
19. Voir à ce sujet Brian O'Reilly, « 360 feedback can change your life », *Fortune*, 17 octobre 1994, p. 93 et suivantes ; Marcie Schorr Hirsch, « 360 degrees of evaluation », *Working Woman*, août 1994, p. 20-21 ; S. E. Scullen, M. K. Mount et M. Goff, « Understanding the latent structure of performance ratings », *Journal of Applied Psychology*, nº 85, 2000, p. 956-970 ; A. S. DeNisi et A. N. Kluger, « Feedback effectiveness : Can 360-degree appraisals be improved ? », *Academy of Management Executive*, nº 14, 2000, p. 129-139 ; J. Ghorpade, « Managing the five paradoxes of 360-degree feedback », *Academy of Management Executive*, nº 14, 2000, p. 86-94.
20. *Performance Management Survey*, Alexandria (Virg.), Society for Human Resource Management, 2000.
21. Lire à ce sujet E. A. Hogan, « Effects of prior expectations on performance ratings : A longitudinal study », *Academy of Management Journal*, vol. 30, 1987, p. 354-368.

Les méthodes d'évaluation du rendement sont regroupées en deux catégories, soit les méthodes axées sur les comportements et les méthodes axées sur les résultats (*voir la figure 8.2*).

Les méthodes axées sur les comportements regroupent les méthodes qui comparent le rendement des employés entre eux (évaluation relative) et celles qui comparent le rendement des employés aux normes de rendement préétablis (évaluation objective). Les méthodes relatives comprennent l'évaluation par rangement, l'évaluation par paires et l'évaluation par distribution imposée. Quant aux méthodes objectives, elles comprennent l'évaluation narrative, l'évaluation par événements préétablis, l'évaluation par incidents critiques, l'échelle de notation et l'échelle graduée des comportements.

Pour ce qui est des méthodes axées sur les résultats, qui s'attardent à l'apport de l'employé, à ses résultats, elles regroupent la gestion par objectifs, les normes de rendement, l'évaluation par indices directs et le dossier de réalisations.

8.7.1 Les méthodes d'évaluation relatives axées sur les comportements

L'évaluation par rangement

L'**évaluation par rangement**[22] est une méthode très simple de comparaison entre les employés. Il s'agit de dresser la liste des employés d'une unité administrative

Les méthodes d'évaluation du rendement | **Figure 8.2**

Méthodes d'évaluation du rendement

Méthodes axées sur les comportements

Méthodes axées sur les résultats

Méthodes relatives

Méthodes objectives

- Gestion par objectifs
- Normes de rendement
- Évaluation par indices directs
- Dossiers de réalisations

- Évaluation par rangement
- Évaluation par paires
- Évaluation par distribution imposée

- Évaluation narrative
- Évaluation par événements préétablis
- Évaluation par incidents critiques
- Échelle de notation
- Échelle graduée des comportements

  – comparent le rendement des employés entre eux
  – comparent le rendement des employés aux normes de rendement préétablies
  – mesurent la contribution de l'employé

22. Voir à ce sujet www.performance-appraisal.com.

du meilleur au plus faible en ce qui concerne leur rendement au travail. Dans le but de rendre la classification plus significative, celle-ci peut être effectuée selon l'alternance. L'évaluateur inscrit d'abord le nom de l'employé ayant le meilleur rendement en tête de liste, puis le nom de l'employé ayant le rendement le plus faible à la fin de la liste, ensuite le nom de l'employé ayant le deuxième meilleur rendement, et ainsi de suite (*voir le document 8.1*).

L'évaluation par paires

L'**évaluation par paires** est une méthode systématique de comparaison entre les employés. Chacun des employés est comparé avec chacun des autres membres de l'unité administrative sur la base de celui dont l'apport à l'entreprise est le plus grand. Il s'agit tout simplement pour l'évaluateur de sélectionner le meilleur employé de chaque paire. Le rang final de l'employé correspond au nombre de fois

Évaluation par paires : Méthode systématique de comparaison entre les employés. Chacun des employés est comparé à chacun des autres membres de l'unité administrative sur la base de celui dont l'apport à l'entreprise est le plus grand.

Document 8.1 | **La méthode d'évaluation par rangement (en alternance)**

Rapport des évaluations

Service :   Évaluateur :

Liste des employés (ordre alphabétique)		Liste des employés selon le rendement
Pierre A.		1. Doriane D.
Jean-Claude B.		
Nicole C.		2. Pierre A.
Doriane D.		3. Nicole C.
Robert E.		4. André J.
Josée F.	Bon rendement	5. Albert L.
Viviane G.		6. Carole R.
Jean H.		7. Viviane G.
André J.		8. Francis P.
Albert L.		9. Nicole U.
Hubert M.		10. Sylvain W.
Marc N.		
Francis P.		10. Gisèle T.
Denise Q.		9. Gilbert X.
Carole R.		8. Jean H.
Clément S.		7. Denise Q.
Gisèle T.	Faible rendement	6. Sébastien V.
Nicole U.		5. Robert E.
Sébastien V.		4. Clément S.
Sylvain W.		3. Josée F.
Gilbert X.		2. Jean-Claude B.
		1. Hubert M.

Directives :
1. Passez en revue la liste alphabétique et éliminez les personnes qui ne vous sont pas familières.
2. Passez en revue les noms restants et choisissez la meilleure personne; inscrivez-la au premier rang (Bon rendement).
3. Passez en revue les noms restants et choisissez la personne qui est moins bonne que les autres ; inscrivez-la au premier rang (Faible rendement).
4. Choisissez la 2e meilleure personne et inscrivez-la au 2e rang (Bon rendement).
5. Choisissez la 2e moins bonne et inscrivez-la au 2e rang (Faible rendement). Continuez ainsi jusqu'au dernier nom de la liste.

Source : Jacques Guillaume, Bernard Turgeon et Claudio Benedetti, *La dynamique de l'entreprise*, 3e éd., Laval, Éditions Études Vivantes, 1993, p. 337.

où un employé a été choisi le meilleur de la paire (*voir le document 8.2*). Dans ce document, Pierre C. a un meilleur rendement que Nicole D., Marie P. et André T. ; par contre, il a un rendement plus faible que Josée M.

Document 8.2   **La méthode d'évaluation par paires**

	Pierre C.	Nicole D.	Josée M.	Marie P.	André T.	Total
Pierre C.		X	–	X	X	3
Nicole D.	–		–	X	X	2
Josée M.	X	X		X	X	4
Marie P.	–	–	–		–	0
André T.	–	–	–	X		1

Étant donné que l'employé est évalué globalement, il est difficile d'utiliser cette méthode à des fins administratives. De plus, comme dans toute méthode d'évaluation relative, le fait qu'un employé démontre le meilleur rendement dans un groupe ne signifie pas qu'il ait un rendement adéquat ; de même, le fait d'avoir le rendement le plus faible n'est pas incompatible avec le fait de présenter un rendement répondant nettement aux attentes. Par ailleurs, au-delà d'un certain nombre d'employés, il devient très complexe de faire des comparaisons de ce type.

L'évaluation par distribution imposée

Évaluation par distribution imposée :
Méthode qui consiste à distribuer les notations des employés selon une courbe normale.

L'**évaluation par distribution imposée**, une autre méthode permettant de comparer les employés entre eux, consiste à distribuer les notations des employés selon une courbe normale. La courbe normale de distribution implique qu'il existe un petit nombre d'employés ayant un rendement élevé et un petit nombre d'employés ayant un rendement faible, les autres employés, soit la majorité, se situant dans la moyenne entre ces deux groupes. Cette méthode élimine certains problèmes liés à l'évaluation du rendement tels que l'erreur des extrêmes et l'erreur de tendance centrale que nous aborderons plus loin (*voir le document 8.3*).

Le problème lié à cette méthode provient du fait que, dans un petit groupe, les employés peuvent percevoir de l'iniquité puisque, même si tous ont un rendement supérieur à la moyenne, certains se verront attribuer la cote « Passable » ou « Faible ». Et si tous les employés ont un rendement moyen, ceux qui présentent le rendement le moins faible auront une excellente évaluation. Il est donc facile d'obtenir une forte évaluation lorsqu'on se retrouve dans un groupe faible. Cette méthode ne doit donc s'appliquer qu'à un grand groupe d'employés.

8.7.2   Les méthodes d'évaluation objectives axées sur les comportements

L'évaluation narrative

Évaluation narrative :
Méthode très simple qui consiste à rédiger un texte sur l'employé où l'on souligne ses forces, ses faiblesses, son potentiel et où l'on fait des recommandations afin qu'il améliore son rendement.

L'**évaluation narrative** est une méthode très simple qui consiste à rédiger un texte sur l'employé où l'on souligne ses forces, ses faiblesses, son potentiel et où l'on fait des recommandations afin qu'il améliore son rendement. Cette méthode

Document 8.3 — La méthode d'évaluation par distribution imposée

Service : _____

Évaluateur : _____ Date : _____

	Distribution imposée	Liste alphabétique des employés
Excellent 10 %	Doriane D. Pierre A.	Pierre A. Jean-Claude B. Nicole C. Doriane D. Robert E. Josée F. Viviane G. Jean H. André J. Albert L. Hubert M. Marc N. Francis P. Denise Q. Carole R. Clément S. Gisèle T. Nicole U. Sébastien V. Sylvain W.
Très bon 20 %	Nicole C. André J. Albert L. Carole R.	
Moyen 40 %	Viviane G. Francis P. Nicole U. Sylvain W. Gisèle T. Jean H. Denise Q. Sébastien V.	
Passable 20 %	Robert E. Clément S. Josée F. Jean-Claude B.	
Faible 10 %	Hubert M. Marc N.	

Commentaires : _____
_____
_____
_____

Source : Jacques Guillaume, Bernard Turgeon et Claudio Benedetti, *La dynamique de l'entreprise*, 3ᵉ éd., Laval, Éditions Études Vivantes, 1993, p. 338.

est à l'opposé des autres méthodes formelles et critériées. Il s'agit de l'opinion pure et simple de l'évaluateur concernant l'employé.

Il est difficile de mesurer le bien-fondé des affirmations contenues dans ce rapport et encore plus difficile d'utiliser ces évaluations à des fins administratives. En effet, l'absence de comparaisons objectives entre les employés rend cette méthode inutile dans des décisions telles que les promotions ou les mutations. Cette méthode constitue cependant un excellent outil pour commenter le rendement d'un employé et entreprendre une démarche de formation.

L'évaluation par événements préétablis

Selon la méthode d'**évaluation par événements préétablis**, l'évaluateur reçoit une liste d'affirmations décrivant des comportements ayant trait au travail. Le rôle de l'évaluateur consiste à désigner les affirmations qui correspondent aux comportements de l'employé. L'évaluateur voit son rôle se transformer en un rôle d'observateur impartial. Dans certains cas, il note simplement si le comportement s'applique à l'employé ; dans d'autres cas, il doit indiquer jusqu'à quel point l'énoncé s'applique

Évaluation par événements préétablis : Méthode qui consiste, pour l'évaluateur, à indiquer dans une liste de comportements ceux qui sont adoptés par l'employé.

à lui. La réponse ne sera alors plus « oui ou non », mais un ensemble de choix tel que « tout à fait d'accord, d'accord, moyennement d'accord, en désaccord, tout à fait en désaccord ».

L'évaluateur remplit le formulaire, qui sera corrigé par le service des ressources humaines. Il ne peut donc laisser ses impressions et sa subjectivité orienter l'évaluation. Toutefois, il pourrait ressentir de la frustration puisqu'il ne peut savoir si le résultat final de l'évaluation correspond à son évaluation de l'employé.

L'évaluation par incidents critiques

L'**évaluation par incidents critiques** consiste à colliger les événements observés relatifs au travail de l'employé qui ont eu une influence positive ou négative sur son rendement. Cet ensemble de faits concernant l'employé évalué quant à son efficacité dans ses tâches peut s'avérer très utile au moment de l'élaboration d'un programme de formation. Puisqu'il s'agit d'évaluer le rendement et non la personnalité de l'employé, les incidents critiques relevés peuvent permettre à l'évaluateur, au moment de l'entrevue d'évaluation du rendement, d'appuyer ses opinions sur des comportements précis.

Toutefois, la collecte des incidents critiques peut représenter une tâche lourde et être assimilée à de l'espionnage. De plus, il devient très difficile d'établir des comparaisons entre les employés lorsqu'on utilise des incidents propres à chacun d'eux.

L'échelle de notation

La conception de l'**échelle de notation** exige peu d'investissements et son application demande très peu de temps. Une liste de facteurs comme la connaissance du poste, les capacités, la qualité du travail, l'initiative, le leadership, le jugement ou l'esprit de collaboration sont présentés à l'évaluateur. Celui-ci doit noter l'employé pour chacun d'eux à l'aide d'une échelle qui comporte généralement un nombre d'échelons pair[23]. C'est une des méthodes les plus utilisées et les plus acceptées, malgré ses faiblesses. En effet, la plupart des erreurs et des problèmes liés à l'évaluation du rendement se retrouvent dans cette méthode (*voir le document 8.4*).

L'échelle graduée des comportements

Cette méthode représente une amélioration par rapport à l'échelle de notation. L'**échelle graduée des comportements**[24] présente – et c'est sa principale qualité – les facteurs à évaluer en fonction des comportements et utilise des incidents critiques pour décrire les différents niveaux de rendement. Cette approche permet de définir clairement les attentes de l'entreprise à l'égard de l'employé. En plus d'être facile à utiliser, elle s'avère très utile étant donné qu'elle fournit à un employé une rétroaction et aide à préparer un programme de formation qui lui convienne. Il faut s'assurer que l'échelle ainsi que les facteurs utilisés sont clairement définis. Toutefois, la conception de l'échelle graduée des comportements représente un travail énorme, car on doit colliger les descriptions des comportements favorables ou défavorables au rendement dans un poste de travail. Il faut tout d'abord établir une liste de

Évaluation par incidents critiques : Méthode qui consiste à colliger les événements observés relatifs au travail de l'employé qui ont eu une influence positive ou négative sur son rendement.

Échelle de notation : Méthode d'évaluation du rendement où, à l'aide d'une liste de facteurs comportant chacun une échelle, l'on note le degré atteint par l'employé.

Échelle graduée des comportements : Méthode semblable à l'échelle de notation, dans laquelle on évalue les facteurs en fonction des comportements et qui utilise des incidents critiques pour décrire les différents niveaux de rendement.

23. Lorsque le nombre d'échelons est impair, par exemple une échelle de 1 à 5, l'évaluateur peut accorder 3 à un facteur et opter pour la neutralité. Par contre, lorsqu'il y a un nombre d'échelons pair, l'évaluateur doit choisir le côté positif ou négatif. À titre d'exemple, une échelle de 1 à 10 ne laisse pas la possibilité de faire preuve de neutralité, 5 étant négatif et 6 positif.
24. Lire à ce sujet R. Jacobs, D. Dafry et S. Zedeck, *loc. cit.*, p. 595-640.

Document 8.4 La méthode d'évaluation par échelle de notation

Nom : Doriane B.   Poste : Analyste   Date de l'évaluation : 4 mars

Date d'embauche : 15 déc. 1997   Expérience : _____ année(s)

Échelle de notation	Insatis-faisant	Passable	Bon	Moyen	Très bon	Excellent
Connaissance de la tâche Sur les plans théorique et pratique.	1	2	3	4	5	⑥
Jugement Savoir recueillir les données et les évaluer.	1	2	3	4	5	⑥
Organisation de son travail Efficacité à planifier son travail.	1	2	3	4	⑤	6
Attitude Enthousiasme au travail ; loyauté ; esprit sportif.	1	2	3	4	5	⑥
Sens des responsabilités Pouvoir mener à terme les responsabilités reçues.	1	2	3	4	5	⑥
Contact avec les autres Tact, diplomatie.	1	2	3	4	5	⑥
Leadership Savoir stimuler les employés.	1	2	3	4	5	⑥
Efficacité personnelle Rapidité et efficacité d'exécution du travail personnel.	1	2	3	4	⑤	6

A. Par ordre d'importance, donnez trois caractéristiques liées à la performance qui exigent amélioration :

1. Respect des délais

2. Organisation du calendrier des échéances

3. Établissement des priorités

B. Quels sont les facteurs extérieurs au travail qui auraient pu influer sur le rendement ?

1. Surcharge de travail

2. Modifications fréquentes des priorités

3. Ressources limitées

4. _____

Nom de l'évaluateur : Dominique L.

Source : Jacques Guillaume, Bernard Turgeon et Claudio Benedetti, *La dynamique de l'entreprise*, 3ᵉ éd., Laval, Éditions Études Vivantes, 1993, p. 339.

comportements caractéristiques de chacun des niveaux de rendement. Ensuite, ces comportements sont regroupés en catégories représentant un facteur de rendement à évaluer, soit, par exemple, la supervision des employés, les aptitudes dans les relations humaines ou la maîtrise de l'information.

Une dernière restriction quant à l'utilisation de cette méthode réside dans le fait que les comportements d'une échelle sont considérés comme mutuellement exclusifs. Ainsi, dans l'exemple du document 8.5, il semble impossible qu'un gestionnaire puisse « former rapidement les nouveaux employés et les transformer en

Document 8.5	Un exemple d'une dimension de l'échelle graduée des comportements

Directeur de service dans un magasin à rayons : la supervision des vendeurs

	10	Communique clairement ses attentes à son personnel, fait preuve de tact et de considération dans ses relations avec les subordonnés, gère bien les horaires de travail, se tient informé des activités de ses subordonnés, respecte les politiques de l'entreprise.
Rendement élevé	9	Peut former rapidement les nouveaux employés et les transformer en vendeurs efficaces.
	8	Peut développer la confiance de son personnel en utilisant adéquatement la délégation de responsabilités.
	7	Dirige hebdomadairement des réunions de formation pour ses employés et leur communique exactement ce qu'il attend d'eux dans leur travail.
Rendement moyen	6	Témoigne de la courtoisie et du respect à l'égard de son personnel.
	5	Rappelle régulièrement à ses employés d'être disponibles pour les clients et d'éviter de discuter entre eux.
	4	Peut critiquer la gestion du magasin devant les employés, ce qui risque de susciter chez eux une attitude négative.
Rendement faible	3	Peut exiger qu'un employé se présente au travail même si ce dernier s'est déclaré malade.
	2	Peut ne pas respecter sa parole ou les promesses faites à ses employés.
	1	Peut faire des promesses qui vont à l'encontre des politiques de l'entreprise.

Source : Inspiré de Herbert G. Heneman *et al.*, *Personnel/Human Resource Management*, Homewood (Ill.), Richard D. Irwin, 1980, p. 129.

vendeurs efficaces » et en même temps « ne pas respecter sa parole ou les promesses faites à ses employés », ce qui, dans la réalité, est évidemment plausible.

8.7.3 Les méthodes d'évaluation axées sur les résultats

La gestion par objectifs

Gestion par objectifs : Approche de gestion qui consiste à fixer des objectifs pour l'ensemble de l'entreprise, puis pour chacun des services et, enfin, pour chacun des individus. La GPO mesure la contribution de chaque employé au succès de l'entreprise.

La **gestion par objectifs**[25] (GPO), qui est à la base de l'évaluation par objectifs, est une approche de gestion très répandue qui consiste à fixer des objectifs pour l'ensemble de l'entreprise, puis pour chacun des services et, enfin, pour chacun des individus. La GPO mesure la contribution de chaque employé au succès de l'entreprise[26].

Le processus de gestion par objectifs se déroule en quatre étapes. Première-ment, l'employé et son superviseur discutent de la définition des objectifs pour une période donnée. Deuxièmement, ils élaborent le plan d'action et le calendrier qui spécifieront comment et quand les objectifs seront atteints. Troisièmement, ils s'entendent sur les critères à utiliser pour mesurer la réalisation des objectifs.

---

25. Bernard Turgeon, *La pratique du management*, 3e éd., Montréal, Chenelière/McGraw-Hill, 1997, p. 52.
26. Voir un classique au sujet de la GPO : J.-P. Campbell, M. D. Dunnette, E. E. Lawler et K. E. Weick, *Managerial Behavior, Performance and Effectiveness*, New York, McGraw-Hill, 1970.

Quatrièmement, ils se rencontrent de nouveau, à la fin de la période, pour évaluer les résultats et définir les nouveaux objectifs.

Ce processus se déroule à tous les niveaux de la hiérarchie, des cadres supérieurs jusqu'aux employés de la base. Les liens établis entre les objectifs des différents niveaux[27] assurent le succès de la GPO et influent positivement sur la productivité[28]. Cependant, il faut noter que chacun des employés est évalué selon une grille d'objectifs différents. Par conséquent, les comparaisons sont difficiles, ce qui restreint l'usage de cette méthode à des fins administratives telles que les promotions, les mutations ou les augmentations de salaire au mérite.

Selon une étude de Thacker et Cattaneo[29], 49 % des entreprises canadiennes ont recours à la méthode de gestion par objectifs, plus précisément pour les gestionnaires, alors que l'échelle de notation est utilisée par 17 % d'entre elles, surtout pour les emplois de professionnels.

Les normes de rendement

L'évaluation par les normes de rendement[30] représente une version de la GPO qui est destinée aux employés qui n'ont pas à superviser de subalternes. Les normes de rendement découlent de l'analyse des postes et sont orientées vers la réalisation des objectifs de l'entreprise. Chacune des normes – qui sont généralement nombreuses – est pondérée par rapport à l'ensemble. La cote obtenue pour une norme est multipliée par le facteur de pondération et les résultats pour chaque norme sont additionnés. Ainsi, les comparaisons entre les employés sont facilitées. Le rendement désiré et le rendement obtenu sont alors présentés au titulaire du poste, ce qui est de nature à accroître sa motivation.

L'évaluation par indices directs

L'**évaluation par indices directs**[31] mesure le rendement d'un employé ou d'un gestionnaire à l'aide de critères objectifs. Dans le cas d'un gestionnaire, les critères utilisés sont, par exemple, le taux de roulement des employés, le taux d'absentéisme et la productivité des subalternes. Dans le cas d'un employé, le niveau de productivité, le taux de rejets et le taux de plaintes des clients sont des indices utilisés couramment.

Évaluation par indices directs : Méthode permettant de mesurer le rendement d'un employé ou d'un gestionnaire à l'aide de critères objectifs.

Le dossier de réalisations

À la manière du portfolio des artistes, des graphistes ou des photographes, le **dossier de réalisations** est monté par le titulaire du poste ; il représente une véritable autoévaluation. Le titulaire dresse alors un bilan de ses réalisations et les compare avec ses objectifs. À la seconde étape de l'évaluation, un évaluateur ou un comité d'évaluation révise le bilan du titulaire et rencontre celui-ci pour lui permettre de justifier le contenu de son dossier.

Dossier de réalisations : Sorte de portfolio dans lequel le titulaire du poste dresse un bilan de ses réalisations et les compare avec ses objectifs.

27. Voir la figure 2.7 sur la relation entre les différents niveaux de la hiérarchie dans Bernard Turgeon, *op. cit.*, p. 51.
28. R. Rodgers et J. E. Hunter, « Impact of management by objectives on organizational productivity », *Journal of Applied Psychology*, vol. 76, 1991, p. 322-335.
29. J. W. Thacker et J. Cattaneo, *Survey of Personnel Practices in Canadian Organizations : A Summary Report to Respondents*, document de travail W92-04, Windsor (Ont.), University of Windsor, Faculty of Business.
30. Voir à ce sujet Wayne F. Cascio et James W. Thacker, *Managing Human Resources*, Toronto, McGraw-Hill Ryerson, 1994, p. 323.
31. Voir Shimon L. Dolan et Randall S. Schuler, *La gestion des ressources humaines au seuil de l'an 2000*, 2e éd., Montréal, Éditions du Renouveau Pédagogique, 1995, p. 340.

8.7.4 Quelle est la meilleure méthode?

La meilleure méthode d'évaluation est celle qui permet d'atteindre les objectifs de l'évaluation du rendement que l'entreprise a établis. Cette méthode doit permettre l'utilisation des résultats pour assurer l'amélioration du rendement de l'employé et le développement de ce dernier. Au moment de l'étude du processus de formation des ressources humaines au chapitre 7, nous avons noté que la détermination des besoins de formation relevait en partie de l'analyse du rendement des ressources humaines.

De plus, l'utilisation des résultats de l'évaluation à des fins administratives comme les promotions, les mutations, les congédiements ou les augmentations de salaire exige que la méthode employée permette la comparaison entre les membres d'une unité administrative.

Ensuite, la possibilité d'informatiser les résultats de l'évaluation du rendement représente un atout et le développement de logiciels de gestion des ressources humaines permettra de plus en plus de fonder les décisions concernant la main-d'œuvre sur des données pertinentes et actualisées.

Enfin, les préalables que sont la validité, la sensibilité, la fidélité, l'acceptabilité et l'applicabilité, que nous avons abordés au début du chapitre, demeurent des critères importants dans le choix d'une méthode d'évaluation du rendement.

Le tableau 8.1 résume les avantages et les inconvénients des diverses méthodes d'évaluation du rendement.

Tableau 8.1 Les méthodes d'évaluation du rendement

Méthodes	Avantages	Inconvénients
Méthodes d'évaluation relatives axées sur les comportements		
Évaluation par rangement	• Facilite la comparaison entre les employés • Facilite les décisions d'ordre administratif (promotions, mises à pied, rémunération, etc.) • Exige peu de ressources pour sa mise en place, son implantation et son utilisation	• Ne permet pratiquement pas de fournir de la rétroaction à l'employé • Devient difficile à appliquer lorsque le nombre d'employés dépasse un certain seuil • N'utilise qu'un seul critère, soit la contribution globale de l'employé • Devient difficile à appliquer lorsque le niveau de rendement des employés est semblable

Tableau 8.1 Les méthodes d'évaluation du rendement (*suite*)

Méthodes	Avantages	Inconvénients
Méthodes d'évaluation relatives axées sur les comportements		
Évaluation par paires	• Facilite la comparaison entre les employés • Facilite les décisions d'ordre administratif (promotions, mises à pied, rémunération, etc.) • Exige peu de ressources pour sa mise en place, son implantation et son utilisation	• Ne permet pratiquement pas de fournir de la rétroaction à l'employé • Devient difficile à appliquer lorsque le nombre d'employés dépasse un certain seuil • N'utilise qu'un critère unique, soit la contribution globale de l'employé • Devient difficile à appliquer lorsque le niveau de rendement des employés est semblable
Évaluation par distribution imposée	• Permet de faire des distinctions entre le rendement des employés • Facilite les décisions d'ordre administratif (promotions, mises à pied, rémunération, etc.) • Exige peu de ressources pour sa mise en place, son implantation et son utilisation • Limite les erreurs liées à l'évaluation (effet de halo, tendance centrale, etc.)	• Ne présente pas la véritable valeur d'un employé si l'ensemble du groupe est faible ou très fort • Devient difficile à appliquer lorsque le nombre d'employés dépasse un certain seuil • N'utilise qu'un critère unique, soit la contribution globale de l'employé • Devient difficile à appliquer lorsque le niveau de rendement des employés est semblable
Méthodes d'évaluation objectives axées sur les comportements		
Évaluation narrative	• Permet de fournir de la rétroaction à l'employé • Facilite les décisions d'ordre administratif (promotions, mises à pied, rémunération, etc.) • Exige peu de ressources pour sa mise en place, son implantation et son utilisation	• Rend difficile la comparaison entre les employés • Ne fournit que des données qualitatives

Tableau 8.1 Les méthodes d'évaluation du rendement (*suite*)

Méthodes	Avantages	Inconvénients
Évaluation par événements préétablis	• Exige peu d'efforts lors de son utilisation • Repose sur l'analyse des tâches • Facilite la comparaison entre les employés	• Peut donner lieu à une interprétation variable des divers critères
Évaluation par incidents critiques	• Se concentre sur la contribution de l'employé plutôt que sur ses qualités personnelles	• Exige énormément de temps • Ne comprend pas de critères qualitatifs
Échelle de notation	• Exige peu d'efforts lors de son utilisation • Permet de fournir de la rétroaction à l'employé • Permet de faire des distinctions entre le rendement des employés	• Exige énormément de temps lors de la confection du système • Entraîne de nombreuses erreurs (effet de halo, tendance centrale, etc.) • Ne permet pas de déterminer les besoins de formation
Échelle graduée des comportements	• Exige peu d'efforts lors de son utilisation • Permet de fournir de la rétroaction à l'employé • Permet de faire des distinctions entre le rendement des employés	• Exige énormément de temps lors de la confection du système • N'indique pas qu'un employé peut avoir des comportements liés à un rendement faible et d'autres comportements liés à un rendement élevé

Méthodes d'évaluation axées sur les résultats

Gestion par objectifs	• Se concentre sur la contribution de l'employé • Favorise la planification de la main-d'œuvre et le développement de carrière	• Analyse les résultats à court terme • Néglige le comportement de l'employé • Rend difficile la comparaison entre les employés

Tableau 8.1 Les méthodes d'évaluation du rendement (*suite*)

Méthodes	Avantages	Inconvénients
Normes de rendement	• Permet de donner à l'employé des normes précises quant aux résultats attendus	• Exige un climat de coopération et de confiance • Peut engendrer un climat malsain de compétition entre les employés
Évaluation par indices directs	• Utilise des critères quantitatifs et qualitatifs • Mesure directement le rendement d'un employé • Exige peu de ressources pour sa mise en place, son implantation et son utilisation	
Dossier de réalisations	• Permet d'évaluer le travail d'un professionnel où les normes de rendement quantitatives sont difficiles à déterminer (avocats, professeurs, chercheurs, etc.) • Favorise la planification de la main-d'œuvre et le développement de carrière	• Permet difficilement de vérifier l'exactitude du contenu du dossier • Exige beaucoup de temps

8.8 Les problèmes liés à l'évaluation du rendement

Idéalement, les évaluateurs – qui peuvent être les superviseurs, les collègues de travail, les subordonnés ou les clients – devraient être objectifs dans leur évaluation du rendement des employés. Les résultats de l'évaluation du rendement doivent refléter le rendement de l'employé et non les préjugés de l'évaluateur. Le meilleur des mondes n'existant pas, il faut que l'évaluateur soit conscient de ses propres préjugés et perceptions afin de limiter leurs effets sur l'évaluation de l'employé ou de les éliminer dans la mesure du possible.

L'évaluation du rendement repose sur la prémisse selon laquelle l'observateur-évaluateur est objectif et précis. Mais il faut admettre que la mémoire peut être défaillante ou sélective, que les évaluateurs ont leurs propres attentes[32] et leurs propres critères, et que leurs objectifs personnels ne correspondent pas forcément

---

32. Lire à ce sujet E. A. Hogan, « Effects of prior expectations on performance ratings : A longitudinal study », *Academy of Management Journal*, vol. 30, 1987, p. 354-368.

à ceux de l'entreprise. L'ensemble de ces préjugés a des répercussions sur l'évaluation d'un employé (*voir la figure 8.3*).

L'effet de la perspective entraîne une perception fort différente de la situation de la part de l'évaluateur et de la personne évaluée. La théorie des deux facteurs de la motivation de Herzberg[33] mentionnait déjà que les gens sont portés à parler d'un élément dont ils sont responsables lorsque l'expérience est enrichissante et que leur rendement est adéquat. D'autre part, lorsque les résultats leur paraissent négatifs, ils sont portés à signaler qu'un élément échappe à leur maîtrise comme les conditions de travail ou l'encadrement. Dans le cas d'un bon rendement, l'employé évalué soulignera ses compétences, ses initiatives et son efficacité, alors que l'employé dont le rendement est faible insistera sur le manque de soutien de son supérieur, sur l'insuffisance des ressources et sur le manque de collaboration de la part de ses collègues de travail.

L'erreur en raison de l'effet de halo[34] est probablement l'erreur la plus répandue. Les évaluateurs qui y succombent fondent leur évaluation sur une perception globale de l'employé ou sur une seule dimension qu'ils jugent importante. Alors ils évaluent généreusement ou sévèrement, selon le cas, chacun des facteurs du formulaire d'évaluation. En fait, la perception, erronée ou fondée, suivant laquelle

Les problèmes liés à l'évaluation du rendement — Figure 8.3

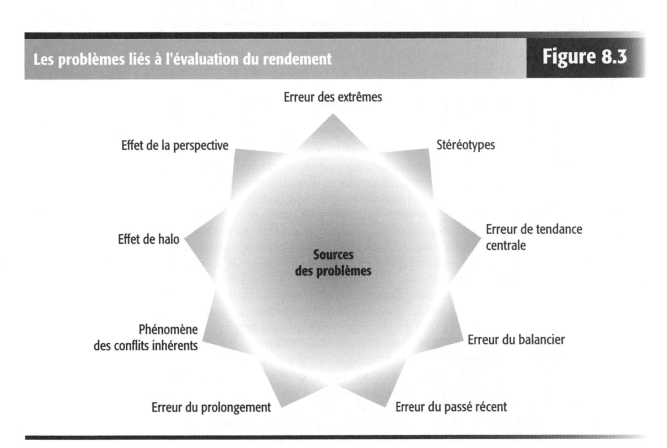

Erreur des extrêmes

Effet de la perspective

Stéréotypes

Effet de halo

Erreur de tendance centrale

Sources des problèmes

Phénomène des conflits inhérents

Erreur du balancier

Erreur du prolongement

Erreur du passé récent

33. Bernard Turgeon, *op. cit.*, p. 251.
34. Voir K. R. Murphy et R. L. Anhalt, « Is halo error a property of the rater, ratees, or specific behavior observed ? », *Journal of Applied Psychology*, vol. 77, 1992, p. 494-500 ; K. R. Murphy, R. A. Jako et R. L. Anhalt, « Nature and consequences of halo error : A critical analysis », *Journal of Applied Psychology*, vol. 78, 1993, p. 218-225.

l'employé mérite une cote élevée pour un facteur tend à pousser l'évaluateur à accorder la même cote aux autres facteurs. Si une secrétaire est intelligente, implicitement l'évaluateur lui accordera un niveau élevé d'honnêteté, une capacité de travail impressionnante et un esprit d'initiative plus élevé que la moyenne. Une note médiocre attribuée sur un aspect peut aussi influer négativement sur l'ensemble de l'évaluation.

L'erreur du prolongement est bien connue en pédagogie. Si un enseignant est informé du fait que les étudiants de sa classe sont des sujets très prometteurs, il aura tendance à leur attribuer des notes supérieures ; si on le prévient du contraire, la moyenne des résultats de sa classe risquera d'être plus faible. De même, lorsqu'un évaluateur est averti par l'évaluateur précédent qu'un employé est un élément très prometteur, il aura tendance à accorder une évaluation très positive à cet employé. La simple lecture des évaluations précédentes dans le dossier de l'employé peut avoir un effet d'entraînement.

L'erreur du balancier se produit lorsque l'évaluateur compare plusieurs employés avec une norme de rendement. Si plusieurs employés sont classés dans le groupe qui a un rendement faible, le rendement moyen d'un employé sera probablement transformé en un rendement supérieur. Par exemple, lorsqu'un enseignant corrige plusieurs travaux dans la même journée, un travail moyen corrigé à la suite de trois travaux très faibles recevra probablement une note supérieure à celle qu'il mérite. C'est pourquoi les enseignants ne corrigent en général que quelques copies à la fois. L'inverse est aussi vrai : un employé ayant un rendement moyen qui est évalué après deux employés ayant un rendement supérieur recevra probablement une cote très faible.

Les stéréotypes constituent des attitudes établies à l'avance à l'égard d'une personne possédant certaines caractéristiques. À titre d'exemple, un jeune employé ne sera jamais évalué à un niveau supérieur en raison de son manque d'expérience ; par contre, un employé comptant plusieurs années de service recevra une cote supérieure, car il remplit ses fonctions depuis longtemps. Les dangers de discrimination sont très grands dans ces situations, d'autant que la discrimination peut être inconsciente. Ainsi, un commis de bureau ayant un rendement supérieur aux attentes pour cette catégorie d'emploi recevra la cote « rendement satisfaisant », car il n'est qu'un commis de bureau. À l'opposé, un statisticien ayant un rendement adéquat bénéficiera d'une évaluation supérieure parce qu'il occupe une fonction plus complexe. Les stéréotypes peuvent être fondés sur le sexe, l'âge, la religion, la race, la nationalité, etc.

L'erreur des extrêmes et l'erreur de tendance centrale représentent deux facettes d'un même préjugé d'évaluation qui ne permet pas de discriminer (*voir le facteur « sensibilité » au début du chapitre*) les employés qui ont un rendement supérieur et ceux qui ont un rendement insatisfaisant. Dans le cas de l'erreur des extrêmes, l'évaluateur a tendance à être trop indulgent en accordant une excellente évaluation à tous les employés ou il a tendance à être trop sévère en n'accordant qu'exceptionnellement une cote supérieure. En ce qui concerne l'erreur de tendance centrale, il s'agit d'une attitude de neutralité face à l'évaluation des employés qui amène l'évaluateur à considérer le rendement de tous comme satisfaisant. Il est facile de transposer ces erreurs dans une classe. Ainsi, pour certains enseignants, les meilleurs étudiants obtiendront la note de 70 % ; pour d'autres enseignants, tous les étudiants mériteront 80 %. L'erreur de tendance centrale amènera certains enseignants à accorder à tous leurs élèves une note se situant entre 78 % et 82 %.

L'erreur du passé récent[35] se produit lorsque l'évaluateur base son évaluation sur le rendement récent. Ainsi, l'évaluation du rendement d'un employé pour la dernière année s'appuiera principalement sur les réalisations ou les échecs portant sur le dernier mois. Plusieurs évaluateurs qui sont conscients de ce piège se défendent en soulignant que, sur une longue période, ce qui importe, c'est la tendance qui prévaut actuellement. Par conséquent, un employé qui a un rendement faible pendant neuf mois obtiendra une bonne évaluation si les trois derniers mois indiquent une nette amélioration. Le phénomène inverse peut aussi se produire. Un employé qui a eu un comportement inadéquat dans le passé laissera une impression négative. L'évaluateur conservera cette impression et aura tendance à ne retenir que les autres comportements qui confirment cette première impression. L'employé sera alors évalué sur une période révolue.

Le phénomène des conflits inhérents[36] découle des objectifs mêmes de l'évaluation du rendement que poursuivent l'entreprise et l'employé. Le premier conflit provient du fait que l'entreprise vise, par le processus d'évaluation, à voir le rendement des employés s'améliorer et à connaître leurs faiblesses afin de leur offrir des activités de formation qui bénéficieront et aux employés et à l'entreprise. Mais en même temps, celle-ci utilise les résultats des évaluations pour attribuer les récompenses, les augmentations de salaire et les promotions. Le deuxième conflit oppose le désir de l'employé de recevoir une rétroaction pertinente sur son rendement au désir d'obtenir des récompenses et de protéger son image de soi. Le troisième conflit découle de la recherche, de la part de l'employé, des récompenses et de la protection de l'image de soi ainsi que de la recherche, de la part de l'entreprise, des renseignements valides sur lesquels s'appuiera l'attribution des récompenses. Enfin, le quatrième conflit, majeur celui-là, provient du désir de l'entreprise de connaître les faiblesses de l'employé pour lui venir en aide et du désir de l'employé d'obtenir des récompenses et de protéger son image.

Ces différents problèmes et erreurs pourront en grande partie être évités si les évaluateurs apprennent à observer plus adéquatement les comportements des employés. La tenue de discussions entre les évaluateurs en ce qui concerne les éléments de l'évaluation, et particulièrement les facteurs d'évaluation, est de nature à améliorer la qualité du processus d'évaluation du rendement. Enfin, la possibilité pour les évaluateurs de confronter leurs évaluations avec celles de spécialistes en évaluation constitue un autre moyen d'améliorer ce processus. La rétroaction à 360 degrés, que nous avons mentionnée précédemment, permet d'éviter un grand nombre de ces problèmes et de ces erreurs.

8.9   Les avantages de l'évaluation du rendement

Les avantages découlant du programme de la gestion du rendement justifient amplement les efforts et les investissements requis. S'il est vrai que l'implantation d'un tel programme exige que plusieurs aspects de la gestion des ressources humaines soient analysés, il reste que les retombées seront positives pour plusieurs autres programmes de la gestion des ressources humaines. De nombreuses

---

35. Clinton O. Longenecker, Henry P. Sims Jr. et Dennis A. Gioia, « Behind the mask : The politics of employee appraisal », *Academy of Management Executive*, vol. 1, 1987, p. 188.
36. L'analyse des conflits inhérents est proposée par Shimon L. Dolan et Randall S. Schuler, *op. cit.*, p. 360-362 ; voir aussi Michael Beer, « Performance appraisal : Dilemmas and possibilities », *Organization Dynamics*, New York, AMACOM, une division de l'American Management Association, 1981, p. 27.

décisions administratives concernant les employés reposent sur les renseignements obtenus par le programme de la gestion du rendement.

Le succès à long terme d'une organisation se fonde sur la qualité de son personnel. Les plans de succession, par exemple, sont élaborés à partir des données obtenues lors de l'évaluation des employés. Cet exercice qui consiste à préparer la relève, donc à garantir la pérennité de l'organisation, oblige chaque service à découvrir les employés qui ont le potentiel pour accepter de nouvelles responsabilités afin de relever les défis auxquels fait face l'organisation.

Les attentes des gestionnaires et celles des employés sont clairement définies lors de cet exercice, les uns et les autres spécifiant leur vision en ce qui a trait à la contribution ou à la carrière. Le « contrat » entre l'employé et l'organisation est précisé, et les énergies peuvent alors être orientées de manière à permettre la réalisation des objectifs de chacun.

Les résultats de la gestion du rendement permettent également de mesurer la qualité des autres décisions administratives. Ainsi, il est possible de mesurer la validité des résultats de l'embauche et des décisions touchant aux mutations et aux promotions en la comparant avec la valeur de la contribution de l'employé embauché ou promu.

Dans le cas des mesures disciplinaires, y compris un congédiement, les éléments objectifs et précis d'un programme de la gestion du rendement permettront de justifier devant un arbitre ou même devant une cour de justice la pertinence des décisions administratives.

8.10 L'amélioration de l'efficacité de l'évaluation du rendement

Afin d'améliorer l'efficacité de l'évaluation du rendement, les gestionnaires doivent inclure dans le processus d'évaluation un certain nombre d'activités[37] qui se dérouleront avant, pendant et après l'évaluation.

8.10.1 Avant l'évaluation

Comme nous l'avons souligné au chapitre 7, au moment de l'étude des principes de l'apprentissage, il faut que la rétroaction soit fournie à l'employé dans un délai très court. Ainsi, une seule évaluation faite annuellement perd de son efficacité lorsqu'on aborde des comportements qui se sont manifestés plusieurs mois auparavant. Cela est d'autant plus vrai avec les employés ayant un faible rendement[38]. Lorsque le comportement négatif ou positif d'un employé mérite un commentaire, il faut le faire immédiatement et l'inscrire dans un dossier en vue de la rencontre d'évaluation qui n'aura peut-être lieu que plusieurs mois plus tard. De plus, il faut rencontrer immédiatement l'employé pour lui faire part de la situation.

La formation des évaluateurs pour l'observation des comportements s'avère extrêmement importante. En effet, les évaluateurs doivent être en mesure d'offrir à l'employé une rétroaction qui pourra l'aider à mieux comprendre son comportement et à s'améliorer. L'objectif visé est l'amélioration du rendement et non l'évaluation de l'employé en soi.

---

37. Plusieurs éléments contenus dans cette section sont suggérés par Wayne F. Cascio et James W. Thacker, *op. cit.*, p. 331-334.
38. Lire à ce sujet D. Cederblom, « The performance appraisal interview : A review, implications, and suggestions », *Academy of Management Review*, vol. 7, 1982, p. 219-227.

En outre, l'évaluateur doit motiver l'employé à préparer l'entrevue d'évaluation. L'employé doit analyser ses tâches, ses responsabilités, les problèmes qu'il a éprouvés et les moyens qu'il a utilisés pour les résoudre.

8.10.2 Pendant l'évaluation

La participation de l'employé doit être encouragée. Cela a pour effet de présenter l'évaluation du rendement comme une activité axée sur la recherche de solutions et sur l'amélioration du rendement, et non comme un exercice auquel est rattachée une note.

La capacité d'écoute active de l'évaluateur constitue un autre élément susceptible d'accroître l'efficacité de l'évaluation, d'autant plus que l'employé en déduira que l'évaluateur porte un intérêt réel à ses opinions.

Les critiques formulées par l'évaluateur doivent toujours être positives. Cela évite les conflits inutiles, encourage l'employé à faire part à l'évaluateur des problèmes qu'il éprouve dans son travail et le stimule à définir des objectifs positifs pour la période suivante.

Par ailleurs, la fixation des objectifs doit se faire d'un commun accord. La planification et la détermination des objectifs incitent à l'accomplissement[39]. L'employé a besoin d'objectifs précis ainsi que de défis réalisables établis et acceptés par l'évaluateur et lui. Le passé est immuable, mais l'entrevue d'évaluation du rendement, qui permet d'établir des objectifs pour la prochaine période, peut influer sur le rendement futur.

8.10.3 L'évaluation continue

L'évaluation continue doit être intégrée dans le processus d'évaluation du rendement. L'évaluation périodique, souvent annuelle ou semi-annuelle, risque d'être perçue comme une activité parallèle aux responsabilités du gestionnaire et de l'employé. Une communication constante et une évaluation continue des progrès de l'employé permettent de maintenir le cap sur les objectifs définis au moment de la rencontre annuelle. Elles aident aussi à mieux comprendre les facteurs ayant une incidence sur le rendement de l'employé et encouragent l'employé à atteindre un meilleur rendement.

La théorie du renforcement[40] démontre que, lorsqu'un employé constate un lien direct entre un comportement et un résultat, il adoptera ce comportement, dans la mesure, évidemment, où le résultat lui est agréable. Conséquemment, les décisions administratives telles que les promotions, les augmentations de salaire ou les mutations doivent avoir un rapport avec les résultats des évaluations du rendement. Cela amènera les employés à mieux se préparer pour les entrevues, à participer davantage au processus d'évaluation et à y trouver une plus grande satisfaction.

---

39. Bernard Turgeon, *op. cit.*, p. 47 et 261.
40. *Ibid.*, p. 261.

8.11 L'entrevue d'évaluation du rendement

8.11.1 Les catégories d'entrevues

Il existe trois catégories d'entrevues[41] d'évaluation du rendement, soit l'entrevue d'information et de persuasion («juge et vends»), l'entrevue d'information et d'écoute («juge et fais parler») et l'entrevue de résolution de problèmes («approche résolutive»).

L'entrevue d'information et de persuasion

Dans cette catégorie d'entrevue, l'évaluateur a un rôle de juge. L'objectif consiste à communiquer à l'employé les résultats de son évaluation en partant du principe que l'évaluateur porte un jugement valide et fiable et que l'employé désire vraiment corriger ses points faibles. Dans la mesure où l'employé témoigne du respect et de la confiance à l'évaluateur, l'entrevue entraînera une amélioration du rendement du premier. Par contre, il y a un risque sérieux que celui-ci ait des réactions négatives, soit une perte de loyauté, de la frustration ou un réflexe de protection de son image de soi.

L'entrevue d'information et d'écoute

Dans cette catégorie d'entrevue, l'évaluateur remplit toujours le rôle du juge. Il doit communiquer les résultats de l'évaluation à l'employé et manifester une écoute active afin de le laisser réagir. L'évaluateur encourage l'employé à exprimer son désaccord et à faire part de ses sentiments. Puisque l'évaluateur témoigne de la tolérance et du respect à l'employé, ce dernier acquerra une attitude favorable à l'égard de l'évaluateur, qui, dans la plupart des cas, est le supérieur immédiat. Même si l'employé désire changer en fonction de l'évaluation qu'il a reçue, il n'est pas assuré qu'il découvrira seul les moyens d'y arriver.

L'entrevue de résolution de problèmes

L'entrevue de résolution de problèmes amène l'évaluateur à jouer un rôle de soutien, de personne-ressource. Ce type d'entrevue vise l'amélioration et le développement de l'employé ainsi que la mise au point commune de solutions pour corriger les comportements qui nuisent au rendement. Les discussions sont orientées vers l'élaboration de nouvelles idées et vers les intérêts convergents des deux parties. L'approche résolutive se caractérise surtout par l'exploration, l'évaluation et l'élaboration de nouvelles solutions. L'évaluateur doit s'attendre à ce que la solution commune qui a été élaborée soit différente du dénouement qu'il avait prévu. L'amélioration du rendement devient une quasi-certitude. De plus, les deux parties sortent gagnantes[42] de l'expérience: elles pourront tirer un enseignement de leurs échanges de points de vue et ouvriront la porte à des changements acceptés de tous.

---

41. Ces catégories sont suggérées par Norman R. Maier, *The Appraisal Interview: Three Basic Approaches*, La Jolla (Cal.), University Associates, 1976, et par un classique dans le domaine de l'entrevue, Norman R. Maier, *The Appraisal Interview: Objectives, Methods, and Skills*, New York, John Wiley and Sons, 1958.

42. Lire à ce sujet «Les stratégies de résolution des conflits organisationnels – gagnant-gagnant», Bernard Turgeon, *op. cit.*, p. 376-380.

Cette approche est évidemment la plus intéressante, mais en cas d'échec il est toujours possible d'utiliser, dans les situations difficiles, les programmes d'aide aux employés (PAE), que nous aborderons au chapitre 10 portant sur la discipline. De plus, il y a toujours la possibilité de recourir aux deux autres approches.

8.11.2 La démarche de l'entrevue d'évaluation du rendement

L'entrevue d'évaluation du rendement est une rencontre entre l'évaluateur et l'employé pendant laquelle le rendement de celui-ci est analysé. L'efficacité de cette démarche repose sur le respect de certaines consignes[43] qui favoriseront les échanges et l'amélioration du rendement de l'employé. L'état d'esprit des employés au moment de l'entrevue d'évaluation du rendement est assez particulier. Selon certaines études[44], environ 80% des employés qui se présentent à cette entrevue sont convaincus d'avoir offert un rendement au-dessus de la moyenne. Sachant qu'il est statistiquement reconnu que seulement 50% des employés d'une grande entreprise peuvent se retrouver dans cette situation, il faut s'attendre à ce qu'un très grand nombre d'entre eux soient déçus.

L'évaluateur, qui est généralement le superviseur[45], doit assigner des tâches à l'employé, spécifier les normes de rendement attendu et fournir le soutien que l'employé requiert. Il doit aussi faire en sorte que l'employé possède les compétences nécessaires à l'accomplissement de sa tâche et bénéficie d'un contexte de travail propre à la satisfaction de ses besoins. Enfin, il doit évaluer le plus objectivement possible le rendement de l'employé, ce qui, comme nous l'avons déjà affirmé en soulignant les conflits inhérents à certains aspects de la gestion du rendement, particulièrement l'évaluation, ne va pas facilement de pair avec les rôles de formateur et de motivateur.

Bref, l'entrevue d'évaluation du rendement se veut un échange de renseignements permettant à l'évaluateur et à l'employé de préciser ce qui a été accompli, quel succès a été obtenu, comment faire pour aller plus loin, quelles possibilités sont à la portée de l'employé et quel lien on peut établir entre le présent et l'avenir.

Il faut insister sur l'objectif de l'évaluation du rendement, qui consiste à améliorer le rendement et la contribution de l'employé et non à le sanctionner pour le travail qui n'a pas été accompli. La tâche sera facilitée si, pendant l'entrevue, l'évaluateur fait ressortir les aspects positifs du rendement de l'employé. Toutefois, cela n'empêche pas d'aborder les objectifs qui n'ont pas été atteints ou qui ont été atteints partiellement.

Les critiques négatives concernant le rendement de l'employé doivent reposer sur des exemples déterminés, sur des manquements à des politiques ou à des règles précises, et ce, en évitant de recourir à des généralités. L'objet de la rencontre demeure le rendement de l'employé et non une analyse de sa personnalité, à moins, bien sûr, qu'une attitude ou une caractéristique personnelle de l'employé n'entrave l'exécution de ses tâches.

---

43. Ces consignes sont suggérées en partie par John B. Miner, « Management appraisal: A review of procedures and practices », dans *Contemporary Problems in Personnel*, sous la direction de W. Clay Hammer et Frank L. Schmidt, Chicago, St. Clair Press, 1977, p. 228, et David C. Martin, « Performance appraisal: Improving the rater's effectiveness » *Personnel*, août 1986, p. 28-33.
44. H. H. Meyer, « Self-appraisal of job performance », *Personnel Psychology*, vol. 33, 1980, p. 291-296.
45. Clinton O. Longenecker, Henry P. Sims Jr. et Dennis A. Gioia, *loc. cit.*, p. 183-193.

Lorsque l'employé manifeste son désaccord avec énergie, il faut à tout prix éviter de discuter avec lui. Les deux parties présentent leur point de vue, et l'évaluateur doit miser sur les éléments de convergence. Les tentatives pour persuader l'employé d'adhérer totalement à la vision de l'évaluateur risquent de couper les ponts et de rendre difficile la réalisation des objectifs pour la prochaine période.

Il faut préciser les mesures que l'employé peut adopter pour améliorer son rendement. Il ne s'agit pas d'émettre des vœux, mais de tracer un plan d'action pour la période qui vient. Comme dans tout plan d'action, pour en permettre la réalisation, il faut investir dans les ressources nécessaires. Les propositions d'activités de formation pour l'employé sont importantes. Mais l'évaluateur doit aussi insister sur sa volonté sincère de servir de personne-ressource pour appuyer les efforts de l'employé en vue d'améliorer son rendement.

On doit conclure l'entrevue d'évaluation en mettant l'accent sur les aspects positifs du rendement de l'employé et sur les projets réels que nourrit l'entreprise à son égard. Une note négative[46] n'a généralement que peu d'effets sur l'amélioration du rendement d'un employé, alors qu'une note positive est propre à le stimuler.

Bref, l'entrevue d'évaluation du rendement est une activité confidentielle qui doit se dérouler dans un climat de confiance et en toute sérénité. Il faut alors consacrer le temps nécessaire à la réalisation de ces objectifs. L'entrevue doit toujours être accompagnée d'un suivi qui permettra de vérifier si l'employé a modifié son comportement de manière à atteindre les objectifs établis lors de la rencontre d'évaluation. Ce suivi doit se dérouler dans un délai relativement court.

---

46. Lire à ce sujet « La théorie du renforcement », Bernard Turgeon, *op. cit.*, p. 261-264.

Résumé du chapitre

L'évaluation du rendement est un processus qui consiste pour le gestionnaire à définir pour chacun de ses employés le rendement attendu, à les soutenir dans l'amélioration de leur contribution aux objectifs de l'organisation et à les récompenser lorsqu'ils ont atteint les objectifs établis. Cette activité vise deux objectifs : améliorer le rendement d'un employé et colliger les renseignements nécessaires à la prise de décisions administratives.

L'insuccès de plusieurs méthodes d'évaluation du rendement provient du non-respect d'un certain nombre de préalables tels que la validité, la sensibilité, la fidélité, l'acceptabilité et l'applicabilité.

L'évaluation du rendement est généralement effectuée par le superviseur, mais d'autres approches font intervenir les pairs, les subordonnés, les clients et l'employé lui-même.

Les méthodes d'évaluation du rendement les plus utilisées se divisent en deux catégories. La première catégorie, les méthodes d'évaluation axées sur les comportements, regroupe les méthodes qui comparent le rendement des employés entre eux (évaluation relative) et celles qui comparent le rendement des employés avec les normes de rendement préétablies (évaluation objective). Elle comprend l'évaluation par rangement, l'évaluation par paires, l'évaluation par distribution imposée, l'évaluation narrative, l'évaluation par événements préétablis, l'évaluation par incidents critiques, l'échelle de notation et l'échelle graduée des comportements. La deuxième catégorie comprend les méthodes d'évaluation qui s'attardent aux résultats de l'employé. Elle regroupe la gestion par objectifs, les normes de rendement, l'évaluation par indices directs et le dossier de réalisations.

Enfin, la qualité de l'évaluation du rendement est parfois réduite par des erreurs de la part de l'évaluateur ou encore par des préjugés contenus dans la méthode utilisée qui déforment les résultats de l'évaluation. Les principaux problèmes sont l'effet de la perspective, l'effet de halo, l'erreur du prolongement, l'erreur du balancier, les stéréotypes, l'erreur des extrêmes, l'erreur de tendance centrale, l'erreur du passé récent et le phénomène des conflits inhérents.

Ces erreurs pourront être évitées dans une large mesure si les évaluateurs apprennent à observer plus adéquatement les comportements. Enfin, la possibilité de confronter leurs évaluations avec celles de spécialistes en évaluation constitue un autre moyen d'améliorer le processus d'évaluation du rendement. La rétroaction à 360 degrés permet d'éviter un grand nombre de ces problèmes.

Évaluation de la compétence

Questions de révision et application

1. Définissez l'évaluation du rendement. Quels sont les avantages pour une entreprise d'entreprendre cette activité ?
2. Décrivez les deux principaux objectifs de l'évaluation du rendement.
3. Décrivez les trois sources du faible rendement d'un employé.
4. Lorsqu'on mentionne les objectifs de l'évaluation du rendement, qu'entend-on par l'expression « à des fins administratives » ?

5. Décrivez les trois méthodes d'évaluation du rendement suivantes et donnez-en les avantages et les inconvénients :
   a) l'échelle de notation ;
   b) l'échelle graduée des comportements ;
   c) la gestion par objectifs.
6. Quels sont les principaux problèmes et erreurs que l'on trouve au moment de l'évaluation du rendement ?
7. Quelle méthode d'évaluation du rendement utiliseriez-vous pour évaluer vos enseignants ? Justifiez votre réponse.
8. Quelle approche utiliseriez-vous pour réduire, sinon éliminer, les réactions de méfiance des employés par rapport à l'entrevue d'évaluation du rendement ?
9. Selon vous, peut-on séparer les discussions concernant l'évaluation du rendement et celles concernant les augmentations de salaire ? Justifiez votre réponse.
10. Jean K. déteste faire passer des entrevues d'évaluation du rendement. Il a donc mis sur pied un procédé qui évite tous les problèmes liés à cette activité. Il convoque l'employé qu'il doit évaluer 20 minutes avant la fin de la journée de travail, soit à 4 h 40. Saluant rapidement l'employé, il lui dit qu'ils sont tous deux très occupés, mais qu'il doit procéder annuellement à ce processus exigé par le service des ressources humaines. Alors, il énumère rapidement les résultats accordés à l'employé pour chacun des facteurs en spécifiant comment il en est arrivé à ces cotes. Puis il invite l'employé à signer le formulaire. Il lui indique que, s'il n'a pas d'autres commentaires, ce sera tout, et qu'il est convaincu que l'année prochaine les résultats seront meilleurs.
    Quels sont vos commentaires au sujet de cette approche ? Quels éléments manque-t-il dans cette entrevue ? Quelles seront les conséquences probables de l'attitude de Jean K. ?

Analyse de cas

Cas 8.1
Bus Plus inc.

Bus Plus inc. est une grande entreprise de fabrication d'autobus de la région de Saint-Hyacinthe. Elle embauche 175 employés et est en activité depuis plus de 30 ans. Maxime C., qui a été directeur des ressources humaines pendant plusieurs années, a pris sa retraite il y a trois ans. Il avait conçu un système d'évaluation du rendement qui était utilisé pour l'ensemble des employés.

Ainsi, les employés de bureau et les employés de la production étaient évalués par leur superviseur sur une base semestrielle. À la fin des mois de mars et de septembre, chaque superviseur dressait l'évaluation de tous ses employés. Ces deux moments de l'année correspondaient à des périodes creuses, ce qui laissait plus de temps aux superviseurs pour effectuer leurs évaluations. Par contre, c'est à cette période que l'entreprise effectuait des mises à pied de quelques semaines. Une cinquantaine d'employés qui avaient travaillé pendant tout le semestre n'étaient donc pas évalués.

Les superviseurs rencontraient chacun de leurs employés pour discuter de leur rendement. Puis le formulaire était versé au dossier de l'employé pour une utilisation ultérieure. Ainsi, au moment de l'attribution d'une promotion, le dossier de l'employé ainsi que les évaluations des deux dernières années étaient pris en considération. De plus, lorsque des augmentations de salaire étaient accordées, une vérification des évaluations était considérée pour la fixation du pourcentage.

Depuis le départ de Maxime, Andréanne L. remplit les fonctions de directrice des ressources humaines. Elle est diplômée de l'Université Laval en gestion des ressources humaines et possède 11 années d'expérience dans ce domaine. Plusieurs dossiers, dont celui de la négociation collective, ont occupé son temps depuis qu'elle a pris la direction du service des ressources humaines.

Depuis un mois, elle s'est attardée au dossier de l'évaluation du rendement des employés. Une enquête interne sommaire lui a permis de constater que la plupart des employés ne voient aucun intérêt à cet exercice. Selon eux, près de 90 % des superviseurs remplissent le formulaire (*voir le document 8.6*) plus ou moins sérieusement et ils rencontrent l'employé évalué pendant quatre à six minutes. La rencontre consiste en une lecture de l'évaluation accompagnée d'un ou deux commentaires. Généralement, l'employé ne voit même pas le formulaire et il tient pour acquis que les propos du superviseur correspondent à ce qui est écrit. Il semblerait qu'au mieux 10 % des superviseurs réalisent une entrevue étoffée.

Autre constatation, les formulaires versés au dossier de l'employé ne sont à peu près jamais réutilisés, ni pour les promotions ni pour les augmentations de salaire. Les superviseurs connaissent cette situation, ce qui ne les encourage pas à consacrer plus d'énergie qu'il ne faut à l'exercice.

Dans les autres entreprises où Andréanne a travaillé, l'évaluation du rendement représentait une activité importante. Les employés recevaient une rétroaction très élaborée, ils étaient incités à s'améliorer et des activités de formation leur étaient suggérées. Quant à l'utilisation des données de l'évaluation du rendement en relation avec les décisions administratives, les gestionnaires consultaient couramment les résultats des évaluations.

Andréanne pense donc à élaborer un nouveau système d'évaluation du rendement et vous demande votre avis.

Document 8.6   Le formulaire d'évaluation du rendement de Bus Plus inc.

Aux superviseurs : veuillez remplir le formulaire suivant pour chacun de vos employés. Le formulaire doit être présenté à l'employé et envoyé au service des ressources humaines pour être versé au dossier de l'employé.

Évaluez chacun des facteurs séparément selon l'échelle de points suivante :
Excellent = 5 ; Au-dessus de la moyenne = 4 ; Moyen = 3 ; Sous la moyenne = 2 ; Faible = 1

Facteurs	Échelle d'évaluation					Total
Qualité du travail	Excellent	Au-dessus de la moyenne	Moyen	Sous la moyenne	Faible	
Quantité de travail	Faible	Sous la moyenne	Moyen	Au-dessus de la moyenne	Excellent	
Responsabilité	Excellent	Au-dessus de la moyenne	Moyen	Sous la moyenne	Faible	
Initiative	Faible	Sous la moyenne	Moyen	Au-dessus de la moyenne	Excellent	
Esprit d'équipe	Excellent	Au-dessus de la moyenne	Moyen	Sous la moyenne	Faible	
Relations humaines	Faible	Sous la moyenne	Moyen	Au-dessus de la moyenne	Excellent	
					Total	
Signature du superviseur :						
Signature de l'employé :						

Question

Rédigez un court rapport présentant les forces et les faiblesses du système actuel d'évaluation du rendement. Faites des recommandations afin d'améliorer la situation.

Cas 8.2
La nouvelle approche

Pamela M. est consultante dans la région de Jonquière depuis quatre ans. Diplômée de l'Université du Québec à Chicoutimi, elle a rempli plusieurs mandats pour une trentaine d'entreprises, principalement dans le domaine de l'évaluation du rendement et dans celui de la formation.

Hermann G. est directeur du service des ressources humaines chez Métal Industriel ltée. Il désire implanter un véritable processus d'évaluation du rendement pour remplacer le système simpliste qui prévaut en ce moment : le superviseur remplit un formulaire une fois l'an en répondant à 10 questions et envoie le tout au service des ressources humaines sans en communiquer les résultats à l'employé.

Le directeur de l'usine, Alain L., est d'accord avec le projet de Hermann. Ingénieur de formation et directeur de l'usine depuis 20 ans, il donne carte blanche à Hermann en ce qui concerne la gestion des ressources humaines. Ses centres d'intérêt le portent plutôt vers la gestion des équipements. D'ailleurs, il accorde la même liberté à Francine T., la directrice des finances. L'entretien des équipements, le remplacement et l'achat de nouveaux outils ou machines le passionnent davantage que la gestion des ressources humaines. Il est de nature conservatrice, n'aime pas le changement, à moins d'y être obligé. « Si ce n'est pas brisé, il ne faut pas le réparer ! » ne cesse-t-il de répéter aux personnes qui lui font des suggestions de changement.

Après trois jours de travail préliminaire et de rencontres informelles, Pamela entre dans le bureau de Hermann.

– Bon ! Hermann, j'aimerais te faire part de l'orientation que je prendrai sûrement. Je te demanderais d'y réfléchir.

– Vas-y, je te dirai ce que j'en pense, répond-il.

– Le programme actuel d'évaluation du rendement n'est pas du tout apprécié. Les employés et les superviseurs ne le prennent pas au sérieux. Certains croient même que ces évaluations nuisent à leur avancement dans l'entreprise.

– Continue, je t'écoute.

– La plupart de tes superviseurs ont de 15 à 22 employés à diriger, reprend Pamela. Ils ne peuvent évidemment pas observer correctement tout ce monde, ni effectuer des évaluations appropriées.

– C'est beaucoup de travail, en effet, commente Hermann.

– Voici quelques suggestions que je vais probablement te faire dans quelques semaines. D'abord, il faut revoir les formulaires d'évaluation du rendement. Puis, il faudra amener les superviseurs à utiliser de façon judicieuse des formulaires et à effectuer des entrevues efficaces.

– Intéressant...

– Puis, poursuit Pamela, il faudra augmenter le nombre d'évaluations, disons à tous les trimestres, afin de maintenir la motivation des employés.

– Ouf... ce sera difficile ! s'exclame Hermann.

– De plus, il sera nécessaire d'instituer un programme d'évaluation du rendement par les pairs, afin d'obtenir plus de renseignements concernant l'employé.

– Oh !

– Enfin, dit Pamela, la mise en place d'un programme d'évaluation du rendement des superviseurs par leurs employés permettra d'établir un véritable système de communication et améliorera le rendement.

– Oh ! lance une nouvelle fois Hermann.

Questions

1. Quelle sera la réaction de Hermann G. devant les suggestions suivantes de Pamela M. : l'implantation d'un système d'évaluation par les pairs et l'instauration d'un système d'évaluation des supérieurs immédiats par leurs employés ?
2. Que feriez-vous pour convaincre le directeur de l'usine, Alain L., du bien-fondé de ces propositions ?
3. Faites pour Hermann G. une évaluation des suggestions présentées. Quels sont les préalables de l'implantation d'un programme comportant plusieurs évaluations durant l'année ? Et quelles sont les implications d'une évaluation effectuée par les pairs ?

La gestion de la rémunération

Chapitre 9

Sommaire

Objectifs pédagogiques

La lecture de ce chapitre devrait vous permettre :

1 de définir la rémunération globale.

2 d'expliquer les objectifs des programmes de rémunération.

3 de préciser les facteurs de l'environnement interne et de l'environnement externe qui influent sur la rémunération.

4 de nommer les principales lois qui concernent la rémunération.

5 de décrire les principales méthodes d'évaluation des postes.

6 de décrire la méthode d'évaluation par points.

7 de présenter le contenu de l'enquête salariale.

8 d'énumérer les principaux avantages sociaux et les services offerts aux employés par les entreprises.

Compétence visée

La compétence visée dans ce chapitre est de pouvoir appliquer le processus de gestion du programme de rémunération

L'ouvrier de la onzième heure[1]

Matthieu S. est propriétaire d'une petite fabrique de drapeaux et de banderoles dans une ville moyenne au sud de Québec. Il vient de décrocher le plus gros contrat de l'histoire de son entreprise. Une association de bienfaisance américaine, qui doit assister à un congrès à Montréal à partir de lundi prochain, fait face à un problème : le camion transportant les drapeaux de l'organisation a eu un accident et la cargaison a été détruite par le feu. L'association a organisé un défilé dans les rues de Montréal pour le dimanche après-midi suivant et elle avait l'intention de vendre ces drapeaux pour récolter des fonds destinés à l'organisme Jeunesse au Soleil.

Jean N. est membre du comité d'accueil du groupe de congressistes. Il a recommandé l'entreprise de Matthieu, qu'il connaît très bien, en soulignant que celle-ci saurait relever le défi de remplacer les drapeaux détruits. Matthieu doit produire 15 000 petits drapeaux, 1 500 drapeaux moyens et 300 très grands drapeaux pour samedi matin. Le respect de la date de livraison est une condition essentielle dans le contrat. Les drapeaux porteront le logo de l'organisme, le nom de la ville de Montréal et la date. Ils ne pourront donc être utilisés pour d'autres occasions.

En temps normal, l'entreprise pourrait fabriquer ces drapeaux en 10 jours, mais c'est la période de vacances pour plus de la moitié du personnel. Matthieu pourrait rappeler quelques employés, mais il lui faudra une main-d'œuvre supplémentaire de toute urgence.

Dimanche soir, Matthieu se présente donc au centre social et culturel de la municipalité afin d'embaucher des ouvriers pour son usine. Il convient avec quatre jeunes d'un salaire de 575 $ pour la semaine, s'ils consentent à travailler 10 heures par jour de lundi à vendredi.

Mardi soir, constatant qu'il doit accentuer le rythme pour atteindre son objectif de production, Matthieu retourne au centre social et culturel de la municipalité et embauche deux autres ouvriers. Compte tenu de l'urgence de la situation, il leur dit : « Présentez-vous à mon usine demain matin et je vous donnerai un salaire de 575 $ pour les trois derniers jours de la semaine si vous acceptez de travailler 10 heures par jour. »

Jeudi soir, il fait de même, il sort encore, trouve deux autres ouvriers et leur dit : « Pourquoi restez-vous ici tout le jour sans travailler ? » « C'est que, lui disent-ils, personne ne nous a embauchés. » Il leur dit : « Venez à mon usine. Je vous paierai 575 $ pour 10 heures de travail pour la journée de demain. »

Le vendredi soir venu, le propriétaire de l'usine dit à son comptable : « Appelle les ouvriers et remets à chacun son salaire, en allant des derniers aux premiers arrivés. » Ceux qui n'ont travaillé que le vendredi viennent et touchent 575 $ chacun. Les premiers, qui ont travaillé toute la semaine, arrivent à leur tour, pensent qu'ils vont toucher davantage, mais c'est 575 $ chacun qu'ils touchent, eux aussi.

Tout en recevant l'argent, ils disent au propriétaire : « Les derniers venus n'ont travaillé qu'une seule journée et tu les as traités comme nous, qui avons porté le fardeau de la semaine, avec cette chaleur ! » Alors, Matthieu réplique à l'un d'eux : « Mon ami, je ne te lèse en rien ; n'est-ce pas de 575 $ que nous avons convenus ? Prends ce qui te revient et va-t'en. Il me plaît de donner à ce dernier venu autant qu'à toi : n'ai-je pas le droit de disposer de mes biens comme il me plaît ? Ou faut-il que tu sois jaloux parce que je suis bon ? »

---

1. Ce texte est inspiré de la « Parabole des ouvriers envoyés à la vigne », Évangile selon Matthieu, 20, 1-16.

9.1 La gestion de la rémunération

Le programme de rémunération dans une entreprise renvoie aux normes et aux techniques utilisées pour définir le niveau de salaire des employés et les modes de progression de ces salaires. Il comprend la détermination du **niveau de salaire** (combien) versé à chaque catégorie d'emplois, de la **structure salariale** (écarts), c'est-à-dire de la hiérarchie de l'ensemble des salaires et des écarts entre chacun des paliers, du **mode de rémunération** (comment), soit la définition de la fréquence et du mode de calcul des salaires (base horaire, commissions, etc.) et du **contenu de la rémunération** (quoi), soit les aspects pécuniaires directs et indirects, rémunération variable et les autres avantages (*voir la figure 9.1*).

9.2 Les objectifs du programme de rémunération

Bien que l'entreprise vise avant tout à optimiser ses profits et à réduire ses coûts, dont les coûts de la main-d'œuvre, la réalisation du premier objectif implique parfois de la modération dans la recherche du second.

Le programme de rémunération a pour objectifs de faciliter la réalisation des objectifs stratégiques, d'attirer les candidats qualifiés et les talents rares, de conserver les employés compétents, de récompenser les employés performants, de stimuler les professionnels de la vente, de renforcer le travail d'équipe, de contrôler les coûts de la main-d'œuvre, d'assurer l'équité salariale, de respecter les lois en vigueur, de réussir les fusions et les acquisitions, d'aligner le salaire des cadres sur celui de la main-d'œuvre et de réussir sur un marché mondialisé (*voir la figure 9.2*).

Niveau de salaire : Revenu versé à chacun des groupes d'emplois dans l'entreprise.

Structure salariale : Hiérarchisation des salaires dans une entreprise.

Mode de rémunération : Base de calcul de la rémunération.

Contenu de la rémunération : Ensemble des éléments attribués à titre collectif ou individuel en vue de rémunérer un employé.

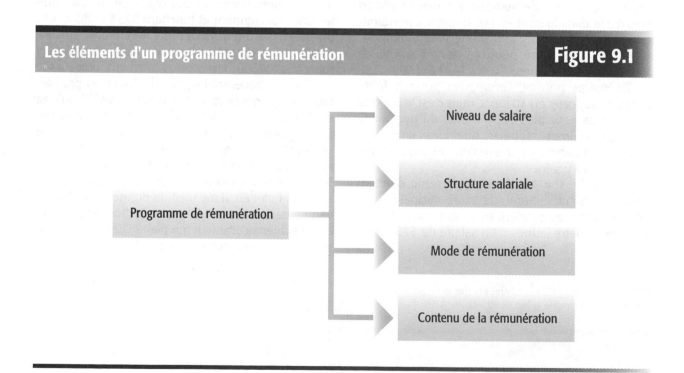

Les éléments d'un programme de rémunération

Figure 9.1

Programme de rémunération
- Niveau de salaire
- Structure salariale
- Mode de rémunération
- Contenu de la rémunération

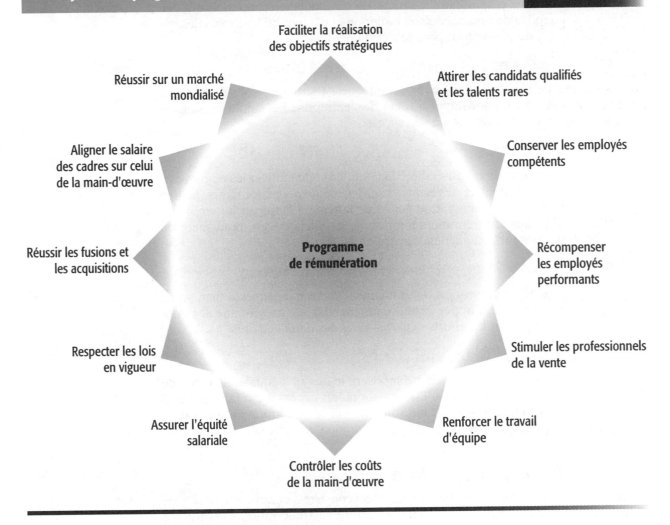

Programme
de rémunération

Faciliter la réalisation
des objectifs stratégiques

Attirer les candidats qualifiés
et les talents rares

Conserver les employés
compétents

Récompenser
les employés
performants

Stimuler les professionnels
de la vente

Renforcer le travail
d'équipe

Contrôler les coûts
de la main-d'œuvre

Assurer l'équité
salariale

Respecter les lois
en vigueur

Réussir les fusions et
les acquisitions

Aligner le salaire
des cadres sur celui
de la main-d'œuvre

Réussir sur un marché
mondialisé

9.2.1 Faciliter la réalisation des objectifs stratégiques

Le programme de rémunération représente un outil très efficace pour la réalisation des objectifs stratégiques[2] de l'entreprise. Selon le stade du cycle de vie de l'entreprise[3], ce programme doit permettre son évolution rapide, sa survie malgré les aléas et l'innovation dans un marché concurrentiel. Bref, il ne suffit pas de réduire les coûts de la main-d'œuvre pour obtenir une stratégie concurrentielle forte. La qualité du produit ou du service, les conditions de livraison et l'innovation sont autant d'éléments participant à la réalisation des objectifs stratégiques qui exigent une main-d'œuvre compétente et qualifiée, donc bien rémunérée.

2. Pour des explications supplémentaires concernant ce concept, voir Bernard Turgeon, *La pratique du management*, 3e éd., Montréal, Chenelière/McGraw-Hill, 1997, p. 37.
3. *Ibid.*, p. 399-401.

9.2.2 Attirer les candidats qualifiés et les talents rares

Le programme de rémunération est modelé de manière à attirer les candidats potentiels intéressants et qualifiés, et surtout les candidats exceptionnels qui permettront à l'entreprise de poursuivre son évolution et d'atteindre les profits désirés. Ce programme est donc un atout pour le recrutement.

9.2.3 Conserver les employés compétents

Le programme de rémunération, pour autant que sa structure soit équitable et compétitive, vise aussi à conserver au sein de l'entreprise les employés susceptibles d'apporter une contribution à son succès.

9.2.4 Récompenser les employés performants

En outre, le programme de rémunération doit permettre de motiver les employés à offrir le meilleur rendement et de récompenser les employés performants. Le lien entre le rendement et la rémunération doit être clairement établi, et les employés doivent retrouver dans leur rémunération globale les effets de leur rendement ou de l'adoption de comportements désirés par l'entreprise.

9.2.5 Stimuler les professionnels de la vente

Les représentants de l'organisation doivent consacrer leurs énergies à bien servir la clientèle actuelle et à développer de nouveaux marchés. Le programme de rémunération doit récompenser les efforts déployés dans ces deux activités.

9.2.6 Renforcer le travail d'équipe

Les exigences de l'organisation moderne imposent le travail d'équipe. Le mode de rémunération doit favoriser cet esprit de collaboration nécessaire à la réussite. Il faut donc que la rémunération soit rattachée au succès du groupe plutôt qu'au succès individuel dans les cas où seule la coopération garantit la réalisation des objectifs.

9.2.7 Contrôler les coûts de la main-d'œuvre

Un autre objectif du programme de rémunération consiste à contrôler les coûts de la main-d'œuvre par l'implantation d'une structure salariale rationnelle, fondée sur des principes et des données clairement définis, qui permet d'offrir des niveaux de salaires raisonnables et comparables au marché.

9.2.8 Assurer l'équité salariale

Par ailleurs, le programme de rémunération vise à assurer l'équité salariale individuelle, interne et externe. Il s'agit d'un des objectifs les plus importants, que nous examinerons plus loin.

9.2.9 Respecter les lois en vigueur

Le programme de rémunération doit également respecter les lois en vigueur au Canada, et particulièrement au Québec. Il s'agit notamment de la Loi sur les normes du travail et de la Loi sur l'équité salariale.

9.2.10 Réussir les fusions et les acquisitions

Les fusions et les acquisitions impliquent que des groupes différents d'employés et de cadres, et donc des personnes soumises à des programmes de rémunération différents, sont intégrés dans une même entreprise. Le programme de rémunération adopté doit éviter de pénaliser un groupe jouissant d'un programme de rémunération plus intéressant. D'autre part, il ne doit pas entraîner une hausse généralisée des coûts de la main-d'œuvre à cause d'un nivellement par le haut. Les fusions de certaines municipalités du Québec posent bien ce problème. Comment intégrer les employés de plusieurs municipalités dans un système unique de rémunération sans augmenter de façon draconienne le fardeau des contribuables de la nouvelle ville ?

9.2.11 Aligner le salaire des cadres sur celui de la main-d'œuvre

Les écarts entre la rémunération de la main-d'œuvre et celle des cadres doivent être fondés sur les exigences de la fonction. Il faut que les récompenses et les hausses salariales reflètent les efforts de tous, en évitant bien entendu de récompenser les cadres pour avoir effectué des compressions dans la rémunération de la main-d'œuvre.

9.2.12 Réussir sur un marché mondialisé[4]

L'ampleur des activités des entreprises à l'échelle mondiale pose, entre autres, un défi quant à la recherche d'une main-d'œuvre qualifiée et au niveau de rémunération à octroyer. L'équilibre recherché entre l'équité de la rémunération des travailleurs de différents pays et la juste rémunération en fonction des exigences locales impose la mise en place de programmes de rémunération innovateurs.

9.3 Les problèmes concernant la rémunération

Emploi atypique :
Emploi autre qu'un emploi salarié permanent et à temps plein.

L'employé consacre à l'entreprise son temps, ses talents, ses compétences et ses énergies pour obtenir en retour des récompenses ; il s'agit donc d'un échange. Les comparaisons réservent des surprises dans le domaine de la rémunération. Notons que la réalisation des objectifs mentionnés précédemment se heurte dans la réalité à de nombreux obstacles. Principalement, il s'agit de problèmes liés au niveau de rémunération et aux écarts entre certains emplois, à la progression de la proportion des **emplois atypiques**, à la capacité de payer de certaines entreprises, à certaines pratiques des employeurs et à l'équité salariale (*voir la figure 9.3*).

9.3.1 Le problème lié au niveau de rémunération et aux écarts entre certains emplois

Dans la société nord-américaine, un individu peut gagner 15 184 $ annuellement, alors qu'un autre recevra 125 000 000 $ annuellement, soit environ 8 000 fois plus. Cet écart signifie que le deuxième individu aura besoin d'une journée (8 heures) pour obtenir ce que le premier gagnera en 30 ans de travail. Le salaire moyen au baseball majeur était à près de 2,3 millions de dollars pour la saison 2002, alors que le salaire hebdomadaire moyen des salariés canadiens s'établissait à 691,38 $ en mai 2003[5].

---

4. Voir à ce sujet Bernard Turgeon et Dominique Lamaute, *Le management*, Montréal, Chenelière/McGraw-Hill, 2002, chap. 1, p. 6-10.

5. Statistique Canada, www.statcan.ca/Daily/Francais/030728/q030728a.htm.

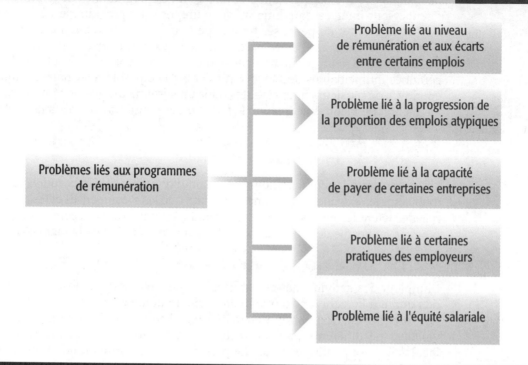

Les tableaux 9.1 et 9.2 présentent certains salaires qui visent surtout à illustrer les écarts existant dans les organisations.

Tableau 9.1 Les comparaisons salariales

Salaire ($CAN)	Annuel	Hebdo-madaire	Quotidien (260 jours/an)	Horaire	Par minute
Ouvrier au salaire miminum (2003)	15 184$	292,00$	58,40$	7,30$	0,12$
Ouvrier au salaire moyen (mai 2003)	35 952$	691,38$	138,28$	17,28$	0,29$
Premier ministre du Québec (2003)	161 000$	3 096,15$	619,23$	77,40$	1,29$
Christos M. Cotsakos, P.D.G., E*Trade	125 000 000$	2 403 846$	480 769$	60 096$	1 001,63$

Tableau 9.2 Un éventail des salaires

Personne ou fonction	Salaire annuel	Année
Michael Eisner, ex-P.D.G., Walt Disney Co.	1 200 000 000 $ US	1997
Christos M. Cotsakos, P.D.G., E*Trade	83 091 463 $ US	2002
Frank Stronach, président du conseil d'administration, Magna International	58 000 000 $ CAN	2002
Alex Rodriguez, joueur de baseball, Rangers du Texas	25 200 000 $ US	2003
Kevin Garnett, joueur de basket-ball, Timberwolves du Minnesota	25 200 000 $ US	2002
Many Ramirez, joueur de baseball, Red Sox de Boston	20 000 000 $ US	2003
Scottie Pippen, joueur de basket-ball, Trail Blazers de Portland	19 727 524 $ US	2002
Allan L. Schuman, P.D.G., Ecolab	12 898 990 $ US	2002
John Eyler, P.D.G, Toys'R'Us	11 950 103 $ US	2002
Laurent Beaudoin, président du conseil d'administration, Bombardier	24 800 000 $ CAN	2002
José Théodore, gardien de but, Canadien de Montréal	14 000 000 $ CAN	2002
Jacques Bougie, ex-P.D.G., Alcan	11 548 277 $ CAN	2001
André Desmarais fils, co-P.D.G., Power Corp. et Financière Power	10 000 000 $ CAN	2002
Pierre Lessard, P.D.G., Métro-Richelieu	6 714 600 $ CAN	2001
Paul Desmarais fils, co-P.D.G., Power Corp. et Financière Power	4 800 000 $ CAN	2002
Pierre Brodeur, président, Sico	3 600 000 $ CAN	2002
Policier GRC (sergent)	78 440 $ CAN	2003
Livreur de bière, Brasserie Labatt	67 200 $ CAN	2003
Papetier (première main), Produits forestiers Alliance (Donnacona)	63 400 $ CAN	2003
Enseignant (cégep, 18 ans de scolarité, 3 ans d'expérience)	40 477 $ CAN	2003
Machiniste, Robotic	36 520 $ CAN	2003
Préposé à l'entretien, Casino de Montréal	35 963 $ CAN	2003
Technicien en génie civil (DEC)	35 000 $ CAN	2003
Commis aux expéditions, Brique Hardon	28 000 $ CAN	2003
Agent d'entrepôt, logistique de pièces, IBM	27 040 $ CAN	2003
Administrateur de tests, Hydro-Québec	22 250 $ CAN	2003
Emploi au salaire minimum	15 184 $ CAN	2003

Sources : « Bombardier : le régime minceur affecte peu ses dirigeants », *La Presse*, 24 mai 2003, p. E 12 ; « Une rémunération de 14,8 millions pour les frères Desmarais », *La Presse*, 24 avril 2003, p. D 2 ; « Très bonne année pour le président de Sico », *La Presse*, 19 avril 2003, p. E 3 ; « Magna : Stronach empoche 58 millions », *La Presse*, 5 avril 2003, p. E 3 ; CNN/ *Sports Illustrated*, www.sportsillustrated.cnn.com.baseball ; *Les Affaires.com*, www.lesaffaires.com/fr/Commerce/fr/ Commerce/TopSalaires.asp ; John A. Byrne, « Executive pay : The party ain't over yet », *Business Week*, 26 avril 1993, p. 56-62 ; Matthew Weeks et Danielle Boyke, *Regression Analysis of NBA Player's Salaries*, 5 mai 1998.

9.3.2 Le problème lié à la progression de la proportion des emplois atypiques[6]

Comme nous l'avons mentionné précédemment, un emploi atypique est un emploi autre qu'un emploi salarié permanent et à temps plein. Ce groupe d'emplois comprend les emplois à temps partiel, les emplois des travailleurs autonomes, les emplois temporaires et le cumul d'emplois[7]. Or, en 2000, plus de un million de personnes, au Québec, avaient un emploi atypique, soit 36,2 %[8] des salariés.

Depuis 1975, le marché de l'emploi a connu des transformations structurelles très profondes. Dans les premiers chapitres, nous avons souligné la mondialisation des marchés, la concurrence internationale qui a vu l'arrivée de nouveaux pays industrialisés (Malaisie, Indonésie, Chine, etc.), la déréglementation des marchés, et particulièrement des marchés financiers, etc.

Les situations de travail atypique composent une véritable mosaïque : travail occasionnel, autonome, à distance, auxiliaire, à domicile, sur appel, intermittent, surnuméraire, contractuel, à temps partiel occasionnel.

La croissance de certaines formes d'emplois crée des problèmes d'intégration des jeunes sur le marché du travail et risque de les exclure d'une pleine participation à la vie économique. Un détenteur d'un emploi à temps partiel peut difficilement obtenir du crédit pour acheter une auto, et l'obtention d'un prêt hypothécaire s'avère impossible. En outre, plusieurs formes de protection sociale ou d'autres types de protection offerts par les employeurs ne sont pas à leur portée. Du point de vue financier, moins de 40 % des travailleurs atypiques ont accès à l'un ou l'autre de ces avantages sociaux : plan de santé dentaire, congés de maladie ou régime de retraite. Par contre, 85 % des travailleurs réguliers ont accès à l'un ou l'autre de ces plans[9].

Le tableau 9.3 illustre les modifications profondes du marché de l'emploi au Québec, particulièrement la croissance phénoménale des emplois à temps partiel au détriment des emplois à temps plein.

Voici d'ailleurs une liste des emplois[10] qui comptent le plus de travailleurs à temps partiel : aides et auxiliaires médicaux, aides-cuisiniers et aides dans les services alimentaires, caissiers, caissiers des services financiers, commis à la comptabilité et personnel assimilé, commis d'épicerie et étalagistes, concierges et concierges d'immeubles, cuisiniers, infirmières diplômées, institutrices à la maternelle et au niveau primaire, manutentionnaires, nettoyeurs, préposés de stations-service, secrétaires, serveurs d'aliments et de boissons, vendeurs et commis-vendeurs, vendeurs au détail.

---

6. Les éléments de cette section proviennent pour une grande part de « L'évolution des emplois atypiques au Québec », *Le marché du travail*, Québec, Les Publications du Québec, vol. 19, n° 5, mai 1998, 87 p. Voir aussi à ce sujet Gouvernement du Canada, *Réflexion collective sur le milieu de travail en évolution : rapport du Comité consultatif sur le milieu de travail en évolution*, Ottawa, juillet 1997.

7. Ces groupes d'emplois ne sont pas mutuellement exclusifs. Une personne peut en effet avoir un emploi à temps partiel et être aussi travailleuse autonome. Un salarié à temps plein peut détenir un autre emploi à temps partiel.

8. Force Jeunesse, *La situation des jeunes travailleurs atypiques : agir rapidement pour cesser l'hémorragie*, Montréal, 27 juin 2002, p. 6.

9. *Ibid.*, p. 7.

10. Voir Statistique Canada, *Recensement de 1996*, 10 juin 1999, www.stat.gouv.qc.ca/donstat/societe/march_travl_remnr/cat_profs_sectr_activ/professions/autres/tableau16.htm. Notons qu'il s'agit d'une liste de professions tous genres confondus ; il faut donc lire « caissières ou caissiers », etc.

Tableau 9.3 — La croissance des formes d'emploi au Québec entre 1976 et 1995

Formes d'emploi	Croissance entre 1976 et 1995
Total des emplois	25,5%
Emplois à plein temps	8,6%
Emplois à temps partiel	126,7%
Emplois à temps partiel occupés volontairement	50,9%
Emplois à temps partiel occupés involontairement	524,2%
Emplois pour les travailleurs autonomes	100,7%

Source : Tiré de « L'évolution des emplois atypiques au Québec », *Le marché du travail,* Québec, Les Publications du Québec, vol. 19, n° 5, mai 1998, p. 22.

Le phénomène de l'emploi à temps partiel[11] se conjugue au féminin, en 1998. En effet, plus d'une femme sur quatre occupe un emploi à temps partiel, et les deux tiers des emplois à temps partiel sont occupés par des femmes. À titre de comparaison, seulement un homme sur dix occupe un emploi à temps partiel. En outre, l'emploi à temps partiel représente toujours une part plus importante dans l'emploi total des femmes, et ce, quel que soit leur âge.

9.3.3 Le problème lié à la capacité de payer de certaines entreprises

Les coûts de la main-d'œuvre d'une entreprise, constitués pour une large part de la rémunération directe et indirecte, doivent être assumés par ses revenus[12]. Ceux-ci reposent sur la capacité de l'entreprise de fixer un prix pour ses produits et ses services qui lui permet de remplir ses obligations en tant qu'employeur. La compétition du marché dans certaines industries laisse une faible marge de manœuvre à l'employeur, qui doit établir ses prix en fonction de ses concurrents. Afin de s'assurer un profit normal, il ne lui reste très souvent qu'à réduire les salaires de ses employés. La part des coûts de la main-d'œuvre dans l'ensemble des coûts de production réduit aussi la liberté d'action de l'employeur dans le domaine de la rémunération.

Le degré de compétition et l'utilisation d'une main-d'œuvre nombreuse dans certaines industries obligent les entreprises à maintenir les salaires à des niveaux très bas afin de faire face à la compétition et de conserver un niveau de profits acceptable. Dans le tableau 9.4, on remarque que les entreprises offrant les plus bas salaires sont généralement celles qui utilisent le plus de main-d'œuvre. La restauration rapide fait appel à une énorme main-d'œuvre, comme la chaîne de

---

11. Conseil d'intervention pour l'accès des femmes au travail, *La situation économique et professionnelle des femmes dans le Québec d'aujourd'hui*, Montréal, mai, 2000.
12. Lire à ce sujet George T. Milkovich et Ithaca J. Newman, *Compensation*, 6e éd., Homewood (Ill.), BPI-Irwin, 1999.

restaurants McDonald's[13], qui possède 23 000 restaurants dans le monde et dont les coûts totaux de la main-d'œuvre dépassent les 2 milliards de dollars.

Aux États-Unis, certaines entreprises[14] offrent à leurs employés de faire leur épicerie, de planifier les fêtes d'anniversaire de leurs enfants et d'accompagner leurs parents âgés à la banque (Honda, AlliedSignal et Starbucks). Une autre entreprise a offert des primes de 75 000 $US en moyenne à chacun de ses employés (Kingston Technology). Les employés d'Eddie Bauer peuvent se faire masser deux fois par semaine au bureau et ceux de Fannie Mae sont payés 10 heures par mois pour faire des travaux communautaires. Il est évident que les profits de ces entreprises leur permettent de telles largesses.

Tableau 9.4	**La rémunération annuelle moyenne par industrie pour l'ensemble des salariés du Québec**		
Industrie	**Heures supplémentaires exclues**	**Heures supplémentaires incluses**	**Nombre d'emplois**
Mines, carrières et puits de pétrole	53 248 $	54 964 $	14 000
Papiers et produits connexes	46 488 $	49 452 $	32 000
Première transformation des métaux	45 760 $	49 400 $	22 000
Matériel de transport	41 288 $	44 096 $	40 000
Services immobiliers et d'assurances	29 848 $	30 316 $	41 000
Services de santé et services sociaux	25 480 $	25 792 $	297 000
Commerce de détail	17 368 $	17 524 $	327 000
Restauration	11 284 $	11 336 $	136 000

Source : Tiré de «La rémunération», *Le marché du travail*, Québec, Les Publications du Québec, vol. 19, n° 5, mai 1998, p. 56. Pour plus de détails, voir l'Annexe 1, depuis mars 1994, dans *Emploi, gains et durée du travail*, Ottawa, Statistique Canada, catalogue n° 72-002.

9.3.4 Le problème lié à certaines pratiques des employeurs

Les entreprises cherchent de plus en plus à s'implanter dans les régions où les niveaux de salaires sont bas et où les organisations syndicales sont moins

---

13. www.mcdonalds.com/corporate/index.html.
14. Tous ces exemples sont extraits de Dominique Froment, «Les Américains ne badinent pas avec le bonheur des employés», *Les Affaires*, 27 juin 1998, p. 17.

présentes[15]. Dans d'autres cas, elles investissent lorsqu'une entente à long terme est signée avec le syndicat local[16]. Depuis plusieurs années, les entreprises tentent d'implanter des programmes qui éliminent les augmentations de salaires automatiques[17] fondées sur l'ancienneté ou le coût de la vie, et de favoriser ceux qui octroient des hausses de salaires aux employés les plus performants[18]. L'inconvénient majeur de ces programmes découle de la non-intégration dans les échelles salariales des augmentations effectuées en raison du rendement et donc de la non-récurrence de ces hausses dans les années subséquentes.

9.3.5 Le problème lié à l'équité salariale

Afin d'atteindre les objectifs déjà mentionnés, le programme de rémunération doit poursuivre simultanément les objectifs de l'entreprise et ceux de l'employé. Cela sera possible pour autant que le niveau de rémunération globale permette de satisfaire les besoins fondamentaux des employés et que le principe d'équité salariale soit respecté.

Équité interne: Définition du niveau de salaire d'un poste en fonction de la valeur relative de son apport à l'entreprise.

L'objectif de l'équité est probablement l'objectif le plus important et celui qui comporte le plus d'obstacles. Le respect de cet objectif implique que l'employé a le sentiment qu'il reçoit, et qu'il reçoit effectivement, une rémunération en fonction de la valeur relative de son apport à l'entreprise. Il s'agit d'un échange répondant à l'**équité interne** (*voir la figure 9.4*).

L'équité interne du programme de rémunération **Figure 9.4**

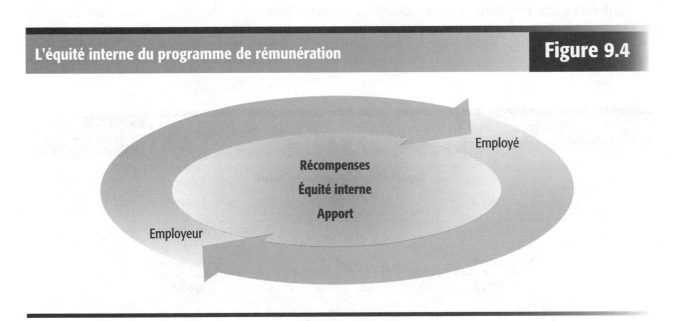

---

15. Wayne F. Cascio, *Managing Human Resources,* 4e éd., New York, McGraw-Hill, 1995, p. 349.
16. Par exemple, Intrawest a accepté d'investir au mont Tremblant en exigeant au préalable que le groupe Lépine, propriétaire du site à l'époque, signe une convention collective avec le syndicat local.
17. Lire à ce sujet L. Uchitelle, « Bonuses replace wage raises and workers are the losers », *The New York Times,* 26 juin 1987, p. A 1 et D 3. Cité par Wayne F. Cascio, *op. cit.*
18. Des firmes comme Abbott Laboratories, Hewlett-Packard, Mack Trucks, Dana Corporation et Boeing ont adopté un tel système.

L'**équité externe** est réalisée lorsque l'employé perçoit que la rémunération qu'il reçoit de son employeur correspond à ce que les autres employeurs offrent à leurs employés pour les mêmes tâches (*voir la figure 9.5*).

Équité externe : Définition d'un niveau de salaire comparable à celui du marché pour des postes équivalents.

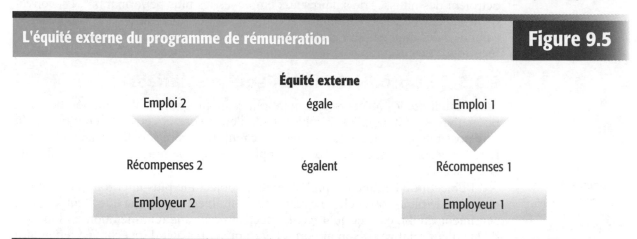

L'équité externe du programme de rémunération

Figure 9.5

Enfin, l'**équité individuelle** (ou salariale) est réalisée lorsque les récompenses reçues par un employé en raison de son apport à l'entreprise sont proportionnelles aux récompenses reçues par un autre employé en raison de son propre apport (*voir la figure 9.6*).

Équité individuelle : Définition d'un niveau de salaire pour différents postes d'une même entreprise en fonction de l'apport relatif de chaque employé.

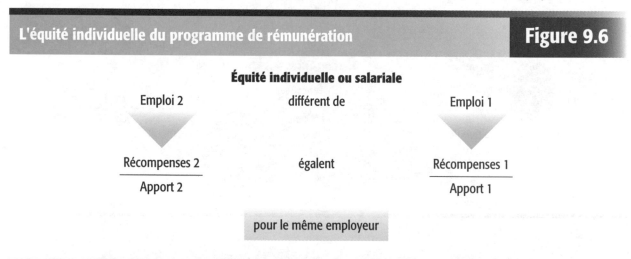

L'équité individuelle du programme de rémunération

Figure 9.6

L'équité salariale est atteinte actuellement d'un mal plutôt gênant[19], à savoir les clauses « orphelin » ou « grand-père » dans les conventions collectives. Ce sont des dispositions de la convention collective qui fixent des avantages inférieurs

---

19. Ministère du Travail, *Vers une équité intergénérationnelle*, 11 juin 1998, www.travail.gouv.qc.ca/ document/equite/remune.pdf.

pour les salariés embauchés après la signature de la convention collective. En général, dans ce genre de cas, les salaires sont inférieurs, la période d'essai est plus longue et les avantages sociaux, s'ils existent, sont minimaux.

Ces dispositions constituent une discrimination claire et nette, et les parties en cause doivent y remédier. Par contre, l'interdiction formelle de telles clauses pourrait précariser davantage la situation des jeunes en refoulant ces derniers dans des emplois atypiques tels que la sous-traitance et le travail à la pige. Entre ces deux maux, il faut trouver une solution.

Tous les employés n'ont pas la même sensibilité à l'égard de l'équité, mais tous sont touchés lorsqu'il existe des conditions d'iniquité. Ils tenteront alors de réduire leur frustration[20] en adoptant l'une des quatre attitudes suivantes: modifier mentalement la valeur de leur apport ou des récompenses qu'ils retirent de leur travail en accordant par exemple beaucoup d'importance au titre de leur fonction ou à d'autres conditions de travail; modifier effectivement leur apport ou les récompenses qu'ils retirent de leur travail[21], soit en réduisant les efforts qu'ils y consacrent, soit en augmentant les récompenses par le vol ou le gonflement d'un compte de frais; modifier le niveau de récompense par des réclamations selon la procédure en place; se diriger vers la sortie, convaincus qu'il sera plus facile d'obtenir l'équité chez un autre employeur (*voir la figure 9.7*).

Les structures salariales des travailleurs sont parfois différentes de celles des gestionnaires. Le ratio de 100 à 1 de la rémunération entre les cadres et les employés a été maintes fois illustré, particulièrement dans le domaine bancaire. Cette situation est difficilement justifiable, mais l'inverse est aussi vrai. Il existe de nombreuses situations où un vendeur à commission gagne plus que le directeur

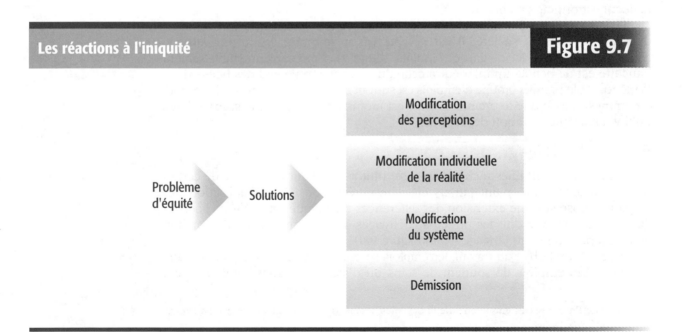

Les réactions à l'iniquité — **Figure 9.7**

Problème d'équité → Solutions →
- Modification des perceptions
- Modification individuelle de la réalité
- Modification du système
- Démission

---

20. Voir les mécanismes de défense et de substitution dans Bernard Turgeon, *op. cit.*, p. 240.
21. Lire à ce sujet Elizabeth Wolfe Morrison et Sandra L. Robinson, «When employees feel betrayed: A model of how psychological contract violation develops», *Academy of Management Review*, vol. 22, n° 1, janvier 1997, p. 226.

des ventes, où un employé faisant quelques heures supplémentaires par semaine a un revenu plus élevé que son superviseur. Un agent de la Sûreté du Québec[22] membre d'une escouade spécialisée peut gagner 100000$ ou plus annuellement (heures supplémentaires incluses), alors qu'un officier dont les heures supplémentaires ne sont pas rémunérées obtiendra un salaire total substantiellement moindre. Ces situations, qui sont également une source de frustration, doivent être évitées au moment de l'élaboration de la structure salariale.

9.4 L'équité salariale entre les hommes et les femmes

9.4.1 La situation[23]

Pour accomplir une même fonction, un homme et une femme doivent recevoir le même salaire ; il est acquis dans notre société qu'« un travail égal implique un salaire égal ». Nous sommes passés du principe de l'équité salariale basée sur le travail égal à celui de l'équité salariale basée sur le **travail équivalent**[24].

Travail équivalent :
Travail dont les tâches et les exigences sont de même niveau.

La question de l'équité salariale homme-femme constitue un problème plus subtil, plus systémique. Depuis toujours dans les sociétés industrialisées, le total des gains des femmes a été inférieur à celui des hommes. En 1995, au Québec, l'ensemble des femmes obtenait 75 % des gains des hommes. La ségrégation professionnelle dont il est question renvoie à la surreprésentation des femmes dans certains emplois ou certaines catégories professionnelles, donc dans des emplois différents. Ces emplois font l'objet d'une rémunération généralement moins élevée que celle qui est attribuée à des emplois ou à des catégories professionnelles dont l'effectif est principalement masculin.

Les secrétaires de direction gagnent en moyenne moins que le personnel d'entretien ; dans la société, il est accepté qu'un jardinier gagne plus qu'une technicienne en service de garde ; le salaire d'une caissière dans un établissement bancaire est de beaucoup inférieur à celui du guichetier qui vend des billets dans le métro. Or, le premier groupe d'emplois est surtout composé de femmes et le second, d'hommes. Est-ce que le premier groupe est moins bien payé que le second parce qu'il y a surreprésentation des femmes ?

9.4.2 Le clivage des genres

L'association de certaines tâches à un sexe plutôt qu'à l'autre présume de certaines compétences qui n'ont jamais été démontrées. Ainsi, la sexualisation des emplois repose sur une extension des différences biologiques et des rôles sociaux de chaque sexe. On doit les principaux clivages à l'objet du travail, au confinement, au pouvoir et au langage (*voir la figure 9.8*).

Ainsi, selon l'objet du travail, les emplois seront distribués aux femmes ou aux hommes. Les emplois de soutien, de soins ou d'assistance sont habituellement

---

22. Rollande Parent, « Des enquêteurs de la SQ épiés comme des rats de laboratoire », *La Presse,* 8 août 1998, p. A 12.
23. Les éléments de cette analyse proviennent surtout de Dominique Gaucher, *L'équité salariale au Québec : révision du problème – résultats d'une enquête,* Québec, Publications du Québec, 1994, 163 p. Une bibliographie extrêmement riche accompagne ce rapport.
24. Marie-Thérèse Chicha-Pontbriand et Daniel Carpentier, *Une loi sur l'équité salariale au Québec. Rapport de consultation de la Commission des droits de la personne et recommandations,* Montréal, Commission des droits de la personne du Québec, 1992.

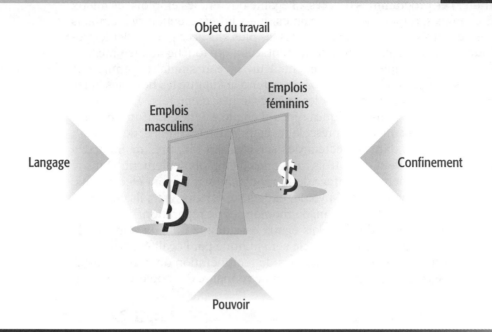

confiés aux femmes (infirmières, techniciennes en service de garde, secrétaires), alors que les fonctions de protection sont confiées aux hommes (policiers, militaires).

Les emplois dans lesquels la mobilité est la plus réduite sont le lot des femmes (surveillantes sur une chaîne de montage, techniciennes de laboratoire), alors que les travaux extérieurs sont confiés aux hommes (emplois dans la construction, chauffeurs de camions). Les travaux dits « légers » sont moins rémunérés que les travaux « lourds », le poids des objets étant valorisé tandis que la fréquence, l'acuité visuelle, la dextérité, la concentration et la vitesse d'exécution ne sont pas prises en considération. Le travail au grand air est considéré comme plus pénible que le travail à l'intérieur. Pourtant, les tours à bureaux climatisées ont engendré leur part de problèmes de santé.

Quant au pouvoir, tout se passe comme si le travail féminin obéissait dans l'ensemble à une autre logique que le travail masculin, à cause de sa structuration autour du rapport aux personnes. Tourné vers l'assistance aux autres, le travail féminin verrait partout sa valeur faire l'objet d'un décalage. Généralement, pour les emplois féminins, les niveaux de scolarité requis sont sous-estimés et le caractère pénible des conditions de travail est ignoré.

Enfin, le langage traduit le sexisme qu'on trouve dans d'autres pratiques sociales ; en particulier, les titres des fonctions jouent un rôle d'exclusion et, souvent, seul l'usage du masculin permet de décrire les emplois prestigieux. Au Québec, un effort sans pareil dans la francophonie a été fait dans ce sens, mais les descriptions de postes véhiculent ce sexisme, non seulement dans les titres, mais également dans les éléments de la description des tâches.

Ces éléments agissent discrètement, et c'est inconsciemment que les distinctions sexuelles sont partagées par l'ensemble des membres d'une entreprise. Le constat de ces caractéristiques du travail est au cœur même de la question de l'équité salariale. Les programmes d'accès à l'égalité ouvrent les emplois les mieux rémunérés à certains groupes, dont les femmes, mais la réévaluation des emplois « féminins » représente sans doute un des outils les plus efficaces pour régler le problème de l'équité interne et, plus particulièrement, celui qui touche aux femmes.

La ségrégation des emplois se maintient à un niveau similaire depuis des décennies. Par « ségrégation des emplois », on entend le fait que les hommes et les femmes n'occupent généralement pas les mêmes types d'emplois. La majorité des femmes se retrouvent dans quelques types d'emplois : elles sont infirmières, enseignantes (surtout aux niveaux préscolaire et primaire), commis de bureau, secrétaires et travailleuses dans le secteur des services. En fait, près de 60 % des femmes salariées se retrouvent dans trois catégories d'emplois seulement. Dans le cas des hommes, ils occupent davantage de types d'emplois : ils sont électriciens, mécaniciens, policiers, employés de la voirie, cadres supérieurs, etc. ; ils occupent aussi beaucoup d'emplois de fabrication, de montage et de réparation[25].

L'égalité des salaires pour des emplois égaux est atteinte dans la très grande majorité des entreprises, et ce début de siècle sera marqué par l'égalité des salaires pour des emplois équivalents. Les programmes de rémunération devront s'ajuster à ce principe. Ainsi, les échelles salariales risquent de connaître des bouleversements.

9.5 Les méthodes d'évaluation des postes

L'**évaluation des postes de travail** est un processus qui consiste à évaluer et à comparer chacun des postes au sein d'une entreprise dans le but de lui assigner une classe de rémunération spécifique. Les entreprises rémunèrent les employés selon leur rendement et leur apport, tout en considérant les difficultés et l'importance du poste. Il s'agit de préciser les principales caractéristiques des emplois afin de déterminer la valeur relative de chacun. Les descriptions de postes et les profils d'exigences sont les premières sources de renseignements à cet effet. Lorsque chaque poste aura été évalué, l'étape suivante consistera à répartir selon un système préétabli l'ensemble des postes afin de constituer une structure de tous les postes de la famille évaluée.

Les méthodes d'évaluation des postes sont nombreuses, mais toutes ces méthodes comprennent les étapes suivantes : l'analyse des tâches et la confection d'un profil du poste (*voir le chapitre 4*), la définition des critères qui seront utilisés pour l'évaluation des postes, la conception d'un système d'évaluation des postes et l'évaluation de chacun des postes. Cette évaluation permet à l'entreprise de respecter l'équité interne.

Les principales méthodes d'évaluation des postes[26] existent depuis le début des années 1920. L'objectif des méthodes d'évaluation consiste à ranger les différents postes d'une même famille d'emplois, tels les emplois de bureau, selon leur apport aux objectifs de l'entreprise. Le but ultime est donc d'établir une équité

Évaluation des postes de travail : Processus qui consiste à évaluer et à comparer chacun des postes au sein d'une entreprise dans le but de lui assigner une classe de rémunération spécifique.

---

25. Conseil du statut de la femme, *Même poids, même mesure. Avis sur l'équité en emploi*, Québec, Gouvernement du Québec, mai 1993.

26. Selon les études effectuées, l'ensemble des méthodes aboutissent à des résultats similaires. Voir Luis R. Gomez, R. C. Page et W. W. Tornow, « A comparison of the practical utility of traditional, statistical, and hybrid job evaluation approaches », *Academy of Management Journal*, vol. 25, 1982, p. 790-809.

individuelle ou salariale, c'est-à-dire de rémunérer chaque poste proportionnel-lement à son apport. Les principales méthodes utilisées sont la méthode du range-ment, la méthode de la classification par catégories, la méthode de la comparaison des facteurs, la méthode des compétences, la méthode des points et la méthode Hay.

9.5.1 La méthode du rangement

La **méthode du rangement** consiste à classer tous les postes évalués selon une hiérarchie qui reflète les exigences du poste indiquées par les résultats de l'analyse des postes. L'ensemble des postes évalués peut être tous les emplois d'une unité administrative, tous les emplois d'un secteur de l'entreprise (usine, bureau, admi-nistration) ou encore la totalité des emplois de l'entreprise lorsqu'il s'agit d'une entreprise de taille relativement restreinte. Il s'agit d'une évaluation globale du poste sur la base d'un seul critère de comparaison. La méthode de rangement est simple à administrer, peu coûteuse et facile à mettre en œuvre. Par contre, elle est superficielle et, lorsque l'évaluation est effectuée par un comité, le détenteur du poste évalué peut influencer facilement les autres membres du comité. Cette méthode est surtout utilisée dans les petites entreprises où le nombre d'emplois est restreint et où les postes sont très différents les uns des autres. Le principal incon-vénient de cette méthode découle du fait qu'elle ne permet pas de différencier l'importance relative des emplois.

9.5.2 La méthode de la classification par catégories

La **méthode de la classification par catégories** exige qu'on définisse d'abord des catégories d'emplois. Par exemple, une catégorie d'emplois pourrait être tous les emplois dont les opérations sont simples et n'exigent aucune expérience parti-culière ou dont le travail requiert une formation dans l'utilisation de machines simples (trieuses, machines à calculer, photocopieurs, etc.). Une autre catégorie comprendrait les emplois exigeant une formation préalable mais ne requérant pas beaucoup d'expérience dans l'utilisation d'un traitement de texte. Ensuite, les postes sont classés dans chacune des catégories auxquelles ils correspondent. Les résultats de l'analyse des postes s'avèrent encore une fois très utiles. Tout comme la méthode du rangement, cette méthode est simple à administrer, peu coûteuse, facile à implanter et ne demande pas une formation poussée aux membres du comité d'évaluation. Cependant, la définition d'une catégorie est généralement basée sur un seul critère ; il devient alors difficile, lorsqu'il y a un très grand nombre d'emplois, de trouver un critère commun.

9.5.3 La méthode de la comparaison des facteurs

La **méthode de la comparaison des facteurs** est une méthode d'évaluation qui consiste à attribuer une valeur pécuniaire aux divers facteurs et à comparer ces sommes avec les salaires des postes repères dans l'entreprise et sur le marché du travail. Puisque cette méthode utilise les salaires des postes selon le marché, il y a un risque de perpétuer les disparités et les iniquités salariales.

9.5.4 La méthode des compétences[27]

Avec la **méthode des compétences**, il s'agit d'offrir une rémunération en fonction non pas du poste et de ses exigences, mais des compétences du titulaire du poste. Shell Canada et Nortel recourent à une telle approche. L'employé est payé selon un salaire de base, et chaque fois qu'il acquiert les compétences pour exercer un autre poste, il progresse sur l'échelle salariale.

9.5.5 La méthode des points

La **méthode des points** est à n'en pas douter la méthode la plus utilisée dans les entreprises. Elle consiste à attribuer des points aux critères d'évaluation retenus et à les additionner pour obtenir le poids d'un emploi par rapport aux autres emplois.

Cette méthode facilite les comparaisons entre les postes d'une même entreprise et même entre les postes de plusieurs entreprises. Les valeurs en points peuvent être converties en une classe de postes et donc de salaires. Cette méthode est cependant très exigeante en raison de sa conception et s'avère très coûteuse. Elle repose sur l'hypothèse que la plupart des postes peuvent être évalués à l'aide des mêmes critères ; là où ce n'est pas le cas, elle se traduit par la confection de différentes échelles d'évaluation pour chacun des groupes de postes. Puisque cette méthode est la plus populaire, nous examinerons les différentes étapes qui la composent :

1. L'entreprise réalise l'analyse des postes de travail qu'elle désire évaluer. Les descriptions de postes et les profils d'exigences doivent avoir été faits soigneusement.

2. On sélectionne une famille d'emplois. En fait, il s'agit de regrouper un ensemble de postes ayant des points communs. Il se peut qu'une seule famille regroupe tous les postes de l'entreprise, mais il s'agit d'une situation idéale. En général, les postes de l'usine forment une famille, les postes de gestionnaires en forment une autre et les employés de bureau, une troisième. Il n'y a pas de règle absolue, mais le nombre de familles de postes doit être le plus petit possible.

3. On précise alors les facteurs d'évaluation, ou les facteurs critiques, communs à l'ensemble des postes d'une même famille d'emplois. Ces facteurs doivent représenter les éléments les plus importants du travail et illustrer la contribution du poste aux objectifs de l'entreprise. Par exemple, pour l'ensemble des postes de l'usine d'un fabricant d'équipement sportif, les facteurs retenus pourraient être les responsabilités, les habiletés, l'effort et les conditions de travail.

4. Ces facteurs sont par la suite divisés en sous-facteurs d'évaluation, comme l'illustre l'exemple du tableau 9.5. Ainsi, le facteur « Responsabilités » a été décomposé en quatre sous-facteurs, soit la responsabilité face à la sécurité des autres, la responsabilité face à l'équipement et au matériel, la responsabilité face à la qualité des produits et l'assistance au personnel poursuivant une formation.

5. Il faut ensuite attribuer des points à chaque sous-facteur. Chaque sous-facteur de l'emploi est donc pondéré par rapport à chacun des autres facteurs

Méthode des compétences : Méthode d'évaluation des emplois qui offre une rémunération en fonction non pas du poste et de ses exigences, mais des compétences du titulaire du poste.

Méthode des points : Méthode d'évaluation des emplois qui consiste à attribuer des points aux critères d'évaluation retenus et à les additionner pour obtenir le poids d'un emploi par rapport aux autres emplois.

---

27. Lire à ce sujet Brian Murray et Barry Gerhart, « An empirical analysis of a skill-based pay program and plant performance outcomes », *Academy of Management Journal*, vol. 41, n° 1, février 1998, p. 68.

et par rapport à l'ensemble. Ainsi, si l'expérience est deux fois plus importante que les conditions désagréables, on accordera au sous-facteur « Expérience » deux fois plus de points. La matrice se présentera alors comme au tableau 9.5.

Tableau 9.5 | **La pondération des sous-facteurs d'évaluation**

Facteurs	Sous-facteurs	Pondération
Responsabilités	Responsabilité face à la sécurité des autres	80
	Responsabilité face à l'équipement et au matériel	80
	Responsabilité face à la qualité des produits	50
	Assistance au personnel poursuivant une formation	70
Habiletés	Expérience acquise durant l'exercice de la fonction	120
	Formation pour l'exercice de la fonction	100
Efforts	Exigences physiques	100
	Exigences mentales	120
Conditions de travail	Conditions désagréables	60
	Risques professionnels	120
	Total	**900**

6. Chaque sous-facteur est alors divisé en niveaux. Le nombre de niveaux peut varier d'un sous-facteur à l'autre, et le nombre de points accordés à chaque niveau peut suivre une progression mathématique, géométrique ou asymétrique. Il est important de définir clairement chacun des niveaux. Par exemple, la formation requise pourrait se diviser comme suit : niveau 1 : 4e secondaire ; niveau 2 : 5e secondaire ; niveau 3 : formation collégiale technique, etc. On pourrait alors obtenir un tableau semblable au tableau 9.6.

7. Ce système est appliqué à chacune des descriptions de postes et la valeur relative de chaque emploi est ainsi déterminée. Il faut que les évaluateurs comparent pour chaque sous-facteur la description d'emploi avec le niveau qui a été défini dans le programme d'évaluation.

8. Lorsque l'exercice est terminé pour chaque sous-facteur, le nombre total de points accordés à l'emploi est compilé (*voir le tableau 9.7*) et les emplois sont alors rangés. On procède évidemment à des contre-vérifications afin de s'assurer que l'évaluation est conforme aux évaluations des autres postes.

Tableau 9.6 La répartition des points par niveaux

Facteurs	Sous-facteurs	Niveaux					
		Niveau 1	Niveau 2	Niveau 3	Niveau 4	Niveau 5	Maximum
Responsabilités	**Responsabilité face à la sécurité des autres**	20	40	60	80		80
	Responsabilité face à l'équipement et au matériel	16	32	48	64	80	80
	Responsabilité face à la qualité des produits	25	50				50
	Assistance au personnel poursuivant une formation	15	45	70			70
Habiletés	**Expérience acquise durant l'exercice de la fonction**	15	30	50	80	120	120
	Formation pour l'exercice de la fonction	15	30	60	100		100
Efforts	**Exigences physiques**	15	50	100			
	Exigences mentales	15	30	50	80	120	120
Conditions de travail	**Conditions désagréables**	12	23	36	48	60	60
	Risques professionnels	20	40	60	80	120	120
						Total	**900**

9.5.6   La méthode Hay

La **méthode Hay** est la méthode d'évaluation la plus utilisée dans le monde. Elle se distingue par le recours à trois facteurs uniquement, soit la résolution de problèmes, le savoir-faire et la responsabilité. Par conséquent, cette méthode est surtout intéressante pour l'évaluation des emplois de cadres.

Méthode Hay : Méthode d'évaluation des emplois qui recourt à trois facteurs uniquement, soit la résolution de problèmes, le savoir-faire et la responsabilité.

9.6   La structure salariale

La **structure salariale** consiste en une échelle des salaires qui présente les taux de salaires et les écarts entre les taux, ce qui permet d'établir une hiérarchie des salaires au sein d'une famille de postes ou de l'entreprise. En fixant un niveau de salaire pour les différents emplois évalués, on assure l'équité salariale ou individuelle. Rappelons que le processus d'évaluation des postes a, pour sa part, assuré l'équité interne et la recherche de données sur le marché ; quant à l'enquête salariale, que nous aborderons maintenant, elle assurera l'équité externe. Afin d'alléger le système et de corriger certaines imprécisions dans les résultats de l'évaluation des

Structure salariale : Échelle des salaires qui présente les taux de salaires et les écarts entre les taux, ce qui permet d'établir une hiérarchie des salaires au sein d'une famille de postes ou de l'entreprise.

Tableau 9.7 Une matrice d'évaluation d'un poste

Facteurs	Sous-facteurs	Justifications	Niveaux	Points
Responsabilités	Responsabilité face à la sécurité des autres		Niveau 4	80
	Responsabilité face à l'équipement et au matériel		Niveau 3	48
	Responsabilité face à la qualité des produits		Niveau 2	50
	Assistance au personnel poursuivant une formation		Niveau 3	70
Habiletés	Expérience acquise durant l'exercice de la fonction		Niveau 4	80
	Formation pour l'exercice de la fonction		Niveau 4	100
Efforts	Exigences physiques		Niveau 2	50
	Exigences mentales		Niveau 4	80
Conditions de travail	Conditions désagréables		Niveau 3	36
	Risques professionnels		Niveau 2	40
			Total	634

emplois au moment de l'utilisation de la méthode des points, on regroupe les emplois par classes. Ainsi, tous les emplois ayant obtenu un certain nombre de points selon un minimum et un maximum sont placés dans un même niveau de salaire. Cela évite d'avoir un trop grand nombre de classes de salaires tout en compensant le manque de rigueur des méthodes d'évaluation qui ne sont pas assez précises. La figure 9.9 illustre cette situation.

Compte tenu du fait que plusieurs entreprises désirent offrir au titulaire d'un poste la possibilité de recevoir des hausses de salaire tout en demeurant dans le même poste, les critères d'ancienneté et de rendement sont pris en considération ; le salaire d'un poste varie alors à l'intérieur d'une fourchette. Par exemple, un employé titulaire d'un poste de la classe 6 verra son salaire varier de 2 150 $ à 2 700 $ par mois selon son ancienneté et son rendement (*voir la figure 9.10*).

9.7 Les variables qui influent sur le niveau et la structure de rémunération

La loi de l'offre et de la demande peut – surtout dans des cas extrêmes de pénurie d'une certaine catégorie de la main-d'œuvre – déterminer le niveau de rémunération pour certains postes de travail. Mais dans la réalité, de nombreux facteurs exerceront une influence. Nous avons retenu les plus importants, soit le marché

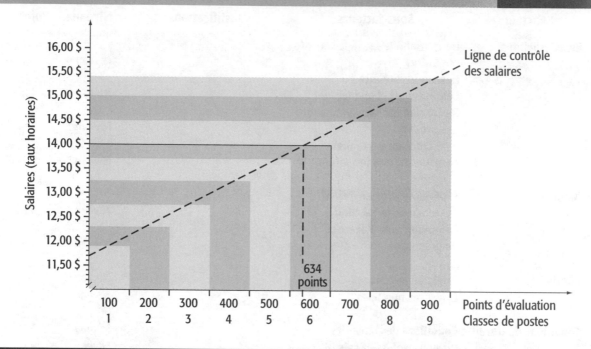

La structure salariale à taux fixe

Figure 9.9

Ligne de contrôle des salaires

Salaires (taux horaires)

16,00 $
15,50 $
15,00 $
14,50 $
14,00 $
13,50 $
13,00 $
12,50 $
12,00 $
11,50 $

634 points

| 100 | 200 | 300 | 400 | 500 | 600 | 700 | 800 | 900 | Points d'évaluation |
| 1 | 2 | 3 | 4 | 5 | 6 | 7 | 8 | 9 | Classes de postes |

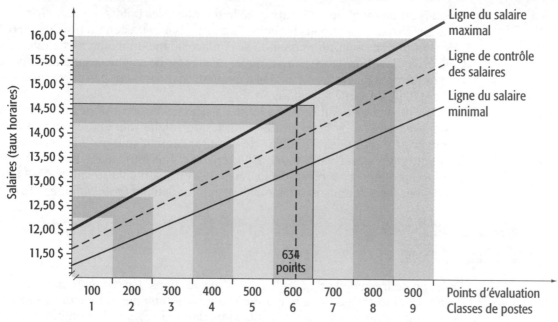

La structure salariale à taux variable

Figure 9.10

Ligne du salaire maximal

Ligne de contrôle des salaires

Ligne du salaire minimal

Salaires (taux horaires)

16,00 $
15,50 $
15,00 $
14,50 $
14,00 $
13,50 $
13,00 $
12,50 $
12,00 $
11,50 $

634 points

| 100 | 200 | 300 | 400 | 500 | 600 | 700 | 800 | 900 | Points d'évaluation |
| 1 | 2 | 3 | 4 | 5 | 6 | 7 | 8 | 9 | Classes de postes |

du travail, les variations du coût de la vie, les politiques gouvernementales, la capacité de payer de l'entreprise, la productivité et la force syndicale.

9.7.1   Le marché du travail

Un marché du travail représente une région à l'intérieur de laquelle les forces de l'offre et de la demande de main-d'œuvre ont une incidence sur le salaire des employés[28]. Lorsqu'il y a une pénurie d'un type de main-d'œuvre, une pression à la hausse sur les salaires se fait sentir ; lorsqu'il y a un surplus d'une catégorie de main-d'œuvre, la pression sur les salaires est évidemment à la baisse. Les emplois[29] dans le domaine de l'aéronautique, les opérateurs de systèmes et de réseaux informatiques, les biologistes et autres scientifiques de même que les ingénieurs mécaniciens se trouvent actuellement dans la première catégorie ; alors que les emplois d'avocats, de notaires, de bibliothécaires, de journalistes, de techniciens et d'assistants dans les bibliothèques et les archives appartiennent à la seconde catégorie.

La définition du marché n'est pas que géographique. À certaines périodes, les employeurs autant que les candidats à un poste sont prêts à élargir la stricte définition du marché local. D'autres facteurs tels que la formation, le genre d'industrie, les certificats de travail exigés et l'appartenance obligatoire à un syndicat ont un effet sur la définition du marché. Le salaire d'un plombier sera déterminé uniquement par le marché local, tandis que celui d'un ingénieur aéronautique spécialisé dans la résistance des matériaux sera déterminé par le salaire versé partout en Amérique du Nord et même en Europe.

Parfois, il est impossible de respecter l'équité salariale individuelle. Devant certaines difficultés de recrutement, on devra verser un salaire plus élevé que ne le suggère la structure salariale afin de combler certains postes.

L'enquête salariale

Enquête salariale :
Processus de collecte, d'analyse et d'interprétation des données concernant les programmes de rémunération des autres entreprises.

L'**enquête salariale** est un processus de collecte, d'analyse et d'interprétation des données concernant les programmes de rémunération des autres entreprises. Elle vise principalement à assurer l'équité externe. Elle porte généralement sur le niveau de salaire offert, sur la structure salariale et sur la progression à l'intérieur de l'échelle salariale, sur le mode de rémunération, c'est-à-dire la base sur laquelle les salaires sont calculés (en fonction des heures travaillées, du poste, de la formation et de l'expérience de l'employé), et sur le contenu de la rémunération, soit la rémunération pécuniaire et tous les autres avantages.

Ces renseignements sont obtenus de diverses sources. L'entreprise peut, bien sûr, entreprendre sa propre enquête, mais celle-ci sera coûteuse et il sera difficile de se procurer certains renseignements. Les Centres d'emploi du Canada, les bureaux fédéral et provincial de recherche en rémunération comme le Centre de recherche et de statistiques sur le marché du travail (CRSMT), l'Institut de recherche et d'information sur la rémunération (IRIR), la Direction de l'analyse des conditions de travail et de la rémunération (DACTR) ainsi que les données de Statistique Canada représentent d'excellentes sources gouvernementales. Des entreprises

---

28. Voir Rodrigue Blouin, *Vingt-cinq ans de pratique en relations industrielles au Québec*, Cowansville, Les Éditions Yvon Blais, 1990, p. 1009-1082 ; L. G. Reynolds, S. H. Masters et C. H. Moser, *Labor Economics and Labor Relations*, 9e éd., Englewood Cliffs (New Jersey), Prentice-Hall, 1986.

29. Extrait de la « Liste des professions en demande, région métropolitaine de Montréal 1998-2000 », lmi-imt.hrdc-drhc.gc.ca/imt.html.

privées comme Hay, le groupe Sobéco, la Société conseil Mercer et la société Wyatt offrent ces données à leurs clients.

Enfin, les comparaisons ne doivent pas se limiter aux aspects pécuniaires de la rémunération. Toutes les autres conditions de travail doivent être prises en considération. Le nombre d'heures travaillées, la durée des vacances, la sécurité d'emploi, le fait de fournir l'uniforme, le prix des repas à la cafétéria de l'entreprise, le rythme de progression sur l'échelle salariale, les conditions de la retraite, etc., ne sont que quelques-uns des facteurs à examiner.

9.7.2   Les variations du coût de la vie

Puisque les objectifs du programme de rémunération sont d'attirer les candidats qualifiés, de conserver les employés compétents et de les motiver, une entreprise serait en mauvaise posture si elle ne considérait pas les effets d'un taux d'inflation de 5% par année pendant deux ans. La seule façon d'évaluer une augmentation de salaire consiste à mesurer la portion qui excède le taux d'inflation. Par exemple, en 1991, l'indice des prix à la consommation (IPC) a augmenté de 7,3% et le salaire moyen, de 4,0%; il s'agissait en fait d'une baisse du salaire réel. Par contre, en 1994, le salaire moyen n'a augmenté que de 0,8%, mais sachant que l'IPC a baissé de 1,4%, il s'agissait alors d'une augmentation du salaire réel de 2,2%.

9.7.3   Les politiques gouvernementales

Le gouvernement intervient sur le marché des salaires par voie directe et par voie indirecte. Les attitudes du gouvernement à l'égard de ses employés, et particulièrement les salaires qu'il accorde aux serviteurs de l'État, ont des répercussions sur les salaires versés pour des emplois équivalents sur le marché du travail. Évidemment, la réciproque est aussi vraie: les salaires versés par les entreprises influent sur la rémunération consentie par l'État à ses employés. L'écart salarial[30] entre les employés de l'administration publique québécoise et le secteur privé syndiqué est actuellement de près de 13% en faveur du secteur public.

Au Québec, les conditions de travail sont déterminées par le Code du travail, la Loi sur les normes du travail, la Loi sur les décrets de convention collective et la Loi sur les relations du travail, la formation professionnelle et la gestion de la main-d'œuvre dans l'industrie de la construction, sans oublier la Charte des droits et libertés de la personne, qui joue un rôle important en matière d'équité.

Ainsi, la détermination des conditions de travail par les parties elles-mêmes s'effectue soit sur la base d'une relation individuelle aboutissant à un contrat de travail au sens du Code civil, soit sur la base de négociations collectives conduisant à la conclusion d'une convention collective au sens du Code du travail.

L'autre façon de faire réside dans la détermination unilatérale par l'État par voie législative ou réglementaire de conditions de travail minimales. On reconnaît ici le rôle de la Loi sur les normes du travail et de la réglementation qui en découle.

Enfin, la détermination mixte des conditions de travail implique une intervention de l'État qui, au Québec, s'approprie le résultat d'une négociation pour la rendre applicable à des tiers qui n'ont pas participé à cette négociation. Ici intervient la Loi sur les décrets de convention collective.

---

30. IRIR, « Les relativités salariales dans l'administration québécoise: écarts salariaux », www.irir.com/ nouveau/relat98.html.

Les employés à pourboire : un exemple d'intervention gouvernementale

Les dispositions qui concernent la déclaration des pourboires, en vigueur depuis le 1er janvier 1998, obligent tous les employés travaillant dans le secteur de la restauration, des bars et de l'hôtellerie à déclarer par écrit tous leurs revenus de pourboires à leur employeur. Cette loi s'applique aux serveurs, aux préposés au bar, aux hôtes, aux bagagistes, aux livreurs, aux préposés au vestiaire, aux maîtres d'hôtel, aux portiers et aux commis débarrasseurs. Ils doivent déclarer leurs pourboires à chaque période de paye.

Cette mesure d'équité vise à faire en sorte que les employés du secteur de la restauration et de l'hôtellerie paient leur part d'impôt sur la totalité de leur revenu et qu'ils bénéficient des mêmes privilèges et des mêmes avantages sociaux que les autres travailleurs à l'égard de la totalité de leur rémunération, comme les indemnités prévues par la Loi sur les normes du travail. En effet, certaines indemnités[31] prévues à la loi sont calculées sur le salaire en fonction des pourboires que les salariés ont déclarés ou que l'employeur leur a attribués.

9.7.4   La capacité de payer de l'entreprise

La philosophie des gestionnaires d'une entreprise quant à la rémunération joue un rôle important dans la fixation du niveau de salaire payé à certains employés. Le besoin d'attirer des candidats hautement qualifiés, de réduire le taux de roulement, de maintenir ou d'améliorer la motivation des employés et même d'accroître le niveau de vie de ces derniers détermine dans une large mesure le programme de rémunération. Mais au sein de chaque entreprise la valeur d'un poste peut varier, soit réellement, soit dans l'esprit des gestionnaires.

Malgré tous les éléments que nous avons présentés permettant de fonder la rémunération sur une base objective, la rémunération est, pour une grande part, le reflet de la philosophie de la haute direction, surtout lorsqu'il s'agit de l'équité externe. Certaines entreprises désirent être les meilleurs payeurs, tandis que d'autres ne désirent qu'être dans le peloton de la moyenne. Enfin, certaines entreprises qui n'ont aucun problème de recrutement, et qui n'ont par conséquent aucun intérêt à ce qu'un employé demeure à leur service trop longtemps, offriront des salaires inférieurs à la moyenne de la région. C'est le cas dans les secteurs de la restauration rapide et de l'hôtellerie et dans l'ensemble des secteurs dont l'activité est saisonnière.

9.7.5   La productivité

La productivité d'une entreprise ne dépend pas toujours du rendement de ses employés. Dans certains secteurs, l'utilisation d'un nombre élevé d'employés peut rendre l'entreprise non compétitive face à ses concurrents. La seule façon de protéger sa rentabilité consiste à remplacer une partie de la main-d'œuvre par un investissement dans un équipement de pointe. La négligence de certaines entreprises qui tardent à moderniser leur équipement les place devant un problème de productivité. Un employé peut faire plus d'efforts que l'employé d'un concurrent sans pour autant rentabiliser son poste de travail. Il y a par contre un côté positif à

---

31. Par exemple l'indemnité de vacances, l'indemnité pour un jour férié, l'indemnité pour un congé avec salaire pour événements familiaux, l'indemnité au moment d'un congé pour la naissance ou l'adoption d'un enfant, l'indemnité au moment de la cessation d'emploi ou l'indemnité de congé prévue par la Loi sur la fête nationale.

l'automatisation des postes : les employés demeurant au sein de l'entreprise sont en effet plus productifs et peuvent espérer de meilleures conditions de travail.

9.7.6 La force syndicale

Dans les tableaux de rémunération présentés au début du chapitre, on peut déjà constater que la force syndicale de certaines industries est plus grande que d'autres. L'incidence sur le niveau de rémunération est alors significative. Les industries dont les employés ne sont pas syndiqués sont aussi touchées par les conventions collectives signées ailleurs. De crainte de voir s'implanter un syndicat ou devant le risque de perdre leur main-d'œuvre qualifiée, elles se doivent d'offrir des salaires compétitifs.

De plus, l'organisation syndicale n'intervient pas seulement au moment de la négociation, déjà lors de l'analyse des postes, de l'évaluation des emplois, de l'établissement des taux de salaires et de la sélection des critères pour définir ceux-ci, l'influence du syndicat a laissé sa marque.

9.8 Le mode de rémunération

Le **mode de rémunération** représente la fréquence et le mode de calcul des salaires. Le calcul peut être fait sur une base horaire selon le temps travaillé ; il peut aussi correspondre à la fonction, reposer sur le niveau de production ou sur les ventes, ou être établi selon un contrat fixe. Le versement peut être effectué chaque semaine, toutes les deux semaines, mensuellement, et ainsi de suite (*voir le tableau 9.8*).

Mode de rémunération : Fréquence et mode de calcul des salaires.

9.9 Le contenu de la rémunération

La rémunération comprend plus que le salaire. La rémunération globale comprend tous les éléments pécuniaires, qu'ils soient versés directement à l'employé sous forme de salaire ou indirectement par le paiement de primes ou de cotisations à

Tableau 9.8	**Le calcul du salaire de base**
Bases de calcul	**Exemples**
Horaire	15,22 $ / heure
Fonction	Professeur agrégé : 85 000 $ Professeur titulaire : 72 000 $
Production	12,85 $ / 100 unités
Ventes	3,5 % des ventes ou 22 % du profit brut
Forfait	225 $ pour la mise en page d'un dépliant publicitaire

des régimes de sécurité du revenu ou par le paiement, en tout ou en partie, de différents services offerts aux employés. La rémunération globale comprend aussi des éléments non pécuniaires, tels que le contenu du travail et le contexte du travail, dont la valeur peut varier selon la perception de l'employé (*voir la figure 9.11*).

9.9.1 La rémunération pécuniaire directe

La rémunération pécuniaire directe comprend les salaires versés aux employés pour compenser le temps, les efforts et les compétences qu'ils mettent au service de l'entreprise. Elle est composée du salaire de base, des primes pour les heures supplémentaires et des primes de rendement. Il y a deux catégories de primes de rendement, soit les primes d'incitation au rendement et les primes d'intéressement.

Le salaire de base et les primes pour les heures supplémentaires

Le salaire de base représente le niveau de salaire normalement versé sur le marché pour des postes équivalents sans tenir compte de la qualité de la contribution de l'employé. Ce salaire peut être calculé sur une base horaire, selon la fonction ou selon un facteur lié à la production, aux ventes, etc.

Actuellement, aux fins du calcul des heures supplémentaires, la semaine normale de travail est de 40 heures, sauf dans les cas où elle est fixée par un règlement du gouvernement. L'employeur peut évidemment payer des heures supplémentaires avant que les 40 heures ne soient atteintes et la rémunération peut être supérieure.

Tout travail exécuté en plus des heures de la semaine normale de travail entraîne une majoration de 50% du salaire horaire habituel que touche le salarié

Le contenu de la rémunération — **Figure 9.11**

Rémunération globale

Pécuniaire | Non pécuniaire

| Rémunération directe | Rémunération indirecte | Contexte du travail | Contenu du travail |

- Salaire de base
- Primes de rendement

- Régimes de sécurité du revenu
- Paiement des heures non travaillées
- Services aux employés

- Reconnaissance sociale
- Travail intéressant
- Possibilités de croissance
- Possibilités de réalisation

- Sécurité d'emploi
- Style de supervision
- Contexte harmonieux
- Équipement adéquat
- Objectifs clairs

à l'exclusion des primes établies sur une base horaire. Certaines conventions collectives ou certaines politiques des employeurs peuvent être plus généreuses. L'employeur peut, à la demande du salarié ou dans les cas prévus par une convention collective ou un décret, remplacer le paiement des heures supplémentaires par un congé payé d'une durée équivalente aux heures supplémentaires effectuées, majorée de 50%.

Sous réserve d'une disposition d'une convention collective ou d'un décret, ce congé doit être pris dans les 12 mois suivant les heures supplémentaires effectuées, à une date convenue entre l'employeur et le salarié ; sinon elles doivent être payées. Cependant, lorsque le contrat de travail est résilié avant que le salarié n'ait pu bénéficier du congé, les heures supplémentaires doivent être payées au moment du dernier versement du salaire.

Les primes de rendement

Les régimes d'incitation[32]

Le but des primes de rendement est d'inciter les employés à produire davantage. Elles s'adressent à l'individu au travail, à son groupe ou, dans certains cas, à l'ensemble des travailleurs de l'entreprise.

Les régimes individuels offrent généralement un salaire de base auquel une prime est ajoutée pour tout dépassement de la production normale définie selon des standards. Le contexte idéal pour l'application de telles primes exige que le travail soit simple et standardisé, et surtout que l'employé soit autonome, c'est-à-dire qu'il ne dépende pas du travail des autres. La rémunération à la pièce et la rémunération à commission sont de bons exemples de ces primes.

Les régimes de groupe sont préférables aux régimes individuels lorsque le travail exige une collaboration de l'ensemble des travailleurs d'une unité administrative. Leur fonctionnement est semblable à celui des primes individuelles.

Les régimes visant l'ensemble des employés d'une entreprise reposent sur une philosophie de la participation. Les régimes de partage des gains de productivité et les régimes de réduction des coûts sont les plus courants. La participation des employés à l'amélioration du rendement se traduira par la réduction des coûts. L'entreprise partagera alors avec les employés les montants économisés. Le plan Scanlon[33], par exemple, distribue 75% des économies aux employés et 25% à l'employeur. Son succès repose sur un climat de coopération réelle entre les gestionnaires et les employés.

Les régimes d'intéressement

Les régimes d'intéressement s'appuient sur le rendement global de l'entreprise ou sur le rendement individuel. L'employé reçoit alors un pourcentage des bénéfices au-delà d'un certain seuil préétabli.

Il existe trois grands régimes d'intéressement, soit le régime de participation aux bénéfices, le régime de participation à la propriété et le programme de suggestions.

---

32. Lire à ce sujet Éric Delavallée, « La vraie fonction de la rémunération au mérite », *Expansion Management Review*, n° 108, mars 2003, www.lexpansion.com/EMR/1943.34.66355.html.

33. Joseph Scanlon a élaboré ce système. On lui attribue la survie d'Empire Steel and Tinplate Co. dans les années 1930. Scanlon a été un ouvrier de l'acier, un représentant syndical pour la United Steel Workers Union, un comptable en prix de revient et un professeur au Massachusetts Institute of Technology (MIT).

Le régime de participation aux bénéfices permet aux employés de ▨▨▨
pourcentage des profits en plus de leur salaire de base. L'exemple ▨▨
Technology, aux États-Unis, qui a versé 75 000$US à ses employés, ▨▨
ce régime, mais il demeure exceptionnel (*voir la section 9.3.3*).

Les régimes de participation à la propriété permettent aux employ▨▨
des actions de l'entreprise à des conditions très intéressantes. Les ▨▨▨▨▨
deviennent alors propriétaires de l'entreprise, du moins en partie, et partagent les
mêmes intérêts que les autres actionnaires. Cascades et Bombardier sont d'excellents exemples d'entreprises offrant un régime de participation à la propriété.

Les programmes de suggestions, qui sont relativement répandus au Québec,
permettent aux employés de participer aux économies découlant de leurs suggestions pour améliorer le travail. GM Canada et Eastman Kodak sont des entreprises
très généreuses à cet égard.

9.9.2 La rémunération pécuniaire indirecte

La rémunération pécuniaire indirecte comprend les indemnités et les alloca-
tions versées sous forme d'avantages sociaux ou de services en vue d'offrir aux
employés et à leur famille une sécurité financière et une meilleure qualité de vie
(*voir la figure 9.12*). Certains régimes sont imposés par les gouvernements, d'autres
sont entièrement payés par l'employeur, d'autres encore sont à frais partagés ou
bien sont offerts volontairement à l'employé qui, même s'il assume tous les frais,
bénéficie de primes de groupe. Compte tenu des différentes situations dans lesquelles les employés se retrouvent, beaucoup d'entreprises leur offrent maintenant
la possibilité de choisir parmi un ensemble les avantages sociaux[34] adaptés à leurs
besoins.

Les régimes de sécurité du revenu

Les régimes de sécurité du revenu comprennent notamment l'assurance emploi,
l'assurance maladie et hospitalisation, l'assurance contre les accidents du travail,
le régime des rentes du Québec, l'assurance hospitalisation privée, l'assurance
invalidité, l'assurance vie pour l'employé et sa famille, l'assurance pour les soins
dentaires, l'assurance pour les soins optiques et les régimes de retraite privés.

Le paiement des heures non travaillées

La rémunération pécuniaire s'applique généralement à un certain nombre d'heures.
Or, il arrive souvent que le nombre d'heures pris en considération ne représente
pas que des heures travaillées. C'est le cas pour la période de repos, la période de
repas, la période de déplacement, la période de douche, la période de conditionnement physique, les vacances annuelles, les congés fériés, les congés sabbatiques
et les primes de départ.

Les services aux employés et les conditions de travail

Plusieurs entreprises mettent aussi à la disposition de leurs employés les services
suivants : une cafétéria à prix réduits, la possibilité d'acheter les produits et les services de l'entreprise en bénéficiant d'un escompte, le remboursement de frais de
scolarité, de frais de congrès ou de colloques, une automobile, le remboursement

---

34. Voir à ce sujet Melissa W. Barringer et George T. Milkovich, « A theoretical exploration of the
adoption and design of flexible benefit plans : A case of human resource innovation », *Academy
of Management Review*, vol. 23, n° 2, avril 1998, p. 305.

Rémunération pécuniaire indirecte

Régimes de sécurité du revenu	Rémunération indirecte	Services aux employés

Régimes publics :

- Assurance emploi
- Assurance maladie et hospitalisation
- Assurance contre les accidents du travail
- Régime des rentes du Québec

Régimes privés :

- Assurance vie
- Assurances hospitalisation supplémentaires
- Assurance invalidité
- Assurance mutilation par accident
- Assurance voyage
- Assurance annulation de voyage
- Assurance médicaments
- Assurance pour les soins dentaires
- Assurances pour les soins optiques
- Régimes de retraite privés

- Période de repos
- Période de repas
- Période de déplacement
- Période de douche
- Période de conditionnement physique
- Vacances annuelles
- Congés fériés
- Congé sabbatique
- Prime de départ

- Cafétéria
- Achat de produits et de services avec escompte
- Frais de scolarité
- Frais de congrès et de colloques
- Automobile
- Stationnement
- Adhésion à un club sportif ou social
- Service de consultation juridique gratuit
- Service de consultation financière gratuit
- Programme d'aide aux employés
- Frais pour les vêtements de travail
- Repas

des frais de stationnement, les services de conseillers juridiques et de conseillers financiers, un programme d'aide aux employés (PAE), etc. Nous aborderons les PAE au chapitre 10.

9.9.3   La rémunération non pécuniaire

La valeur de la rémunération non pécuniaire est très subjective. C'est l'employé qui apprécie selon ses valeurs et ses objectifs personnels les différents avantages qu'il peut retirer de son travail, outre la rémunération pécuniaire. Ainsi, le contenu de la tâche, la reconnaissance et le soutien de son milieu, et les possibilités de croissance et d'épanouissement sont des facteurs très importants de la motivation au travail[35].

35. Bernard Turgeon, *op. cit.*, p. 251-257.

La possibilité de travailler dans un milieu harmonieux sous la direction de gestionnaires compétents et équitables, un contexte de travail où les objectifs sont clairement définis et où les outils nécessaires à la réalisation des objectifs sont adéquats constituent d'autres éléments qui éliminent l'insatisfaction et les frustrations au travail[36]. Les conditions de travail du milieu hospitalier au Québec ces dernières années ont incité des médecins et des infirmières à chercher ailleurs un meilleur contexte pour l'exercice de leur profession. La rémunération pécuniaire offerte dans les autres provinces ou les autres pays n'explique pas à elle seule le départ d'employés dynamiques de ce milieu.

9.10   Le processus de rémunération

Pour fonctionner, un programme de gestion des ressources humaines doit être relativement facile à comprendre, aisément applicable et surtout accepté. Le programme de rémunération suit les mêmes règles. Afin de déterminer la rémunération à accorder à un employé, il faut suivre les étapes suivantes :

- effectuer les analyses des postes et définir le profil d'exigences de chacun d'eux ;
- évaluer chacun des emplois à l'aide de la méthode d'évaluation la plus appropriée à la situation ;
- analyser tous les facteurs internes et externes qui peuvent influer sur le niveau de rémunération, et plus particulièrement les données du marché ;
- combiner les résultats de l'évaluation des postes avec les données concernant le niveau de salaire pour établir la structure salariale ;
- choisir le mode de rémunération ;
- établir le contenu de la rémunération.

La figure 9.13 résume le processus de rémunération.

---

36. *Ibid.*, p. 251.

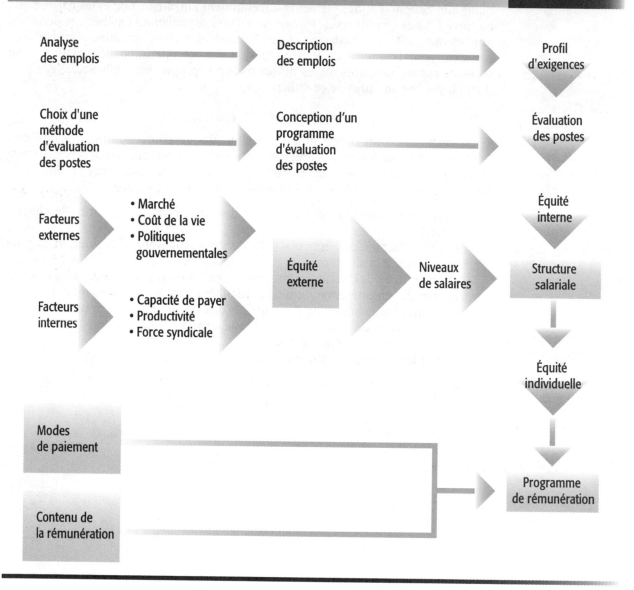

Résumé du chapitre

Les programmes de rémunération des entreprises font actuellement face à de nombreux problèmes qui tantôt restreignent les hausses salariales, tantôt provoquent des hausses importantes. Bien sûr, les entreprises des domaines du sport professionnel et du cinéma semblent ne connaître que des poussées marquées. En pratique, les programmes de rémunération sont constitués de manière à attirer la main-d'œuvre, à conserver les employés les plus compétents, à motiver ces derniers à fournir le meilleur d'eux-mêmes et à assurer l'équité.

L'objectif majeur d'un système de rémunération est l'équité interne, l'équité externe et l'équité individuelle. La prochaine décennie sera celle de l'élimination des iniquités salariales entre les emplois ayant une forte représentation masculine et ceux qui ont une forte représentation féminine.

L'objectif du programme de rémunération consiste à élaborer un système qui attribuera une valeur pécuniaire à chaque poste dans l'entreprise et à établir une méthode qui permettra la hausse du salaire de base dans le respect des autres objectifs de l'entreprise.

La politique de rémunération dans une entreprise renvoie aux normes et aux techniques utilisées pour définir le niveau de salaire à verser à ses employés et le mode de progression des salaires.

Le programme de rémunération doit favoriser la réalisation des objectifs stratégiques de l'entreprise. Toutefois, il est assujetti aux conditions du marché, aux variations du coût de la vie, aux politiques gouvernementales, à la capacité de payer des entreprises, à la productivité et aux pressions syndicales.

La rémunération globale comprend la rémunération directe et la rémunération indirecte. La première se divise en deux groupes, soit le salaire de base et la rémunération selon le rendement. Les aspects juridiques de la rémunération directe portent sur la question de l'équité salariale. Quant à la rémunération indirecte, elle comprend notamment les régimes de sécurité du revenu et les divers services offerts aux employés.

Évaluation de la compétence

Questions de révision et application

1. Quels sont les facteurs internes et externes qui influent sur le programme de rémunération ?
2. Que peut faire une entreprise pour assurer l'équité interne, l'équité externe et l'équité individuelle ?
3. Décrivez la méthode des points utilisée pour établir une famille de postes.
4. Quels sont les avantages et les inconvénients de la méthode du rangement et de la méthode de la comparaison des facteurs ?
5. Pourquoi doit-on réaliser les analyses des postes avant d'effectuer l'évaluation des postes ?
6. Qu'est-ce qu'une enquête salariale et à quoi sert-elle ?
7. Quels sont les principaux avantages sociaux offerts aux employés dans les entreprises ?
8. Quelles sont les principales composantes de la rémunération globale ?
9. En vous reportant à la rubrique « Point de mire » présentée au début du chapitre, répondez aux questions suivantes :
   a) Le propriétaire de l'usine de drapeaux a-t-il raison d'agir comme il le fait ? L'employé ayant travaillé toute la semaine est-il jaloux ou recherche-t-il l'équité ? Justifiez votre réponse.

b) L'évaluation des emplois doit-elle reposer sur l'évaluation du rendement de l'employé?

c) Si vous postuliez un poste de gestionnaire dans une entreprise, quels avantages sociaux désireriez-vous voir inclure dans votre rémunération?

Analyse de cas

Cas 9.1
L'atelier d'usinage[37]

Dans les années 1975-1980, la firme Les Usinages du Québec classait les machinistes en deux catégories, soit les machinistes (H) et les machinistes (F), correspondant évidemment aux postes confiés à des hommes et aux postes confiés à des femmes. Chacune de ces catégories de postes réclamait un salaire différent, le salaire de la première catégorie étant plus élevé. Lorsque les employés se sont syndiqués en 1981, la convention collective faisait référence aux postes de machinistes catégorie 1 et catégorie 2. Ainsi, l'entreprise et le syndicat mettaient fin à la discrimination fondée sur le sexe. Les nouvelles catégories correspondaient exactement aux mêmes groupes de postes que précédemment.

Carole M., responsable de la gestion de la convention collective pour l'entreprise, reçut le mandat d'analyser le bien-fondé des différences entre ces deux catégories de postes. Elle entreprit de faire une analyse la plus scientifique possible afin de pouvoir défendre ses conclusions devant ses supérieurs et les représentants syndicaux, le cas échéant.

Ses premières constatations l'amenèrent à comprendre que l'atelier d'usinage de l'entreprise fonctionnait principalement selon la méthode de production sur commande. Des centaines de produits différents étaient fabriqués durant l'année et chaque commande représentait des quantités minimales. Les produits fabriqués avaient de multiples usages et, selon le produit final auquel ils étaient intégrés dans un autre service, les spécifications des pièces usinées changeaient constamment. Cela impliquait évidemment que des ajustements, parfois importants, étaient constamment apportés aux machines. Une journée de travail de huit heures comprenait en fait une production réelle de six heures et demie. Généralement, le travail de l'avant-midi et celui de l'après-midi étaient différents, si bien que l'employé n'atteignait jamais un rythme de production acceptable.

L'atelier comprenait 11 grosses machines-outils et 28 petites. Les grosses machines étaient opérées par trois machinistes qui travaillaient en équipe, alors que les petites machines n'exigeaient qu'un machiniste. De plus, les opérateurs des petites machines-outils fonctionnaient souvent selon une production continue, c'est-à-dire que chaque machiniste effectuait une opération sur une pièce, et celle-ci était transportée par convoyeur jusqu'au deuxième machiniste, et ainsi de suite.

La classification en catégorie 1 et catégorie 2 était fondée sur la complexité des opérations à effectuer. Les opérations classées «catégorie 1» pouvaient être effectuées par des machinistes de catégorie 1 seulement, alors que les opérations classées «catégorie 2» pouvaient être effectuées par les deux catégories de machinistes.

Le salaire des machinistes de catégorie 2 était de 17,85$ l'heure et celui des machinistes de catégorie 1, de 21,65$ l'heure. Évidemment, la compagnie planifiait le travail de façon à confier le plus de tâches possible aux machinistes de catégorie 2. Selon les commentaires obtenus, il semble que la différence de salaire était justifiée par les exigences supplémentaires des opérations de catégorie 1.

---

37. Cas inspiré de Gary Dessler et John Duffy, «The pressroom», *Personnel Management*, Scarborough (Ont.), Prentice-Hall, p. 242.

Carole effectua une évaluation des postes de travail selon la méthode des points. Elle conçut un programme qui comprenait 10 facteurs et elle appliqua la grille d'évaluation à 5 postes de chaque catégorie. Son assistant, Dominique L., exécuta le même travail auprès de 10 autres postes, mais en n'analysant qu'un facteur à la fois pour les 10 postes et en reprenant la même analyse pour chacun des autres facteurs. La comparaison des résultats entre les deux approches ne laissait paraître aucune différence dans les résultats.

Ainsi que l'avait prévu Carole, il n'y avait aucune différence significative entre les deux catégories de postes. Un machiniste de catégorie 1 et un machiniste de catégorie 2 effectuaient les mêmes tâches, dans les mêmes conditions de travail, et faisaient appel aux mêmes compétences et habiletés. Certains postes de catégorie 1 obtinrent une pondération plus faible que l'ensemble des postes et certains postes de catégorie 2 obtinrent une pondération plus élevée que l'ensemble des postes toutes catégories confondues.

Le rapport fut remis au directeur des ressources humaines, qui le présenta à la direction de l'usine. Catastrophé, le directeur des finances fit remarquer que la différence de salaire était d'environ 7 900 $ annuellement, ce qui représentait plus de 220 000 $ pour l'ensemble des employés de catégorie 2. Si, de plus, il fallait payer rétroactivement le même salaire pour les trois ou quatre dernières années, la facture totale serait de 775 000 $ avec les intérêts.

Comme il est très difficile de garder une telle opération secrète, le syndicat fut saisi des résultats de l'enquête. Il réclama pour les machinistes de catégorie 2 une rétroactivité pour les cinq dernières années sous la menace de recourir aux tribunaux. Dans l'encadré qui suit, vous trouverez une description du poste de machiniste, tirée de la *Classification nationale des professions*.

Description d'emploi du machiniste

Sommaire de l'emploi :
Les machinistes règlent et conduisent diverses machines-outils afin de tailler ou de meuler le métal ou des matériaux semblables en pièces ou produits de dimensions précises. Les vérificateurs d'usinage et d'outillage vérifient les pièces usinées afin d'assurer le maintien des normes de qualité. Ils travaillent dans des usines de fabrication de machinerie, d'équipement, de véhicules automobiles, de pièces d'automobiles, d'aéronefs et autres pièces métalliques façonnées, ainsi que dans des ateliers.

Description des tâches :
- lire et interpréter des plans, des graphiques et des tableaux ou examiner des échantillons de pièces afin de déterminer les opérations d'usinage à effectuer ;
- calculer les dimensions et les tolérances, mesurer et agencer les éléments à usiner ;
- régler et conduire diverses machines-outils, de même que de l'outillage à commande numérique, pour exécuter des travaux d'usinage de précision, notamment des travaux de tournage, de fraisage, d'alésage, de rabotage, de perçage et de rectification ;
- ajuster et assembler les pièces métalliques usinées et les sous-assemblages au moyen d'outils manuels et mécaniques ;
- vérifier, à l'aide d'instruments de mesure de précision, si les dimensions des produits sont exactes et conformes aux prescriptions ;
- ajuster, au besoin, et régler des machines-outils à l'intention de conducteurs de machines-outils ;
- vérifier les dimensions des pièces usinées et de l'outillage à l'aide de micromètres, de verniers, de calibres, de calibres de hauteur, de comparateurs optiques et autres appareils et matériel spécialisés de mesurage ;
- entretenir, réparer et étalonner des instruments de mesure de précision, tels que des indicateurs à cadran, des calibres fixes, des verniers et autres instruments de mesure ;
- relever tout écart par rapport aux spécifications et aux tolérances, et en aviser le contremaître ;
- tenir des dessins de contrôle et rédiger des rapports d'inspection.

1. Que pensez-vous de l'approche de Carole M. pour évaluer les postes de travail?
2. Comment l'entreprise a-t-elle pu implanter un tel système et le conserver pendant plusieurs années?
3. L'entreprise doit-elle se rendre aux demandes du syndicat? Le syndicat est-il responsable de ces iniquités puisqu'il les a acceptées dans ses contrats de travail?
4. Comment pourrait-on éviter de telles situations à l'avenir?
5. En vous inspirant de la description d'emploi de machiniste, tirée de la *Classification nationale des professions,* justifiez la position de l'entreprise et celle du syndicat.

Cas 9.2
Le partage des économies

La firme Les Placages du Nord inc. et ses employés font face à un même problème. Le système de primes et de partage des profits en place depuis plusieurs années ne correspond pas à la réalité. En effet, les primes offertes aux employés ne sont en aucune façon liées aux efforts accomplis par ceux-ci. Les gestionnaires de la compagnie sont convaincus qu'un système d'incitation fondé sur le partage des économies réalisées serait plus équitable pour les employés et pour la compagnie. En effet, les employés peuvent réduire les coûts d'exploitation, alors que le niveau de profits ne dépend pas entièrement d'eux.

Après plusieurs réunions, la compagnie proposa aux employés le partage suivant:

- Les employés recevront 28% de toutes les économies sur les coûts de la main-d'œuvre et du matériel par rapport aux montants prévus pour un niveau de production donné.
- La moitié des économies sera versée directement aux employés, un mois après leur réalisation. L'autre moitié sera versée dans le régime de retraite des employés.
- Le salaire de base des employés sera maintenu à un niveau égal ou supérieur à celui de la concurrence.
- Le programme sera géré par un comité composé de représentants de la compagnie, de représentants des superviseurs, de représentants du syndicat et d'un consultant externe.

Après avoir analysé ce programme, les représentants des différents groupes présentèrent les arguments suivants aux autres membres du comité:

- Les superviseurs considéraient que la part de 28% était trop élevée, d'autant que la majorité des économies provenaient des efforts des superviseurs et non des employés.
- Les représentants des employés syndiqués prirent la position contraire et demandèrent 33% des économies.
- Certains gestionnaires alléguèrent que les économies étaient surtout réalisées en raison des investissements de l'entreprise et que les employés n'avaient aucun contrôle sur cet aspect des opérations.
- Enfin, certains représentants des employés avancèrent que les données concernant les économies pouvaient être facilement manipulées par l'entreprise.

Question

Quelle est votre position face à ces divers arguments?

La discipline

Sommaire

Objectifs pédagogiques

La lecture de ce chapitre devrait vous permettre :

1 **de définir la discipline.**

2 **de décrire les droits des employés dans l'application des mesures disciplinaires.**

3 **de présenter les problèmes disciplinaires les plus courants.**

4 **de nommer et de comparer les caractéristiques des trois approches disciplinaires.**

5 **de décrire le processus décisionnel précédant l'application d'une mesure disciplinaire.**

6 **d'expliquer la différence entre une mesure disciplinaire et une mesure administrative.**

7 **d'appliquer le principe de la progressivité des mesures disciplinaires.**

8 **de définir le *counseling*.**

9 **de décrire les caractéristiques des programmes d'aide aux employés.**

10 **de décrire les comportements à adopter avec certains employés difficiles.**

Compétence visée

**La compétence visée dans ce chapitre est
d'appliquer le processus de discipline.**

Point de mire

L'horaire de travail

François et Chantal travaillent pour une compagnie d'assurances du centre-ville de Montréal depuis près de 20 ans. Nina s'est jointe à eux il y a à peine un an. Les membres de cette équipe classent les chèques versés aux clients pour différentes réclamations. Lorsque des clients se posent des questions à propos des montants qui leur ont été versés, ils communiquent avec les courtiers et les agents, et ces derniers s'adressent à cette équipe qui est sous la direction de Marc depuis deux mois.

Les heures régulières de travail sont de 9 h 00 à 16 h 30 du lundi au vendredi. Une heure est accordée pour le dîner et il n'y a aucune pause-café. En fait, les employés sont libres d'aller se chercher un café et une collation et de consommer le tout à leur bureau.

Marc a réussi en un mois à prendre le contrôle des activités du bureau et il a décidé il y a trois semaines de régler certains problèmes de productivité. Son équipe offre un rendement adéquat, mais elle présente des lacunes que les trois membres de l'équipe ont suggéré de régler par l'ajout d'une personne.

Depuis trois semaines, Marc collige les données suivantes concernant l'assiduité de son personnel. Tout d'abord, François arrive au bureau vers 8 h 45 tous les jours, mais il ne commence pas vraiment à travailler avant 9 heures, sauf pour répondre au téléphone. Sa période officielle de lunch est de 13 à 14 heures, mais comme de midi à 13 heures c'est très calme au bureau et qu'il y a peu d'appels, il lit son journal ou étudie, car il suit des cours du soir. À 13 heures, il va prendre son repas dans un petit bureau réservé à cette fin pour les employés. Toujours de retour à 14 heures précises, il travaille sans interruption jusqu'à 16 h 15, heure à laquelle il range son bureau, et il quitte le travail vers 16 h 20. François est souvent en retard dans le traitement des dossiers et il se plaint fréquemment d'être débordé.

Chantal arrive au bureau vers 9 h 15 le matin et elle se met immédiatement au travail. Elle ne s'arrête qu'à son heure de lunch à 13 heures. Au retour, elle poursuit ses activités jusqu'à 16 h 15, moment précis où elle quitte le bureau. Lorsqu'il y a trop de travail, elle dîne à son bureau pour rattraper son retard. François et elle n'hésitent jamais à répondre au téléphone lorsqu'ils sont au bureau, quelle que soit l'heure.

Nina a un léger handicap physique et elle doit éviter de rester debout trop longtemps. Aussi essaie-t-elle de prendre les transports en commun avant les heures de pointe de manière à avoir une place assise. Elle arrive donc au bureau vers 8 h 20, mais elle ne commence pas à travailler avant 9 heures; l'après-midi elle quitte le bureau vers 16 heures. À midi, elle prend son dîner dans le petit bureau. Il lui serait difficile d'accomplir beaucoup de travail avant 9 heures, car ses activités dépendent des deux autres employés.

Alors qu'il y a toujours un employé pour répondre au téléphone de 8 h 30 à 16 h 15, Marc se retrouve souvent seul durant les 15 dernières minutes de la journée. Lorsqu'il est en réunion, il n'y a personne dans le bureau.

10.1 La nature de la discipline

L'entreprise est en droit d'exiger que ses employés soient assidus, fournissent une journée normale de travail, soient mentalement et physiquement prêts à accomplir leurs tâches, acquiescent aux demandes de leur superviseur, apprennent à exécuter leur travail et se perfectionnent pour accomplir de futures tâches, s'adaptent aux changements, établissent des relations positives avec les clients, les gestionnaires et leurs collègues, apprennent et respectent les règles et les procédures en vigueur, se conforment aux normes de l'entreprise autant sur le plan éthique que sur le plan technologique. En un mot, les employés doivent s'intégrer à la culture d'entreprise[1]. La très grande majorité des employés veulent se comporter d'une manière acceptable pour l'entreprise, leur superviseur et leurs collègues de travail.

Initialement, le « bâton » représentait la discipline. Il y a quelques années à peine, une caissière dans un établissement financier devait rembourser toute somme manquante dans sa caisse, la serveuse de restaurant devait rembourser

1. Inspiré de D. N. Campbell, R. L. Fleming et R. D. Grote, « Discipline without punishment – at last », *Harvard Business Review*, juillet-août 1985, p. 178.

une tasse cassée, et certaines entreprises enlèvent encore 15 minutes de paye à l'employé qui est en retard de quelques minutes. Ces règles affectent le moral des employés et créent chez eux des sentiments d'insécurité et de frustration.

10.1.1   Le concept de la discipline

Plus de 8% des travailleurs américains consomment régulièrement des drogues illicites. Comparativement à l'ensemble des travailleurs, un employé qui est un consommateur occasionnel de drogue risque trois fois plus de se blesser ou de blesser un de ses collègues de travail. Ainsi, il est dangereux d'être un partenaire de travail de cet individu. Il s'absentera 2,2 fois plus que les autres employés et pour des périodes dépassant généralement une semaine. Il réclamera cinq fois plus de compensations de l'assurance-salaire, ce qui influera sur les primes des autres employés. Plus de 40% des accidents mortels en milieu de travail et 47% des blessures sont reliés à l'alcool. En fait, un alcoolique cause trois fois plus d'accidents que les autres travailleurs. Enfin, 75% des consommateurs de drogue interrogés lors d'une enquête ont affirmé avoir consommé sur les lieux de travail, 44% ont avoué avoir vendu de la drogue à d'autres employés et 18% ont reconnu avoir volé leur employeur pour financer leurs achats de drogue[2].

Lorsque des problèmes d'alcool touchent des employés dans une entreprise, le superviseur doit être à même de constater le problème dès l'apparition des premiers symptômes. Son rôle n'est pas de distribuer les sanctions, mais d'intervenir afin d'inciter l'employé en cause à adopter un comportement qui respecte les normes et les objectifs de l'entreprise. La discipline est une responsabilité partagée, mais le rôle du superviseur s'avère fondamental.

Chaque geste exécuté dans une entreprise doit viser la réalisation des objectifs stratégiques. Si les employés ne font pas preuve de l'efficacité nécessaire à la réalisation du plus haut niveau de productivité, ils doivent être remplacés. Mais avant de prendre des mesures aussi radicales, les superviseurs doivent tenter de modifier les attitudes et les comportements des employés qui ne se conforment pas aux objectifs qui leur sont fixés.

Au chapitre 7 nous avons défini la formation comme un ensemble de programmes qui comprennent diverses activités d'apprentissage visant l'acquisition des connaissances, des habiletés et des comportements orientés vers l'adaptation d'un employé à son environnement de travail et la réalisation des objectifs de l'entreprise. La discipline commence donc par un programme de formation adéquat et efficace. C'est une sorte de formation qui a pour but de corriger et de modifier les attitudes, les comportements et les compétences des employés afin qu'ils puissent atteindre un meilleur rendement.

La discipline implique l'ordre, l'élimination de la confusion. Elle est généralement associée à une sanction dans l'esprit des gens. En fait, les employés doivent adopter certains comportements, sinon des sanctions seront prises de manière à corriger la situation. Lorsqu'un employé est soumis à une mesure disciplinaire, cela signifie qu'il doit adhérer aux règles de l'entreprise. Il peut aussi être puni pour avoir manifesté un comportement illégal ou immoral au travail même si ce comportement n'est pas visé par les règles de l'entreprise.

---

2. Jeannette Jacobson, « Want a drug user on your work team ? » *Safety meeting outline*, Eagle Insurance Companies, Seattle (Wash.), SMO 98-1005, extrait de « Drug abuse in the workplace : An employer's guide for prevention » EAP Digest, www.eig.com/smos/smo98105.html et http:// workplace.samhsa.gov/WPResearch/BasicResearch/WPSA.html.

La **discipline** est une activité de gestion qui comprend un ensemble de mesures permettant d'assurer le respect des règles établies et des normes de comportement connues et acceptables en vue d'obtenir de l'employé une plus grande collaboration et une meilleure efficacité. Elle est donc davantage que l'application de sanctions ; elle constitue un processus de formation. La sanction n'est que la conséquence désagréable d'un comportement inacceptable selon les normes de l'entreprise. Le rôle du superviseur consiste à expliquer à l'employé les conséquences de son comportement, à l'appuyer dans l'adoption d'un comportement approprié et, si cela est nécessaire, à le laisser expérimenter lui-même les conséquences de son comportement.

Dans les entreprises, la discipline implique la formation, le soutien, l'avertissement et l'application d'une sanction. Le soutien et l'avertissement peuvent suffire dans beaucoup de cas à amener l'employé à modifier son comportement. L'application d'une sanction s'avère dans certains cas le seul outil à la disposition du superviseur. Cependant, les sanctions ont tendance à attaquer l'amour-propre d'un employé et à miner sa confiance en lui-même ; elles risquent de susciter des sentiments de colère et d'hostilité, voire de vengeance. Les sanctions visent la modification d'un comportement, mais elles peuvent amener l'employé à découvrir des tactiques lui permettant de ne plus être pris sur le fait (*voir la figure 10.1*).

10.1.2 Les droits des employés

La discipline doit s'appliquer dans le respect des lois en vigueur, et particulièrement de la Charte des droits et libertés de la personne, des politiques de l'entreprise et des clauses de la convention collective si les employés sont syndiqués. Le superviseur, de même que l'employé, doivent donc s'être familiarisés avec les politiques, les procédures et les règlements de l'entreprise, de même qu'avec la convention collective et les décisions arbitrales concernant les griefs depuis sa signature.

L'application du processus disciplinaire doit se faire de manière uniforme et prévisible. Ainsi, la mesure disciplinaire imposée à un employé pour une faute doit entraîner des conséquences semblables à celles que subit un autre employé sanctionné pour le même comportement. Certains éléments doivent être pris en considération et seuls ces éléments doivent justifier une sanction différente.

La mesure disciplinaire imposée à un employé doit aussi être proportionnelle à la faute commise. Elle doit reposer sur des faits ; la sympathie ou l'antipathie du superviseur à l'égard d'un employé ne sont pas des facteurs pertinents dans le choix d'une mesure disciplinaire. L'employé est en droit de connaître exactement

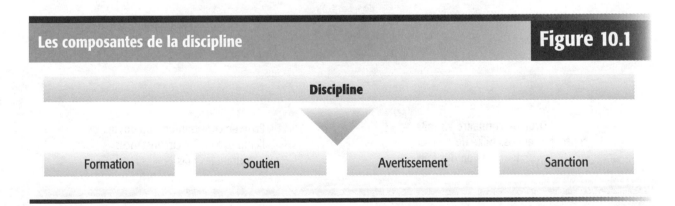

Les composantes de la discipline — **Figure 10.1**

Discipline

| Formation | Soutien | Avertissement | Sanction |

ce qu'on lui reproche et surtout de présenter sa version des faits. Il est aussi en droit de se voir appliquer des mesures disciplinaires respectant le principe de la gradation, que nous aborderons plus loin. Enfin, l'entreprise doit reconnaître à l'employé le droit d'en appeler en ce qui a trait aux sanctions prises à son égard (*voir la figure 10.2*).

10.2 La distinction entre une mesure disciplinaire et une mesure administrative

Une **mesure disciplinaire** est une réponse du superviseur, au nom de l'organisation, à un manquement volontaire de la part de l'employé. Dans la recherche de l'opportunité d'imposer une sanction disciplinaire, le superviseur doit s'interroger sur l'intention de l'employé qui a fait le geste contesté ou auquel est attribuable le manquement ; il doit ainsi en évaluer le caractère volontaire ou non.

Les manquements qui entraînent une mesure disciplinaire concernent surtout l'exécution du travail, l'attitude de l'employé et son comportement personnel. Citons, parmi les principaux gestes qui conduisent à l'imposition d'une mesure disciplinaire, l'insubordination, le vol, la fraude et l'attitude inadéquate au travail.

Mesure disciplinaire : Réponse du superviseur, au nom de l'organisation, à un manquement volontaire de la part de l'employé.

Les droits des employés

Figure 10.2

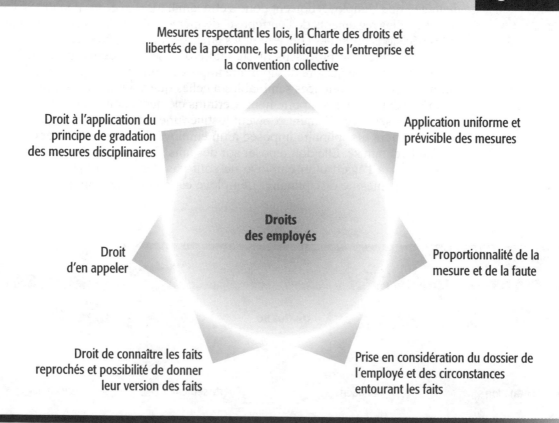

Mesures respectant les lois, la Charte des droits et libertés de la personne, les politiques de l'entreprise et la convention collective

Droit à l'application du principe de gradation des mesures disciplinaires

Application uniforme et prévisible des mesures

Droits des employés

Droit d'en appeler

Proportionnalité de la mesure et de la faute

Droit de connaître les faits reprochés et possibilité de donner leur version des faits

Prise en considération du dossier de l'employé et des circonstances entourant les faits

C'est donc le caractère volontaire du geste qui permet de classifier la mesure disciplinaire.

Par ailleurs, une **mesure administrative** est appliquée lorsque l'employé ne réussit pas à satisfaire aux exigences professionnelles de son travail à cause d'un manquement involontaire de sa part.

Ce manquement peut être une incapacité physique ou mentale (une maladie, un handicap, l'alcoolisme, la toxicomanie), une incapacité professionnelle (la perte du permis de conduire ou d'un droit d'exercice lié à l'exécution du travail, l'emprisonnement) ou une incompétence (la non-acquisition des connaissances professionnelles liées à l'emploi en raison d'une formation inadéquate ou d'un changement d'affectation).

Lorsque, à la suite d'un manquement, le superviseur qui mène l'enquête constate qu'il y a une incapacité ou une incompétence, qu'il n'y a pas d'intention ou de caractère volontaire, il doit trouver une solution autre qu'une mesure disciplinaire pour aider l'employé à corriger son comportement. La mesure administrative ne se traduit pas par une intention de punir ; elle vise plutôt à pallier, dans la mesure du possible, une incapacité ou une incompétence indépendante de la volonté de l'employé. Elle est à la base plus humaine, mais elle peut également conduire au congédiement dans les cas où aucune solution ne peut être appliquée sans mettre en péril la santé et la sécurité des autres employés.

Si le manquement involontaire est lié à l'état de santé de l'employé, le superviseur verra à demander un bilan de santé afin d'être en mesure d'offrir ensuite à l'employé une modification de ses tâches conforme à ses restrictions physiques. Après l'étude du dossier de l'employé, l'organisation peut, par exemple, décider d'offrir à celui-ci un autre poste, une retraite anticipée et même une rétrogradation.

Si le manquement nuit à long terme à la disponibilité de l'employé parce que, par exemple, il est gravement malade ou emprisonné, le superviseur peut, à la limite, demander sa démission ou être forcé de le congédier.

Lorsque l'incompétence est responsable du manquement de l'employé, le superviseur peut offrir à ce dernier une formation plus appropriée et suivre ses progrès en espérant une amélioration de son travail. Si aucune amélioration ne se produit, des mesures plus sévères pourront alors être prises, comme la rétrogradation ou le congédiement.

Le superviseur doit donc se rappeler que chaque situation est un cas d'espèce, que même les mesures administratives doivent être appliquées graduellement (principe de la progressivité des sanctions) et qu'une enquête doit également être menée avant la prise de décision finale sur la mesure à appliquer.

10.3 Les problèmes exigeant une intervention du superviseur

Plusieurs motifs, dont le faible rendement au travail, la falsification des compétences, l'incompatibilité des caractères, l'insubordination et l'inconduite, l'absentéisme et le manque de ponctualité, le vol de même que la toxicomanie exigent l'application de mesures disciplinaires.

10.3.1 Le faible rendement au travail

La réalisation des objectifs de l'organisation repose sur le rendement de chacun des membres de l'entreprise. Un individu au sein d'un service peut, par la piètre qualité de son travail ou la faiblesse de son volume de production, nuire à la réalisation des objectifs établis. Dans ce cas, une intervention du superviseur s'impose immédiatement, et la promptitude à réagir est une garantie supplémentaire de succès.

Les conditions de travail de l'employé, particulièrement sa rémunération, peuvent nuire à son rendement. Les diminutions de salaire répétées, le gel du salaire, l'augmentation de la tâche, la baisse de degré hiérarchique, l'absence de considération, voire le mépris à l'égard de l'employé ou de sa fonction, se traduiront par un manque de motivation qui se répercutera sur le rendement.

10.3.2 La falsification des compétences

La qualification des employés se mesure par des tests lors de la sélection, mais certaines habiletés sont présumées en raison de la formation et de l'expérience de l'employé. Lorsqu'un employé laisse supposer qu'il possède des compétences et que cela se révèle faux, il y a tromperie. Par exemple, un candidat ayant obtenu un diplôme d'études collégiales devrait normalement être bilingue. S'il a prétendu, lors de l'embauche, qu'il parlait couramment l'anglais et que cela est faux, il s'agit d'une faute grave exigeant une mesure disciplinaire sévère. Généralement, le congédiement est la sanction rattachée à la falsification des compétences.

10.3.3 L'incompatibilité des caractères

L'incapacité pour un employé de s'entendre avec ses collègues de travail ou son superviseur peut être la cause d'ennuis sérieux, car un lieu de travail doit être harmonieux pour être productif. Lorsqu'ils ne peuvent s'entendre, il y a peu de chances que les objectifs de l'entreprise soient atteints ; il faut donc l'intervention du superviseur.

10.3.4 L'insubordination et l'inconduite

Lors de l'étude de l'évaluation du rendement, nous avons indiqué qu'un rendement inadéquat pouvait être corrigé par une meilleure supervision et une formation appropriée. Or, il arrive parfois que l'employé fournisse un faible rendement ou ne respecte pas les règles après avoir décidé qu'il en serait ainsi. Il peut s'agir d'une décision de non-collaboration et, dans les cas les plus graves, d'**insubordination,** soit le refus de l'employé de faire ce qu'un superviseur demande.

Insubordination :
Refus de l'employé de faire ce qu'un superviseur demande.

Plusieurs comportements se classent dans cette catégorie, comme une attitude négative, la critique ou la médisance à propos des collègues de travail ou du superviseur. L'employé peut être continuellement en conflit avec les autres, ou s'arranger pour travailler le moins possible. Il peut consacrer ses énergies à des activités sociales, à des conversations ou encore à des promenades dans les différents services de l'entreprise.

Le fait de ne pas respecter les règles, celui de refuser de signer le registre des heures de travail ou celui d'omettre de remettre certains rapports sont d'autres formes d'insubordination. Lorsque des directives ont été données au sujet d'un travail, l'ensemble du travail pourrait nécessiter d'être refait si un employé n'a pas suivi les directives. Il peut en découler des pertes de temps et de matériel, le climat de travail de l'équipe peut en souffrir et il y a le risque de perdre des clients.

L'insubordination peut impliquer un refus passif ou le refus net d'accomplir les tâches demandées, et peut même atteindre d'énormes proportions lorsqu'elle débouche sur des menaces ou sur la violence verbale ou physique[3]. La violence au

---

3. Voir à ce propos Michael Barrier, « The enemy within », *Nation's Business*, février 1995, p. 18-24.

travail affecte le sentiment de sécurité personnelle, le sentiment de bien-être personnel, le sentiment d'autonomie personnelle et le niveau de stress. Aux États-Unis[4], les homicides sont la deuxième cause de mortalité sur les lieux de travail. Selon la Northwestern National Life Insurance, en 1993, 2,2 millions de travailleurs ont été attaqués physiquement, 6,3 millions ont subi des menaces verbales et 16,1 millions ont été harcelés d'une manière ou d'une autre[5]. Selon le journal *Les Affaires*[6] qui cite une étude de la Society for Human Resource Management, la violence en milieu de travail aux États-Unis aurait fait un bond de 10% de 1996 à 1999. On estime que 57% des entreprises américaines connaissent des problèmes de violence, que dans 55% des cas cette violence est liée à un conflit entre deux individus.

En 1960[7], 80% des employés qui ont perdu leur emploi en ont retrouvé un d'un niveau comparable; en 1980, le taux de succès était de 50%; à la fin des années 1980, ce taux était de 25% et, en 1990, 90% des Américains qui ont perdu leur emploi n'ont jamais pu retrouver un emploi équivalent. La rationalisation de la main-d'œuvre, les fusions et les licenciements dont nous avons parlé au chapitre 2 et aux chapitres suivants ont des conséquences dramatiques et peuvent déclencher chez les employés des réactions inattendues.

Inconduite : Attitude de l'employé qui ne se conforme pas aux attentes normales de l'employeur.

L'**inconduite** est une attitude de l'employé qui ne se conforme pas aux attentes normales de l'employeur. Elle peut se manifester par la malpropreté, un langage offensant, des remarques désobligeantes, une tenue vestimentaire négligée, le commérage, des plaintes continuelles à l'égard des collègues, du superviseur ou de l'entreprise, une attitude sarcastique, voire hostile, un comportement passif ou un manque d'initiative. Ces manifestations impliquent généralement un problème personnel que l'employé n'arrive pas à régler. Il se peut, par exemple, que l'employé aime son travail mais déteste le contexte organisationnel de son emploi. Le rôle du superviseur dans cette situation consiste à remonter aux sources en discutant avec l'employé.

La non-observation des règles assurant la sécurité des employés, l'économie du matériel et la productivité constitue aussi une forme d'inconduite. Lorsque le superviseur est convaincu que les règles sont raisonnables, qu'elles ont été établies équitablement et que les employés en sont informés et les comprennent, il est de son devoir de les appliquer.

---

4. Helen Frank Bensimon, « What to do about anger in the workplace », *Training & Development*, septembre 1997, p. 28-32.

5. Lire à ce sujet D. Chappell et V. Di Martino, *La violence au travail*, Genève, Bureau international du travail, 2000 ; Commission de la santé et de la sécurité du travail du Québec (CSST), *Nombre et fréquence relative des lésions attribuables à la violence en milieu de travail*, Direction de la statistique et de gestion de l'information, Service de la statistique, 2 juillet 2000 ; S. Dansereau, « Quand le stress au travail rend agressif », *Les Affaires*, 14 août 1999, p. 19 ; H. Hoel et C. Cooper, « Working with victims of bullying », dans H. Kemshall et J. Pritchard (dir.), *Good Practice in Working with Victims of Violence*, Londres, Jessica Kinsley Publishers, 2000, p. 101-118 ; M. Laferrière, « Mélange explosif, climat trouble et personnalités vulnérables font naître la violence au travail », *Le Soleil*, 27 mai 2000, p. A 1 et A 2.

6. Voir à ce sujet Christian Beaudry, « La violence au travail », *Travail et santé*, vol. 18, n° 1, mars 2002, p. 6-7 ; Monique Legault Faucher, « Violence au travail : comprendre et…agir », *Prévention au travail*, vol. 16, n° 2, printemps 2003, p. 46-47 ; Martin Jolicœur, « La violence au travail nuit à la production », *Les Affaires*, vol. 73, n° 21, 26 mai 2001, p. 29 ; Jacques Lamarre, « Violence en milieu de travail », *L'intervenant*, vol. 16, n° 3, 1999-2000, p. 16-17.

7. Joseph E. Kinney, *Violence at Work : How to Make your Company Safer for Employees and Customers*, New York, Prentice-Hall, 1995.

10.3.5 L'absentéisme et le manque de ponctualité

Un employé qui n'est pas à son poste, même quelques minutes par jour, coûte très cher à son employeur. L'entreprise doit respecter ses échéanciers et ne peut attendre indéfiniment qu'un employé daigne se présenter à son poste de travail. S'absenter du travail ou y arriver en retard, prendre des pauses-café ou des heures de lunch trop longues, quitter le travail trop tôt, voilà autant de comportements inacceptables qui perturbent le déroulement du travail.

Une absence non autorisée pour satisfaire des besoins personnels nuit à la productivité et affaiblit la motivation des autres employés. Toute absence doit être compensée par le travail supplémentaire des autres employés ou par l'embauche d'employés temporaires. Il est entendu qu'un employé malade doit rester chez lui et récupérer le mieux possible avant son retour au travail, évitant ainsi, dans certains cas, de contaminer les autres employés. Le problème provient des absences non justifiées ou dont la fréquence est suspecte.

10.3.6 Le vol

Le vol commis par les employés est probablement un des problèmes les plus sérieux auxquels font face les entreprises aujourd'hui. Certains employés volent de la papeterie, expédient leur courrier personnel du bureau, font des appels interurbains personnels, volent de la marchandise, trichent sur les comptes de frais, se servent des ressources de l'entreprise pour leur usage personnel ou manipulent des ordinateurs pour en tirer un profit.

Le vol de temps se manifeste par la déclaration d'heures travaillées supérieures aux heures réelles ou par la décision de ne pas travailler durant toutes les heures payées. La première catégorie de vol se traduit par la falsification des cartes de présence, le pointage de la carte d'un collègue de travail. La seconde catégorie comprend l'absence non autorisée du poste de travail, le manque de ponctualité et l'exécution de tâches personnelles pendant les heures de travail.

Toutes les méthodes de gestion de dossiers, particulièrement celles qui concernent le matériel, doivent être respectées, et le superviseur doit s'assurer qu'il en est ainsi. Mais il doit surtout s'efforcer de créer un climat sain et motivant, et d'accroître l'engagement des employés. Ce sont là les meilleurs moyens de combattre le vol. Le comportement personnel du superviseur doit aussi témoigner de sa probité et de son éthique, l'exemple étant une excellente façon d'influencer les autres.

10.3.7 La toxicomanie[8]

Des problèmes de comportement[9], une tenue négligée, la somnolence, les erreurs nombreuses et l'instabilité, le non-respect des règles de sécurité, un faible rendement au travail et des absences fréquentes sont certes des problèmes, mais ce sont aussi des symptômes d'autres problèmes plus sérieux[10].

---

8. Monique Legault-Faucher, « La toxicomanie englobe la consommation de drogue, de médicament et d'alcool », *Prévention au travail*, Montréal, octobre-novembre 1991, p. 10.

9. Voir à ce sujet le rapport de la Gendarmerie royale avec la collaboration d'André McNicoll et du Centre canadien de lutte contre l'alcoolisme et les toxicomanies (www.rcmp-grc.gc.ca/html/wkpla-f2.htm), *Les drogues en milieu de travail*, Ottawa, Publications du CCLAT, 1997.

10. Extrait de William C. Symonds, « Is business bungling its battle with booze ? », *Business Week*, 25 mars 1991, p. 76-78.

La position d'une entreprise devrait être claire au sujet des drogues interdites : elle doit se conformer à la loi et, au besoin, elle fera appel aux forces policières. Plusieurs politiques d'entreprise en matière de consommation stipulent que toute violation sera soumise à un **programme d'aide aux employés** (PAE) avant que des mesures soient prises. La politique d'une entreprise sur les drogues devrait s'appliquer à tout le personnel, à toutes les formes de travail, à tous les lieux de travail et aux autres terrains qui lui appartiennent, comme le parc de stationnement.

Pour ce qui est des médicaments[11], il est difficile d'intervenir, car ce sont des produits qu'on trouve légalement sur le marché. Le problème n'est pas le produit en soi, mais la surconsommation de celui-ci. Les médicaments les plus utilisés sont les stimulants[12]. On observe un abus d'amphétamines parmi les chauffeurs de camions sur de longues distances et d'autres personnes qui doivent travailler durant plusieurs heures consécutives. On constate aussi l'abus de barbituriques[13] et de tranquillisants[14].

Ce fléau coûte très cher à notre économie, car non seulement le rendement des employés qui éprouvent ce problème est faible, mais ils ont des accidents de travail plus souvent que la moyenne et ils démissionnent plus facilement que les autres employés, ce qui fait grimper les coûts de recrutement. Comme ces employés sont plus sujets à des accidents de travail, les congés de maladie et les périodes d'invalidité en relation avec la toxicomanie augmentent le coût des assurances collectives. Selon une étude du Centre canadien de lutte contre l'alcoolisme et les toxicomanies[15], le montant de 18,45 milliards de dollars, ou 2,7 % du produit intérieur brut pour 1992, représente le coût total de l'abus de substances ; le coût réel est probablement beaucoup plus élevé.

Certains postes dans les entreprises peuvent eux-mêmes contribuer au problème. Les emplois stressants, de longues heures de travail, un travail routinier et le travail en équipe ont été reconnus comme prédisposant à la consommation de drogue[16]. De plus, les traditions d'une entreprise comme le « lunch liquide », des cantines détenant un permis d'alcool ou le service de consommations gratuites lors d'événements spéciaux n'améliorent pas les choses.

Lorsque le superviseur constate qu'un employé a un problème de toxicomanie, il doit l'encourager à faire appel à un PAE. Le superviseur doit favoriser le recours à cette aide en réaménageant l'horaire de travail de l'employé ou en lui accordant un congé avec ou sans solde. Le rôle du superviseur se limite aux comportements touchant directement le travail. Il ne peut imposer des sanctions à un employé qui prend de la drogue par exemple, mais il peut mettre en branle le processus de discipline si l'employé ne respecte pas les règles de sécurité ou n'accomplit pas le travail qui lui est confié.

---

11. Centre canadien de lutte contre l'alcoolisme et les toxicomanies, *op. cit.*
12. Les principaux stimulants sont les amphétamines (amphétamine, méthamphétamine, méthylène-bioxy-méthamphétamine, méthédrine, dexédrine, Ritalin, etc.), dits *speeds*.
13. Les principaux barbituriques sont le Nembutal, le Seconal, le phénobarbital, le Tuinal, le Dexamel, le Mandrax et le Quaalude.
14. Les principaux tranquillants sont le Librium, le Valium, le Mogadon et le Tranxène.
15. Centre canadien de lutte contre l'alcoolisme et les toxicomanies, Les coûts de l'abus des substances au Canada : points saillants d'une étude importante sur les coûts reliés à la santé, au secteur social et économique, de l'effet de la consommation d'alcool, du tabac et des drogues illicites au Canada, Ottawa, 1997 (www.ccsa.ca/costhigf.htm).
16. Transports Canada, Rapport intégré sur l'usage des drogues dans le transport : aéroports, aéronautique, surface (autobus/camions) et maritime, Toronto, Heffring Research Group, 1990.

10.4 Les trois approches concernant l'application de la discipline

Il existe trois approches concernant l'application de la discipline, soit l'approche préventive, l'approche punitive (ou corrective) et l'approche constructive (ou non punitive).

10.4.1 L'approche préventive

Selon l'approche préventive, l'entreprise doit définir ses politiques, ses méthodes, ses règles et ses objectifs, et les communiquer à ses employés. Elle doit aussi mettre en avant ses valeurs[17]. Pour bien comprendre les valeurs préconisées par l'organisation, l'employé doit connaître l'historique de celle-ci, ses processus de travail, le style de leadership qu'elle adopte, les interactions entre les différents services et les personnes, et ainsi de suite. L'organisation doit faire connaître tous ces éléments et surtout les faire comprendre. Le processus d'accueil lors de l'embauche d'un employé représente le moment idéal pour transmettre ces éléments. Il s'agit non seulement d'encourager l'employé à respecter les normes de l'entreprise, mais surtout de l'inciter à s'autodiscipliner.

10.4.2 L'approche punitive

L'approche punitive ou corrective privilégie le respect des règles. Tout comportement qui n'est pas conforme aux attentes du superviseur et de l'entreprise, compte tenu des règles établies, doit être sanctionné. Autrement, la non-sanction de ces comportements risquerait d'entraîner l'indiscipline et même de nuire aux employés qui respecteraient spontanément les normes. Cette approche comporte un élément de réprobation, mais elle vise aussi l'exemplarité. La sanction cherche à susciter l'acceptation des règles par les employés déviants ou à démontrer le refus d'un employé à adhérer à ces règles, ce qui obligera l'entreprise à se séparer de cet employé. Les objectifs visés sont généralement de corriger les contrevenants, d'inciter les autres employés à respecter les règles et de maintenir la cohérence et l'efficacité des normes en place.

10.4.3 L'approche constructive

L'approche constructive ou non punitive[18] implique une démarche spécifique face à des employés présentant des problèmes de comportement ou de non-respect des règles de l'entreprise (*voir la figure 10.3*). Elle regroupe des aspects de la discipline préventive et de la discipline punitive. Elle apprend à l'employé à s'autodiscipliner, et l'intervention du superviseur ne se fait qu'après qu'un geste a été fait.

---

17. Gregg Guetschow, «Value-based discipline», *Public Management*, vol. 81, n° 4, mai 1999, p. 16-19.
18. Cette approche a fait l'objet d'une publication pour la première fois en 1964 dans un article où John Huberman décrivait l'approche qu'il avait utilisée avec succès dans une usine canadienne de contreplaqués : «Discipline without punishment», *Harvard Business Review*, juillet-août 1964, p. 62-68 ; de même, John Huberman, «Discipline without punishment lives», Harvard Business Review, juillet-août 1975, p. 6-8 ; voir aussi D. N. Campbell, R. L. Fleming et R. D. Grote, *loc. cit.* 19. La traduction de l'expression anglaise *hot stove* est de William B. Werther, Keith Davis et Hélène Lee-Gosselin, *La gestion des ressources humaines*, 2e éd., Montréal, McGraw-Hill, Éditeurs, 1990, p. 579 ; voir aussi Lester R. Bittel et John W. Newstrom, *What Every Supervisor Should*, 6e éd., New York, McGraw-Hill, 1990, p. 367.

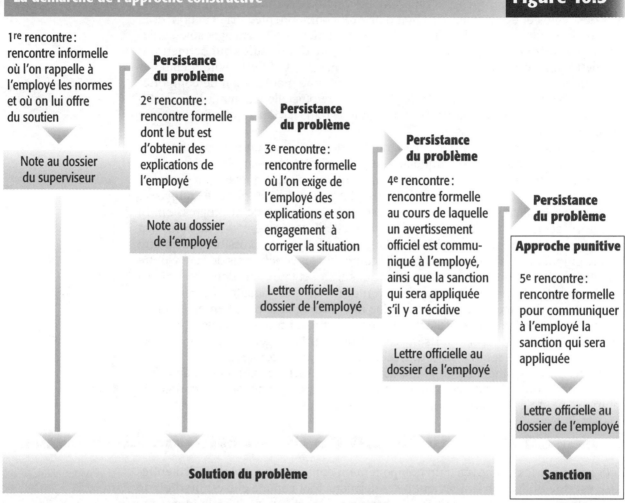

1re rencontre : rencontre informelle où l'on rappelle à l'employé les normes et où on lui offre du soutien

Note au dossier du superviseur

Persistance du problème

2e rencontre : rencontre formelle dont le but est d'obtenir des explications de l'employé

Note au dossier de l'employé

Persistance du problème

3e rencontre : rencontre formelle où l'on exige de l'employé des explications et son engagement à corriger la situation

Lettre officielle au dossier de l'employé

Persistance du problème

4e rencontre : rencontre formelle au cours de laquelle un avertissement officiel est communiqué à l'employé, ainsi que la sanction qui sera appliquée s'il y a récidive

Lettre officielle au dossier de l'employé

Persistance du problème

Approche punitive

5e rencontre : rencontre formelle pour communiquer à l'employé la sanction qui sera appliquée

Lettre officielle au dossier de l'employé

Sanction

Solution du problème

Afin de résoudre le problème que présente l'employé, il faut tout d'abord rencontrer l'employé dès l'observation du comportement répréhensible. Cette rencontre informelle doit permettre au superviseur d'expliquer en quoi le comportement adopté par l'employé nuit aux résultats recherchés par le service ou l'entreprise. Par exemple, un employé ayant accumulé un nombre de retards anormalement élevé au cours du dernier mois pourrait avoir des problèmes personnels requérant un soutien professionnel. Il s'agit non pas d'un avertissement adressé à l'employé, mais plutôt d'un rappel concernant le respect des normes essentielles au bon fonctionnement de l'entreprise, la responsabilité de l'employé face à ces normes et le soutien que l'entreprise est susceptible de lui offrir.

Une deuxième rencontre a lieu si le comportement inacceptable se répète. Au cours de cette rencontre plus officielle, on demandera des explications à l'employé afin de comprendre la situation. Un résumé de la rencontre sera versé à son dossier.

Le maintien d'un comportement incorrect exige une troisième rencontre, où l'employé devra expliquer son comportement et les raisons qui le poussent à faire les gestes qu'on lui reproche. Il faut surtout connaître ses intentions face au respect des règles et des normes. Il s'agit d'une rencontre orientée vers l'action, et la recherche d'une solution doit être envisagée. L'employé doit s'engager solennellement à corriger la situation ou, du moins, à prendre des mesures qui permettront une nette amélioration de son comportement, mesures qu'il est invité à élaborer par écrit, si possible. La meilleure façon d'obtenir une modification de comportement implique l'adhésion de l'employé. Une lettre officielle résumant les conclusions de la rencontre doit être remise à l'employé dans les jours qui suivent et une copie sera versée à son dossier.

La persistance du comportement négatif de l'employé entraînera une quatrième rencontre au cours de laquelle le superviseur lui fera part de son intention d'appliquer une sanction dès la répétition du geste reproché, un retard par exemple. Compte tenu de l'effort que l'entreprise a déjà fait pour aider l'employé, il faut passer à l'étape de la suspension si l'on veut respecter le principe de la progression. Si l'employé décide de se conformer aux normes de l'entreprise, et s'il démontre sa bonne volonté pendant une période relativement longue, la pression pourra être réduite graduellement. Une lettre officielle contenant les conclusions de la rencontre doit être remise à l'employé dans les jours qui suivent et une copie doit être versée à son dossier, que l'employé accepte de se conformer ou qu'il remette sa démission.

Si une cinquième rencontre est rendue nécessaire par le maintien du comportement négatif de l'employé, il s'agira d'une rencontre au cours de laquelle la sanction choisie par l'entreprise lui sera communiquée. Le superviseur adopte alors l'approche punitive compte tenu de l'échec de l'approche constructive.

La raison fondamentale de l'adoption d'une approche constructive quant à la discipline découle de l'objectif même de la discipline, qui consiste à corriger le comportement de l'employé plutôt que de le punir.

10.5   La détermination de la sévérité de la sanction

L'adoption par les employés d'un comportement conforme aux objectifs de l'entreprise est une obligation qui revient à ces derniers, tout comme elle est un droit de l'employeur. L'entreprise peut donc imposer des mesures disciplinaires aux employés qui ne respectent pas les règles établies, sous réserve des lois, des politiques et des clauses de la convention collective, ainsi que nous l'avons mentionné précédemment.

Le superviseur doit donc vérifier l'existence d'une cause juste et suffisante par l'établissement d'une preuve appuyée sur des faits. Il doit aussi déterminer si une mesure disciplinaire s'impose et si le degré de sévérité de cette mesure est conforme à l'équité et proportionnel à la faute compte tenu des circonstances. Une règle guide l'application de la discipline corrective : la « règle du feu[19] ». Selon cette règle, la mesure disciplinaire doit s'appliquer de la même façon que lorsqu'on touche le feu d'une cuisinière : elle doit comporter un avertissement (chaleur), faire sentir son effet immédiatement (brûlure) et être uniforme pour tous et s'appliquer à tous.

---

19. La traduction de l'expression anglaise « hot stove » est de William B. Werther, Keith Davis et Hélène Lee-Gosselin, *La gestion des ressources humaines*, 2ᵉ éd., Montréal, McGraw-Hill Éditeurs, 1990, p. 579 ; voir aussi Lester R. Bittel et John W. Newstrom, *What every supervisor should know*, 6ᵉ éd., New York, McGraw-Hill, 1990, p. 367.

10.5.1   L'analyse de la situation

Avant de mettre en branle le processus de discipline en réponse à un comportement déviant d'un employé, le superviseur doit avoir un aperçu le plus complet possible de la situation. Pour porter un jugement, il devra colliger un ensemble de données dont il tiendra compte lors du choix de la mesure à prendre.

Dès que le superviseur est informé de la situation, il doit rencontrer l'employé ou les employés en cause et leur demander leur version des faits. À cette étape, le superviseur doit être à l'écoute, il ne doit pas porter de jugement ni se mettre en colère.

10.5.2   La détermination préliminaire de la sanction

Lorsque le superviseur a en main toutes les données et qu'il en a fait une analyse poussée, il doit déterminer si une sanction disciplinaire s'impose et établir la sévérité de celle-ci compte tenu de la gravité de la faute et des décisions qui ont été prises antérieurement dans des situations similaires.

10.5.3   L'analyse du dossier de l'employé

Afin d'établir la nécessité d'une sanction disciplinaire, le superviseur doit analyser uniquement le comportement, l'incident ou la situation. Nous avons énuméré précédemment les motifs exigeant des mesures disciplinaires. Il faudra donc s'assurer que l'employé, de façon délibérée, a adopté un comportement s'écartant des normes de l'entreprise ou a enfreint un règlement. Il faut aussi vérifier si cette règle existe et aurait dû être connue de l'employé ; il ne faut pas tenir compte des règles tacites, qui ne sont jamais exprimées clairement.

10.5.4   La détermination de la sanction finale

Enfin, il faut vérifier la pratique dans l'ensemble de l'entreprise au cours des dernières années. Par exemple, un superviseur ne saurait reprocher à un employé de porter des jeans pour la raison qu'il n'accepte pas ce genre de vêtement dans son service, alors que l'entreprise n'a jamais exprimé formellement cette exigence ni établi de politique concernant la tenue vestimentaire.

Lorsque le superviseur a conclu qu'une sanction s'impose et qu'il a déterminé la sévérité de la sanction qui devrait être rattachée au comportement reproché, il procède à l'analyse du dossier de l'employé. La sévérité de la sanction finale peut être amoindrie ou renforcée eu égard au dossier de l'employé et aux circonstances atténuantes ou aggravantes.

10.6   Le caractère progressif de la politique disciplinaire

Le principe de la gradation des mesures disciplinaires signifie que, dans l'échelle des sanctions, suivant les conclusions de l'analyse du superviseur, la gravité de la faute, le dossier de l'employé et les circonstances, la sanction initiale imposée à l'employé doit être la moins sévère parmi celles qui sont à la disposition du superviseur. Pour être efficace, la discipline progressive doit respecter certaines règles. D'abord, l'employé doit être informé avec précision du problème ; ensuite, il doit savoir ce qu'il a à faire pour corriger la situation ; puis, un délai raisonnable doit lui être accordé pour redresser cette situation ; enfin, il doit être informé des conséquences de son inaction[20]. Selon cette politique, une séquence ordonnée de mesures disciplinaires doit être appliquée, et la sévérité doit augmenter avec la répétition de la faute. Par contre, les fautes graves peuvent entraîner une sanction sévère dès la première infraction.

La gradation des sanctions comprend généralement la réprimande verbale, la réprimande écrite, la suspension disciplinaire, la rétrogradation, la suspension préalable au renvoi et le congédiement (*voir la figure 10.4*).

10.6.1   La réprimande verbale

La réprimande verbale représente le premier niveau de sanctions. Elle consiste en un avertissement verbal par lequel le superviseur indique clairement à l'employé la faute ou le comportement reproché, la règle qui est enfreinte, les conséquences de son comportement sur les activités de l'entreprise, la manière dont l'employé peut corriger la situation et le moment où il peut le faire et, enfin, les mesures à venir si la situation n'est pas corrigée. Il est préférable de conserver un compte rendu de cette rencontre.

10.6.2   La réprimande écrite

Après la réprimande verbale, on passe à la réprimande écrite, qui comporte les mêmes éléments que la précédente, mais qui sera versée au dossier de l'employé. Il est préférable d'obtenir la signature de l'employé ; dans le cas d'un refus de celui-ci, le supérieur immédiat du superviseur peut être appelé à assister à la rencontre et à apposer sa signature à titre de témoin au bas de la lettre de **réprimande**.

> **Réprimande :** Avertissement verbal ou écrit reprochant un comportement à l'employé et lui enjoignant de corriger la situation dans un délai donné.

10.6.3   La suspension disciplinaire

La **suspension disciplinaire** est une mesure qui interdit à l'employé de se présenter au travail pendant une période donnée au cours de laquelle son salaire ne lui sera pas versé. La durée de la **suspension** peut varier d'une journée à une année selon la gravité de la faute.

> **Suspension :** Mesure disciplinaire qui interdit à un employé de se présenter au travail pendant une période donnée au cours de laquelle il ne recevra pas son salaire.

La progression dans l'application des sanctions **Figure 10.4**

Réprimande verbale → Réprimande écrite → Suspension disciplinaire → Rétrogradation → Suspension préalable au renvoi → **Congédiement**

---

20. L. Rubis, « Disciplining employees made easy, or at least easier », *HR News*, 18 juillet 1999, p. 47.

10.6.4 La rétrogradation

La **rétrogradation** est le déplacement d'un employé vers un poste de niveau inférieur de la structure hiérarchique appelant un salaire moindre, soit parce qu'il n'a plus les compétences pour exercer les fonctions actuelles liées à son poste ou qu'à la suite de l'abolition de son poste il accepte ce mouvement dans le but de conserver son emploi. Ce déplacement peut aussi être une mesure disciplinaire. Cependant, dans la plupart des cas, la rétrogradation amène du ressentiment ou de la colère, qui risquent de durer tant et aussi longtemps que l'employé sera relégué à un poste de niveau inférieur. Dans les organisations militaires et paramilitaires (service de police, service de protection contre les incendies), ce genre de sanction est plus courant que dans les entreprises.

10.6.5 La suspension préalable au renvoi

La suspension préalable au renvoi est une mesure disciplinaire appliquée lors d'un manquement grave de la part de l'employé. Il s'agit d'une mesure qui interdit à l'employé de se présenter au travail pendant une période donnée au cours de laquelle son salaire lui est généralement versé. La durée de la suspension n'est pas toujours spécifiée, mais l'entreprise se réserve ordinairement le temps nécessaire à la poursuite de l'étude du dossier avant de prendre une décision finale. Cette dernière sera probablement une suspension sans solde ou un congédiement. Le but visé par la suspension préalable au renvoi consiste à soustraire l'entreprise aux risques que pourrait représenter la présence de l'employé sur les lieux du travail.

10.6.6 Le congédiement

Le **congédiement**[21] est le renvoi définitif d'un employé, qui constitue une rupture unilatérale du lien d'emploi pour des motifs disciplinaires. Le congédiement représente un échec pour l'employé de même que pour l'entreprise. Cela signifie que cette dernière n'a pas su embaucher le bon candidat, n'a pas su le former, ni le motiver, ni l'intégrer, ni même l'amener à s'amender lorsqu'il a adopté un comportement répréhensible. De plus, le congédiement implique de nouvelles dépenses pour le recrutement et la formation d'un nouvel employé.

Le congédiement représente la sanction ultime lorsque la faute est grave au point où des mesures correctives ne peuvent plus être envisagées. C'est le cas d'un policier arrêté pour trafic de drogue, d'un opérateur de métro qui se rend au travail en état d'ébriété, d'un employé de magasin surpris à voler, d'un employé qui endommage volontairement le matériel de l'entreprise, etc.

10.7 L'entrevue de congédiement

La décision administrative que constitue le congédiement exige que toutes les étapes du processus de gestion de la discipline aient été respectées, à moins que la gravité de la faute ne requière la sanction la plus sévère, et que le dossier de l'employé soit complet et conforme aux politiques de l'entreprise, de la convention collective et de la loi. Plusieurs lois imposent des limites à l'exercice du droit de discipline, et particulièrement du droit de congédiement : la Charte des droits et libertés de la personne (la discrimination), le Code du travail (les activités syndicales) et la Loi

---

21. Voir Richard Bayer, « Termination with dignity », *Business Horizons*, vol. 43, n° 5, septembre-octobre 2000, p. 4-10.

sur les accidents du travail et les maladies professionnelles (la dénonciation d'une violation de la loi, le refus d'exécuter une tâche dangereuse).

La tâche la plus désagréable pour un superviseur consiste à congédier un employé. Mais si le processus disciplinaire a été administré correctement, l'issue de la rencontre ultime où la sanction est communiquée à l'employé ne constitue pas une surprise. Tout doit quand même être mis en œuvre pour que le départ évite à l'employé de subir un traumatisme.

Afin de rendre cette rencontre le moins pénible possible[22], il est important qu'elle se déroule dans un endroit neutre, c'est-à-dire ni dans le bureau de l'employé ni dans le bureau du superviseur. Le superviseur doit être accompagné d'un témoin n'ayant aucun lien de travail avec l'employé, comme le superviseur d'un autre service. Afin de prévenir une déviation de la rencontre, une lettre de congédiement résumant tous les éléments du dossier (la date, le nom de l'employé, l'énoncé des faits, la description de la faute, la mention de la règle, de la norme ou de la clause de la convention collective qui n'a pas été respectée, la sanction appliquée, la date de l'application, etc.) doit être remise à l'employé au début de la rencontre. Le superviseur ne doit en aucun cas argumenter avec l'employé ; il lui faut rester calme et écouter.

Dans certains cas, le congédiement ne constitue pas l'étape finale du processus, car l'employé peut déposer un grief s'il est syndiqué ou entreprendre une poursuite judiciaire s'il se croit lésé. Le superviseur doit aussi éviter d'utiliser un langage permettant de croire que les termes de la lettre remise à l'employé ne reflètent pas fidèlement les intentions de l'entreprise. À titre d'exemple, il ne faudrait pas laisser entendre à l'employé que, dans d'autres circonstances dans l'avenir, l'entreprise pourrait le réembaucher. La rencontre doit être brève.

Il faut aussi éviter que cette rencontre n'ait lieu à la fin de la journée de travail, au retour des vacances ou d'un voyage d'affaires ou avant un congé férié. Un organisme public a déjà fait parvenir par huissier une lettre de congédiement au domicile d'un employé la veille de Noël ; le geste était pour le moins indélicat...

Comme il se doit pour tous les actes importants du superviseur, celui-ci doit préparer un dossier relatant toutes les circonstances et les étapes du processus disciplinaire, y compris la rencontre de congédiement.

10.8 Le *counseling*

Jusqu'ici, nous avons porté notre attention sur des employés dont les problèmes peuvent en règle générale être résolus par un suivi et un soutien. L'employé adopte alors, dans un délai raisonnable, le comportement souhaité. Mais certains employés ont des problèmes qui résistent au processus disciplinaire ou au *counseling*. Ces employés peuvent avoir souvent des problèmes de toxicomanie ou des problèmes psychologiques sérieux.

Le superviseur doit appliquer le processus disciplinaire. Si les résultats ne sont pas positifs, cela signifie qu'il se trouve devant un employé difficile.

La promptitude de la réaction d'un superviseur face à un problème de comportement de la part d'un employé augmente ses chances de régler la situation sans utiliser une procédure complexe ou une mesure disciplinaire, lesquelles ne sont pas toujours les meilleurs outils pour corriger une situation. Les critiques continuelles d'un employé peuvent être éliminées si le superviseur rencontre rapidement

---

22. Ce passage s'inspire de James Walsh, *Rightful Termination*, Santa Monica (Cal.), Merritt, 1994.

l'employé et discute avec lui des moyens d'améliorer la situation. Non seulement cela diminuera les critiques, mais pourra amener l'employé à remplacer ses critiques par des suggestions très intéressantes.

Counseling : Appui offert à un employé qui manifeste un problème personnel ou professionnel ayant des conséquences sur son travail.

Le ***counseling*** consiste en un appui offert à un employé qui manifeste un problème personnel ou professionnel ayant des conséquences sur son travail. Ce processus exige une analyse avec l'employé du problème qui le touche et la recherche commune d'une solution. Il constitue donc un exercice de participation volontaire du conseiller (le superviseur ou un professionnel) dont l'objectif est de favoriser l'adaptation de l'employé et d'améliorer le rendement de l'entreprise. Certains problèmes, tels les relations matrimoniales insatisfaisantes, les difficultés financières ou le problème de toxicomanie de l'employé ou d'un membre de sa famille, exigent l'intervention d'un professionnel comme un avocat, un comptable, un médecin ou un psychologue. Le superviseur doit reconnaître ses limites et référer l'employé à des ressources adéquates, souvent par l'intermédiaire d'un programme d'aide aux employés. Cet appui ou cette rencontre implique qu'aucune mesure disciplinaire ne sera prise.

Le *counseling* comporte des avantages nombreux pour les employés. Il peut atténuer leurs inquiétudes et les aider à régler leurs problèmes. La coopération entre le superviseur et l'employé dans la recherche d'une solution favorable à l'employé développe chez ce dernier un sentiment d'appartenance à l'entreprise et sa confiance dans les gestionnaires.

L'entreprise y trouvera aussi son compte. L'employé qui reçoit de l'aide et qui réussit à s'en sortir est généralement plus motivé, et cela peut avoir un bon effet sur son rendement. Les modifications positives du comportement d'un employé ont également des répercussions sur la motivation de ses collègues de travail et sur l'esprit d'équipe.

10.9   Les programmes d'aide aux employés

Les programmes d'aide aux employés (PAE) ont été inaugurés dans les années 1940 (Caterpillar Tractor, Consolidated Edison Dupont de Nemours, Eastman Kodak, Prudential Life) ; ils concernaient presque exclusivement les problèmes causés par l'abus d'alcool au travail. Quelques PAE gardent leur orientation vers la prévention des abus ; cependant, la plupart d'entre eux portent aujourd'hui sur des questions beaucoup plus larges de santé physique et de problèmes émotionnels, en équilibrant les services de prévention et de consultation. Dans un PAE, on tient pour acquis que l'abus de drogues ainsi que d'autres problèmes peuvent être contournés ou traités, et que le lieu de travail est propice à l'intervention.

Les employés et les employeurs bénéficient également de ces programmes. Les employés ont accès à un diagnostic confidentiel et à un traitement professionnel ; ceux qui reçoivent de l'aide et retrouvent un rendement satisfaisant verront leur sécurité d'emploi rétablie et leurs chances de promotion protégées. Les employeurs, pour leur part, profitent d'une productivité accrue et de meilleure qualité, d'une plus grande assiduité, d'une diminution du nombre des mesures disciplinaires, d'un nombre d'accidents réduit et d'une bonne stabilité du personnel.

Un PAE est habituellement élaboré conjointement par la direction et les syndicats ou les autres groupes représentant les employés pour aider ceux-ci et, de plus en plus, leur famille. Les employés qui recourent à ce programme doivent être assurés de la confidentialité de leur démarche. Généralement, un numéro de téléphone est distribué aux employés et, en cas de besoin, ces derniers peuvent communiquer directement avec une source professionnelle externe qui les dirigera vers des services précis en fonction de leurs besoins. Il n'y a pas de frais pour l'employé, et l'employeur n'est pas informé de cette démarche. Les frais sont assumés par une cotisation annuelle de l'employeur à l'organisme responsable, ordinairement une compagnie d'assurances.

L'expérience a révélé que de 1% à 6% des employés font appel à un PAE chaque année[23]. Les coûts de la mise en marche d'un PAE varient énormément selon l'importance de l'entreprise et l'éventail des services offerts ; ils sont de l'ordre de 60$ à 75$ annuellement par employé. La plupart des employeurs qui offrent des PAE croient que les bénéfices qu'ils apportent dépassent largement leurs coûts.

10.10 Les employés difficiles

Le comportement des employés n'appelle pas toujours une intervention disciplinaire. La personnalité de certains individus oblige parfois le superviseur à faire preuve de patience et d'imagination, à refréner les élans des uns et à faire réagir les autres. Ils constituent des cas particuliers que nous qualifions d'employés difficiles. Parmi la douzaine de types qu'on dénombre, nous avons retenu le « char d'assaut », le « génie en herbe », le « béni-oui-oui », le « négatif » et le « geignard »[24].

10.10.1 Le « char d'assaut »

Le superviseur discute dans son bureau avec un technicien à propos de l'entretien des équipements. On frappe à la porte et, sans attendre, Pierre-Marc L. entre dans le bureau.

Pierre-Marc L. : Patron, je dois absolument vous parler du dossier des ordinateurs.
Le superviseur : Sans problème. Peux-tu revenir dans 30 minutes ? Je serai alors disponible.
Pierre-Marc L. : Mais je n'en ai que pour deux minutes...
Le superviseur : Oui, je sais, mais je n'ai pas terminé avec monsieur. Alors, on se voit dans 30 minutes.
Pierre-Marc L. : Voyez-vous, les spécifications que vous avez demandées pour les lecteurs optiques ne sont pas...

Et Pierre-Marc L. poursuit son explication pendant quelques minutes.

---

23. Centre canadien de lutte contre l'alcoolisme et les toxicomanies en collaboration avec le ministère fédéral du Développement des ressources humaines, *Le guide des programmes et services d'aide aux employés offerts au Canada*. Ce guide contient une information détaillée sur plus de 200 fournisseurs de services destinés aux employés ayant des problèmes personnels et familiaux, dont l'alcoolisme et les autres toxicomanies. Ce répertoire bilingue de 380 pages apporte des renseignements sur les genres de services offerts, sur la reconnaissance professionnelle des fournisseurs, sur le niveau des compétences du personnel et sur le nombre de contrats obtenus par chaque fournisseur. Voir www.ccsa.ca/eapguidf.htm.

24. Les éléments de cette section sont inspirés de Rick Brinkman et Rick Kirschner, *Dealing With People You Can't Stand : How to Bring out the Best in People at their Worst*, New York, McGraw-Hill, 1994 ; Suzette Haden Elgin, *How to Disagree Without Being Disagreeable : Getting your Point Across with the Gentle Art of Verbal Self-Defense*, New York, John Wiley & Sons, 1997 ; Suzette Haden Elgin, *Try to Feel it My Way : New Help for Touch Dominant People and Those Who Care About Them*, New York, John Wiley & Sons, 1996 ; Suzette Haden Elgin, *Gender Speak : Men, Women, and the Gentle Art of Verbal Self-Defense*, New York, John Wiley & Sons, 1993, 336 p.

Description

Voici un individu que le superviseur sent venir cinq minutes avant son arrivée. Il pénètre dans le bureau sans frapper, il interrompt l'activité dans laquelle le superviseur est engagé et lui fait part de ses commentaires, le plus souvent désobligeants. Il occupe tout l'espace. Puis, sans avertir, il retourne dans son bureau, ou peut-être se dirige-t-il vers une autre victime? C'est un être qui cultive le conflit, qui est toujours en colère, désagréable et agressif. Ses collègues de travail ont beaucoup de mal à le supporter.

Les gestes à éviter

Cette personne ne désire qu'une chose : obtenir une réponse sans délai. La fin justifiant les moyens, il ne faut pas prendre ses attaques à titre personnel. Le superviseur ne doit pas réagir émotivement. Le «char d'assaut» pourrait contre-attaquer, car il ne reculera pas. S'il est en position de faiblesse, il cherchera des alliés et tentera d'écraser le superviseur. Celui-ci peut toujours justifier son point de vue, qui pourrait être fort défendable. Mais écoutera-t-il? Il n'en sera que plus frustré et accentuera son attaque. Alors, il ne reste que la retraite dans un climat de crainte. Malheureusement, face à un ennemi qui bat en retraite, le char d'assaut fonce, tire sur lui et l'écrase.

Le superviseur : En effet, j'ai bien demandé ces caractéristiques. Il me semble qu'elles sont nécessaires.
Pierre-Marc L. : Oui, mais elles posent un problème, car elles ne sont pas compatibles avec l'équipement actuel.

Le superviseur vient d'accepter l'interruption. Voilà ce qu'il ne fallait pas faire. L'employé a pris le contrôle de la situation et sa victoire l'encouragera à répéter le stratagème les prochaines fois. Il lui suffira d'insister.

Les moyens de défense

Le superviseur doit s'imposer avec fermeté, en évitant de devenir lui-même un char d'assaut. Lorsque l'employé semble avoir épuisé ses munitions, le superviseur lui demandera si tout a été dit. Il lui indiquera alors qu'il prend bonne note de la situation et que la réponse lui parviendra dans les plus brefs délais. Si l'employé reprend le combat, le superviseur doit tenter de l'interrompre en l'interpellant par son nom de façon répétée. La recette magique. Le superviseur répète le point essentiel de l'attaque de l'employé afin de démontrer qu'il a écouté et propose immédiatement sa perception des choses. Cela lui permet de reprendre l'initiative.

Pierre-Marc L. : Vous voyez bien que j'ai raison. De plus, les équipements...
Le superviseur : Pierre-Marc, Pierre-Marc, Pierre-Marc...
Pierre-Marc L. : C'est impossible que...
Le superviseur : Pierre-Marc, Pierre-Marc!
Pierre-Marc L. : Oui?
Le superviseur : Tu sembles avoir détecté un point important dans le cahier de charges ; la compatibilité pourrait ne pas être assurée. Alors, tu reviens me voir dans 30 minutes et on en discutera.

Le superviseur doit laisser la porte ouverte à l'employé, mais à ses conditions et au moment qu'il fixera. Ainsi, l'employé devra battre en retraite, mais avec honneur, ce qui évitera une seconde attaque. Malgré le style qu'il adopte, l'employé pourrait avoir raison. Le superviseur doit accepter ce fait et convaincre l'employé que son point de vue sera pris en considération à l'avenir.

10.10.2   Le « génie en herbe »

En poste depuis à peine deux mois, le nouveau superviseur tente d'imposer petit à petit sa philosophie. Son équipe est composée de personnes expérimentées, et Sandra B. est probablement la plus compétente du groupe.

Le superviseur : Sandra, les nouveaux emballages posent un sérieux problème : il semble que les boîtes ne restent pas collées. Le design ne paraît pas le meilleur pour ce produit.

Sandra B. : Avez-vous fait vérifier la colle utilisée ?

Le superviseur : Ce n'est pas un problème de colle, c'est une question de design.

Sandra B. : Le design est parfait. Sans doute les ajustements des emballeuses doivent-ils être vérifiés.

Le superviseur : J'ai vérifié auprès du service de la production, et il semble que ce soit un problème de conception de l'emballage.

Sandra B. : Le design a été testé par ordinateur ; le problème n'est pas là.

Description

Il n'y a aucun doute que cette employée est extrêmement compétente et très sûre d'elle. Elle veut obtenir des résultats, mais son désir de faire avancer les choses la ferme à toute nouvelle approche. La moindre interrogation est perçue comme une remise en question de ses compétences. Lorsque des questions sont posées à ces individus, ils sondent les motifs qui se trouvent derrière elles. Ces employés considèrent que se tromper est la pire des humiliations. C'est pourquoi ils n'admettent jamais leurs torts ; ils préfèrent au contraire manipuler les autres et les contrôler.

Les gestes à éviter

Le superviseur doit avant tout éviter d'entrer en compétition avec l'employé en ce qui a trait à ses connaissances et à ses compétences, et de confronter les assertions de cet employé avec les opinions d'un autre expert. Sinon ce sera une perte d'énergie. Ce type de personne vit un stress perpétuel afin de maintenir une position d'expert. Ne pouvant accepter la moindre erreur, elle doit être à l'avant-garde en ce qui concerne les connaissances et les compétences, ce qui l'amène à vivre dans la crainte de ne pas tout savoir.

Le superviseur : J'ai fait vérifier tes données avec les gens du service technique. Il semble que le concept de la fermeture des boîtes n'est pas compatible avec les matériaux utilisés.

Sandra B. : Je connais ces gens. Le mois dernier, ils ont implanté un système de mise à vide qui a été un désastre. Il a déjà été mis au rancart, et on devrait faire de même avec certains d'entre eux.

Le superviseur : J'ai moi-même fait des tests dans leur laboratoire et il m'apparaît que...

Sandra B. : Il apparaît que chacun connaît son domaine et qu'il est préférable d'en rester à son domaine d'expertise.

Le superviseur se dit alors que s'il poursuit l'échange, Sandra trouvera continuellement des arguments à lui opposer.

Les moyens de défense

Le superviseur doit connaître son dossier à fond, car l'employé cherchera la moindre faille dans son argumentation. Il doit aussi utiliser les arguments et les critères de l'employé lorsqu'il présente sa proposition, afin d'obtenir son attention. Le superviseur y gagnera s'il présente indirectement sa proposition en insistant sur l'incertitude qui l'habite. L'emploi de l'interrogation plutôt que de l'affirmation évitera que l'employé ne remette immédiatement en question sa proposition. Le superviseur doit aussi faire participer ce type d'employé à la recherche de la solution. La limite de ses efforts est le désir et la volonté du superviseur de faire participer cet employé à la décision.

S'il croit que cela n'est pas pertinent, le superviseur doit renoncer à cet exercice et imposer carrément sa solution. Mais s'il arrive à convaincre l'employé qu'il reconnaît son expertise et qu'il est prêt à en tirer profit, il ne sera plus perçu comme une menace et le « génie en herbe » sera plus ouvert aux idées des autres.

Le superviseur : J'ai fait analyser les colles utilisées et elles semblent adéquates. Le design de la boîte est super, il faudrait sans doute le conserver le plus intégralement possible.

Sandra B. : Un autre concept n'atteindrait pas l'objectif de la facilité de manipulation, et puis le temps...

Le superviseur : Je sais que tu crois que nous n'avons plus le temps de retravailler le concept et de faire des modifications importantes à ce stade-ci. C'est justement parce que nous n'avons pas de temps qu'il serait souhaitable que nous ne reprenions que le design de la fermeture et non le design complet de la boîte. Es-tu d'accord ?

Sandra B. : J'ai déjà étudié le problème et le concept actuel est la meilleure solution.

Le superviseur : Sandra, j'ai examiné tous tes projets depuis que tu travailles ici. Je ne crois pas que tu n'aies qu'une seule solution à proposer face à un problème. D'ailleurs, le mois dernier, ton projet de présentoirs réutilisables comportait trois solutions aussi valables les unes que les autres. Avec ta collaboration, je suis convaincu que nous trouverons une solution en quelques heures.

Sandra B. : Effectivement, j'avais envisagé une autre solution ; il faudrait la tester.

Le superviseur (à la blague) : Qu'est-ce qu'on ferait sans toi ?

10.10.3   Le « béni-oui-oui »

Lors d'une réunion du service, le superviseur demanda un volontaire pour travailler avec Suzanne C. en vue de compléter la présentation des nouveaux produits qui seront présentés lors de la rencontre avec l'équipe régionale des ventes.

André B. (un peu intimidé) : Je pourrais trouver quelques heures. Je suis plutôt occupé, mais le projet semble intéressant.

Le superviseur : Parfait ! Un problème de réglé.

Le lendemain, Suzanne et André devaient aller dîner ensemble pour discuter du projet. Vers 11 h 45, le téléphone de Suzanne sonne.

André B. : Salut, Suzanne, c'est André. Écoute, je ne peux pas aller dîner avec toi, j'ai un dossier à terminer pour Antoine. Il est en retard et j'ai offert de l'aider.

Suzanne C. : Bon, ce n'est pas grave. Réglons cela tout de suite au téléphone. Tu t'occupes de trouver les chiffres de ventes par territoire et les quotas des vendeurs par produit. Prépare les acétates et je m'occupe du reste. Je te rappelle lundi.

Le lundi suivant, Suzanne appelle André.

Suzanne C. : Bonjour, André ! As-tu trouvé toutes les données ?

André B. : Bien... Non, pas encore, mais demain je dois voir quelqu'un au service de la comptabilité qui me fournira le tout.

Trois jours avant la présentation, Suzanne se présente au bureau d'André.

Suzanne C. : Alors, ces acétates, des chefs-d'œuvre ?

André B. : Bon, écoute, je dois terminer ce rapport pour Marie. Son fils est malade et son patron attend ce document. Cela semble important.

Suzanne C. : Écoute, jeudi la rencontre est à 10 heures. Je serai dans ton bureau à 8 h 30 pour vérifier le tout et répéter ma présentation devant toi au moins une fois.

Le jeudi suivant à 8 h 20.

André B. : Bonjour, Suzanne. Je suis à toi dans cinq minutes. Je termine ces macros[25] pour le chiffrier de Pierre ; il voulait impressionner son patron, alors j'ai préparé quelques petits bijoux.

Suzanne C. : Passe-moi les acétates en attendant, je vais les mettre dans l'ordre pour ma présentation.

André B. : Les acétates ? Je n'ai pas terminé, et le service du graphisme semble débordé. Voici quand même les données que tu m'as demandées.

Et André tend à Suzanne cinq feuilles où sont griffonnées quelques données.

Description

Les « béni-oui-oui » sont une catégorie d'employés qui acceptent toutes les demandes de collaboration afin de s'attirer la sympathie des gens, mais qui ne se concentrent pas assez sur la tâche à accomplir. Puisque le désir de plaire chez ces personnes est capital, elles sont complètement désorganisées, n'ayant aucun contrôle sur leur horaire. Lorsqu'elles ne peuvent remplir toutes leurs promesses, elles sont sincèrement désolées, mais ne se sentent pas coupables pour autant, car les autres sont la cause de leur retard. Elles souhaitent simplement trouver quelqu'un qui corrigera la situation qu'elles ont créée.

Les gestes à éviter

Le superviseur ne doit pas tenter de culpabiliser ces personnages. Lorsqu'ils font face à un retard, ils tenteront de s'en sortir en faisant des promesses encore plus irréalistes. Très souvent leur gentillesse et leur esprit de collaboration camouflent une incapacité de s'organiser. La meilleure excuse pour ne pas compléter un travail, c'est d'accepter trop de travail.

Suzanne C. : André, tu m'avais promis que tout serait prêt.

André B. : Est-ce ma faute si tout le monde est débordé ? J'essaie d'aider les autres du mieux que je peux.

Suzanne C. : Mais la présentation est dans une heure.

André B. : Je m'en occupe. Dans 45 minutes, tout sera prêt, tu auras tes acétates... en couleurs si tu veux. Fais-moi confiance, tu as ma parole.

---

25. Les macros sont des instructions complexes qui déterminent les opérations composées à partir du répertoire de base d'un ordinateur.

Les moyens de défense

Avec ce type de personne, il faut établir un contexte de travail où l'honnêteté prime. Une promesse est une promesse. Par contre, une promesse impossible à respecter ne doit pas être faite. Lorsqu'un employé a la franchise d'avouer, dès qu'il prend conscience de ce fait, qu'il ne pourra exécuter un travail dans les délais prescrits, il faut apprécier son honnêteté, car elle permet aux autres de réagir immédiatement, ce qui serait impossible à faire une heure avant l'expiration du délai. Le superviseur doit profiter de l'occasion où ses employés prennent des engagements pour leur apprendre à faire une planification. Il doit surtout s'assurer que l'engagement que prend un de ses employés est sérieux et que celui-ci tiendra parole. C'est aussi le moment d'illustrer les conséquences négatives du non-respect d'un engagement.

Le superviseur: Y a-t-il un volontaire pour aider Suzanne à mettre au point la présentation des nouveaux produits en vue de la rencontre avec l'équipe régionale des ventes ?

André B.: Je pourrais trouver quelques heures. Je suis plutôt occupé, mais le projet semble intéressant.

Le superviseur: Merci, André. Mais regarde bien ton horaire. Cette rencontre est extrêmement importante et exige beaucoup de préparation. Peux-tu consacrer le temps nécessaire à ce projet ?

André B.: Ce sera serré, mais s'il ne se présente pas de nouveaux engagements, ça devrait aller.

Le superviseur: Ça *devrait* aller ? Il faut que ce soit clair. As-tu vraiment le temps ? Et es-tu prêt à refuser toutes les autres demandes d'ici la réunion ? Donne ta parole d'honneur ! Si tu ne tiens pas parole, c'est la réputation de tout le service qui en souffrira.

André B.: En fait, je crois que ce sera difficile.

Le superviseur: Bon, j'apprécie ton offre et j'apprécie surtout ton honnêteté. Tu es très occupé et tu fais du bon travail, mais voyons s'il n'y a pas un autre volontaire plus disponible.

10.10.4   Le « négatif »

Stéphane C.: Patron, si vous laissez Mariette terminer ce dossier, ce sera un désastre. Elle ne sait pas s'y prendre. Les points importants sont escamotés et son scénario de présentation n'est pas très original.

Le superviseur: Il me semble qu'elle est compétente et qu'elle l'a déjà prouvé dans le passé.

Stéphane C.: Je lui ai fait quelques suggestions, mais elle n'a pas l'air intéressée. Elle me fait penser à Jean-Pierre.

Le superviseur: Qu'y a-t-il à propos de Jean-Pierre ?

Stéphane C.: Il a recruté un employé du service des statistiques, mais il n'a pas pris le meilleur. Je lui avais dit d'aller voir Ève, mais il n'a même pas demandé à voir son dossier. Je connais ces gens, et je peux vous dire qui, parmi eux, est un vrai analyste.

Description

Le « négatif » est un employé orienté vers la tâche et motivé à atteindre les objectifs de l'équipe ; en même temps, il peut se montrer intolérant vis-à-vis du travail des autres. S'il est perfectionniste, il voudra décider de tout, faire les choses à sa manière. Tout ce que les autres font lui paraît inacceptable. Son comportement affaiblit la motivation et la confiance des autres membres de l'équipe. Par moments, le « négatif » est amer, déçu par la vie ; il adopte une approche pessimiste dans tous ses projets. Lorsqu'il blâme les autres en raison de leur façon de faire, il croit sincèrement qu'il a raison.

Les gestes à éviter

Le superviseur doit avoir beaucoup de compassion pour ce genre d'employés. Il ne peut savoir – de toute façon, cela ne serait nullement utile – quels obstacles ils ont pu rencontrer dans leur vie. Il ne doit pas tenter de les faire changer d'avis, d'autant plus que les critiques du « négatif » sont souvent ponctuelles et n'auront plus d'importance dans quelques mois.

Le superviseur : Mariette a toujours fait du bon travail, et je crois que tu ne regardes qu'un côté de la médaille.
Stéphane C. : Au contraire, j'ai tout analysé. Elle n'a pas assez d'imagination, elle est trop conservatrice. Les nouvelles idées lui font peur.
Le superviseur : Son dernier rapport exprimait pourtant un point de vue innovateur.
Stéphane C. : Pas du tout. J'avais déjà vu cette approche dans une revue et je lui ai expliqué comment elle pouvait la modifier. Mais quand on est borné...

Les moyens de défense

Il ne sert à rien d'affronter les personnes négatives ; suivre le courant est la meilleure solution. En cours de route, il faut transformer leurs critiques en solutions. Lorsqu'elles présentent une critique, on doit les inviter à aller plus loin et à offrir une solution qui éliminerait le fondement de la critique. Les personnes négatives deviennent alors des personnes-ressources. Si elles refusent de participer à la recherche d'une solution, il faut leur laisser le temps, laisser la porte ouverte et reconnaître leur esprit d'analyse et leur capacité de percevoir les problèmes.

Le superviseur : Tu crois donc que Mariette est la pire employée de l'entreprise.
Stéphane C. : Bien... Je ne dirais pas la pire. Elle a des qualités.
Le superviseur : Ah oui ! Lesquelles, selon toi ?
Stéphane C. : Parfois, elle a de bonnes idées ; pas souvent, mais ça arrive.
Le superviseur : Dans le rapport qu'elle prépare, y a-t-il selon toi une ou deux bonnes idées ?
Stéphane C. : Deux ? Peut-être pas, mais au moins une. Peut-être deux.

10.10.5 « Le geignard »

Marielle P. : Le projet ne sera jamais terminé à temps. Nous n'aurions pas dû accepter de le faire compte tenu des délais.
Le superviseur : Il reste encore trois jours ; c'est réalisable.
Marielle P. : Notre équipement n'est pas à la hauteur, les spécifications sont trop exigeantes.
Le superviseur : Les employés peuvent compenser les déficiences de l'équipement ; regarde leur motivation au travail.
Marielle P. : Ils ne tiendront pas le coup ; ils sont déjà épuisés. Puis, ces jeunes-là, ça n'a pas de résistance.
Le superviseur : Toi, tu es là pour les inspirer. Je me fie à toi.

Marielle P. : Je n'y crois plus. Il faut être réaliste. À quoi bon s'acharner ? Ce sera de l'énergie perdue.

Le superviseur : Tu ne crois pas que tu lances la serviette trop tôt ?

Marielle P. : C'est de la folie, il faut reconnaître une défaite.

Description

Le « négatif » critique tout, mais il peut offrir une solution à l'occasion. Quant au « geignard », il ne présente jamais de solutions. Il existe trois catégories de geignards : le geignard utile, le geignard pathologique et le geignard antipathique.

Le geignard utile est celui qui se plaint de tout mais sans excès. Il est utile, car si les autres sont unanimes, il les oblige à faire une dernière analyse avant de prendre la décision finale. D'ailleurs, Alfred Sloan, un ancien président de General Motors, a dit pendant une réunion du conseil d'administration : « Puisque tout le monde est d'accord sans condition avec la proposition, je suggère que la décision soit remise à la prochaine séance. » Il faut un avocat du diable.

Le geignard pathologique se plaint pour évacuer son stress. Mais le fait de se plaindre ne l'empêche pas de continuer à fonctionner. Il gémit devant les dossiers qui inondent son bureau en soulignant qu'il n'arrivera jamais à passer à travers tout ce travail, mais deux minutes plus tard, il s'acharne déjà à prouver le contraire.

Quant au geignard antipathique, il se plaint en tout temps, il est pessimiste, ne propose jamais de solutions.

Les gestes à éviter

Les pessimistes et les geignards ont malheureusement tendance à déteindre sur leur environnement. Pour contrer cette situation, le superviseur ne doit pas abonder dans leur sens, sinon cela les encouragera à poursuivre dans cette voie. Il doit les laisser face à leur problème. Enfin, il doit éviter de leur demander pourquoi ils se plaignent, car ils y verront une invitation à débiter l'ensemble des problèmes qui les touchent.

Marielle P. : C'est un défi inhumain.

Le superviseur : En effet, c'est une tâche très lourde, et il faut y mettre toutes nos ressources.

Marielle P. : Je crois que nous n'avons pas assez d'employés pour faire le travail dans les délais.

Le superviseur : Laisse-moi regarder la situation de plus près, je verrai ce que je peux faire.

Marielle P. : J'aimais mieux les contrats plus routiniers que nous faisions le mois dernier.

Le superviseur : Mais tu m'as toujours dit que tu cherchais à relever de nouveaux défis. De quoi te plains-tu au juste ?

Les moyens de défense

Le superviseur doit être à l'écoute de ses employés, mais il doit s'attacher à ne retenir que l'essentiel. Il est vrai que l'écoute de ces personnes est difficile, mais c'est l'unique moyen de les arrêter. Le superviseur doit prendre des notes et dresser un tableau des éléments importants à considérer. Une fois ces éléments connus, il faut arrêter le geignard, l'inviter à s'attarder aux solutions plutôt qu'aux obstacles. Quelle que soit la situation présente, il importe d'améliorer les choses.

Marielle P. : Je dois faire le travail de deux personnes pour arriver et il faudrait que j'embauche trois autres employés.

Le superviseur : Je constate que tu travailles très fort, mais tu sais qu'il est impossible avec le budget actuel d'embaucher d'autres personnes. Quels sont tes besoins auxquels nous pouvons répondre ?

Marielle P. : Il faudrait que tout le monde fasse des heures supplémentaires en fin de semaine.

Le superviseur : Je dois te rappeler que notre budget ne nous le permet pas.

Marielle P. : Bon, si tout le monde arrive une heure plus tôt le matin et part une heure plus tard le soir, je crois que nous pourrons respecter les délais. Il suffira d'accorder le mois prochain des congés équivalents aux heures travaillées.

Le superviseur : Bon, c'est réglé. Ta solution est excellente. Mets-la à exécution et concentre ton énergie sur le travail et non sur les obstacles.

Peu importe à quel type d'employé difficile le superviseur fait face, sa tâche demeure la même dans toutes ces circonstances, soit la réalisation des objectifs stratégiques de l'entreprise.

Résumé du chapitre

La plupart des employés ont un comportement conforme aux attentes de l'entreprise. L'autodiscipline est chose courante et les superviseurs n'ont à intervenir que pour régler les situations créées par certains employés difficiles. En matière de discipline, le rôle du superviseur consiste à corriger des comportements plutôt qu'à punir. Il s'agit d'une activité de formation.

L'application de la discipline est partie intégrante des fonctions du superviseur. C'est un outil favorisant la réalisation des objectifs stratégiques de l'entreprise. Les comportements de certains employés dénotent des problèmes de rendement, de falsification des compétences, d'incompatibilité des caractères, d'insubordination et d'inconduite, d'absentéisme et de manque de ponctualité, de vol et de toxicomanie. Face à ces situations et surtout afin d'éviter l'apparition de celles-ci, le superviseur peut utiliser différentes approches en matière de discipline, soit l'approche préventive, l'approche punitive ou l'approche constructive.

Afin de déterminer correctement les mesures disciplinaires appropriées à la situation, le superviseur doit analyser la situation problématique, le contexte ainsi que le dossier de l'employé. En toutes circonstances, il doit demeurer calme, objectif, intègre et juste. Les employés accepteront plus facilement les mesures disciplinaires si elles sont équitables, uniformes et liées à la faute. Le processus de discipline doit aussi permettre à l'employé de donner sa version des faits et de faire appel.

L'intervention du superviseur doit amener l'employé à corriger lui-même la situation ; c'est pourquoi le principe de la progression des sanctions doit orienter ses décisions dans ce domaine. La discipline doit respecter les politiques, les règles, la convention collective et les lois.

Lorsque les mesures disciplinaires n'ont pas permis de corriger la situation ou que la faute est très grave, l'entreprise doit congédier l'employé. Cette décision difficile doit être prise dans un cadre précis et dans le respect de l'employé, des normes administratives et des lois.

Les employés ne présentent pas tous des problèmes majeurs. Certains ont des attitudes et des comportements qui en font des employés difficiles, qui, bien que ne méritant pas de mesures disciplinaires, exigent une intervention du superviseur.

Évaluation de la compétence

Questions de révision et application

1. Qu'est-ce que la discipline ?
2. Qu'est-ce que la discipline préventive, la discipline punitive et la discipline constructive ? Faites la distinction entre une mesure disciplinaire et une mesure administrative.
3. Quels sont les principaux problèmes exigeant le recours à des mesures disciplinaires ?
4. Décrivez le principe de la progressivité des mesures disciplinaires.
5. Qu'est-ce que le *counseling* ?
6. Dans quelles conditions devrait se dérouler une entrevue de congédiement ?

7. En vous reportant à la rubrique « Point de mire » présentée au début du chapitre, répondez aux questions suivantes :
   a) Que feriez-vous à la place de Marc, si vous étiez dans la situation décrite ?
   b) Pourquoi le superviseur doit-il faire preuve d'autant d'objectivité et d'intégrité dans l'application des mesures disciplinaires ?
   c) Selon vous, le *counseling* est-il compatible avec le processus disciplinaire ? Est-ce qu'il y a contradiction ou complémentarité dans les objectifs de ces deux méthodes ?
   d) Est-ce que la « règle du feu » doit être appliquée en tout temps ? Quelles sont les exceptions ?

Analyse de cas

Cas 10.1
Le livreur

Antoine Y. a étudié pendant deux ans au cégep en techniques de loisirs. Pour des raisons familiales, il n'a pu terminer ses études et a dû chercher un emploi. N'ayant pu trouver un emploi dans son domaine, il a accepté un poste de manœuvre pour un des plus gros entrepreneurs de la région dans le domaine de la rénovation domiciliaire. À l'occasion, il travaillera avec les installateurs de portes et de fenêtres ou de revêtement d'aluminium, mais en général Vladimir B., son patron, lui confiera la tâche de livrer aux différents chantiers le matériel ou les outils manquants. De plus, Antoine devra aller chercher chez les différents fournisseurs les matériaux dont certains contremaîtres ont un urgent besoin.

Antoine est un amateur de planche à roulettes. Plusieurs de ses amis consacrent toutes leurs journées à la pratique de ce sport, et Antoine les envie. D'ailleurs, dans sa région, Antoine est considéré comme un des meilleurs dans ce sport. Toutefois, le manque d'entraînement risque de le reléguer loin derrière ses amis.

Lorsqu'il se trouve sur un chantier, Antoine passe la plupart de son temps à discuter de planche à roulettes avec les autres employés, la rénovation n'étant pas son centre d'intérêt. Il lui arrive souvent d'être en retard de 20 à 30 minutes, et le soir il part presque toujours 30 minutes avant l'heure fixée. Il se dirige alors vers le centre de loisirs de la municipalité voisine. Le matin, il s'y entraîne de 7 heures à 8 h 30. Le problème est qu'il commence à travailler à 8 h 30.

Son circuit de livraison l'amène souvent à passer devant le centre de loisirs et, chaque fois, il s'y arrête pour examiner les performances de ses amis. Lorsque Vladimir lui fait remarquer qu'il prend beaucoup de temps pour faire les livraisons, Antoine donne différents prétextes, dont évidemment la circulation sur les routes reliant les municipalités de la région.

Un des fournisseurs de l'entreprise, qui est un ami de Vladimir, l'a appelé pour l'informer que son livreur avait dormi pendant plus d'une heure dans le terrain de stationnement de son atelier après avoir pris livraison du matériel. Antoine s'est défendu en disant qu'il s'était entraîné la veille et qu'il était fatigué. Afin d'éviter de s'endormir au volant, il s'était assoupi une dizaine de minutes, pas plus. « C'est moins grave que d'avoir un accident », a-t-il affirmé.

Question

Que feriez-vous à la place de Vladimir B. ?

Cas 10.2
Les paris

La Banque Québécoise, dont le siège social est à Montréal, se spécialise dans les prêts à l'exportation pour les petites entreprises. Actuellement, la banque vient de recruter trois nouveaux clients dans le domaine des installations électriques qui ont signé des contrats très importants en Amérique du Sud. La plupart des employés ont moins de 35 ans et sont généralement des fanatiques du sport professionnel.

Dimanche prochain aura lieu la finale de la Coupe du monde. Tous les employés sont fébriles et ce match de soccer est le seul sujet de conversation depuis deux jours.

Comme on le sait, la fièvre du sport amène souvent un vent de douce folie dans les milieux de travail. On discute avec ardeur de la rencontre de la veille. On fait des commentaires, des analyses et des prédictions, et parfois même on fait des paris avec les copains de travail à propos de l'issue d'un match.

Michel B. a mis sur pied un système de paris pour les employés. En ce moment, il inscrit sur un registre les paris, ce qui crée un attroupement autour de lui. Soudain, Jean P., le directeur du service, sort de son bureau et le surprend en train d'encaisser l'argent de ses collègues. Il ne dit rien, et une fois revenu dans son bureau, il téléphone à Michel et l'invite à venir le rencontrer immédiatement.

Jean rappelle à Michel qu'il est interdit, selon les règlements de la banque, de faire des paris sur les lieux de travail. Il lui signale qu'il recommandera au directeur de la gestion des ressources humaines et au directeur régional d'appliquer des mesures disciplinaires.

Question

Si vous étiez à la place de Jean P., quelle serait votre position ? Justifiez votre réponse.

La santé et la sécurité du travail

Chapitre 11

Sommaire

La lecture de ce chapitre devrait vous permettre :

1 d'expliquer l'objet de la Loi sur la santé et la sécurité du travail.

2 d'expliquer ce qu'est la Commission de la santé et de la sécurité du travail et d'indiquer ses principaux rôles.

3 de préciser les fonctions du représentant à la prévention dans l'entreprise.

4 de distinguer les différents droits qui reviennent aux travailleurs en matière de santé et de sécurité de même que les obligations que leur impose la loi.

5 de spécifier les droits et les obligations de l'employeur.

6 de suivre la démarche prévue dans le cas où un accident du travail se produit.

7 de distinguer un accident du travail d'une maladie professionnelle.

8 d'expliquer l'objet de la Loi sur les accidents du travail et les maladies professionnelles.

9 de distinguer les différentes formes de réadaptation du travailleur prévues par la Loi sur les accidents du travail et les maladies professionnelles.

10 de distinguer les différentes sortes d'indemnités prévues par cette loi, pour le travailleur victime d'une lésion professionnelle.

Compétence visée

**La compétence visée dans ce chapitre est
de pouvoir contribuer à l'application des mesures de correction
et de prévention en matière de santé et de sécurité du travail.**

Point de mire

Le mot d'ordre est la prévention

Le mégacentre de rénovation et de vente d'outils Rénova L'Entrepôt inc. a déménagé en mars 2003 pour s'installer à Boucherville. Son président, M. Lalumière, est fier du nouvel emplacement du magasin. Tout souriant, il dit aux médias, le jour de l'ouverture officielle du mégacentre de rénovation : « Il s'agit d'un mégaentrepôt. Il est entouré de magasins à grande surface, ce qui nous procurera une visibilité extraordinaire. De plus, afin de mieux nous intégrer à la région, nous travaillons en partenariat avec des cégeps et des universités afin de permettre à leurs étudiants de faire des stages chez nous, dans les domaines de la gestion et de la finance. D'ailleurs, dès le mois de mai, nous accueillerons nos premiers stagiaires. »

Effectivement, en mai, Rénova L'Entrepôt accueille trois étudiants de l'Université de Montréal qui viennent faire un stage non rémunéré, lequel est obligatoire pour l'obtention du diplôme. Parmi ces étudiants, Carlos, âgé de 21 ans, vient faire un stage en gestion des approvisionnements et des stocks.

Dès son arrivée dans l'entreprise, Carlos rencontre le responsable de l'approvisionnement et des stocks, qui lui confie immédiatement un premier mandat :

– Carlos, dit-il, notre ordinateur indique que nous avons en stock 39 boîtes du nouveau modèle de barbecue, et il me semble qu'il y en a 45 dans notre entrepôt. Prends cette liste et va vérifier dans l'entrepôt si les numéros de série inscrits dans l'ordinateur correspondent aux produits que nous possédons réellement.

Carlos se rend à l'entrepôt. Il y rencontre Sylvain, un jeune contremaître.

– Je viens faire l'inventaire des boîtes de barbecue, lui dit-il.

– Ah ! Tu es le nouveau stagiaire ? Je viens de signaler au responsable de l'approvisionnement le problème de données que nous avons et il m'a annoncé qu'il m'enverrait quelqu'un.

De la main, Sylvain lui montre les rangées à sa gauche :

– Tu dois te rendre à la septième rangée, où tu trouveras les boîtes en question, lui dit-il. La plate-forme électrique est occupée en ce moment ; alors, utilise la plate-forme à roulettes. Elle n'est pas solide, mais elle fait le travail tant que tu ne sautes pas dessus en dansant le rock…

Les deux hommes échangent un sourire. Carlos se rend à la septième rangée, au bout de laquelle il aperçoit la plate-forme en question. Il s'engage dans la rangée et remarque les boîtes de barbecue, empilées sur une hauteur d'environ cinq mètres. Il se rend à la plate-forme, la tire jusqu'à l'endroit désiré et grimpe dessus. Il comprend rapidement le message du contremaître car, à chaque mouvement qu'il effectue, il sent balancer la plate-forme. Il grimpe jusqu'à une hauteur de quatre mètres et se met à compter les boîtes tout en vérifiant les numéros de série.

L'opération se déroule bien jusqu'à ce que Carlos ait l'idée de poser le pied sur une des boîtes afin de mieux voir le numéro de série inscrit sur une autre boîte légèrement en retrait. Il croit sa manœuvre sécuritaire, mais la boîte sur laquelle il pose le pied cède.

En s'écroulant, la boîte l'entraîne dans une chute de quatre mètres. Le cri poussé par Carlos attire l'attention de Sylvain et de trois autres travailleurs de l'entrepôt. Ils accourent et trouvent le stagiaire enseveli sous une pile de boîtes. Coincé, il gémit. Sylvain se penche au-dessus de lui.

– C'est sa clavicule, constate-t-il. Il ne faut pas le déplacer.

– Mais qu'est-ce que cette plate-forme fait ici ? s'écrie un des travailleurs.

– Ne l'avions-nous pas condamnée ? s'étonne un autre.

Sylvain baisse les yeux. Il est mal à l'aise, d'autant plus qu'il ne cesse de répéter aux travailleurs que, dans l'entrepôt, le mot d'ordre est la prévention.

– Devons-nous appeler la CSST ? lui demande un des travailleurs.

– C'est dommage, mais je ne crois pas qu'il soit couvert par la CSST, répond Sylvain, sans relever la tête.

11.1 La pertinence de l'étude de la santé et de la sécurité du travail

« Tout le monde en est conscient : les accidents du travail et les maladies professionnelles ont des conséquences énormes[1]. »

---

1. Commission de la santé et de la sécurité du travail, *Pour comprendre le régime québécois de santé et de sécurité du travail : La prévention, j'y travaille !*, Québec, Gouvernement du Québec, 2002, p. 14.

Mais ce qu'il faut savoir de plus, c'est que, pour le travailleur qui en est victime, le coût moral d'une atteinte à son intégrité physique peut rarement être mesuré et chiffré. Sa vie personnelle, sociale ou professionnelle peut être bouleversée à la suite d'une **lésion professionnelle**. C'est pourquoi on n'insistera jamais assez sur la prévention dans le milieu de travail afin de réduire le plus possible le nombre d'accidents du travail ou d'éliminer carrément les causes générant les maladies professionnelles.

Le respect de la santé, de la sécurité et de l'intégrité physique du travailleur est une dimension si importante dans notre société que le législateur québécois en fait un droit général dans la Charte des droits et libertés de la personne. Il énonce de façon claire que « tout être humain a droit à la vie, ainsi qu'à la sûreté, à l'intégrité [...] de sa personne[2] ». Il en fait un droit pour un contexte précis quand il stipule que « toute personne qui travaille a droit, conformément à la loi, à des conditions de travail justes et raisonnables et qui respectent sa santé, sa sécurité et son intégrité physique[3] ».

Le législateur va jusqu'à faire du respect de cette intégrité physique du travailleur une obligation pour tout employeur. « L'employeur, outre qu'il est tenu de permettre l'exécution de la prestation de travail convenue [...], doit prendre les mesures appropriées à la nature du travail, en vue de protéger la santé, la sécurité et la dignité du salarié[4]. »

De plus, la protection du travailleur est encadrée par un régime normatif qui énonce quels sont ses droits dans le milieu de travail pour que sa santé, sa sécurité et son intégrité physique soient protégées. Ce régime normatif précise même quelles obligations reviennent au travailleur afin qu'il assure sa propre protection et celle de ses collègues de travail. Il présente aussi les droits de l'employeur ainsi que les obligations qui lui sont imposées[5].

Et pour le cas où un accident du travail vient mettre en péril l'intégrité physique du travailleur, le législateur québécois a mis sur pied un régime spécial de responsabilité civile[6]. Par une autre loi[7], il prévoit les mesures de réadaptation offertes au travailleur (réadaptation physique, sociale ou professionnelle) dans l'éventualité où il serait victime d'un accident du travail ou d'une maladie professionnelle. La figure 11.1 indique comment les deux dernières lois qui ont été évoquées visent à assurer la protection du travailleur.

11.2 La Loi sur la santé et la sécurité du travail : son champ d'application

La Loi sur la santé et la sécurité du travail (LSST) a pour objet « l'élimination à la source même des dangers pour la santé, la sécurité et l'intégrité physique des travailleurs[8] ». Comme l'objet premier de la LSST vise l'élimination à la source de

---

2. Charte des droits et libertés de la personne, L.Q. 1975, c. 6 ; L.R.Q., c. C-12, art. 1.

3. *Ibid.*, art. 46.

4. Code civil du Québec, L.Q. 1993, art. 2087.

5. Loi sur la santé et la sécurité du travail, L.R.Q., c. S-2.1.

6. « Ce régime est dérogatoire au droit commun, en ce sens qu'il enlève à l'employeur toute responsabilité en ce qui concerne les dommages subis par son employé au cours de son travail pour lui substituer un régime légal d'indemnisation. » Voir Jean-Pierre Archambault et Marc-André Roy, *Initiation au droit des affaires*, 2e éd., Laval, Éditions Études Vivantes, 1995, p. 505.

7. Loi sur les accidents du travail et les maladies professionnelles, L.R.Q., c. A-3.001.

8. Loi sur la santé et la sécurité du travail, art. 2.

Protection des travailleurs

Loi sur la santé et
la sécurité du travail

Loi sur les accidents du travail et
les maladies professionnelles

Prévention des dangers liés à la santé,
à la sécurité et à l'intégrité physique
des travailleurs

Prise en charge par les employés et
les employeurs de l'élimination à
la source de ces dangers

Régime de réparation
des lésions professionnelles

Réadaptation physique,
sociale ou professionnelle

Indemnités :

• remplacement du revenu
• dommages corporels
• décès
• autres

tels dangers, il est admis que le fait de mettre à la disposition des travailleurs des moyens et des équipements de protection individuels ou collectifs, lorsque cela s'avère nécessaire pour répondre à leurs besoins particuliers, ne doit diminuer en rien les efforts requis pour éliminer à la source même les dangers pour leur santé, leur sécurité et leur intégrité physique[9].

Un principe vaut dans l'interprétation de cette loi. Comme elle est d'ordre public, une disposition d'une convention collective ou d'un décret qui y déroge est frappée de nullité[10]. Cependant, rien dans la LSST n'empêche une convention ou un décret de prévoir pour un travailleur des dispositions plus avantageuses pour la santé, la sécurité ou l'intégrité physique du travailleur.

11.2.1 Quelques particularités de la Loi sur la santé et la sécurité du travail

La Loi sur la santé et la sécurité du travail crée un organisme qui a pour fonctions générales d'élaborer, de proposer et de mettre en œuvre des politiques relatives à la santé et à la sécurité des travailleurs de manière à assurer une meilleure qualité des milieux de travail. Cet organisme se nomme la Commission de la santé et de la sécurité du travail (CSST).

---

9. *Ibid.*, art. 3.
10. *Ibid.*, art. 4.

De plus, la LSST énonce de façon précise les droits et les obligations reconnus tant aux travailleurs qu'aux employeurs en matière de santé et de sécurité du travail[11].

11.2.2 Les modalités d'inscription à la CSST

Dans le cas de l'employeur, la règle est formelle : « l'entreprise ayant un établissement au Québec et comptant au moins un travailleur, qu'il soit employé à temps plein ou non, doit s'inscrire à la CSST dans les quatorze jours suivant la date d'embauche du premier travailleur[12] ».

En ce qui a trait au travailleur, il est automatiquement assuré s'il est victime d'une maladie ou d'un accident liés au travail. Il n'a pas à s'inscrire à la CSST pour être protégé par la loi et il n'a rien à débourser pour cette protection.

Cependant, « les personnes engagées par un particulier pour garder une autre personne sans résider dans le logement de ce particulier ainsi que les athlètes professionnels ne sont pas couverts par le régime d'indemnisation[13] ».

Il existe des cas particuliers. Ainsi, les travailleurs bénévoles ne sont pas couverts automatiquement par le régime d'indemnisation. Cependant, ces travailleurs seront protégés pour autant que l'entreprise bénéficiant de leurs services le demande à la CSST.

S'il s'agit d'un propriétaire d'entreprise qui désire bénéficier pour lui-même de la protection de la Loi sur la santé et la sécurité du travail, il doit en faire la demande à la CSST.

Les travailleurs autonomes, c'est-à-dire les personnes qui travaillent pour leur propre compte, et les domestiques ne sont pas couverts par le régime d'indemnisation. Ils doivent s'inscrire eux-mêmes à la CSST.

Par ailleurs, l'étudiant qui effectue un stage non rémunéré dans une entreprise pendant ses études est protégé par la CSST. En effet, la Commission estime que cet étudiant travaille pour l'établissement d'enseignement où il étudie. Étant donné que cet établissement est responsable du stage, il est considéré comme l'employeur de l'étudiant.

11.3 La raison d'être de la Commission de la santé et de la sécurité du travail

On aurait tendance à croire que la promotion de la prévention en milieu de travail n'est que l'affaire de l'employeur et des travailleurs. Or, la Commission de la santé et de la sécurité du travail est un organisme qui fait de la prévention une de ses préoccupations primordiales. En effet, le gouvernement du Québec a confié à la CSST l'administration du régime de santé et de sécurité du travail. « Ce régime d'assurance obligatoire permet d'indemniser les travailleurs victimes d'accidents du travail ou atteints de maladies professionnelles[14]. »

On reconnaît à la CSST trois champs d'intervention, soit en matière d'administration du régime, en matière de prévention et en matière d'indemnisation et de réadaptation[15].

---

11. Ces obligations et ces droits seront présentés aux sections 11.5 et 11.6.
12. Commission de la santé et de la sécurité du travail, *op. cit.*, p. 13.
13. *Ibid.*
14. *Ibid.*
15. Les informations touchant aux rôles de la CSST proviennent du document suivant : Commission de la santé et de la sécurité du travail, *op. cit.*, p. 9.

Figure 11.2

Le rôle de la CSST en matière d'administration du régime

En tant qu'administratrice du régime, la CSST s'occupe : du financement au moyen de primes perçues auprès des employeurs.

En matière d'administration du régime, la CSST s'occupe principalement du financement de ce régime, par le biais de primes perçues auprès des employeurs (*voir la figure 11.2*).

Dans le domaine de la prévention, la CSST s'occupe principalement de la promotion de la santé et de la sécurité du travail. Elle exerce aussi un rôle de soutien aux travailleurs et aux employeurs dans leur démarche d'assainissement de leur milieu de travail et d'élimination des dangers. Finalement, cet organisme se charge de l'inspection des lieux de travail (*voir la figure 11.3*).

En matière d'indemnisation et de réadaptation, la CSST s'occupe essentiellement de l'indemnisation des travailleurs ayant subi une lésion professionnelle, de l'assistance médicale qu'exige l'état du travailleur en raison d'une lésion professionnelle ainsi que de la réadaptation des travailleurs qui, à la suite d'une lésion

Figure 11.3

Le rôle de la CSST en matière de prévention

de la promotion de la santé et de la sécurité du travail ;

La CSST s'occupe :

de l'inspection des lieux de travail ;

du soutien aux travailleurs et aux employeurs dans leurs démarches pour assainir leur milieu de travail et pour éliminer les dangers.

de l'indemnisation des travailleurs ayant subi une lésion professionnelle ;

En matière d'indemnisation et de réadaptation la CSST s'occupe :

de la réadaptation des travailleurs qui, à la suite d'une lésion professionnelle, subissent une atteinte permanente à leur intégrité physique ou psychique ;

de l'assistance médicale qu'exige l'état du travailleur en raison d'une lésion professionnelle.

professionnelle, subissent une atteinte permanente à leur intégrité physique ou psychique (*voir la figure 11.4*).

11.4 La prévention en milieu de travail : qu'en est-il dans les faits ?

L'article 68 de la Loi sur la santé et la sécurité du travail prévoit qu'un comité de santé et de sécurité peut être formé au sein d'un établissement groupant plus de 20 travailleurs et appartenant à une **catégorie identifiée**, soit une catégorie désignée par règlement comme étant un secteur prioritaire en raison de la fréquence et de la gravité des lésions professionnelles.

Selon les modalités prévues dans la loi, ce comité est formé sur avis écrit transmis à l'employeur par une association accréditée ou, s'il n'existe pas d'association accréditée, par au moins 10 % des travailleurs ou, dans le cas d'un établissement groupant moins de 40 travailleurs, par au moins 4 d'entre eux, ou sur un avis semblable transmis par l'employeur à une association accréditée ou, s'il n'existe pas d'association accréditée, à l'ensemble des travailleurs[16].

Soulignons que, lorsqu'elle le juge opportun, la Commission peut exiger la formation d'un comité de santé et de sécurité, quel que soit le nombre de travailleurs dans l'établissement[17]. Bien que les fonctions de ce comité soient nombreuses[18], les fonctions suivantes s'avèrent particulièrement importantes :

Catégorie identifiée : Catégorie désignée par règlement comme étant un secteur prioritaire en raison de la fréquence et de la gravité des lésions professionnelles.

---

16. Loi sur la santé et la sécurité du travail, art. 69, paragr. 1.
17. *Ibid*, art. 69, paragr. 2.
18. À la lecture de l'article 78 de la LSST, 13 grandes fonctions sont reconnues à ce comité.

- choisir le médecin responsable des services de santé dans l'établissement ;
- approuver le programme de santé élaboré par le médecin responsable ;
- établir, au sein du programme de prévention, les programmes de formation et d'information en matière de santé et de sécurité du travail ;
- participer au relevé et à l'évaluation des risques liés aux postes de travail et au travail exécuté par les travailleurs, et au relevé des matières dangereuses et des contaminants présents dans les postes de travail ;
- tenir des registres des accidents du travail, des maladies professionnelles et des événements qui auraient pu causer des accidents du travail ou des maladies professionnelles ;
- recevoir une copie des avis d'accidents du travail et enquêter sur les événements qui ont causé ou qui auraient été susceptibles de causer un accident du travail ou une maladie professionnelle, et soumettre les recommandations appropriées à l'employeur et à la Commission.

La LSST prévoit, de plus, la nomination de représentants à la prévention lorsqu'il existe un comité de santé et de sécurité dans un établissement.

11.5 La santé et la sécurité dans la vie du travailleur

Comme il est énoncé dans la Loi sur la santé et la sécurité du travail, « le travailleur a droit à des conditions de travail qui respectent sa santé, sa sécurité et son intégrité physique[19] ». Cette loi précise les droits qui sont reconnus aux travailleurs quand vient le temps d'assurer leur santé, leur sécurité et leur intégrité physique au travail. Ces droits sont soit généraux, soit spécifiques, comme nous le verrons maintenant.

11.5.1 Les droits et les obligations du travailleur

Les droits généraux

La loi stipule que le travailleur a droit à des services de formation, d'information et de conseil en matière de santé et de sécurité du travail, particulièrement en relation avec son travail et son milieu de travail, ainsi qu'à la formation, à l'entraînement et à la supervision appropriés[20]. D'autre part, le travailleur a le droit de bénéficier de services de santé préventifs et curatifs en fonction des risques auxquels il peut être exposé au travail[21]. Enfin, il a le droit de recevoir son salaire pendant qu'il se soumet à un examen de santé en cours d'emploi si un tel examen est exigé pour l'application de la loi ou des règlements[22].

Les droits spécifiques

Le droit de refus

Si un travailleur a des motifs raisonnables de croire que l'exécution d'un travail l'expose à un danger pour sa santé, sa sécurité ou son intégrité physique, ou peut avoir l'effet d'exposer une autre personne à un danger semblable, il a le droit de refuser d'exécuter ce travail[23]. C'est ce qu'on appelle le droit de refus.

---

19. Loi sur la santé et la sécurité du travail, art. 9.
20. *Ibid.*, art. 10, paragr. 1.
21. *Ibid.*, art. 10, paragr. 2.
22. *Ibid.*, art. 10, paragr. 2.
23. *Ibid.*, art. 12.

Ce droit n'est cependant pas absolu. Dans un premier temps, si le refus d'exécuter le travail met en péril la vie, la santé, la sécurité ou l'intégrité physique d'une autre personne, le travailleur ne peut exercer ce droit. Dans un deuxième temps, si les conditions d'exécution de ce travail sont normales pour ce genre de travail, encore là le travailleur ne peut se prévaloir du droit de refus. Ainsi, pour combattre un feu, un pompier doit être à proximité du feu, souvent au péril de sa vie. De même, un policier qui reçoit un appel lui indiquant de se rendre à une banque où des coups de feu se font entendre et où un vol est perpétré ne saurait alléguer le droit de refus, justement parce que le risque qu'il y ait un hold-up dans une banque et que des coups de feu soient tirés fait partie du métier, constitue une situation plus réelle qu'hypothétique.

En revanche, l'exercice du droit de refus entraîne une obligation de diligence pour le travailleur. S'il refuse d'exécuter un travail, il doit aussitôt en aviser son supérieur immédiat, son employeur ou un représentant de ce dernier[24]. Et l'employeur ne peut pas le forcer à reprendre son travail tant qu'une décision exécutoire, c'est-à-dire une décision à laquelle on ne peut se soustraire, n'est pas rendue à cet effet[25].

De même, l'employeur ne peut pas faire exécuter le travail par un autre travailleur, sous réserve, bien entendu, de l'article 17 de la Loi sur la santé et la sécurité du travail et du deuxième paragraphe de l'article 19. En effet, selon l'article 17, si le travailleur persiste dans son refus d'exécuter le travail alors que le supérieur immédiat est d'avis qu'il n'existe pas de danger justifiant ce refus, le supérieur immédiat peut faire exécuter le travail par un autre travailleur. Et en vertu du deuxième paragraphe de l'article 19, si un inspecteur de la CSST émet une décision selon laquelle le refus de travailler du travailleur repose sur des motifs qui sont acceptables dans son cas particulier, mais qui ne justifient pas qu'un autre travailleur refuse d'accomplir le travail, l'employeur peut faire exécuter le travail par un autre travailleur. Bien entendu, dans les deux cas, ce travailleur à qui l'on demande de faire le travail peut accepter de le faire, mais l'employeur a le devoir de l'informer, d'une part, du fait qu'un droit de refus a été exercé quant à l'exécution de ce travail et, d'autre part, des motifs pour lesquels ce droit a été exercé[26].

Mais attention ! Le travailleur qui exerce son droit de refus n'est pas automatiquement en congé. La Loi sur la santé et la sécurité du travail ne saurait être à ce point permissive. Il y est en effet stipulé que le travailleur qui exerce un tel droit est réputé être au travail[27]. Ainsi, l'employeur peut exiger de lui qu'il demeure disponible sur les lieux de travail et peut, de ce fait, l'affecter temporairement à une autre tâche qu'il est raisonnablement en mesure d'accomplir[28].

Aussi, le fait qu'un travailleur exerce son droit de refus ne signifie pas pour autant que son travail doive être mis à l'écart. Dès qu'il est avisé par ce travailleur, le supérieur immédiat, l'employeur ou son représentant convoque le représentant à la prévention, qui doit procéder à l'examen de la situation et juger, si cela s'avère nécessaire, des corrections à apporter[29].

Si le représentant à la prévention en vient à la conclusion qu'il n'existe pas de danger justifiant le refus du travailleur d'exécuter le travail, mais que ce dernier

---

24. *Ibid.*, art. 15.
25. *Ibid.*, art. 14.
26. *Ibid.*, art. 17 et 19, al. 2.
27. *Ibid.*, art. 14.
28. *Ibid.*, art. 25.
29. *Ibid.*, art. 16.

persiste dans son refus de le faire, l'employeur peut demander à un autre travailleur d'exécuter le travail[30].

C'est aussi à la suite de ce refus persistant du travailleur d'exécuter le travail que l'intervention de l'inspecteur de la CSST peut être requise[31]. Mais la décision que rend cet inspecteur peut faire l'objet d'une demande de révision et d'une contestation devant la Commission des lésions professionnelles[32].

La protection du travailleur contre les représailles de l'employeur

Il est formellement interdit à l'employeur d'user de représailles contre le travailleur du seul fait que ce dernier exerce son droit de refus. Le travailleur qui exerce ce droit bénéficie d'une protection absolue que lui accorde la Loi sur la santé et la sécurité du travail. Cette protection s'énonce ainsi : « l'employeur ne peut congédier, suspendre ou déplacer un travailleur, exercer à son endroit des mesures discriminatoires ou de représailles ou lui imposer toute autre sanction pour le motif que ce travailleur a exercé son droit de refus d'exécuter un travail[33] ».

Mais si une décision finale rendue par l'inspecteur de la CSST ou par la Commission des lésions professionnelles permet à l'employeur de constater qu'un travailleur a utilisé de façon abusive le droit de refus que lui confère la loi, cet employeur peut alors imposer à ce travailleur toutes sanctions qu'il juge appropriées[34].

Le droit de retrait préventif

Le retrait préventif signifie qu'un travailleur peut se retirer d'un travail par mesure de prévention si, en effectuant un tel travail, il est exposé à un contaminant qui comporte des dangers pour sa santé, sa sécurité ou son intégrité physique. Il s'agit là d'un droit. Cependant, le travailleur doit fournir un certificat[35] attestant que son exposition à un tel contaminant comporte pour lui les dangers allégués.

Le travailleur qui exerce un tel droit peut demander à être affecté à des tâches ne comportant pas une exposition à de tels contaminants et il doit s'agir de tâches qu'il est raisonnablement en mesure d'accomplir.

Celui-ci n'a pas à réintégrer ses fonctions antérieures tant que son état de santé ne le lui permettra pas et tant que les conditions de son travail ne seront pas conformes aux normes établies par règlement pour ce contaminant[36].

---

30. *Ibid.*, art. 17.
31. *Ibid.*, art. 18.
32. La Commission des lésions professionnelles a été instituée par la Loi sur les accidents du travail et les maladies professionnelles, L.R.Q. c. A-3.001, à l'article 367. Cette commission exerce une compétence d'appel des décisions rendues par les inspecteurs de la CSST. Voir la Loi sur la santé et la sécurité du travail, art. 20.
33. Loi sur la santé et la sécurité du travail, art. 30, al. 1.
34. Loi sur la santé et la sécurité du travail, art. 30 paragr. 2. Ces sanctions peuvent être un congédiement, une suspension, un déplacement ou toute autre sanction laissée à la discrétion de l'employeur.
35. Le certificat en question peut être délivré par le médecin responsable des services de santé de l'établissement dans lequel travaille le travailleur ou par un autre médecin. Si le certificat est délivré par le médecin responsable, celui-ci doit, à la demande du travailleur, aviser le médecin qu'il désigne. S'il est délivré par un autre médecin que le médecin responsable, ce médecin doit consulter, avant de délivrer le certificat, le médecin responsable ou, à défaut, le directeur de la santé publique de la région dans laquelle se trouve l'établissement, ou le médecin que ce dernier désigne. Voir la Loi sur la santé et la sécurité du travail, art. 33.
36. *Ibid.*, art. 32.

Si, malgré le fait qu'un travailleur a remis un certificat à son employeur, ce dernier ne l'affecte pas immédiatement à d'autres tâches, ce travailleur peut cesser de travailler jusqu'à ce que l'affectation soit faite ou que son état de santé et les conditions de son travail lui permettent de réintégrer ses fonctions[37]. Il ne subira pas de réduction de salaire et il aura droit pendant les cinq premiers jours ouvrables de cessation de travail d'être rémunéré selon son salaire régulier[38]. Et à la fin de cette période, il aura droit à l'indemnité de remplacement du revenu à laquelle il aurait droit en vertu de la Loi sur les accidents du travail et les maladies professionnelles, comme s'il devenait alors incapable d'exercer son emploi en raison d'une lésion professionnelle au sens de cette loi[39].

Le droit de retrait préventif de la travailleuse enceinte ou qui allaite

Une travailleuse enceinte qui fournit à l'employeur un certificat attestant que les conditions de son travail comportent des dangers physiques pour l'enfant à naître ou, à cause de son état de grossesse, pour elle-même peut demander d'être affectée à des tâches qui ne comportent pas de tels dangers et qu'elle est raisonnablement en mesure d'accomplir[40]. Si l'affectation demandée n'est pas effectuée immédiatement, la travailleuse peut alors cesser de travailler jusqu'à ce que l'affectation soit réalisée ou jusqu'à la date de son accouchement[41].

Si, toutefois, la travailleuse croit que l'exécution de son travail comporte des dangers pour l'allaitement de son enfant, elle n'a qu'à fournir un certificat attestant que les conditions de travail entraînent des dangers pour l'enfant qu'elle allaite et peut par la suite demander à être affectée à des tâches ne comportant pas de tels dangers[42]. Bien entendu, il doit s'agir de tâches qu'elle est raisonnablement en mesure d'accomplir. Et si l'affectation demandée n'est pas effectuée de façon immédiate, la travailleuse peut cesser de travailler jusqu'à ce que l'affectation soit réalisée ou jusqu'à la fin de la période d'allaitement[43].

La figure 11.5 illustre les principaux droits reconnus aux travailleurs par la loi.

11.5.2 Les obligations du travailleur

La Loi sur la santé et la sécurité du travail énonce pour le travailleur quelques obligations qui font appel à une certaine diligence de sa part en matière de prévention. L'article 49 de la loi commence d'ailleurs par les mots « Le travailleur doit » et présente de la façon suivante les obligations qui lui reviennent :

1. prendre connaissance du programme de prévention qui lui est applicable ;
2. prendre les mesures nécessaires pour protéger sa santé, sa sécurité ou son intégrité physique ;
3. veiller à ne pas mettre en danger la santé, la sécurité ou l'intégrité physique des autres personnes qui se trouvent sur les lieux de travail ou à proximité des lieux de travail ;
4. se soumettre aux examens de santé exigés pour l'application de la présente loi et des règlements ;

---

37. *Ibid.*, art. 35.
38. *Ibid.*, art. 36, paragr. 1.
39. *Ibid.*, art. 36, paragr. 2.
40. *Ibid.*, art. 40.
41. *Ibid.*, art. 41, paragr. 1.
42. *Ibid.*, art. 46, paragr. 1.
43. *Ibid.*, art. 47.

Droits du travailleur

Droits généraux

Droits spécifiques

Droit à des conditions de travail qui respectent sa santé

Droit à des services de formation, d'information et de conseil

Droit de bénéficier de services de santé préventifs et curatifs

Droit de recevoir son salaire pendant qu'il se soumet à un examen de santé

Droit de refus

Droit de retrait préventif

Droit de retrait préventif de la travailleuse enceinte ou qui allaite

5. participer à la détermination et à l'élimination des risques d'accidents du travail et de maladies professionnelles sur les lieux de travail ;
6. collaborer avec le comité de santé et de sécurité et, le cas échéant, avec le comité de chantier ainsi qu'avec toute personne chargée de l'application de la présente loi et des règlements.

La figure 11.6 présente les principales obligations imposées au travailleur selon la loi.

Les obligations du travailleur selon la Loi sur la santé et la sécurité du travail — **Figure 11.6**

Obligations

Prendre connaissance du programme de prévention

Prendre les mesures nécessaires pour se protéger

Veiller à ne pas mettre les autres en danger

Se soumettre aux examens de santé

Participer à l'élimination des risques

Collaborer avec le comité de santé et de sécurité

11.6 Les droits et les obligations de l'employeur

Tout comme dans le cas des travailleurs, la Loi sur la santé et la sécurité du travail reconnaît à l'employeur des droits et lui impose des obligations. Nous verrons d'abord quels sont les droits de l'employeur – il ne s'agit que de droits généraux –, pour ensuite examiner les obligations qui lui reviennent.

11.6.1 Les droits généraux

Sous ce titre, la loi prévoit que l'employeur a notamment le droit à des services de formation, d'information et de conseil en matière de santé et de sécurité du travail.

11.6.2 Les obligations de l'employeur

Voici les obligations générales de l'employeur :

1. voir à ce que les établissements sur lesquels il a autorité soient équipés et aménagés de façon à assurer la protection du travailleur ;
2. désigner des membres de son personnel chargés des questions de santé et de sécurité, et en afficher les noms dans des endroits visibles et facilement accessibles au travailleur ;
3. s'assurer que l'organisation du travail de même que les méthodes et les techniques utilisées pour l'accomplir sont sécuritaires et ne portent pas atteinte à la santé du travailleur ;
4. contrôler la tenue des lieux de travail, fournir des installations sanitaires, de l'eau potable, un éclairage, une aération et un chauffage convenables, et faire en sorte que les repas pris sur les lieux de travail soient consommés dans des conditions hygiéniques ;
5. utiliser les méthodes et les techniques visant à déterminer, à contrôler et à éliminer les risques pouvant affecter la santé et la sécurité du travailleur ;
6. prendre les mesures de sécurité contre l'incendie prescrites par les règlements ;
7. fournir un matériel sécuritaire et assurer son maintien en bon état ;
8. s'assurer que l'émission d'un contaminant ou l'utilisation d'une matière dangereuse ne porte pas atteinte à la santé ou à la sécurité de quiconque sur un lieu de travail ;
9. informer adéquatement le travailleur sur les risques liés à son travail et lui assurer la formation, l'entraînement et la supervision appropriés afin de faire en sorte que le travailleur ait l'habileté et les connaissances requises pour accomplir de façon sécuritaire le travail qui lui est confié ;
10. afficher, dans des endroits visibles et facilement accessibles aux travailleurs, les informations qui leur sont transmises par la Commission, la régie régionale et le médecin responsable, et mettre ces informations à la disposition des travailleurs, du comité de santé et de sécurité et de l'association accréditée ;
11. fournir gratuitement aux travailleurs tous les moyens et équipements de protection individuels choisis par le comité de santé et de sécurité conformément au paragraphe 4 de l'article 78 ou, le cas échéant, les moyens et les équipements de protection individuels ou collectifs déterminés par les règlements, et s'assurer que le travailleur, à l'occasion de son travail, utilise ces moyens et ces équipements ;
12. permettre aux travailleurs de se soumettre aux examens de santé en cours d'emploi exigés pour l'application de la présente loi et des règlements ;

13. communiquer aux travailleurs, au comité de santé et de sécurité, à l'association accréditée, au directeur de la santé publique et à la Commission la liste des matières dangereuses utilisées dans l'établissement et des contaminants qui peuvent y être émis ;

14. collaborer avec le comité de santé et de sécurité ou, le cas échéant, avec le comité de chantier ainsi qu'avec toute personne chargée de l'application de la présente loi et des règlements, et leur fournir tous les renseignements nécessaires ;

15. mettre à la disposition du comité de santé et de sécurité les équipements, les locaux et le personnel administratif nécessaires à l'accomplissement de leurs fonctions[44].

Il est du devoir de l'employeur d'établir et de maintenir à jour un registre des caractéristiques concernant les postes de travail qui précise notamment les matières dangereuses et les contaminants qui y sont présents. Il doit en outre établir un registre des caractéristiques ayant trait au travail exécuté par chaque travailleur à son emploi.

Dans le cas de la construction d'un établissement, un employeur ou un propriétaire ne peut entreprendre une telle construction ni modifier des installations ou des équipements à moins d'avoir préalablement transmis à la Commission des plans et devis d'architecte ou d'ingénieur attestant leur conformité aux règlements. De plus, une copie des plans et devis doit être transmise au comité de santé et de sécurité ou, selon le cas, au représentant à la prévention.

Afin de forcer l'employeur à se préoccuper de la prévention, la LSST lui impose certaines interdictions. Ainsi, il est formellement interdit à l'employeur[45] :

– de faire exécuter un travail par un travailleur qui n'a pas atteint l'âge déterminé par les règlements pour exécuter ce travail ;
– de faire exécuter un travail au-delà de la durée maximale quotidienne ou hebdomadaire fixée par les règlements ;
– de faire exécuter un travail par une personne qui n'a pas subi les examens de santé ou qui ne détient pas un certificat de santé, exigés par les règlements pour effectuer un tel travail.

11.7   Les sanctions

Afin de montrer l'importance réelle qu'il accorde au respect de la santé, de la sécurité et de l'intégrité physique du travailleur, le législateur stipule qu'une infraction est commise par quiconque fait une fausse déclaration ou néglige ou refuse de fournir l'information requise en application de la Loi sur la santé et la sécurité du travail ou des règlements[46]. Il impose des amendes à quiconque contrevient à la loi ou aux règlements ou refuse de se conformer à une décision ou à un ordre rendu en vertu de cette loi ou des règlements ou amène une personne à ne pas s'y conformer[47]. De plus, il prévoit que quiconque, par action ou par omission, agit de manière à compromettre directement et sérieusement la santé, la sécurité ou l'intégrité physique d'un travailleur est aussi passible d'une amende[48].

---

44. *Ibid.*, art. 51.
45. *Ibid.*, art. 53.
46. *Ibid.*, art. 235.
47. *Ibid.*, art. 236.
48. *Ibid.*, art. 237.

11.8 La démarche à suivre en cas d'accident du travail

Si un travailleur est victime d'un accident du travail ou d'une maladie profession-nelle, quelle démarche doit être entreprise ? Le tableau 11.1 présente cette démarche en six étapes. Notons que la première étape doit obligatoirement consister à aviser rapidement l'employeur.

Tableau 11.1 La démarche à suivre en cas d'accident du travail

1re étape	*L'employeur ou son représentant doit être prévenu dès que possible.* **Quand le travailleur n'est pas en mesure de le faire lui-même, un de ses compagnons de travail, son délégué syndical ou une autre personne disponible peut s'en charger pour lui.**
2e étape	*Le travailleur doit recevoir rapidement les premiers soins nécessaires.* **Si son état le justifie, il sera transporté dans un établissement de santé ou chez un médecin de son choix, ou à son domicile. C'est à l'employeur de payer ou de rembourser les frais de ce transport.**
3e étape	*La CSST doit être avisée sans délai par l'employeur de tout accident grave.* **Cette démarche est cruciale quand cet accident a causé des blessures sérieuses à un travailleur ou a entraîné son décès.**
4e étape	*L'employeur est tenu d'inscrire dans un registre les accidents mineurs.* **L'employeur inscrit les accidents qui ont obligé un travailleur à recevoir des soins, mais qui ne l'ont pas empêché d'exercer son emploi au-delà du jour de l'accident. Le travailleur doit signer ce registre.**
5e étape	*L'employeur doit s'assurer que, le jour de l'accident, le travailleur reçoive son salaire habituel.* **Ce salaire lui sera versé pour toutes les heures où il aurait travaillé n'eût été son accident.**
6e étape	*Le travailleur doit fournir une attestation médicale à son employeur lorsqu'il est incapable d'exercer son emploi, à cause de sa lésion, au-delà du jour de l'accident.* **C'est le médecin du travailleur qui lui remet une telle attestation, où il inscrit le diagnostic et la période prévisible de guérison.**

Source : Commission de la santé et de la sécurité du travail, *Quoi faire en cas d'accident ?*, Québec, Gouvernement du Québec, 1995, non paginé.

Les inquiétudes qu'éprouve un travailleur qui a subi un accident du travail ou qui a été victime d'une maladie professionnelle se résument habituellement dans les quatre questions suivantes :

1. « Qu'en est-il de mon revenu ? »
2. « Qu'en est-il de mes soins médicaux ? »
3. « Qui me paye ? »
4. « Est-ce que je conserve mon travail ? »

Nous répondrons à chacune de ces questions.

En ce qui concerne le revenu du travailleur qui est victime d'un accident du travail ou d'une maladie professionnelle, le travailleur reçoit une indemnité de remplacement de son revenu équivalant à 90% de son revenu net jusqu'à concurrence du salaire maximum assurable annuel prévu par la loi.

Pour ce qui est des soins médicaux, le travailleur a le droit de recevoir gratuitement les soins et les traitements prescrits par son médecin en raison de son accident, du moins les frais et les traitements ordinairement acceptés. Le travailleur a intérêt à s'informer auprès de la CSST afin d'apprendre si tels frais ou tels traitements sont admis.

Quant à la question de savoir qui paye le travailleur à la suite d'un accident du travail ou d'une maladie professionnelle, la règle est claire : la journée de l'accident, l'employeur paye 100% du salaire habituel du travailleur. Pour les 14 premiers jours d'absence (y compris les samedis et les dimanches), en général l'employeur verse 90% du salaire net du travailleur pour les jours ou les parties de jour où il aurait normalement travaillé. À compter de la 15e journée d'absence, la CSST prend le relais et paye au travailleur une indemnité qui équivaut à 90% de son revenu net, lequel est déterminé par la CSST[49].

En ce qui concerne le retour au travail, même si les traitements du travailleur se poursuivent, son employeur peut, pour favoriser son retour au travail ou sa réadaptation, l'affecter à une autre tâche que celle qu'il accomplit dans le cadre de son emploi régulier. Il va de soi que cette assignation est temporaire et se fait avec l'accord du médecin du travailleur.

11.9 Les accidents du travail et les maladies professionnelles

Les accidents du travail et les maladies professionnelles constituent des fléaux qui peuvent mettre en péril la santé, la sécurité ou l'intégrité physique des travailleurs. Le législateur québécois étant conscient de cette situation, il présente une loi[50] qui met en place un régime visant à réparer les lésions professionnelles et leurs conséquences[51].

Le processus de réparation des lésions professionnelles prévu dans cette loi comprend la fourniture des soins nécessaires à la consolidation d'une lésion, la réadaptation physique, sociale et professionnelle du travailleur victime d'une

---

49. Commission de la santé et de la sécurité du travail, En cas d'accident ou de maladie du travail... Voici ce qu'il faut savoir, Québec, Gouvernement du Québec, 2002, non paginé.
50. Il s'agit de la Loi sur les accidents du travail et les maladies professionnelles, L.R.Q., c. A-3.001.
51. Tel est l'objet de la loi, énoncé à l'article 1.

lésion, le paiement d'indemnités de remplacement du revenu, d'indemnités pour préjudice corporel et, le cas échéant, d'indemnités de décès[52].

Il va de soi que la Loi sur les accidents du travail et les maladies professionnelles s'applique dans le cas du travailleur victime d'un accident du travail ou d'une maladie professionnelle[53]. L'**accident du travail** doit, au sens de la loi, être un événement imprévu et soudain attribuable à toute cause, survenant à une personne par le fait ou à l'occasion de son travail et qui entraîne pour elle une lésion professionnelle. La **maladie professionnelle** est définie, quant à elle, comme une maladie contractée par le fait ou à l'occasion du travail et qui est caractéristique de ce travail ou liée directement aux risques particuliers de ce travail. Et la lésion professionnelle, rappelons-le, est définie comme une blessure ou une maladie qui survient par le fait ou à l'occasion d'un accident du travail, ou une maladie professionnelle, y compris la récidive, la rechute ou l'aggravation[54].

Accident du travail :
Événement imprévu et soudain survenant à une personne pendant son travail et entraînant une lésion professionnelle.

Maladie professionnelle :
Maladie contractée pendant le travail qui est caractéristique de ce travail ou reliée directement aux risques particuliers de ce travail.

11.9.1   La réadaptation

L'article 145 de la Loi sur les accidents du travail et les maladies professionnelles prévoit que le travailleur qui, en raison d'une lésion professionnelle dont il a été victime, subit une atteinte permanente à son intégrité physique ou psychique a droit à la réadaptation que requiert son état en vue de sa réinsertion sociale et professionnelle. La réadaptation qui est prévue peut prendre trois formes : la réadaptation physique, la réadaptation sociale ou la réadaptation professionnelle.

La réadaptation physique

La réadaptation physique a pour but d'éliminer ou d'atténuer l'incapacité physique du travailleur et de lui permettre de développer sa capacité résiduelle afin de pallier les limitations fonctionnelles qui résultent de sa lésion professionnelle[55]. Un programme de réadaptation physique peut comprendre notamment :

– des soins médicaux et infirmiers ;
– des traitements de physiothérapie et d'ergothérapie ;
– des exercices d'adaptation à une prothèse ou à une orthèse ;
– tous les autres soins et traitements jugés nécessaires par le médecin traitant[56].

La réadaptation sociale

La réadaptation sociale a pour but d'aider le travailleur à surmonter dans la mesure du possible les conséquences personnelles et sociales de sa lésion professionnelle, à s'adapter à la nouvelle situation qui découle de sa lésion et à redevenir autonome dans l'accomplissement de ses activités habituelles[57]. Un programme de réadaptation sociale peut comprendre notamment :

– des services professionnels d'intervention psychosociale ;
– la mise en œuvre de moyens pour procurer au travailleur un domicile et un véhicule adaptés à sa capacité résiduelle ;
– le paiement de frais d'aide personnelle à domicile ;

---

52. Nous présentons dans les sections 11.9.11 et 11.9.2, les principales formes de réadaptation prévues par la Loi sur les accidents du travail et les maladies professionnelles ainsi que les principales indemnités auxquelles peuvent avoir droit une victime ou ses héritiers.
53. Loi sur les accidents du travail et les maladies professionnelles, art. 7 et 8.
54. *Ibid.*, art. 2.
55. *Ibid.*, art. 148.
56. *Ibid.*, art. 149.
57. *Ibid.*, art. 151.

- le remboursement de frais de garde d'enfants ;
- le remboursement du coût des travaux d'entretien courant du domicile[58].

La réadaptation professionnelle

Quant à la réadaptation professionnelle, elle a pour but de faciliter la réintégration du travailleur dans son emploi ou dans un emploi équivalent ou, si ce but ne peut être atteint, de lui permettre l'accès à un emploi convenable[59]. Un programme de réadaptation professionnelle peut comprendre notamment :

- un programme de recyclage ;
- des services d'évaluation des possibilités professionnelles ;
- un programme de formation professionnelle ;
- des services de soutien dans la recherche d'un emploi ;
- le paiement de subventions à un employeur pour favoriser l'embauche du travailleur qui a subi une atteinte permanente à son intégrité physique ou psychique ;
- l'adaptation d'un poste de travail ;
- le paiement de frais pour explorer un marché d'emplois ou pour déménager près d'un nouveau lieu de travail ;
- le paiement de subventions au travailleur[60].

Soulignons que la Commission de la santé et de la sécurité du travail possède un pouvoir discrétionnaire pour fournir une aide adaptée aux besoins et à la volonté du travailleur.

11.9.2   Les différentes indemnités prévues par la loi

La Loi sur les accidents du travail et les maladies professionnelles prévoit différentes indemnités auxquelles le travailleur a droit. De plus, elle prévoit l'octroi d'une indemnité aux héritiers du travailleur qui décède à la suite d'un accident du travail ou d'une maladie professionnelle. Ces indemnités sont l'indemnité de remplacement du revenu, l'indemnité pour préjudice corporel, l'indemnité de décès et les autres indemnités.

L'indemnité de remplacement du revenu

Le travailleur victime d'une lésion professionnelle a droit à une indemnité de remplacement du revenu s'il devient incapable d'occuper son emploi en raison de cette lésion[61]. L'indemnité de remplacement du revenu est égale à 90 % du revenu net du travailleur. Soulignons que le droit à l'indemnité de remplacement du revenu s'éteint au premier des événements suivants :

1. lorsque le travailleur redevient capable d'exercer son emploi[62] ;
2. au décès du travailleur ;
3. au 68e anniversaire de naissance du travailleur, ou si celui-ci est victime d'une lésion professionnelle alors qu'il est âgé d'au moins 64 ans, quatre ans après la date du début de son incapacité d'occuper son emploi[63].

---

58. *Ibid.*, art. 152.
59. *Ibid.*, art. 166.
60. *Ibid.*, art. 167.
61. *Ibid.*, art. 44.
62. Encore faut-il que le travailleur n'ait pas refusé sans raison valable – comme le mentionne la loi – d'occuper son emploi. Dans ce cas prévu, il a encore droit à l'indemnité de remplacement du revenu, mais pendant un an à compter de la date où il redevient capable d'occuper son emploi. Voir la Loi sur les accidents du travail et les maladies professionnelles, art. 48.
63. *Ibid.*, art. 57.

L'indemnité pour préjudice corporel

Le travailleur victime d'une lésion professionnelle qui subit une atteinte permanente à son intégrité physique ou psychique a droit, pour chaque maladie professionnelle ou accident du travail pour lequel il fait une réclamation à la Commission, à une indemnité pour préjudice corporel qui tient compte de son degré ou pourcentage d'incapacité (déficit anatomo-physiologique) et du préjudice esthétique qui résultent de cette atteinte ainsi que des douleurs et de la perte de la jouissance de la vie qui résultent de ce déficit ou de ce préjudice[64].

Le montant auquel a droit la victime est fixé selon le pourcentage d'atteinte permanente à l'intégrité physique ou psychique du travailleur et varie selon son âge[65].

L'indemnité de décès

Le décès d'un travailleur en raison d'une lésion professionnelle donne droit à différentes indemnités prévues dans la loi[66].

L'indemnité versée au conjoint

Le conjoint du travailleur décédé a droit à une indemnité forfaitaire[67] dont le montant ne peut être inférieur à 50000$[68]. Outre cette indemnité, le conjoint de ce travailleur décédé a aussi droit à une indemnité équivalant à 55% de l'indemnité de remplacement du revenu à laquelle celui-ci avait droit à la date de son décès ou à laquelle il aurait eu droit s'il avait été incapable d'occuper son emploi en raison d'une lésion professionnelle[69]. Mentionnons que cette indemnité est payable sous forme de rente mensuelle, à compter de la date du décès du travailleur[70].

L'indemnité versée aux enfants

L'enfant mineur du travailleur décédé a droit, à la date du décès du travailleur, à une indemnité de 250$ par mois jusqu'à sa majorité[71]. Si cet enfant fréquente à plein temps un établissement d'enseignement à la date de sa majorité, il a alors droit à une indemnité forfaitaire de 9000$[72].

S'il s'agit de l'enfant majeur du travailleur décédé, qui est âgé de moins de 25 ans à la date du décès de celui-ci et qui, à cette date, fréquentait à plein temps

---

64. *Ibid.*, art. 83.
65. Ce montant se situe entre 25000$ et 50000$. Par exemple, l'indemnité accordée à une victime âgée de 18 ans et moins est fixée à 50000$, tandis que celle qui est versée à une victime âgée de 65 ans et plus est établie à 25000$. Voir la Loi sur les accidents du travail et les maladies professionnelles à l'annexe II.
66. *Ibid.*, art. 97.
67. *Ibid.*, art. 98.
68. *Ibid.*, art. 100.
69. *Ibid.*, art. 101, paragr. 1.
70. *Ibid.*, art. 101, paragr. 2.
71. *Ibid.*, art. 102, paragr. 1.
72. *Ibid.*, art. 102, paragr. 2. Notez que si l'enfant mineur du travailleur était invalide à la date du décès de celui-ci et l'est encore à la date de sa majorité, il a droit, à cette dernière date, non pas à l'indemnité de 9000$, mais à une idemnité de 50000$ si les circonstances ayant causé son invalidité ne lui donnent pas droit à une prestation en vertu de la Loi sur les accidents du travail et les maladies professionnelles, de la Loi sur les accidents du travail (c. A-3), de la Loi sur l'assurance automobile (c. A-25), de la Loi visant à favoriser le civisme. (c. C-20) ou de la Loi sur l'indemnisation des victimes d'actes criminels (c. I-6). Cette indemnité sera de 9000$ si les circonstances ayant causé son invalidité lui donnent droit à une prestation en vertu de l'une des lois ci-haut mentionnées. Voir la Loi sur les accidents du travail et les maladies professionnelles, art. 103.

un établissement d'enseignement, l'indemnité forfaitaire à laquelle il a droit est de 9 000 $[73].

Les autres indemnités de décès

Le conjoint a droit, au décès du travailleur, à une indemnité de 1 000 $[74]. À défaut d'un conjoint, la Commission verse cette indemnité aux autres personnes à charge, à parts égales[75].

La mère et le père du travailleur décédé qui n'a aucune personne à charge ont droit à une indemnité de 3 000 $ chacun ; la part du parent décédé ou déchu de son autorité parentale accroît à l'autre[76].

La Commission rembourse à la personne qui les acquitte, sur production de pièces justificatives, les frais funéraires jusqu'à concurrence de 1 500 $ et d'autres frais prévus dans la loi[77].

Les autres indemnités

Le travailleur victime d'une lésion professionnelle a droit, sur production de pièces justificatives, à une indemnité pour le nettoyage ou le remplacement des vêtements endommagés par suite d'un accident du travail[78]. Il a aussi droit, le cas échéant, à une indemnité pour les dommages causés à ses vêtements par une prothèse ou une orthèse dont le port est rendu nécessaire en raison d'une lésion professionnelle[79].

Sur production de pièces justificatives, un travailleur a droit à une indemnité pour la réparation ou le remplacement d'une prothèse ou d'une orthèse endommagée involontairement au moment d'un événement imprévu et soudain attribuable à toute cause, survenant par le fait de son travail, dans la mesure où il n'a pas droit à une telle indemnité en vertu d'un autre régime[80].

Le travailleur et la personne qui doit l'accompagner – si l'état physique du travailleur le requiert – verront la Commission rembourser, selon les normes et les montants qu'elle détermine et sur production de pièces justificatives, les frais de déplacement et de séjour engagés pour que le travailleur reçoive des soins, subisse des examens médicaux ou accomplisse une activité dans le cadre de son plan individualisé de réadaptation[81].

---

73. Loi sur les accidents du travail et les maladies professionnelles, article 104. Soulignons que si cet enfant majeur agé de moins de 25 ans est invalide à la date du décès du travailleur, il a droit à une indemnité qui se situe entre 46 809 $ et 50 000 $, selon son âge, si les circonstances ayant causé son invalidité ne lui donnent pas droit à une prestation en vertu de la Loi sur les accidents du travail et les maladies professionnelles, de la Loi sur les accidents du travail (c. A-3), de la Loi sur l'assurance automobile (c. A-25), de la Loi visant à favoriser le civisme. (c. C-20) ou de la Loi sur l'indemnisation des victimes d'actes criminels (c. I-6). Cette indemnité sera de 9 000 $ si les circonstances ayant causé son invalidité lui donnent droit à une prestation en vertu de l'une des lois ci-haut mentionnées. Voir la Loi sur les accidents du travail et les maladies professionnelles, art. 105.
74. *Ibid.*, art. 109 paragr. 1.
75. *Ibid.*, art. 109 paragr. 2.
76. *Ibid.*, art. 110.
77. *Ibid.*, art. 111.
78. *Ibid.*, art. 112 paragr. 1.
79. *Ibid.*, art. 112 paragr. 2.
80. *Ibid.*, art. 113.
81. *Ibid.*, art. 115.

Résumé du chapitre

Ce chapitre nous a permis de comprendre pourquoi la santé, la sécurité et l'intégrité physique du travailleur constituent des éléments d'une grande importance dans notre société. Le mot d'ordre en matière de santé et de sécurité du travail est la prévention. D'ailleurs, la Loi sur la santé et la sécurité du travail vise l'élimination à la source des dangers pour la santé, la sécurité et l'intégrité des travailleurs.

De plus, cette loi confère aux travailleurs certains droits (droit de refus, droit de retrait préventif, droit de retrait préventif de la travailleuse enceinte ou qui allaite) qu'ils peuvent exercer afin de protéger adéquatement leur santé, leur sécurité ou leur intégrité physique. De même, elle leur impose des obligations en matière de prévention dans le milieu de travail. Elle accorde aussi à l'employeur des droits, entre autres le droit à des services de formation, d'information et de conseil en matière de santé et de sécurité du travail. Mais elle lui impose également plusieurs obligations, dont celle de s'assurer que les établissements sur lesquels il a autorité sont équipés et aménagés de façon à garantir la protection du travailleur.

Enfin, cette loi a institué la Commission de la santé et de la sécurité du travail, qui non seulement joue un rôle d'administratrice du régime de santé et de sécurité, mais s'occupe aussi de réadaptation et d'indemnisation des victimes de lésions professionnelles. La CSST exerce une fonction de premier plan auprès des entreprises en matière de prévention de ces lésions professionnelles.

Évaluation de la compétence

Questions de révision et application

1. Quel est l'objet de la Loi sur la santé et la sécurité du travail ?
2. Quels rôles est appelée à jouer la Commission de la santé et de la sécurité du travail ?
3. Qui nomme le représentant à la prévention et quelles fonctions doit-il remplir ?
4. En quelles circonstances un travailleur peut-il exercer son droit de refus ?
5. Un employeur peut-il user de représailles contre un travailleur qui a exercé son droit de refus ? Expliquez votre réponse.
6. Qu'est-ce que le droit de retrait préventif ?
7. Pourquoi un travailleur qui exerce son droit de refus n'est-il pas automatiquement en congé ?
8. Qu'est-ce qu'un accident du travail ?
9. Qu'est-ce qu'une maladie professionnelle ?
10. Quelles sont les trois formes que peut prendre la réadaptation du travailleur ? Expliquez-les en des termes simples.
11. Quelles sont les différentes indemnités prévues par la Loi sur les accidents du travail et les maladies professionnelles ?
12. L'indemnité de remplacement du revenu est-elle versée à vie à un travailleur victime d'une lésion professionnelle ? Justifiez votre réponse.

13. En vous reportant à la rubrique « Point de mire » présentée au début du chapitre, répondez aux questions suivantes :
    a) Quelle est la première démarche que devrait entreprendre Sylvain une fois l'accident constaté ?
    b) Étant donné que Carlos est stagiaire, la règle énoncée par le contremaître est-elle exacte ?
    c) Si votre réponse à la question *a* est négative, comment faut-il démontrer que Carlos est un travailleur ?

Analyse de cas

Cas 11.1
Le bon, la brute et le stagiaire

Pete C. est un jeune policier. Arrivé au poste de police où il commencera à travailler, le directeur Pinson lui présente les deux policiers avec lesquels il doit patrouiller afin que « le métier rentre », selon le langage du directeur. Un des deux policiers se nomme Bertrand F. Toujours souriant, il a la réputation de distribuer plus d'avertissements que de contraventions. Au poste, à la blague, on l'appelle « le bon ».

L'autre policier, Claude T., a un visage sévère. Il est surtout reconnu pour son excellente « moyenne au bâton », c'est-à-dire qu'il utilise souvent sa matraque pour faire des arrestations spectaculaires. Aucun malfaiteur ne résiste à ses solides coups de « bâton ». Au poste, toujours à la blague, on le surnomme « la brute ».

Quant à Pete, comme il est nouveau au poste de police on l'appelle « le stagiaire ».

Pete effectue sa première « tournée » avec Claude. Pour son initiation, les policiers – de concert avec les employés d'une banque – ont mis au point un scénario. Tandis que la voiture de patrouille s'engage dans une rue à sens unique où se trouve entre autres une banque, les deux policiers voient sortir de la banque des individus traînant d'une main des gros sacs et dans l'autre main, une arme à feu. Ces prétendus voleurs tirent vers la porte principale de la banque, tandis que de l'immeuble attaqué des coups de feu tirés par des agents de sécurité leur donnent la réplique.

Pete, sous le choc, accélère et active les gyrophares, mais Claude le force à freiner et éteint les gyrophares.

– Qu'est-ce que tu fais ? lui demande Pete.

– Et toi, qu'est-ce que tu veux faire ?

– Mais des voleurs ont braqué la banque ! Descendons et allons les arrêter !

– Es-tu cinglé ? Tu veux qu'on te tire dessus, eh bien, pas moi ! Restons assis sagement dans la voiture et exerçons notre droit de refus ! Il y a un trop grand risque pour notre santé et notre sécurité !

Pete n'en croit pas ses oreilles.

– Es-tu certain que nous pouvons exercer un tel droit ? demande-t-il, ahuri.

Au bout de 30 secondes, Claude, qui ne peut plus se retenir, éclate de rire. Ensuite, les faux bandits, quelques employés de la banque et les faux agents de sécurité s'approchent de la voiture en applaudissant. Parmi les faux bandits, Pete reconnaît Bertrand qui ouvre la portière et se penche vers son nouveau collègue.

– C'est ton initiation, mon Pete ! lance-t-il joyeusement.

Pete, le visage encore crispé, essaie de sourire.

Questions

1. Qu'est-ce que l'exercice du droit de refus?
2. S'agit-il d'un droit absolu? Expliquez votre réponse.
3. Dans l'éventualité où la scène qui se déroulait devant les policiers se produirait, pourquoi ces derniers ne pourraient-ils pas exercer leur droit de refus?

Cas 11.2
« Elles sautent, mais ils ne sautent pas ! »

Denis LeVoyeur est président de l'agence de publicité Coup d'œil pub inc. Sa société conçoit des messages publicitaires, les tourne et en effectue le montage.

En juillet 2003, la firme décroche un important contrat pour un fabricant de lingerie fine pour dames, Le Bizou intime. Denis appelle son équipe de recruteurs.

– Pour les besoins de cette publicité, il me faudrait des mannequins enceintes d'au moins cinq mois et d'au plus sept mois. Notre nouvelle pub est axée sur la fermeté des nouveaux soutiens-gorge !

Sur les 120 femmes qui passent une audition, 55 sont retenues.

– Mesdames, dans deux jours, à 14 heures, nous tournons ! lance Denis aux candidates qui ont été choisies.

Deux jours plus tard, le tournage commence en studio. Chacune des femmes est munie d'une corde à sauter.

Les femmes commencent alors à sauter ; elles sautent, et sautent encore.

Denis transmet ses consignes à ses caméramans :

– Cadrez bien, visez juste et dans deux heures, tout sera terminé !

Les caméras tournent et les femmes sautent. Un peu en retrait, le comédien embauché pour l'événement répète la phrase qui termine la publicité : « Elles sautent, mais ils ne sautent pas !… Qu'ils sont fermes, les nouveaux soutiens Bizou intime ! »

Au bout de deux heures d'essai, 15 femmes sont retranchées du groupe.

– Allez, on reprend demain ! décide Denis.

Et le lendemain, après encore deux heures de tournage, 15 autres femmes quittent le groupe. Le troisième jour, celles qui avaient obtenu le travail et signé un contrat d'une durée de cinq mois pour différentes séances de tournage devaient se présenter au studio à 8 heures du matin. Mais à 8 h 15, trois d'entre elles qui s'étaient plaintes de maux de ventre manquaient à l'appel.

Furieux, Denis, s'écrie :

– Simon, as-tu essayé de rejoindre Cindy, Léonie et Naomie sur leurs cellulaires ?

– Il n'y a pas de réponse, confirme-t-il.

À 8 h 30, les trois mannequins arrivent.

– Mesdames, ce n'est pas sérieux ! Ici, il faut être à l'heure ! leur reproche Denis.

Cindy lui tend un certificat médical.

– Léonie, Naomie et moi avons consulté notre médecin. Les maux de ventre que nous ressentons sont dus à ces sauts à la corde répétitifs et continus… Nous risquons de faire une fausse couche et de perdre ainsi nos bébés.

Denis laisse tomber les bras :

– Non mais je rêve !

Il fixe son assistant, qui hausse les épaules en signe d'étonnement. Il regarde ensuite les autres femmes. Cinq d'entre elles avouent aussi qu'elles ressentent des maux de ventre depuis qu'elles ont commencé à sauter à la corde.

– Simon, tu peux toutes les renvoyer! lance Denis, choqué.

– C'est qu'on ne peut pas... Tu sais, elles travaillent pour nous et la loi nous défend de...

Denis ne l'écoute plus et va s'enfermer dans son bureau.

Questions

1. De quelle loi parle Simon quand il dit à Denis LeVoyeur: «C'est qu'on ne peut pas... Tu sais, elles travaillent pour nous et la loi nous défend de...»?
2. Quel droit accorde la loi à Cindy, à Naomie et à Léonie?
3. Comment doit agir un employeur quand des travailleuses enceintes veulent exercer un tel droit?

Cas 11.3
Sur le terrain!

En équipe de trois étudiants, vous recevez de votre enseignant le mandat suivant:

1. Trouvez une entreprise de votre région comptant au moins 20 employés.
2. Précisez dans quel secteur d'activité cette entreprise évolue.
3. Déterminez avec votre enseignant si ce secteur constitue une catégorie reconnue, c'est-à-dire un secteur d'activité à risque en matière d'accidents du travail ou de maladies professionnelles.
4. Prenez contact avec l'employeur et demandez-lui la permission de visiter son entreprise, afin de noter les mesures préventives que cette dernière adopte en matière de santé et de sécurité.
5. Vérifiez s'il existe – conformément à la Loi – un comité de santé et de sécurité du travail.
6. Sollicitez une entrevue avec le représentant de ce comité afin de vérifier avec lui comment les mesures préventives de santé et de sécurité du travail sont appliquées.
7. Dressez un rapport de deux à trois pages mentionnant, entre autres, vos observations en matière de prévention et la contribution que vous pourriez apporter à l'application des mesures de correction et de prévention en matière de santé et de sécurité du travail.

Le contrat individuel de travail

Sommaire

Point de mire

Gabrielle B. a-t-elle réellement obtenu un contrat de travail[1] ?

Gabrielle B. est une infirmière très appréciée dans son milieu de travail. Elle occupe le poste de chef d'unité de soins en médecine dans un grand hôpital de Montréal, situé dans l'arrondissement Cartierville. Ayant pris connaissance d'une offre d'emploi pour le poste de chef d'unité de consultations externes, dans un centre hospitalier situé sur la Rive-Sud, région où elle habite, Gabrielle décide de soumettre sa candidature, après en avoir longuement discuté avec son conjoint, lui-même un médecin travaillant pour ce centre hospitalier.

Quatorze jours après avoir posé sa candidature, Gabrielle est convoquée à une entrevue. Après l'entrevue, un des membres du comité de sélection – Sylvie V., la directrice des services infirmiers – avoue à Gabrielle qu'elle a été très impressionnée par sa grande expérience et par l'ampleur de ses connaissances.

Huit jours après cette entrevue, Gabrielle reçoit un appel téléphonique de Sylvie qui lui annonce que sa candidature a été retenue par le comité de sélection. Elle lui dit, de plus, qu'une recommandation à cet effet sera faite à M. Bernard G., le directeur général de l'établissement. Puis, la directrice des services infirmiers demande à Gabrielle la permission de vérifier certaines de ses références.

---

1. Les informations ayant permis d'écrire ce Point de mire proviennent de l'article suivant : Mélanie Lefebvre, « Obtenez une confirmation écrite de votre embauche », *Les Affaires*, 2 novembre 2002, p. 46.

Croyant qu'elle vient d'être embauchée par le centre hospitalier, Gabrielle démissionne sur-le-champ de son poste de chef d'unité de soins en médecine, profite de la semaine de relâche scolaire et part en vacances au Mexique avec son conjoint et leurs deux enfants. Toutefois, à son retour de vacances, une surprise l'attend. Le directeur des ressources humaines du centre hospitalier lui a laissé un message dans sa boîte vocale. Il lui demande de le rappeler le plus vite possible, même durant la fin de semaine, pour lui signaler son retour. Elle l'appelle aussitôt. Le lundi suivant, le directeur des ressources humaines la rappelle pour lui dire, sans aucune émotion dans la voix, que sa candidature n'a pas été retenue.

Atterrée, Gabrielle lui dit que la directrice des services infirmiers lui a pourtant confirmé que sa candidature était retenue. Le directeur des ressources humaines lui déclare tout bonnement que le poste a été octroyé à une autre personne plus qualifiée.

Déroutée, Gabrielle multiplie les appels téléphoniques dans différents services de l'hôpital où elle travaillait et essaie de reprendre son poste, mais en vain.

Après huit semaines de chômage involontaire, elle obtient un emploi d'infirmière bachelière, emploi moins bien rémunéré que celui qu'elle occupait. Déçue, elle appelle son beau-frère, qui est avocat, et lui manifeste son intention de poursuivre le centre hospitalier de la Rive-Sud en dommages-intérêts pour rupture injustifiée de contrat de travail.

12.1 La pertinence de l'étude du contrat individuel de travail

Le contrat individuel de travail est le fondement même des relations individuelles qui s'établissent entre un employeur et ses salariés. Ce contrat de travail tire son essence du lien de subordination juridique qui caractérise ces relations dites individuelles. De ce fait, il définit pour chacune des parties qu'il lie les obligations qui lui reviennent.

Il est à noter qu'en aucun temps le législateur ne précise quelle forme doit revêtir le contrat de travail[2]. Il peut donc s'agir d'un contrat verbal ou d'un contrat écrit. Toutefois, quand le contrat est verbal, l'employeur doit préciser au moins les trois éléments suivants : les heures de travail, le travail lui-même et la rémunération qui s'y rattache. Si le contrat verbal est valable, la preuve de son existence peut s'avérer problématique, surtout si l'une des parties n'est pas de bonne foi ou encore interprète mal les intentions de l'autre partie.

La rubrique « Point de mire » qui précède permet de comprendre comment une mauvaise interprétation des intentions d'un employeur peut mener une personne en situation d'embauche à croire qu'un contrat de travail s'était constitué. Même si un employeur éventuel annonce à un candidat par téléphone que sa candidature est retenue pour un poste donné et qu'il lui reste à vérifier les références du candidat, ce dernier ne doit pas croire pour autant qu'il s'agit d'une entente verbale donnant lieu à une embauche. La vérification des références implique que le processus d'embauche n'est pas encore terminé et qu'il le sera quand il y aura manifestement un accord de volonté final entre les parties[3].

Enfin, nous jugeons importante l'étude du contrat individuel de travail parce qu'elle permet de comprendre non seulement que ce type de contrat établit les

---

2. Dans ce chapitre, les termes « contrat individuel de travail » et « contrat de travail » ont la même signification.
3. C'est le critère qui a été utilisé dans la décision qu'a rendue la Cour supérieure du Québec dans l'affaire Latraverse c. Centre hospitalier Saint-Eustache, D.T.E. 2002-436.

premiers rapports qu'entretiennent les salariés avec leur employeur, mais aussi que ses effets demeurent présents même si ces rapports perdent leur caractère individuel et deviennent collectifs[4].

12.2 L'essence du contrat individuel de travail

Le contrat individuel de travail est d'abord et avant tout un contrat ; par conséquent, il n'échappe pas aux conditions générales d'établissement d'un contrat énoncées dans le Code civil du Québec[5]. Bien qu'il renferme des particularités qui lui sont propres, ce contrat ne saurait donc se soustraire aux conditions de validité qui sont le fait de tous les contrats[6]. Les conditions de validité auxquelles il est soumis sont l'échange du consentement, la capacité, l'objet et la cause.

12.2.1 L'échange du consentement

Le contrat de travail a un caractère consensuel du fait que l'échange du consentement entre les parties suffit à son établissement. Ce consentement doit être libre et éclairé[7]. Il pourrait cependant arriver qu'un tel consentement soit entaché d'un vice. Parmi les exemples de pratiques qui vicient un consentement, citons le dol ou la fraude[8], l'erreur, la crainte et la lésion[9].

Afin d'illustrer l'effet négatif de certaines de ces pratiques sur le consentement, nous verrons des exemples portant sur le dol, l'erreur et la crainte.

1er exemple

Un employeur découvre qu'un de ses salariés a utilisé un procédé dolosif en falsifiant ses diplômes et s'est ainsi octroyé un faux titre professionnel qui lui a permis d'obtenir l'emploi. Le consentement de l'employeur au choix de ce salarié a été vicié par la fraude commise par celui-ci. Cet employeur peut, dans le respect de ses droits, mettre fin sur-le-champ au contrat passé avec ce salarié.

2e exemple

Un étudiant à temps plein au cégep accepte un emploi dans une boutique de vêtements parce qu'au cours de l'entrevue on lui a laissé croire qu'il s'agissait d'un emploi à temps partiel. Il apprend dès sa première journée de travail que son employeur lui a fait signer un contrat pour un emploi à temps plein. L'étudiant peut refuser un tel emploi, car son consentement a été vicié par l'erreur sur la nature même du contrat[10].

---

4. Nous qualifions de rapports collectifs de travail les rapports qui s'établissent entre un employeur et une association de salariés, dans le cadre du travail. Ces rapports seront étudiés aux chapitres 13 et 14.
5. Code civil du Québec, L.Q. 1993, 10e éd., 2002-2003.
6. *Ibid.*, art. 1385.
7. *Ibid.*, art. 1399, paragr. 1.
8. *Ibid.*, art. 1401.
9. *Ibid.*, art. 1399, paragr. 2.
10. Pour obtenir une définition de l'erreur comme vice du consentement, voir l'article 1400 du Code civil du Québec, et à propos de la conséquence de l'erreur de consentement provoquée par l'utilisation d'un procédé dolosif par une des parties au contrat, voir l'article 1401.

Manon est une technicienne-comptable qui travaille pour un entrepreneur qui est également président de la chambre de commerce de sa région. Elle accepte de travailler gratuitement pour le beau-frère de cet entrepreneur même si cela ne lui plaît pas, car, en cas de refus de sa part, son patron la menace non seulement de la congédier, mais aussi de l'empêcher de se trouver un autre emploi dans la région. Le consentement qu'elle a donné à son patron ne saurait être valable, car il était inspiré par la crainte[11].

12.2.2 La capacité

Les personnes qui sont parties au contrat doivent démontrer une aptitude à assumer la responsabilité des effets juridiques découlant du contrat. La loi prévoit que certaines catégories de personnes ne jouissent pas de la capacité de passer un contrat. Il s'agit des mineurs ainsi que des majeurs protégés[12]. Cependant, dans le cas du mineur, la loi prévoit que s'il est âgé de 14 ans et plus, il est réputé majeur pour tous les actes relatifs à son emploi[13].

12.2.3 L'objet

L'objet du contrat est « l'opération juridique envisagée par les parties au moment de sa conclusion, telle qu'elle ressort de l'ensemble des droits et obligations que le contrat fait naître[14] ».

Dans le cas du contrat de travail, l'opération juridique qui en découle est une opération de location de la force de travail du salarié par l'employeur en échange d'une rémunération. Il va de soi que l'objet du contrat ne doit pas être prohibé par la loi ou contraire à l'ordre public[15]. Ainsi, le propriétaire d'un restaurant qui voit sa clientèle baisser au profit d'un autre restaurateur ne saurait inciter ses serveuses à la débauche avec les clients, dans le but de mieux les attirer et faire ainsi augmenter le chiffre d'affaires du restaurant.

12.2.4 La cause

La cause constitue la raison pour laquelle les parties contractent. Pour une partie (le salarié), il s'agit d'assurer sa survie financière en retirant de son travail un salaire ; pour l'autre partie (l'employeur), il s'agit de voir son entreprise atteindre la rentabilité souhaitée, si elle garantit à sa clientèle une production respectant les normes de qualité demandée. Bien entendu, est nul le contrat dont la cause est prohibée par la loi ou contraire à l'ordre public[16].

---

11. L'article 1402 précise le critère de la crainte. Il doit s'agir de la crainte d'un préjudice sérieux. Dans le cas de Manon, on constate que ce critère s'applique ; elle craignait en effet de ne plus pouvoir trouver un emploi dans la région.
12. Voir le Code civil du Québec, art. 153 et 154
13. *Ibid.*, art.156.
14. *Ibid.*, art. 1412.
15. *Ibid.*, art. 1413.
16. *Ibid.*, art. 1411.

12.3 Le contrat individuel de travail : définition, identification des parties en cause et éléments constitutifs

Pour définir le contrat individuel de travail quant à sa nature et à son essence, il faut se référer à l'article 2085 du Code civil du Québec : « Le **contrat de travail** est celui par lequel une personne, le salarié, s'oblige, pour un temps limité et moyennant rémunération, à effectuer un travail sous la direction ou le contrôle d'une autre personne, l'employeur. »

12.3.1 Les parties en cause

L'article 2085 du Code civil du Québec identifie clairement les parties au contrat : le salarié et l'employeur. Bien qu'aucune mention ne soit faite à cet égard, il va de soi que le salarié doit être une personne physique.

Quant à l'employeur, il peut être une personne physique (exploitant une entreprise individuelle ou une société de personnes) ou une personne morale, c'est-à-dire une compagnie. À ce sujet, voici trois exemples.

1er exemple

Jean fonde une entreprise individuelle, La Boutique du Meuble non peint. Pour l'assister, il embauche dans son atelier de fabrication trois menuisiers. Jean est l'employeur et les menuisiers sont les salariés.

2e exemple

L'entreprise Les Consultants en relations du travail Turbide, Rivière et Lamarre S.E.N.C. embauche une technicienne en comptabilité et en gestion pour son service du recrutement. C'est l'associé Turbide qui est chargé de l'embauche pour l'entreprise. Cette société est l'employeur et la technicienne en comptabilité et en gestion est la salariée.

3e exemple

La compagnie Microton inc. (personne morale) embauche par l'entremise de son service du personnel deux comptables en tant que contrôleurs. Ainsi, l'employeur est la compagnie Microton inc. et les salariés sont les deux comptables.

12.3.2 Les éléments constitutifs

Outre l'identification des parties, l'article 2085 précise les éléments constitutifs du contrat individuel de travail. Il s'agit de la rémunération, du travail à effectuer et du lien de subordination juridique.

Dans le Code civil du Québec, il est clairement établi que, contre rémunération, le salarié s'oblige, pour un temps limité, à effectuer un travail[17]. Il ne saurait donc être question d'une prestation de travail fournie à titre gratuit. Le salarié s'engage à travailler en vue de retirer, entre autres avantages, un salaire.

Il va de soi que le salarié ne s'engage pas sans raison. Il doit effectuer un travail. Soulignons que, même si le Code civil demeure muet quant à la nature ou à la particularité du travail[18], force est de reconnaître qu'il doit s'agir d'un travail dont l'exécution n'est pas contraire aux bonnes mœurs ni prohibées par la loi[19].

Notion particulière du contrat individuel de travail, le lien de subordination juridique constitue une condition essentielle servant à qualifier ce type de contrat de travail. Il sert entre autres à le distinguer du contrat d'entreprise. Ainsi, on ne saurait parler de contrat de travail dans le cas où un entrepreneur en construction, par exemple, retient par contrat les services d'un électricien indépendant à qui il demande d'exécuter un travail. Cela constitue un contrat d'entreprise en vertu duquel l'électricien a envers son cocontractant (l'entrepreneur) une obligation de résultats. Il exécutera le travail en définissant lui-même les méthodes et les moyens à utiliser. En somme, s'il reçoit des précisions de l'entrepreneur quant au moment où le travail doit être exécuté, il ne reçoit aucun ordre de lui quant à l'exécution même du travail.

En revanche, dans le contrat individuel de travail, il est question d'un lien de subordination juridique qui rattache le salarié à l'employeur. Ce rattachement s'effectue dès que le salarié reçoit de l'employeur des ordres formels sur la manière d'effectuer le travail, des directives précises quant aux méthodes et aux moyens à adopter afin de l'effectuer adéquatement et des spécifications directes sur le cadre même de l'exécution de ce travail.

12.4 Les particularités du contrat de travail

Dans cette partie, nous présenterons les principales particularités du contrat de travail.

12.4.1 Un contrat à caractère personnel

Selon l'article 2085 du Code civil du Québec, le salarié s'oblige à effectuer le travail que lui demande son employeur. Ce salarié doit, de ce fait, mettre en œuvre son art, son talent, ses connaissances et ses qualités afin de fournir lui-même la prestation qui lui est demandée, d'où le caractère personnel de ce type de contrat.

Exemple

Un artiste qui, en raison de son talent, est embauché afin de sculpter une dizaine de sculptures sur glace à l'occasion du Carnaval de Québec doit exécuter lui-même le travail pour lequel ses services ont été retenus. Sa prestation doit revêtir un caractère personnel.

---

17. Code civil du Québec, art. 2085. Il est à noter que le terme « rémunération » englobe tant la rémunération directe, qui est le salaire, que la rémunération indirecte, qui constitue l'ensemble des avantages sociaux accordés aux salariés par leur employeur.
18. Le Code civil ne stipule pas que le travail doit être à temps plein ou à temps partiel ou encore établi sur une base saisonnière.
19. Cette exigence rejoint une des conditions de validité du contrat de travail : son objet.

12.4.2 Un contrat bilatéral

Si un contrat est dit bilatéral ou synallagmatique lorsque les parties s'obligent réciproquement (les unes envers les autres) « de manière que l'obligation de chacune d'elles soit corrélative à l'obligation de l'autre[20] », on constate que, dans le cas du contrat de travail, la réciprocité des obligations existe. En effet, le salarié s'oblige à effectuer le travail demandé et, de son côté, l'employeur s'oblige entre autres à lui verser le salaire convenu dans l'entente.

12.4.3 Un contrat à exécution successive

« Le contrat à exécution successive est celui où la nature des choses exige que les obligations s'exécutent en plusieurs fois ou d'une façon continue[21]. » Dans le contrat de travail, la prestation du salarié s'échelonne dans le temps et se divise par les périodes de paye déterminées par l'employeur. Chaque paye versée au salarié correspond donc à l'exécution d'une partie de son obligation.

12.4.4 Un contrat à titre onéreux

Un contrat est dit à titre onéreux[22] lorsque chacune des parties en tire un avantage. Dans le contrat individuel de travail, nous constatons une réciprocité des avantages qu'en retire chacune des parties[23].

12.4.5 Un contrat d'adhésion

Le contrat d'adhésion est un contrat qui existe lorsque « les stipulations essentielles qu'il comporte ont été imposées par l'une des parties ou rédigées par elle, pour son compte ou suivant ses instructions, et qu'elles ne [peuvent] être librement discutées[24] » par l'autre partie. On se rend compte que le contrat de travail correspond souvent à ce type de contrat dès que l'employeur fixe de façon unilatérale les conditions de travail et les soumet au salarié au moment de l'embauche. Ce dernier a le choix de les accepter ou alors de refuser l'emploi.

---

20. Code civil du Québec, art. 1380.
21. *Ibid.*, art. 1383, paragr. 2.
22. Le Code civil du Québec définit le contrat à titre onéreux comme étant « celui par lequel chaque partie retire un avantage en échange de son obligation. » (art. 1381, al. 1).
23. Les avantages que retire l'employeur ne s'évaluent pas seulement en fonction du travail que fournit le salarié. On peut aussi penser à la contribution individuelle de chaque salarié à la fabrication du produit, au marché que le produit fini peut lui garantir s'il respecte certains critères de production (qualité, quantité, fabrication aux moindres coûts), au profit qu'il peut retirer des ventes du produit si ce dernier répond à un besoin réel et même à la notoriété que peut procurer le produit à son entreprise si, aux yeux des consommateurs, il présente des avantages supérieurs à ceux des produits concurrents. Quant aux avantages du salarié, outre le salaire et les avantages sociaux qu'il reçoit s'il respecte ses obligations envers son employeur, il peut retirer d'autres avantages de son travail : possibilités d'avancement, formation, développement d'un lien d'appartenance, etc.
24. Code civil du Québec, art. 1379.

Une boutique de vêtements embauche deux étudiantes. Au cours de l'entrevue qu'elle passe, la directrice leur annonce qu'il s'agit d'un emploi à temps partiel, que le travail se fait le jeudi de midi à 21 heures, le vendredi de 15 heures à 21 heures et le samedi de 9 heures à 17 heures. De plus, elle précise que le salaire horaire est de 9,20 $, qu'une demi-heure est accordée pour le repas et qu'une pause de 10 minutes est octroyée seulement si la boutique est peu fréquentée. Comme c'est la directrice de la boutique qui fixe seule les conditions de travail, les étudiantes n'ont pas un mot à dire. Voici donc un contrat d'adhésion.

La figure 12.1 présente les particularités du contrat de travail.

12.5   Les obligations des parties

Nous avons précisé à la section 12.4 que le contrat de travail est un contrat bilatéral par lequel chacune des parties s'oblige envers l'autre. Regardons à présent l'ensemble des obligations qui revient à chacune de ces parties.

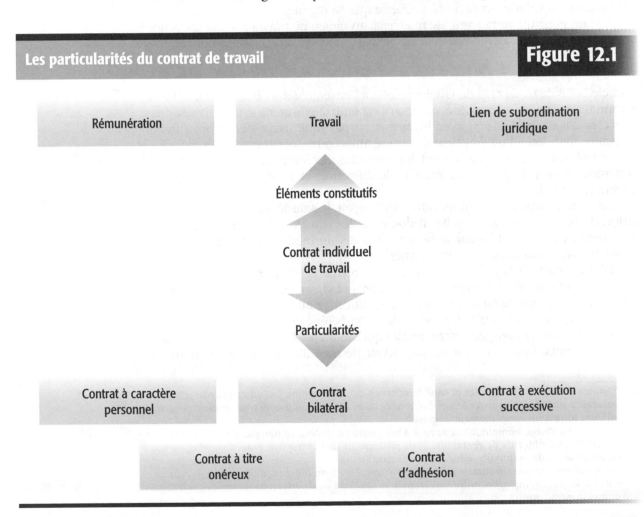

Les particularités du contrat de travail   **Figure 12.1**

Rémunération

Travail

Lien de subordination juridique

Éléments constitutifs

Contrat individuel de travail

Particularités

Contrat à caractère personnel

Contrat bilatéral

Contrat à exécution successive

Contrat à titre onéreux

Contrat d'adhésion

12.5.1 Les obligations de l'employeur

Pour bien comprendre la portée des obligations de l'employeur, il faut se référer à l'article 2087 du Code civil du Québec, qui stipule que « l'employeur, outre qu'il est tenu de permettre l'exécution de la prestation de travail convenue et de payer la rémunération fixée, doit prendre les mesures appropriées à la nature du travail, en vue de protéger la santé, la sécurité et la dignité du salarié ».

Ainsi, l'employeur doit fournir le travail convenu, payer la rémunération fixée et protéger le salarié.

En ce qui concerne la première obligation, il est du devoir de l'employeur de respecter la description des tâches du travail pour lequel le salarié a été embauché[25]. Il doit lui rendre accessible le lieu de travail prévu et lui fournir, selon l'entente qui est intervenue, les outils, l'équipement ou les autres accessoires qui lui permettront d'effectuer son travail.

Par ailleurs, l'employeur est tenu par la loi de verser le salaire convenu au salarié et de lui accorder tous les avantages sociaux tels que les vacances, les congés ou les assurances prévus au moment de l'embauche.

Enfin, l'employeur doit protéger le salarié. La lecture de l'article 2087 du Code civil du Québec permet de comprendre la portée de cette obligation. L'employeur doit donc « prendre les mesures appropriées à la nature du travail » afin de protéger la santé du salarié, sa sécurité de même que sa dignité.

Le fait, pour un employeur, de maintenir un milieu de travail salubre et sécuritaire pour ses salariés démontre qu'il fait preuve d'une « gestion à visage humain[26] ».

12.5.2 Les obligations du salarié

L'article 2088 du Code civil du Québec contient l'ensemble des obligations que la loi reconnaît au salarié : « Le salarié, outre qu'il est tenu d'exécuter son travail avec prudence et diligence, doit agir avec loyauté et ne pas faire usage de l'information à caractère confidentiel qu'il obtient dans l'exécution ou à l'occasion de son travail. »

Les obligations du salarié sont les suivantes : exécuter le travail qui lui est demandé, faire preuve de prudence et de diligence, et témoigner de la loyauté envers son employeur.

En contrepartie de la rémunération qu'il reçoit, le salarié doit fournir une prestation de travail dite personnelle. Il doit exécuter son travail selon les directives qu'il reçoit de son employeur et ne saurait, sans un motif valable, refuser de se soumettre aux ordres qui lui sont donnés[27].

D'autre part, le salarié doit respecter les règles de sécurité établies par son employeur afin de ne pas mettre en péril sa propre vie ou celle de ses collègues de travail. Il est de plus tenu de faire preuve de diligence au travail. Cela signifie non seulement qu'il doit éviter entre autres des retards répétés, des absences non justifiées ou tout autre comportement déviant qui nuirait à son travail et à celui de ses collègues, mais aussi qu'il est de son devoir de travailler en vue d'atteindre les

---

25. À moins d'un motif particulier et sans remettre en cause sa bonne foi, un employeur qui proposerait à un salarié un travail trop différent de ce que prévoyait leur entente initiale pourrait laisser croire à un congédiement déguisé.

26. La gestion à visage humain fait référence à une gestion qui s'exerce non pas dans le seul souci d'atteindre les objectifs de rentabilité et de productivité de l'entreprise, mais aussi dans le but de favoriser et de maintenir le bien-être des travailleurs.

27. Un motif pour lequel un salarié refuserait d'obtempérer à un ordre reçu de son employeur est valable si, par exemple, cet ordre met en péril sa santé ou sa sécurité ou s'il contrevient à la loi et aux bonnes mœurs.

normes de rendement fixées par son employeur visant entre autres la quantité à produire et la qualité à respecter.

Pour s'assurer de la loyauté du salarié, un employeur peut – conjointement avec le salarié – inclure dans le contrat de travail une clause de non-concurrence. La stipulation doit être faite par écrit et en termes formels. La mention principale précise que « même après la fin du contrat, le salarié ne pourra faire concurrence à l'employeur ni participer à quelque titre que ce soit à une entreprise qui lui ferait concurrence[28] ».

Il est important de signaler que le contenu de la clause de non-concurrence doit être limité, quant au temps, au lieu et au genre de travail, à ce qui est nécessaire pour protéger les intérêts légitimes de l'employeur[29].

Mais il y a une nuance : si l'employeur décide de résilier le contrat de son salarié sans motif sérieux ou s'il donne lui-même au salarié un tel motif de résiliation, il ne peut se prévaloir de la clause de non-concurrence contre ce salarié[30].

Si une telle clause est absente du contrat de travail, l'obligation de loyauté du salarié demeure et elle est énoncée à l'article 2088 du Code civil du Québec. Ainsi, le salarié ne pourra pas faire usage, au détriment de son employeur, des renseignements à caractère confidentiel ou privilégié qu'il obtient dans l'exécution ou à l'occasion de son travail. Les renseignements qui revêtent un tel caractère peuvent concerner, par exemple, les listes des clients ou leurs dossiers, les rapports de ventes, les soumissions, les dessins ou les plans d'un nouveau procédé technologique de fabrication.

Connaissances subjectives : Dextérité, adresse, compétences et habileté mentale qu'un salarié développe chez un employeur à l'occasion de son travail.

Aussi, la sollicitation de clients de son ex-employeur constitue pour un salarié une violation de son devoir de loyauté envers cet employeur[31]. Soulignons que ce devoir de loyauté du salarié ne saurait être étendu de manière à l'empêcher d'utiliser chez son nouvel employeur les **connaissances subjectives** qu'il a acquises chez son ex-employeur[32].

Enfin, pour illustrer la portée de l'obligation de loyauté du salarié, précisons qu'elle subsiste :

- en tout temps quand le salarié est au service de son employeur ;
- pendant un délai raisonnable après la cessation du contrat de travail ;
- en tout temps lorsque l'information concerne la réputation et la vie privée d'autrui, entre autres de l'employeur lui-même[33].

La figure 12.2 présentée à la page suivante résume les obligations des parties.

---

28. Code civil du Québec, art. 2089, paragr. 1.
29. *Ibid.*, paragr. 2.
30. *Ibid.*, art. 2095.
31. Il n'y a pas une telle violation si les clients décident volontairement de suivre le salarié afin de continuer à bénéficier des services qu'il leur rendait, sans même qu'il les ait sollicités.
32. La dextérité qu'il développe, son adresse, ses compétences (en informatique, par exemple, avec Internet ou un quelconque logiciel) et son habileté mentale constituent autant d'éléments que la jurisprudence reconnaît comme étant des connaissances « subjectives » qui appartiennent au salarié. Voir Positron inc. c. Desroches *et al.* [1988], R.J.Q. 1636 (C.S.).
33. Une question prend ici toute son importance : qu'en est-il de l'obligation de loyauté dans le cas d'une information à caractère confidentiel qui, si elle n'est pas dévoilée, risque de mettre en danger la santé et la sécurité du public ? À l'article 1472 du Code civil du Québec, on trouve l'élément de réponse adéquat. Il est énoncé que « toute personne peut se dégager de sa responsabilité pour le préjudice causé à autrui par suite de la divulgation d'un secret commercial si elle prouve que l'intérêt général l'emportait sur le maintien du secret et, notamment, que la divulgation de celui-ci était justifiée par des motifs liés à la santé ou à la sécurité du public ». Dans ce seul cas, on voit que le législateur vient tempérer la portée du devoir de loyauté.

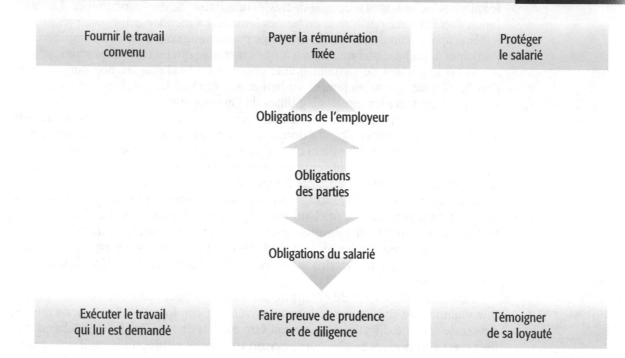

| Fournir le travail convenu | Payer la rémunération fixée | Protéger le salarié |

Obligations de l'employeur

Obligations des parties

Obligations du salarié

| Exécuter le travail qui lui est demandé | Faire preuve de prudence et de diligence | Témoigner de sa loyauté |

12.6   La durée du contrat de travail

Partant du principe selon lequel les parties qui se lient par un contrat de travail ne s'engagent pas l'une envers l'autre pour la vie, on constate que le contrat de travail peut être à durée déterminée ou à durée indéterminée[34].

12.6.1   Le contrat à durée déterminée

Pour bien saisir la notion de contrat à durée déterminée, prenons le cas de l'enseignant à statut précaire[35] du milieu de l'enseignement collégial public (cégep). Souvent cet enseignant ne sait pas si, d'une session à l'autre, son contrat de travail sera renouvelé. Il peut même arriver qu'au cours d'une session la date d'échéance de son contrat soit déterminée d'avance. Ainsi, dès son embauche, cet enseignant sait que le type de contrat qui le lie à son employeur est un contrat à durée déterminée.

---

34. Sur la durée du contrat de travail, voir le Code civil du Québec, art. 2086.
35. Dans un langage adapté au domaine de l'enseignement et non pas exclusivement réservé à ce domaine, l'expression « statut précaire » s'applique à l'enseignant qui donne des cours dans l'enseignement ordinaire ou en complément de charge à l'éducation des adultes tant qu'il n'a pas obtenu le statut d'enseignant permanent.

Deux points importants concernant ce type de contrat méritent d'être soulignés. Premièrement, chacune des parties doit respecter les obligations qui découlent de ce contrat tant que la date d'échéance n'est pas atteinte. Deuxièmement, ce contrat peut être renouvelé de façon implicite, et ce, pour une durée indéterminée, lorsque, après l'arrivée du terme, le salarié continue d'effectuer son travail durant cinq jours, sans opposition de la part de son employeur[36].

12.6.2   Le contrat à durée indéterminée

Un contrat est à durée indéterminée quand les parties ne prévoient pas le moment où elles vont y mettre un terme, mais chacune d'elles conserve la faculté de pouvoir y mettre un terme en donnant à l'autre un délai de congé[37].

Il va de soi que ce délai doit être raisonnable[38]. Les critères qui permettent d'apprécier s'il présente effectivement ce caractère raisonnable sont la nature de l'emploi, les circonstances particulières dans lesquelles l'emploi s'exerce et la durée de la prestation de travail.

Le droit du salarié à un tel délai est d'ordre public ; il ne peut donc pas renoncer au droit subséquent qui lui est reconnu par la loi d'obtenir une indemnité en réparation du préjudice qu'il subit, lorsque ce délai de congé est insuffisant[39].

12.7   Les autres modes d'extinction du contrat de travail

Les autres modes possibles d'extinction du contrat de travail sont le décès et un motif sérieux.

S'il s'agit du décès du salarié, le contrat de travail prend fin automatiquement[40]. S'il s'agit du décès de l'employeur, une telle situation peut, suivant les circonstances, mettre fin ou non au contrat de travail. Ce décès n'y mettra pas fin si la continuité de l'entreprise est assurée par la succession de l'employeur[41].

Par ailleurs, une partie peut, pour un motif sérieux, résilier unilatéralement et sans préavis le contrat de travail. Notez que si un salarié embauché en vertu de son talent personnel et de son art décide de démissionner sans motif sérieux, son employeur ne pourrait pas le forcer à revenir au travail. En effet, à cause du caractère personnel que revêt le contrat individuel de travail (*intuitu personæ*), l'employeur ne pourrait pas exercer contre ce salarié un recours en exécution forcée. Il pourrait en retour exiger de lui des dommages-intérêts.

Par contre, pour un employeur, le motif sérieux invoqué doit justifier la mesure qu'il adopte. S'il s'agit d'une mesure administrative telle que le licenciement d'un employé, un motif sérieux peut être, par exemple, l'arrêt définitif de certaines activités économiques de l'entreprise[42]. S'il s'agit d'une mesure disciplinaire, le congédiement d'un employé serait justifié si, par exemple, un motif sérieux comme le vol en était la cause.

---

36. Code civil du Québec, art. 2090.
37. *Ibid.*, art. 2091, paragr. 1.
38. C'est d'ailleurs ce qui est prévu à l'article 2091, paragr. 2, du Code civil du Québec.
39. *Ibid.*, art. 2092.
40. *Ibid.*, art. 2093.
41. Une telle situation est d'ailleurs prévue dans le Code civil du Québec où, à l'article 2097, il est stipulé que le contrat de travail lie l'ayant cause de l'employeur.
42. Advenant une contestation de cette mesure par le salarié, le fardeau de la preuve incombe nécessairement à l'employeur.

Résumé du chapitre

Dans ce chapitre, nous avons abordé la notion de contrat individuel de travail en spécifiant que ce contrat constitue le fondement même des relations individuelles qui s'établissent entre un employeur et ses salariés.

Ne revêtant pas de forme précise, le contrat peut être verbal ou écrit. Et comme il s'agit d'abord et avant tout d'un contrat, il n'échappe pas aux conditions générales d'établissement de tous les contrats. Ainsi, il doit se soumettre aux conditions de validité qui sont l'échange du consentement, la capacité, l'objet et la cause.

Dans sa définition, le contrat indique les parties qui y interviennent (l'employeur et le salarié), ses éléments constitutifs (la rémunération, le travail lui-même et l'existence d'un lien de subordination juridique) et la logique de la durée probable de l'engagement (un temps limité).

Le contrat présente certaines particularités. En effet, on parle de contrat à caractère personnel, de contrat bilatéral, de contrat à exécution successive, de contrat à titre onéreux et de contrat d'adhésion. De plus, par sa nature, il impose des obligations tant à l'employeur (fournir le travail convenu, payer la rémunération fixée et protéger le salarié) qu'au salarié (exécuter le travail qui lui est demandé, faire preuve de prudence et de diligence, et témoigner de la loyauté envers son employeur).

Enfin, le contrat peut être à durée déterminée ou à durée indéterminée et le décès du salarié ou de l'employeur de même qu'un motif sérieux allégué peuvent constituer d'autres modes d'extinction du contrat de travail.

Évaluation de la compétence

Questions de révision et application

1. Quelles sont les parties liées par le contrat individuel de travail ?
2. *a)* Un salarié au sens du Code civil du Québec doit-il être toujours une personne physique ? Justifiez votre réponse.

   b) Un employeur au sens du Code civil du Québec doit-il être toujours une personne physique ? Justifiez votre réponse.
3. Que signifie la notion de lien de subordination juridique entre un salarié et un employeur ?
4. Quelles sont les particularités du contrat individuel de travail ?
5. Pourquoi le contrat de travail est-il à caractère personnel ?
6. Quels éléments peuvent vicier le consentement requis pour l'établissement du contrat de travail ? Illustrez votre réponse par des exemples différents de ceux qu'on trouve dans le chapitre.
7. Quelles sont les obligations qui ressortent du contrat de travail :

   a) pour l'employeur ?

   b) pour le salarié ?
8. Quelle limite le législateur impose-t-il à une clause de non-concurrence quant à son contenu ?

9. *a)* Comment s'explique pour l'employeur l'obligation de protéger le salarié ?
   b) Comment s'explique pour le salarié l'obligation de loyauté envers son employeur ?
10. Comment la jurisprudence définit-elle le concept de connaissances subjectives ?
11. Pourquoi un contrat de travail n'est-il jamais établi pour toute la vie ?
12. *a)* Quels sont les autres modes d'extinction du contrat de travail prévus dans le Code civil du Québec ?
    b) Pourquoi le décès de l'employeur ne met-il pas toujours fin au contrat de travail ?
13. En vous reportant à la rubrique « Point de mire » présentée au début du chapitre, répondez aux questions suivantes :
    a) Comment expliquez-vous le fait qu'un contrat ne soit pas intervenu entre Gabrielle B. et le centre hospitalier de la Rive-Sud ? Pour répondre à cette question, basez-vous sur le critère énoncé par la Cour supérieure.
    b) En parlant avec la directrice des services infirmiers du centre hospitalier de la Rive-Sud, Gabrielle était convaincue qu'une entente verbale était intervenue.
    c) Quelle erreur Gabrielle a-t-elle commise ?
    d) Dans ce contexte particulier, quel inconvénient présente le contrat de travail verbal ?

Analyse de cas

Cas 12.1
La fugue de Nathalie et de Mélanie

– Ah ! La vie d'étudiants de cégep est formidable ! lance Nathalie en sortant de sa classe de « Supervision du personnel » avec sa copine Mélanie.

Dix minutes après le début des cours, le directeur du cégep a décrété la suspension des cours à cause d'un bris d'un des moteurs du système de ventilation. Sans hésiter, les étudiants ont quitté leur classe.

Se dirigeant vers sa voiture, Mélanie se tourne vers Nathalie qui voyage ordinairement avec elle.

– Tu viens chez moi ? lui demande-t-elle.

– Tu n'y penses pas !… Ta mère est en congé aujourd'hui, non ? Elle va nous faire nettoyer la maison, nous demander d'aller faire les courses, en plus de nous forcer à faire nos devoirs…

– Tu as raison. Même quand elle est à la maison, elle joue son rôle de directrice d'école… Alors, qu'est-ce que tu proposes ?

– Nos parents pensent que nous sommes au cégep, alors pourquoi les inquiéter ? J'ai une idée merveilleuse : on pourrait faire une fugue !

– Super ! Et où allons-nous ?

– Aux Promenades Saint-Bruno !

– Parfait !

Une fois aux Promenades Saint-Bruno, les deux amies vont de boutique en boutique, regardent tout sans rien acheter et mangent de la crème glacée. Une vraie fugue, quoi ! Soudain, Mélanie s'arrête devant une boutique de vêtements pour enfants et montre une annonce à Nathalie.

– Regarde, Nat, cette boutique recherche des vendeuses à temps partiel.

– On devrait aller poser notre candidature. D'autant plus que nous devons ramasser de l'argent pour notre voyage au Portugal.

– Tu as raison.

Dans la boutique, elles rencontrent une dame qui plie des vêtements derrière un comptoir.

– Puis-je vous aider ? leur demande la dame.

– Nous venons nous renseigner au sujet des postes à temps partiel, dit Nathalie. Nous sommes étudiantes et nous suivons des cours à temps plein, précise Nathalie.

La dame leur tend la main.

– Je suis la directrice, dit-elle. Je m'appelle Chantal. Avez-vous déjà travaillé dans une boutique de vêtements pour enfants ?

– Oui, dit Mélanie. Dans une boutique située au deuxième étage, dans ce centre commercial justement. Comme c'est un concurrent, je ne citerai pas son nom.

Chantal esquisse un sourire. Elle se tourne vers Nathalie.

– Et toi ?

– Moi, j'ai travaillé comme monitrice pour la Ville de Saint-Bruno, durant deux étés, auprès d'enfants de trois à cinq ans… J'aime beaucoup les enfants.

Chantal sourit toujours.

– Alors, si vous êtes intéressées, vous pouvez commencer dès jeudi soir de cette semaine. Votre horaire est de 16 heures à 21 heures, le jeudi, de midi à 21 heures le vendredi et de 9 heures à 17 heures le samedi. Est-ce que cela vous convient ?

– Impeccable ! lance Nathalie.

– Cela me convient, répond Mélanie.

Chantal leur serre la main et ajoute :

– Nous avons donc une entente. Votre salaire sera de 8,20 $ l'heure et, en ce qui concerne les repas, nous en discuterons quand nous nous verrons jeudi.

– Et nous ne signons pas de contrat ? demande Nathalie.

– Bah ! Jeudi, nous réglerons toute la paperasse, dit Chantal.

– Merci, madame, disent les deux amies.

– Appelez-moi Chantal !

Les amies quittent la boutique en souriant de bonheur. Soudain, Mélanie s'arrête.

– Comment allons-nous annoncer à nos parents que nous avons un travail ? dit-elle. Ils ne voulaient pas que nous combinions le travail avec les études.

– Bah ! répond Nathalie. Ils vont survivre !

Questions

1. Quelle forme a prise l'entente intervenue entre Mélanie, Nathalie et Chantal, la directrice de la boutique de vêtements pour enfants ?
2. Quel problème revêt ce type d'entente, même s'il est légal ?
3. Cette entente renferme-t-elle les éléments de base du contrat individuel de travail ? Dans l'affirmative, expliquez comment ces éléments sont présents.

Cas 12.2
« Ma loyauté ?… Et que faites-vous de la vôtre ? »

Les 22 ingénieurs de la firme Trains en tout genre inc. ne sont pas très heureux. Au début de 2003, la compagnie ferroviaire a annoncé la suppression de 180 postes, dont 8 postes d'ingénieurs.

Selon Mme Simoneau, la vice-présidente ressources humaines, ces licenciements deviendront effectifs dans la semaine du 17 au 21 mars 2003. Ces ingénieurs déplorent le fait que la compagnie ait fait breveter en son nom toutes leurs inventions en plus de s'approprier les droits intellectuels afférents, et ce, sans leur manifester la moindre reconnaissance. Ils se sentent traités comme des numéros et savent que, grâce à leur contribution, la compagnie encaisse des millions de dollars chaque année.

Dans le contrat de travail de 12 de ces ingénieurs – ceux qui possèdent le plus d'ancienneté –, une clause de non-concurrence stipule que toute invention d'un ingénieur demeure la propriété de l'entreprise et constitue un droit intellectuel pour celle-ci.

Or, depuis l'annonce des licenciements, les ingénieurs se mobilisent contre la compagnie. Ils condamnent le fait que ses dirigeants refusent de mentionner quels sont les ingénieurs touchés par la vague de licenciements. En signe de rébellion, un des ingénieurs – un dénommé Stevenson – réussit à convaincre neuf de ses collègues de former une société-conseil qui deviendrait propriétaire de toutes leurs inventions et qui pourrait les vendre à différents clients, dont la compagnie Trains en tout genre inc.

Sans hésiter, les ingénieurs mettent sur pied la société Groupe de recherche Ingétech inc. et commencent leurs opérations dès le début du mois de février.

Ayant été mis au courant de cette démarche, Mme Simoneau, de même que M. Siégal, le président-directeur général de la compagnie ferroviaire, demandent à rencontrer l'ingénieur Stevenson au bureau du P.D.G. le 24 février à 8 h 30. L'accusant d'avoir poussé certains de ses collègues à adopter une attitude déloyale envers la compagnie, ils désirent tout de même entendre sa version des faits.

Dès le début de la rencontre, l'ingénieur Stevenson manifeste son mécontentement :

– D'abord, je fais partie des ingénieurs qui n'ont pas de clause de non-concurrence dans leur contrat de travail. Cela me permet de faire ce que je veux de mes connaissances et de les mettre au service de ma société-conseil, même si elle entre en concurrence avec votre compagnie. Ensuite, comme nous ne savons pas qui vous allez licencier, nous devons nous protéger. C'est pourquoi nous avons mis sur pied cette société-conseil.

– Mais il s'agit là d'un geste irresponsable ! Que faites-vous de la loyauté que vous devez manifester envers votre employeur ! riposte sévèrement la vice-présidente ressources humaines.

– Ah ! Ma loyauté ?... Et que faites-vous de la vôtre ? Vous allez nous jeter dehors après avoir profité des plus belles années de notre vie !

Cette fois, c'est le P.D.G. qui réplique :

– Vous avez 24 heures pour mettre fin à vos activités parallèles qui portent préjudice à la compagnie. Autrement, des poursuites seront entamées contre vous et chacun de vos partenaires dans cette aventure déloyale ! M'avez-vous compris ?

L'ingénieur Stevenson ne répond pas tout de suite. Il se lève lentement et, en se dirigeant vers la porte du bureau, il lance :

– Nous verrons !... De toute façon, vous ne pouvez pas m'empêcher d'utiliser mes connaissances auprès de ma société-conseil qui est aussi mon employeur !

Il sort du bureau en claquant la porte.

Questions

1. L'argument de l'ingénieur Stevenson suivant lequel, faute d'une clause de non-concurrence dans son contrat de travail, il n'a pas à manifester de loyauté envers la compagnie est-il valable ? Expliquez votre réponse.
2. Quelle est la règle énoncée dans le Code civil du Québec au sujet de l'absence d'une telle clause dans le contrat de travail ?
3. L'ingénieur Stevenson allègue que les dirigeants de la compagnie Trains en tout genre inc. ne peuvent pas l'empêcher d'utiliser ses connaissances subjectives auprès de sa société-conseil qui est aussi son employeur. Comment interprétez-vous ses propos ?

Chapitre

13

Les relations du travail : la formation du syndicat et son accréditation

Sommaire

La lecture de ce chapitre devrait vous permettre :

1 de définir ce qu'est une association de salariés.

2 de définir le concept d'accréditation.

3 d'expliquer pourquoi l'obtention de l'accréditation constitue une étape importante dans la vie d'une association de salariés.

4 de déterminer les pratiques (patronales et syndicales) interdites au moment de la formation d'un syndicat.

5 de décrire les qualités requises par l'association de salariés qui demande l'accréditation.

6 d'expliquer les formalités à respecter en ce qui concerne l'accréditation.

7 d'expliquer la procédure d'accréditation.

8 d'énumérer les critères d'appréciation retenus en vue de déterminer l'unité d'accréditation appropriée.

9 de préciser les effets juridiques de l'accréditation.

Compétence visée

La compétence visée dans ce chapitre est de pouvoir contribuer à l'application de la réglementation du travail en matière de formation d'un syndicat.

Point de mire

« Ah, ces patrons ! Si j'étais au Honduras, ils sauraient de quel bois j'me chauffe ! »

Tandis qu'Hervé Blanchard – un ancien syndicaliste redoutable – lit son journal, bien enfoncé dans son fauteuil, il entend son épouse l'appeler du deuxième étage de sa maison :

– Hervé ! C'est l'heure d'aller arroser la laitue !

Hervé répond à son épouse :

– Mais, Agathe, il pleut à torrents !

– Tu n'as qu'à mettre ton imperméable !

Replongeant dans sa lecture, ce syndicaliste à la retraite, qui a défendu les intérêts de ses collègues travailleurs pendant plus de 35 ans dans une usine de vêtements, s'écrie :

– C'est incroyable, Agathe !... Il y a un article sur la Gildan... Tu sais, cette filature pour laquelle j'ai refusé de travailler !

– Et alors ?

– Écoute ce que rapporte un journaliste: «Gildan inaugure une filature alors qu'une controverse éclate: le fabricant de T-shirts accusé de pratiques antisyndicales au Honduras…Vêtements de sport Gildan vient d'inaugurer une nouvelle filature à Montréal. Cette inauguration a toutefois lieu au moment où une controverse éclate, puisque plusieurs actionnaires veulent obtenir des éclaircissements sur des accusations de pratiques antisyndicales au Honduras. L'usine de 18 000 m^2 (193 500 pi^2), située sur le boulevard Henri-Bourassa à Montréal, est la deuxième filature de Gildan au Canada. Elle a été aménagée dans les locaux achetés par la société montréalaise en juin 2002 pour 12,8 millions de dollars à des créanciers garantis de la Canadian Fidelity Mills. Ces 12,8 millions s'ajoutent au 1,2 million investi l'an dernier par le fabricant de T-shirts pour acheter de nouveaux équipements. Quelque six autres millions devraient être investis cette année. Près de 150 personnes produiront désormais 70 000 bobines de fil chaque semaine. Investissement Québec participe au projet en octroyant un prêt de 2,5 millions de dollars. L'annonce de cet investissement a précédé une controverse lancée par deux groupes humanitaires, Oxfam Canada et Amnistie Internationale Canada, sur la base d'informations fournies par les activistes torontois du Réseau de solidarité Maquila. Le Réseau reproche à Gildan d'avoir licencié, en novembre 2002, une trentaine de ses employés honduriens, 10 jours après que ces derniers eurent tenté d'obtenir une accréditation syndicale. Gildan nie les avoir licenciés pour cette raison. Le Fonds de Solidarité FTQ, un des actionnaires de Gildan, a d'ailleurs demandé qu'une enquête soit menée sur les allégations de pratiques antisyndicales de l'entreprise montréalaise au Honduras. Le Fonds envisagerait même de vendre sa participation dans la société montréalaise…[1] »

Agathe descend l'escalier. Une expression de colère paraît sur son visage.

– Bafouer ainsi les droits des travailleurs!… C'est une insulte! dit-elle.

– Ah, ces patrons!… Si j'étais au Honduras, ils sauraient de quel bois j'me chauffe! réplique Hervé en repliant son journal.

13.1 Syndicalisation et nouveau contexte d'exercice des relations collectives du travail

Au chapitre 3, nous avons mentionné que dans une période de restructuration basée sur l'abolition de postes, les employés échappant aux vagues de licenciements vivaient dans un climat d'inquiétude. Nous avons souligné, de plus, que les dirigeants d'entreprise de même que les travailleurs devraient partager la vision de l'avenir de l'entreprise afin non seulement d'assurer la survie de cette dernière ou de lui garantir le niveau de rentabilité souhaité, mais aussi de dissiper ce climat d'inquiétude.

Toujours dans ce chapitre, nous avons souligné qu'une fois les périodes de compression de postes terminées, les entreprises qui s'en sortent en résistant aux pressions de la concurrence vivent généralement une période de stabilisation de l'emploi. Il va de soi que la durée de cette phase de stabilisation ne peut être déterminée avec précision.

Faisant face à ces contextes de stabilisation et de reprise, le gestionnaire des ressources humaines doit, selon ce que nous avons précisé, relever entre autres défis celui de briser une vieille mentalité voulant que les travailleurs qui ont le sentiment d'avoir tout donné à l'entreprise durant la période de rationalisation des ressources humaines pensent qu'ils ne lui doivent plus rien et qu'à présent elle

1. Cet article provient de Jérôme Plantevin, «Gildan inaugure une filature alors qu'une controverse éclate: le fabricant de T-shirts accusé de pratiques antisyndicales au Honduras», *Les Affaires*, 15 février 2003, p. 16

doit délier les cordons de sa bourse et les récompenser pour les efforts qu'ils ont fournis.

Il ne s'agit pas là d'une tâche facile pour le gestionnaire des ressources humaines, et s'il fait face à des travailleurs syndiqués, ce défi peut s'avérer encore plus complexe. Cette complexité vient du fait qu'encore de nos jours les relations du travail qui s'établissent entre la direction d'une entreprise et ses salariés syndiqués sont basées sur le conflit et l'opposition. Comme le souligne Hébert, « ce régime d'opposition (*adversory system*) a toujours été considéré comme une des caractéristiques fondamentales du système nord-américain des relations du travail[2] ».

Après plus d'une décennie au cours de laquelle la direction des entreprises et les syndicats ont négocié durement en vue de parvenir à une certaine convergence d'intérêts, de sauver l'entreprise et de réduire l'incidence d'une rationalisation des ressources sur la perte des emplois[3], nous aurions pu penser que le régime d'opposition caractéristique des relations collectives du travail laisserait la place à un régime basé sur la discussion. Pourtant, il en est tout autrement[4].

Les relations collectives du travail sont à ce point encore basées sur le conflit que, même durant une période de grève[5], il n'est pas rare que le langage utilisé par les parties en fasse la démonstration[6].

Nous constatons qu'au terme de cette décennie marquée par de nombreuses compressions (entre autres sur le plan des salaires, des avantages sociaux et des emplois), la question salariale demeure au cœur des revendications syndicales.

Cependant, le contexte de la mondialisation dans lequel se déroulent actuellement les relations collectives du travail en Amérique du Nord est particulier. Rappelons que ce contexte se caractérise par des phénomènes tels que l'explosion des investissements étrangers, l'accroissement de l'importance des sociétés transnationales et l'« unification des marchés financiers menant à une intégration accélérée de l'économie mondiale[7] ».

Un phénomène contradictoire dans les relations collectives du travail découle de ce contexte : tandis que certaines entreprises ont vu leur position concurrentielle se raffermir, les syndicats, dans leur ensemble, ont vu s'affaiblir leur pouvoir de négociation. Deux réalités distinctes expliquent cette situation :

---

2. Gérard Hébert, *Traité de négociation collective*, Boucherville, Gaëtan Morin Éditeur, 1992, p. 9.

3. Par exemple, dans le monde de l'enseignement collégial, les syndicats affiliés à la CSN acceptaient une réduction de salaire au lieu d'une compression de leur personnel enseignant.

4. Dans son numéro du 26 octobre 2002, le journal *Les Affaires* titrait, sous la plume de Suzanne Dansereau, « Recrudescence des conflits de travail au Québec ? On sent plus d'agressivité, note un expert en gestion de conflits ». Dans l'article, les propos du secrétaire de la FTQ sont ainsi rapportés : « Nous irons chercher ce que nous n'avons pas pu gagner avant... notamment sur le plan salarial » (p. 16).

5. Notons dès à présent qu'une grève est « la cessation concertée de travail par un groupe de salariés ». Voir le Code du travail du Québec, art. 1g.

6. Par exemple, dans le conflit opposant Vidéotron à ses employés membres du Syndicat canadien de la fonction publique (SCFP), le porte-parole du syndicat parlait ainsi du conflit : « C'est une guerre économique. La direction disait que nous serions les seuls à en payer le prix. Elle va se rendre compte qu'elle aussi paie le prix. » Voir Suzanne Dansereau, « Le conflit déborde chez Vidéotron : les employés en lock-out veulent dénoncer Quebecor jusqu'à l'étranger », *Les Affaires*, 28 septembre 2002, p. 3.

7. Anthony Giles et Dalil Maschino, « L'intégration économique en Amérique du Nord et les relations industrielles », dans R. Blouin et A. Giles, *L'intégration économique en Amérique du Nord et les relations industrielles*, Sainte-Foy, Les Presses de l'Université Laval, 1998, p. 6.

- Les échanges entre pays, entre autres la circulation internationale des biens et des services, des personnes et de l'information, ont « accentué la concurrence, renforçant ainsi les pressions directes sur les employeurs pour réduire le coût de la main-d'œuvre et décourager la syndicalisation[8] ».
- La baisse des barrières à la mobilité des capitaux, associée à l'intégration profonde, a accentué la menace de déménagement des entreprises[9].

La réalité que vivaient les syndicats était étonnante : si, dans une entreprise, les travailleurs parlaient de former une association de salariés, cette initiative suffisait pour que les dirigeants de l'entreprise brandissent la menace d'un déménagement de leurs activités vers un autre pays. Qui plus est, cette menace rendait prudents les dirigeants syndicaux, qui préféraient réduire leurs demandes et préserver les emplois des travailleurs plutôt que de risquer de voir l'entreprise partir. Dans un tel contexte, les rapports de force n'étaient plus les mêmes et une nouvelle ère des concessions commençait pour les syndicats.

Mais dans la mesure où les entreprises ont réussi à se situer fermement dans leur espace concurrentiel et où leur déménagement possible n'est demeuré qu'une menace, les syndicats ont ressenti le besoin de faire des gains importants, surtout sur le plan salarial. Cependant, au lieu d'adopter une stratégie des petits pas par laquelle ils obtiendraient des gains de façon graduelle, ils ont voulu les effectuer de façon rapide[10].

13.2 Le monde syndical : quelques définitions

Certains termes et concepts propres aux relations collectives du travail qui s'établissent entre des salariés et leur employeur seront maintenant définis de manière que vous puissiez bien vous repérer au cours de la lecture de ce chapitre.

Accréditation :
Procédure par laquelle un syndicat est reconnu officiellement comme étant le représentant d'un groupe de salariés à l'égard d'un employeur, et en particulier pour la négociation et l'application d'une convention collective.

Un concept important dans le monde des relations collectives du travail est celui de l'**accréditation.** Nous vous proposons deux définitions de ce concept. D'abord, il s'agit d'une « procédure par laquelle un syndicat est reconnu officiellement comme étant le représentant d'un groupe de salariés à l'égard d'un employeur, et en particulier pour la négociation et l'application d'une convention collective[11] ». Ensuite, l'accréditation consiste dans « la reconnaissance officielle, par un organisme créé par la loi, de la représentativité d'un syndicat, à l'égard de la totalité ou d'un groupe de salariés à l'emploi d'un même employeur[12] ».

De ces définitions ressortent les notions de salarié et d'employeur. Selon le Code du travail du Québec[13], un salarié est « une personne qui travaille pour un

---

8. *Ibid.*, p. 29.
9. *Ibid.*
10. D'ailleurs, le journal *Les Affaires* rapportait les propos d'un professeur en gestion de conflits des HEC à Montréal : « Les syndiqués pensent avoir fait des concessions au cours des dernières années en réponse à la récession, aux restructurations et à la mondialisation. Ils sont maintenant prêts à passer à la caisse. Bon nombre pensent que c'est leur tour. » Voir Suzanne Dansereau, « Recrudescence des conflits de travail au Québec ? On sent plus d'agressivité, note un expert en gestion de conflits », *Les Affaires*, 26 octobre 2002, p. 16.
11. Claude Le Corre et Francis Demers, *La syndicalisation et ses conséquences : le Code du travail démystifié ; tout ce que l'employeur doit savoir*, Cowansville, Les Éditions Yvon Blais, 1998, p. 75.
12. Noël Mallette *et al.*, *La gestion des relations du travail au Québec : le cadre juridique et institutionnel*, Montréal, McGraw-Hill, Éditeurs, 1980, p. 127.
13. Code du travail du Québec, L.R.Q., c. C-27 (mise à jour du 12 novembre 2002).

employeur moyennant rémunération[14] ». D'autre part, un employeur est « quiconque, y compris l'État, fait exécuter un travail par un salarié[15] ».

En outre, la notion de syndicat est incluse dans l'expression plus large d'**association de salariés**. Cette dernière expression se définit comme étant « un groupement de salariés constitué en syndicat professionnel, union, fraternité ou autrement et ayant pour buts l'étude, la sauvegarde et le développement des intérêts économiques, sociaux et éducatifs de ses membres et particulièrement la négociation et l'application de conventions collectives[16] ». L'association de salariés est dite accréditée lorsqu'elle est « reconnue par décision de la commission[17] comme représentant de l'ensemble ou d'un groupe des salariés d'un employeur[18] ».

Comme l'indique cette définition, le but fondamental de l'association de salariés est la négociation et l'application de conventions collectives pour ses membres. Deux autres expressions méritent dès lors d'être définies. D'abord, la **négociation collective** consiste en « une manière de déterminer les conditions de travail d'un groupe d'employés de façon collective, bilatérale et libre[19] ». Dans le contexte des relations collectives du travail, le fruit d'une négociation collective est bien entendu la **convention collective**. Celle-ci constitue « une entente écrite relative aux conditions de travail conclue entre une ou plusieurs associations accréditées et un ou plusieurs employeurs ou associations d'employeurs[20] ».

Quant à l'**unité de négociation**, qui tire sa pertinence de la procédure d'accréditation, il s'agit du groupe de salariés représentés par le syndicat accrédité aux fins de la négociation d'une convention collective.

Finalement, la **période de maraudage** est une période au cours de laquelle un syndicat rival peut déposer une requête en accréditation afin de déloger un syndicat déjà en place et ainsi représenter le groupe de salariés membres de ce syndicat.

13.3 La formation du syndicat : les pratiques interdites

Peu importe la raison pour laquelle des salariés veulent se regrouper et former un syndicat dans l'entreprise où ils travaillent, un fait demeure, c'est qu'ils ne désirent plus que ce soit leur employeur qui, de façon unilatérale, détermine leurs conditions de travail.

Malgré l'intensité de leur désir de former un syndicat dans l'entreprise, les salariés doivent être discrets et s'abstenir d'avertir leur employeur de la démarche qu'ils entreprennent. Une démarche préliminaire consiste donc pour eux à consulter leurs collègues de travail afin de s'assurer d'une double réalité : la représentativité du syndicat quant au nombre de membres requis et l'existence chez la majorité des salariés d'une volonté réelle de devenir membres du syndicat.

Non seulement ce consentement ne saurait être arraché de force mais, de plus, les salariés voulant former un syndicat doivent éviter, dans leurs démarches, de

Association de salariés : Groupement de salariés constitué en syndicat professionnel, union, fraternité ou autrement et ayant pour buts l'étude, la sauvegarde et le développement des intérêts économiques, sociaux et éducatifs de ses membres, et particulièrement la négociation et l'application de conventions collectives.

Négociation collective : Manière de déterminer les conditions de travail d'un groupe d'employés de façon collective, bilatérale et libre.

Convention collective : Entente écrite relative aux conditions de travail conclue entre une ou plusieurs associations accréditées et un ou plusieurs employeurs ou associations d'employeurs.

Unité de négociation : Groupe de salariés représentés par le syndicat accrédité pour négocier une convention collective.

Période de maraudage : Période au cours de laquelle un syndicat rival peut déposer une requête en accréditation afin de déloger un syndicat déjà en place et ainsi représenter le groupe de salariés membres de ce syndicat.

---

14. Code du travail du Québec, art. 1l.
15. *Ibid.*, art. 1k.
16. *Ibid.*, art. 1a.
17. Il s'agit de la Commission des relations du travail telle qu'instituée par le nouveau Code du travail.
18. Code du travail du Québec, art. 1b.
19. Gérard Hébert, *Négociation et convention collective : introduction*, Montréal, Université de Montréal, École de relations industrielles, 1979, tiré à part 31, non paginé.
20. Code du travail du Québec, art. 1d.

recourir à certaines pratiques interdites. En effet, il est formellement interdit à quiconque d'user d'intimidation ou de recourir à des menaces afin d'amener un salarié à devenir membre d'un syndicat[21], car ces pratiques dérogent à la règle selon laquelle chaque salarié a le droit d'appartenir à l'association de salariés de son choix et de participer à la formation de cette association, à ses activités et à son administration[22].

De plus, dans le respect d'une de leurs obligations envers leur employeur, c'est-à-dire l'obligation de travailler pendant les heures prévues à cet effet, les salariés qui désirent former un syndicat ne peuvent pas solliciter, au nom ou pour le compte du syndicat, l'adhésion de membres pendant les heures de travail[23]. Qui plus est, pour toute affaire qui concerne le syndicat, ils ne peuvent pas tenir de réunions dans le lieu de travail[24]. Par contre, ils doivent s'assurer que le syndicat est représentatif et qu'il compte au moins la majorité absolue de membres (50 % + 1) afin d'obtenir son accréditation, c'est-à-dire une reconnaissance officielle.

En ce qui concerne l'employeur, s'il vient d'une façon ou d'une autre à apprendre que certains de ses salariés entreprennent des démarches afin de former un syndicat, il ne peut en aucune manière user de pratiques telles que l'intimidation ou la menace afin de les amener à devenir membres du syndicat, à s'abstenir d'en devenir membres ou à cesser d'en être membres[25]. Parmi les formes qu'on reconnaît aux menaces qu'est susceptible d'utiliser l'employeur, les plus probables sont la menace de fermer l'entreprise advenant la syndicalisation des salariés et l'annonce d'une modification unilatérale des conditions de travail au détriment des salariés s'ils décident d'adhérer à un syndicat[26].

Outre l'interdiction générale concernant l'intimidation et les menaces, deux autres interdictions majeures sont faites à l'employeur :

1. Aucun employeur, ni aucune personne agissant pour un employeur ou une association d'employeurs, ne cherchera en aucune manière à dominer, à entraver ou à financer la formation ou les activités d'une association de salariés, ni à y participer[27].
2. Aucun employeur, ni aucune personne agissant pour un employeur ou une association d'employeurs, ne doit refuser d'employer une personne à cause de l'exercice par cette personne d'un droit qui découle du Code du travail, ni chercher par intimidation, mesures discriminatoires ou représailles, menace de renvoi ou autre menace, ou par l'imposition d'une sanction ou par quelque autre moyen, à contraindre un salarié à s'abstenir ou à cesser d'exercer un droit qui résulte de ce code[28].

---

21. *Ibid.*, art. 13.
22. *Ibid.*, art. 3.
23. *Ibid.*, art. 5.
24. *Ibid.*, art. 6. Notons que cette dernière interdiction tombe si l'association de salariés est accréditée et obtient la permission de l'employeur de tenir de telles réunions dans le lieu de travail.
25. Pour ce qui est de ce comportement de l'employeur, Gagnon souligne que «les menaces interdites à l'employeur peuvent prendre des formes extrêmement variées, plus ou moins subtiles selon les circonstances ». Voir Robert P. Gagnon, *Le droit du travail du Québec : pratiques et théories*, 3ᵉ éd., Cowansville, Les Éditions Yvon Blais, 1996, p. 213.
26. Robert P. Gagnon, *op. cit.*, p. 214.
27. Code du travail du Québec, art. 12.
28. *Ibid.*, art. 14.

Les figures 13.1 à 13.3 présentent les pratiques interdites en ce qui a trait à la formation d'un syndicat.

Interdictions faites aux salariés ou à l'association de salariés — Figure 13.1

Pratiques interdites

- Toute forme de sollicitation pendant les heures de travail
- La tenue de réunions dans le lieu de travail

Interdictions faites à l'employeur — Figure 13.2

Pratiques interdites

- Toute tentative visant à dominer une association de salariés
- Toute mesure visant à intimider un salarié qui exerce un droit résultant du Code

Interdictions générales — Figure 13.3

Interdictions générales

- User d'intimidation ou de menaces pour qu'un salarié adhère au syndicat
- User d'intimidation ou de menaces pour qu'un salarié quitte le syndicat

13.4 La procédure d'accréditation

Afin d'obtenir une reconnaissance officielle, une association de salariés, autrement dit un syndicat[29], doit déposer une requête en accréditation en vue de se faire accréditer. L'accréditation, en langage populaire, est comme l'extrait de naissance du syndicat qui lui permet d'affirmer qu'il existe légalement. Ainsi, l'accréditation lui donne le droit de s'asseoir en face de l'employeur et de lui dire : « Maintenant, nous allons entreprendre des négociations collectives afin de déterminer les conditions de travail des salariés que je représente[30]. »

Mais avant de déposer une telle requête, ce syndicat doit posséder deux caractéristiques essentielles :

1. Il doit être une association composée uniquement de salariés. Il ne saurait donc admettre en son sein un cadre ou quiconque est un représentant de l'employeur.
2. Il faut qu'en tant qu'association de salariés il poursuive comme buts précis l'étude, la sauvegarde et le développement des intérêts économiques, sociaux et éducatifs de ses membres, et particulièrement la négociation et l'application de conventions collectives.

13.4.1 La demande d'accréditation : règle générale et cas particuliers

Le Code du travail du Québec prévoit des périodes précises à l'intérieur desquelles une requête en accréditation peut être demandée soit par une association de salariés nouvellement formée, soit par une association rivale qui, dans un milieu de travail, veut déloger une association déjà accréditée.

La règle générale veut que l'accréditation puisse être demandée en tout temps pour un groupe de salariés qui n'est pas déjà représenté par un autre syndicat dans l'entreprise et qui n'est pas visé en totalité ou en partie par une autre requête en accréditation provenant d'une association rivale dans l'entreprise[31].

Certains cas particuliers méritent d'être notés. Une accréditation peut être demandée par une association rivale 12 mois après la date d'une accréditation déjà obtenue à l'égard d'un groupe de salariés par un syndicat qui, au terme de ces 12 mois, n'a pas encore signé de convention collective. Il va de soi que l'objectif de cette association rivale est de déloger le syndicat en place en déposant une requête en accréditation pour ce même groupe de salariés[32].

---

29. Dorénavant, le mot « syndicat » sera utilisé comme synonyme de l'expression « association de salariés ».
30. Gardons en tête qu'une fois que l'association accréditée exerce son droit de négocier avec l'employeur, ce n'est plus ce dernier qui, unilatéralement, détermine les conditions de travail de ses salariés.
31. Code du travail du Québec, art. 22a.
32. Il est à noter que, pour ce groupe de salariés, un différend ne doit pas avoir été soumis à l'arbitrage au cours de ces 12 mois pour que la requête en accréditation soit valable. Ce groupe de salariés ne doit pas non plus faire l'objet d'une grève ou d'un lock-out, tel que permis par le Code du travail. Qui plus est, l'accréditation peut être demandée 12 mois après la décision de la Commission des relations du travail, qui s'appuie sur la description de l'unité de négociation d'une association de salariés voulant être reconnue.

Si une convention collective a déjà été signée pour un groupe de salariés[33], si elle vient à expiration et si une période de neuf mois s'écoule sans qu'elle soit renouvelée, une association rivale peut, après cette période, déposer une requête en accréditation à l'égard de ces mêmes salariés[34].

Une autre période au cours de laquelle une requête en accréditation peut être déposée par une association rivale s'étend du 90e au 60e jour précédant la date d'expiration d'une convention collective dont la durée prévue est de trois ans ou moins. Signalons que cette période de maraudage, au cours de laquelle un syndicat rival peut déposer une requête en accréditation à l'égard d'un groupe de salariés déjà représenté par un autre syndicat, ne s'applique qu'aux conventions collectives de courte durée.

Pour ce qui est des conventions collectives de longue durée, nous présenterons deux cas qui illustrent les périodes de maraudage prévues au Code du travail. D'abord, en ce qui concerne une convention collective d'une durée de quatre ou cinq ans, il est prévu une période de maraudage qui s'étend du 180e au 150e jour précédant la date de son expiration ou de son renouvellement. Ensuite, s'il s'agit d'une convention collective d'une durée de huit ans, il est prévu, entre autres, une période de maraudage qui s'étend du 180e au 150e jour précédant le sixième anniversaire de sa signature ou de son renouvellement.

13.4.2 Les formalités entourant le mécanisme de dépôt d'une requête en accréditation

Le Code du travail du Québec spécifie les instances extérieures à l'entreprise auxquelles est confiée l'application de la procédure d'accréditation. Il s'agit de l'agent de relations du travail et de la Commission des relations du travail.

La procédure d'accréditation débute dès qu'une association de salariés adresse à la Commission des relations du travail une requête en accréditation.

Le Code du travail du Québec impose cependant certaines formalités à l'association. Celle-ci doit autoriser la requête par voie de résolution et cette requête doit être signée par ses représentants mandatés. L'association a l'obligation d'indiquer dans la requête le groupe de salariés qu'elle veut représenter. Lors de sa demande à la Commission, elle doit accompagner sa requête des formulaires d'adhésion prévus par la loi[35].

Une fois la requête reçue, la Commission des relations du travail la rend publique par tout moyen qu'elle juge approprié. De plus, sur réception, elle en transmet une copie à l'employeur.

Ce dernier doit, au plus tard le jour ouvrable suivant celui de sa réception, afficher une copie de cette requête dans un endroit bien en vue. Il a de plus l'obligation d'afficher dans un endroit bien en vue, dans les cinq jours de la réception de cette copie, la liste complète des salariés de l'entreprise visés par la requête avec la mention de la fonction de chacun d'eux. Et, sans délai, il doit transmettre une copie de cette liste à l'association requérante.

Mais là ne prend pas fin le rôle de la Commission. Toujours sur réception de la requête en accréditation, elle doit dépêcher sans délai un agent de relations du

---

33. Il peut s'agir d'une sentence arbitrale qui en tient lieu. Une sentence arbitrale consiste en une décision rendue par un arbitre de différends appelé à intervenir lorsqu'il y a une mésentente sérieuse empêchant les parties de négocier.

34. Pour ce groupe de salariés, un différend ne doit pas avoir été soumis à l'arbitrage ni faire l'objet d'une grève ou d'un lock-out permis par le Code du travail.

35. Voir le Code du travail du Québec, art. 36.1b.

travail dont le rôle est de s'assurer du caractère représentatif[36] de l'association et de son droit à l'accréditation.

Pour mener à bien ses tâches, l'agent de relations du travail a un champ de compétence qui lui permet :

- de procéder à la vérification des livres et des archives de l'association de salariés et de la liste des salariés de l'employeur ;
- de vérifier auprès de toute association, de tout employeur et de tout salarié si la formation de l'association de salariés s'est faite selon les règles prescrites dans le Code du travail, c'est-à-dire dans le respect des différentes interdictions imposées tant à l'association de salariés qu'à l'employeur ou respectivement à chacune des parties.

Si, après vérification des livres et des archives et après vérification de la légalité entourant la formation du syndicat, l'agent de relations du travail en vient à la conclusion que l'association de salariés jouit du caractère représentatif requis et s'il constate qu'il y a accord entre l'employeur et l'association sur l'unité de négociation et sur les personnes qu'elle vise, il doit accréditer cette association sur-le-champ.

Cependant, si l'agent de relations du travail n'arrive pas à la conclusion que l'association jouit du caractère représentatif requis, il doit faire un rapport sommaire de sa vérification à la Commission et en transmettre une copie aux parties. Il doit, dans ce rapport, mentionner les raisons pour lesquelles il n'a pas accordé l'accréditation[37].

Un autre cas peut se présenter. Si l'agent de relations du travail constate qu'il y a accord entre l'employeur et l'association sur l'unité de négociation et sur les personnes qu'elle vise, mais qu'entre 35 % et 50 % seulement des salariés de cette unité sont membres de l'association, il procède au scrutin pour s'assurer du caractère représentatif de cette dernière. Si l'association obtient la majorité absolue (50 % + 1) des voix des salariés compris dans l'unité de négociation, il l'accrédite[38].

Il va de soi que toute objection venant de l'employeur peut ralentir, voire freiner, la procédure d'accréditation à l'égard d'une association de salariés. Une objection probable peut consister en un refus de l'employeur de donner son accord sur l'unité de négociation visée par l'association de salariés. Si tel est le cas, il doit adopter la procédure suivante afin de manifester son refus : il doit expliciter par écrit à l'agent de relations du travail les raisons de son désaccord et il doit proposer

---

36. Le Code du travail du Québec mentionne la notion de « caractère représentatif » sans toutefois en donner une définition. Le Corre et Demers indiquent cependant que la vérification du caractère représentatif par l'agent d'accréditation « consiste à déterminer si le syndicat détient un appui suffisant auprès des salariés ». Voir Claude Le Corre et Francis Demers, *op. cit.*, p. 101. Mallette pousse plus loin la réflexion sur le sens à donner à la notion de « caractère représentatif ». Il souligne que cette notion comporte des éléments tant d'ordre qualitatif que d'ordre quantitatif. « Les éléments qualitatifs ont trait à l'habileté d'une association à représenter un groupe donné de salariés » sans que sa formation ou ses activités soient dominées, entravées ou financées par l'employeur. Quant aux éléments dits quantitatifs, « ils ont trait au caractère majoritaire de l'association de salariés ». Voir Noël Mallette, *op. cit.*, p. 140-141.
37. Voir Code du travail du Québec, art. 28a.
38. Encore une fois, si l'agent de relations du travail n'arrive pas à la conclusion que l'association jouit du caractère représentatif requis, il doit faire un rapport sommaire de sa vérification à la Commission et en transmettre une copie aux parties. Il doit, dans ce rapport, mentionner les raisons pour lesquelles il n'a pas accordé l'accréditation. Voir le Code du travail du Québec, art. 28b.

lui-même l'unité qu'il croit appropriée. L'agent de relations du travail fait alors un rapport sommaire du désaccord à la Commission tout en prenant soin d'en transmettre une copie aux parties[39].

Mais si, dans les 15 jours suivant la réception d'une copie de la requête, l'employeur néglige ou refuse de communiquer à l'agent de relations du travail les raisons de son désaccord et par le fait même refuse de proposer l'unité qu'il croit appropriée, il est présumé avoir donné son accord sur l'unité de négociation. L'accréditation de l'association de salariés peut ainsi être obtenue aussitôt ou par la recherche de la majorité absolue.

L'employeur peut aussi s'opposer à la présence de certaines personnes dans la liste de salariés pour lesquels la requête en accréditation est déposée. Mais si l'agent de relations du travail constate qu'il y a accord entre l'employeur et l'association sur l'unité de négociation, mais non sur certaines personnes visées par la requête, et que, de plus, cette association jouit du caractère représentatif pour l'unité de négociation demandée, il l'accrédite sur-le-champ.

Sans tarder, l'agent de relations du travail fait un rapport à la Commission en ce qui a trait au désaccord entre l'employeur et l'association de salariés, et il en transmet une copie aux parties[40].

L'agent de relations du travail peut faire face à la situation où il y a déjà une association accréditée en place ou encore où il y a plus d'une association de salariés requérante. Dans ce cas, s'il constate un accord entre l'employeur et toute association en cause sur l'unité de négociation et sur les personnes qu'elle vise, il accrédite l'association qui groupe la majorité absolue des salariés ou, à défaut, procède à un vote secret[41]. Évidemment, en cas de désaccord sur l'unité de négociation ou sur les personnes qu'elle vise, l'agent de relations du travail fait un rapport à la Commission en mentionnant l'objet du désaccord et transmet une copie aux parties.

Si l'agent de relations du travail soupçonne ou constate une violation de l'article 12 du Code du travail, c'est-à-dire qu'un employeur ou une personne agissant pour elle ou encore une association d'employeurs a, d'une manière ou d'une autre, dominé, entravé ou financé la formation ou les activités d'une association de salariés ou y a participé, il ne peut accréditer cette association. Son pouvoir d'accorder l'accréditation prend fin aussi s'il est informé du fait qu'un tiers ou une partie intéressée a déposé une plainte concernant la violation de cet article. Cependant, il peut, de sa propre initiative, ou à la demande de la Commission des relations du travail, effectuer une enquête sur cette contravention prévue à l'article 12[42].

---

39. Ce rapport doit comporter les raisons explicitées par l'employeur, la description de l'unité que celui-ci croit appropriée et, le cas échéant, la mention selon laquelle il y a entre 35 % et 50 % des salariés dans l'unité de négociation demandée qui sont membres de l'association de salariés.

40. Le désaccord dont il est question ne peut avoir pour effet d'empêcher la conclusion d'une convention collective.

41. Code du travail du Québec, art. 28e.

42. *Ibid.*, art. 29.

13.5 La détermination de l'unité de négociation appropriée : les critères d'appréciation retenus

L'article 21 du Code du travail énonce que le droit à l'accréditation est reconnu à l'association de salariés groupant la majorité absolue des salariés d'un employeur. Or, dans une même entreprise, il peut exister «une pluralité de catégories de travailleurs ayant des objectifs, des aspirations et des besoins différents[43] ».

D'ailleurs, le législateur prévoit l'existence de groupes distincts au sein d'une entreprise et il stipule que «le droit à l'accréditation existe à l'égard de la *totalité des salariés de l'employeur* ou de *chaque groupe desdits salariés qui forme un groupe distinct*, suivant l'accord intervenu entre l'employeur et l'association de salariés et constaté par l'agent de relations du travail, ou suivant la décision de la Commission[44] ».

Le législateur permet donc au sein d'une entreprise l'existence de plusieurs groupes distincts pouvant être accrédités en vue d'entamer avec un même employeur des négociations collectives. Mais il revient au syndicat requérant de proposer dans sa requête en accréditation l'unité de négociation qu'il veut représenter.

Rappelons que s'il y a accord entre l'employeur et l'association de salariés sur cette unité de négociation, l'obtention de l'accréditation ne pose pas de problème. C'est lorsqu'il y a un désaccord fondamental entre l'employeur et l'association de salariés sur la détermination de l'unité de négociation appropriée que la Commission doit intervenir et trancher la question[45]. Et pour déterminer quelle sera l'unité de négociation appropriée, elle doit se baser sur un certain nombre de critères établis par la jurisprudence[46]. Ces critères sont les suivants : la communauté d'intérêts, l'historique des relations du travail, la volonté des salariés en cause, la division territoriale ou géographique de l'entreprise et l'intérêt de la paix industrielle.

13.5.1 La communauté d'intérêts

La communauté d'intérêts permet de déterminer si, pour un même groupe de travailleurs, il existe certaines formes de similitudes sur le plan du travail. Il faut donc retrouver :

---

43. Noël Mallette, *op. cit.*, p. 147.
44. Code du travail du Québec, art. 21. (L'italique est de nous.)
45. Ce pouvoir lui est conféré en vertu de l'article 32 du Code du travail du Québec.
46. Voir le Syndicat national des employés de Sicard (CSN) et le Syndicat national des machinistes (CSN) c. l'Association internationale des travailleurs de métal en feuilles (116) et l'Association internationale des machinistes (631) et Sicard Inc., [1965] R.D.T. 353, de même qu'International Union of Brewery, Flour, Cereal, Soft Drink and Distillery Workers of America (local 239) c. Coca-Cola Ltd., [1978] R.L. 391. Comme le souligne Gagnon, c'est la formation des groupes distincts qui «a amené la jurisprudence à définir des critères d'appréciation du caractère approprié de ces groupes aux fins de l'établissement d'un régime collectif de travail et, donc, de la détermination du droit à l'accréditation». Voir Robert P. Gagnon, *op. cit.*, p. 267. Mallette précise que ces critères d'appréciation «n'ont cependant pas la même valeur ni la même importance dans chaque cas». Ainsi, leur pertinence variera selon les cas soumis à l'étude. Voir Noël Mallette, *op. cit.*, p. 149. Le Corre et Demers expliquent qu'«un critère donné peut, dans une situation, avoir un effet important tandis que, dans une autre situation, il peut avoir un impact très relatif. En fait, ces critères ne sont qu'indicatifs et permettent de déterminer si l'accréditation telle que proposée par le syndicat est viable et fonctionnelle» pour l'entreprise et si elle est sujette à contestation ou non. Voir Claude Le Corre et Francis Demers, *op. cit.*, p. 94.

- une similitude du travail et des fonctions ;
- une similitude des salaires et des modes de rémunération ;
- une similitude des conditions de travail ;
- une similitude des compétences requises.

Cette communauté d'intérêts doit aussi permettre de déterminer si, pour un même groupe de travailleurs, se présentent des possibilités d'interdépendance et d'interchangeabilité des fonctions ainsi que des possibilités de transférabilité et de promotion des salariés d'une catégorie à une autre.

13.5.2   L'historique des relations du travail

Ce critère permet de vérifier s'il existe dans l'entreprise des faits antérieurs en matière d'accréditation, de négociations collectives et de conventions collectives. Parmi les questions auxquelles la Commission peut être appelée à répondre se trouvent celles-ci : l'entreprise fait-elle face à sa première demande d'accréditation ou y a-t-il en son sein d'autres associations accréditées ? Les parties en cause dans les négociations collectives font-elles régulièrement appel à des moyens de pression ou se dispensent-elles généralement d'utiliser de tels moyens ?

Ce critère permet aussi d'apprécier, le cas échéant, comment les unités de négociation ont été déterminées dans l'ensemble de l'industrie pour des entreprises similaires, ce qui permet d'orienter dans un certain sens les décisions en matière d'accréditation pour un secteur d'activité donné.

13.5.3   La volonté des salariés en cause

« Le désir des salariés de former une unité de négociation se mesure à partir de l'appui dont jouit l'association requérante au sein du groupe proposé[47]. » Cette volonté des salariés doit être librement exprimée, conformément aux prescriptions du législateur, qui énonce que « tout salarié a droit d'appartenir à une association de salariés de son choix et de participer à la formation de cette association, à ses activités et à son administration[48] ».

Il est donc du devoir de l'agent de relations du travail (suivant sa propre initiative) ou de la Commission des relations du travail de vérifier si l'association requérante jouit d'un réel appui de tous les salariés qu'elle veut représenter ou si certains d'entre eux y ont adhéré par la menace ou par une autre forme d'intimidation.

13.5.4   La division territoriale ou géographique de l'entreprise

Il s'agit de déterminer s'il existe, pour un même employeur, plusieurs établissements ou « plusieurs lieux de travail distincts sur un territoire plus ou moins grand[49] ». Ainsi, auprès de la Commission des relations du travail, un employeur « qui dirige plusieurs établissements dans différentes régions peut faire valoir que le regroupement de tous les salariés au sein d'une même unité est préférable à la reconnaissance d'une unité distincte pour chaque établissement[50] ».

---

47. Robert P. Gagnon, *op. cit.*, p. 269.
48. Code du travail du Québec, art. 3.
49. Robert P. Gagnon, *op. cit.*, p. 270.
50. Claude Le Corre et Francis Demers, *op. cit.*, p. 99.

13.5.5 L'intérêt de la paix industrielle

Ce critère jurisprudentiel a été énoncé dans le souci de ne pas voir la paix industrielle troublée par la multiplicité des groupes et des associations de salariés. Le raisonnement adopté est le suivant : plus il y a d'associations de salariés qui négocient avec un même employeur au sein d'une entreprise, plus les risques de conflit de travail sont élevés et plus la paix industrielle a de chances d'être troublée. Même s'il est démontré que l'historique des relations du travail dans une entreprise témoigne de plusieurs négociations difficiles menant presque toutes à des grèves ou à des **lock-out**, ce critère ne sera pas nécessairement appliqué de manière stricte de façon à faire obstacle à une éventuelle accréditation. D'ailleurs, l'application stricte de ce critère est peu fréquente[51]. La Commission aurait à l'appliquer, par exemple, dans le cas où, au sein d'une même entreprise, une unité de négociation relativement petite voudrait se faire reconnaître bien que les salariés qu'elle vise aient une communauté d'intérêts avec les salariés d'une unité de négociation plus large désirant aussi obtenir une reconnaissance officielle. Dans sa décision, la Commission accorderait une préférence à l'unité plus large et non pas à deux unités distinctes, de manière à éviter un trop grand nombre d'associations de salariés dans l'entreprise.

La figure 13.4 présente l'ensemble de ces critères.

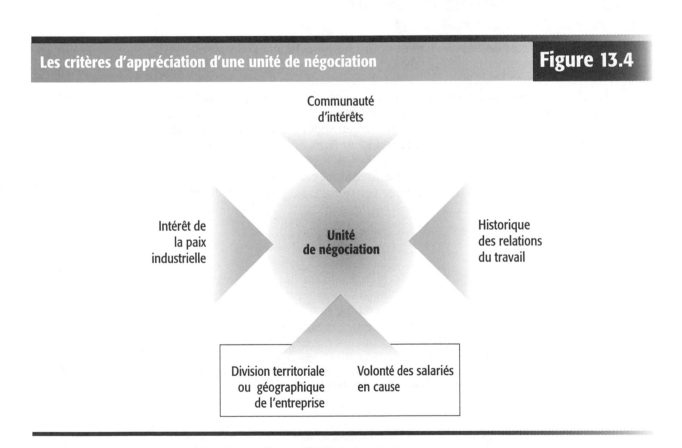

Les critères d'appréciation d'une unité de négociation　**Figure 13.4**

Communauté
d'intérêts

Intérêt de
la paix
industrielle

Unité
de négociation

Historique
des relations
du travail

Division territoriale
ou géographique
de l'entreprise

Volonté des salariés
en cause

---

51. Les auteurs s'entendent pour dire que ce critère a une portée très limitée. Voir Robert P. Gagnon, *op. cit.*, p. 271, et Claude Le Corre et Francis Demers, *op. cit.*, p. 99.

13.6 Les effets juridiques de l'accréditation

Que l'on parle du dépôt d'une requête en accréditation ou de l'obtention de cette accréditation par l'association de salariés, chacun de ces événements produit des effets juridiques. Voyons la portée de ces effets.

13.6.1 Les effets du dépôt de la requête

Dès qu'il y a dépôt d'une requête en accréditation, un employeur ne peut pas modifier les conditions de travail de ses salariés[52].

À la suite du dépôt d'une requête en accréditation pour un groupe de salariés, la Commission des relations du travail peut ordonner la suspension des négociations en cours entre l'employeur et une autre association déjà accréditée pour ce même groupe de salariés ; elle peut même ordonner la suspension du délai pour l'exercice du droit de grève ou de lock-out. Sa juridiction lui permet également d'empêcher le renouvellement d'une convention collective[53].

13.6.2 L'effet sur une autre accréditation

L'accréditation d'une association de salariés annule de plein droit l'accréditation de toute autre association pour le groupe visé par la nouvelle accréditation[54].

13.6.3 La caractéristique majeure de l'association accréditée

L'effet le plus important de l'accréditation pour une association, c'est qu'elle lui confère une caractéristique majeure, celle de détenir le monopole de la représentation du groupe de salariés visés par l'unité de négociation.

Cette représentation doit cependant être adéquate, c'est-à-dire que non seulement l'association accréditée doit traiter tous ses membres de façon égale[55], mais elle doit aussi respecter à leur égard l'objectif majeur pour lequel elle a demandé et obtenu l'accréditation : négocier avec l'employeur leurs nouvelles conditions de travail[56].

Partant de cet objectif majeur, nous présenterons au chapitre 14 ce volet dynamique des relations collectives du travail que constitue la négociation collective.

---

52. Si l'employeur désire apporter des modifications aux conditions de travail de ses salariés lorsqu'il y a dépôt d'une requête en accréditation, il doit préalablement obtenir le consentement écrit de chaque association requérante. Voir le Code du travail du Québec, art. 59.
53. *Ibid.*, art. 42.
54. *Ibid.*, art. 43.
55. *Ibid.*, art. 47.2.
56. Rappelons qu'une association accréditée qui n'a pas conclu de convention collective avec un employeur 12 mois après la date de son accréditation peut voir son accréditation annulée au profit d'une association rivale qui dépose une telle requête, sous les conditions prévues dans le Code du travail.

Résumé du chapitre

Si, au début des années 1990, les relations collectives du travail au Québec ont pris un visage caractérisé par l'affaiblissement des syndicats, la diminution de leurs revendications salariales et leurs nombreuses concessions dans des domaines où ils avaient connu des gains importants, force est d'admettre que c'est le contexte économique nouveau qui, pour les syndicats, a changé la donne.

Ce contexte, qui est celui de la mondialisation, donnait aux entreprises qui l'avaient établi ou qui s'y étaient rapidement adaptées une nouvelle arme puissante en période de négociations collectives, soit la possibilité de déménager leurs installations de production dans des pays où les coûts de main-d'œuvre sont peu élevés.

Cependant, au Québec, malgré ces menaces de déménagement que brandissaient les entreprises, les syndicats n'ont pas cessé de lutter non seulement pour maintenir leur pouvoir de négociation, mais aussi pour défendre leurs membres.

Il va sans dire que pour atteindre ces deux objectifs, tout syndicat doit être accrédité, c'est-à-dire qu'il doit officiellement être reconnu comme étant le représentant d'un groupe de salariés à l'égard d'un employeur. Dans ce chapitre, nous avons présenté les modalités légales à respecter lors de la formation d'un syndicat et la procédure à suivre afin que le syndicat soit accrédité.

Évaluation de la compétence

Questions de révision et application

1. *a)* Sur quelle base repose le système nord-américain de relations du travail ?
   b) Illustrez la réponse que vous avez donnée en *a* par deux exemples de situations réelles.
2. Que signifie la notion de « caractère représentatif » d'une association de salariés ?
3. Quelles sont les interdictions imposées à l'employeur au moment de la formation d'un syndicat ?
4. Quels sont les deux critères que doit respecter un syndicat qui désire tenir ses réunions dans le lieu de travail où il s'est formé ?
5. Quels buts doit poursuivre une association de salariés qui demande l'accréditation ?
6. À quelles instances extérieures à l'entreprise la loi confie-t-elle l'application de la procédure d'accréditation ?
7. Comment se déroule la procédure d'accréditation ?
8. Quelles démarches impose la loi à la Commission des relations du travail dès que cette dernière reçoit une requête en accréditation ? Citez les trois principales démarches.
9. Quel est le rôle de l'agent de relations du travail ?
10. Si un employeur manifeste son désaccord face à une unité de négociation, quels critères la Commission des relations du travail peut-elle appliquer afin de vérifier si cette unité est appropriée ?
11. Quels sont les principaux effets juridiques de l'accréditation ?

12. En vous reportant à la rubrique « Point de mire » présentée au début du chapitre, répondez aux questions suivantes.

 a) Il est spécifié dans l'article cité que des employés honduriens ont été licenciés 10 jours après qu'ils eurent tenté d'obtenir une accréditation. Que signifie le mot « accréditation » ?

 b) Au Québec, quelle importance revêt l'accréditation pour une association de salariés ?

 c) Si une entreprise québécoise agissait avec ses travailleurs du Québec de la même manière que Gildan avec les travailleurs honduriens, sous le coup de quelle interdiction un tel comportement tomberait-il en vertu du Code du travail du Québec ?

Analyse de cas

Cas 13.1
Le président de Vidéoclip s'explique

L'idée des membres de la haute direction de la société Vidéoclip était pourtant claire : transférer ses techniciens chez Abruton, un sous-traitant. Cette mesure permettrait à la compagnie d'épargner 36 millions de dollars par année. Dès la parution de la nouvelle dans les principaux médias, les employés syndiqués touchés par une telle mesure ont commencé à débrayer sporadiquement, d'autant plus que l'entreprise ne s'était même pas donné la peine de leur annoncer la nouvelle.

Plutôt embarrassé de la manière dont s'est déroulé l'événement, Michael Clark, le président-directeur général de Vidéoclip, s'est expliqué devant les médias :

« Nos syndiqués comprendront l'objectif que nous poursuivons en adoptant cette mesure. D'ici quatre ans, notre entreprise va investir plus de 700 millions de dollars pour faire migrer ses abonnés de l'analogique au numérique, un virage que nous devons emprunter absolument pour que notre compagnie demeure concurrentielle. Nos champs de bataille pour les prochaines années sont la télédistribution et les services par Internet. Nous devons pour cela réduire considérablement nos dépenses ; c'est pourquoi une des solutions logiques qui s'offrent à nous est le transfert prochain de certains de nos techniciens chez Abruton, un de nos sous-traitants. »

Cette explication ne semblait pas plaire à Ricardo Sirocco, le président du syndicat des techniciens de Vidéoclip. Il a qualifié de « brutale » la décision prise par la direction de l'entreprise.

« Les prochaines négociations collectives vont être féroces ! Nous ne lâcherons pas prise, car nous ne voulons pas que les patrons affaiblissent notre pouvoir de représentation en éparpillant nos membres chez des sous-traitants ! »

Mais pour Claude Ledoussac, qui désirait présenter une requête en accréditation afin de déloger le syndicat actuel et représenter en exclusivité les techniciens, il s'agit là d'une manœuvre patronale visant à détruire le mouvement syndical en lui retirant son droit d'exister.

Questions

1. Comment se nomme la période au cours de laquelle un syndicat tente d'en déloger un autre au sein d'une entreprise ?

2. Quel objectif poursuit le syndicat rival ?

3. Dans la situation où se trouve le nouveau syndicat que veut implanter M. Ledoussac, à quelle période doit-il présenter sa requête en accréditation ?

Cas 13.2
La taupe

Belœil, 22 h 30. Dans le stationnement du stade municipal, une Volvo est garée. Arrive en sens inverse une Toyota, qui se gare à la hauteur de la Volvo. Un homme descend de chacune des voitures. Celui qui descend de la Volvo est Victor Lalande, le président-directeur général de la firme Les Jus Lalande et Frères inc., de Saint-Hilaire. De la Toyota descend un homme qui remet une enveloppe à Victor. Ce dernier en extirpe une feuille.

– La liste est-elle complète ? demande-t-il à l'autre individu.

Ce dernier fait signe que oui. Victor lui donne une épaisse enveloppe jaune.

– Le compte y est ? demande le mystérieux individu.

– Cinq mille dollars, comme convenu, répond Lalande.

L'individu remonte dans sa voiture et s'éloigne de la Volvo.

Victor s'installe dans sa voiture. À l'aide d'une lampe de poche, il éclaire la liste qu'il a reçue. Il s'agit des noms de tous les employés qui ont signé des cartes d'adhésion au nouveau syndicat qui veut se former au sein de la compagnie. La liste contient également le nom des deux têtes dirigeantes du syndicat, soit Benoît Brazeau et Ernesto Zigo. Elle mentionne même l'heure à laquelle chaque employé a signé sa carte. Victor constate avec étonnement que 5 des 50 employés en question ont signé leur carte durant les heures de travail.

– Je vais les coincer ! murmure-t-il fièrement.

Le lendemain matin, Victor convoque à son bureau Martine Larrivée, la directrice des ressources humaines.

– Entrez, Martine.

– Que se passe-t-il, Victor ?

– Nous coinçons Brazeau et Zigo ! (Il brandit la liste.) J'ai la preuve qu'ils sont en train de former un syndicat et qu'ils le font pendant les heures de travail.

– Que comptez-vous faire ?

– Leur couper les ailes : vous allez les congédier immédiatement !

– Mais, Victor, il s'agit d'une pratique interdite !

– J'y ai pensé. C'est pourquoi je dois démontrer que je ne m'oppose aucunement à ce qu'un syndicat soit formé dans l'entreprise. Faites venir à mon bureau Jean-Guy Lataupe. Je veux qu'il soit le président du nouveau syndicat. Il est malléable et, avec lui à la barre, nous allons contrôler le syndicat. Je lui donnerai un peu d'argent pour lui faciliter la tâche, et dites-lui que je ne ferai pas obstacle à l'unité d'accréditation qu'il proposera dans sa requête en accréditation.

Juste avant que la directrice des ressources humaines ne quitte le bureau du P.D.G., la porte se referme brusquement. Victor lève les yeux :

– N'aviez-vous pas fermé la porte ? demande-t-il à Martine.

– Oui, comme toujours… Peut-être n'était-elle pas bien fermée, et avec le courant d'air…

Victor tourne la tête. La fenêtre de son bureau est ouverte.

– Sans doute un courant d'air, admet-il.

Ce soir-là, à 22 h 30, dans le stationnement du stade municipal de Belœil, une Ford noire est garée. Lentement avance en sens inverse une Toyota. Elle s'immobilise à la hauteur de la Ford. Deux individus descendent de la Ford – Benoît et Ernesto – tandis qu'un seul descend de la Toyota.

– As-tu de l'information pour moi ? demande Brazeau à l'autre individu.

– Lalande est au courant pour ce qui est du syndicat… Alors faites attention ! Il veut vous congédier, Zigo et toi.

– Il y a donc une taupe parmi nous ? commente Ernesto.

– Comment Lalande aurait-il pu être mis au courant de notre démarche ? s'interroge à son tour Benoît Brazeau.

Le mystérieux individu réplique aussitôt, afin de dissiper tout soupçon qui pourrait peser sur lui :

– À propos de taupe… Une fois votre congédiement effectif, Lalande veut acheter Jean-Guy et le mettre à la tête du nouveau syndicat.

– Quoi ! ? explose Brazeau. Ça ne se passera pas comme ça !

Il sort de la poche de son manteau une épaisse enveloppe jaune qu'il remet au mystérieux personnage.

– Le compte y est ? demande ce dernier.

– Cinq mille dollars, comme convenu !

Le mystérieux individu se glisse dans sa voiture et s'éloigne lentement de la Ford.

– Bon, un petit sabotage dans l'usine va peut-être remettre en ordre les idées de Lalande, dit Brazeau à Zigo.

Question

Relevez trois situations où il serait possible d'accuser le président Lalande de pratiques interdites, selon le Code du travail du Québec.

Les relations du travail : la négociation collective

Sommaire

Objectifs pédagogiques

La lecture de ce chapitre devrait vous permettre :

1. de préciser le but de la négociation collective.

2. d'identifier les parties en cause lors d'une négociation collective.

3. de décrire les préparatifs d'une négociation tant pour le syndicat que pour l'employeur.

4. d'expliquer ce qu'est un comité de négociation.

5. de faire ressortir l'importance de l'avis de rencontre dans le processus de négociation.

6. d'établir la portée de l'obligation de négocier pour les parties.

7. d'identifier les tiers qui peuvent être appelés à intervenir au cours d'une négociation collective.

8. d'expliquer le jeu des tactiques et des stratégies autour de la table de négociations.

9. de différencier les moyens de pression utilisés par les syndicats en cours de négociation de ceux qu'utilise l'employeur.

10. d'expliquer ce qu'est le protocole de retour au travail.

11. de distinguer les clauses contractuelles des clauses normatives dans un contrat collectif de travail.

Compétence visée

La compétence visée dans ce chapitre est de pouvoir contribuer à l'application de la réglementation du travail en matière de préparation à la négociation collective et de déroulement d'une négociation collective.

Point de mire

« Où sont passés les tuyaux[1] ? »

André Flobert est le président de l'Association des pompiers. S'adressant aux médias à la suite d'un incident plutôt cocasse, il annonce d'un ton plein de colère :

« Les pompiers en ont ras le bol. En tant que président de leur syndicat, je vais demander l'arbitrage. La Ville ne fait pas preuve de bonne foi, et le conflit actuel s'envenime, malgré les séances de médiation. »

---

1. Les événements rapportés ici sont en partie inspirés de situations réelles rapportées dans le journal *La Presse*. Voir Sophie Allard, « Les pompiers adoptent des moyens de pression hauts en couleur », *La Presse*, 1er avril 2003, page A 16.

Ce ras-le-bol dont parle André est la conséquence d'actions inusitées. Les pompiers de la ville ont peint un peu plus de 200 camions de pompiers en lançant dessus, sans souci d'esthétique, de la gouache verte et des jaunes d'œufs. Sur certains camions, ils ont tracé d'énormes graffitis.

«Ce sont des vandales!» s'écrie Bertrand Soucy, le responsable de la sécurité publique de la Ville.

Bertrand est d'ailleurs choqué du fait que des pompiers se soient rendus chez lui deux jours de suite, aux alentours de 22 heures, pour y faire hurler leurs sirènes pendant près d'une heure. Consécutivement à l'enquête qu'il a fait mener par la Ville, il a pris des mesures disciplinaires sévères contre les syndiqués fautifs. Deux pompiers ont été suspendus pour une période indéfinie tandis que les lieutenants et les capitaines responsables doivent aussi être interrogés.

André n'est pas d'accord avec les mesures prises par Bertrand. Il demeure catégorique quand il déclare:

«Bertrand exagère en prenant de telles mesures disciplinaires! Si mes hommes ont fait hurler les sirènes de leurs camions, c'est parce qu'ils effectuaient un test. Nous faisons régulièrement des tests de ce genre et Bertrand le sait très bien. C'est une simple coïncidence si les camions se trouvaient près de sa résidence. Et en ce qui a trait aux camions peints, ma position demeure la même: un camion vert roule aussi vite qu'un camion rouge. Jamais le service à la population n'a été touché. Et de toute façon, nous n'avons accompli aucun acte répréhensible.»

Cependant, Louis Bernier, l'attaché de presse du maire, a une opinion contraire en ce qui a trait aux actes commis par les pompiers. Il s'exprime ainsi:

«Quoi qu'il en soit, pas question pour la Ville de payer les coûts de ces moyens de pression. Nous évaluons actuellement l'ampleur des dégâts. Nous présenterons ensuite la facture au syndicat. La population a le droit d'obtenir un service sécuritaire. Devant tous ces actes de vandalisme, nous ne voulons surtout pas avoir à crier, advenant un incendie: "Où sont passés les tuyaux?" Ce serait le comble!»

14.1 L'objectif réel de la négociation collective

Conciliation:
Intervention d'une tierce personne – appelée «conciliateur» – qui, en cours de négociation collective et sur la demande d'une des deux parties, a pour rôle de rapprocher les parties qui ne peuvent s'entendre sur un ou plusieurs points et se trouvent dans une impasse.

Bien qu'au Québec «environ 80% des conventions collectives sont conclues à l'étape des négociations directes et 15% en **conciliation**, alors que 5% entraînent un arrêt de travail[2]» (grève ou lock-out), souvent les titres fracassants des journaux qui relatent un dur conflit de travail peuvent laisser croire à des statistiques inverses.

Toutefois, il faut comprendre que le but de la négociation n'est pas d'amener les parties à s'engager dans une épreuve de force afin de déclencher à tout prix un conflit de travail. La négociation collective est avant tout un processus par lequel les parties (le syndicat et l'employeur) s'assoient l'une en face de l'autre en vue de conclure un accord sur la détermination des conditions de travail qui prévaudront pour les salariés d'une unité de négociation définie. Les parties ne visant pas les mêmes intérêts lors des négociations, il est fort possible qu'en cours de négociation elles n'arrivent pas à s'entendre sur un ou plusieurs points[3]. Dans un tel contexte, il faut admettre que le risque de conflit paraît souvent inévitable.

---

2. Voir Gérard Hébert, *Traité de négociation collective*, Boucherville, Gaëtan Morin Éditeur, 1992, p. 816.
3. Le syndicat cherche entre autres à améliorer les conditions salariales de ses membres et à leur procurer la sécurité d'emploi, tandis que l'employeur tente surtout d'atteindre, de maintenir ou de sauvegarder la rentabilité de son entreprise.

14.2 Le déroulement de la négociation collective

14.2.1 Les parties en cause

Seul un syndicat accrédité peut entreprendre des négociations collectives avec un employeur. Le syndicat constitue donc une des parties importantes dans le processus de négociation, car c'est souvent lui qui entame les démarches en vue d'entreprendre de telles négociations.

Une autre partie importante est l'employeur. Est considéré comme employeur quiconque, y compris l'État, fait exécuter un travail par un salarié. L'employeur représente généralement la force économique de qui le syndicat veut obtenir des concessions.

L'État, qui est en cause indirectement dans les négociations collectives, c'est-à-dire que sa présence n'est pas requise à la table de négociations sauf quand il est lui-même l'employeur, fait cependant sentir son influence à différentes étapes des négociations. Le tableau 14.1 présente quelques exemples d'interventions de l'État dans le processus légal de négociation.

14.2.2 Les préparatifs de la négociation collective

Les préparatifs du côté du syndicat

Il serait erroné de croire que le syndicat se présente à la table de négociations sans avoir, au préalable, préparé ses demandes. Au cours d'assemblées générales, il consulte ses membres sur les demandes qu'ils aimeraient formuler et leur fait part de celles qu'il compte déposer.

Que ces demandes soient réalistes ou non, il reste que, de toute évidence, le syndicat doit se laisser une marge de manœuvre ; de ce fait, il n'est pas rare que certaines demandes soient exagérées de manière à laisser la place à d'éventuelles concessions.

Pour formuler ses demandes, un syndicat peut trouver de l'information dans des sources diverses. Pour ce qui est des sources internes, il fera d'abord appel à ses membres, en s'enquérant de leurs besoins et de leurs attentes. Si une convention collective a déjà été signée, il peut vérifier les clauses au sujet desquelles il y a eu des **griefs** et dégager de celles-ci de nouvelles demandes. Il peut aussi regarder la situation financière générale de l'entreprise à l'égard de ses demandes salariales. En ce qui concerne les sources externes, le syndicat peut prendre connaissance, le cas échéant, des conditions de travail qui ont été négociées dans des secteurs d'activités similaires ou comparables. Si le syndicat est affilié à une **centrale syndicale**, il peut bénéficier de l'aide et de l'expérience d'un agent syndical de cette centrale, qui l'aidera à consolider ses demandes.

Grief : Toute mésentente relative à l'interprétation ou à l'application d'une convention collective (Code du travail du Québec, article 1f).

Centrale syndicale : Unité nationale « à laquelle tous les éléments syndicaux seront affiliés [...] et dont la fonction est principalement de représenter les intérêts de ses affiliés »[4].

Les préparatifs du côté de l'employeur

Du côté de l'employeur, le gestionnaire des ressources humaines intervient dans le processus de préparation des négociations collectives. D'autres cadres de l'entreprise, tels que le directeur des finances (pour les questions d'ordre financier) et le directeur de la production (pour les questions concernant entre autres les niveaux de production futurs et leur incidence sur l'emploi), peuvent être appelés à intervenir dans le processus de préparation. La partie patronale a aussi recours à des

---

4. Jean Boivin et Jacques Guilbault, *Les relations patronales-syndicales au Québec*, Boucherville, Gaëtan Morin Éditeur, 1982, p. 93.

Tableau 14.1 Exemples d'interventions de l'État dans le processus de négociation

Intervention de l'État	Code du travail du Québec
Il fixe le cadre légal dans lequel doivent débuter et se dérouler toutes les négociations.	Articles 52 et 53
Advenant une mésentente en cours de négociation collective et sur demande d'une des parties, il désigne lui-même un conciliateur.	Article 54
Il peut d'office, à toutes les phases des négociations, désigner un conciliateur en cas d'impasse dans les négociations.	Article 55
C'est lui qui fixe le moment où légalement le droit de grève ou de lock-out est acquis par les parties aux négociations collectives.	Article 58
Il exige d'être informé par écrit dans les 48 heures du déclenchement d'une grève ou d'un lock-out.	Article 58.1
Il permet aux parties de soumettre une mésentente à l'arbitrage seulement si une demande écrite lui est d'abord adressée.	Article 74
C'est lui qui défère la mésentente à l'arbitrage.	Article 75
Il interdit le droit de grève à certaines catégories de salariés, soit les policiers et les pompiers municipaux.	Article 105
Il peut imposer des amendes à quiconque fait défaut de se conformer à une obligation ou à une prohibition imposées par le Code du travail.	Article 144

sources d'information internes. Toute information provenant des cadres de terrain strictement de niveau exécutant (les contremaîtres, les superviseurs) sera recueillie et analysée lors de ces préparatifs.

Certaines démarches entreprises par la partie patronale afin de recueillir de l'information ne diffèrent pas tellement de celles qu'utilise la partie syndicale. Ainsi, si une convention collective est en vigueur dans l'entreprise, les questions soulevées par son administration peuvent fournir des pistes pour la formulation des offres patronales. Voici certaines de ces questions :

– Quels sont les problèmes engendrés par l'application de la convention collective ?
– Quelle est la nature des griefs encore en suspens, le cas échéant ?
– Quelles sont les clauses à modifier, à soustraire ? à rajouter ?

Une importante source d'information interne pour la partie patronale consiste dans les états financiers de l'entreprise. L'analyse de la rentabilité de l'entreprise devient nécessaire pour connaître la capacité réelle de cette dernière de donner satisfaction aux revendications d'ordre pécuniaire de ses salariés.

Sur le plan de l'information provenant de sources externes, l'examen des conventions collectives des secteurs d'activité similaires ou comparables peut aussi s'avérer un apport important selon la nature de l'information recherchée.

C'est aussi à l'étape des préparatifs que chacune des parties détermine ses stratégies et ses tactiques de négociation.

Les comités de négociation

L'importance de la formation d'un bon comité de négociation ne saurait être assez soulignée, car, selon sa compétence et son habileté, ce comité assure la victoire ou cause l'échec des négociations, peu importe la valeur objective de la demande qu'il défend ou la position de force de la partie qu'il représente[5].

Ainsi, tant du côté syndical que du côté patronal, il faut former un comité de négociation qui, à la table de négociations, a le mandat de négocier.

Du côté syndical, c'est l'assemblée générale qui choisit les membres de l'exécutif syndical qui siégeront au comité de négociation. Si le syndicat est affilié à une centrale syndicale[6], un ou des agents de négociation provenant d'une branche déterminée de cette centrale peuvent se joindre au comité et servir de porte-parole au cours des négociations.

Du côté patronal, le responsable des ressources humaines agit en tant que porte-parole. Le directeur des finances est membre du comité pour les questions financières et le directeur de l'usine ou de la production est membre pour tout ce qui touche à la production, à l'emploi, aux équipes de travail, etc. Un conseiller interne ou externe (souvent un avocat ou un conseiller en relations industrielles) peut aussi faire partie du comité patronal de négociation.

14.2.3   L'avis de rencontre

Une fois les préparatifs terminés ou sur le point de l'être, une des parties doit manifester à l'autre son intention de commencer à négocier. Ce n'est pas par téléphone, ni dans le couloir principal de l'usine, ni à la cafétéria qu'un représentant d'une partie doit aviser le représentant de l'autre partie de cette intention. Elle doit se manifester de façon formelle au moyen de l'envoi d'un avis par l'association accréditée à l'employeur ou par l'employeur à l'association accréditée. Cet avis doit être donné au moins huit jours avant la date de la première rencontre prévue. Pour être complet, l'avis doit contenir la date, l'heure et le lieu de la première rencontre.

La partie qui transmet l'avis peut l'acheminer à son destinataire par télécopieur, messagerie, courrier recommandé ou certifié ou le lui faire signifier par un huissier[7]. Il est très important pour les parties qu'un tel avis soit transmis le plus tôt possible si elles appréhendent des négociations difficiles et si elles pensent recourir à des moyens de pression pendant ces négociations. En effet, 90 jours

---

5. Gérard Hébert, *op. cit.*, p. 703.

6. Il peut s'agir de l'une ou l'autre des principales centrales les plus populaires au Québec, à savoir la Confédération des syndicats nationaux (CSN), la Centrale des syndicats du Québec (CSQ) ou cette fédération que l'on reconnaît en tant que centrale syndicale, soit la Fédération des travailleurs et travailleuses du Québec (FTQ).

7. Code du travail du Québec, art. 52.1.

après la réception de cet avis par la partie à laquelle il est destiné, le droit à la grève ou au lock-out est acquis[8].

L'avis est d'au moins huit jours, mais la période au cours de laquelle il faut l'envoyer ne relève pas de la seule volonté des parties. Selon la situation rencontrée, c'est-à-dire s'il s'agit d'une nouvelle accréditation ou encore du renouvellement d'une convention collective, le délai diffère. Le tableau 14.2 présente les différentes possibilités concernant le délai d'avis.

14.2.4 L'obligation de négocier

Une fois l'avis envoyé et la date, l'heure et le lieu de la première rencontre indiqués, « les négociations doivent commencer et se poursuivre avec diligence et bonne foi[9] ». C'est là une obligation qui s'adresse aux deux parties. L'obligation de négocier de bonne foi ne signifie pas pour les parties l'obligation de s'entendre. La portée de cette obligation implique plutôt que les parties sont tenues de chercher à conclure ensemble une convention collective. Faire preuve de mauvaise foi, ce

| Tableau 14.2 | Le délai d'avis de la première rencontre en vue des négociations |

Situations possibles	Possibilités prévues par le Code du travail du Québec
Cas d'une nouvelle accréditation	**L'avis peut être donné en tout temps à la suite de l'obtention de l'accréditation, pourvu qu'il ne se soit pas écoulé une période de 90 jours après la date de l'obtention de l'accréditation (article 52.2, paragraphe 2).** **ou** **Si se sont écoulés 90 jours après la date de l'obtention de l'accréditation, l'avis est réputé donné et reçu (article 52.2, paragraphe 2).**
Cas du renouvellement d'une convention collective	**L'avis peut être donné dans les 90 jours précédant l'expiration de la convention collective* (article 52, paragraphe 2).** **ou** **Si un tel avis n'est pas donné, il est réputé donné et reçu à l'expiration de la convention collective (article 52.2).** **ou** **L'avis peut être donné selon tout autre délai prévu dans la convention collective visant à être renouvelée (article 52, paragraphe 2).**

* S'il s'agit d'une sentence arbitrale tenant lieu de convention collective, le délai d'avis est le même, soit 90 jours précédant l'expiration de la sentence arbitrale (Code du travail du Québec, art. 52, paragr. 3).

---

8. *Ibid.*, art. 58.
9. *Ibid.*, art. 53, paragr. 2.

serait, par exemple, pour un employeur, de ne pas vouloir reconnaître le syndicat accrédité comme étant le représentant exclusif des salariés[10]. On trouve d'autres cas de manifestation de mauvaise foi par une des parties dans le défaut de se présenter aux négociations, dans le refus de négocier ou encore dans le recours à toutes sortes de manœuvres injustifiées (comme le refus de soumettre des contre-propositions) afin de retarder les négociations. Il va de soi que la partie lésée peut dénoncer de telles manœuvres[11].

14.2.5 Les tactiques et les jeux de négociation

Il n'existe pas de règles formelles encadrant le déroulement de la négociation collective une fois que les parties se sont assises l'une en face de l'autre à la table de négociations. Le plus souvent, c'est la partie syndicale qui dépose ses demandes ou ses propositions. Si elle le fait lors de la première rencontre, il n'y a à cette occasion que le dépôt de documents, et un rendez-vous est fixé pour la prochaine rencontre. Si les demandes de la partie syndicale ont été déposées au moment où elle a envoyé l'avis de rencontre (*voir la section 14.2.3*), on peut s'attendre dès la première rencontre à des discussions animées. Mais encore là, la partie patronale peut tout simplement décider que cette rencontre sera réservée au dépôt de ses offres ou de ses contre-propositions. La gestion du contenu de chacune des rencontres appartient aux parties, pourvu que les négociations commencent et se poursuivent de bonne foi.

Bien que nous ne soyons pas en mesure d'affirmer qu'il existe un modèle rigide de négociation que toutes les parties doivent suivre, nous pouvons avancer qu'au cours d'une négociation collective tout peut devenir tactique et stratégie. Par exemple, si, pour une raison quelconque, le syndicat refuse de négocier dans le « territoire » patronal (l'usine de travail) parce qu'il craint d'être en position d'infériorité, il peut exiger que les négociations se déroulent en dehors de l'entreprise. Le choix d'un terrain neutre peut constituer une stratégie visant à replacer les parties sur un pied d'égalité.

À travers ces tactiques et stratégies, il faut donc envisager la négociation collective comme un processus à l'intérieur duquel se vivent différents moments (écoute, questionnement, exploration, tensions, crise, concessions, entente, etc.) et d'où se dégagent différentes zones. La présentation de ces zones donne une idée du déroulement d'une négociation.

---

10. La jurisprudence rapporte un cas dans lequel une semblable attitude d'un employeur à l'égard d'un syndicat a été dénoncée comme étant de la mauvaise foi de sa part. Voir *Royal Oak Mines Inc. c. Canada (Conseil des relations du travail)*, [1996] 1 R.C.S. 369.

11. Soulignons que c'est « sur une poursuite pénale en vertu du Code du travail que pourra être obtenue la sanction de l'obligation de négocier ». À propos de cette explication supplémentaire, voir Robert P. Gagnon, *Le droit du travail du Québec: pratiques et théories*, 3e éd., Cowansville, Les Éditions Yvon Blais, 1996, p. 369. Précisons que « le défaut par l'employeur de négocier avec diligence et bonne foi est sanctionné par des amendes de 100$ à 1 000$ pour chaque jour ou fraction de jour que dure l'infraction. Quant au défaut du syndicat de négocier de bonne foi, ce sont les dispositions pénales générales qui s'appliquent et [...] la peine sera moindre, soit une amende de 100$ à 500$ pour chaque jour ou fraction de jour que dure l'infraction. » Voir à ce sujet Claude Le Corre et Francis Demers, *La syndicalisation et ses conséquences: le Code du travail démystifié; tout ce que l'employeur doit savoir*, Cowansville, Les Éditions Yvon Blais, 1998, p. 154. Voir aussi le Code du travail du Québec, art. 141 et 144.

La zone d'échange

Dans la zone d'échange, il y a un échange de documents entre les parties, soit le dépôt des propositions syndicales et des offres patronales.

Du point de vue de la stratégie, personne ne dévoile son jeu. Il s'agit simplement de prendre connaissance des différents documents reçus.

Les parties fixent un rendez-vous pour une deuxième rencontre.

La zone d'exploration, de découverte et de questionnement

Chacune des parties essaie de déterminer les intentions de l'autre. On se questionne sur l'authenticité des positions adverses. On cherche à découvrir les stratégies de l'autre partie d'après l'énoncé d'une proposition ou d'une offre.

De chaque côté de la table, les négociateurs se dévoilent, mais leurs positions demeurent fermes.

Dans cette zone, toutes les phrases clés lancées par une partie à l'avantage de l'autre sont notées et conservées précieusement de manière qu'on puisse y revenir plus tard afin de rafraîchir la mémoire de la partie adverse. Voici des exemples de phrases clés : « Ça peut se négocier », « Cette situation est envisageable », « Nous retenons ce point pour étude ».

À l'intérieur de cette zone, la moindre concession hâtive par une partie sur un point majeur ou le dévoilement maladroit d'une de ses stratégies de négociation la placent dès le début des négociations dans une situation de faiblesse. C'est pourquoi les négociateurs jouent leur jeu prudemment et n'osent pas trop s'avancer. Il s'agit de la stratégie de l'exploration.

La zone d'entente possible

Dans cette zone, on crée des liens, on établit un climat propice à la discussion et on analyse la volonté réelle de l'autre partie de parvenir à une entente. Cela constitue un des moments les plus intenses des négociations.

Pour donner une chance aux négociations d'aboutir et ne pas créer un climat conflictuel dès le départ, les parties peuvent choisir de négocier à propos des clauses les plus simples dans un premier temps. On abordera alors les clauses non pécuniaires avant les clauses pécuniaires. Une tactique peut consister à ne pas régler toutes les questions d'ordre non pécuniaire et à en garder certaines en vue d'un marchandage futur quand viendra le moment de négocier à propos des questions d'ordre pécuniaire.

Lorsque survient un point qui peut devenir litigieux et conduire à une discussion animée, une stratégie serait de le mettre de côté et de passer à un autre point afin de laisser retomber la tension.

C'est aussi à l'intérieur de cette zone que les négociateurs utilisent toutes leurs stratégies afin d'essayer de deviner la position réelle (ou la préférence réelle)[12] de la partie adverse dans la négociation de certaines clauses. La figure 14.1 illustre la zone de préférence réelle pour les parties avec une zone d'entente commune.

---

12. La position réelle ou la préférence réelle est le point en deçà ou au-delà duquel une partie n'ira pas sans que soit préalablement déclenché un conflit de travail ou que soit révisé son mandat sur la négociation à propos de ce point.

Demandes syndicales

Offres patronales

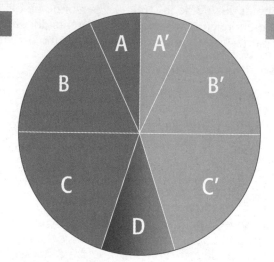

A   représente la zone d'intimidation où les demandes syndicales sont exagérées.

A' représente la zone d'intimidation où les offres patronales sont volontairement sous-évaluées.

B   représente la zone du gain syndical.

B' représente la zone du gain patronal.

C   représente la zone de préférence réelle avec un avantage pour le syndicat.

C' représente la zone de préférence réelle avec un avantage pour l'employeur.

D   représente la zone de préférence réelle commune et la zone d'entente*.

* Notez qu'il peut exister une situation où il ne se présente aucune zone d'entente commune.

Un habile négociateur doit donc amener l'autre négociateur le plus près possible de sa zone de gain de façon que toute concession de la partie adverse se traduise par un gain pour lui.

Exemple

Soit la négociation d'une clause salariale. La partie syndicale demande une augmentation salariale de 8 % (demande exagérée [A]), elle accepterait volontiers toute offre se situant autour de 7 % (zone du gain syndical [B]), établit sa zone de préférence réelle avec un avantage pour elle à un taux se situant entre 5 % et 6 % (C), mais signerait une entente à un taux de 5 % (D). La partie patronale dépose une offre de 2 % (offre sous-évaluée [A']), elle miserait sur toute entente pouvant être conclue à un taux de 3 % (zone du gain patronal [B']), pourrait conclure une entente à un taux d'environ 4 % dans sa zone de préférence réelle, recherchant ainsi un avantage pour elle (C'), mais à la suite d'une évaluation de la conjoncture économique, elle serait prête à signer une entente à un taux de 5 % (D). Si les parties signent une entente basée sur une augmentation de 5 %, c'est qu'elles ont bien perçu l'une et l'autre la zone de préférence réelle de la partie adverse qui pouvait conduire à une entente.

La zone de concessions

C'est souvent dans la zone de concessions que l'employeur dépose ce qu'on appelle une offre finale et globale. Cette offre porte habituellement sur l'ensemble des points en litige. Le syndicat doit alors accepter ou rejeter l'offre en bloc.

Il peut exister des périodes de l'année où une des parties est plus apte à faire des concessions à cause de certains événements qui réduisent son rapport de force.

Exemple

Si le syndicat met à exécution sa menace de déclencher la grève, l'employeur risque de perdre un important contrat qui lui rapporterait, au cours de l'été, des revenus considérables. Avant que la grève n'éclate effectivement, cet employeur est susceptible de faire des concessions en faveur du syndicat et sauver ainsi ses chances de réalisation du lucratif contrat.

La zone sombre

Si les parties arrivent dans la zone sombre, c'est que les négociations sont dans une impasse. Souvent, les parties ne voient plus comment elles peuvent se présenter l'une en face de l'autre, car aucune d'elles ne veut faire de concessions. Elles peuvent alors recourir à une aide externe ou exercer des moyens de pression.

La figure 14.2 résume les étapes et les tactiques de la négociation collective.

14.2.6 L'intervention d'un tiers

Nous avons mentionné en début de chapitre qu'au Québec 80 % des conventions collectives sont approuvées à l'étape des négociations directes. Cela signifie que les parties n'ont recours ni à des tiers pour les aider à parvenir à une entente, ni à des moyens de pression tels que la grève ou le lock-out.

Dans le cas où un tiers intervient lors des négociations pour aider les parties à trouver un terrain d'entente, il peut s'agir soit d'un conciliateur, soit d'un médiateur ou d'un arbitre de différends. Nous verrons en quoi consiste leur intervention respective.

Le conciliateur

Quand les parties se trouvent dans une impasse et qu'elles n'ont pas l'impression qu'elles peuvent en sortir, l'une d'entre elles peut demander la conciliation. Elle doit adresser sa demande au ministre du Travail. Elle a alors l'obligation envers l'autre partie de l'avertir de cette démarche. Sur réception de la demande, le ministre du Travail doit désigner un conciliateur[13].

Le rôle du conciliateur est de rapprocher les parties afin qu'elles puissent sortir de l'impasse et en arriver à la signature d'une convention collective. Le conciliateur ne vient absolument pas imposer son point de vue, ni négocier à la place des

---

13. Il est intéressant de noter que le Code du travail du Québec est catégorique : le ministre doit désigner un conciliateur. Il n'a donc pas de pouvoir de discrétion pour refuser de satisfaire à une telle demande. Voir le Code du travail du Québec, art. 54, paragr. 3.

Stades du déroulement	Tactiques	Étapes et contenus
Première séance	Information	Information : échange des demandes
Séances subséquentes	Persuasion	Exploration : demande d'explications
Cœur de la négociation	Information et persuasion	Dégagement d'une zone de contrat
Crise précédant un règlement	Coercition	Modification des préférences réelles
Entente	Coopération	Concessions et accord de principe

parties. Il peut convoquer des réunions, et bien que les parties soient obligées d'y assister[14] elles ne sont pas tenues de suivre ses recommandations.

Consécutivement à son intervention, il fait un rapport au ministre du Travail, sur demande de ce dernier[15], ce rapport ne pouvant être qu'un constat d'échec ou de succès.

Le médiateur

Lorsque l'intervention du conciliateur a été infructueuse, il existe un autre recours pour les parties, soit la médiation. Le rôle du médiateur est en tous points semblable à celui du conciliateur, si ce n'est que son intervention revêt un caractère exceptionnel, car elle est demandée directement par le ministre du Travail. Le passage à la médiation n'est pas automatique. En effet, c'est le ministre du Travail qui peut,

---

14. Même si les parties sont tenues d'assister aux réunions convoquées par le conciliateur, il faut admettre que cette obligation, énoncée dans le Code du travail du Québec à l'article 56, peut se limiter pour une des parties à faire acte de présence. Cette réalité ressort de l'affaire Burke c. Gasoline Stations Limited, [1972], T.T. 382.
15. Code du travail du Québec, art. 57.

« en vertu de ses pouvoirs généraux, désigner un médiateur dans des dossiers délicats de négociation qui justifient ce mode d'intervention[16] ».

De la même manière que le conciliateur, le médiateur ne négocie pas pour les parties ; il vise seulement leur rapprochement afin qu'elles parviennent à un accord[17]. Et à la suite de son intervention, il fait un rapport au ministre du Travail.

L'arbitre de différend

Un autre recours qui s'offre aux parties quand elles jugent qu'il leur est impossible de sortir de l'impasse et que les négociations qu'elles mènent sont vouées à l'échec réside dans l'arbitrage des différends. Il s'agit d'une intervention faite au cours d'une négociation collective par une tierce personne appelée « arbitre de différend » (ou arbitre). Son rôle consiste à trancher au sujet de la question litigieuse et à rendre une décision qui devient exécutoire pour les parties. Il s'agit d'un recours particulier à cause de ses caractéristiques et des effets qu'il produit.

Parmi les caractéristiques de l'arbitrage des différends, signalons qu'il est imposé à certains salariés (policiers et pompiers municipaux ou d'une régie intermunicipale)[18], qu'il est susceptible de devenir obligatoire s'il s'agit de la négociation d'une première convention collective[19] et qu'il est volontaire dans le cas du renouvellement d'une convention collective[20].

Par ailleurs, l'intervention d'un arbitre met fin au droit de grève ou de lock-out des parties[21] de même qu'aux démarches d'une association de salariés qui a déposé une demande d'accréditation pour l'unité de négociation pour laquelle un autre syndicat négociait avant que les parties demandent une telle intervention[22].

Enfin, la décision rendue par l'arbitre – autrement dit la sentence arbitrale – a l'effet d'une convention collective signée par les parties.

L'intervention d'un arbitre n'enlève pas automatiquement aux parties leur capacité de négocier. Le rôle de ce dernier est d'examiner les points litigieux et d'évaluer la possibilité que les parties parviennent à une entente sur ces points. L'arbitre n'a donc pas à reprendre les négociations à partir du début, car si les parties arrivent à un accord sur un des points litigieux, cet accord est tout simplement consigné à la sentence arbitrale.

Dans le cas d'une première convention collective, si l'arbitre de différend estime qu'il est improbable que les parties en arrivent à la conclusion d'un accord

---

16. Voir Robert P. Gagnon, *op. cit.*, p. 375.
17. Il faut cependant admettre que les parties trouvent plus prestigieuse l'intervention du médiateur, sans doute à cause du fait que c'est le ministre du Travail qui le dépêche et non pas elles qui en font la demande. Sur le caractère prestigieux de l'intervention du médiateur, voir Gérard Hébert, *op. cit.*, p. 787.
18. Un tel recours n'est possible que si, préalablement, il y a eu une intervention infructueuse d'un médiateur.
19. En effet, dans le cas de la négociation d'une première convention collective, si une partie a demandé l'intervention d'un conciliateur et que cette intervention s'est avérée infructueuse, une partie (sans que ce soit nécessairement celle qui a demandé la conciliation) peut demander au ministre du Travail de soumettre le différend à un arbitre. Voir le Code du travail du Québec, art. 93.1.
20. Dans le cas du renouvellement d'une convention collective, le recours à l'arbitrage ne dépend pas de la volonté d'une seule partie, mais bien de l'accord des deux parties.
21. Code du travail du Québec, art. 58.
22. *Ibid.*, art. 22b, paragr. 2.

dans un délai raisonnable, son rôle change. Il doit alors déterminer le contenu de cette première convention collective[23].

Notons enfin que la sentence de l'arbitre lie les parties pour une durée d'au moins un an et d'au plus trois ans. Les parties peuvent cependant convenir de modifier le contenu en partie ou en tout[24].

14.2.7 Les moyens de pression

Si l'intervention du conciliateur et celle du médiateur n'ont pas aidé les parties à résoudre leur différend, ces dernières peuvent toujours recourir à certains moyens de pression[25]. Pour le syndicat, le moyen de pression le plus médiatisé est la grève et, pour l'employeur, le lock-out.

La grève

Le syndicat utilise la grève durant une période de négociation afin d'exercer une pression économique sur l'employeur. Mais le recours à ce moyen de pression fait apparaître des inconvénients pour les deux parties au point de vue financier. Ainsi, l'employeur voit sa production arrêtée. Plus la grève sera longue, plus lourdes seront ses pertes financières, occasionnées par différents événements dont les effets peuvent être isolés ou combinés[26]. De leur côté, les salariés en grève ne reçoivent pas de salaire pendant le déroulement de la grève[27].

Malgré la perte de salaire, les salariés savent que tant et aussi longtemps que leur mouvement de grève causera réellement du tort à l'employeur sur le plan financier, ils seront en mesure de le contraindre à faire des concessions. De plus, il n'est pas rare que le syndicat utilise la grève comme moyen de bluffer, en laissant croire à l'employeur qu'il va forcément y recourir s'il ne fait pas des concessions majeures.

Un syndicat acquiert le droit de grève 90 jours après la réception par l'employeur de l'avis de la première rencontre en vue des négociations. Toutefois, la grève ne peut être déclarée qu'après avoir été autorisée, au cours d'un scrutin, par la majorité des membres de l'association accréditée qui sont compris dans l'unité de négociation et qui exercent leur droit de vote[28].

En vertu du Code du travail du Québec, il existe trois cas où la grève est interdite et un autre cas où la pratique d'une de ses formes est aussi prohibée :

- La grève est interdite en toute circonstance aux policiers et aux pompiers employés par une municipalité ou une régie intermunicipale.

---

23. Il doit aviser les parties de sa décision et aussi en informer le ministre du Travail. Voir le Code du travail du Québec, art. 93.4.
24. *Ibid.*, art. 92.
25. Il ne faudrait pas croire que l'intervention du conciliateur ou du médiateur soit un préalable à l'obtention du droit de grève ou de lock-out, car ces tiers peuvent être appelés à intervenir même s'il y a un conflit de travail sous forme de grève ou de lock-out.
26. Parmi ces événements, mentionnons la perte de contrats, la perte de clients et la fermeture temporaire ou définitive de certaines unités de fabrication.
27. Toutefois, les syndicats se dotent d'un fonds de défense visant à compenser une portion du salaire que les salariés en grève ne reçoivent pas de l'employeur. Précisons que le montant versé aux grévistes est nettement inférieur au salaire qu'ils obtiennent normalement.
28. L'inobservation de cette procédure ne rend pas illégale la grève déclenchée ; l'illégalité d'une grève ne réside que dans le non-respect de la période permise pour la déclarer.

– La grève est interdite à une association de salariés tant que celle-ci n'a pas été accréditée et n'y a pas acquis le droit selon la période prévue au Code du travail.

– La grève est prohibée pendant la durée d'une convention collective[29].

La forme de grève qui est prohibée est la grève perlée ou ralentissement de travail. Ainsi, nulle association de salariés ou personne agissant dans l'intérêt d'une telle association ou d'un groupe de salariés ne peut ordonner, encourager ou appuyer un ralentissement d'activités destiné à limiter la production[30].

Le lock-out

Le lock-out constitue un moyen de pression utilisé par l'employeur quand les négociations sont dans une impasse. Le but poursuivi par l'employeur n'est pas de forcer le syndicat à revenir négocier, mais de le contraindre à accepter certaines conditions de travail.

Selon l'article 58 du Code du travail du Québec, le droit à la grève ou au lock-out est acquis 90 jours après la réception par la partie intéressée de l'avis de la première rencontre en vue des négociations. Mais le droit à l'obtention du lock-out est subordonné à l'obtention du droit à la grève. En d'autres mots, l'employeur ne peut décréter un lock-out que si le syndicat a préalablement obtenu le droit à la grève[31].

Les autres moyens de pression

Comme autre moyen de pression, le syndicat peut installer des piquets de grève. De cette façon, ses membres peuvent dénoncer notamment des conditions de travail qu'ils jugent inacceptables. Tant que ce moyen de pression est pacifique et poursuit strictement un but d'information, il est considéré comme légitime[32].

L'appel au boycottage des produits de l'employeur en vue d'accélérer une négociation collective constitue aussi un moyen de pression que peut utiliser le syndicat.

Conséquemment au recours aux piquets de grève, les employeurs se tournent vers l'**injonction** comme moyen de pression. Soulignons qu'il s'agit là d'une « mesure exceptionnelle appliquée par une cour en vue d'empêcher des dommages qui pourraient être irréparables[33] ».

La figure 14.3 illustre les différents moyens de pression qui sont à la disposition des parties pendant une négociation collective.

Injonction : Ordonnance de la Cour supérieure ou de l'un des juges enjoignant à une personne, à ses officiers, représentants ou employés de ne pas faire ou de cesser de faire ou, dans les cas qui le permettent, d'accomplir un acte ou une opération déterminé.

---

29. Si, toutefois, la convention collective renferme une clause de réouverture des négociations et que les parties s'en prévalent, cette prohibition tombe, car il y a de nouveau négociation, donc un risque de conflit de travail.

30. D'ailleurs, la jurisprudence admet qu'un syndicat qui incite ses membres à ne pas effectuer d'heures supplémentaires afin de ralentir la production tombe sous le coup de l'interdiction énoncée dans ce cas-ci. Voir Gohier c. Syndicat canadien de la fonction publique, section locale 301, T.T. Montréal, 500-29-001261-914. D.T.E. 93T-703.

31. Cette affirmation ne signifie aucunement que l'employeur ne puisse mettre ses employés en lock-out tant que le syndicat n'a pas exercé son droit de faire la grève. En effet, dès que le droit au lock-out est obtenu par l'employeur, il peut l'exercer quand bon lui semble, même avant que le syndicat ne décide de faire la grève.

32. Effectivement, les tribunaux considèrent comme illégitime l'installation de piquets de grève dits secondaires. Un exemple de ce fait serait de dresser des piquets aux abords des résidences des cadres de l'entreprise en grève.

33. Gérard Hébert, *op. cit.*, p. 860.

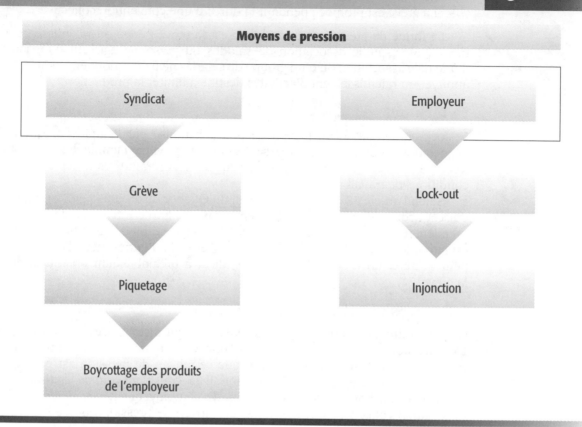

14.3 La signature de la convention collective et le protocole de retour au travail

14.3.1 La signature de la convention collective

Le but de la négociation collective est de permettre aux parties de conclure une convention collective de travail. Si les parties négocient selon le mode clause par clause, dès qu'un accord survient, le comité de négociation syndical retourne auprès de l'assemblée générale et rend compte des gains qu'il a obtenus ou les concessions qu'il a dû faire. Dès qu'un accord est obtenu pour toutes les clauses, on procède alors à la signature d'un accord de principe[34].

L'accord de principe n'est pas la convention collective; il ne présente donc aucun caractère officiel que l'on peut qualifier de définitif. Le comité de négociation syndical doit soumettre cet accord de principe à l'assemblée générale, qui,

---

34. Si les parties négocient en vue d'une entente globale et parviennent à une telle entente, on parlera aussi d'un accord de principe.

Ratification :
Acceptation par la majorité des membres de l'association accréditée réunis en assemblée générale de l'ensemble des conditions de travail énoncées dans l'accord de principe.

elle, doit effectuer la **ratification** de l'entente. Si l'accord de principe est rejeté, le comité de négociation syndical doit retourner à la table de négociations et les négociations reprennent. S'il est accepté, la convention collective est rédigée, puis signée par l'employeur et par la partie syndicale.

Une fois signée par les parties, la convention collective ne prend pas effet immédiatement. Elle doit être déposée en deux exemplaires, soit par les parties, soit par l'une d'elles selon l'entente qu'elles prennent, à l'un des bureaux de la Commission des relations du travail[35]. Ce n'est qu'après ce dépôt qu'elle entre en vigueur[36].

Quant à la durée d'une convention collective, la règle générale veut qu'elle soit d'au moins un an[37]. S'il s'agit d'une première convention collective, le Code du travail du Québec impose une durée d'au plus trois ans[38]. Et si, pour une convention collective, les parties ne prévoient pas un terme fixe et certain, il faut présumer qu'elle sera en vigueur pendant un an[39].

14.3.2 Le protocole de retour au travail

Protocole de retour au travail : Entente négociée et signée par les parties — en dehors de la convention collective — qui établit les modalités selon lesquelles le retour au travail devra s'effectuer par les salariés à la suite de la signature de la convention collective.

La signature d'un **protocole de retour au travail** devient nécessaire seulement s'il y a eu arrêt de travail au cours des négociations. Les éléments contenus dans ce protocole varient selon l'expérience de négociation que vivent les parties. Il ne saurait y avoir de modèle dont elles puissent s'inspirer, mais la nécessité d'un tel protocole ressort quand il s'agit de déterminer quand et dans quel ordre les salariés vont recouvrer leur emploi.

Dans le protocole de retour au travail, des questions importantes sont réglées, car il « précise aussi de façon générale ce qu'il advient, vu l'arrêt de travail, de l'ancienneté, des avantages sociaux, des vacances annuelles, des congés fériés, des autres congés (maternité, perfectionnement, activités syndicales) et des périodes de probation[40] ».

D'un autre côté, il peut arriver qu'un conflit de travail dégénère en actes de vandalisme, en échanges de propos diffamatoires ou même en violence physique. La négociation d'un protocole de retour au travail peut servir à passer l'éponge sur l'ensemble de ces actes ; les parties renonceront alors à toutes procédures civiles et pénales.

14.4 Un aperçu du contenu de la convention collective

Clause : Disposition de la convention collective qui réglemente soit les rapports entre les parties (syndicat et employeur), soit les rapports entre l'employeur et le salarié.

Une convention collective peut contenir n'importe quelle disposition relative aux conditions de travail tant et aussi longtemps qu'elle n'est pas contraire à l'ordre public ni prohibée par la loi. Ces dispositions sont généralement regroupées en différentes clauses qui, elles-mêmes, peuvent contenir un certain nombre d'articles. Une **clause** est une disposition de la convention collective qui réglemente soit les rapports entre les parties (syndicat et employeur), soit les rapports entre l'employeur et le salarié. Les principales clauses qu'on trouve dans une convention collective sont les clauses contractuelles et les clauses normatives.

---

35. Code du travail du Québec, art. 72.
36. Ce dépôt a un effet rétroactif à la date prévue dans la convention collective pour son entrée en vigueur ou, à défaut, à la date de la signature de la convention collective.
37. Code du travail du Québec, art. 65, paragr. 1.
38. *Ibid.*, art. 65, paragr. 2.
39. *Ibid.*, art. 66.
40. Gérard Hébert, *op. cit.*, p. 722.

14.4.1 Les clauses contractuelles

Les dispositions à caractère contractuel sont celles qui visent soit les rapports entre les parties (le syndicat et l'employeur), soit la convention collective elle-même. Les clauses qui visent les rapports entre les parties concernent la sécurité syndicale, les droits de gérance, la collaboration patronale-syndicale et le règlement des griefs. Pour ce qui est des clauses ayant trait à la convention collective, elles touchent au préambule de la convention collective et à la durée de cette convention collective. Nous expliquerons brièvement chacune de ces clauses.

La clause de la sécurité syndicale assure au syndicat certains droits et avantages qui lui permettent de remplir efficacement son rôle de représentant des salariés et d'assumer l'ensemble de ses responsabilités sans que soient mises en danger ni sa capacité de représentation ni sa sécurité financière. Cette clause vise donc à garantir au syndicat son caractère représentatif en conservant une majorité de membres et à lui assurer des rentrées régulières de revenus[41].

La clause des droits de gérance est une clause en vertu de laquelle le syndicat reconnaît à l'employeur certains droits qu'il peut exercer parce que justement il est l'employeur. Remarquons qu'il ne s'agit pas de droits que le syndicat confère à l'employeur. Ce dernier possède tous les droits qu'il exerçait avant la présence du syndicat dans l'entreprise ; cependant, la convention collective vient soit les encadrer, soit les limiter.

Exemple

Dans une convention collective, il peut être reconnu à l'employeur le droit d'énoncer une politique sur la discipline en précisant quels sont les comportements déviants et quelles mesures disciplinaires sont requises pour les amender. De même, dans cette convention collective, il peut être stipulé que l'application de cette politique demeure soumise à la procédure de règlement des griefs.

La clause de la collaboration patronale-syndicale concerne toute forme de collaboration entre l'employeur et le syndicat dans l'entreprise afin de prévenir des problèmes, de les résoudre ou d'envisager différentes occasions favorables tant à l'entreprise qu'aux salariés. Par exemple, l'employeur et les salariés peuvent collaborer à la formation d'un comité sur le harcèlement sexuel ou d'un comité sur la santé et la sécurité du travail. Ou encore, dans une clause de collaboration patronale-syndicale, les parties peuvent convenir de la formation d'un comité de relations du travail dont le mandat est de discuter de toute question relative à l'application et à l'interprétation de la convention collective et aux conditions de travail, et de rechercher une entente à ce sujet.

La clause du règlement des griefs établit le mode de règlement des griefs retenu par les parties. Elle prévoit entre autres le mécanisme de mise en œuvre du processus allant du dépôt du grief par le salarié ou par le syndicat jusqu'à son règlement.

---

41. Un exemple d'une clause de sécurité syndicale nous est donné par la clause d'appartenance ou d'adhésion syndicale. En vertu de cette clause, l'employeur peut, entre autres possibilités, forcer tous ses employés à devenir membres du syndicat.

La clause du préambule de la convention collective précise à qui s'applique la convention collective, les objectifs poursuivis par celle-ci et le sens donné à certains mots ou expressions.

Enfin, la clause de la durée de la convention collective spécifie les dates du début et de la fin de la convention collective. Les modalités du renouvellement peuvent aussi y être inscrites.

14.4.2 Les clauses normatives

Dans une convention collective, les dispositions à caractère normatif sont celles qui concernent directement les salariés. Elles déterminent leurs principales conditions de travail. On y trouve l'ancienneté, l'évaluation des tâches, les salaires (ou rémunération directe), les avantages sociaux (ou rémunération indirecte) et la durée du travail. Nous décrirons succinctement chacune de ces clauses.

La clause de l'ancienneté vise à protéger l'emploi des salariés selon le nombre d'années de service qu'ils ont accumulées dans une entreprise. Cette clause est importante aux yeux des salariés, car c'est en fonction d'elle que sont déterminés, entre autres, l'ordre de priorité pour une promotion, une mutation, l'attribution des vacances, la proposition d'heures supplémentaires et l'ordre selon lequel l'entreprise procède en cas de mises à pied.

Dans la clause de l'évaluation des tâches, on détermine le contenu d'un poste par l'analyse des tâches et l'énoncé des normes qui s'y rattachent. L'objectif est d'établir un système de classification des postes qui permet de faire correspondre un niveau de salaire à un poste donné.

La clause des salaires est souvent cruciale pendant l'étape des négociations. Pour les salariés, il s'agit de négocier leur gagne-pain tandis que, pour l'employeur, il s'agit d'atténuer le plus possible les effets des salaires sur la hausse de ses coûts de production. La négociation des salaires sert à établir une **échelle salariale** correspondant aux postes évalués et à déterminer les critères en fonction desquels un individu peut accéder à un échelon supérieur dans cette échelle.

La négociation de la clause des avantages sociaux a pour but de garantir aux salariés l'obtention de trois catégories d'avantages sociaux :

- ceux qui procurent une sécurité financière après le travail (les régimes de retraite) ;
- ceux qui visent la protection physique, matérielle ou financière du salarié et, dans une certaine mesure, la protection de ses proches (les assurances collectives) ;
- ceux qui sont établis dans le respect de certaines normes légales socialement intégrées dans la vie des salariés (les autres avantages tels que les congés et les vacances, les congés de maladie ou les congés de maternité).

Ces avantages sociaux constituent l'ensemble de la rémunération indirecte parce qu'ils servent de compléments au salaire (rémunération directe) et, selon l'entente négociée, qu'ils soient à la charge conjointe de l'employeur et de chacun de ses salariés ou à la seule charge de l'employeur, ils constituent pour ce dernier une charge financière supplémentaire directe.

La clause de la durée du travail permet d'établir la journée, la semaine et l'année normales de travail. Les formes que prend cette clause sont variées, puisqu'elles fixent les heures normales de travail, les primes d'équipes (pour le travail de soir ou de nuit), les primes pour les heures supplémentaires, et déterminent les vacances et les congés payés[42].

Échelle salariale :
Échelle qui renferme l'ensemble des taux horaires successifs auxquels le salarié peut accéder en fonction de critères déterminés tels que l'expérience, la scolarité ou l'ancienneté.

---

42. Voir Gérard Hébert, *op. cit.*, p. 86.

Résumé du chapitre

Le but de la négociation collective est de permettre à deux parties de négocier afin de conclure une entente relative aux conditions de travail d'un groupe de salariés compris dans une unité de négociation bien définie. Ces deux parties sont identifiées comme étant l'employeur et l'association de salariés (le syndicat).

Au Québec, c'est le Code du travail du Québec qui encadre le déroulement de la négociation collective. Ainsi, il indique que le processus de négociation débute avec l'envoi par une des parties à l'autre partie, au moins huit jours avant la première rencontre, d'un avis précisant la date, l'heure et le lieu de cette rencontre. Les négociations doivent alors commencer et se poursuivre de bonne foi.

Il n'existe pas de règles formelles encadrant le déroulement des séances de négociation. Généralement, le syndicat dépose ses demandes, avant que la première rencontre n'ait lieu ou au cours de cette rencontre. Ensuite, la partie patronale lui remet soit ses offres, soit ses contre-propositions. Après l'étude des documents respectifs par les parties, les négociations commencent. Chacune des parties peut utiliser des stratégies et des tactiques, mais une pratique qui paraît convenir tant à la partie patronale qu'à la partie syndicale consiste à négocier les clauses non pécuniaires avant les clauses pécuniaires tout en se laissant une marge de manœuvre pour le marchandage.

Si aucune mésentente majeure ne survient au cours des négociations, celles-ci peuvent conduire directement à la conclusion d'une convention collective. Mais si les parties font face à une impasse, différents tiers peuvent être appelés à intervenir dans leur processus de négociation. D'abord, le conciliateur intervient à la demande d'une des parties. Cette demande doit être adressée au ministre du Travail. Une autre intervention possible est celle du médiateur, qui, à l'initiative du ministre du Travail, est dépêché pour aider les parties à régler leur différend. Le rôle du médiateur ne diffère pas de celui du conciliateur. Tous deux ont pour mandat d'essayer de rapprocher les parties afin qu'elles puissent s'entendre sur une convention collective.

L'arbitre de différend est un autre tiers qui peut intervenir au cours de la négociation collective lorsque subsiste un différend entre les parties. S'il s'agit d'une première convention collective, une des deux parties peut demander l'intervention de l'arbitre pourvu que les parties aient d'abord eu recours à un conciliateur. S'il s'agit du renouvellement d'une convention collective, les deux parties doivent donner leur accord pour qu'une telle intervention soit possible. La décision que rend l'arbitre est appelée « sentence arbitrale ». Elle tient lieu de convention collective pour les parties. Elle est exécutoire et lie les parties pour une durée d'au moins un an et d'au plus trois ans.

Pour régler leur différend, les parties peuvent aussi faire appel à certains moyens de pression. La grève, le boycottage des produits de l'employeur et l'installation de piquets de grève constituent les principaux moyens de pression utilisés par la partie syndicale. Quant à l'employeur, il peut recourir au lock-out ou, lorsque la situation l'exige – dans le cas où des piquets de grève sont accompagnés d'actes violents ou d'actes de sabotage –, à l'injonction.

Au terme des négociations, les parties signent un accord de principe. Avant que cet accord ne soit officiel, la partie syndicale doit le soumettre à son assemblée générale à des fins de ratification. Si l'accord de principe est accepté, la convention collective est rédigée et signée. Elle entrera en vigueur à la suite de son dépôt à l'un des bureaux de la Commission des relations du travail.

Une convention collective peut contenir n'importe quelle disposition relative aux conditions de travail qui n'est pas contraire à l'ordre public ni prohibée par la loi. Ces dispositions prennent le nom de clauses et, en général, on reconnaît deux types de clauses : les clauses contractuelles et les clauses normatives.

Une convention collective a une durée d'au moins un an, mais s'il s'agit d'une première convention collective, sa durée ne peut pas excéder trois ans.

Évaluation de la compétence

Questions de révision et application

1. « Le but d'une négociation collective est de permettre aux parties de régler leur différend au moyen de la grève, du lock-out ou de tout autre moyen de pression mis à leur disposition. » Pourquoi cet énoncé n'est-il pas exact ?
2. Quelles sont les deux parties en cause dans les négociations collectives ?
3. Quelle importance revêt l'avis d'au moins huit jours que doit donner une des parties à l'autre partie afin que débute le processus de négociation ?
4. De quelle manière une partie peut-elle faire preuve de mauvaise foi lors du déroulement des négociations ? Fournissez un exemple.
5. Quand l'intervention d'un tiers est-elle requise lors de la négociation collective ?
6. Quelles nuances faut-il établir entre l'intervention du conciliateur et celle du médiateur ?
7. Pourquoi les parties doivent-elles être certaines de ne pas pouvoir résoudre seules leur différend avant d'avoir recours à l'arbitrage ?
8. Quels sont les effets liés à l'intervention d'un arbitre de différend ?
9. Qu'est-ce que le protocole de retour au travail ?
10. Quelle distinction faut-il établir entre une clause contractuelle et une clause normative ?
11. En vous reportant à la rubrique « Point de mire » présentée au début du chapitre, répondez aux questions suivantes :
    a) Dans l'explication qu'il fournit aux médias, André Flobert utilise deux concepts propres aux relations collectives du travail : l'arbitrage et la médiation. Quelle signification faut-il donner à ces concepts ?
    b) En quoi l'adoption de certains moyens de pression peut-elle être néfaste à un syndicat ?

Cas 14.1
« Les gars de la *shop* en ont assez ! »

La salle où sont réunis les 180 travailleurs de la United Steel Co. vibre sous les cris de Ben Kroche, le président du syndicat de l'usine :

– Les patrons veulent nous imposer un lock-out ! Eh bien, qu'ils le fassent, leur lock-out !

Les applaudissements fusent, encourageant le président du syndicat à continuer à parler.

– Nous ne ferons pas de concession sur les clauses normatives ! Et nous ne retournerons pas à la table de négociations pour que les patrons se moquent de nous. Nous ferons venir un conciliateur, s'il le faut !

Il y a encore des applaudissements.

– Et si les patrons ne veulent rien entendre et refusent de renouveler notre convention collective, ils auront une grève sur les bras ! Parce que quand les gars de la *shop* en ont assez, ils en ont assez !

– Ouais ! ! !

Et Ben Kroche reçoit une véritable ovation en regagnant sa place.

Questions

1. Définissez les concepts suivants utilisés par Ben Kroche :
   a) lock-out ;
   b) clauses normatives ;
   c) conciliateur ;
   d) grève.
2. Les employés syndiqués de la United Steel Co. menacent de faire la grève. Dans la situation où ils se trouvent, à quelle période le droit de faire la grève leur sera-t-il accordé ?

Cas 14.2
Le retour de la taupe

Belœil, 22 h 30. Dans le stationnement du stade municipal, une Volvo est garée. Arrive en sens inverse une Toyota, qui se gare à la hauteur de la Volvo. Un homme descend de chacune des voitures. Celui qui descend de la Volvo est Victor Lalande, le président-directeur général de la firme Les Jus Lalande et Frères inc., de Saint-Hilaire. De la Toyota descend un homme qui remet une enveloppe grise à Victor. Ce dernier en extirpe une feuille et deux cassettes vidéo.

– La liste est-elle complète ? demande Victor à l'autre individu.

– Tout y est. Vous y trouverez le nom de tous les travailleurs qui ont commis des actes de vandalisme soit en y participant, soit en les ordonnant. Il y a aussi le nom de tous ceux qui ont porté des coups et occasionné des blessures à certains de vos cadres. Vous avez les dates précises, de même que les heures auxquelles ces méfaits ont été perpétrés. Et les images contenues dans ces cassettes vidéo vous surprendront.

Victor sourit fièrement. Il remet une épaisse enveloppe jaune à son mystérieux interlocuteur.

– Le compte y est ? interroge le mystérieux individu.

– Cinq mille dollars, comme convenu, répond le P.D.G.

L'individu remonte dans sa voiture et s'éloigne de la Volvo. Victor s'installe dans sa voiture. À l'aide d'une lampe de poche, il examine la liste qu'il a reçue. « Excellent travail », se dit-il.

Le lendemain matin, dans la salle du conseil d'administration, Victor est assis en compagnie de Martine Larrivée, la directrice des ressources humaines, de Geneviève Ramplin, avocate et chef du contentieux, et de Georges Sapino, le comptable en chef. Ils attendent l'arrivée de Benoît Brazeau, le président du syndicat et d'Ernesto Zigo, le vice-président du syndicat.

Ces derniers arrivent, le visage déformé par la colère. Une fois qu'ils sont assis, le président prend la parole.

– Messieurs, dit-il, à présent que la convention collective est signée, il faut penser au retour au travail. Au cours de votre grève, il y a eu des bris, du sabotage, et des coups ont été portés contre certains cadres.

Benoît lui coupe la parole :

– Nous ne sommes pas responsables de ce dont vous semblez vouloir nous accuser !

Victor fait un signe à Geneviève.

– Monsieur Brazeau, nous avons la preuve écrite que certains membres du syndicat ont participé à des actes de vandalisme, plaide l'avocate en lui montrant une liste de noms.

Benoît élève la voix :

– Cette liste a été fabriquée de toutes pièces !

La directrice des ressources humaines appuie l'avocate Ramplin. Elle montre une cassette vidéo au syndicaliste.

– Cette vidéo contient des images étonnantes qui vous montrent en train de saboter certaines machines de production.

– C'est du bluff !

Martine regarde le président, qui lui fait un signe de tête. La directrice des ressources humaines se lève et place la cassette dans un magnétoscope. On y voit Benoît et Ernesto en train de commettre des méfaits.

– Comme toutes nos caméras de surveillance ont été sabotées, ces images ont été tournées par une personne dont nous nous réservons le droit de taire le nom.

– Ces images sont truquées ! riposte Ernesto.

L'avocate intervient :

– Monsieur Zigo, nous avons la preuve que c'est vous qui avez frappé deux de nos cadres. (Elle lui montre une autre cassette vidéo.) Vous voulez la voir ?

Tandis que Victor camoufle mal un sourire satisfait, Benoît et Ernesto échangent un coup d'œil inquiet.

– Je crois savoir qui est la taupe, lâche Brazeau entre ses dents, juste assez fort pour que Zigo l'entende.

– Si je lui mets la main au collet… commence à menacer Ernesto.

Mais le P.D.G. l'interrompt :

– Qu'avez-vous à nous proposer pour que nous passions l'éponge sur vos méfaits ? demande-t-il aux deux syndicalistes.

– Sans oublier que nous avons perdu des commandes de l'ordre de 12 millions de dollars et que les coûts liés aux actes de sabotage s'élèvent à plus de 4 millions, précise le comptable en chef, Georges Sapino.

Benoît baisse les yeux.

– Nous aimerions y réfléchir et ensuite vous proposer une entente, dit-il.

– Nous vous donnons 24 heures. Ensuite, nous entamerons des poursuites contre le syndicat et contre les fautifs, réplique Victor.

– Tant au niveau civil qu'au niveau criminel, précise Me Ramplin.

Benoît et Ernesto quittent la salle. Le président du syndicat murmure à l'oreille de son vice-président :

– Rendez-vous ce soir à Belœil... Téléphone à notre relation et dis-lui que son prix sera le nôtre. Mais il faut qu'il nous dévoile le nom de la taupe qui nous a pigeonnés.

Questions

1. Quel nom prend généralement l'entente que veulent proposer Benoît Brazeau et Ernesto Zigo aux dirigeants de l'entreprise ?
2. Quand la négociation d'une telle entente devient-elle nécessaire ?
3. Si vous étiez à la place du président et du vice-président du syndicat, quels éléments voudriez-vous inclure dans cette entente ? Dressez une liste de ces éléments et, en équipe, discutez de leur pertinence.

Bibliographie

Academy of Management Journal.

Academy of Management Review.

Administrative Science Quarterly.

Applied Psychological Measurement.

ARCHAMBAULT, Jean-Pierre et Marc-André ROY, *Initiation au droit des affaires,* 3e éd., Laval, Éditions Études Vivantes, 2003, 501 p.

BAMBERGER, Peter et Ilan MESHOULAM, *Human Resource Strategy*, Thousand Oaks, Sage, 2000, 214 p.

BENEDETTI, Claudio, *Introduction à la gestion des opérations : biens et services*, Chenelière/McGraw-Hill, 4e édition, 2001, 346 p.

BLOUIN, Rodrigue, *Vingt-cinq ans de pratique en relations industrielles au Québec,* Cowansville, Les Éditions Yvon Blais, 1990, 1164 p.

BOISVERT, Maurice, *L'approche sociotechnique*, Montréal, Éditions Agence d'Arc, 1990, 273 p.

BOIVIN, Jean et Jacques GUILBAULT, *Les relations patronales-syndicales au Québec,* Boucherville, Gaëtan Morin Éditeur, 1982, 309 p.

BOUDRIAU, S., *Le CV par compétences. Votre portefeuille pour l'emploi*, Montréal, Éditions Transcontinental, 1999, 327 p.

BRINKMAN, Rick et Rick KIRSCHNER, *Dealing with People You Can't Stand : How to Bring out the Best in People at Their Worst,* New York, McGraw-Hill, 1994, 199 p.

CAPPELLI, Peter, *The New Deal at Work : Managing the Market-driven Workforce*, Boston, Harvard Business School Press, 307 p.

CASCIO, Wayne F., *et al., La gestion des ressources humaines : productivité, qualité de vie au travail, profits*, Montréal, Chenelière/McGraw-Hill, 1999, 625 p.

CASCIO, Wayne F. et James W. THACKER, *Managing Human Resources,* Toronto, McGraw-Hill Ryerson Limited, 1994, 702 p.

CASCIO, Wayne F., *Managing Human Resources,* 6e éd., New York, McGraw-Hill, 2003, 703 p.

Charte des droits et libertés de la personne du Québec, L.Q. 1975, c. 6 ; L.R.Q., c. C-12.

CHICHA-PONTBRIAND, Marie-Thérèse et Daniel CARPENTIER, *Une loi sur l'équité salariale au Québec. Rapport de consultation de la Commission des droits de la personne et recommandations,* Montréal, Commission des droits de la personne du Québec, 1992.

Code civil du Québec, L.Q. 1993.

Code du travail du Québec, L.R.Q., c. C-27.

Commission des droits de la personne et des droits de la jeunesse, *La Charte des droits et libertés de la personne du Québec... en résumé*, Québec, 1997, 28 p.

Commission des droits et libertés de la personne et des droits de la jeunesse, *Que se passe-t-il quand vous déposez une plainte en vertu de la Charte des droits et libertés de la personne ?*, Québec, février, 1991, 16 p.

DOLAN, Shimon et Salvador GARCIA, *La gestion par les valeurs : une nouvelle culture pour les organisations*, Montréal, Éditions Nouvelles, 1999, 293 p.

DOLAN, Shimon, Tania SABA, Susan JACKSON et Randall SCHULER, *La gestion des ressources humaines*, Montréal, ERPI, 2002, 713 p.

DOLAN, Shimon L. et Randall S. SCHULER, *La gestion des ressources humaines au seuil de l'an 2000,* Montréal, ERPI, 1995, 747 p.

Educational & Psychological Measurement.

ELGIN, Suzette Haden, *How to Disagree Without Being Disagreable : Getting Your Point Across with the Gentle Art of Verbal Self-Defense,* New York, John Wiley & Sons, 1997, 190 p.

FLIPPO, Edwin B., *Personnel Management,* 6e éd., New York, McGraw-Hill, 1984, 607 p.

GAGNON, Robert P., *Le droit du travail du Québec : pratiques et théories,* 3e éd., Cowansville, Les Éditions Yvon Blais, 1996, 682 p.

Gestion.

GUÉRIN, Gilles et Thierry WILS, *La gestion des ressources humaines : du modèle traditionnel au modèle renouvelé*, Montréal, Les Presses de l'Université de Montréal, 1992, 276 p.

GUILLAUME, Jacques, Bernard TURGEON et Claudio BENEDETTI, *La dynamique de l'entreprise*, 3ᵉ éd., Laval, Éditions Études Vivantes, 1993, 394 p.

HÉBERT, Gérard, *Négociation et convention collective : introduction*, Montréal, Université de Montréal, École des relations industrielles, 1979, tiré à part 31 (non paginé).

HÉBERT, Gérard, *Traité de négociation collective*, Boucherville, Gaëtan Morin Éditeur, 1992, 1242 p.

HERZBERG, Frederic, Bernard MAUSNER et Barbara BLOCH SYNDERMAN, *The Motivation to Work*, New York, John Wiley & Sons, 1959, 157 p.

HR Magazine.

Human Resource Management.

Journal of Applied Psychology.

Journal of Management.

Journal of Occupational and Organizational Psychology.

Journal of Vocational Behavior.

KRAUT, Alan I. et Abraham K. KORMAN, *Evolving Practices in HR Management*, San Francisco, Jossey Bass, 1999, 376 p.

LACASSE, Nicole, *Droit de l'entreprise*, 2ᵉ éd., Québec, Les Éditions Narval, 1997, 480 p.

LE CORRE, Claude et Francis DEMERS, *La syndicalisation et ses conséquences : le Code du travail démystifié : tout ce que l'employeur doit savoir*, Cowansville, Les Éditions Yvon Blais, 1998, 218 p.

Le marché du travail, Les Publications du Québec.

Loi sur la fête nationale, L.R.Q., c. F-1.1.

Loi sur la santé et la sécurité du travail, L.R.Q., chapitre S-2.1.

Loi sur les accidents du travail et les maladies professionnelles, L.R.Q., c. A-3.001.

Loi sur les normes du travail, L.R.Q., c. N-1.1.

MALLETTE, Noël, *et al., La gestion des relations du travail au Québec ; le cadre juridique et institutionnel*, Montréal, McGraw-Hill Éditeurs, 1990, 656 p.

MASLOW, Abraham H., « A theory of human motivation », *Psychological Review*, vol. 50, juillet 1943, p. 370-396.

MILKOVICH, George T. et Ithaca J. NEWMAN, *Compensation*, 6ᵉ éd., Homewood, Illinois, BPI-Irwin, 1999, 672 p.

MILLER, Marie-Thérèse et Bernard TURGEON, *Supervision et gestion des ressources humaines*, Montréal, Chenelière/McGraw-Hill, Montréal, 1992, 586 p.

MINTZBERG, Henry, *Le manager au quotidien (les dix rôles du cadre)*, Éditions d'Organisation/Éditions Agence d'Arc, Montréal, 1984, 220 p.

Organizational Behavior and Human Decision Processes.

PARKIN, Michael, Robin BADE et Louis PHANEUF, *Introduction à la macroéconomie moderne*, Montréal, ERPI, 1992, 586 p.

Personnel Psychology.

Psychological Bulletin.

Psychological Science.

Public Personnel Management.

RUE, Leslie W. et Lloyd L. BYARS, *Supervision*, 5ᵉ éd., Chicago, Irwin, 1996, 462 p.

THÉRIAULT, Roland et Sylvie ST-ONGE, *Gestion de la rémunération : théorie et pratique*, Boucherville, Gaëtan Morin Éditeur, 1999, 780 p.

TURGEON, Bernard et Dominique LAMAUTE, *Le management*, Montréal, Chenelière/McGraw-Hill, 2003, 386 p.

ULRICH, D., *Human Resource Champions*, Cambridge, Harvard Business School, 1997, 281 p.

VROOM, Victor H., *Work and Motivation*, New York, John Wiley & Sons, 1964, 331 p.

WERTHER, William B., Keith DAVIS et Hélène LEE-GOSSELIN, *La gestion des ressources humaines*, 2ᵉ éd., Montréal, McGraw-Hill Éditeurs, 1990, 770 p.

Workforce (autrefois *Personnel Journal*).

Index

Théorie

de la hiérarchie des besoins de Maslow, 54
des deux facteurs de Herzberg, 55
du résultat escompté de Vroom, 56

Théorie

des quatre partages, 60
du renforcement, 243

Toxicomanie, 300
Transfert, 101
Transparence, 42

principe de, 42

Travail équivalent, 268
Types d'entrevues, 159

non-structurée, 159
structurée, 159

Unité de négociation, 372

Vacances, 130
Valeur, 65
Valeur ajoutée, 93
Validité, 166
Vérification des références, 157
Vol, 300